개혁주의 선교신학과 문화론

개혁주의
선교신학과
문화론

초판1쇄발행   2018년 3월 5일

지 은 이 고광석
펴 낸 이 박태일
펴 낸 곳 도서출판 엔크

출판등록 제301-2008-137호
주   소 서울시 중구 을지로 14길 8 800호
전   화 02) 2268-5152
팩   스 02) 2268-5154

I S B N 979-11-86254-17-2 03230
정   가 25,000원

*인지는 저자와 합의하에 생략하며 잘못된 책(파본)은 교환해 드립니다.

이 도서의 국립중앙도서관 출판예정도서목록(CIP)은 서지정보유통지원시스템 홈페이지
(http://seoji.nl.go.kr)와 국가자료공동목록시스템(http://www.nl.go.kr/kolisnet)에서
이용하실 수 있습니다.(CIP제어번호: CIP2018006163)

PRAXIS THE REFORMED THEOLOGY IN CULTURE

개혁신학을 문화 속에 실천함

개혁주의 선교신학과 문화론

| 고광석 지음 |

도서출판 엔크

들어가는 말

이 책은 개혁주의 선교신학(mission theology)과 선교의 실천 대상인 문화론(culturology)을 다루고 있다. 필자가 가톨릭이 중심인 필리핀에서 선교사로 사역하면서 다양하게 경험했던 것들과 총신대학교 신학대학원과 목회신학전문대학원 및 광신대학교에서 십수년간 강의했던 내용을 기초로 하여 저술한 것이다. '오늘의 구원'(salvation today)으로 대변되는 에큐메니칼 진영의 탈 성경적 인본주의 선교사상과 방향을 보면서, 나름대로의 사명감으로 성경과 개혁주의에서 지향하는 선교의 의미와 목표가 무엇인지를 살펴본 후 개혁주의 선교신학의 원리와 실천방법을 네 부분으로 다루었다.

첫 번째 부분(Part)에서는 먼저 개혁주의 선교신학을 이해하기 위해 개혁주의의 신학과 사상을 고찰하였고, 개혁주의는 곧 성경주의이기 때문에 성경에서 선교신학의 원리와 기초를 찾았다. 그리고 개혁주의와 에큐메닉의 선교신학을 구체적으로 분석함으로 그 차이점을 분명하게 비교했다.

두 번째 부분에서는 개혁주의 선교신학의 이슈 다섯 가지를 선정하여 연구했는데, '하나님의 선교'(missio Dei) 사상의 본질은 무엇인지, 부름과 보냄을 축으로 하는 구약의 선교신학, 복음을 주제로 하는 신약의 선교신학, 선교적 교회론의 토대가 되는 바울의 선교신학. 그리고 하나님의 나라가 목표인 개혁주의 선교신학을 다루었다.

세 번째 부분에서는 세계 프로테스탄트 선교계의 흐름을 이벤젤리칼과 에큐메니칼로 나누어 고찰했다. 1792년 윌리엄 캐리의 인콰이어리 이후 개신교 최초의 국제선교대회인 1910년 스코트랜드 에딘버러국제선교대회에서 계속위원회를 구성하여 국제선교협의회(IMC)를 조직함으로 '선교의 에큐메니칼'(mission ecumenical)을 만들었고, 1948년에는 네덜란드 암스테르담에서 세계교회협의회(WCC)를 조직함으로 '교회의 에큐메니칼'(church ecumenical)을 만들었다. 그런데 1961년 "교회와 선교는 하나"라는 명분하에 IMC는 WCC에 편입되어 세계선교는 WCC의 에큐메니칼이 주도하게 됨으로 신학은 세속화 속에서 '인간화'(humanization)를, 선교는 '복음화'(evangelization) 대신에 세계개발이 대신하게 되었다. 이에 맞선 복음주의자들의 응전이 시작되었는데, 1966년 휘튼대학교에서 미국복음주의선교단체협의회(EFMA)와 초교파선교단체협의회(IMA)가 모여 휘튼선언문을 발표함으로 세계 프로테스탄트 선교는 바야흐로 양쪽으로 나뉘게 되었다. 분열의 결정적인 사건은 에큐메니칼에서 1973년 방콕대회를 개최하여 '오늘의 구원'(salvation today)을 선교의 중심으로 선포함으로 완전히 탈 성경적 방향으로 돌아서자, 복음주의 진영에서는 1974년에 스위스 로잔에서 대대적인 복음주의 국제선교대회를 개최하여 "로잔언약"을 발표하기에 이르렀다. 이런 일련의 역사적 과정들과 그 뒤에 흐르는 선교신학의 사상들을 살펴보았다.

　마지막 부분에서는 선교의 실천 대상인 문화론을 다루었다. 선교(Mission)는 삼위일체 하나님의 주권적인 일이요, 그 거룩한 일에 수종자로 쓰임 받는 것이 선교행위(missions)인데, 우리의 선교 대상은 "문화 속에 살고 있는 사람들"이다. 세상의 모든 사람은 하나도 예외 없이 문화라는 체계(systems) 속에서 생각하고, 행동하며, 살아가고 있다. 그러므로 사람에게 선교를 하려면 그 사람을 둘러싸고 있는 문화를 먼저 이해해야 한다. 왜냐하면 문화는 복음을 가로막는 장벽임과 동시에 복음을 받아들이는 통로가 되기 때문이다. "하나님의 아들 예수 그리스도의 복음"(막 1:1)은 사람들의 문화 안에서 전달되고 또한 수용된다. 예수 그리스도는 유대의 문화 속에서 성육신하셨고, 성장하셨고, 그리고 사역하셨다. 예컨대, 예수님의 의식주, 십자가에서의 처형, 돌무덤에 장사됨, 시신에 향유를 붓는 행위들은 모두 유대의 문화였다. 마찬가지로 바울과 선교사들은 그 예수 그리스도를 사람들의 문화를 통해 전달했고 지금도 그렇게 하고 있다. 그러므로 사람과 문화의 관계는 물고기와 물의 관계처럼 불가분의 관계에 놓여 있다. 그래서 칼빈은 복음과 문화를 씨와 땅의 관계로 비유했던 것이다.

　개혁신학의 목적은 성경이 계시해준 삼위일체 하나님을 알고, 믿고, 그리고 그분을 경외하도록 세상을 변혁(transforming)시키는 것이다. 존 프레임이 정의한 대로 신학은 신자들이 성경을 삶의 모든 영역에서 적용하는 것이다. 따라서 개혁신학은 단순히 암기하고 이해하는 것을 넘어 세상(문화) 속에 적용되고 실천되어지는 '살아있는 신학'(living theology)이어야 한다. 존 칼빈과 아브라함 카이퍼를 비롯한 칼빈주의자들이 그렇게 신학화를 했다. 그러므로 개혁신학은 타락한 개인을 회심시키고, 교회를 든든하게 세우며, 회심되지 않은 세상(사람과 문화)을 복음으로 변혁시키고 회복하는 목적과 사명을 가지고 실천하는데 있다. 그래서 이 책의 소제목으로 "개혁신학을 문화 속에 실천함"(Praxis the Reformed Theology in Culture)이라고 한 것이다.

　모쪼록 이 책이 개혁주의 선교신학과 문화론을 연구하는 학도들과 세계선교에 관심 있는 이들에게 좋은 길잡이가 되기를 소망한다. 이 책이 출간되기까지 하나님의 은혜가 아니었으면 저술 자체가 불가능한 일이었음을 진솔하게 고백한다. 그리고 항상 곁에서 기도로 동역하면서 이 책을 저술하도록 제안하고 협력해 준 아내 송윤선 사모의 수고가 있었고, 말씀의 교제를 나누며 주의 나라를 위해 동역하고 있는 이상달 목사님과 조창석 목사님께도 감사드린다. 또한 「이슬람, 기독교와 뿌리가 같은가?」(2016년)에 이어 두 번째 책을 출판하도록 협력해준 도서출판 엔크의 박태일 대표님과 스텝들에게도 감사를 전한다.

CONTENTS

들어가는 말 ··· 05

PART 1 개혁주의 선교신학

제1장 · 개혁주의 선교신학이란? ··· 13
    1. 개혁주의 이해 ··· 13
    2. 개혁주의 중심사상 ··· 33
    3. 개혁주의 선교신학 ··· 52

제2장 · 선교신학의 성경적 기초 ··· 106
    1. 선교의 사명: 아브라함의 부르심 ··· 108
    2. 선교의 원리: 성부의 선교 원리 ··· 118
    3. 선교의 명령: 성자의 지상명령 ··· 126
    4. 선교의 실제: 성령의 프락시스 ··· 143

제3장 · 개혁주의 선교신학과 에큐메닉 선교신학의 비교 ··· 172
    1. 텍스트(Text) vs 콘텍스트(Context) ··· 174
    2. 복음화 vs 인간화 ··· 177
    3. 절대주의 vs 다원주의 ··· 182
    4. 변화 vs 해방 ··· 190

PART 2 개혁주의 선교신학의 이슈들

제1장 · 하나님의 선교(Missio Dei) ··· 197
    1. '하나님의 선교' 개념 ··· 197
    2. 에큐메닉 선교신학의 '하나님의 선교' 이해 ··· 199
    3. 개혁주의 선교신학의 '하나님의 선교' 이해 ··· 201

제2장 · 구약 선교신학의 중심사상: '부름'과 '보냄' ··· 204
    1. 하나님의 구속사 ··· 206
    2. 하나님의 선교를 위한 '부름'과 '보냄' ··· 215
    3. 예수 그리스도의 '부름'과 '보냄' ··· 222

제3장 · 신약 선교신학의 중심사상: 복음 ··· 229

제4장 · 바울 선교신학의 중심사상: 선교적 교회 ··· 240
    1. 선교사 바울 ··· 244
    2. 바울의 선교사상 ··· 254
    3. 선교적 교회론 ··· 269

제5장 · 개혁주의 선교신학의 중심사상: 하나님의 나라 ··· 289

PART 3 세계 선교계의 두 흐름

제1장 · 국제선교협의회 및 세계교회협의회 … 329
    1. 에딘버러 국제선교대회(1910년)의 배경 … 331
    2. 국제선교협의회(IMC) 창립(1921년) … 334
    3. 세계교회협의회(WCC) 창립(1948년) … 338
    4. 세계교회협의회에 국제선교협의회 흡수통합 … 346
제2장 · 로잔세계복음화운동 … 368
    1. 로잔세계복음화국제대회 이전:
        휘튼선언, 베를린선언, 프랑크푸르트선언 … 369
    2. 1차 로잔세계복음화국제대회: 로잔 언약 … 378
    3. 2차 로잔세계복음화국제대회: 마닐라 선언 … 391
    4. 3차 로잔세계복음화국제대회: 케이프타운 서약 … 398

PART 4 개혁주의 선교신학의 실천

제1장 · 복음과 문화 … 411
    1. 개혁주의 선교신학과 문화 … 412
    2. 복음과 문화의 선교학적 발전 … 422
    3. 문화론 이해 … 425
제2장 · 문화와 세계관 … 431
    1. 문화의 의미 … 431
    2. 세계관 이해 … 433
제3장 · 개혁주의 문화론 … 455
    1. 문화의 성경적 이해 … 455
    2. 개혁주의 문화관 … 460
    3. 그리스도인의 문화 사명 … 466

결론 개혁주의 선교의 실천적 목표

    1. 교회를 세움 … 476
    2. 세계관의 변화 … 483
    3. 문화의 변형 … 485

참고문헌 … 490

PART 1
개혁주의 선교신학

PART 1 요약

개혁주의 중심 사상은 '오직 성경'(Sola Scriptura)이다. 개혁주의의 근본 원리는 성경적 믿음과 삶의 체계이다. 개혁주의자들은 하나님의 말씀만이 신앙과 행위의 절대적이고 최종적인 권위가 있음을 인정한다. 그 이유는 성경은 성령으로 영감 된 무오한 하나님의 말씀이고 구원계시이기 때문이다. 그래서 기독교를 가리켜서 계시의 종교, 구원의 종교라고 한다.

따라서 개혁주의 선교신학은 성경으로만 신학을 하는 것이다. 개혁주의 조직신학자 서철원은 개혁주의 신학은 "믿음으로 신학을 하는 것"이라고 했는데, 그것은 하나님의 말씀하심 혹은 하나님의 계시에 근거해서 신학 하는 것을 의미한다. 또한 개혁교회의 신앙고백을 규범과 근본으로 삼고 어거스틴과 칼빈 그리고 그의 후계자들의 신학적 전통을 기초로 삼는다. 개혁주의 선교신학자인 찰스 반 엥겐은 선교신학의 가장 기본적인 전제 중 하나는 선교의 이론과 실천이 반드시 성경에 기반을 두고 있어야 한다고 강조했다.

그러나 일부 에큐메닉 선교학자들이나 현장 선교사역자들은 특별한 선교적 관심사를 지나치게 강조함으로 상황(context)을 성경(text)보다 우위에 두거나 심지어 성경을 무시하는 경향을 보이기도 한다. 그들은 자기 생각을 미리 정해 놓고 그것을 단지 확인하기 위해 성경을 인용(引用)하고 있을 뿐이다.

개혁주의 선교신학은 성경계시에 그 근거를 두어야 하며, 삼위일체 하나님이 선교의 주권자이심을 인정하고, 하나님의 구속경륜의 과정 속에서 세상에 말(word)과 행위(deed)로 총체적인 복음(wholistic gospel)을 선포함으로써 하나님의 나라를 확장하는 것을 목표로 하는 메시지와 선교전략 및 방법들을 신학화하는 것이다. 따라서 선교신학은 철학이나 이성 또는 상황을 중시하는 인본주의적인 면보다 하나님의 계시인 성경에 기초를 두고 신학화를 해야 한다.

제1장 ■ 개혁주의 선교신학이란?

개혁주의 선교신학을 이해하기 위해서는 먼저 개혁주의를 이해하는 것이 순서일 것이다. 개혁주의의 사상과 전통, 그리고 중심원리를 살펴봄으로 개혁주의 선교신학의 배경을 이해하고자 한다.

1. 개혁주의(Reformism) 이해

'개혁'(Reformation)이라는 용어는 원래 16세기 중세 로마 가톨릭교회의 교리적 변질과 도덕적 타락에 항거하여 출발하였다. 오직 성경을 따라 사도적 신앙의 전통과 신앙의 순결을 회복하기 위해 일어난 신앙회복 운동이다. 좀 더 구체적으로 말하면 중세 초기부터 로마 가톨릭교회가 세상 권력과 타협하면서 계속 부패했고 로마의 이방종교와 혼합되면서 사실 오래 전부터 경건한 사람들, 심지어 피사 공의회(Council of Pisa, 1409), 콘스탄츠 공의회(Council of Constance, 1414-1418), 바젤 공의회(Council of Basel, 1431)들조차도 당시 로마 가톨릭교회의 타락과 부패에 대해 비난하면서 총체적인 개혁을 부르짖었지만 '경건한 울망'으로만 남아 있었다.[1] 개별적으로는 페트루스 발두스(피터 발도)(Petrus Waldus), 존 위클리프(John Wycliff), 얀 후스(Jan Hus), 그리고 지롤라모(제롬) 사보나롤라(Girolamo Savonarola)를 비롯한 여러 개혁자들이 생명을 걸고 꾸준히 교회의 개혁을 주창했다.

이기적이고 세속화된 교황 제도의 명에는 점점 더 탈 성경적이고 정치적으로 변모함으로 평신도들의 성직자에 대한 권위는 실추되고, 심지어 교회가 분열됨으로 한 번에 두 세 명의 교황이 존재하던 때도 있었다. 특히 1492년부터 1521년 사이에는 그 어느 때보다도 교황을 비롯한 교회

---

1) Philip Schaff, *제네바 교회: 제네바 교회의 헌법과 치리*, 장수민 역, 칼빈아카데미, 2006, 36.

의 타락은 극에 달했다. 급기야 가톨릭교회의 사제였던 마틴 루터(Martin Luther)가 1517년에 가톨릭교회를 비판하는 95개조 반박문을 공개적으로 발표한 것을 시발점으로 종교개혁운동(교회개혁운동)이 일어났는데, 그 중심은 그리스도의 교회(基督敎會)가 성경과 초대교회의 신앙과 원리로 되돌아가자는 신앙회복 운동이었다. 따라서 '개혁' 이라는 말은 광의의 의미에서 교회의 신앙고백(무엇을 믿어야 하는가)과 개인의 신앙생활(어떻게 살아야 하는가)을 하나님의 말씀에 따라 살 것을 고백하는 모든 교회에 적용될 수 있는 용어이다.

성경에 나타난 '개혁' 이라는 용어는 히브리서 9장 10절에 "개혁(διο ρθώσεως)[2] 할 때까지"라는 구절에 한 번 언급되어 있는데, '디오르도세오스' (διορθώσεως)는 "개혁," "개선" 또는 "새 질서"라는 뜻으로 "본래의 정상적인 상태로 회복시키는 것" 또는 "새로운 질서를 만드는 것"의 의미로 사용되는 용어이다. 그래서 종교개혁자들은 교회가 항상 본질을 추구해야 한다는 의미로 "개혁된 교회는 항상 개혁되어야 한다"(*Ecclesia reformata semper reformanda*)고 강조한다. 이런 의미에서 로마 가톨릭교회가 교회의 본질(원형)을 잃어버리자 교회의 본질을 그대로 보존하고 회복시키려고 출발한 그리스도교 교파를 개혁교회, 즉 '프로테스탄트'(Protestant)라고 한다.[3] 그러므로 개혁교회를 가리켜 '로마 가톨릭교

---

2) 히브리서 9장 10절의 "이런 것은 먹고 마시는 것과 여러 가지 씻는 것과 함께 육체의 예법일 뿐이며 **개혁할 때까지** 맡겨 둔 것이니라."(저자 강조)에서 사용된 '디오르도세오스' (διορθώσε ως)는 구약성경에 나타난 모든 규례들, 즉 '먹는 것' (레 11장)과 '마시는 것' (레 10:8; 9:11; 민 6:2-3), 그리고 '씻는 것' (출 30:20; 레 15:4-27; 민 19:7-13)에 관한 규례들은 모두 육체와 관련된 외형적인 예법(옛 언약)으로 그리스도께서 새 언약을 세울 때까지만 효력이 있는 것이다. 즉, 그리스도에 의해 "본질을 회복 때까지" 혹은 그리스도에 의해 "새 질서가 제정될 때까지"만 효력이 있음을 강조한 구절이다(강병도, *카리스종합주석*, 히브리서 9:10, 기독지혜사, 2007).

3) '프로테스탄트' (Protestant)라는 단어는 1529년 2월 21일 독일 슈파이어의회(*Reichstag zu Speyer*)에서 종교개혁 측 소수파의 제후(諸侯)와 도시(都市)가 가톨릭 측의 황제에 항거한다는 말에서 유래하였다. 종교개혁 때 독일황제 카를 5세(Karl V)가 제국도시 슈파이어에서 두 차례 제국회의(國會)를 소집했다. 1차 회의는 1526년 소집되었는데 당시 프랑스와의 교전으로 국내의 분란을 피하려는 목적으로 마틴 루터(Martin Luther)를 이단으로 몰아 국외로 추방한 보름스협약(*Concordat of Worms*)의 적용을 유보하고 종교회의가 열릴 때까지 신앙의 자

회에서 나왔다(분리)'든지 혹은 '큰집(Catholic) 작은집(Protestant)'으로 비유한 표현은 매우 부적절하고 잘못된 것이다. 개혁교회는 교회의 원형을 잃어버린 로마 가톨릭교회를 버리고 새롭게 시작된 그리스도의 교회이다. 따라서 WCC를 비롯한 에큐메니칼 진영에서 주장하는 소위 "가톨릭과의 신앙과 직제 일치" 운동은 종교개혁의 신학과 사상을 무시하고 다시 중세 시대의 로마 가톨릭교회로 되돌아가려는 반개혁적인 주장이 될 수가 있다.

개혁은 판을 뒤엎고 새판을 짜는 혁명(revolution)이 아니라 교회의 원형을 찾아서 원래의 본질적인 근원으로 되돌아가는 것을 의미한다. 따라서 종교개혁으로 개혁된 교회는 끊임없이 자신을 돌아보며 개혁되어야만 한다. 개혁자들이 주장했던 지속적인 개혁은 '오직 성경'(Sola Scriptura)의 절대적인 표준에 근거한 개혁을 의미한다. "그리스도인의 세계관은 성경에 의해서 형성되고 점검되어야 하며, 세계관이 성경적일 때만 우리의 삶을 올바르게 인도할 수 있다"[4]는 칼빈주의자 알버트 월터스(Albert Wolters)의 주장은 개혁자들의 사상을 충실하게 반영한 것이라고 할 수 있다.

이런 의미에서 볼 때 개혁의 불씨를 던짐으로 종교개혁을 시작하게 했던 마틴 루터는 '이신칭의'와 '하나님 나라' 그리고 '만인 제사장' 같은 로마 가톨릭교회와 차별되는 개신교 신학의 금자탑을 세웠지만 아쉽게도 그는 로마 가톨릭 사제 출신으로 가톨릭의 주장으로부터 완전히 자유롭지 못했다. 그래서 루터의 종교개혁을 미완(未完)의 개혁으로 평가하는 근본적인

유를 허락했다. 그러다가 사태가 호전되자 1529년에 2차 의회를 소집하여 다수의 가톨릭 세력의 지지를 받아 1차 의회 때의 선언을 취소하고 보름스협약 엄수를 명령하였다. 그러자 소수의 그리스도 세력은 종교문제를 다수결로 정하는 부당성을 비난하는 항의서(protest)를 제출했는데, 이때부터 이들을 '프로테스탄트'(protestatio)라고 부르게 되었다(종교학사전편찬위원회, "프로테스탄티즘," *종교학대사전*, 한국사전연구사, 2001, 1427 참조). 그러나 일부에서는 "프로테스트하다"(to protest)는 말이 라틴어의 "증거 한다" 또는 "공식적으로 선포한다"라는 의미의 *protestari*'에서 왔다고 한다(최정만, *칼빈의 생애와 선교사상*, 총신대학교 출판부, 2015, 27-28). 현재 프로테스탄트 교회는 여러 교파로 나뉘어 있으나 크게 이벤젤릭(Evangelic)과 에큐메닉(Ecumenic), 그리고 카리스마틱(Charismatic)으로 구분된다(Alister E. McGrath, *Christianity: An Introduction*. Oxford: Blackwell Publishing, 1997, 405-406).

4) Albert Wolters, *Creation Regained: Biblical Basics for a Reformational Worldview*. Grand Rapids: Eerdmans, 1985, 7.

이유는 하나님의 말씀에 대한 정확한 이해가 부족했기 때문이다. 예컨대, 루터의 성만찬 교리(공재설), 영혼 기원론(유전설), 인간의 구성요소(영·혼·육 3분설), 말씀과 성령(성령은 말씀을 도구로 역사/말씀이 더 중요), 교회론(성례와 말씀 선포에 있어 모호함) 등에서 중대한 오류를 범했다.[5] 루터의 이런 미흡한 성경해석 방식은 그의 사상적 계보를 잇는 루터주의자들에게 이르러 "성경이 금하지 않는 것은 다 허용한 것이다."는 식의 폭넓은 성경해석관을 가짐으로 신학적 변질의 단초를 제공하고 말았다.

이런 개혁자 루터의 사상과 구별 짓기 위해 사용된 것이 '개혁주의'(Reformism)라는 용어이다. 개혁주의라는 용어는 루터의 신학사상과 구별되는 존 칼빈(John Calvin)의 신학적 전통(theological tradition)을 이어받은 것이라 하여 칼빈주의(Calvinism)라는 말과 동일시되기도 한다. 칼빈주의에 대한 남다른 연구를 했던 헨리 미터(Henry Meeter)는 "개혁주의는 칼빈으로부터 전해진 사상체계이다. 비록 창시한 것은 아니라 하더라도 이 사상 체계의 중요한 해설가이다. 칼빈의 신학사상은 개혁운동에 이바지한 다른 위대한 지도자들의 사상과 함께 어거스틴 사상의 부흥이요, 어거스틴의 사상은 그보다 몇 세기 전의 바울 사상의 부흥이라고 말할 수 있다. 이 사상들을 조직적으로 설명하고, 특수하게 적용하여 현대를 위하여 제시한 사람이 바로 칼빈이다. 이때부터 이 사상체계를 '칼빈주의' 혹은 '개혁주의'라 부른다"고 했다.[6]

그에 따르면 개혁주의는 신학에만 국한되지 않고 정치·경제·사회·문화·과학·예술 등 모든 것을 다 포함하는 사상체계이다. 이런 사상을 재정립하고 시대에 맞게 적용한 대표적인 사람이 칼빈의 후계자였던 데오도르 베자(Theodore Beza)와 신-칼빈주의자(Neo-Calvinist)로 불리

---

5) 칼빈은 루터의 신학에 비해 다른 견해를 가지고 있었는데, 성만찬 교리(영적 임재), 영혼 기원론(창조설), 인간의 구성요소(영혼과 육 2분설), 말씀과 성령(성령이 말씀과 함께 역사), 교회론(성례와 말씀 선포에 있어 가톨릭교회와 분명한 차이점) 등의 차이점을 보이고 있다.

6) Henry Meeter, *The Basic Ideas of Calvinism*, Grand Rapids: Baker Book House, 1990, 15.

는 화란의 아브라함 카이퍼(Abraham Kuyper)이다.[7] 물론 리처드 멀러(Richard Muller)의 주장대로 "'개혁파'가 '칼빈주의자'와 동의어로 사용될 경우, 그것은 칼빈의 신학과 일치하는 것으로 정의된다"는 말이 맞을 것이다.[8] 즉 개혁주의와 칼빈주의를 동일한 개념으로 이해하는 것은 '전체가 동일하다'는 의미가 아니라 사상체계의 큰 흐름이 같다는 것을 의미한다.

이런 의미에서 개혁주의는 칼빈이 주장했던 '오직 성경'의 가르침을 따르는 신학과 신앙사상을 의미한다. 안인섭은 "개혁주의는 '성경'이라고 하는 기초 위에 하나님을 창조주요 구속주로 고백하는 신앙과 하나님의 절대주권이라는 두 개의 기둥 위에 세워진 장엄한 건축물과 같다"고 비유했다.[9] 실제로 종교개혁의 다섯 가지 모토가 오직 성경(Sola Scriptura), 오직 믿음(Sola Fide), 오직 은혜(Sola Gratia), 오직 그리스도(Solus Christus), 오직 하나님께만 영광(Soli Deo Gloria)이라는 것이지만, 사실 이것들은 '오직 성경'이라는 말속에 집약된다고 할 수 있다. 현재 한국 개혁교회(장로교회)가 채택하고 있는 웨스트민스터 신앙고백서(The Westminster Confession of Faith)는 성경을 제일 먼저(1장) 다루고 있고, 성경을 신앙의 삶과 유일의 규범으로 삼고 있으며, 성경이 인간의 행동양식과 사회 규범뿐만 아니라 예배모범과 교회정치에 이르는 틀임을 밝히고 있다.[10]

그런데 종교개혁이 일어난 지 500년이 지난 지금, "개혁주의"라는 말은

---

7) 아브라함 카이퍼를 "신-칼빈주의자"라고 하는 것은 그가 칼빈주의의 범주를 넘어섰다는 것을 의미하는 것이 아니라 정통적인 칼빈주의를 19세기 네덜란드에 맞게 적용시킨 사람이라는 의미에서 그렇게 부르고 있는 것이다. 실제로 카이퍼는 자신을 칼빈의 모사(facsimile)라고 할 만큼 철저히 칼빈주의적이었다(Louis Praamsma, *Let Christ Be King: Reflection on the Life and Times of Abraham Kuyper*, Ontario, Canada: Paideia Press, 1985, 114-116).

8) Richard Muller, *Calvin and the Reformed Tradition: On the Work of Christ and the Order of Salvation*, Grand Rapids: Baker Academic, 2012, 57-58.

9) 안인섭, *John Calvin*, 대한예수교장로회총회, 2015, 148.

10) *The Westminster Confession of Faith*, I-2-4.

수많은 다른 의미를 함축하고 있다. 미국의 경우에도 약 12개의 개혁주의 교단들과 또 다른 6개의 개혁주의 유산을 갖고 있는 교단들이 있다.[11] 예컨대 작금의 가장 뜨거운 이슈인 동성애 문제에 대한 신학적 입장들이 개혁주의 교단 내에서도 각각 다르게 나타나고 있다. 성경에는 분명히 동성애를 죄악으로 정죄하고 있는데(레 18:22; 20:13; 신 23:17-18; 왕상 14:24; 15:12; 22:45-46; 롬 1:27; 고전 6:9-10; 딤전 1:10; 유 1:7), 미국 건국의 근간인 청교도의 후예라고 할 수 있고 한국 장로교회에 지대한 영향을 끼쳤던 미국연합장로교회(PCUSA)가 동성애자의 입교와 성직을 허용하고 동성결혼을 인정했고 또한 아브라함 카이퍼와 헤르만 바빙크의 개혁신학을 이어받은 화란 개혁교회의 신학적 전통을 이어받은 북미의 대표적인 개혁주의 교단인 북미주개혁교회(CRC)는 동성애에 대해서 수용적인 입장을 취하고 있다. 이들은 동성애 문제를 성경적으로 해석하는 것이 아니라 사회적인 현상 또는 문화적인 사항으로 이해하고 있을 뿐이다.

그러므로 진정한 개혁주의의 가장 기본적인 특징은 성경관이다. 프레드 클루스터(Fred Klooster)는 그의 논문에서 개혁주의의 독특성을 성경관(*sola and tota scriptura*)에서 찾았다.[12] 사실 종교개혁의 핵심은 그동안 로마 가톨릭교회에 의해 감춰진 성경의 진리와 권위를 재발견하는 것이었다. 교회의 전통을 하나님의 말씀과 동등시했던 가톨릭교회의 가르침을 거부하고 오직 하나님의 말씀 그 자체가 최고의 권위를 갖고 있음을 선포한 것이다. 예컨대, 새롭게 발견한 성경의 진리에 따라 교회의 머리는 교황이 아니라 예수 그리스도라는 것과 교황이라도 그리스도께서 부여하신 권세로 교회를 치리한다는 것, 그리고 구원은 가톨릭교회의 교인만이 되는 것이 아니라 예수 그리스도를 믿는 모든 자들에게 주어진다는 것을 깨달았다.

---

11) 조지 말스든, "개혁주의와 미국," *남부 개혁주의 전통과 신정통신학*, 데이빗 F. 웰스 편집, 박용규 옮김, 엠마오, 1992, 11.

12) Fred H. Klooster, *The Uniqueness of Reformed Theology: A Preliminary Attempt at Description*, Grand Rapids: The Reformed Ecumenical Synod, 1979.

성경과 언약

종교개혁은 '오직 성경'이라는 사상에서 시작되고 발전되었으며, 이러한 개혁운동을 뒷받침한 당시 칼빈을 중심한 개혁파 교회의 신앙고백과 신학사상을 개혁주의라고 한다. 개혁주의는 신학과 신앙이 성경에서 시작되고 성경에서 멈춘다는 절대적 성경주의(Biblicism)이다. 이와 같은 개혁주의의 근본원리인 성경을 전체로 함의하는 개념은 '언약'(covenant) 사상이다.[13] 성경의 전체 주제는 한마디로 하나님의 나라 사상인데, 이 하나님 나라의 핵심 사상이 바로 언약이다. 언약은 예수 그리스도의 십자가와 부활사건 계시를 중심으로 옛 언약(구약)과 새 언약(신약)으로 나누지만, 예수 그리스도를 중심으로 언약은 하나이다.

언약은 성경의 중심 개념으로 하나님이 택하신 자녀들에게 하신 약속이다. 이 하나님의 언약은 쌍방 간의 계약(contract)이 아니다. 계약은 조건이 충족되지 않으면 파기할 수 있지만 하나님의 언약은 우리의 불이행으로 취소되지 않는다.[14] 또한 이 언약은 인간의 요구나 쌍방 간의 합의 없이 하나님의 일방적인 선언으로 체결된다는 것이 개혁주의 사상이다. 언약의 핵심사상은 하나님께서 택한 사람들을 "자기 백성 삼는 것"이다(렘 31:33-34; 히 8:8-13). 하나님은 자기 백성과 언약을 맺으시고(창 2:15-17; 창 3:15), 자기 백성 가운데 거하시면서(계 21:1-3; 엡 3:17), 자기 백성으로부터 찬양과 경배를 받으신다(창 2:1-2; 엡 1:3-14).

존 프레임은 언약에 대해 간결하면서도 성경신학적으로 다음과 같이 잘 설명했다.

> 언약은 주님(Lord)과 주님께서 주권적으로 성별한 사람들 사이의 관계이다. 하나님은 그의 법의 제재에 의해서 그들을 통치하신다.

---

13) Michael S. Horton의 『Introducing Covenant Theology』(Baker Pub Group, 2009)를 읽어라.
14) 브라이언 채플, "복음이란 무엇인가," *복음이 핵심이다*. 아가페북스, 2014, 130.

그리고 그분의 은혜로운 목적을 그들 안(in)에서 그리고 그들을 통해서(through) 이루신다. 언약의 중심은 "나는 너의 하나님이 되고, 너는 나의 백성이 되리라"고 하신 약속이다(출 6:7; 레 26:12; 렘 7:23; 11:4; 계 21:22). 이는 하나님이 아브라함과 야곱과 다른 많은 사람들과 함께(with)하셨던 것처럼 우리와도 함께 하실 것이라는 것을 의미한다(창 26:3; 28:15; 31:3; 출 3:12). 하나님은 우리에게 약속하신다. 그리고 그 응답으로 우리의 신앙과 순종을 요구하신다.[15]

성경에 나타난 언약은 그리스도 안에서 하나이지만, 그럼에도 17세기 이후 교회의 행보 가운데 언약을 행위언약과 은혜언약으로 또는 이 두 언약에 구속언약을 더하여 구분하기도 했는데, 필자는 독자들의 이해를 돕기 위해 두 가지로 구분해서 요약하려고 한다.

행위의 언약(The Covenant of Works)은 창조주 하나님과 인류의 대표자인 아담 사이에 맺은 최초의 언약이다. 웨스트민스터 신앙고백에 의하면 이 언약으로 "생명이 아담과 그 안에서 그의 후손에게 약속되었다."[16] 이 언약에는 행위의 조건이 있는데, 인류의 대표자로서 아담이 하나님의 명령에 순종하면 영생이요 불순종하면 죽음을 주신다는 언약이다(창 2:17). 그러나 아담은 불순종하여 선악을 알게 하는 나무의 열매를 먹음으로 하나님과 맺은 언약을 파기하였고 그 결과로 온 인류에게 죄와 죽음이 왔고, 이에 대한 심판이 임했다(지옥형벌).

은혜의 언약(The Covenant of Grace)은 아담이 범죄한 이후 하나님과 온 인류와 맺은 언약이다. 누구든지 예수 그리스도를 믿는 자에게는 구원을 주셔서 하나님의 백성으로 삼아주신다는 언약이다(롬 10:13). 웨스트민스터 신앙고백은 은혜의 언약에 대해 "하나님은 인간의 타락으로 말미

---

15) 존 M. 프레임, *조직신학 개론*, 김용준 옮김, 개혁주의신학사, 2017, 173-174.
16) *The Westminster Confession of Faith*, VII-2.

암아 행위언약으로는 생명을 얻을 수가 없게 되어버렸기 때문에 예수 그리스도를 통해 생명(구원)을 주시겠다는 두 번째 언약을 맺으시기를 기뻐하셨다"고 강조했다.[17] 첫 사람 아담이 언약을 파기하였으므로 생명에 이를 수 없게 되었다. 하나님은 반역한 자기 백성을 돌이키시기 위하여 성육신하셨다. 그리고 십자가에서 피 흘리심으로 인류의 죄를 대신 속죄하셨다. 이 일은 예수님께서 인류의 구속을 이루심으로 하나님의 창조경륜이 성취되었다. 바울은 에베소서 1장에서 삼위일체 하나님의 구속경륜을 잘 설명하고 있다. 성부 하나님은 창세전에 그리스도 안에서 택하시고, 예정하시고, 자녀 삼으셨고; 성자 예수님은 그의 피로 속량 곧 죄 사함을 주셨으며; 성령 하나님은 인치심으로 기업의 보증이 되셨다. 이것이 칼빈주의의 핵심교리인 예정론(predestination)이다. 예정된 하나님의 백성과 하나님 사이에 이 은혜의 언약은 영원하기 때문에 파기되지 않는다(렘 31:31-33; 눅 22:14-20; 요 6:37-39).[18]

행위언약과 은혜언약의 결정적인 차이점이 있다면, 행위언약은 하나님과 타락하지 않은 인간과의 언약이요, 은혜언약은 하나님과 타락한 죄인과의 언약이라는 점이다. 그러나 행위언약이 깨지고 타락한 이후에 인류의 유일한 소망은 전적으로 은혜언약에 그 뿌리를 두게 되었다. 그럼에도 행위언약과 은혜언약은 전적으로 분리될 수 없다. 중요한 것은 지금도 행위언약의 본질적인 요청, 즉 하나님께 순종이라는 것은 아직도 유효하다는 것이다. 왜냐하면 하나님은 아직도 그분의 말씀(율법)을 어긴 자들을 공의로 심판하시기 때문이다(욥 34:11; 겔 7:3; 계 20:12). 그래서 행위언약을 창조언약(The Creation Covenant)이라고 부르기도 한다. 즉, 행위언약은 아담과 하와 그리고 그들의 후손들과 맺어진 언약이었고, 모든 인

---

17) *The Westminster Confession of Faith*, VII-3.
18) 서철원은 행위언약과 은혜언약이란 용어를 거부하고 대신 '첫 언약'(하나님의 백성 되기로 한 약정)과 하나님의 구속경륜으로 전개했다. 또한 행위언약과 은혜언약의 관계를 둘로 분리되는 별개의 것이 아니라 하나의 연결되어 있는 개념으로 이해했다(서철원의 「하나님의 구속경륜」(총신대학교 출판부, 2002 참조).

간은 창조언약에 포함된다.[19] 찰스 반 엥겐은 선교적 관점에서 은혜언약은 같은 의미지만 문화적·정치적·사회적 상황에 따라 여러 형태로 나타난 다고 했다.[20] 헤르만 바빙크는 일반은총에 대해 다음과 같이 설명했다.

> 일반은총은 어디에서든지 언제든지 하나의 본질을 가지고 있으나, 항상 다른 시대를 거쳐 오면서 새로운 형태로 나타났다....하나님은 처음부터 마지막까지 모든 일반은총의 시대에, 즉 노아, 아브라함, 이스라엘, 또는 신약의 교회에 변함이 없으셨다. 하나님의 약속과 선물과 은혜가 그것에 담겨있다....모든 것을 포함한 하나의 위대한 일반은총의 약속은 "나는 너의 하나님이 되고, 네 백성의 하나님이 되리라"는 것이다. 창세기 3장 15절의 원조약속(mother-promise)은 고린도후서 13장 13절의 사도적 축복에까지 일직선으로 이어진다....그것은 항상 같은 복음이며(롬 1:2; 갈 3:8), 같은 그리스도이며(요 14:6; 행 4:12), 같은 믿음이며(행 15:11; 롬 4:11), 그리고 항상 동일한 용서와 영생의 혜택을 준다.[21]

칼빈은 이 언약사상을 그의 대표적인 저서인 「Christianae Religionis Institutio」(기독교 강요)에서 다섯 가지 강령으로 요약하여 구원교리를 체계화하였다. 그리고 1618년부터 1619년에 발표된 도르트 신경(The Canons of Dordt)은 아르미니안주의(Arminism)의 주장을 정면으로 반박하는 개혁주의 구원론의 5대 교리를 확정지었는데,[22] 이를 '칼빈주의 5

---

19) R. C. 스프롤, 개혁주의 은혜론, 노진준 역, 기독교문서선교회, 1997, 122-123.
20) Charles Van Engen, "The New Covenant: Knowing God in Context," in *The Word Among Us: Contextualizing Theology for Mission Today*, ed. Dean S. Gilliland, Dallas: Word Publishing, 1989, 79.
21) Herman J. Bavinck, *Our Reasonable Faith: A Survey of Christian Doctrine*, Grand Rapids: Eerdmans, 1956, 274-276.
22) 도르트 신경은 1619년 4월 23일, 다섯 항목의 핵심 신조를 결정하고 참가자 전원의 의견

대 교리'라고도 한다. 혹자는 칼빈의 5대 강령의 영문 첫 글자를 조합하여 TULIP(튤립)으로 설명하기도 하는데,[23] Total Depravity(전적 타락), Unconditional Election(무조건적 선택), Limited Atonement(제한적 속죄), Irresistible Grace(불가항력적 은혜), Perseverance of the Saints(성도의 견인)에서 기인한 것이다.[24]

'전적 타락'은 범죄 한 모든 인간은 그 본성이 타락하고 죄가 만연함으로 스스로 구원에 필요한 믿음을 만들어 낼 수 없다는 것이다(요 6:44). '무조건 선택'은 하나님께서 인간에게 구원에 필요한 참된 믿음을 주시되 아무 조건 없이 주신다는 것이다(엡 1:5). '제한 속죄'는 하나님의 선택을 받은 사람만이 그리스도를 통해 구속을 받아 하나님의 백성이 된다는 것이다(마 1:21). '불가항적 은혜'는 하나님께서 구원하시기로 예정(선택)한 사람은 예수 그리스도를 믿지 않을 수 없다는 것이다(요 6:37). 그리고 '성도의 견인'은 하나님의 선택을 받은 사람은 성령의 보호하심으로 마침내 구원을 받는다는 것이다(요 6:39).

칼빈의 이런 신학화는 철저하게 성경의 바탕 위에서 체계적으로 발전

을 서면으로 청취하기 시작했다. 초기 신경의 골격을 작성한 대표들은 모두 아홉 명으로 요한네스 보거만 의장을 포함하여 폴란두스, 파우케리우스, 폴얀데르(Polyander), 발라에우스(Valaeus), 트리그란드(Trigland), 잉글랜드에서 온 조지 칼레톤 주교(George Carleton), 팔라틴에서 온 슬테투스(Schultetus), 제네바의 데오타투스 등이다(김재성, *개혁신학의 광맥*, 이레서원, 2004, 397).

23) 김재성, *개혁신학의 광맥*, 49; Duane E. Spencer, *TULIP: The Five Points of Calvinism in the Light of Scripture*, Grand Rapids: Baker, 1979; Robert L. Dabney, *The Five Points of Calvinism*, Harrisonburg: Sprinkle Publications, 1992; Mark Duncan, *The Five Points of Christian Reconstruction from the Lips of Our Lord*, Edmonton: Still Waters Revival Books, 1990; Edwin H. Palmer, *The Five Points of Calvinism*, Grand Rapids: Baker, 1980; Ben L. Rose, *T.U.L.I.P.: The Five Disputed Points of Calvinism*, Franklin: Providence House Publishers, 1996 참조.

24) 미국 칼빈신학교 조직신학 교수인 리처드 멀러(Richard Muller)는 "도르트 신경과 TULIP과는 역사적 연관성이 없고 그것은 19세기 이후 영미권에서 비롯된 것이라"고 주장했다. 그는 "칼빈과 그의 동료 개혁자들은 분명히 도르트 신경과 연속성을 지닌 교리들을 고수하였지만, 그들의 신앙고백을 TULIP으로 축소하지 않았다"고 했다. 특히 "칼빈은 분명히 '제한 속죄'에 대해 한 번도 언급하지 않았다. 이 용어들 중 어느 것도 도르트 신경에 나타나지 않는다. 또 이 용어들 중 어느 것도 17세기 개혁파나 칼빈주의 정통신학의 특징을 나타내지 않는다. TULIP이라는 용어처럼 이 용어들도 상당히 최근에 영미권에서 만든 창조물이다"고 주장했다(Richard Muller, *Calvin and the Reformed Tradition*, 53-62 참조).

시킨 작업이었고, 그의 후예들인 아브라함 카이퍼(Abraham Kuyper, 1837-1920), 헤르만 바빙크(Herman Bavinck, 1854-1921), 찰스 핫지(Charles Hodge, 1797-1878), 베냐민 워필드(Benjamin B. Warfield, 1851-1921), 루이스 벌코프(Louis Berkhof, 1873-1957) 등이 칼빈의 개혁사상을 충실히 계승·발전시켜 개혁주의를 가장 성경에 부합되는 신학사상으로 체계화하였다.

(도르트 총회 (중앙에는 아르미니안들이 앉아있음))   (존 칼빈, 1509~1564)

개혁주의의 참된 전통

종교개혁의 사상이나 개혁신학과 같은 특정한 신학적 전통(παράδοσις)들은 무(無)에서 일어나지 않았다. 예컨대 '칼빈주의'(Calvinism)[25] 또는 '칼빈신학'(Calvin Theology)이라고 할 때 그 신학과 사상이 칼빈에 의하여 완전히 새롭게 만들어진 것이 아니라 그 이전의 개혁자들의 사상과 신

---

25) 칼빈주의자 베냐민 워필드는 '칼빈주의'라는 용어는 서로 깊숙이 연관되어 있지만 두세 개의 의미가 있다고 설명했는데; 첫째는 존 칼빈의 개인적인 가르침을 가리키고, 둘째는 루터파 교회와는 구별되는 개혁교회(the Reformed Church)에 의해 역사적으로 고백된 교리적 체계를 의미하며, 셋째는 좀 더 광의적인 의미에서 존 칼빈의 사상적 영향을 받는 신학적·윤리적·철학적·사회적·정치적인 개념 전부를 의미한다(Benjamin B. Warfield, *Calvin and Augustine*, Philadelphia: The Presbyterian and Reformed Publishing Co, 1980, 287-288).

학적 전통의 토대 위에 정립되고 신학화(theologization) 된 것이다.[26]

따라서 개혁주의는 구약의 선지자들과 예수 그리스도를 거쳐 예수님의 제자들과 사도 바울, 그리고 어거스틴(Saint Augustine)과 아타나시우스(Saint Athanasius)를 비롯한 교부들의 신학적 전통을 이어받은 종교개혁자들, 특히 1세대인 마틴 루터(Martin Luther)와 울리히 츠빙글리(Ulrich Zwingli)에 이어 2세대인 존 칼빈(John Calvin)으로부터 우리에게 내려온 신학과 신앙의 역사적 전통의 터 위에 서있다(엡 2:20).[27] 개혁주의는 예수 그리스도로 시작되어 사도들과 교부들과 개혁자들의 신앙적 유산인 셈이다(계 1:1). 전통과 신앙은 서로 결합되어 있어 불가분의 관계에 놓여있다. 이 둘은 상호간에 서로 필요하며 또 기독교 공동체의 삶에서 없어서는 안 될 것들이다. 존 레이스(John Leith)는 "전통이란 성경적 진리와 복음을 신자로부터 신자에게로, 공동체로부터 공동체에게로, 한 세대로부터 다음 세대에로 권위 있게 넘겨주는 것을 말한다"고 해석했다.[28] 이런 전통의 넘겨줌은 일차적으로 성부 하나님이 성자 예수 그리스도를 우리에게 넘겨주신(내어 주신) 것이고(롬 8:32),[29] 그 예수 그리스도로부터 받은 자

---

26) Richard Muller, *Calvin and the Reformed Tradition*, 14.
27) 일반적으로 종교개혁 초기의 개혁신학자들을 다음과 같이 분류한다. 루터주의 신학자들로 마틴 루터를 비롯하여 현대식 대학교육의 초석을 놓은 필립 멜랑흐톤(Philip Melanchthon), 교회사 연구의 선구자 마티아스 플라시우스(Matthias Flacius), 개신교 최초의 여성 신학자 아굴라 폰 그룸바흐(Argula von Grumbach), 독일 남북부 루터교의 개혁자 우르바누스 레기우스(Urbanus Rhegius), 뷔르템베르크에서 종교개혁을 주도한 요한네스 브렌츠(Johannes Brenz), 제2의 루터로 알려진 마틴 켐니츠(Martin Chemnitz) 등이 있다. 반면, 개혁주의 신학자들로는 루터와 동시대에 종교개혁을 주도했던 울리히 츠빙글리(Huldrych Zwingli), 츠빙글리의 동역자요 스위스의 종교개혁자 하인리히 불링거(Heinrich Bullinger), 존 칼빈(John Calvin), 칼빈의 예정론의 변증가 피터 마터(Peter Martyr), 칼빈의 제자요 후계자 데오도르 베자(Theodore Beza), 최초의 개신교 캔터베리 대주교요 순교자 토머스 크랜머(Thomas Cranmer), 성공회 신학의 변증가 리처드 후커(Richard Hooker) 등이 있다 (Carter Lindberg, ed. *The Reformation Theologians: An Introduction to Theology in the Early Modern Period*, Malden: Blackwell Publishers, 2002).
28) 존 레이스, 개혁주의란 무엇인가?, 오창윤 옮김, 반석문화사, 1992, 17.
29) 롬 8:32에서는 '내어주심'으로 표현됨: "자기 아들을 아끼지 아니하시고 우리 모든 사람을 위하여 **내주신** 이가 어찌 그 아들과 함께 모든 것을 우리에게 주시지 아니하겠느냐?"(저자 강조).

들이(사도) 후대 사람들에게 넘겨주었고(개혁자), 그 넘겨받은 자들이 또다시 다음 세대에 권위 있게 넘겨주는 것이 전통이다. 이런 의미에서 성경이야말로 지상에서 가장 오래된 신앙의 전통이요, 예수 그리스도께서 남기신 기독교의 가르침을 사도들과 교부들을 통해 그대로 전수받았기 때문에 정통신학(Othodoxy Theology)이라고 한다.[30]

예컨대 칼빈이 「기독교 강요」를 쓸 때도 그는 누구의 도움도 받지 않고 백지상태에서 쓴 것이 아니라, 앞선 누군가가 만든 사도신경의 체계에 맞추었을 뿐만 아니라 자기보다 앞선 여러 교부들이나 신학자들의 전통을 받아 신학 작품들을 만들었다. 물론 아타나시우스나 어거스틴과 같은 교부들이나 신학자들의 전통은 성경의 권위에 종속된다. 다시 말하면 기독교의 참된 전통들은 모든 기독교 공동체 안에서 주(主)가 되신다고 고백하는 예수 그리스도 안에 드러난 하나님의 계시에 종속된다.[31]

이런 이차적인 신앙의 전달행위에 대해 에밀 브루너(Emil Brunner)는 "전통에는 필연적으로 예수 그리스도에 관한 역사적 사실들 속에 나타난 하나님의 유일한 계시가 포함되어 있다. 구원의 드러냄을 포함하고 있는 이 유일한 역사적 사건은 그 후세대들이 구원의 은혜에 동참할 수 있음의 본질 그 자체에 속하는 것이다. 그러므로 전통은 복음의 본질 그 자체에 속하는 것이다"고 했다.[32]

칼빈주의 조직신학자 존 프레임(John Frame)은 전통에 대해 다음과 같이 잘 설명했다.

> 전통으로 번역된 '파라도시스'(παράδοσις)는 한 사람 혹은 한 그룹에서 또 다른 사람이나 그룹으로 "이어져 내려온" 말이나 관행

---

30) 김재성, *개혁신학의 광맥*, 79; 정통신학은 역사 가운데 개혁된 신학을 가리킴으로 개혁신학이 곧 정통신학이다.
31) 존 레이스, *개혁주의란 무엇인가?*, 24-25.
32) Emil Brunner, *The Misunderstanding of the Church*, trans. Harold Knight, Philadelphia: Westminster Press, 1953, 35, 존 레이스, *개혁주의란 무엇인가?*, 18, 재인용.

을 의미한다. 신약성경은 두 종류의 전통, 즉 좋은 전통과 나쁜 전통을 구별한다. 좋은 전통은 "아들의 소원대로 계시를 받은 자"(마 11:27)에게 추가로 전해주기 위해 성부 하나님이 예수 그리스도께 "전해 주신" 그 계시이다. 이 전통은 사도들에게 계시된 영세 전부터 감추어져온 복음의 신비이다(고전 2:9-10). 사도들은 이 전통을 교회에 넘겨주었다(고전 15:2-3). 그리고 하나님이 자신의 말씀을 지키라는 책임을 유대인에게 주신 것처럼(롬 3:2) 교회는 그 전통에 순종하고(살후 3:6; 벧후 2:21), 그것을 붙들며(딤전 6:20; 유 1:3), 왜곡에 대항하여 그것을 지킬 책임을 가지고 있다. 그런 후에 교회는 이 전통을 다른 사람들을 가르칠 수 있는 충성된 사람에게 넘겨주어야 한다(딤후 2:2). 이 전통은 예수님과 사도들을 통해서 영구히 성경에 보관된 하나님의 계시이다. 반면, 나쁜 전통은 바리새인의 전통으로, 그들은 자신들의 전통에 지나친 권위를 부여함으로 성경과 동일한 권위의 수준에 올려놓았다. 즉 하나님의 말씀을 폐하였다(막 7:13)....로마 가톨릭교회도 자신의 전통과 권위를 성경과 동일시한다.[33]

개혁주의의 전통은 하늘과 땅을 창조하시고 예수 그리스도 안에서 결정적이고 확정적인 방법으로 자기 백성을 찾아오신 하나님을 믿는 모든 사람들과 더불어 공동의 신앙과 공동의 전통을 함께 나누어 갖고 있다. 기독교 초기에는 이레니우스, 알렉산드리아의 클레멘트, 터툴리안, 히폴리투스 등의 저술에서 발견되는 전통이 사용되었고, 이어서 사도신경, 니케아신경, 콘스탄티노플신경(이 신경은 니케아신경과 함께 니케아-콘스탄티노플 신경으로 불림), 아타나시우스신경, 칼케돈신경 등은[34] 범 교회적 공

---

[33] 존 M. 프레임, *성경론*, 김진운 옮김, 개혁주의신학사, 2014, 421-422.
[34] 신조 또는 신경(Creed)은 공적으로 사용하기 위한 신앙고백이며, 또한 구원을 위해서 꼭 알아야 할 내용을 언어형태로 표현하여 특별한 권위를 부여한 것으로, 최소한의 그리스도교회를 유지하기 위하여 없어서는 안 되는 것이다(김영재, *기독교 교회사*, 이레서원, 2004, 14).

의회(Ecumenical Councils)에서 결의된 것으로(서방교회 · 동방교회 · 개신교회가 공히 받아들임),[35] 보편적인 기독교의 전통을 표현하고 있는 중요한 신학적 진술이다.[36] 안인섭은 "개혁주의는 전통을 중시하여 성경을 간과하는 전통주의나, 반대로 성경만 강조하여 역사적 전통을 무시하는 급진주의 사이에서 성경에 근거한 역사적 길을 갔다"고 했다.[37] 그러므로 우리는 전통주의(traditionalism)에 빠져서는 안 되지만 개혁자들의 귀중한 역사적 전통(παράδοσις)을 계승 · 발전시킴으로 우리의 신앙과 신학을 그리스도 예수 안에서 더욱 풍성하게 할 필요가 있다.[38]

역사적 개혁주의

지금까지 우리는 자연스럽게 '개혁주의'라는 용어를 사용했지만, 사실 영어에 개혁주의(Reformism)라는 용어는 존재하지 않는다. 다만 개혁교회(Reformed church), 개혁전통(Reformed tradition), 또는 개혁신앙(Reformed faith)이라는 말은 사용되지만 개혁주의라는 말은 사용되지 않는다. 일례로 칼 바르트(Karl Barth)는 스위스의 개혁교회 목사였고 독일 본(Bonn)대학에서 개혁주의 신학을 가르치기도 했으며 그가 쓴 13권의 「Kirchliche Dogmatik」(교회 교의학)[39]는 20세기 최대 신학적 업적 중

그러나 교회는 신조들 위에 서있는 것이 아니라 그리스도 위에 있으며, 사람의 말이 아니라 하나님의 말씀 위에 서있다. 교회가 사람에 의해서 고백된 그리스도 위에 서있다면, 신조는 그리스도의 물으심에 대한 사람의 답변이요 하나님의 말씀에 대한 사람의 해석이다. 그러므로 믿음이 있는 곳에 신조가 있으며, 교회가 있는 곳에 신앙고백이 있다(김학모, *개혁주의 신앙고백*, 부흥과개혁사, 2015, 15).

35) 김길성, "교회와 신앙고백서"(신학지남에서 인용), *리폼드뉴스*, 2017년 8월 23일.
36) 존 레이스, *개혁주의란 무엇인가?*, 25.
37) 안인섭, *John Calvin*, 148.
38) '전통'과 '전통주의'는 완전히 다른 개념이다. 기독교 변증가 오스 기니스(Os Guinness)는 "전통은 죽은 자들의 산 믿음이지만 전통주의는 산자들의 죽은 믿음"이라고 설명했다(오스 기니스, *회의하는 용기*, 윤종석 옮김, 복있는 사람, 2008, 60).
39) 칼 바르트는 독일 본(Bonn)에서 시작한 「교회 교의학」(Church Dogmatics) 저술을 스위스 바젤(Basel)에서도 계속했으나 총 5권으로 저술하려던 원래 계획이 전 4권(13권)까지만 마치

의 하나로 인정받음으로 그를 가리켜 20세기의 가장 독창적이고 중요한 개혁 신학자라고 추켜세우지만, 그러나 지금 그를 가리켜 개혁주의 신학자라고 부르지는 않는다. 그 결정적인 이유는 그의 성경관 때문이다. 바르트는 "성경이 그 자체로 하나님의 말씀이 아니라 신언사건을 통하여 하나님의 말씀이 된다"는 견해를 가지고 있다.[40] 실제로 바르트는 성경의 무오성(無誤性)을 훼손하는 성경관을 가지고 있는데 "선지자들과 사도들 자신은 심지어 그들의 직분에 있어서도, 심지어 증인으로서의 그들의 역할에 있어서도, 심지어 그들의 증거를 기록하는 행위에 있어서도, 우리와 같이 실제, 역사적 인간이었고 그러므로 그들의 행동에 있어서 죄가 있고 그들의 말이나 기록에 있어서 잘못을 범할 수 있었고 또 실제로 범했다"고 주장한다.[41]

그러므로 역사적 개혁주의는 "사도들과 선지자들의 터 위에 세우심을 입은"(엡 2:20) 종교개혁자들, 특히 칼빈의 신학사상을 이어받은 일종의 신학적 전통(theological tradition)이다. 신학이란 하나님께서 인간에게 계시하신 성경에 대한 해석과 체계적인 적용이라고 한다면, 그것은 대(代)를 이어 암송만 하고 있어야 할 것이 아니라 여러 가지 방법으로 후대에 전달해야 한다. 이것을 전통이라고 하는데, 이런 신학적 전통이 있었기 때문에 오늘날 우리가 이전 세대들보다 더 풍성하고 더 정확하게 성경과 신학을 이해할 수 있는 것이다.

만일 성경만 있고 이런 신학적 전통이 없었다면 1차 니케아 공의회(Council of Nicaea, 325년) 때부터 4차 칼케돈 공의회(Council of Chalcedon, 451년) 때까지 무려 126년 동안 논쟁을 거듭했던 삼위일체 교리 문제를 지금도 우리는 반복적으로 논쟁할 수밖에 없는 것 아닌가?[42]

고 생을 마감함으로 그의 생전에 전권이 완성되지 못했다.
40) 서철원, *성경과 개혁신학*, 쿰란출판사, 2007, 40.
41) Karl Barth, *Church Dogmatics, Volume I*, T & T Clark International, 2010, 528-529.
42) 종교개혁자들은 일반적으로 제1차 니케아 공의회부터 제4차 칼케돈 공의회까지 만을 인정한다.

개혁주의가 신학 전통이라고 했을 때, 개혁주의는 당연히 역사성을 가지고 있어야 한다. 개혁주의는 정형화된 어떤 고정불변의 실체나 또는 성경을 연구하여 얻어진 어떤 지식체계가 아니라 교회의 역사를 연구함으로 발견하게 되는 신학 전통이다.

그런데 불행하게도 종교개혁의 역사적 상황에서 만들어진 신학 전통이 역사의 과정을 거쳐 내려오는 동안 원래의 가르침에서 발전한 것도 있고, 퇴보한 것도 있고, 아예 기존의 것을 버리고 새로운 전통을 만드는 경우도 나타나게 되었다. 예컨대, 이런 신학 전통이 성경에서 벗어난 대표적인 경우는 중세시대의 로마 가톨릭교회에서 나타났다. 이들은 성경에서 완전히 벗어난 교리(특히 구원론, 교회론, 기독론)을 가르침으로 타락의 극치에 다다랐고 이로 인해 개혁운동이 일어났던 것이다. 차후 이에 대하여 구체적으로 논하겠지만 요즘 에큐메닉 교회들의 주장을 봐도 개혁주의 신학적 전통에서 많이 벗어나 있음을 볼 수가 있다.

이런 신학적 전통이 훼손된 상황에서 출현한 신학적 전통이 개혁주의이다. 개혁주의는 한마디로 종교개혁의 모토였던 '오직 성경'이라는 정신 아래 '성경에 가장 충실한 전통'이라고 할 수 있다. 여기서 '성경에 충실하다'는 말은 성경을 문자적으로 실천한다는 의미가 아니라 성경해석에 충실하다는 의미이다.

그러므로 개혁주의는 역사적 개혁주의 신앙고백과 그것에 근거하여 발전한 신학체계에 따라 성경을 올바로 해석하고 그것을 교리와 신앙과 예배 및 삶에 있어서 통전적으로 적용시키는 공교회적 신학 전통이라고 할 수 있다.[43] 따라서 역사적 개혁주의자라고 하면 먼저 성경을 근거로 합의

---

[43] 정통기독교는 "교리"(dogma)에 기초하고 있다. 교리란 성경적 진리에 대한 기술로서 예수 그리스도가 그 중심을 차지한다. 그런데 자유주의 신학자들은 기독교는 교리와 별개의 한 경험 혹은 생활이며, 교리는 기독교적 경험 혹은 생활을 한 시대의 사고방식으로 표현한 하나의 상징에 불과하며, 따라서 교리는 시대마다 변할 수 있고 또 변해야 한다고 주장한다(김효성, *자유주의 신학의 이단성*, 옛신앙, 2016, 12). 자유주의 신학의 이런 흐름은 19C 초 자유주의 신학의 아버지로 불리는 프리드리히 슐라이허마허(Friedrich D. E. Schleiermacher), 19C 중반의 알브레히트 리츨(Albrecht Ristschl), 그리고 19C 말 아돌프 폰 하르낙(Adolf von Harnack)에 의해 이어지고 있다. 하르낙은 사람이 스스로 경험한 종교만 고백될 수 있

한 개혁주의 신앙고백에서부터 출발해야 한다. 이 굳건한 신학적 토대 위에 초대교회로부터 종교개혁을 거쳐 오늘날까지 이어져 내려오는 거대한 역사적 개혁주의 신학의 전통을 점차적으로 우리의 것으로 소화해야 한다.[44] 개혁주의는 성경의 절대적인 권위 위에 서서 구약의 선지자들의 가르침과 인류의 구원 주 예수 그리스도의 가르침을 이어받은 받은 제자들과 사도들 그리고 교부들과 개혁자들의 신학을 존중하고 개혁교회의 공적인 신앙고백을 따르면서 역사 속에서 하나님의 절대주권을 인정하는 신학과 사상이다.

개혁주의 신앙고백의 특징

개혁주의 신학은 사도신경(The Apostles' Creed), 니케아신경(Nicene Creed, 325), 칼케돈신경(The Definition of Chalcedon, 451), 아타나시우스신경(Athanasian Creed)을 기초로 한 종교 개혁의 역사적 신앙고백의 유산을 토대로 하여 교회가 고백하는 신앙 내용을 요약한 것으로[45] 하이델베르크 교리문답((Heidelberg Catechism, 1563), 도르트 신경(The Canons of Dordt, 1618), 그리고 웨스트민스터 신앙고백(The Westminster Confession of Faith, 1643-48)[46] 등을 대표적으로 꼽을 수

으며, 그 외의 모든 신조나 신앙고백은 예수의 견해에 의하면 위선적이고 파멸적이라고 주장했다(Adolf von Harnack, *What Is Christianity?*, Minneapolis: Augsburg Fortress, 1987, 159).

44) 이성호, "*개혁주의란 무엇인가?*," 코람데오닷컴(*Revival and Reform*), 2011년 1월 3일; 김재윤, *개혁주의 문화관*, SFC, 2015, 76-85 참조.

45) 정통 기독교는 짧고 명료한 형태의 암기용 신조를 만들어 이단사상에 대항했다. 대표적인 신조로 '사도신경'은 서로마 교회의 중심 신조였고, 아타나시우스신경은 325년 이후 동로마 교회들의 대표 신조였다. 신조들은 "성부-성자-성령-교회"에 관한 네 구조로 되어있으며, 그중 특히 예수 그리스도에 관한 진술이 많은 것으로 볼 때 이단들을 경계하기 위한 것임을 알 수 있다. 실제로 정통교회는 신조에 반대되는 주장은 이단으로 간주하고 엄격히 다루었다(김동주, *기독교로 보는 세계역사*, 킹덤북스, 2014, 146-147).

46) 웨스트민스터 총회(종교회의)는 1643년 7월 1일(토)부터 1648년 2월 22일까지 만 5년 7개월 동안 151명의 총대들이 무려 1,163번이나 회의를 거듭한 끝에 신앙고백, 공동예배서, 교회의 정치체제와 권징조례, 대소요리문답을 만들어냈다. 그 이후 스코틀랜드 장로교회는

있다. 그밖에도 다른 주제나 문서가 미친 영향력의 범위에서 볼 때에 다소 규모가 작은 것으로는 헬베틱 고백서(The Helvetic Confession, 1536), 갈리칸 신앙고백(Gallican Confession, 1559), 제네바 교리문답(Geneva Catechism, 1537-1545), 벨직 신앙고백서(The Belgic Confession, 1561) 등을 꼽을 수 있고, 여러 지역에서 각 교회나 교단에 맞는 고백서들이 채택되고 발표되었다.[47] 예컨대 교회 전체회의(공의회)에서 만들어진 것으로 니케아 신조와 니케아-콘스탄티노플 신조 및 칼케돈 신조가 있으며, 특정 교회 회의에서 만들어진 것으로 트렌트회의 신조와 도르트 신경 및 웨스트민스터 신앙고백이 있으며, 특정 신학자가 교회의 위임을 받아 만든 것으로 하이델베르크 교리문답이 있고, 한 개인이 자기가 속한 교회나 교파의 자격으로 만든 것으로 멜란히톤의 아우구스부르크 신앙고백과 루터의 교리문답 등이 있다. 이들 고백서들은 우리가 성경에서 믿어야 할 교리들을 매우 탁월하게 요약 압축하여 놓고 있는데, 그 중에서도 구원의 도리를 압축하여 가르치고 있고, 지금도 전 세계 개혁 교회의 표준 문서로 받아들여지고 있다.[48]

사실 최초의 신앙고백은 베드로가 예수 그리스도께 고백한 것으로 "주는 그리스도시요 살아 계신 하나님의 아들이시니이다"(마 16:16)는 고백이었다. 그러나 이렇게 단순하고 간단했던 신앙고백은 점차 그 고백 내용을 더하지 않으면 안 되었다. 왜냐하면 교회에서 성경의 올바른 의미에 대해 추가적인 논쟁이 생길 때마다 수정 보완 작업을 거쳐 그 내용이 점차 확대되고, 마침내 신학적 논리와 체계를 갖추게 되었다.[49] 비록 개혁주의 신앙고백들의 내용에 순서나 강조점이 약간의 차이를 보이기도 하지만 성

1648년 6월 20일 의회의 승인을 거쳐 장로교신조로 사용되게 되었다. 그 후 미국으로 건너간 장로교회가 이 신앙고백서 중 교회와 국가 간의 문제를 다룬 일부를 수정 보완하여 사용하는 것을 한국교회가 채용하여 사용하고 있다.

47) Jan Rohls, *Reformed Confessions: Theology from Zurich to Barmen*, trans. John Hoffmeyer, Louisville: Westminster/John Knox, 1998, 9-28.
48) 김재성, *개혁신학의 광맥*, 47.
49) 김학모, *개혁주의 신앙고백*, 16.

경의 진리와 가르침을 기초로 하는 개혁주의 신앙고백에는 공통적으로 가진 특성이 있다.

첫째, 개혁주의 신앙고백은 성경에 대한 고백으로 시작한다. 이들은 성경은 정확무오한 하나님의 말씀임을 확신하고 모든 교리와 신앙고백의 체계를 성경에서 찾았다. '개혁교회'는 로마 가톨릭교회의 반성경적·인본주의적 탈선으로부터 성경으로 개혁된 교회라는 의미에서 영어로 'Reformed Church'라고 한다.[50] 둘째, 삼위일체 하나님에 대한 신앙고백이 뒤이어 나온다. 초대교회는 예수님의 신성과 인성에 대한 논란을 극복하고 삼위일체 신앙고백을 확립했다. 셋째, 예정과 선택을 중심으로 하는 구원론을 개혁주의 신앙의 기본으로 삼는다. 이에 대한 당연한 귀결로 개혁주의는 제한속죄를 주장한다. 특히 17세기 아르미니안주의자들의 보편구원론은 개혁교회를 위험에 빠뜨리기도 했다. 그러나 개혁주의 지도자들은 도르트에 모여 성경을 기초로 "도르트 신경"[51]을 공포하였다.[52]

2. 개혁주의 중심사상

개혁자들이 우리에게 전수해준 살아있는 전통에는 일관성 있게 지배하는 몇 가지 기본 사상체계가 있다. 큰 흐름에서는 동일하지만 학문적 세분화 과정에서 학자들마다 자신들의 생각을 정리한 부분들이 있지만 선교신학적 입장에서 개혁신학의 중심사상 네 가지를 제시하고자 한다.

---

50) 칼빈이 제시한 세 가지 부분에서의 그리스도인의 해방은 율법으로부터의 해방, 하나님을 사랑함에서 나온 순종(강제적 순종에서의 해방을 의미), 그리고 사람이 만든 불필요한 규제로부터의 자유이다(George H. Tavard, *The Starting Point of Calvin's Theology*, Grand Rapids: Eerdmans, 2000, 157). 이런 의미에서 종교개혁은 로다 가톨릭교회가 제정한 반성경적이고 불필요한 전통과 규제로부터의 해방을 이루었던 것이다.
51) 도르트 신경에 대해서 클라렌스 바우만의 「도르트 신경 해설」(손정원 옮김, 솔로몬, 2016)과 코르넬리스 프롱크의 「도르트 신조 강해」(황준호 옮김, 그 책의 사람들, 2012)를 읽어라.
52) 김학모, *개혁주의 신앙고백*, 18-19 참조.

성경중심 사상

개혁주의를 상징하는 첫 번째 사상은 '오직 성경'(*Sola Scriptura*)이다. 개혁주의의 근본 원리는 성경에 기초한 믿음과 삶의 체계이다. 그러므로 개혁신학의 핵심은 성경의 영감과 권위를 받아들이는 것이다. 개혁주의와 현대주의의 갈림길은 성경의 무오한 권위와 영감을 믿는가의 여부에 달려 있다.[53] 그래서 개혁주의자들은 하나님의 말씀만이 우리의 신앙과 행위의 준거점(準據點)임을 천명했다. 웨스트민스터 대요리문답 세 번째 항은 "무엇이 하나님의 말씀인가?"라는 질문에 "구약과 신약 성경이 하나님의 말씀이며, 따라서 신앙과 순종의 유일한 규범이다."고 답하고 있다. 그렇다. 하나님의 말씀은 성경 이상의 것이지만 성경은 분명히 하나님의 말씀이다.[54] 그러므로 오직 성경만이 절대적 진리이며, 최종의 권위가 있음을 인정한다. 그 이유는 성경은 하나님의 말씀이고 구원계시이기 때문이다. 그래서 기독교를 가리켜서 계시의 종교, 구원의 종교라고 한다. 이것이 이방 종교와 다른 점이다. 하나님께서는 시대마다 성경의 기자(記者)들을 선택하시어 성령의 감동으로 그분의 말씀을 계시해 기록하도록 하셨다. 그래서 성경을 기록한 사람을 저자(著者)라 하지 않고 기자(記者)라고 부른다.

첫째, 성경에는 신적 권위(權威 authority)가 있다. 성경은 사람이 임의로 저술한 책이 아니라, 성령의 감동으로 하나님의 말씀(딤후 3:16; 롬 3:2; 히 5:12)을 기록한 책으로서 그 자체에 권위가 있다. 성경의 권위에 대해 디모데후서 3장 15-17절은 "성경은 능히 너로 하여금 그리스도 예수 안에 있는 믿음으로 말미암아 구원에 이르는 지혜가 있게 하느니라 모든 성경은 하나님의 감동으로 된 것으로 교훈과 책망과 바르게 함과 의로 교육하기에 유익하니 이는 하나님의 사람으로 온전하게 하며 모든 선한 일을

---

53) Sung. K. Chung, *Abraham Kuyper: His Life and Theology*, Loving Touch, 2013, 490-493.
54) 존 M. 프레임, *성경론*, 김진운 옮김, 개혁주의신학사, 2014, 115.

행할 능력을 갖추게 하려 함이라."고 스스로 증거하고 있다. 여기서 "하나님의 감동으로"라는 말은 헬라어로 '데오프뉴스토스'(θεόπνευστος)인데 "하나님께서 숨을 내쉬다"라는 뜻이다. 바울은 성경이 하나님께서 숨을 내쉬어 기록된 것이라고 했다. 영감이 되기 위해서는 하나님께서 숨을 내쉬어야만 한다. 여기서 강조하고자 하는 것은 하나님의 영감(inspiration)은 하나님의 내쉼(expiration)에 의해 이루어졌다는 점이다. 성경이 하나님의 내쉼으로 된 것이라고 한 것은 성경의 근원과 원인이 바로 하나님 자신인 것을 강조한 것이다.[55]

또한 울리히 츠빙글리(Huldrych Zwingli)를 비롯한 개혁자들은 하나님의 말씀의 권위는 "성경의 명확성과 확실성"에 있다고 확신했다.[56] 아브라함 카이퍼(Abraham Kuyper)는 성경은 무오의 거룩한 말씀이기 때문에 거기에 신적 권위가 있음으로 성경의 사실성을 부정하는 것은 실제로 하나님을 부정하는 것이라고 강조했다.[57] 존 프레임(John Frame)은 하나님의 기록된 말씀은 하늘로부터의 신적 음성과 선지자들과 사도들의 말과 동일한 능력과 권위와 신성을 가짐으로 성경의 권위는 무류하고 무오하다는 것을 의미한다고 주장했다.[58] 특히 프레임은 하나님의 계시가 일반적인 과정(화자나 저자)을 사용하셔서 우리에게 전달되었음을 주목하면서 성경의 전달과정을 도식을 통해 설명했는데, "하나님의 음성(계시) → 선지자와 사도(기록자) → 기록된 말씀(성경)"으로 도식화했다. 그는 하나님의 음성이 선지자와 사도들 통해 말씀으로 기록되었음에도 불구하고 능력,

---

55) R. C. 스프롤, *개혁주의 은혜론*, 노진준 역, 기독교문서선교회, 1997, 48-49; 강병도, *카리스종합주석*, 디모데후서 3:16.

56) Timothy George, *Theology of the Reformers*, Nashville: Broadman Press, 1988, 314-315; 마틴 루터와 더불어 종교개혁의 양대 산맥을 이뤘던 츠빙글리의 신학의 핵심은 성경은 하나님의 영감 된 말씀으로 그 권위는 어떤 종교회의의 결의(사도신경을 비롯한 신경이나 신조)나 교부들의 전통보다 더 높다는 것이다.

57) Sung. K. Chung, *Abraham Kuyper: His Life and Theology*, 491.

58) 존 M. 프레임, *조직신학 개론*, 97.

권위, 신적 임재에 어떠한 축소나 오류도 없다고 주장했다.[59]

따라서 성경의 권위(신성과 신빙성)는 교회의 인정이 아니라 오로지 성경 그 자체에 근거하며, 하나님의 말씀으로서 인간의 평가를 초월한다. 성경의 권위는 성경 자체와 성령의 확실한 증거이다.[60] 그래서 남아프리카공화국의 조직신학자인 존 드 그루시(John de Gruchy)는 "*Sola Scriptura*는 오직 성경만이 우리의 권위라는 것을 의미하지 않고, 성경은 궁극적으로 성경 자체에 해석의 단서가 있음을 우리에게 제공하는 것을 의미한다"고 했다.[61]

성경은 구원에 이르는 지혜를 주고, 바른 삶을 살도록 이끄는 지침서가 되며, 하나님의 사람으로 온전한 삶을 살 수 있도록 하는 능력이 있다. 뿐만 아니라 아더 글라서(Arthur Glasser)는 성경계시와 하나님 나라의 관계를 설명하면서 "모든 성경은 하나님의 통치(βασιλεία)를 선포한다"고 함으로 성경의 권위를 표현했다.[62] 따라서 성경 66권은 구원계시로서 완벽한 유기적 통일성을 가지고 있으며, 하나님을 반역한 인간을 구원하는 능력과 마땅히 구원받은 백성이 지켜야 할 절대적인 도덕 가치기준을 제시하는 권위가 있다. 또한 베드로는 사람이 거듭나는 것은 "살아 있고 항상 있는 하나님의 말씀으로 되었다"고 함으로 성경을 살아있는 하나님의 말씀으로 사람을 거듭나게 하는 권위와 능력이 있음을 선포했다(벧전 1:23).

둘째, 성경은 영감(靈感 inspiration)되었다. 디모데후서 3장 16절은 "모든 성경은 하나님의 감동으로 된 것"이라고 했고, 베드로후서 1장 20-21절도 "성경의 모든 예언은…오직 성령의 감동하심을 받은 사람들이 하나님께 받아 말한 것임이라."고 함으로 성경은 하나님의 감동, 곧 성령의 감

---

59) 존 M. 프레임, *성경론*, 367.
60) 하인리히 헤페, *개혁파 정통 교의학*, 이정석 옮김, 크리스챤 다이제스트, 2007, 50-51.
61) John W. de Gruchy, *Liberating Reformed Theology*, Grand Rapids: Eerdmans, 1991, 83.
62) Arthur F. Glasser, *Announcing the Kingdom: The Story of God's Mission in the Bible*. Grand Rapids: Baker Publishing, 2011, 359-373.

동으로 기록된 것임을 분명히 하고 있다. 성경은 비록 사람이 기록했지만 그것은 사람의 개인적인 지식이나 독창적 경험으로 기록한 것이 아니라 글자 한 자(字), 한 획(劃)까지도 성령께서 감동하심으로 기록하게 하셨다. 따라서 성경의 모든 내용은 교리적 · 윤리적 내용뿐 아니라 역사적 · 지리적 · 과학적 사실까지도 전부 영감 되었다. 예수님께서는 "진실로 너희에게 이르노니 천지가 없어지기 전에는 율법의 일점일획(一點一劃)도 결코 없어지지 아니하고 다 이루리라"(마 5:18)고 하셨다. 이것은 성경의 지극히 작은 글자 하나도 하나님의 섭리와 영감으로 기록되어졌다는 말씀이다. 그리고 하나님께서 성경 기자들을 통해 기록하실 때 단순히 받아쓰도록 하는 기계적인 도구가 아니라 자율적인 인격체로 사용하셨다. 이유는 하나님은 인격적인 하나님이시기 때문이다. 우리가 하나님의 형상으로 지음을 받았다는 것은 인격적으로 지음을 받았다는 증거이다. 그렇기 때문에 하나님은 사람을 대하실 때 항상 인격적으로 대하신다. 이런 의미에서 성경을 '유기적 영감'(organic inspiration)이라고 한다. 물론 때로는 성경 기자들이 하나님의 말씀을 기계적으로 받아썼을 경우도 있었지만, 대부분의 경우에는 하나님은 그들을 인격적으로 존중하면서 그들의 지식과 지혜, 문학적 재능을 포괄적으로 사용하셨다. 그러므로 그들이 기록한 책은 그들의 독특한 문체 · 성격 · 재능 · 교육을 반영한다. 그럼에도 그들이 기록한 내용은 하나님의 생각을 반영한 '하나님의 말씀'으로서 성경 자체가 유기적 영감을 증거한다.

셋째, 성경은 무오(無誤 inerrancy)하다. 성경이 무오하다는 의미는 성경 원본에 오류가 없음을 뜻한다. 성경 사본이나 역본에는 상이점과 필기상의 오류는 있을지라도 성경 원본은 본질상 무오하고 그 본문은 하나님의 섭리로 순수하게 보존되었다. 또한 성경의 모든 역사적 · 교리적 · 윤리적 기록에 전혀 오류가 없음을 의미한다. 그래서 예수님도 하나님의 말씀의 기록인 구약성경을 자주 인용하셨으며, 바울은 "나는 그들이 이단이라 하는 도(그리스도교 복음)를 따라 조상의 하나님을 섬기고 율법과 선지자들의 글에 기록된 것을 다 믿으며"(행 24:14)라고 말했다.

　개혁주의 조직신학자 존 프레임은 성경 원본의 무오성과 사본의 제한적 차이점을 다음과 같이 설명했다.

> 원본이란 원 저자가 작성한 독특한 단어 군(word-group)에 대한 첫 번째 완성된 개인적 혹은 승인된 필사(transcription)이다….신적 영감으로 성경 원문은 원본에서 발견된다. 그리고 사본이 완벽할 때 원문 또한 사본에서 발견된다. 그러므로 원문은 단지 사본에서 발견할 수도 있다. 그러나 사본에는 오류가 있을 수 있다. 그 이유는 하나님이 사본이 완벽할 것이라고 약속하지 않으셨기 때문이다. 다른 말로 하나님은 모든 필사자(copists)가 오류를 범하지 못하게 하시겠다고 약속하지 않으셨다. 필경(필사)의 과정은 오류가 있을 수 있는 과정이다….따라서 영감과 성경 권위, 성경 불오성, 성경 무오성도 저자 친필 원문으로 제한하는 것이 성경적 제한이다.[63]

　개혁주의를 대표하는 신앙고백서인 웨스트민스터 신앙고백에는 성경을 다음과 같이 정의하고 있다. 타락한 인간의 가장 큰 소망은 구원인데 하나님의 창조와 섭리만으로는 충분하지 못하기에 하나님은 여러 부분과 여러 모양으로 자신을 나타내시고, 교회를 향해 자신의 뜻을 밝히셨다(히 1:1). 그리고 나중에는 진리를 더 잘 보존해 전파할 뿐 아니라 육신의 부패와 사탄과 세상의 악의로부터 교회를 더욱 굳게 하고 위로하기 위해 그 동일한 진리를 모두 기록하게 하셨는데, 이것이 곧 성경이다. 하나님의 말씀인 성경은 총 66권으로 구약(39권)과 신약(27권)으로 구성되어 있다. 이 모든 책은 하나님의 영감(靈感 inspiration)을 통해 믿음과 삶의 규칙으로 주셨다. 흔히 '외경'(外經 Apocrypha)으로 불리는 책들은 하나님의 영감

---

[63] 존 M. 프레임, 『성경론』, 370-373.

으로 기록된 것이 아니기 때문에 기독교에서 성경으로 인정하는 정경(正經 Cannon)에 포함되지 않는다. 따라서 외경은 하나님의 교회 안에서 사람들이 자의로 쓴 다른 글들에 비해 큰 권위를 지닌 것으로 인정될 수 없고, 또 사용될 수 없다.

우리가 믿고 복종해야 할 성경의 권위는 사람이나 교회의 증언이 아니라 성경의 저자요, 진리 자체이신 하나님께 전적으로 의존한다. 우리가 성경의 권위를 받아들여야 하는 이유는 그것이 하나님의 말씀이기 때문이다.

우리는 교회의 증거를 통해 감동과 권유를 받고 성경을 높이 우러러 공경하는 마음을 가질 수 있다(딤전 3:15). 내용의 신령함, 교리의 효력, 문체의 장엄함, 모든 부분의 일치, 전체적인 목적(모든 영광을 하나님께 돌리는 것), 인간 구원을 위한 유일한 길을 온전히 제시하는 내용을 비롯해 비할 데 없는 탁월한 속성들과 그 완전성은 성경이 하나님의 말씀이라는 사실을 충분히 입증하는 근거다. 그러나 성경의 무오한 진리와 신적 권위를 믿고 확신하는 것은 우리 심령 속에서 말씀으로, 또 말씀과 더불어 증언하시는 성령의 내적 사역으로 이루어진다.

하나님의 영광, 인간의 구원, 믿음, 생명에 필요한 모든 것에 관한 하나님의 온전한 뜻은 성경에 명확하게 기록되어 나타나거나 옳고도 모순 없는 논리를 통해 성경에서 추론할 수 있다. 따라서 성령의 새로운 계시든, 인간의 전통이든 아무 때라도 성경에 무엇을 더 보태서는 안 된다. 하나님께 드리는 예배와 교회의 정치에 관해서는 인간의 행위와 사회에서 공통적으로 발견되는 사정이 있을 수 있고, 또 그런 사정이 있을 때는 성경의 일반 법칙에 따라 본성의 빛과 기독교적인 신중함을 통해 해결해 나가야 한다는 것을 인정한다.

성경에 있는 모든 진리가 그 자체로 다 명백하거나 모두에게 다 똑같이 분명한 것은 아니다. 그러나 구원을 위해 꼭 알고, 믿고, 지켜야 할 진리는 성경 곳곳에 명확하게 제시되어 있기 때문에 유식한 자들만이 아니라 무식한 자들까지도 일상적인 수단을 적절하게 사용한다면 충분히 이해할 수 있다.

구약성경은 히브리어(하나님의 옛 백성인 히브리인이 사용했던 언어)와 약간의 아람어로 기록되었고, 신약은 신약성경이 기록될 당시 가장 널리 사용되었던 언어였던 그리스어(헬라어)로 기록되었지만, 모두 하나님에 의해 직접 영감(inspiration)되었고, 그분의 놀라운 섭리와 보호를 통해 대대로 순수하게 보존되었기 때문에 온전히 믿을 만하다. 따라서 모든 신앙의 논쟁과 관련해 교회는 궁극적으로 성경을 의지해야 한다. 하나님의 백성은 성경에 관심을 기울이고, 또 성경을 의지할 수 있는 권리를 지니며, 하나님을 경외하는 마음으로 성경을 읽고 배우라는 명령을 받았다. 그러나 그들 모두가 성경의 원어를 다 알고 있는 것은 아니기 때문에 성경은 모든 민족의 언어로 번역되어 하나님의 말씀이 모든 사람에게 풍성히 거함으로써 합당한 방법으로 그분을 예배하고, 성경의 인내와 위로를 통해 소망을 가질 수 있게 해야 한다.

성경해석의 무오한 법칙은 성경 자체이다. 따라서 어떤 성경 구절에 대한 질문의 답은 더 분명하게 말씀하고 있는 다른 성경구절에서 그 대답을 구해야 한다. 모든 신앙의 논쟁을 종결짓고, 교회 회의에서 결정된 신조와 고대 저자들의 견해와 인간의 교리와 거짓 영들을 시험하는 최상의 재판관, 곧 우리가 따라야 할 최종적인 판결을 내리는 분은 오직 성경을 통해 말씀하시는 성령뿐이시다.[64]

그럼에도 로마 가톨릭은 교회가 성경을 결정했다는 입장이고, 재세례파는 성경과 분리된 성령의 새로운 계시를 내세우고 있는 상황에서 칼빈은 성령의 영감으로 기록된 성경은 객관적인 권위를 가지고 있으며, 객관적으로 기록된 성경은 성령의 내적 증언으로 우리에게 주관적으로 인식되는데 이 주관적 인식의 내용은 신앙 안에서 믿게 되는 예수 그리스도라고 정립했다.[65] 다시 말하면, 로마 가톨릭과 재세례파는 공히 기록된 말씀인 성

---

64) *The Westminster Confession of Faith*, I-1~10을 요약해서 옮겨놓은 것임.
65) 이은선, "칼빈의 성령론" 『칼빈신학 2009』, 성광문화사, 2009, 409; 도널드 매킴, "칼빈의 성

경과 성령의 통일성을 저해하는 견해를 가졌다.[66] 그러나 칼빈의 개혁주의는 성령으로 영감 된 성경의 권위를 최고로 확립했다.

하나님 절대주권 사상

개혁주의를 상징하는 두 번째 사상은 '하나님의 절대주권'(The absolute sovereignty of God) 사상이다. 교회의 아버지라고 부르는 교부 어거스틴(Aurelius Augustinus)의 신학의 핵심사상이 하나님의 절대주권 사상이다. 헨리 미터는 하나님의 절대주권 사상을 좀 더 구체적으로 '자연적 영역과 도덕적 영역에서의 하나님의 절대주권'(The absolute sovereignty of God in the natural and the moral spheres)이라고 했다.[67] 허버트 캐인(Herbert Kane)은 성경의 위대한 교리 가운데 하나는 하나님의 주권사상인데, 하나님이 우주의 창조자이시고 유지자이시며 통치자라고 가르치고 있다고 강조했다.[68] 또한 시편 기자는 "땅과 거기에 충만한 것과 세계와 그 가운데에 사는 자들은 다 여호와의 것이로다"(시 24:1)고 선포하고 있다.

개혁주의는 하나님은 최고의 주권자로서 그의 주권은 온 우주만물에 절대적이며, 자신의 기뻐하시는 뜻대로 주권을 행사하신다고 믿는다. 따라서 개혁주의는 하나님의 자기 세계관, 즉 하나님의 관점에서 세상을 바라보는 시각(world-view)이다. 그것은 관점(view) 자체를 하나님으로부터 찾고, 사상(thought) 자체를 하나님께 맡기는 것이다. 개혁주의는 인간의 회심이나 칭의와 같은 인간에 대한 관심으로부터 출발하지 않고, 하나님

경관," 칼빈신학의 이해, 생명의말씀사, 1996, 68.

66) L. Floor, "The Hermeneutics of Calvin," in *Articles on Calvin and Calvinism: Calvin and Hermeneutics, vol. 6*, ed., Richard Gamble, New York: Garland Publishing Inc., 1992, 166.

67) Henry Meeter, *The Basic Ideas of Calvinism*, 18.

68) Herbert Kane, *Understanding Christian Missions*, Grand Rapids: Baker House, 1986, 86.

이 받으셔야 할 당연한 권리를 차지하시도록 하는 하나님의 주권사상에서 출발한다.[69] 칼빈은 이런 하나님의 절대주권 사상에서 예정론을 주장한 것이다. 그러므로 예정론은 칼빈의 독자적인 신학사상이라기 보다는 하나님 절대적 주권에 대한 그의 신앙고백이다.[70] 존 머레이(John Murrey)는 칼빈의 예정론 중 '유기'(遺棄)에 대해 설명하면서 "선택의 열매인 구원에 참여하지 못하는 유기 안에는 한 요인이 들어 있다. 이 요인이란, 유기는 그것이 포함하고 있는 영원한 정죄와 따로 떼어서 생각될 수 없고, 정죄는 항상 죄책(罪責)과 죄과(罪科)를 전제한다는 것이다.... 인간들 사이에 존재하는 차별의 근거는 칼빈이 주장한 바와 같이 하나님의 주권적 의지, 오직 그것일 뿐이다. 그러나 유기자들이 당하는 파멸의 근거는 죄, 오직 죄일 뿐이다"[71]고 함으로 구원에서 하나님의 주권적 선택을 강조했다. 참으로 하나님은 인류에 대한 예정, 선택, 구속함에 있어 누구의 조력이나 간섭 없이 절대적인 주권을 행사하신다.

하나님의 주권은 구원의 영역에서 뿐만 아니라 온 우주만물에 미치며(롬 11:36), 자연계와 인간과 도덕세계에 미치는 그분의 작정과 섭리는 실수나 후회함이 없이 완전하시다. 그러므로 인간의 모든 주권이 하나님께 있음을 인정하는 것이 하나님 절대주권 사상이다.[72] 하나님 절대주권 사상은 곧 하나님 중심 사상을 의미하는데, 존 브라이트(John Bright)는 "야훼 하나님은 모든 피조세계(nature))에 대해 강력한 능력을 가지셨는데... 그분의 주권적 능력은 피조세계가 자연스럽게 반복되는 역사적 사건들 속에 나타난다"고 했다.[73] 이와 같이 개혁주의 사상에서의 하나님의 절대주권은 만물 가운데 주권적으로 역사하시는 하나님에 대한 믿음을 말한다. 그

---

69) Henry Meeter, *The Basic Ideas of Calvinism*, 16-22.
70) Timothy George, *Theology of the Reformers*, 310-314.
71) 존 머레이, *칼빈의 성경관과 주권사상*, 나용화 역, 기독교문서선교회, 1976, 94.
72) 아더 핑크, *하나님의 주권*, 김진홍 옮김, 개혁주의출판사, 2016을 읽어라.
73) John Bright, *A History of Israel*, Louisville: Westminster John Knox Press, 2000, 161.

래서 세계관이 하나님 중심으로 형성됨으로 궁극적으로 하나님의 영광을 위해 사는 것이다.

허버트 캐인은 하나님의 주권은 세 가지의 신적활동에서 나타나는데, 곧 창조(계 4:11), 구속(엡 1:5-9), 그리고 심판(계 15:3-4; 16:5-7; 롬 9:18-23)이다. 하나님은 자신이 하는 모든 일을 자신의 목적과 의도에 따라서, 자신의 자발적 발의에 근거하여, 자신의 능력으로, 그리고 자신의 영광을 위해서 행하신다고 했다.[74] 헨리 미터가 고백한대로 "하나님은 전능하신 분으로, 세상의 모든 것들이 그 분을 위해(for Him), 그 분을 통해(through Him), 그리고 그 분에게(to Him) 있다."[75] 이것이 곧 하나님의 주권이요 이것을 믿는 것이 개혁주의의 사상이다.[76]

이런 하나님의 주권 사상에서 볼 때, 기독교 선교는 구속의 영역에 속한 하나님의 주권적 활동의 일부이다. 그렇기 때문에 기독교 선교는 처음부터 끝까지 인간의 선교가 아니라 하나님의 선교이다. 왜냐하면 선교는 사람의 요청이 아니라 하나님의 사랑에서 기원했고 하나님이 주권적으로 결정했기 때문이다(요 3:16).[77]

우리는 성경에서 하나님의 주권이 아니면 설명할 수 없는 일들을 자주 보게 된다. 첫 번째는 아브라함과 욥의 경우이다. 아브라함과 욥은 동시대 사람이었다. 욥은 동방에서 제일 하나님을 잘 섬기는 사람이었고(욥 1:1-8), 아브라함은 당시 하나님을 알지 못했을 뿐만 아니라 심지어 그 집은 우상을 섬기고 있었다(수 24:2). 그런데 하나님은 메시아의 조상으로 욥을 선택하지 않으시고 아브라함을 선택하셨다. 두 번째는 니느웨와 소돔과 고모라의 경우이다. 두 도시 모두 범죄의 소굴이었으나 하나님은 요나를 통해 기어이 니느웨를 구원하셨지만 소돔과 고모라는 멸망시키셨다.

---

74) Herbert Kane, *Understanding Christian Missions*, 87.
75) Henry Meeter, *The Basic Ideas of Calvinism*, 19.
76) Sung. K. Chung, *Abraham Kuyper: His Life and Theology*, 506-508.
77) Herbert Kane, *Understanding Christian Missions*, 87.

세 번째는 초대교회 당시 오랫동안 고기잡이 동업자 관계였던 중에 주님의 부르심을 받았던 베드로와 야고보가 감옥에 갇혔는데, 베드로는 살아 났고 야고보는 순교했다(행 12:1-9). 네 번째는 하나님이 "야곱은 사랑하시고 에서는 미워하셨는데"(말 1:2-3; 롬 9:13), 그 이유가 무엇일까? 이런 질문들에 대한 대답은 하나이다. 구원에 대한 하나님의 절대 주권이다. 개혁주의는 바로 이것을 믿고 고백한다.

구원의 불가항력적 은혜

개혁주의를 상징하는 세 번째 사상은 구원에 있어서 '하나님의 불가항력적 은혜'(Irresistible grace of God)이다. 우리가 하나님의 주권사상을 가지고 있으면 구원의 문제(특히 예정론)도 자연히 하나님의 주권에 의해 이루어진다는 결론에 도달하게 된다. 즉, 하나님이 인간을 구원하실 때 사람의 공로나 인정에 의해 결정하시는 것이 아니라 하나님 자신만의 절대적인 주권으로 구원을 이루시기 때문에, 그 주권적인 하나님의 구원의 역사에 누구도 저항할 수 없다는 사상이다. 하나님은 인간이 스스로 죄인임을 깨닫게 하고 회개시켜 그리스도를 영접하게 한다. 이것은 하나님의 주권적인 역사로 구원받은 사람의 입장에서는 불가항력적이요 아무 공로 없이 주어지는 하나님의 값없는 은혜의 선물인 것이다(롬 3:24; 엡 2:8).[78] 이 사상은 칼빈주의 5대 구원론(TULIP) 중 네 번째에 해당된다.

인간은 전적으로 타락하여 스스로 구원에 이를 수 없으나 하나님의 주권적인 예정과 선택 그리고 그리스도를 통한 속죄로 말미암아 구원하셨

---

78) 요즘 한국교회가 총체적으로 비판을 받고 있는 상황에서 혹자는 기독교의 '값싼 구원론' 때문이라고 하는데 이는 매우 사려 깊지 못한 잘못된 신학사상이다. 기독교의 구원은 '값싼 구원'이 아니라 '값없는 구원'이다. 그리스도의 구원은 감히 값으로 환산할 수 없는 무한한 가치가 있기 때문에 하나님께서 값없이 구원(의롭다 하심)을 주신 것이다. 그래서 구원(칭의)을 은혜로 주신 '선물'이라고 하는 것이다. 다만, 구원받은 이후에 변화된 삶을 살지 못한 개인과 교회가 비판받을 일을 했다면 당연히 회개하고 구원에 합당한 삶을 살아야할 것이다.

으니 이것이 은혜의 구원인 것이다.[79] 개혁주의에서 구원은 인간의 내재된 힘으로 이루어지는 것이 아니라 인간 밖에 있고 우주 밖에 있는 하나님으로부터만 올 수 있다. 이런 의미에서 기독교의 구원관은 타력구원(他力救援)이다. 이에 대해 김세윤은 "우리 밖에서(extra nos), 우리를 위해서(pro nobis) 은혜로운 구원의 힘이 와야 한다"고 강조했다.[80]

개혁주의 구원관은 철저하게 성경에 근거하고 있다. 성경은 사람이 '율법', '율법의 행위', 혹은 '어떤 행위'를 통해서 구원받는 것이 아니라 오직 예수 그리스도를 믿음으로, 하나님의 은혜로 구원받는다는 사실을 분명하게 가르치고 있다(롬 1:16-17; 3:22, 24, 28; 4:2-8; 5:1; 갈 2:16; 3:22-24; 엡 2:5, 8; 딛 3:5). 바울의 말대로 "모세의 율법으로 너희가 의롭다 하심을 얻지 못하던 모든 일에도 이 사람(예수 그리스도)을 힘입어 믿는 자마다 의롭다 하심을 얻는 이것이라"(행 13:39).

구원은 인간의 노력의 산물이나 하나님과 인간의 합작품이 아닌, 전적으로 하나님의 은혜이다. 성부 하나님께서 예수 그리스도 안에서 우리를 선택하시고, 예정하시고, 자녀 삼으시고, 성자 예수님께서 구원하시고, 성령 하나님께서 친히 인치셨다(엡 1:3-14). 그러므로 구원은 삼위일체 하나님께서 일하신 결과요, 은혜로운 선물이다(롬 5:15; 엡 2:8).[81] 왜냐하면 인간은 자력구원의 여지가 없는 전적으로 부패한 죄인으로 하나님의 은혜와 사랑이 아니면 절대로 구원에 이를 수 없는 존재이기 때문에 구원을 '은혜의 선물'(롬 5:17)이라고 한다. 하나님의 이 은혜로운 구원의 선물은 누구도 거부할 수 없다는 칼빈이 재발견한 '은혜구원'의 교리는 기독교 구원관의 토대(basis)가 되고 있다.[82]

---

79) Sung. K. Chung, *Abraham Kuyper: His Life and Theology*, 508-511.
80) 김세윤, *구원이란 무엇인가*, 두란노, 2001, 29.
81) 최갑종, "'성경 전체'(Tota Scriptura)에 따른 바른 구원관을 가르치자," 국민일보, 2014년 6월 19일.
82) '이신칭의'(또는 칭의론)에 관하여 존 칼빈의 「기독교강요」와 아더 핑크의 「이신칭의」(임원주 옮김, 누가출판사, 2013)를 읽어라.

하나님 나라와 세상 나라와의 관계

개혁주의를 상징하는 네 번째 사상은 '하나님 나라와 세상 나라와의 관계'이다. 개혁주의는 우주만물이 하나님의 창조임을 믿고, 창조된 세상을 사람에게 맡기셨음으로 세상과의 관계에 대하여 적극적이며 긍정적인 견해를 가지고 있다. 물론 하나님의 나라와 세상 나라는 동일한 것은 아니지만 예수 그리스도께서 하나님의 나라를 '이 세상 안'에 세우셨고, 세상을 구원의 대상으로 삼으셨음을 인식하고 문화적 사명을 실천하며 살아야 한다(창 1:28). 어거스틴은 「De Civitate Dei」(하나님의 도성)이라는 역작을 통해 현재 우리는 "하나님의 도성"(하나님의 나라)과 "지상의 도성"(세상 나라)이 혼합되어 있는 지상에서의 삶을 살고 있다고 전제하고, 지상의 도성은 하나님의 도성이 이루어지기 전에 나타나는 과정으로서 비록 죄의 산물로 생겨난 것이지만[83] 그리스도인들은 이 세상의 도성에 협력해야 한다고 했다. 특히 지상의 도성에서의 신앙과 삶에 대해 현실도피주의나 또는 현실적응주의(타협과 동화주의)를 배제하고 균형 잡힌 사상을 가져야 한다고 했다. 다만 지상의 도성은 영원한 것이 아니고 순례자적인 삶이기 때문에 영원한 하나님의 도성을 바라보며 살아야 할 것을 강조했다.

그러나 종교개혁시대에 로마 가톨릭교회의 국가관은 스스로를 거룩하고 오류가 없는 것으로 인식하고 속되고 죄악이 가득한 세상을 경멸하고 지배하려는 사상이 강하게 있었다. 교황은 그리스도의 지상 대리인으로

---

[83] 어거스틴은 지상의 도성(이 세상)에 세워진 권세들은 모두 근본적으로 악을 기반으로 탄생했다는 사상을 가지고 있다. 그는 인간이 하나님을 반역할 때부터 두 개의 도성이 시작되었는데 가인이 세운 "에녹성"(창 4:16-18)을 최초의 지상의 도성으로 보았다. 따라서 지상의 도성의 권세들은 본원적으로 악한데 그 이유는 그들이 모두 무단 점령과 약탈을 통해 수립되었기 때문이라고 설명한다. 예컨대 과거의 칭송받던 위대한 제국들을 살펴보면 아시리아(Assyria), 바빌로니아(Babylon), 페르시아(Persia), 마케도니아(Macedon) 그리고 로마(Roman) 제국 모두 살인과 약탈을 통해 영토를 확장하고 그 행위를 정당화함으로 제국을 이루었다. 이런 사상적 기초 위에 어거스틴은 당시 로마인들이 가졌던 "세상 나라(로마)가 곧 하나님의 나라이다"는 잘못된 세계관(국가관)을 바로잡고 하나님 나라와 세상 나라가 근본적으로 다르다는 것을 강조했다. 하나님의 나라는 영원하지만 세상 나라는 멸망하게 될 것이기 때문이다.

현세의 모든 영적·정치적 권세를 잡아야 한다고 믿었다. 그 영향으로 한때 교황이 세속 왕들을 지배하기도 했다.[84]

이에 반해 개혁주의는 로마 가톨릭교회의 사상을 배격하고 교회와 국가는 구별이 된다고 믿는다. 칼빈에 의하면 인간사회에는 두 개의 세계가 있는데 은혜의 왕국인 교회(영적인 세계)와 권능의 왕국인 국가(정치적인 세계)이다. 이 두 세계는 서로 구별된 고유한 영역이 있으나 모두 그리스도의 통치하에 있다. 왜냐면 교회나 국가는 하나님이 만드신 신적인 기관이기 때문이다.[85] 칼 바르트는 국가와 교회와의 관계를 국가는 세상에 정의(Justice)를 실현하는 기능이 있고 교회는 세상을 의롭게(Justification) 하는 기능이 있다고 설명했다. 아브라함 카이퍼는 하나님께서는 이 두 영역에 각각의 고유한 사명과 주권을 주셨음으로 상호간에 간섭하는 것을 배제한다고 전제하고 교회와 국가와의 관계를 다음과 같이 설명했다.

> 미래 하나님 나라의 전조(foreshadowing)인 교회와 현재 외적인 사회생활을 하는 사람들의 조직체인 국가 간에는 부정할 수 없는 상호관계가 있다. 교회는 국가에 의해 지배되는 인간사회에서 [정치적] 기능을 하지 않지만, 교회는 그 자체로 모든 것을 포함하는

---

84) 1077년 신성로마제국(독일)의 황제 헨리 4세와 교황 그레고리 7세 간의 성직임명권(서임권)으로 인한 알력에 결국 황제가 교황이 있는 카노사(Canossa)성으로 가서 추운 겨울에 맨발의 고해자의 차림으로 성문 앞에서 3일간이나 애걸하며 용서를 구한 소위 "카노사의 굴욕"(Gang nach Canossar) 사건은 세속권력(국가)이 기독교권력(교회)에 굴복한 대표적인 사건으로 교회와 가톨릭교회의 세계관을 엿볼 수 있는 사건이다. 지금도 로마 가톨릭교회는 범 기독교(가톨릭·정교회·개신교)의 연합을 이루고 나아가 아브라함계인(사실은 근거가 없지만) 이슬람과의 종교통합을 이룬 후(전 세계 인구의 약 65%) 교황이 세상을 지배하는 중세시대의 영광을 꿈꾸고 있다(WCC가 시도하는 "신앙과 직제의 일치"는 결국 가톨릭의 이런 술수에 동조하는 것이다). 일례로 최근 로마 교황청은 그동안 인정하지 않았던 중국 정부가 일방적으로 임명한 관영 천주교 '애국회' 소속 주교 7명을 정식 승인했다. 이를 두고 미국의 월스트리트저널(WSJ)은 "프란치스코 교황이 중국에 고개를 숙였다"는 제목으로 보도했다(박형기, "교황마저 중국에 고개를 숙였다," *NEWS 1*, 2018년 2월 4일). 정체된 가톨릭 신자를 늘리기 위해 중국과의 관계개선을 이루려는 자구책이다(종교개혁 때는 남미 식민지를 선택함). 이와 같이 가톨릭은 신자수를 늘리고 가톨릭의 영향력을 확대하는 데는 신앙과 정체성을 부정하는 것도 언제든지 가능한 종교이다.

85) 안인섭, *John Calvin*, 267-268.

우주적 왕국의 근원(germ)을 세상에 전한다. 그 왕국은 언젠가 모든 국가들을 대신하고 그 기능을 대신할 왕국이다. 따라서 교회를 국가라는 궁전의 한쪽 날개보다 못하게 여기는 것은 확실히 맞지 않다. 국가는 속박(억압)의 상황에 있는 인간 사회를 돕는 외과적 도구이지만, 교회는 타락한 생명을 본래의 생명의 상태로 회복하는 능력을 제공한다. 그래서 [그리스도께서 재림하실] 완성의 때가 올 때, 우리가 알고 있는 것처럼, 현재의 국가는 완전히 사라질 것이다. 모든 나라들의 영원한 생존의 여명은 국가가 아닌 교회에서 일어날 것이다.[86]

카이퍼는 국가와 교회는 구별된 각각의 고유한 기능이 있고 종말에 남는 것은 하나님 나라의 전조(前兆)인 교회뿐임을 분명히 했다. 따라서 개혁신학의 궁극적인 목표는 세속적인 권력을 쟁취하는데 있지 않고 이 세상에 하나님의 나라를 이루어가는 것이기 때문에 적극적인 문화 활동과 사회참여로 세상을 변화시키고 하나님의 통치가 모든 영역에 미치도록 해야 할 사명이 있음을 인식하고 살아야 한다.

전통적으로 그리스도인들이 세상의 문화를 대하는 태도가 크게 세 가지 모델로 나타났는데, 첫째는 분리모델(Separational Model)이다. 이 세상의 문화는 타락하고 죄악된 것이기 때문에 철저히 분리된 삶을 살아야 한다고 강조한다(apart from the world). 교회사적으로 분리 모델을 옹호한 자들을 보면 터툴리안(Quintus Tertullian), 중세 수도원의 소종파 운동, 16세기 재세례파에서 시작된 스위스 형제단의 메노파(Mennonites), 후터 형제단의 후터파(Hutterites) 및 암만파(Amish)[87]는 국가존재까지 부정하

---

86) John H. Wood and Andrew M. McGinnis, ed, *On the Church: Abraham Kuyper Collected Works in Public Theology*, Bellingham: Lexham Press, 2016, 378.
87) 암만파(아미쉬)의 신앙은 스위스 재세례파 운동에서 비롯되었는데 종교개혁에 불만을 품은 극좌파 개혁가들이 시작했다. 원래 아미쉬인들은 독일, 스위스, 알사스(독일과 스위스 경계에 위치한 프랑스 지역으로 독일 사투리를 씀)에서 살던 사람들로 심한 박해를 피해 종교의 자유를 찾아 미국으로 오게 되었다. 1737년 아미쉬인은 최초로 미국에 도착하여 펜실베이니

며 문화 활동을 거부하였고 세상에서 은둔의 생활방식을 취하고 있다.

둘째는 동일시 모델(Identificational Model)이다. 이중국적자로서 두 세계 모두 인정하고 존중하는 삶을 살아야 한다고 주장한다(through the world). 이것은 세속의 구조(문화)를 수용하거나 문화와의 긴장을 인정함으로써 삶의 구조에 참여하는 것을 옹호하는 모델이다. 이들은 두 세계를 공히 인정함으로 '이 세상 안에서 하나님의 백성으로' (in the world as God's people) 살아야 한다고 주장한다. 교회사적으로 동일시 모델을 옹호한 자들을 보면 알렉산드리아의 클레멘트(Alexandrian Clement), 토마스 아퀴나스(Thomas Aquinas), 프리드리히 슐라이어마허(Friedrich Schleiermacher), 알브레히트 리츨(Albrecht Ritschl)을 중심으로 한 19세기 자유주의 신학자 등이 있다.

셋째는 변혁적 모델(Transformational Model)이다. 두 세계에 대해 무조건적인 수용이나 배척보다는 좋은 점들은 인정하그 그릇된 것은 바꿈으로 복음을 통해 지금·여기서(now-here) 또 궁극적인 역사의 목표를 통해서 삶의 구조(문화)가 바뀌고 변화될 수 있다고 믿는 모델이다(converting the world). 교회사적으로 문화 변혁의 옹호자들은 어거스틴(Aurelius Augustinus), 존 칼빈(John Calvin), 19세기 아브라함 카이퍼(Abraham Kuyper)와 미국으로 건너간 청교도 칼빈주의자들의 사상이다. 이와 같은 그리스도인들의 문화에 대한 태도는 동시에 두 세계(하나님 나라와 세상 나라)에 살도록 지음 받았기 때문에 나타나는 긴장이라고 할 수 있다. 그리스도인은 이 세상 나라에 살면서 동시에 하나님 나라의 백성이기 때문이다(빌 3:20).

아 주 랑카스터 카운티에 정착했다. 지금도 그들에게는 전기도 자동차도 없고 텔레비전이나 라디오, 전화도 없다(Old Order Amish). 그들은 밤에는 등불을 켜고 여전히 말과 쟁기로 밭을 갈고 마차를 타고 다닌다. 미국 땅에서 살지만 대통령 선거에 투표를 하지 않는다. 그들은 대부분 농사를 생업으로 삼고 비료나 농약을 쓰지 않는다. 3대가 한집에 사는 대가족제도를 유지하고 있으며, 최첨단을 향해 질주하는 21세기에 살면서도 현대문명을 거부한 채 18세기 식 삶을 고집하며 살아가고 있다. 특히 연방정부의 의무교육을 마다하고 스스로 학교를 세워 산술과 성경 등 생활에 필요한 기초과목만을 8학년까지 가르친다(교육목표 JOY: Jesus is first, Others is next, Yourself is last).

따라서 개혁주의 선교의 목표는 이 세상 역사 속에 그리스도께서 세우신 하나님의 나라를 확장하는 것이고, 세속 문화를 성경적 문화로 변혁시키는 것(변혁적 모델)을 사명으로 삼고 있다. 이와 같은 사상은 칼빈에게서 아주 강하게 나타났는데, 제네바에서의 칼빈의 사역은 복음 선포에 그치지 않고 그 이상으로 훨씬 더 넓은 것이었다.[88] 따라서 개혁주의는 세상을 '문화명령'의 수행 대상으로서 중요하게 생각한다. 그리스도인들은 '그리스도 안에서'(in Christ) 살면서 동시에 '세상 속에서'(in the world) 살고 있음으로 '문화 안에서의 그리스도인'(Christian in culture)이 되어야 한다. 그러므로 인간은 자신이 살고 있는 시대와 환경 속에서 주님이 재림하셔서 새 하늘과 새 땅을 만드실 그때까지 하나님의 창조사역을 계속해서 모방하고 수행해야 할 사명이 있다.

개혁주의 세계관에서 만물의 주인은 하나님이시고, 그 하나님은 만물을 주권적으로 섭리하심에 있어서 우리 인간을 도구로 사용하신다. 따라서 개혁주의는 세상의 각 영역에서 하나님의 주권을 선포하고 "하나님의 뜻이 하늘에서 이룬 것"같이 이 세상의 각 영역에 이루어지도록 헌신하는 것을 사명으로 한다. 칼빈의 후예인 아브라함 카이퍼는 이것을 '영역주권'(sphere sovereignty) 사상으로 이론화했다. 카이퍼에 의하면 삶의 각 영역은 하나님으로부터 그 자신의 고유한 주권을 부여받았다는 성경적 원리를 제시했다. 그는 하나님께서 만물을 그 '종류대로' 창조하셨다(창 1:21)는 사실이 영역주권론의 근거라고 강조했다. 그는 이 '종류대로'의 창조 개념을 생물학적 영역에 그치지 않고 모든 창조 세상의 영역으로 확장했다. 카이퍼는 국가와 사회, 그리고 개인 간의 다양한 관계 속에서 개인적 주권과 함께 하나님이 창조하신 각각의 고유한 주권적 영역의 주권이 존재한다고 말한다. 카이퍼의 영역주권론을 철학적으로 체계화한 사람은 카이퍼가 설립한 화란자유대학교 법철학 교수였던 헤르만 도예베르트

---

88) 칼빈의 사회적 관심에 대하여는 W. Fred Graham의 「The Constructive Revolution: John Calvin and His Socio-Economic Impact」(Richmond: John Knox Press, 1971)를 읽어라.

(Herman Dooyeweerd)였다. 그를 통한 영역주권 사상은 개신교 영역 안에서 등장한 정치철학 가운데 가장 포괄적이고 체계적이며 개혁주의 세계관의 전통을 충실하게 반영한 기독교 정치철학이 되었다.[89]

개혁주의는 하나님의 통치가 삼위일체 하나님의 창조 세계의 각 영역에서 나타나야 한다고 믿는다. 이를 위해 그리스도인들은 각자의 은사와 사명에 따라 자신의 영역에서 신앙과 행위가 일치되는 삶을 삶으로 "세상 나라가 우리 주와 그의 그리스도의 나라가 되어 그가 세세토록 왕 노릇 하시리로다"(계 11:15)는 말씀이 이루어질 때까지 자기 영역에서 하나님의 주권을 드러내야 한다. 이것이 곧 개혁주의의 문화사명(cultural mandate)이요 사회참여(social participation)이다.

예컨대 미국으로 건너갔던 청교도들은 "생육하고 번성하여 땅에 충만하라, 땅을 정복하라, 바다의 물고기와 하늘의 새와 땅에 움직이는 모든 생물을 다스리라"(창 1:28)는 성경적 세계관과 문화관에 입각하여 신대륙을 개간하고 기독교적 국가를 세웠다. 미국이라는 독립된 나라를 시작함에 있어 독립선언문에 최초로 서명했던 사람이 장로교 목사 존 위더스푼(John Witherspoon)이었다. 그리고 초기 대통령을 비롯한 장관들 대부분이 장로교인들이었다. 한국의 장로교인들은 일본의 점령과 공산당의 박해에 대항하여 투쟁했으며 민주주의를 수호하기 위해 행동했다.[90] 그래서 엔디 맥고완(Andy McGowan)은 개혁주의 신학의 본질을 설명하면서, 개혁주의 신학을 칼빈주의의 5대 구원론(TULIP)으로 이해하곤 하는데 개혁주의 신학은 단순히 구원론에 관한 신학을 넘어 세계관과 인생관(world-view and life-view)을 다루는 신학임을 알아야 한다고 강조했다. 이런 신학사상은 20세기 초 벤자민 워필드의 친구였던 스코틀랜드 장로교 신학자 제임스 오어(James Orr)에 의해 주장된 사상으로 아브라함 카이퍼가 그

---

89) 조덕영, "아브라함 카이퍼의 '영역주권'이란 무슨 말일까?," 크리스천투데이, 2012년 8월 23일.
90) Daniel J. Adams, *Lectures on Reformed Theology*. Hyung Sang Books, 1990, 143.

에게서 큰 영향을 받았다. 카이퍼는 1898년 프린스톤신학교에서 개혁주의에 대해 강의했는데, 그가 했던 "Lectures on Calvinism"이란 강의에서 오어의 초기 책을 많이 인용하였다. 따라서 개혁주의 신학은 단순히 구원론에 대한 신학을 넘어 하나님의 창조물인 전 세계를 아우르고 개인의 신념과 사상을 아우르는 신학이다.[91]

3. 개혁주의 선교신학

개혁주의 선교신학을 논하기 전에 보다 광의의 개념인 개혁주의 신학의 원리와 중심사상을 개괄하는 것이 이해하는데 도움이 될 것이다. 존 프레임은 한마디로 "신학은 본질적으로 성경연구가 되어야 한다"고 단언했다.[92] 따라서 성경을 가장 중심에 두고 있는 개혁주의 신학은 "교회가 무엇을 믿고 어떻게 살아가야 할 것인가를 다루는 학문이라"고 정의할 수 있다. 개혁주의 신학은 플라톤(Platon)과 아리스토텔레스(Aristoteles)를 중심한 헬라철학의 이원론에 깊이 뿌리박고 있던 중세 로마 가톨릭교회의 사상체계와 삶의 체계를 완전히 탈피하여 성경계시로 출발한 삶의 체계를 정립한 신학을 의미한다. 이런 개혁적 신학을 성경계시에 근거하여 체계화 시킨 대표적인 사람이 존 칼빈으로 개혁신학을 '칼빈신학'(Calvin Theology) 또는 '칼빈주의'(Calvinism)라고도 한다. 그래서 칼빈주의는 초대 교부들의 신앙과 신학적 전통을 물려받은 것으로 칼빈주의자들은 이해하고 있다.[93] 개혁주의 조직신학자 서철원은 칼빈신학은 믿음으로 하는 것이라고 했는데, "성경 계시를 믿고 그 계시의 가르침을 따라 신학 하는

---

91) Andy T. B. McGowan, "Crafting an Evangelical, Reformed, and Missional Theology for the Twenty-First Century," in *Reformed Means Missional: Following Jesus into the World*, ed. Samuel T. Logan, Greensboro: New Growth Press, 2013, 243-245.
92) 존 M. 프레임, *성경론*, 411.
93) Benjamin Warfield, "John Calvin the Theologian," in *Calvin and Augustine*, ed. Samuel G. Craig, Philadelphia: The Presbyterian and Reformed Publishing Co, 1956, 287.

것을 믿음으로 수납하는 것이라"고 정의했다.[94] 이런 의미에서 칼빈신학의 모범은 예수 그리스도요 그 토대는 성경이다.

미국 필라델피아에 있는 제10장로교회의 담임 목사로 사역했던 제임스 몽고메리 보이스(James M. Boice) 목사는 그의 유명한 요한복음 강해에서 "그리스도는 칼빈주의자"라는 제목의 설교를 남겼다. 그는 요한복음 10장 27-29절을 설교하면서 칼빈주의자들의 면면을 소개한 후에 모든 칼빈주의자들이 믿는 교리는 기독교 교회사의 발전 과정에서 갑자기 튀어나온 것이 아니라, 예수님의 가르침에 기원을 두고 있음을 강조하였다. 그리스도가 주신 복음을 그대로 따른다는 의미에서 진정한 칼빈주의 창시자는 예수 그리스도임을 주장한 것이다.[95]

따라서 개혁신학은 성경의 권위와 하나님의 절대주권을 중심 원리로 삼는다.[96] 계시된 하나님의 말씀인 성경을 정확 무오한 하나님의 말씀으로 신앙과 생활에 유일한 규범으로 알고, 모든 삶의 영역에서 하나님의 절대주권이 미치게 하는 것을 기본원리로 삼는다. 한마디로 삼위일체 하나님이 개혁신학의 중심 원리이다. 그래서 데이비드 보쉬(David Bosch)는 그의 기념비적인 저서 「Transforming Mission」(변화하고 있는 선교)에서 "우리의 선교가 '예수의 인격과 사역에 기초하는 것' 이기 때문에 신약성경의 예수에게로 돌아가지 않는다면 오늘날의 선교는 그 정체성과 의미를 상실하고 만다"고 역설했다.[97]

개혁신학의 중심사상은 하나님의 창조경륜과 구속경륜으로 정의할 수 있는데, 그 근본 구조(structure)는 "창조-타락-구속-회복(완성)"이다. 개혁주의 신학은 세대주의와 구별하여 언약신학이라는 별칭을 가지고 있

---

94) 서철원, *성경과 개혁신학*, 쿰란출판사, 2007, 41.
95) 김재성, *개혁신학의 광맥*, 78; James M. Boice, *The Gospel of John: An Expositional Commentary*, Grand Rapids: Zondervan, 1976, 176 참조.
96) 존 머레이, *칼빈의 성경관과 주권사상*, 나용화 역, 기독교문서선교회, 1976, 15-110을 읽어라.
97) David J. Bosch, *Transforming Mission: Paradigm Shifts in Theology of Mission*, Maryknoll: Orbis Books, 1992, 22.

다. 세대주의 신학은 스코필드 해설 성경(Scofield Reference Bible)이 구속사의 구체적인 시험기간으로 정의한 7세대로 성경을 나누는 것을 성경 해석의 핵심으로 삼고 있는 신학이지만, 개혁주의 신학은 언약이라는 것을 기본구조로 보고 이 구조에 의해 구속사가 이루어진다고 본다.[98]

하나님은 창조주 하나님으로 우주만물을 주권적으로 섭리하시는 인격적이고 살아계신 하나님이시다. 특히 개혁신학은 성부와 성자와 성령 삼위일체 하나님을 믿는다. 삼위일체 하나님은 자신들의 형상대로 인간을 창조하시되 인격적 존재로 창조하시어 하나님과 교제할 수 있는 피조물로 만드셨다.

그런데 사탄이 세상에 들어와 인간을 미혹하여 타락시켰다. 사탄이 뿌린 죄가 하나님과 인간과의 관계, 인간과 인간과의 관계, 그리고 인간과 세상과의 관계를 다 깨뜨렸다. 통상적으로 죄를 교만 혹은 불순종으로 이해하곤 하지만 이것은 이해의 한계이다. 성경에서 말하는 죄의 의미는 하나님과 맺은 언약을 파기한 것에서부터 시작되었음을 알아야 한다(창 3:1-7; 호 6:7). 언약을 파기했다는 것은 반역죄를 범했다는 것이다. 반역죄는 보통 중국에서는 9족을 멸하고, 한국에서는 3족을 멸했다. 아담이 언약을 파기했다는 것은 영원한 멸망을 초래한 것이다(영원한 지옥형벌). 아담이 언약을 파기함으로 죄와 죽음이 온 인류에 찾아왔다. 그 결과 인간은 스스로 의에 이르지 못하게 되었다. 개혁신학에서 인간은 전적(완전히)으로 부패했다고 믿는다. 이것이 바로 원죄이다. 이 원죄를 인정하느냐? 인정하지 않느냐의 문제로 교회가 나누어지기도 했다. 펠라기우스(Pelagius)는 영혼이 구원받는 데 있어 인간의 노력이 우선한다는 이단적 신학체계를 가짐으로 원죄를 인정하지 않았다. 이에 반하여 어거스틴은 원죄를 인정했다.

어거스틴의 '원죄론' 신학은 그리스도를 제외한 모든 인간은 아담의 죄를 물려받았다. 다시 말하면 인간은 죄를 짓지 않을 수 없는 경향성(죄성)을 가지고 있다. 그리고 아담의 죄에 대한 책임도 물려받았다. 우리는 육

---

98) R. C. 스프롤, *개혁주의 은혜론*, 109.

체적으로 아담의 후손이기 때문에 우리가 죄를 지을 때에는 아담의 죄와 죄의 책임과 형벌도 물려받았다(롬 5:12). 이를 신학에서는 '실재론' 또는 '직접 전가설'이라고 부른다. 아담 안에서 모든 사람이 죄를 지었다는 것을 아담이 인류의 조상으로 모든 사람을 대표하기에 우리 인류 모두가 포함된다는 '언약 대표설'로 해석하였다.[99] 그래서 제리트 벌카워(Gerrit Berkouwer)는 14권에 이르는 「Studies in Dogmatics」(교의학 연구)이라는 책에서 600페이지가 넘는 긴 분량의 내용에 단순히 "죄"라는 제목을 붙였다.[100]

하나님은 타락한 인간과 세상을 구원하시기 위해 아들이신 예수 그리스도를 해결자로 세우셨다. 성자의 십자가 죽음만이 유일한 죄의 해결책이고 성자의 부활만이 새 생명을 부여하게 하는 것으로, 오직 그리스도만이 유일한 구속주이심을 믿는 것이 개혁신학 사상이다. 구원에 대해서 어거스틴은 그리스도의 대속적인 속죄로 인해서 대가를 지불하였음을 강조했다. 그리고 이를 받아들이는 세례는 반드시 필요한 요소라고 주장했다. 유아 세례를 강조하여, 어린아이라도 반드시 세례를 받아서 죄 씻음의 예식에 참여하라고 촉구했다. 어거스틴은 초기에 로마 가톨릭에서 강조하는 교회 밖에는 구원이 없다는 교리를 주장했으나, 후기에는 은총의 교리로 강조점을 옮겼다. 칼빈주의자들은 어거스틴의 후기 사상을 높이 평가하여, 하나님이 택하신 자들에게 주신 은혜로 인하여 구원을 얻게 됨을 강조하였다. 선택은 하나님의 주권에 전적으로 의존한다. 인간이 하나님을 선택했기 때문에 구원을 얻는 것이 아니요, 하나님이 은혜를 주시기로 작정하여 인간을 택하여 주셨기에 구원을 얻게 된 것이다.[101]

이와 같은 개혁주의 신학의 독특성과 정체성은 한 마디로 구원론의 정립에서 나왔다. 구원은 오직 하나님이 보내신 예수 그리스도의 대신속죄

---

99) 김재성, *개혁신학의 광맥*, 86.
100) Daniel J. Adams, *Lectures on Reformed Theology*, 137.
101) 김재성, *개혁신학의 광맥*, 87.

를 믿음으로 고백하여 얻는다. 이것은 '칭의론'에서 확실히 나타난다. 그래서 칼빈은 기독교 강요 3권 11장에서 18장까지 집중적으로 칭의론을 다루면서 "교회를 세우느냐 무너뜨리느냐를 결정짓는" 가르침이기에 로마 가톨릭의 공로 사상에 맞서는 은총교리를 그의 신학의 중심부에 놓았던 것이다.[102] 칼빈은 칭의의 법정적 성격을 다음과 같이 정의하였는데, "그리스도와의 사귐 안으로 받아들여진 죄인이 그리스도의 은혜에 힘입어 하나님과 화목하게 되고, 그리스도의 피로 씻음을 받아 사죄를 받고, 그리스도의 의를 마치 자신의 의처럼 옷 입고, 그로써 하늘 법정에서 확신을 가지고 서는 것이다...그리스도의 완전하심으로 가림을 받고, 하늘 법정에서 조금도 의문이 남지 않도록 모든 얼룩이 깨끗이 씻겨 진다"고 했다.[103]

인간을 구원하기 위한 예정과 선택은 오직 하나님의 주권에 속한다. 예수 그리스도 안에서 성부께서 창세전에 구원받을 자들을 선택하셨고(엡 1:3-5), 성자께서 구원을 이루셨으며(엡 1:7-12), 성령께서 구원을 보장하신다(엡 1:13-14). 하나님이 정하신 최후의 심판 때, 그리스도는 심판주로서 공의로 세상을 심판하실 것이고, 그 후에는 '새 하늘과 새 땅'을 완성하신 후 아버지께 바칠 것이다(고전 15:24).

칼빈을 비롯한 개혁자들의 선교

칼빈에 대한 많은 연구들이 발표되었지만 실제로 칼빈과 선교의 관계에 대한 깊이 있는 연구는 쉽게 찾아보기 힘들다. 칼빈의 단편적인 설교와 주석 그리고 선교적 활동을 통해서 칼빈의 선교관을 발견할 수밖에 없는 안타까운 실정이다. 그래서 많은 사람들은 칼빈을 비롯한 개혁자들이 선교에 대해 무관심했고 또한 선교학 연구에도 주목할 만한 공헌을 하지 못했다고 알고 있다. 그렇게 된 배경에는 기독교 역사학자와 선교 역사학자들

---

102) 김재성, *개혁신학의 광맥*, 201-205.
103) John Calvin, *Institutes*, III-17-8.

의 부정적인 영향이 크다. 독일 선교학의 선구자라고 하는 구스타브 바르넥(Gustav Warneck)[104]과 미국의 교회역사학자 케네스 라토렛(Kenneth Latourette)[105]이 대표적으로 개혁자들의 선교사상을 부정적으로 기술했기 때문이다. 이런 견해에 조지 피터스(George Peters)[106]와 성공회 출신 스티븐 니일(Stephen Neill)[107]도 같은 생각을 갖고 있었다. 그러나 이들 학자들은 에큐메니칼 신학사상을 가진 학자들로 칼빈의 개혁신학, 특히 예정론을 선교신학적 관점에서 강하게 비판했던 학자들이었음을 참고할 필요는 있다.

(1) 개혁자들이 선교에 적극적이지 못했다는 비판

화란 개혁주의 신학자인 요한 바빙크(Johan Bavinck)의 제자요 화란의 대표적인 선교신학자인 요하네스 베르카일(Johannes Verkuyl)도 종교개혁과 그 이후 로마 가톨릭교회와 신학자들은 선교에 대해 적극적이었는데 당시 개신교 개혁자들은 선교활동이나 선교에 관한 저술활동에 소극적이었음을 전제하고 그 원인을 다음과 같이 다섯 가지로 피력했다.[108]

첫째, 개혁자들은 마태복음의 선교명령이 사도시대에 국한되었고 그 명

---

104) Gustav Warneck, *Outline of A History of Protestant Missions*, New York: Fleming Revell Co. 1901, 8-24; 바르넥은 특히 칼빈이 선교에 대해 소극적이고 부정적인 자세를 가지고 있었다고 평가하여 일반화시킨 최초의 사람이다.

105) Kenneth S. Latourette, *A History of the Expansion of Christianity II*, Grand Rapids: Zondervan, 1978, 924-926; 라토렛은 그의 저서의 이름(기독교 확장의 역사)에서 알 수 있듯이 교회역사를 선교역사와 동일시하여 선교의 관점에서 교회의 역사를 서술하고 있다. 그는 16세기에 소수의 개신교도들이 자신들의 신앙양식을 새롭게 발견된 신대륙에 전파하려는 관심을 보이긴 했지만 1500년부터 1800년까지 선교에 대한 개신교의 활동은 확실히 로마교에 비해 많이 빈약한 것으로 평가한다(황대우, "칼빈의 교회론과 선교," *개혁정론*, Kenneth S. Latourette, *A History of the Expansion of Christianity III*, 42, 재인용).

106) George Peters, *A Biblical Theology of Missions*, Moody Press, 1978, 26, 148.

107) Stephen Neill, *A History of Christian Missions*, Penguin Books, 1991 참조.

108) Johannes Verkuyl, *Contemporary Missiology: An Introduction*, Grand Rapids: Eerdmans, 1978, 18-19.

령은 이미 성취되었다고(잘못되게) 믿었다. 개혁자들과 그들의 동료들이 마태복음 28장에 표현된 예수님의 약속을 그들의 선교적 임무와 실천으로 연관시키지 못했다는 것은 부정할 수 없는 사실이다.

둘째, 개혁자들은 바로 가까이에 있는 일(유럽 내의 개혁운동)에 온 마음과 열정을 쏟고 있었다. 셋째, 개혁자들은 중세 로마 가톨릭에 대항한 중대한 정치적·군사적 투쟁에 빠져 있었으므로 선교적 임무를 수행하기 위해 필요한 물질적 자원을 가지지 못했다. 넷째, 루터와 칼빈 모두는 왕들과 다른 국가 통치자들이 공적 예배를 위해서 적극적으로 도와야 할 책임이 있다고 믿었다. 그러므로 루터주의자들과 칼빈주의자들은 불신자들이 교회에 나와서 공적예배에 참석하고 그리스도인이 되도록 하는 것은 왕들과 행정관들의 책임이라고 생각했다. 개혁자들의 그런 영향으로 개혁교회 신자들은 불신자들을 만나려는 생각 자체를 하지 않았다.

다섯째, 반 더 린드(S. van der Linde)가 「네덜란드의 파송」(Zending in Nederland)이란 그의 책에서 말했던 것처럼, 개혁자들이 지역을 복음화하고, 죄와 허물로 죽었던 영혼들을 되살아나게 하여 다시 기독교인이 되게 하는 일에는 모든 노력을 기울였지만, 복음을 전 세계적으로 선포하는 일은 그들의 목적한 바에 있지 않았다는 주장에 일리가 있다.

특히 마틴 루터의 선교에 대해 가장 비판적이었던 사람이 아이러니하게도 루터교의 조직신학자 베르너 엘러트(Werner Elert)였다. 그는 루터에게는 선교활동(Missionstat)만 없었던 것이 아니라 선교사상(Missionsgedanke)도 없었다고 혹평했다. 그는 루터에게 복음의 능력과 우주적 목적에 대해서는 믿고 있으면서도 복음을 선포해야 할 선교적 목적에 대해서는 간과하고 있었다고 비판했다.[109] 또한 루터파 신학자인 카알 브라텐(Carl Braaten) 역시 루터나 칼빈에게 "선교의식이 전적으로 결

---

109) Werner Elert, *The Structure of Lutheranism*, trans. Walter A. Hansen, St. Louis: Concordia Publishing House, 1962, 385-386.

여되어 있다"고 주장했다.[110]

칼빈에 대한 비판도 예외가 아니었는데, 케네스 라토렛과 비슷한 시각을 가지고 있던 윌리엄 호그(William Hogg)는 칼빈의 주석이나 기독교 강요에도 적극적인 선교신학 사상이 전혀 없었다고 비평했다.[111] 그러나 칼빈을 비롯한 개혁자들의 선교관은 '선교적 관점'(missional perspective)에서의 선교가 아니라 '종교개혁의 관점'(Reformational perspective)에서 선교를 이해하고 실천했다는 것은 분명한 사실이다.

(2) 개혁자들이 선교에 적극적이지 못했다는 비판에 대한 해명

앞에서 언급한 것처럼 여러 교회역사 학자들과 선교역사 학자들이 개혁자들이 선교에 적극적이지 못했다는 비판에는 귀담아들어야 할만한 것들도 있지만 그들 스스로도 선교에 대한 오해가 있었고, 또한 칼빈의 신학에 비판적이었음을 지적하면서 당시 개혁자들이 선교에 적극적이지 못했던 외적 환경을 살펴보고자 한다.

첫째, 개혁자들의 적극적이지 못한 선교자세를 비판했던 학자들은 선교를 해외(지리적 타문화권역) 선교로만 인식했다는 점이다. 그러나 선교란 타문화권(해외)에 선교하는 것만이 아니라, 타문화권에서 이주해 온 자국 내의 이주민(외국인)을 위한 사역도 선교에 해당한다. 예컨대 오늘날에도 난민(정치적·종교적 박해로 인한 이주)을 위한 사역도 선교로 이해하고 있고, 결혼이주여성이나 외국인을 위한 특수사역도 이주민선교로 인정되고 있다. 또는 종교적 자유가 박탈된 지역의 원주민들을 국내로 불러와 신학적 훈련을 시켜 현지 사역자로 다시 본국으로 되돌려 보내 사역을 하게 하는 것도 특수한 선교사역으로 인정하고 있다. 이런 의미에서 볼 때,

---

110) Carl Braaten, *The Flaming Center: A Theology of Christian Mission*, Philadelphia: Fortress Press, 1977, 15.
111) William R. Hogg, "The Rise of Protestant Missionary Concern," in *The Theology of Christian Mission*, ed. Gerald Anderson, New York: McGraw-Hill Book Co, 1961, 98.

당시 개혁자들이 단순히 해외에 선교사를 파송하지 않거나 또는 본인들이 해외에 나가지 않은 것으로 한정하여 선교적이지 못했다는 비판은 선교에 대한 인식이 부족했거나 협소했음을 알아야 한다.

둘째, 당시 정치적·종교적 상황이 개혁교회와 개혁자들이 해외선교를 하기가 용이하지 않았다는 점이다. 예컨대 당시의 선교방식은 해외 식민지를 개척하면서 선교가 동시에 이루어지는 경향이었기 때문에 식민지를 가지고 있지 못한 개신교는 선교의 기회를 갖기가 거의 불가능했다(당시 식민지는 대부분 로마 가톨릭국가의 소유였다). 특히 개신교가 강했던 독일이나 스위스는 육지로 둘러싸인 나라였기 때문에 해상교통수단인 배가 없어 식민지 개척이 어려웠으나 상대적으로 가톨릭국가인 스페인과 포르투갈은 해상항로를 통해 남미와 아프리카 그리고 아시아의 필리핀을 식민지로 삼아 가톨릭 선교를 강력하게 시행했다.[112]

셋째, 당시 가톨릭교회는 교황이 해외 선교의 전면에 나서 스페인과 포르투갈 주도의 식민지 국가들의 가톨릭화(化)를 맹렬히 장려했는데, 그 일환으로 교황이 남미의 식민지에 한해서 교회 조직권과 전반적인 통제권 및 교회와 관련된 권한을 스페인 국왕(나중에 포르투갈 왕에게도 부여)에게 일종의 교황대리권을 부여했는데 이것을 '파트로나토 레알'(Patronato Real)이라고 한다. 가톨릭은 교황의 절대적 권한까지도 왕에게 이양하면서 식민지 가톨릭화를 전면에서 이끌어갔다. 그 결과 지금의 남미 국가의 대부분이 가톨릭국가가 된 결정적인 원인이기도 하다. 이런 분위기 속에서 스페인은 식민지를 차지함으로 정치와 종교적 권한을 얻었기 때문에 더욱 식민지 개척에 힘을 쏟았다. 실례로, 1537년 교황 파울루스 3세(Paulus III)는 신대륙을 향하여 떠나는 사람들에게 "인디언들에게 하나님의 말씀을 설파하고 선한 삶의 본을 보임으로써 그들을 그리스도에게로 인도하라"는 명령을 내렸다. 이 명령을 받은 자들은 "우리는 복음전도와 확장, 그리고 인디언들을 우리와 같이 가톨릭 신앙으로 인도하는 것 외에

---

112) 허버트 캐인, *기독교 세계 선교사*, 박광철 역, 생명의 말씀사, 1981, 105-107.

는 아무것도 바라지 않는다"고 화답했다. 이에 부응하기 위해 스페인과 포르투갈의 왕들은 그들이 점령한 식민지의 원주민들을 회심시키기 위해 사용되는 모든 비용을 전액 국가의 재정으로 지원했다. 뿐만 아니라 식민지 복음화를 효율적으로 감당하기 위해 선교사들을 동행시켰다.[113]

넷째, 개신교에는 가톨릭 수도원처럼 선교를 추진할만한 강력한 선교단체가 없었다. 실제로 가톨릭선교의 전초기지는 수도원이었다. 가톨릭의 수도원은 교회(가톨릭)가 세속화됨으로 교회제도권 밖에 있던 사람들이 온전한 기독교 공동체를 추구하는 과정에서 생겨났다. 이런 수도원들은 몇 가지 순기능적인 역할을 했는데, 교회가 영적인 생명력을 잃고 있을 때 생명력을 불어넣었고, 수도원은 학문연구(대학의 역할)의 중심적 역할을 하기도 했으며, 선교의 사명을 수행하는 데에 매우 중요한 역할을 했다. 특히 수도원은 선교의 훈련과 파송의 진원지였는데 성 패트릭(Saint Patrick)의 경우 아일랜드뿐만 아니라 영국대륙에까지 선교사를 파송했다.[114] 13세기 유명한 수도원은 구걸승단으로 일컬어지는 '탁발수도회'(Mendicant Order)가 있었고, 16세기(종교개혁 얼마 후)에는 이그나티우스 로욜라(Ignatius Loyola)에 의해 설립된 '예수회'(The Society of Jesuit)가 있었다. 예수회는 1540년에는 교황 파울루스 3세의 승인 하에 '예수회 수도단'(Jesuit Order)이 창설되어 이교도 개종을 가장 기본적인 목표로 활동했다. 그들은 브라질과 파라과이 등 남미 국가 복음화에 큰 공헌을 했다.[115] 그들의 공격적인 선교의 헌신으로, 가톨릭교회는 종교개혁의 여파로 유럽에서 잃은 가톨릭 신자보다 남미에서 얻은 가톨릭 신자 숫자가 더 많았다는 평가를 받고 있다.

종합적으로 요약하면, 당시 개혁교회와 개혁자들은 로마 가톨릭의 무자

---

113) 안승오, *세계 선교역사 100장면*, 137-138; 김동주, *기독교로 보는 세계역사*, 킹덤북스, 2014, 670-677.
114) 후스트 곤잘레스, *초대교회사*, 서일영 역, 은성, 1995, 26.
115) 안승오, *세계 선교역사 100장면*, 142-145.

비한 박해와 회유로 유럽 내 국가들의 개혁교회를 지켜내는데 대부분의 역량을 집중하느라 해외(이방인)선교에 가시적인 열매들이 풍성하지 못한 것은 역사적 사실이다. 일부지만 신학적 오해로 인해 해외선교에 등한시했던 부분도 있었음을 인정할 수밖에 없다. 한편 당시 해외선교의 루트였던 해상 항로권을 가톨릭국가였던 스페인과 포르투갈이 장악하고 있었기 때문에 개혁교회와 개혁자들이 해외선교를 하고자 했어도 사실 해외선교를 하기가 매우 힘든 상황이었다. 그 일례로 칼빈이 브라질에 프랑스 위그노들을[116] 위한 최초의 선교사를 파송했지만 현지 책임자였던 빌러가뇽의 정치적·신앙적 변절로 인하여 결국 포르투갈의 가톨릭 선교활동만 허락함으로 칼빈의 브라질 선교는 중단될 수밖에 없는 험난한 상황이 되었다.

(3) 마틴 루터의 선교

초기 종교개혁자들이 선교에 적극적이지 못했다는 비판 속에서도 마틴 루터의 선교 업적을 과소평가해서는 안 된다. 비록 루터가 선교에 대한 일반적인 개념에서의 선교적 열매(타문화권에 선교사 파송 혹은 직접 선교사로 사역)는 미미할지라도 그에게는 선교에 대한 개념이 풍부했으며 실제로 그가 추진했던 개혁 작업들은 거대한 선교 사역이었음이 분명하다. 루터 연구의 새로운 르네상스를 일으킨 루터 연구의 대가 칼 홀(Karl Holl)이 1924년에 발표한 글 "루터와 선교"는 루터에게 선교 개념이 없다는 당대의 일반적인 견해를 뒤집어엎었다. 홀은 원문 자료를 근거로 루터의 선교 사상에 대한 부정적인 평가를 반박하면서 다음과 같이 결론 내린

---

[116] 위그노(Huguenot)란 프랑스의 프로테스탄트를 가리키는 말인데 주로 칼빈주의자들을 일컫는 말이다. 종교개혁 이후 위그노들에 대한 극심한 박해가 있었음에도 개혁교회는 계속 성장하여 마침내 1562년부터 1598년까지 약 40년간 프랑스에서 가톨릭과 개혁교회 간에 종교전쟁이 있었는데, 이때 위그노의 주요 인물들이 거의 목숨을 잃었으며 수많은 위그노들이 학살당했다. 마침내 1598년 앙리 4세는 낭트칙령(Édit de Nantes)을 선포하여 위그노의 종교적·정치적 자유를 조건부로 인정했으나 위그노들에 대한 탄압이 지속적으로 가해지면서 많은 희생자가 발생하자 영국과 네델란드, 아메리카 등지로 피난길에 올랐다. 비로소 1789년 프랑스 대혁명 기간 중 프로테스탄트에게 종교의 자유가 허락되었다.

다. "루터 역시 실제적인 선교 개념을 가지고 있었을 뿐만 아니라, 어떻게 선교가 그 원리들을 따라 가야 하는지를 표시한 안전한 약도를 그려놓았다."[117]

이런 자료들뿐만 아니라 루터를 비롯한 개혁자들은 나름대로 최선을 다하여 선교활동을 실제적으로 했던 것들을 몇 가지 확인할 수 있다. 첫째, 교황중심의 교회(가톨릭교회)를 그리스도중심(성경중심)의 교회로 개혁했다. 초기 기독교가 로마의 국교가 되는 과정에 로마의 이방 종교와 혼합되면서 교회 본연의 정체성을 상실하고 교황에게 "그리스도의 대리자"(Vicarius Christi)라는 반성경적 타이틀을 부여함으로 가톨릭교회는 인본주의적이고 세속적인 교회로 변질되었는데, 루터를 비롯한 초기 개혁자들이 '원래의 교회'로 되돌리는 위대한 일을 했던 것이다. 이 일은 생명을 걸고 해야 할 순교적 사역으로 선교에 버금가는 위대한 일임에 틀림없다.

둘째, 성경을 자국어로 번역하는 번역선교, 문서선교를 강력히 전개했다. 당시 로마 가톨릭은 라틴어로만 번역된 성경을 인정했고, 만백성을 위해 주신 하나님의 계시가 사제들만의 전유물이었다. 사실 이것이 가톨릭교회와 교황을 비롯한 사제들이 타락할 수 있었던 원인이었다. 가톨릭교회는 성경과 전통을 계시의 2대 원천으로 세움으로 교황이 만든 구전과 전통을 성경과 동일한 수준에 올려놓았다. 오히려 그들은 성경의 명백한 계시보다 교회의 전통을 더 힘 있고 권위 있는 것으로 만들어버리는 죄악을 범했다. 그 결과 마리아 무흠 수태교리를 만들어 마리아를 그리스도에 버금가는 구원의 중보자로 숭배를 하게 했고 연옥교리를 만들어 교회가 하나님의 구원사역에 끼어들게 하는 파렴치한 죄를 범했다. 이런 반성경적인 문제점들을 가톨릭 사제였던 마틴 루터가 발견하고 다른 개혁자들과 함께 개혁의 첫걸음으로 했던 일이 성경을 각국의 언어로 번역하여 일반인들도 자유롭게 성경을 읽게 했던 것이다. 일반 평신도들이 자국어로 성

---

117) Karl Holl, "Luther und die Mission," in *Gesammelte Aufsätze zur Kirchengeschichte, Vol. III: Der Westen*, Tübingen: Verlag J. C. B. Mohr, 1928, 234-243, 황대우, "칼빈의 교회론과 선교," 재인용.

경을 읽게 되니까 그동안 가톨릭교회와 사제들이 얼마나 큰 잘못을 했는 지를 깨닫게 되어 개혁운동은 들불처럼 일어나 유럽 전역을 순식간에 뒤 엎을 수 있었다. 말씀의 능력으로 유럽대륙을 선교했던 것이다.

셋째, 예배의 개혁이었다. 루터가 강조했던 것은 회중이 직접 예배에 참여하여 드리는 예배의 개혁이었다. 당시 로마 가톨릭교회는 사제중심의 라틴어로 미사를 진행했기 때문에 일반 교인들은 '참석'하는 것이 전부였다. 그래서 종교개혁자들은 미사를 우상숭배의 직능이라고 배척하고 그 자리에 말씀선포를 세웠다. 사제 대신에 목사를 세워 말씀의 봉사자(Minister Verbal Dei)로 삼았다. 즉 예배의 중심이 미사에서 말씀선포로 옮아갔다.[118] 특히 음악에 조예가 깊었던 루터는 미사에서 성가대가 불렀던 그레고리 성가를 일반회중들이 부를 수 있는 코랄(Choral)이라는 찬양을 부르도록 했다. 역사적으로 중세 가톨릭교회가 590년에 교황 그레고리 1세(Gregory I)와 함께 시작되었던 바, 그가 만든 가톨릭의 전례양식의 전통이 오랫동안 가톨릭교회를 지배했다. 그 중 하나가 그의 이름을 딴 '그레고리 성가'(Gregorian chant)인데 반주 없이 단선율(單旋律)로 부르는 성가를 말한다. 이에 반하여 개혁교회에서 불러진 찬송은 종교음악의 발전으로 이어졌는데 대표적인 작곡가가 "음악의 유일한 목적은 하나님께 영광을 돌리는 것"이라고 고백함으로 루터의 종교개혁 정신을 음악으로 완성했다는 평가를 받고 있는 요한 세바스찬 바흐(Johann Sebastian Bach)와 '메시아'를 작곡한 게오르크 헨델(Georg Friedrich Händel)이다.

넷째, 가장 중요한 신학의 개혁으로서 '이신칭의'로 대변되는 구원론의 개혁이었다. 조직신학자 서철원은 "그리스도교 교회는 삼위일체 교리와 성육신 교리로 성립된다고 전제하고, 개혁자들은 이 교리에 이신칭의 교리를 더하여 확실한 구원종교가 되었다"고 강조했다.[119] 당시 가톨릭교

---

[118] 서철원, "종교개혁이 교회생활에 미친 영향," 종교개혁 500주년 기념 실천목회 학술 포럼, GM 선교회, 2017, 22.
[119] 서철원, "종교개혁이 교회생활에 미친 영향," 12.

회는 세례 받을 때 받은 믿음은 잠재상태이기 때문에 선행으로 그 믿음을 활성화시켜야 구원받는다고 가르쳤다. 그러나 개혁교회는 처음 복음을 듣고 믿으면 바로 구원을 받는다. 즉 믿을 때 받은 믿음이 구원하는 믿음이기 때문이다. 그 믿음은 인간의 노력이나 공로와는 아무 상관없이 하나님이 은혜의 선물로 거저 주시는 구원의 통로이고 도구이다(엡 2:8). 행함으로가 아니라 오직 믿음으로 의롭게 된다는 칭의론과 구원론(갈 2:16; 딛 3:5)이 진정한 복음의 선포 아니고 무엇인가? 개혁자들이 선포했던 이 칭의론(구원론)은 유럽 사람들만을 위한 복음이 아니라 모든 사람들을 위한 보편적인 복음이었고, 그 복음이 오늘까지 기독교를 왕성하게 하고 있는 가장 강력한 선교의 메시지임을 부인하거나 과소평가해서는 안 된다.

분명한 것은 이신칭의 교리는 종교개혁의 출발점이었고, 그것은 교회를 세우기도 하고 넘어뜨리기도 하고(articulus stantis et cadentis ecclesiae), 그것은 다른 모든 교리들의 운명이 달려있는 교리가 되었다. 개혁자들의 출발점은 사람들이 그들의 구원을 위해 '해야 할' 무엇이 아닌, 하나님께서 그리스도 안에서 이미 '하신' 것이다.[120]

(4) 마르틴 부써의 선교

종교개혁자들 중에 가장 분명한 선교사상을 가진 개혁자로 스트라스부르의 마르틴 부써(Martin Bucer)가 있다.[121] 초기 종교개혁자들에게서 선

---

120) David J. Bosch, *Transforming Mission*, 241.
121) 마르틴 부써(마르틴 부처)와 존 칼빈은 개혁주의 신학과 교회론의 틀을 정립한 선후배 관계의 개혁자들이었다. 물론 각론에서 두 사람의 신학적 차이점이 있었으나 원론에서는 하나님의 나라를 전진시켜야 한다는 개혁신학(칼빈신학)을 고수했다. 두 사람은 서로 간의 탁월한 신학적 은사를 존중해줬는데, 부써는 칼빈의 특출한 신학적 자질을 발견하고 칼빈이 책 쓰는 일에 전념하도록 다른 일로부터 해방시켜줘야 한다고 했고, 칼빈 역시 성경 주석(특히 로마서 주석)에 관한 부써의 박식함·탁월함·성실함은 당대 최고라고 평가했다. 자연스럽게 선배인 부써의 성경 주석은 후배 칼빈의 기독교강요와 주석에 많은 영향을 끼쳤다. 그래서 하인리히 불링거(Heinrich Bullinger)는 칼빈을 제2의 부써라고 불렀고, 구스타프 안리히(Gustav Anrich)는 부써를 "칼빈 이전의 칼빈주의의 아버지"(ein Vater des Calvinismus vor Calvin)라고 불렀다. 신학이 같은 두 사람은 선교에 있어서도 하나님의 주권을 강조하는 선교사상을 공유했다.

교 사상조차 발견할 수 없다고 혹평했던 바르넥조차도 부써의 선교사상 만큼은 인정했다.[122] 부써의 다음과 같은 견해는 그의 선교사상과 열정을 판단할 수 있는 중요한 단서가 된다.

> 우리가 말하려고 의도했던 것에로 이제 다시 돌아가 보자. 만일 이런 방법으로 정부들이 자신들의 통치를 받는 자들, 즉 태어나고 세례를 받음으로써 주 그리스도의 소유가 된 자들을 살필 때 그들 각자가 경건을 추구하고 발견하고 소원하는지를 살핀다면 우리의 사랑하는 하나님께서 그들[정부들]에게 확실히 복을 베푸실 것이다. 그렇게 함으로써 그들[정부들]은 또한 의를 추구할 수 있고, 또 유대인들과 터키인들과 다른 이교도들처럼 날 때부터 우리 주 그리스도로부터 소외된 자들을 그리스도께로 인도할 수 있다. 그렇다. 그들이 자신들의 육적인 통치를 사랑하고 이 통치권의 확대를 위해 열정을 쏟아 붓는 만큼 그리스도의 나라를 사랑하고 이 나라의 확장을 위해 열심을 내었다면 분명 그러했을 것이다. 그러나 안타깝게도 우리가 보고 있는 것은 사람들이 유대인들과 터키인들과 다른 이교들의 땅과 재산을 뺏으려는 열정은 있지만 그들의 영혼들을 우리 주 그리스도께로 인도하려는 열정은 거의 없다는 것이다. 이런 현상은 단지 세상의 통치자들이라 불리는 일반 군주들에게서만 나타나는 것이 아니라 소위 성직자들에게서도 나타난다.[123]

부써는 위 글에서 정부의 통치자들이 이교도들로부터 땅과 재산을 빼앗으려는 것에만 관심을 쏟고 복음을 전하여 영혼을 구원하려는 열정이 없음을 지적했다. 부써의 이런 지적은 단지 정부 관료들뿐만 아니라 성직자

---

122) J. W. van den Bosch, "Martinus Bucer en de zending," in *Gereformeerd Theologisch Tijdschrift*, 1933, 494, 황대우, "칼빈의 교회론과 선교." 재인용.

123) H. J. Selderhuis, *Over de ware Zielzorg*, Kampen: De Groot Goudriaan, 1991, 황대우, "칼빈의 교회론과 선교," 재인용.

들도 예외가 아님을 비판했다. 그러므로 성직자나 군주들은 태어날 때부터 하나님의 사랑에서 소외된 자들을 그리스도께 인도함으로 하나님의 나라를 확장하는데 힘을 모아야 할 것을 강조했다. 부써의 선교사상은 복음을 통한 구원을 강조한 것으로 개혁주의 선교사상을 제대로 확립하고 가르쳤던 선교적 개혁자였다.

(5) 존 칼빈의 선교

선교와 관련하여 칼빈을 가장 부정적으로 비판한 사람이 바르넥이었고, 가장 많은 비판을 받은 부분은 하나님의 주권사상에 근거한 예정론 교리였다. 하나님께서는 인류 중 어떤 사람은 예수 그리스도를 통해 구원하려고 선택하셨고 나머지는 유기하심으로 그들의 죄과에 따라 벌하시려는 것을 예정하셨다는 것인데, 초기 개혁자들 중 일부는 이 예정교리를 오해함으로 선교(전도)하는 것을 등한시했던 것이 사실이다. 이 예정교리의 오해는, 적어도 선교신학적 관점에서, 칼빈의 제자요 후계자였던 데오도르 베자까지도 마태복음 28장의 지상명령(선교명령)은 사도시대로 국한되었다고 주장할 정도였다.[124] 그래서 개신교 선교의 선구자로 불리는 윌리엄 캐리가 그의 선교 소논문(개신교 최초의 공식적 선교문서가 됨)에서 선교의 근거로 마태복음 28장의 지상명령을 유일하게 삼았던 것이다.

그러나 이안 해밀턴(Ian Hamilton)은 "칼빈의 지상명령에 대한 헌신은 제네바를 넘어선 개혁을 수행하도록 강요했다. 특히 칼빈의 제네바교회의 프랑스 선교는 개혁교회의 선교적 모델이었다"고 강조했다.[125] 이에 더해 필립 휴즈(Philip Hughes)는 "칼빈의 제네바는 거대한 선교 사업의 허브요, 생명력 있는 선교의 에너지가 생성되는 역동적인 선교 센터 또는 핵이

---

124) Johannes Verkuyl, *Contemporary Missiology*, 20.
125) Ian Hamilton, "Calvin the Reformer," in *Calvin: Theologian and Reformer*, eds. Joel R. Beeke and Garry J. Williams, Grand Rapids: Reformation Heritage Books, 2010, 35.

었다…특히 칼빈의 제네바 아카데미는 원대한 목표를 가진 선교 학교였으며, 개혁주의 신학과 사상을 온 세상에 전파하는 증인들을 파송했다"고 했다.[126] 데이빗 칼호운(David Calhoun)은 "존 칼빈은 선교의 영웅인가? 아니면 실패자인가?"라는 다소 직설적인 제목의 글을 통해 칼빈의 선교신학에 대해 칼빈은 해외선교를 강력히 추진하지는 않았다. 그러나 그의 신학은 선교적이었다. 다시 말해서 그의 신학에는 내적 역동성이 본질적으로 포함되어 있는데, 이 역동성이 그리스도인들로 하여금 다른 사람들을 그리스도의 통치 아래로 포함시키고자 하는 노력을 하도록 하여 그의 나라가 전 세계로 확장되게 하는 것이었다고 강조하면서, 특히 칼빈의 하나님 나라의 가르침 속에서 선교신학을 발견할 수 있다고 주장했다.[127]

칼빈의 대표작인 기독교 강요에 보면 칼빈은 어거스틴의 말을 인용해서 "우리는 누가 예정된 수효에 포함되며 누가 포함되지 않는지를 모르므로, 모든 사람들의 구원을 원하는 생각을 가져야 한다. 그러므로 우리는 사람마다 우리의 평화에 참가하도록 노력해야 한다"고 했다.[128] 하나님의 예정은 하나님의 고유한 주권사항이고 우리들은 누가 선택받은 자인지를 알 수 없기 때문에 모든 사람을 대상으로 최선을 다해서 선교(전도)해야 함을 강조한 말이다. 칼빈의 이런 선교사상은 그의 디모데전서(2:5-6) 설교에 명확하게 나타나 있는데; "그러므로 가장 먼저 주목해야 하는 것은 이제 자신들의 이웃을 구원의 길로 인도하려는 마음이 전혀 없는 모든 자들과 또한 가여운 불신자들을 인도할 마음은 없고 오히려 멸망하도록 내버려 두는 자들이 하나님께 영광을 돌리지도 않고 그분의 제국의 권능을 최대한 약화시키며 그분이 온 세상을 다스리시지 못하도록 제한하기를 원한다는 사실을 명백하게 보여준다는 것이다. 나아가 그들은 우리 주 예수 그

---

126) Philip E. Hughes, "John Calvin: Director of Missions," in *The Heritage of John Calvin*, ed. J. H. Bratt, Grand Rapids: Eerdmans, 1973, 40-44.
127) David B. Calhoun, "John Calvin: Missionary Hero, or Missionary Failure," *Presbyterian Bulletin 5*, 1979, 16-33.
128) John Calvin, *Institutes*, III-23-14.

리스도의 죽음과 고난의 도를 부분적으로 어둡게 만들고 하나님 아버지께서 그분께 주신 위엄을 감소시킨다"고 강론했다.[129] 특히 주목할 만한 것은 칼빈이 디모데전서 2장 4절의 "하나님은 모든 사람이 구원을 받으며 진리를 아는 데에 이르기를 원하시느니라."를 주석하면서 "모든 사람"을 개인의 총합으로 이해하기보다는 그리스도의 지상명령에 언급된 '모든 민족'(마 28:19)으로 해설한다는 점이다.[130]

그래서 아브라함 카이퍼는 1890년 암스테르담에서 열린 제1차 개혁교회 세계선교대회 주제 강연에서 "개신교 선교사상은 칼빈에게서 시작된다"고 선언했다.[131] 또한 이슬람 선교를 하다가 프린스턴신학교에서 선교학을 가르쳤던 사무엘 즈웨머(Samuel Zwemer)도 칼빈의 개혁주의 신학사상이 근대 선교신학의 기반을 이루어놓았다고 평가했다.[132]

가. 설교와 기독교 강요 및 성경주석을 통한 칼빈의 선교

칼빈은 기본적으로 예수 그리스도의 가르침과 사드들의 가르침을 이어받은 사람이기 때문에 사도들이 복음사역을 하다가 순교를 당했다는 사실을 알지 못했을 리가 없다. 그래서 그의 설교 중에는 영혼구원에 대한 갈망, 믿음으로 의롭게 된 자들이 하나님의 절대적 주권 속에서 살아가는 원리 등을 강조했다. 예컨대 디모데후서 1장 8-9절을 본문으로 한 "The Call to Witness"(선교에로의 부름)이라는 제목의 설교[133]와 디모데전서 2장 3-5절을 본문으로 한 "The Salvation of All Men"(모든 사람의 구원)

---

129) 황대우, "칼빈의 교회론과 선교," *개혁정론*, 6.
130) John Calvin, *Commentary*, I Timothy 2:4.
131) Abraham Kuyper, *Lectures on Calvinism*, Grand Rapids: Eerdmans, 1994, 17.
132) Samuel Zwemer, "Calvinism and Missionary Enterprise, in *Theology Today, Vol. VII*, 1950, 206-216.
133) John Calvin, *A Selected of the Most Celebrated Sermons of John Calvin*, New York: S & D. A. Forbes Printings, 1830, 25-35.

이라는 제목의 설교[134] 등에서 그의 강한 선교사상을 찾아볼 수 있다. 또한 칼빈은 그의 설교를 통해서 당시 로마 가톨릭을 대항하여 "우상을 숭배하지 말라, 미사에 참석하지 말라"고 당당하게 선포했다. 당시는 화형 재판소가 만들어진지 2년 후의 일로 프랑스 내에 종교박해가 격렬할 때였기 때문에 상당한 위험(처형 또는 추방)을 무릅쓰고 이런 설교를 했던 것이다.[135] 칼빈의 이런 선포는 순교적 설교를 통한 외침 선교였다.[136]

칼빈은 일생을 성경해석에 바쳤다고 해도 과언이 아니다. 그는 많은 주석들을 집필했으며, 그의 대표작이라 할 수 있는 「기독교 강요」는 성경에 계시된 구원의 진리를 그리스도인들이 쉽게 깨달을 수 있도록 저술한 책이다.[137] 이 책의 초판이 1536년에 출간되었을 때 기독교계를 뒤흔들고 역사를 움직였다. 칼빈의 「기독교 강요」는 로마 가톨릭교회에는 두려움 그 자체였고, 개혁교회에는 신학적 체계를 잡아 더욱 바른 교회로 성장할 수 있는 보고(寶庫)였다. 이것은 자신이 직접 선교현지에 나가서 사역을 한 것 이상으로 보람된 일로서 전 세계 개혁교회가 신학적 진리 위에 굳건히 서서 성장하게 했던 성경 다음으로 영향력 있는 서적 중에 하나임에 틀림없다. 이 책은 500여년이 지난 지금까지 이성과 경험을 진리 판정의 유일한 기준으로 삼는 현대인들에게 기독교의 참 진리에 대한 올바른 접근방법을 알려주고 있다.

특히 기독교 강요에서도 주기도문 첫 부분을 해설하면서 "이름이 거룩히 여김을 받으시옵소서"라는 부분을 "모든 인류를 복종시키사 그 이름을 경외하게 만드시기를 구하여야 한다"고 했다. 이어서 "나라가 임하시오며"라는 부분은 "우리는 하나님께서 이 땅 각처에서 교회들을 자기 자신

---

134) John Calvin, *A Selected of the Most Celebrated Sermons of John Calvin*, 97-99.
135) 박건택 편저, *칼빈과 설교*, 도서출판 나비, 1988, 137.
136) 칼빈은 '선교'라는 직접적인 용어보다는 '하나님 나라(그리스도의 왕국)의 확장'이란 용어를 주로 사용했다.
137) 도날드 매킴, "칼빈의 성경관," *칼빈신학의 이해*, 도날드 매킴 편저, 이종태 역, 생명의말씀사, 1996, 52-53.

에게로 모으시기를, 그들의 숫자를 증가시키기를" 날마다 간절히 바라고 간구해야 한다고 말했다.[138]

칼빈은 교회론적 관점에서 선교를 논했는데, 그의 기독교 강요에 보면 교회를 어머니로 비유하고 교회에서 가르치는 목사를 사도직을 가진 복음의 선포자로 설명하면서 다음과 같이 말했다.

> 사도들이 하는 역할의 성격은 "온 천하에 다니며 만민에게 복음을 전파하라"(막 16:15)고 하신 명령으로 분명해진다. 사도들에게는 아무 제한도 두지 않으시고 전 세계를 그리스도께 복종시키도록 그들에게 맡기셨는데, 이는 각 민족 사이에 어디서든지 복음을 전파할 수 있게 함으로써 그리스도의 나라를 증거하도록 하셨다....그러므로 사도들은 반역하는 세상을 돌이켜 하나님께 진정으로 복종하게 만들고 복음을 전파해서 세계 각지에 하나님 나라를 세우도록 파견된 것이다.[139]

또한 칼빈은 교회에서 시행하는 성례를 선교와 관련된 수단으로 인식했다. 그는 "성례는 하나님의 언약의 표징이다. 우리의 믿음을 돕는 또 하나의 수단은 성례이며, 이것은 복음 선포와 관련되어 있다"고 강조했다.[140] 특히 칼빈은 그의 예정론에 대한 오해를 불식시키기 위해 선교(전도)의 열심을 촉구하는 마음으로 "우리는 누가 예정된 수효에 포함되며 누가 포함되지 않는지를 모르므로, 모든 사람들의 구원을 원하는 생각을 가져야 한다"고 강조했다.[141] 우리는 칼빈의 가르침을 다시 한 번 바르게 정립해야 하는데, 구원은 하나님의 "선택과 예정"으로 이루어지지만, 인간의 편에

---

138) 김성운, *종교개혁과 선교*, SFC, 2017, 21-22.
139) John Calvin, *Institutes*, IV-3-4.
140) John Calvin, *Institutes*, IV-14-1.
141) John Calvin, *Institutes*, IV-23-14.

서 볼 때 그 예정된 자가 누구인지를 알 수 없으므로 우리는 모든 사람들에게 복음을 전해야 한다. 이것은 "복음이 먼저 만국에 전파되어야 할 것이니라"(막 13:10). 그러므로 "너희는 온 천하에 다니며 만민에게 복음을 전파하라"(막 16:15)는 주님의 명령에 부합한 것이다.

칼빈의 신구약 주석에서도 선교에 대한 직접적인 언급은 미미하지만 그 사상만큼은 풍부하게 쓰여 있다. 특히 구약주석에는 우주적 · 보편적 · 선교적인 시야와 열국에 대한 관심, 그리고 이방민족에 대한 구원계획을 잘 설명하고 있다. 아브라함의 선택(창 12:1-3)을 이방민족에 대한 축복의 통로로, 이스라엘의 선택(신 4:37; 7:6-8; 10:15)을 특별한 특권과 동시에 열국을 봉사하기 위한 것임을 분명히 해석했다. 칼빈은 시편 67편을 "그리스도 왕국에 관한 예언"이라고 전제하고, 유대인에 대한 하나님의 축복을 구하는 기도부터 시작하여 주변국가와 땅 끝까지 축복이 미쳐서 그들이 구원받고 함께 주님께 영광을 돌리게 해달라고 간구하고 있다. 이것은 곧 선민으로서의 이스라엘을 먼저 구원하셔서 이방구원을 위한 도구로 삼으시고자 한 하나님의 구원 계획을 노래하고 있는 것으로서 구약에서의 선교의 대헌장(The Magna Charter of the Old Testament)이라고 하는데 칼빈은 이러한 선교적 관점에서 시편을 해석하고 있다.[142]

칼빈은 특히 이사야 주석을 통해 하나님의 선교사상을 다양하게 해석했는데 그 중심사상은 장차 메시아가 임할 것이며 말세에 이방민족들이 자발적으로 그리스도께 몰려들 것이라는 사상이다. 이를 위해 교회가 필연적으로 전 세계에 확장될 것을 강조했다. 2장 2절의 "말일에 여호와의 전의 산이 모든 산꼭대기에 굳게 설 것이요 모든 작은 산 위에 뛰어나리니 만방이 그리로 모여들 것이라"는 말씀에서 말세에 이방인들이 교회로 몰려오는 모습은 마치 바다에서 배가 파선하여 물 위에 떠다니던 사람들이 항구로 밀려 들어와서 구원을 얻은 것처럼 모여들 것으로 주석했다. 10장 22-23절의 "이스라엘이여 네 백성이 바다의 모래 같을지라도 남은 자

---

142) 최정만, 『칼빈의 생애와 선교사상』, 총신대학교 출판부, 2015, 180.

만 돌아오리니 넘치는 공의로 파멸이 작정되었음이라 이미 작정된 파멸을 주 만군의 여호와께서 온 세계 중에 끝까지 행하시리라"는 말씀에서 소수의 남은 자를 제외하고는 하나님 나라에 들어가지 못하지만 복음이 온 세상 끝까지 열방 중에 전파된다는 여호와의 선교 의지가 실현된다고 주석했다. 19장 18절의 "그 날에 애굽 땅에 가나안 방언을 말하며 만군의 여호와를 가리켜 맹세하는 다섯 성읍이 있을 것이며 그 중 하나를 멸망의 성읍이라 칭하리라"는 말씀에서 멸망 받을 자의 수보다 구원 받을 자의 수가 많음을 강조함으로써 미래 선교의 역동성과 확장성을 설명하였다. 19장 24-25절의 "그 날에 이스라엘이 애굽 및 앗수르와 더불어 셋이 세계 중에 복이 되리니 이는 만군의 여호와께서 복 주시며 이르시되 내 백성 애굽이여, 내 손으로 지은 앗수르여, 나의 기업 이스라엘이여, 복이 있을지어다 하실 것임이라"는 말씀에서 선교의 결과로 이집트와 앗수르 같은 이방민족이 복을 받고 이스라엘과 함께 구원에 참여하게 된다는 약속이 이뤄지는 것에 대해서 주석했다. 45장 6절의 "해 뜨는 곳에서든지 지는 곳에서든지 나 밖에 다른 이가 없는 줄을 알게 하리라"는 말씀에서 복음이 세계 열방 중에 선포되어 결국 구원자는 오직 그리스도뿐임을 알게 된다고 주석했다. 49장 6절의 "내가 또 너를 이방의 빛으로 삼아 나의 구원을 베풀어서 땅 끝까지 이르게 하리라"는 말씀에서 칼빈은 사도행전 13장 47을 인용하여 해석함으로 신약의 교회가 이방인의 선교를 담당할 것을 이사야 선지자가 오래 전에 예언했다고 주석했다. 49장 18절, 49장 22절과 23절은 마침내 열방이 그리스도께로 돌아오게 될 것을 예언한 것을 선교의 확장성이라고 해석했다. 55장 5절의 "보라 네가 알지 못하는 나라를 네가 부를 것이며 너를 알지 못하는 나라가 네게로 달려올 것은 여호와 네 하나님 곧 이스라엘의 거룩하신 이로 말미암음이니라"는 말씀에서 하나님의 구원이 이스라엘뿐만 아니라 알려지지 않은 이방민족 중에서도 이루어 질 것이라는 선교사상을 발견하게 된다.[143]

---

143) John Calvin, *Commentaries on Isaiah* 참조.

요나서에서는 요나를 이방민족에게 보내 구원의 복음을 강권적으로 선포하게 하시는 하나님의 모습을 통해 "파송"의 의미를 강조함으로 선교사상을 해설했다. 아모스 9장 12절에서는 "에돔 가운데도 남은 자의 수에 들어갈 구원의 역사가 있다"고 함으로 교회의 선교적 역할을 강조했다.[144] 말라기 4장 2절의 "내 이름을 경외하는 너희에게는 공의로운 해가 떠올라서 치료하는 광선을 비추리니 너희가 나가서 외양간에서 나온 송아지 같이 뛰리라"는 구절에서 "나가서"라는 단어에 강조점을 두며, 그리스도의 오심으로 인해 갇혔던 자들이 풀려나 뛰게 될 것을 '구원받은 자의 벅찬 기쁨과 감격'으로 표현함으로써 선교의 의미를 부여했다.[145]

칼빈은 신약성경 주석에서도 더 깊고 분명한 선교적 사상을 가감 없이 보여주고 있다. 가장 먼저 지상명령(마 28:19-20)에 대한 주해를 보고자 한다. 칼빈은 지상명령을 주해하면서 지금은 복음의 국경선이 무너졌음으로 복음 사역자들이 세상 구석구석에까지 '모든 사람들'에게 구원의 가르침을 전파해야 함을 강조했다. 특히 칼빈은 그리스도께서 영원한 구원을 모든 이방인들에게 전파하는 것을 원하셨으며 여기에 '세례'라는 도장을 찍어 하나님의 백성으로 병합시키셨다고 함으로 가르침과 세례 베풂을 지상명령의 중요한 사역으로 인식했다는 점이다.[146] 또한 마태복음 24장 14절의 "이 천국 복음이 모든 민족에게 증언되기 위하여 온 세상에 전파되리니 그제야 끝이 오리라"는 구절에서 그리스도께서 오시는 최후의 날 이전에 복음이 지구의 가장 먼 곳까지 공포될 것이라는 말씀을 하고 있을 뿐이라고 해석했다. 그가 이것을 복음전파의 목표로 삼은 것은 그것이 모든 민족에게 증거가 되도록 하기 위해서라고 이해했다. 그리고 "그제야 끝이 오리라"는 구절은 세상의 종말과 회복으로 이해해야 한다고 강조했다.[147]

---

144) John Calvin, *Commentary*, Amos 9:12.
145) John Calvin, *Commentary*, Malachi 4:2.
146) John Calvin, *Commentary*, Matthew 28:19-20.
147) John Calvin, *Commentary*, Matthew 24:14.

요한복음 20장 21절의 "아버지께서 나를 보내신 것 같이 나도 너희를 보내노라"는 구절에서 예수님께서는 비로소 제자들에게 '사도'로서 복음 사역을 위임하셨다고 해석했다. 이전까지는 단순히 자신의 가르침을 가르치는 교사의 임무를 수행했지만, 이제는 그의 길을 다 마쳤으므로 제자들에게 사도의 직임을 부여함과 동시에 자신이 아버지로부터 받았던 동일한 사명(*in eandem functionem*)과 동일한 역할(*eandem personam*)과 동일한 권위(*idem iuris*)를 그들에게 부여했다. 그러므로 그리스도께서 아버지로부터 받았던 권위를 사도들에게 전달해 주셔서 복음전파가 인간적인 방법에 의해서가 아니라 하나님의 명령에 따라 자신에게 위탁되었음을 선언하는 것이 필요한 일이었다고 해석했다. 다만 한 가지 차이가 있다면, 그리스도께서 지상에 계실 때는 자신의 입으로 직접 말씀하셨지만 이제는 그의 사도들을 통해서 말씀하고 있다는 사실뿐이다.[148]

사도행전 1장 8절의 "오직 성령이 너희에게 임하시면 너희가 권능을 받고...내 증인이 되리라"는 구절에서 칼빈은 성령이 임하여 권능을 주실 때까지 성급하게 주님의 일을 서둘지 말라는 의미로 해석했다. 즉 그리스도께서는 이 말씀을 통해 성령이 임하시기 전까지는 제자들의 연약함 때문에 사실상 할 수 있는 것이 아무것도 없음을 충고했다고 덧붙였다. 성령이 임하면 그 분이 주실 권능과 특별한 은사를 받아 비로소 "내 증인"이 될 수 있음을 의미한다고 했다.[149] 특히 칼빈은 성령의 임함의 중요성을 강조하면서 사도행전 2장 18절의 "그 때에 내가 내 영을 내 남종과 여종들에게 부어 주리니"라는 부분의 주석을 통해 우리가 성령을 받아 주님의 종이 된 것처럼 성령을 받기 전에는 아직 주님의 종이 아니라는 것을 강조했다. 그리고 "내 증인이 되리라"는 부분에서 그리스도께서는 그의 제자들이 현세적인 지상의 왕국에 대해서 품고 있는 그릇된 생각을 뽑아 버리려고 하셨다고 해석했다. 왜냐하면 그의 나라는 오직 복음의 선교를 통해 이루어지

---

148) John Calvin, *Commentary*, John 20:21.
149) John Calvin, *Commentary*, Acts 1:8.

기 때문이다. 이 사실에서 그리스도는 이 세상의 방식과는 달리 영적으로 지배하신다는 말이 된다.[150]

특히 칼빈의 주석에 나타난 바울서신의 중심 사상은 사도권에 관한 것이다. 바울은 그의 사도권을 "그리스도의 종으로서의 사도"임을 강조했다(롬 1:1; 빌 1:1; 골 1:1; 딛 1:1). 바울이 이렇게 자신의 정체성을 밝힌 것은 구원받은 모든 사람들이 그리스도의 종들의 축에 들지만, 그중에서 다른 사람들과 구별하는 독특한 특징으로 사도직을 강조한 것이다.[151] 또한 에베소서 6장의 주석에서 그리스도인들이 싸워야 할 상대가 '악한 영들'에 대한 것임을 분명히 했다(6:12). 우리의 대적은 악하고 부패한 세상의 주관자 마귀인데, 세상의 부패는 마귀 왕국에 자리를 내어주는 것이라고 해석했다. 따라서 바울은 그리스도인들을 군사로 비유하며 우리의 원수들에게 전진해 나가서 그들의 은신처를 먼저 공격하여 없애버려야 한다고 함으로 영적전쟁의 중요성을 강조했다고 해설했다.[152]

나. 개혁교회를 설립하고 부흥시킴으로 세계선교의 토대를 마련함

칼빈은 다른 개혁자들과 함께 유럽 내지에서 탈 성경적인 로마 가톨릭 교회로부터 성경적인 개혁교회를 세우는데 사력을 다했고 또한 사도들과 교부들로부터 전수받은 '이신칭의'를 비롯한 정통신학을 개혁교회들에게 전수하는 일에 우선순위를 두었다. 그 영향으로 유럽 내지의 개혁교회들은 왕성하게 성장했고, 내적 힘을 축적하여 윌리엄 캐리를 선두로 세계 각지에 선교사들을 파송할 수 있는 토대를 닦았던 것이다.[153] 특히 칼빈은 다음과 같은 교회론을 가지고 목회를 했던 교회중심의 개혁자

---

150) John Calvin, *Commentary*, Act. 2:18.
151) John Calvin, *Commentary*, Romans 1:1.
152) John Calvin, *Commentary*, Ephesians 6:12.
153) 허버트 캐인, *기독교 세계 선교사*, 85-86.

(ecclesiocentric reformer)였다.

하나님을 아버지로 모시고 있는 성도들에게 교회는 '어머니'와 같은 역할을 한다. 하나님께서는 자기의 백성을 한 순간에 완성하실 수 있지만, 특별한 섭리 가운데 그들의 어머니인 교회의 교육을 받으며 성장하도록 하셨다. 이때 교회가 신자들에게 주는 중요한 보호 기능은 예배를 통하여 발휘된다. 하나님께서는 공적 예배를 통하여 신자들을 조금씩 세워나가시기 때문이다. 여기에는 양육과 더불어 훈련의 의미도 포함된다. 이렇게 교회를 어머니와 같은 개념으로 이해하는 칼빈의 입장에서 볼 때 교회를 떠나서는 구원이 없다는 생각은 확고하다.[154]

우리는 복음을 믿음으로 그리스도를 소유하지만, 우리의 나태 때문에 도움이 필요하니, 하나님께서 우리의 믿음을 돕기 위하여 교회를 필요한 수단으로 주셨다. [예컨대] 목사들과 교사들을 통하여 복음을 가르치게 하셨고(엡 4:11), 성례들로[155] 우리의 믿음이 자라며 돈독해지게 하셨다....하나님께서는 당신의 자녀들을 어머니와 같은 교회의 품으로 모아서 교회의 도움과 봉사와 양육과 보호와 지도를 통해 믿음의 목적지에 도달하게 하신다. 따라서 하나님이 아버지가 되는 사람에게는 교회가 어머니가 되어야 하니(막 10:9), 이는 우리가 하늘에 있는 새 예루살렘의 자녀라고 한 말과 같은 의미이다(갈 4:26).[156]

선교운동가 랄프 윈터(Ralph Winter)는 복음의 대상을 문화로 구분

---

154) Philip Schaff, *제네바 교회*, 46; John Calvin, *Institutes*, IV-1-1.
155) 칼빈은 성례를 하나님의 언약의 표징으로 이해했는데, 성례는 신자들의 믿음을 돕는 또 하나의 수단으로 이것은 복음 선포와 관련되어 있다고 설명했다(*Institutes*, IV-14-1).
156) Philip Schaff, *제네바 교회*, 47.

했는데, 예컨대 E-0(자체 교인들), E-1(교회에 다니지 않는 불신자들), E-2(다른 문화권에 사는 유사문화권 사람들), E-3(완전히 이질적인 타문화권 사람들)로 분류했다. 이 구분에 의하면 프랑스인이었던 칼빈이 스위스 제네바에서 유럽 각지에서 몰려든 신앙의 난민들을 위한 목회와 교육 사역은 'E-2'에 해당되는 선교 사역이었다고 할 수 있다.

다. 성경을 자국어로 번역(번역 선교)

칼빈을 비롯한 개혁자들이 성경을 자국어로 번역하여 성경을 읽고 참진리를 깨닫게 했던 것은 요즘으로 치면 성경번역선교회(GBT) 등의 선교단체가 하고 있는 번역 선교에 해당한다. 이것은 개혁운동이 전 유럽에 들불처럼 번지게 했던 가장 큰 원동력이었고, 또한 복음이 전 세계로 뻗어나가게 했던 가장 근본이 되는 사역이었다.

라. 프랑스와 유럽 내지에 선교사 파송

우선 칼빈은 조국인 프랑스를 떠나 스위스 제네바에서 '제네바교회'와 '제네바아카데미'를 중심으로 사역을 했다. 같은 유럽지역이었기 때문에 타문화지역이었다고는 할 수 없지만 고향을 떠나 타지에서 사역한 자체가 선교적 사역이라고 할 수 있다. 칼빈이 제네바에서 사역을 하기 이전의 제네바 상황은 영적으로 폐허나 다름없었다. 원래 제네바는 종교개혁 이전까지 로마 가톨릭 도시로서 매우 엄격한 종교적 규율을 가지고 있었다. 예컨대, 주일 미사에 참석하지 않으면 법을 어기는 것으로 간주되었고 술집은 거룩한 직무(미사) 수행 중에는 문을 닫았다.[157]

그러나 종교개혁의 여파로 로마 가톨릭의 감독과 행정책임자들이 축출되었지만 여전히 제네바 안에는 새로운 개신교 신자들, 남아있는 가톨릭

---

157) 최정만, 『칼빈의 생애와 선교사상』, 63.

신자들, 그리고 애국자로 자처하는 방탕한 귀족들이 혼재하고 있었다. 이들은 종교개혁에 대한 오해로 종교적 권위를 거부하고, 예배참석 대신 돈, 장사, 도박, 쾌락 등 세속화되었다. 그런 연유로 인해 제네바의 도덕성은 추락했고, 교인들의 신앙심은 거의 없었고, 교회의 치리는 전혀 영향력이 없었다.[158]

이런 상황에서, 1536년, 제네바의 강력한 개혁자 귀욤 파렐(Guillaume Farel)[159]이 프랑스 왕 프랑수아 1세(Fransois I)의 개신교 핍박을 피하여 스트라스부르(Strasbourg)로 피신하고 있던 개혁적 신학자 칼빈을 반 강제적으로 설득하여 영적 폐허에 처해있던 제네바에서 성경을 가르치도록 했다. 마치 사도행전의 안디옥교회의 바나바가 사울(바울)을 청하여 함께 동역했던 모습을 재현했던 것이다. 당시 칼빈은 1535년에 저술을 완성하고 1536년 초에 그 유명한 대작 「기독교 강요」를 출간함으로 개혁교회의 중요한 지도자가 되었다.

그러나 파렐과 젊은 칼빈은 외지인(外地人)이었음에도 너무 성급하고 엄격한 개혁을 추구하다 3년도 채우지 못하고, 1538년 4월에 제네바 시의회와 기득권층에 의해 제네바에서 추방당했다. 그 후 파렐은 죽을 때까지 스위스 서부의 뇌샤텔(Neuchâtel)로 가서 종교개혁운동을 계속했고, 칼빈은 스트라스부르로 가서 학자의 길을 걷고자 했으나 그곳에서 스트라스부르의 개혁자 마르틴 부써(Martin Bucer)를 만나 프랑스에서 핍박을 피해 제네바로 밀려든 난민들을 위한 교회에서 목회를 하게 되었다. 이론적 개혁

---

158) Paul T. Fuhrmann, *Instruction in Faith 1537*, Philadelphia: Westminster Press, 1949, 1.

159) 귀욤 파렐(1489-1565)은 프랑스 출신으로 파리에서 공부할 때 그의 스승 페브르에게서 종교개혁 신학을 접했다. 그는 1921년에 주교의 허락을 받고 설교를 시작했으나 너무 과격하고 직설적이어서 오래 할 수가 없었다. 1532년 제네바로 가서 시의회의 협조로 종교개혁을 성공적으로 도입했다. 종교개혁 이전 강력한 로마 가톨릭 도시였던 제네바에 베른으로부터 개혁신앙(프로테스탄트)을 가져온 것은 그의 일생의 가장 큰 업적으로 평가받고 있다. 그는 직설적이고 강력한 토론으로 가톨릭 대표들을 물리치고 빠르게 가톨릭교회들을 개신교 교회로 만들어 버렸다. 그러나 파렐은 자신의 직설적인 성격과 부족한 신학적 기반을 보충해줄 사람을 물색하던 중, 1936년 칼빈의 명성을 듣고 삼고초려(三顧草廬)하여 제네바로 데려와 제네바의 영적 부흥을 꾀했다.

신학자였던 칼빈은 이 시기에 부써를 통해 개혁교회의 질서를 세우는 등 실천신학을 배울 수 있는 기회를 얻었다.

파렐과 칼빈이 제네바에서 추방당한지 만 1년이 되던 때(1539년 4월), 로마 가톨릭의 제이코포 사돌레토(Jacopo Sadoleto) 추기경은 제네바 시민에게 옛 신앙(로마 가톨릭교회)으로 돌아올 것을 권유했다. 그가 내세운 것은 "로마 가톨릭교회야말로 1500년 동안 전 세계적으로 퍼져 인정받은 참 교회"라는 것이었다. 옛 신앙으로 돌아갈 생각이 없었던 제네바 시민들(시 당국)은 사돌레토 추기경이 보낸 서한에 대한 답장을 써줄 것을 칼빈에게 부탁했다. 이를 계기로 칼빈은 1541년 다시 제네바교회에서 목회를 하게 되었다. 하지만 칼빈의 제네바교회 목회는 만만치 않았고, 하나님의 말씀에 따라 개혁된 제네바시를 건설하려는 칼빈의 계획에 많은 도전들이 나타났다. 그럼에도 하나님의 은혜로 칼빈의 성시화 계획은 많은 결과를 만들어냈다. 1559년, 칼빈이 제네바 시민권을 얻게 된 해요, 기독교강요 최종판이 출간되었으며, 칼빈이 그렇게 염원했던 제네바 아카데미(Academie de Geneve)가 개교한 해였다. 그가 작고하기 5년 전의 일이었다.[160]

칼빈은 1541년 제네바로 돌아와 제네바교회를 목회하던 중, 신앙의 박해를 받고 있던 프랑스 각지에서 목회자 파송을 요청하자 제네바 아카데미에서 훈련받은 목회자들을 프랑스에 선교사로 파송했다.[161] 이것은 제네바에서 사역하고 있던 칼빈의 마음속에 항상 프랑스가 있었음을 의미했고, 실제로 칼빈의 교회관은 교회가 그리스도의 몸으로서 하나 된 보편적인 교회이기 때문에 지상의 어느 교회든지 동일한 그리스도의 교회로 인정했다.[162] 그래서 칼빈은 1555년부터 1562년까지 88명의 목회자들을 프랑스에 보냈는데, 1555년 당시 프랑스에는 무늬만 교회인 교회가 단 한

---

160) 이상웅, "존 칼빈의 생애와 그에 대한 입문서," 기독교사상, 2012년 11월 20일.
161) 김재성, 개혁신앙의 전망: 현대 칼빈주의, 그 독특성과 공헌들, 이레서원, 2004, 373.
162) 오토 베버, 칼빈의 교회관, 김영재 역, 이레서원, 2001, 38-39.

곳 있었다. 그런데 칼빈이 파송한 목회자들에 의해 교회가 세워지기 시작하여 7년 만에 2,150개의 교회가 세워졌다(대부분이 장로교 교회였음). 개신교인 수가 전체인구 2천만 명중 2백만 명으로 증가했다. 이런 개신교 교회의 급성장은 가톨릭교회의 격렬한 박해 속에서 일어났는데, 예컨대 1572년 한해에만 7만 명의 개혁교회 교인들이 순교를 당할 정도의 박해였다.[163]

칼빈의 제네바교회는 지리적으로 가톨릭국가로 들러싸여 있으면서도 프랑스를 비롯하여 스코틀랜드, 이탈리아, 네덜란드, 헝가리, 폴란드와 라인강변의 자유제국도시들까지 전도자와 선교사들을 파송했다.[164]

이에 대한 확인은 미국 필라델피아에 있는 비블리칼 신학교(Biblical Theological Seminary) 총장인 프랭크 제임스(Frank James)에 의해 증언되었다.[165] 그는 2017년 1월 고신대학교에서 개최된 개혁주의학술원 제5회 칼빈 학술세미나에서 "16세기 중반에 개신교도들이 박해를 받아 수많은 사람들이 프랑스어권인 제네바로 도피했다"며 "제네바에서 피난처를 찾은 프랑스어를 사용하는 개신교 피난민들은 칼빈에게 깊은 영향을 받았다"고 했다. 그러면서 "그들 중 많은 사람들은 개신교 복음을 가지고 다시 프랑스로 돌아가야 한다고 느껴 칼빈을 찾아가 프랑스로 돌아갈 수 있도록 지지를 요청했지만 칼빈은 교육받지 못한 선교사들을 가톨릭인 프랑스의 위험지역으로 돌려보내는 것에 대해 마음이 내키지 않았다"고 했다. 그래서 "칼빈은 그들을 신학적으로 훈련했고, 그들의 설교 능력을 검증했으며, 그들의 도덕적 성품을 주의 깊게 면밀히 살폈다. 그들이 알맞게 훈련받고 검증된 후에야 칼빈과 제네바교회 치리회는 그들을 프랑스의 위험지역으로 보내어 복음을 전하도록 파송했다"고 말했다.

---

163) Ian Hamilton, "Calvin the Reformer," in *Calvin: Theologian and Reformer*, eds. Joel R. Beeke and Garry J. Williams, Grand Rapids: Reformation Heritage Books, 2010, 36.
164) 이태화, "개혁자, 세계선교를 꿈꾸다" *한국기독공보*, 2009년 3월 4일.
165) 오상아, "칼빈 예정론 '선교' 약화시켰다는 주장…검증돼야," *기독일보*, 2017년 8월 16일.

또한 "1555년경 프랑스에는 개신교 지하교회가 5개 있었다. 1559년경에는 이 개신교 교회들의 숫자가 100개를 훨씬 넘어섰다. 최상의 학문적인 평가는 1562년경에는 프랑스에 세워진 교회가 2,150개 이상 있었고 출석 교인이 약 3백만 명 정도였다는 것이다"며 (앞선 Ian Hamilton의 자료와 수치상의 차이가 있음을 참고) "이 사실들을 볼 때, 칼빈이 선교에 무관심했다는 구스타브 바르넥의 주장을 유지하는 것은 매우 어렵게 되었다"고 했다. 그는 덧붙여 "최상의 학문적 평가는 약 300명의 선교사들이 1555년부터 1565년까지 제네바로부터 파송되었다는 것인데, 당시 제네바 인구는 1만 5천 명 가량의 소도시였다"며 "내 친구 피터 윌콕스(Peter Wilcox)는 '선교활동은 칼빈이 자신의 생애 마지막 10년 동안 최우선적으로 몰두했던 일이었다' 고 주장했다"고 말했다.

프랭크 박사는 제네바 기록보관소가 보관한 500년 된 칼빈 서신을 언급하며 프랑스의 선교사가 칼빈에게 보낸 편지를 보면 너무나도 엄청난 성공을 거두고 있음도 알게 된다고 했다. 그는 "제네바가 프랑스 선교에 성공한 것은 프랑스 가톨릭까지도 인정했다"며 "예수회(Jesuit) 사제 쟝 뻴띠에르(Jean Pellttier)는 1561년 툴루즈로부터 보고를 받았다"며 이 글을 소개했다. "도시마다 제네바로부터 온 사역자들이 설교를 합니다. 그들은 주요 인사들과 대부분의 시 장관들을 설득하여 이단들(개혁파 기독교인들)을 처벌하지 못하도록 했습니다....나는 주님께서 [우리를] 버리셨다고 봅니다....지금 온 나라가 이단으로 가득하므로, 만일 우리 주님이 자비를 베푸시지 않고 금년에 간섭하시지 않는다면 모든 것은 끝장날 것입니다."

칼빈이 파송한 선교사들이 프랑스와 유럽 전역에서 왕성하게 교회를 세워 참된 복음을 전파했음을 확인할 수 있다. 하지만 종교개혁이 일어난 지 500년이 된 지금, 칼빈이 사역했던 제네바의 상황은 어떤가? 스위스에서 35년째(2017년 현재) 사역하고 있는 김정효 목사는 "스위스는 표면적으로는 언론에 종교개혁 500주년에 대한 보도는 전혀 없다"며 "독일과 스위스는 일부 살아 있는 교회가 있지만 미미하다"고 안타까워했다. 그는 그렇게 된 원인에 대해 "스위스를 비롯한 유럽의 기독교는 신학이 자유주의화 되면서 복음을 상실하게 되고, 교회들은 약해지기 시작했다. 유럽 교회의 가장 시급한 과제는 복음적인 신학교육이 살아나야 한다.…현재 스위스는 서류상으로는 90퍼센트 이상이 기독교인인데, 실제로 주일날 교회 나가 예배드리는 사람이 1퍼센트도 안 된다. 그 이유는 복음이 없기 때문이다"고 강조했다.[166]

유럽의 기독교 신앙의 문제점은 동구권의 빅토르 오반(Viktor Orbán) 헝가리 수상의 "기독교는 유럽의 마지막 희망"이라고 주장한데서 그 절박성을 찾아볼 수 있다. 그는 최근 부다페스트 왕궁에서 진행된 연례 국정연설에서 기독교 문화의 쇠퇴와 이슬람의 선전에 대해 독일, 프랑스, 벨기에 등 유럽 정치인들의 책임을 언급한 뒤 이같이 말했다고 영국 크리스천투데이가 19일(현지시간) 보도했다.[167]

결국 신학이 자유주의화 됨으로 교회 내에서 복음이 사라져 버리니까 무늬만 크리스천들이 남게 되어 교회가 힘을 잃어버린 것이다. 그리고 교회가 힘을 잃어버린 그 자리를 현재 무슬림 이민자들이 채워가고 있는 것이다. 그런데 칼빈은 그리스도인들을 개혁주의 신학에 입각한 목회와 교육을 함으로 제네바뿐만 아니라 유럽 전역의 교회를 부흥시키고 복음화를 이루었던 것이다.

마. 박해받던 평신도 기독교인을 위한 사역

칼빈이 제네바에서 목회할 당시 프랑스를 비롯한 유럽 전역에서 많은 기독교인들이 로마와 가톨릭의 박해를 피해 제네바로 몰려들었다. 때문에 칼빈과 제네바교회는 난민들을 위해 병원을 세웠고, 각국의 기금을 조성해 그들을 도왔다. 특히 '프랑스 기금'은 구제뿐만 아니라 성경과 시편찬

---

166) 김철영, "유럽교회 쇠퇴는 자유주의신학 때문," *뉴스파워*, 2017년 10월 12일.
167) 강혜진, "헝가리 수상 '기독교는 유럽의 마지막 희망'," *크리스천투데이*, 2018년 2월 23일.

송, 교리문답 등을 난민들과 프랑스에 전달하기 위해서도 사용되었다. 이는 오늘날 난민선교와 문서선교에 해당되는 중요한 선교 사역이었다.

특히 칼빈은 1559년에 제네바 아카데미의 설립 허가를 받아 그의 제자요 후계자인 데오도르 베자를 원장으로 세워 제네바에 몰려든 난민들에게 성경과 바른 복음을 가르쳤고[168] 평신도들인 그들 중에 목회자로 세워 유럽 각지로 파송하기도 했다.[169]

칼빈의 선교사역과 교육사역의 특징 중의 하나는 평신도들을 소중하게 여겼다는 것이다. 그는 기독교강요 제4권 19장에서 그리스도가 멜기세덱의 반차를 좇는 제사장임을 제시한 후 모든 신자들이 제사장직을 부여받았다고 주장했다.[170] 그는 모든 신자들이 제사장인 것은 그들이 하나님으로부터 소명을 받았기 때문이라고 전제한 후, 자신의 소명에 따라 은사로 주어진 직업을 가지고 제사장직을 수행해야 한다고 강조했다.[171] 그래서 칼빈은 당시 유럽 전역에서 박해받던 평신도 기독교인들이 제네바로 몰려들었을 때 그들에게 제사장 의식과 함께 소명자로서의 삶을 살도록 가르쳤다. 그 결과 많은 기독교 평신도들이 유럽으로 재 파송되어 유럽의 복음화와 개혁주의 사상을 보급하였다.

바. 브라질에 선교사를 파송

칼빈은 남미 브라질에 개신교 최초의 선교사를 파송했는데 그들은 삐에르 리쉬에르(Pierre Richier)와 귀욤 샤르띠에르(Guillaume Chartier)였다. 이들은 칼빈의 제네바 아카데미에서 신학을 공부하고 훈련받던 중 파

---

168) 김성욱, *개혁주의 선교신학*, 이머징북스, 2013, 41.
169) 김성운, *종교개혁과 선교*, 24.
170) John Calvin, *Institutes*, IV-19-28.
171) Charles C. Eastwood, *The Priesthood of All Believers*, Minneapolis: Augsburg Publishing House, 1992, 71-73.

송을 받은 선교사들이었다.[172] 이들이 선출되고 파송된 배경을 살펴보면, 프랑스 위그노인 콜리니(Coligny)의 총독 가스빠르 드 샤띨롱(Gaspard de Chatillon)은 프랑스에서 박해 받고 있던 위그노들이 평화롭게 살 수 있는 곳을 신대륙에서 찾고자 했는데, 당시 브르따녀(Bretagne)의 부총독이었던 빌러가농(Nicolas Durand de Vikegagnon)이 콜리니의 이러한 계획을 받아들여 그 일을 수행하는 책임자가 되었다. 1555년 7월에 위그노 이주민들과 일단의 군인들과 노동자들을 가득 실은 두 척의 배는 브라질로 떠났고, 11월에는 당시 리오 데 자네이로(Rio de Janeiro)라 불리는 지역 가까운 섬에 도착하였다(그들은 그 섬을 콜리니라 불렀다). 빌러가농의 요청으로 300명의 새로운 위그노들이 1557년 3월에 도착했는데, 이 때 칼빈은 이들 두 명의 목사 선교사와 12명의 학생들을 이들과 함께 파송했던 것이다.[173]

리오 데 자네이로에 도착한 빌러가농은 칼빈에게 목사와 신자를 더 파송해 줄 것을 요청했고 칼빈은 제네바교회에서 그들의 요구대로 2차 파송을 하였다.[174] 그러나 안타깝게도 빌러가농의 정치적·신앙적 변절과 위그노 신자들에 대한 핍박, 그리고 프랑스가 포르투갈과의 식민지 전쟁에서 패배한 이후 식민지 선교를 로마 가톨릭교회에만 허락하고 개신교도들을 핍박하는 프랑스의 선교 정책 때문에 칼빈의 브라질 선교는 큰 결실을 보지는 못했다.[175] 그러나 역사는 칼빈의 선교사 파송을 남미 최초의 개신교 선교로 기록하고 있다.

칼빈은 선교에 무관심했다는 주변의 많은 오해 속에서도 설교와 주석 및 저술활동 그리고 유럽 전역과 남미의 브라질에까지 선교사들을 직접 훈련시켜 파송했던 선교적인 개혁자(missional reformer)였다고 평가할

---

172) 김성운, *종교개혁과 선교*, 25.
173) 황대우, "칼빈의 교회론과 선교," *개혁정론*, 2014년 11월 20일; Jimmy Swaggart, "Genevan Missions," *The Song of the Drunkards*, 2008년 2월 17일 참조.
174) 오상아, "칼빈 예정론 '선교' 약화시켰다는 주장...검증돼야," *기독일보*, 2017년 8월 16일.
175) 황대우, "칼빈의 교회론과 선교," *개혁정론*, 2014년 11월 20일.

수 있다. 비록 칼빈의 선교사상에 대한 많은 이들의 오해가 있었던 것은 정확한 정보와 인식이 부족했기 때문으로 알고, 위대한 개혁자 칼빈의 영성과 심오한 개혁신학, 생명을 걸고 종교개혁을 추진한 열정 그리고 선교 활동을 누구보다도 왕성하게 했던 그 자체를 폄하해서는 안 된다. 미국의 저명한 칼빈 연구가인 리차드 리드(Richard C. Reed)는 "바울에서 칼빈까지 어거스틴보다 위대한 인물이 없었고, 바울에서 오늘날까지는 칼빈보다 더 위대한 인물이 없다"[176)]고 평가한 것을 우리는 존중해야 한다.

(6) 기스베르투스 보에티우스의 선교론

일반적으로 선교학계에서는 선교학의 이론적 체계를 세운 독일의 구스타프 바르넥을 선교학의 선구자라고 하지만, 개혁주의에서는 화란의 보에티우스(Gisbertus Voetius)를 개혁주의 선교신학의 선구자로 본다. 그는 개혁주의 신학자이면서 동시에 경건주의 운동가였다. 따라서 그의 선교신학 사상에는 개혁주의 신학자로서 '하나님의 영광'이 선교의 궁극적인 목적이라는 사상과 경건주의자로서 '영혼구원'에 대한 사상이 자리 잡고 있었다. 그 결과 그의 저서 "교회의 정치"(Politica Ecclesiastica)에서 선교 사역의 삼중(threefold)목적론을 제시했는데, "선교의 첫 번째 목표는 이교도 개종이고, 두 번째 목표는 교회를 세우는 것이며, 세 번째 목표는 하나님의 영광이다"고 했다.[177)] 대체적으로 경건주의 운동을 한 사람들은 영혼구원과 교회설립을 선교의 목적으로 두었기 때문에 그런 사상적 흐름이 그의 선교론에 자연스럽게 나타났을 것이다. 제인 프렛(Zane Pratt) 역시 선교의 궁극적인 목표로서 하나님의 영광을 주장했다. 그는 "하나님의 영광은 모든 것의 궁극적인 목표이다. 하나님은 세상을 그의 영광을 위해 창

---

176) 리차드 리드, *칼빈이 가르친 복음*, 정중은 역, 새순출판사, 1986, 17.
177) Johan H. Bavinck, *An Introduction to the Science of Missions*, Grand Rapids: Baker Book, 1960, 155.

조하셨다. 그는 모든 것을 그의 영광을 나타내도록 창조하셨다(시 19:1; 사 6:3)"고 강조함으로 선교도 예외 없이 그 궁극적인 목표는 하나님의 영광이라고 했다.[178]

그러나 그의 후예 선교학자들인 요한 바빙크(Johan H. Bavinck)나 요하네스 베르카일(Johannes Verkuyl) 같은 학자들은 코에티우스의 삼중목적의 선교론을 인정하면서도 "이러한 삼중 목적은 서로가 분리되는 것이 아니라 하나님 나라 확장이라는 단 한 가지 목적이 세 양상에 불과하다"고 함으로 선교 목적이 하나님 나라 확장에 있음을 강조했다.[179]

특히 보에티우스는 동인도 제도의 이방인들의 세례 문제를 암스테르담 당회에 상정했고, 암스테르담 당회는 이 문제를 총회 안건으로 상정했다. 그래서 그가 도르트 총회(1618-1619)의 가장 나이 어린 총대로 참석하여 이 안건을 다루었는데, 이런 의미에서 도르트 총회는 선교적인 문제를 자의식(自意識)적으로 취급한 개혁교회 최초의 총회였다고 할 수 있다. 당시 화란 개혁교회는 적절한 요리문답교육과 공적인 신앙고백을 거쳐야만 세례를 받도록 되어 있었는데 비기독교 가정출신의 자녀들(화란 남성과 원주민 여성간의 부적절한 관계로 출생한 자녀들)의 경우 어떻게 해야 할지에 대한 안건이었다. 그는 당시 네덜란드 공화국의 문맥 속에서 직접적이고 진지하게 선교문제를 다룸으로 포괄적 선교신학을 전개한 화란 개혁교회의 첫 번째 선교신학자였다.[180] 그는 지속적으로 화란 개혁교회들로 하여금 선교사 파송에 영향력을 행사했고, 포괄적인 개신교 선교신학을 개진했다. 다만 그는 선교학을 독립적인 학문으로 다루지 않고 기존의 신학의 한 부류로 다루었다. 그래서 세계 선교학계에서 그의 선교학적 학문을

---

178) Zane Pratt, "The Heart of Mission: Redemption," in *Theology and Practice of Mission: God, the Church, and the Nations*, ed. Bruce Riley Ashford, Nashville: B & H Academic, 2011, 48-49.

179) 이복수, *하나님 나라*, 기독교문서선교회, 2002, 172; Johannes Verkuyl, *Contemporary Missiology*, 197-204.

180) 안인섭, "역사적 관점에서 본 종교개혁 운동이 500년 교회사에 미친 영향," *종교개혁 500주년 기념 실천목회 학술 포럼*, 53-54.

높게 평가하지 않은 것이다.

보에티우스의 두 번째 공헌은 경건주의 신학을 전개한 것이다. 종교개혁 직후인 17세기 말에 화란과 독일의 개신교에서 참 경건과 참 교회를 위한 교회(개신교) 안의 개혁운동이 일어났는데 이것을 '경건주의'(Pietism)라고 한다.[181] 화란에서 일어난 경건주의 운동을 Nadere Reformatie(나더러 레포르마찌)라고 불리는데 "심화된 종교개혁"(Further Reformation) 혹은 "제2의 종교개혁"(The Second Reformation)으로 번역된다. 역사적으로 화란 개혁파 경건주의가 독인 루터파 경건주의보다 반세기 먼저 시작되어 내면생활과 사회변혁 모두 관심을 가지고 화란 개혁파 정통주의 형성과 교리분석에 도움을 주었다. 그래서 화란의 경건주의의 영향을 받은 독일 경건주의는 독일 개혁파 경건주의와 독일 루터파 경건주의 운동으로 각각 발전하였다. 그러나 현재 세상에 알려지기는 할레대학을 중심으로 일어났던 독일 루터파 경건주의가 17세기 개신교 경건주의 전형인 것처럼 왕성하게 소개되고 있다. 독일 경건주의운동은 필립 슈페너(Philip Spener)에 의해 시작되었다가 할레대학의 아우구스트 프랑케(August Francke)가 이어받았고 할레대학을 통해 니콜라우스 친첸도르프(Nikolaus Zinzendorf)라는 걸출한 인물이 나와 모라비안 형제단(교회)을 통해 초기 개신교 선교를 주도하게 했으며 감리교를 창시한 존 웨슬리(John Wesley)에게도 큰 영향을 끼쳤다.

그러나 17세기 개신교 경건주의는 기독교 교리를 일상생활에 융합시키려는 화란 개혁파에서 시작되었으며, 경건주의를 신학화 한 사람이 보에티우스이다. 실제로 17세기에서 19세기까지 화란 신칼빈주의 역사는 유럽 종교개혁의 신앙고백적 전통과 경건주의 운동의 결합으로 이루어진 견고한 개혁주의 교회를 형성하고 발전시킨 전통을 유지하고 있었다.[182]

보에티우스는 신학과 경건의 통전성을 강조했는데, 1664년에 「경건의

---
181) 김성태, *세계 선교 전략사*, 생명의말씀사, 2004, 96-104 참조.
182) 김재성, *개혁신앙의 전망*, 401.

연습으로서의 금욕」이란 책을 통해 경건의 연습이 신학의 본질이라고 했다. 또한 경건이란 사랑으로 역사하는 믿음이며 경건의 핵심은 믿음·소망·사랑으로 구성된다고 전제하고 경건은 성도들이 행하는 모든 합당한 행동들이다. 따라서 경건은 세 요소(순수한 교리, 믿음, 삶의 회개)가 서로 연결되어 있는 것으로 새로운 순종으로 나타난다.[183]

보에티우스는 화란이 낳은 경건주의 신학자요 최초의 개혁주의 정통신학자이다. 비록 새로운 신학의 창시자는 아니지만, 그는 정통적인 교리와 살아있는 경건을 강력하게 조합함으로써 수많은 목회자들과 신학도들에게 지대한 영향을 미친 학문적이고 체험적인 조직신학자였다. 그는 화란에 제2의 종교개혁을 꽃피운 설교자요 학자였다. 실제로 당대에 유럽과 화란의 칼빈주의자들이 따르고자 했던 신앙적 사표는 보에티우스의 조직신학 체계였다.[184] 그 결과로 그의 신학과 사상을 따르는 "보에티우스적인 것" 혹은 "보에티우스파"가 공식적으로 생겨나기도 했다.[185] 하지만 그의 명성이 한국을 비롯한 영미권의 선교학계에 제대로 알려지지 않은 것은 많은 아쉬움을 주고 있다.

(7) 아브라함 카이퍼의 선교론

아브라함 카이퍼는 그의 명저 「Encyclopedia of Sacred Theology」(신학백과 사전학)에서 선교학을 '증가학'(Prosthetics)이라고 불렀다.[186] 카이퍼가 이 용어을 사용한 이유는 사도행전 2:41, 5:14, 11:24에서 사용된 헬라어 '프로세테디산'($\pi\rho o\sigma\varepsilon\tau\acute{\varepsilon}\theta\eta\sigma\alpha\nu$)에서 나온 말로 "점점 증가 된다" 또는 "점점 더 많아진다"라는 뜻을 가지고 있다. 그래서 선교학이란 구원

---

183) 안인섭, "역사적 관점에서 본 종교개혁 운동이 500년 교회사에 미친 영향," *종교개혁 500주년 기념 실천목회 학술 포럼*, 48-52 참조.
184) 김재성, *개혁신학의 광맥*, 320-321.
185) 조엘 비키 & 랜들 페더슨, *청교도를 만나다*, 이상웅·이한상 옮김, 부흥과개혁사, 2010, 743.
186) Johannes Verkuyl, *Contemporary Missiology*, 1.

받는 사람의 수를 증가시키는 학문이라 하여 선교학을 '증가학' 이라고 불렀던 것이다.

그러나 카이퍼의 이 용어는 선교학계에서 크게 주목을 받지 못했다. 다만 카이퍼가 1894년에 선교학을 '증가학' 이라는 이론을 세움으로써 근대 선교학의 선구자라고 하는 구스타브 바르넥(Gustav Warneck)이 1897년에 저술한 그의 저서 「Evangelische Missionslehre」(복음 선교학) 보다 3년 전에 이론을 정립한 것이었다. 따라서 카이퍼가 근대 선교학계에 주목할 만한 결정적인 공헌은 못했을지라도 근대 선교학의 기초를 세우는데 기여했던 것만은 분명하다.

카이퍼의 신학사상은 전능하신 하나님께서 그리스도를 통해 우리에게 임하셨다는 것으로 이는 삼위일체적(trinitarian)이요 그리스도-중심적(Christocentric)이다.[187] 그의 선교사상은 철저하게 교회-중심적(ecclesiocentric)이었다. 그는 1871년 9월 6일 제11회 화란개혁주의 선교협의회 연례 선교축제에서 선교가 개인의 사역이 아니라 조직된 교회가 주체가 되어야 한다고 주장했다. 그 이유는 선교란 그리스도께서 그의 몸된 교회에 주신 사명이기 때문이다. 또한 선교는 어느 특정한 사람이나 집단이 하는 것이 아니고 그리스도의 이름을 부르는 모든 성도들의 소명이어야 하기 때문이다. 그리고 선교의 목적은 이교도의 회심, 영혼구원, 교회의 증가이며 최종적인 목표는 선교가 하나님의 영광의 수단이 되어야 한다고 강조했다.[188] 여기서 한 가지 주목해야할 것은 카이퍼가 이런 선교관(선교의 목적과 목표)을 갖게 된 것은 보에티우스의 삼중목적의 선교론에 영향을 받았을 것으로 추정된다.

카이퍼의 선교 중심은 개혁신학에 충실하여 무엇을 하든지 하나님 중심, 성경중심, 교회중심이 되어야 한다고 강조했다. 그는 이런 개혁 신학

---

187) Craig G. Bartholomew, *Contours of the Kuyperian Tradition: A Systematic Introduction*, Downers Grove: IVP, 2017, 35.
188) Sung K. Chung, *Abraham Kuyper: His Life and Theology*, 356-357.

적 선교 사상에서 모든 선교사역은 하나님의 절대주권에서부터 나오며, 선교사역을 수행할 권리와 의미는 각 지역교회에 있다고 보았고, 선교사 지원자는 파송하는 교회의 목사 이상으로 철저한 신학교육과 영적훈련을 제대로 받아야함과 동시에 피선교지의 언어나 문화 그리고 토속종교와 사회의 여건을 충분히 조사 연구해야 한다고 했다. 그리고 선교의 목표는 하나님의 영광이 온 땅에 충만하도록 하는 것이라고 강조했다.

특히 카이퍼의 하나님 절대주권 사상은 그의 선교사상에서 보다 명료하게 나타났는데, 그는 다음과 같이 주장했다.

> 선교는 하나님의 사랑이나 자비에서 나온 것이 아니라 그보다 더 높은 단계인 하나님의 주권에서 나온 것이다. 근본적으로 선교행위는 하나님의 명령에 순종하는 것이다; 그래서 그의 메시지는 초청이 아니라 명령이다. 주님은 추천하거나 권면하지 않고 명령하셨다: "회개하고 믿어라!" 이 주권적 명령의 개념은 신약성경에도 반복해서 언급되고 있는데, 믿음에 복종(롬 1:5; 16:26), 진리에 복종(벧전 1:22), 그리고 복음에 복종(살후 1:8)하라고 명령하고 있다. 선교에서 하나님의 주권적 명령의 개념은 시편 119편에 나타나 있다: "당신의 명령(계명)은 심히 넓으니이다"(Thy commandment is exceeding broad)(시 119:96).[189]

카이퍼는 그의 선교사상을 하나님의 절대주권에 기초하여 기독론적으로 발전시켰다. 그에 의하면 선교는 전능하신 하나님뿐만 아니라 중보자 그리스도와 관련되어 있다. 왜냐하면 그리스도는 성부에 의해 선교사로 보냄 받았다고 강조했고, 하나님의 구속사는 그리스도의 십자가와 부활

---

189) Abraham Kuyper, *On the Church*, eds. Jordan J. Ballor & Melvin Flikkema, Bellingham: Lexham Press, 2016, 444.

에 의해 성취되기 때문이라고 강조했다.[190] 또한 카이퍼는 일반은총 교리를 발전시킴으로 개혁신학을 문화의 여러 영역에 미치도록 기여했다. 특히 카이퍼는 신학자와 목회자뿐만 아니라 정치인(의원, 장관, 수상), 교육자(자유대학 설립), 언론인(편집장, 주필)으로 활동하면서 사회 여러 분야에서 기독교문화가 세워지도록 노력했다. 카이퍼의 일반은총에 기반한 다양한 사역은 본서 제4부(Part 4)의 "개혁주의 선교신학의 실천" 문화론에서 자세하게 다룰 것이다.

카이퍼는 전문적인 선교신학자는 아니지만 그의 선교적인 이론과 열정은 금세기 화란 선교신학자들에게 큰 영향을 미쳤음을 부인할 수가 없다. 그들이 바로 요한 바빙크(Johan Bavinck), 헨드릭 크레머(Hendrik Kraemer), 요하네스 베르카일(Johannes Verkuyl), 요하네스 블라우(Johannes Blauw) 등 기라성 같은 학자들이다. 이중에서 카이퍼의 사상을 가장 많이 닮은 선교신학자가 베르카일이다. 그래서 그를 가리켜 "행동하는 카이퍼적 칼빈주의자"(practicing Kuyperian Calvinist)로 부르고 있다.[191] 화란의 칼빈주의자들의 전통신학을 대변하면서 가장 큰 선교학적 영향력을 남긴 칼빈주의자가 아브라함 카이퍼이다.

'선교학'의 학문적 발전과정과 의미

이제 선교신학(Mission Theology)을 본격적으로 이해하려고 하는데, 그러기 위해서는 먼저 기초가 되는 선교학(Missiology)의 학문적 발전 과정과 그 의미를 이해하는 것이 순서일 것이다.

(1) 선교학의 학문적 발전과정

---

190) Abraham Kuyper, *On the Church*, 445.
191) Sung K. Chung, *Abraham Kuyper: His Life and Theology*, 577.

예수님의 지상명령대로 복음은 예루살렘 교회를 중심으로 "예루살렘과 온 유대와 사마리아 지역"을 넘어 사도 바울을 중심으로 한 선교단(sodality)의 사역은 안디옥교회(modality)[192]의 후원으로 "땅 끝"으로 향했다. 이와 같이 선교의 '사역'(ministry)은 초대교회에서부터 있어왔으나 선교학이 신학분야에서 독자적인 하나의 '학문'(science)으로 정립되고 용인된 것은 한 세기를 조금 넘는다. 따라서 선교학의 역사적 발전과정을 이해하는 것은 중요한 일임으로 선교학자들의 연구를 중심으로 살펴보고자 한다.[193]

선교학을 신학의 독립분야로서 연구하고 이를 신학교에서 가르치자고 주장한 최초의 개신교 학자는 알렉산더 더프(Alexander Duff)였다. 더프는 스코틀랜드교회에서 파송한 인도의 첫 선교사였고, 귀국하여 교단장과 선교부서의 책임자로 일했다. 그는 총회에서 선교학을 정규 신학과목으로 가르치자고 제안하여 허락을 받아 자유교회 내의 신학교에서 '전도신학'(Evangelistic Theology)과를 개설하여 직접 가르쳤다.

더프와 같은 생각을 가지고 영향력 있는 여러 저서들을 통해 선교학

---

[192] 기독교가 선교활동을 수행함에 있어서 기본적으로 두 가지 선교 조직이 있는데 전통적인 "교회조직"과 "선교단체"가 있다. US Center for the World 대표였던 랄프 윈터(Ralph Winter)는 사도행전 13장 1-3절을 근거로 교회조직을 '모달리티'(modality), 선교조직체를 '소달리티'(sodality)라고 개념정리를 했다. 모달리티인 교회는 이미 교회의 선교적 속성에서 살펴본 바와 같이 조직된 지역의 교회로서 통일성, 거룩성, 보편성, 사도성의 성격을 갖고 있다. 그러나 소달리티인 선교단체는 특정 선교계층을 위한 특수성을 갖고 있지만 교회의 예전적 구조(성만찬, 세례 등)를 갖고 있지 못하다. 선교단체는 오직 사도성에 근거하여 말씀을 전파하며 가르치는 사역과 봉사의 사역을 감당한다. 따라서 선교단체는 교회를 돕고 세우는 것이 목적이지 선교단체가 교회가 될 수 없다. 만약 선교단체가 예배도 드리고 성례전도 행한다면 그것은 선교단체가 아니라 그때부터는 교회가 되고 교단이 되고 만다. 교회와 선교단체는 각자의 고유한 선교영역을 지키고 상호 존중 및 협력함으로 공동의 목표인 복음화를 이루어야 한다. 즉, 교회(modality)는 보편적 선교기능을 수행함으로 자신의 지역을 향한 선교기능을 담당해야 한다. 지역의 보편적 계층과 대상을 향하여 지속적 선교를 해야 한다. 동시에 선교단체(sodality)는 교회와 협력하여 특별한 대상과 종족을 향한 선교를 수행해야 한다. 특별한 지역과 대상에 대하여 전문적인 선교기관보다 교회가 더 탁월할 수 없기 때문이다. 그러므로 타문화권 선교를 해 나갈 때 교회는 선교단체와 협력하며 지원을 받아야 한다(이광순·이용원, *선교학개론*, 한국장로교출판사, 1993, 139-157 참조).

[193] 이 부분은 김성태의 「현대 선교학 총론」(이레서원, 1999, 7-41)과 한국선교신학회의 「선교학개론」(대한기독교서회, 2010, 23-28)을 참조하라.

이론을 체계화시킨 학자가 독일 루터교회의 구스타브 바르넥(Gustav Warneck)이었는데, 그는 '선교론'(Missionslehre)이라는 용어를 처음 제안하여 오늘에 이르게 한 사람이다.[194] 바르넥은 「Evangelische Missionslehre」(복음주의 선교이론)이란 저서를 통해서 선교학 이론의 토대를 세웠다. 특히 바르넥의 선교학은 다섯 가지 관점에서 전개되었는데, 첫째 교의학적 관점으로 "기독교는 완전한 하나님의 최종계시를 믿는 절대종교로서 유일하게 완전한 진리와 구원을 소유한다"고 했다. 둘째 성경신학적 관점으로 구약과 신약, 특히 바울의 선교신학과 에베소서에 특별한 관심을 가졌다. 셋째 교회론적 관점에서 "오로지 기독교만이 교회를 가지며, 그것에게 세계선교라는 고유한 임무를 부여한다. 그러므로 교회는 그 자신의 목적을 위해 선교에 참여해야 한다"고 했다. 넷째 종족학적 관점에서 모든 사람에게는 각각의 침해할 수 없는 구별된 개성이 있음으로 선교는 그들의 종족적 종교유산에 도달하는 다리를 세워야 한다(고유한 종족들의 관습과 태도에 마땅한 주의를 기울어야 한다). 다섯째 역사학적 관점에서 선교의 발전과정을 다룰 것을 주장했다. 따라서 바르넥의 선교학을 요약하면, 기독교만이 절대 진리의 종교인 동시에 구원은 세계적(보편적) 의미를 지닌다고 했으며 윌리엄 캐리(William Carey)의 영향을 받아 선교를 위해 '선교회'(Missions)라는 수단의 필요성을 역설하였고 또한 피선교지에서의 문화문제를 중요시하였다. 그래서 바르넥은 선교의 중심을 '민족들의 기독교화'(Volkschristianisierung)로 보았던 것이다.[195]

바르넥의 선교학에 대한 이런 지대한 영향에 대해 요하네스 베르카일(Johannes Verkuyl)은 그를 '참된 선교학의 선구자'라고 평가했고, 찰스 반 엥겐(Charles Van Engen)은 그를 '개신교 선교학의 아버지'라고 높이 평가했다.

19세기에서 20세기로 전환되는 과정에서 로버트 스피어(Robert

---

194) Johannes Verkuyl, *Contemporary Missiology*, 1.
195) Johannes Verkuyl, *Contemporary Missiology*, 28.

Speer)[196]의 선교학적 연구는 양 시대를 서로 연결시키는 통합적 선교발전을 이루었고, 특히 현대 선교학에 있어 복음주의 선교학의 기반을 닦아놓았다. 스피어는 선교에 학문이라는 의미의 'Science'라는 말을 붙여 '선교학'(Science of Missions)이라는 용어를 사용하였다.

스피어의 선교학이라는 용어는 네덜란드의 대표적 개혁신학자들인 요한 바빙크(Johan H. Bavinck)와 헨드릭 크래머(Hendrik Kraemer)에게 전수되었다. 하지만 크래머가 칼 바르트(Karl Barth) 신학의 영향을 나타낼 때[197] 바빙크는 전형적인 개혁주의 신앙과 신학을 고수한 선교학자로서 오늘날 현대 선교학의 신학범주를 구분하는데 결정적인 역할을 하였다. 바빙크는[198] 화란 자유대학에서 첫 선교학 교수가 되었고 1960년에 선교학의 고전이라 할 수 있는 「An Introduction to the Science of Missions」(선교학 개론)을

---

196) 스피어는 프린스턴 대학교 2학년 때 학생자원운동(Student Volunteer Movement)의 지도자 로버트 윌더(Robert P. Wilder)의 설교에 감동을 받아 학생 자원자로서 서약을 하여 학생자원운동과 해외선교사역에 헌신했다. 그리고 프린스턴신학교에 진학하여 2학년 때인 1891년 미국 북장로교 해외선교부에서 최고 행정직인 총무를 맡아달라는 청빙을 받고 신학 공부를 마치거나 목사 안수도 받지 않은 채 해외선교부의 사역에 뛰어들어 46년간이나 해외 선교부 총무로서 성실히 봉사한 후 은퇴하였다.

197) 크래머는 아버지가 6살 때 죽고 어머니마저 2년 후 사망하자 사회즈의 운동의 선구자였던 도멜라 니우번하우스(Domela Nieuwenhauis)의 집에 입양되었다. 이것을 계기로 크래머는 평생 정치적·사회적 문제에 큰 관심을 갖게 되었는데 죽는 날까지 기독교 사회주의자들의 추종의 대상이 되었다. 그는 13세에 개혁교회 고아원에 들어가서 15세에 회심을 했고, 라이든대학에 재학 중 네덜란드 기독학생운동 회장과 기독학생 세계연합에서 활동하였으며, 동 대학에서 종교연구와 이슬람연구로 박사학위를 받고 1922부터 약 15년간 인도네시아 자바 섬에서 성경번역과 이슬람 사역을 했다. 인도네시아에서 크래머는 인도네시아 독립을 위한 인도네시아교회들의 활동에 적극적으로 동참했으며 또한 인도네시아의 새 세대 선교를 위해 인도네시아교회들이 준비토록 하는데 크게 공헌했다. 그 후 라이든대학에서 비교종교학을 가르쳤고 제네바의 에큐메닉 연구소의 첫 소장으로 일했다. 특히 1928년 예루살렘 IMC대회에 참석하여 의장인 존 모트(John Mott)로부터 다음 IMC대회(Tambaram)의 준비논문을 쓰도록 지명되어 1937년에 「비기독교 세계에서의 기독교의 메시지」(The Christian Message in a Non-Christian World)를 완성했는데 칼 바르트 신학노선의 영향을 받았다(Johannes Verkuyl, Contemporary Missiology, 41-51).

198) 요한 바빙크는 로테르담에서 '세계 3대 칼빈주의 신학자' 중 하나인 헤르만 바빙크(Herman Bavinck)의 형제인 바빙크(C. B. Bavinck)의 아들로 태어나 자유대학에서 신학후보생 과정을 마쳤다. 그는 한때 인도네시아에 있는 네덜란드인교회와 자바 중부지역에서 사역을 했다. 네덜란드 캄펜신학교와 자유대학에서 선교학과 실천신학 교수로 재직했는데, 그는 네덜란드 개혁교단의 고등교육기관에서 최초로 선교학을 설치했다(Johannes Verkuyl, Contemporary Missiology, 35-41).

저술했다. 그는 이 책에서 현대 선교학의 기초가 되는 세 가지 영역을 구분했는데, 선교이론을 다루는 '신학'적인 분야와 교회역사를 선교적인 측면에서 조명하는 선교 '역사', 그리고 타종교를 '문화'의 핵심으로 보아서 타종교를 선교의 주요 대상으로 연구하는 '엘렝틱스'(Elenctics)로 나누었다.[199] 엘렝틱스는 요한복음 16장 8절("그가 와서 죄에 대하여, 의에 대하여, 심판에 대하여 세상을 책망하시리라")에 근거한 성경용어로서 세상이 메시아이신 예수 그리스도를 영접하지 않으므로 성령이 그들을 "책망하시리라"로 번역된 헬라어 '엘렝크세이'(ἐλέγξει)에서 유래된 말인데, 엘렝크세이는 '엘렝코'(ἐλέγχω)의 3인칭 단수 능동태 미래형이다. 엘렝코는 '죄를 깨닫게 하다', '잘못을 꾸짖다', '죄를 드러내다' 등의 뜻을 가지고 있는데, 예컨대 오순절 이후 베드로의 설교가 청중들의 마음에 찔림을 주어 자신들의 죄를 깨닫고 회개하게 하는 것을 의미한다(행 2:37-38).[200] 따라서 엘렝틱스는 타 문화권에 살고 있는 비 그리스도인들이 그들의 죄를 깨닫고 회개하도록 돕는 학문으로 '죄의 깨달음에 대한 학문'이라고 할 수 있다. 특히 에큐메니칼 진영과 타문화권 선교학자들이 지속적으로 타종교와의 대화를 통해 종교 간의 평화와 공존을 강조하는 상황에서 바빙크는 진정한 성경적 선교는 타 종교인의 죄를 깨닫게 하고 그들을 회심으로 인도하는 것이라고 주장하여 차별화를 시도하였다.

요약하면, '선교학'(Missiology)이라는 용어가 신학적으로 정립되어 독립적인 학문으로 발전하는 과정에서 구스타브 바르넥의 '선교론'(Missionslehre)이라는 독일어 용어에서 로버트 스피어의 '선교학'(Science of Missions)이라는 영어 용어로 전환되고, 이것이 요한 바빙크에 의해 그대로 수용된 후 미국의 선교학계는 1972년에 '선교학'이라는 용어를 보다 학문적 의미가 담겨있는 'Missiology'로 사용되게 되었다.

---

199) 김성태, 현대 선교학 총론, 63.
200) 강병도, 카리스종합주석, 요한복음 16:8; "그들이 이 말을 듣고 **마음에 찔려** 베드로와 다른 사도들에게 물어 이르되 형제들아 우리가 어찌할꼬 하거늘 베드로가 이르되 너희가 회개하여 각각 예수 그리스도의 이름으로 세례를 받고 죄 사함을 받으라"(행 2:37-38, 저자 강조).

그리고 이 용어를 베르카일을 비롯한 대부분의 개혁주의 선교학자들이 사용하고 있다.

(2) 선교학의 의미

'선교학'(Missiology)을 정의하기 전에 먼저 '선교'(Mission)의 의미를 알아야 한다.[201] 선교라는 말은 13세기 가톨릭의 프란치스칸 수도원에서 처음 시작되었는데, 이 수도원에 속한 수도사들을 선교사라고 부르는데서 유래하였다. 그때 선교사란 말은 초대 교회의 사도란 개념과 같이 '세상에 보냄을 받아 세상을 위하여 일할 사람들'을 가리키는 말이었다. 이어 16세기에 예수회(Jesuit)와 카르멜(Carmelite) 수도회가 라틴어 'mitto'(to send)라는 용어를 표면적으로 사용하였다.[202]

그런데 선교라는 용어는 그 기원이 성경에서 시작되었다. 대다수 선교학자들의 공통된 견해는 요한복음 20장 21절에 예수님의 '보낸다'의 어원인 '아포스텔로'(ἀπόστελλω)와 마태복음 28장 19절의 '가라'의 어원인 '펨포'(πεμπω)의 뜻이 상호결합 되어서 선교(to send)라는 용어의 의미를 갖게 되었다.[203] 여기에서 "보낸다"(to send)는 달의 선교신학적 의미는 성부 하나님께서 성자 예수님을 세상에 보내시고, 성부와 성자는 성령을 세상에 보내시고, 그리고 성부와 성자와 성령은 교회를 세상에 보내신다는 것을 의미한다.[204] 아브라함 카이퍼(Abraham Kuyper)도 선교는 "보

---

201) 이 부분은 김성태의 「현대 선교학 총론」(41-42)과 한국선교신학회의 「선교학 개론」(19-21)을 참조하라.

202) Johannes Verkuyl, *Contemporary Missiology*, 2.

203) Herbert Kane, *The Christian World Mission: Today and Tomorrow*, Grand Rapids: Baker Book, 1986, 139; 특히 캐인은 선교사를 '보냄 받은 자'라는 의미로 신약성경에서 'apostle'(사도)이라고 한다면, 신약 최초의 사도(보냄 받은 자)는 베드로와 요한과 야고보가 아니라 세례 요한이라고 주장했다. 그것은 요한복음 1장 6절에서 "하나님께로부터 **보내심을 받은 사람**이 있으니 그의 이름은 요한이라"(저자 강조)고 기록하고 있기 때문이다.

204) Keith Whitfield, "The Triune God: The God of Mission," in *Theology and Practice of Mission: God, the Church, and the Nations*, ed. Bruce Riley Ashford, Nashville: B & H

냄"을 의미하는데 예수님께서 나사렛 설교에서 이사야 61장 1절을 인용하심으로[205] "하나님께서 자신을 보내신 것같이"(요 20:21) 제자들을 세상에 '보내심'(to send)으로 선교를 행하셨다고 이해했다.[206]

이에 근거해서 '선교학'의 용어를 어원적으로 분석해보면, 선교를 의미하는 '보낸다'(to send)는 뜻을 가진 헬라어 동사 'ἀποστέλλω'를 로마 가톨릭 수도원에서 수도사들을 타문화권의 불신자들에게 복음을 전하기 위하여 파송할 때 라틴어로 번역하여 'missio'(to send)라는 용어를 사용하였고, 결국 이 용어는 선교를 의미하는 영어 'mission'이라는 말로 사용되게 되었다. 그리고 '선교학'(missiology)이란 용어는 프랑스어인 'missiologie'에서 유래하여 영어화 되었다. 하지만 'missiology'는 라틴어 'missio'와 그리스어 'λόγος'의 합성어로 선교에 대한 학문적 연구를 뜻하는 의미로 '선교학'(missio+logos)이라고 한다.

이와 같은 어원적인 해석에 근거하여 여러 학자들은 선교학에 관하여 나름대로 그 의미를 정의한 바 있다. 1832년에는 교회사가 단츠(J. T. L. Danz)가 선교학을 사도적 학문이라 하여 '사도학'(Apostolik)이라고 했다. 아브라함 카이퍼(Abraham Kuyper)는 행 2:41, 5:14, 11:24에 기초하여 구원받는 사람의 수를 증가시키는 학문이라 하여 선교학을 '증가학'(Prosthetics)이라고 불렀다. 아놀드 반 룰러(Arnold van Ruler)와 요하네스 호켄다이크(Johannes Hoekendijk)를 비롯한 화란의 선교학자들 대부분은 '사도의 신학'(Theology of the Apostolate)이라는 용어를 사용하였다.[207]

요하네스 베르카일은 그의 대표적 저서인 「Contemporary Missiology:

Academic, 2011, 20.

205) "주 여호와의 영이 내게 내리셨으니 이는 여호와께서 내게 기름을 부으사 가난한 자에게 아름다운 소식을 전하게 하려 하심이라 **나를 보내사** 마음이 상한 자를 고치며 포로된 자에게 자유를, 갇힌 자에게 놓임을 선포하며"(사 61:1, 저자 강조).
206) Craig G. Bartholomew, *Contours of the Kuyperian Tradition*, 213.
207) Johannes Verkuyl, *Contemporary Missiology*, 1.

An Introduction」(현대 선교신학 개론)에서 "선교학은 하나님의 나라를 실제화 시키는 것과 맞물려 있는 전 세상에 걸친 성부, 성자, 그리고 성령의 구원활동에 관한 연구이다. 이러한 인식에서 보면 선교학은 이 세상을 구원하기 위해 활동하시는 하나님을 수종들도록 온 세계의 교회들에게 주신 하나님의 위임 명령에 대한 연구이다 성령에 의지하여 말과 행동으로 교회는 모든 인류에게 복음 전체와 하나님의 율법 전체를 전달해야 한다"고 정의하고 있다.[208]

알란 티펫(Alan Tippett)은 선교학을 하나님의 나라를 임하게 하는 세계 도처에서의 성부, 성자, 성령의 구원활동에 관한 학문이라고 정의했다. 그에 의하면 선교학의 과제는 교회가 수행하는 선교의 전제, 동기, 구조, 방법, 협력 형태, 그리고 리더십을 과학적으로 그리고 비판적으로 연구하는 것이다.[209]

김성태는 선교학이란 삼위 하나님께서 그의 구속계시인 성경 66권을 통해서 구원받은 그의 백성인 교회에게 이 세상 속에서 모든 종족들과 모든 문화권 속에서 총체적인 복음(Wholistic Gospel)을 전달하게 함으로 그의 나라를 확장하는 일에 관련된 모든 학문의 영역을 의미한다고 정의했다.[210]

찰스 반 엥겐(Charles Van Engen)은 선교학을 크게 성경적 텍스트(Text)와 신앙의 공동체(Church) 그리고 선교의 대상이 되는 선교현장(Context)의 종합적이라는 전제 하에[211] "선교는 하나님의 백성들이 의도적으로 교회 안에서 밖으로, 신앙에서 불신앙으로 장벽을 넘어서, 말씀과 행동으로 예수 그리스도 안에서의 하나님 나라의 도래를 선포하는 것이다. 이 과업은 성령의 사역에 의해, 예수 그리스도 안에서 하나님 나라의

---

208) Johannes Verkuyl, *Contemporary Missiology*, 3.
209) Alan R. Tippett, *Introduction to Missiology*, Pasadena: William Carey Library, 1987, 5.
210) 김성태, *현대 선교학 총론*, 41.
211) Charles Van Engen, *Mission on the Way*, Grand Rapids: Baker Book, 1996, 23.

도래의 표지로서 세상의 변화를 바라보는 것과 더불어 사람들을 하나님과 그들 자신과, 다른 사람들과, 그리고 세상과 화해시키고 예수 그리스도 안에서 회개와 믿음을 통해 그들을 교회 안으로 모으기 위한 총체적인 과정이다"고 정의했다.[212]

이상의 선교학의 정의를 종합해볼 때, 선교학은 그리스도의 지상명령을 따라 교회가 수행하고 있는 하나님 나라의 선교를 연구하는 학문으로서 하나님의 구속적 활동을 사회과학의 도움을 받아 성경적·신학적·역사적으로 규명하는 과제를 가진다. 다시 말하면, 선교학은 기독교선교의 성경적 기원, 선교 역사, 문화인류학적 원리, 전략, 그리고 신학적 기초에 관한 자료를 조사하고, 기록하고, 적용하는 학문적 훈련이다.[213]

(3) 선교학의 요소

알란 티펫(Alan Tippett)은 선교학이 신학(Theology), 역사학(History), 문화인류학(Cultural Anthropology)적 요소를 가지고 있다고 전제하고 그 세 영역들이 함께 만나는 지점에서 '선교학'(Missiology)이 존재한다고 규정했다.[214] 그리고 세 영역들이 각각 두 영역끼리 만나 새로운 중첩영역들을 만들어 내는데, 신학과 문화인류학이 만나 '민족신학'(ethnotheology)이 발생하고, 문화인류학과 역사가 만나 '민족역사'(ethnohistory)가 발생하며, 신학과 역사가 만나 '교회확장'(church growth)이 발생한다.

랄프 윈터(Ralph Winter)는 선교학의 요소를 성경, 문화인류, 역사(신학), 전략(기능과 철학) 네 가지로 구분했는데[215] 사실 이것을 최초로 정리

---

212) Charles Van Engen, *Mission on the Way*, 26-27.
213) 홍기영, "선교학의 개념과 역사," *선교학 개론*, 한국선교신학회 엮음, 대한기독교서회, 2001, 21 참조.
214) John M. Terry, Ebbie Smith, and Justice Anderson, eds. *Missiology: An Introduction to the Foundations, History, and Strategies of World Missions*, Nashville: Broadman & Holman Pub, 1988, 8.
215) Ralph Winter, ed. *Perspective on the World Christian Movement*, Pasadena: William Carey

한 사람이 진 게즈(Gene Getz)로 윈터가 영향을 받은 것이다.[216] 복음주의자들은 이 네 가지 요소 외에 성경의 권위, 그리스도, 구원, 성령, 전도, 제자도, 선교, 지도력, 사회문화 참여, 교회성장 등을 선교학의 중요 요소로 제시했고,[217] 이런 사상은 1974년 로잔언약(Lausanne Covenant)에 잘 요약되어 있다.

'선교신학'의 학문적 발전과 의미

풀러신학교 선교신학 교수인 찰스 반 엥겐은 선교신학(Mission Theology)의 학문적 첫 작품을 1961년 제럴드 앤더슨(Gerald Anderson)의 「The Theology of the Christian Mission」(선교신학 서설)으로 보았다.[218] 그로부터 10년 후, 앤더슨은 「Concise Dictionary of the Christian World Mission」(기독교 세계선교 사전)에서 선교신학에 대해 기독교 신앙의 관점에서 세계선교의 동기, 메시지, 방법, 전략 그리고 목표를 결정하는 기본 전제와 근본적 원리들이라고 이해하고, 선교의 원천은 그 자신이 선교사이신 삼위일체 하나님이심을 강조했다.

보수적 복음주의자인 도널드 맥가브란(Donald McGavran)은 개혁주의 선교신학을 평가하는 몇 가지 질문을 제시했다: 그것은 참으로 성경적인가? 그것의 주 강조점은 성경전체, 즉 인간을 위한 하나님의 뜻을 계시한 것인가 아니면 성경의 일부를 강조하여 그것을 최고의 중요한 위치로 격상시켜 평가한 것인가? 다시 말하면, 그것은 인간들과 종족들을 향해 기울이신 하나님의 구속적 관심에 관한 성경적 교훈을 중심에 두고 있는가?

Library, 2014 참조.
216) George Peters & Gene A. Getz, *Sharpening the Focus of the Church*, Wipf & Stock, 2012, 16.
217) 노먼 토머스 편저, *선교신학*, 박영환·홍용표 공역, 서로사랑, 2000, 594.
218) Charles Van Engen, *Mission on the Way*, 18; Gerald H. Anderson, *The Theology of the Christian Mission*, Nashville: Abingdon Press, 1961 참조.

하는 것이었다.[219] 참으로 맥가브란의 이런 질문들은 선교를 성경 중심적으로 신학화 하는 기준이 되는 것으로서 개혁주의 선교신학의 중심사상이 되어야한다. 이런 기조 하에 맥가브란은 선교신학을 "비 그리스도인들 속에서 그리스도인들이 행하는 사역을 위하여 가진 그의 관심으로 특정 지워진, 성경에 기초한 신학적 성찰체계"라고 정의했다.[220]

엔드류 커크(Andrew Kirk)는 선교신학을 "이 세계를 향한 하나님의 목적을 이해하고 성취하고자 할 때 제기되는 문제를 다루는 학문적 연구이다…그리고 그것의 과제는 전체 선교의 실천을 보다 나은 기초 위에서 정당화하고, 수정하고, 세우는 것이다"고 정의했다.[221]

찰스 반 엥겐(Charles Van Engen)은 먼저 선교학을 선교신학적 관점에서 정의했는데 삼중적인 특성, 즉 성경 텍스트(Text)와 신앙의 공동체(Church) 그리고 선교의 대상이 되는 선교적 상황(Context)이 있다는 것을 전제하고,[222] "선교신학은 규범적(prescriptive)이면서 서술적(descriptive)이고, 종합적(synthetic)이면서 통합적(integrational)이다. 그것은 교회의 선교와 관련하여 성경적이고 신학적인 사고를 바탕으로 한 믿을만하고 진실한 인식을 추구하며, 적절한 선교행동과의 만남을 추구하며, 교회가 특정시간과 상황 속에서 하나님의 선교에 참여할 수 있는 가장 명확한 방법을 반영하는 새로운 가치들과 우선순위들을 창조하는 것"이라고 정의했다.[223]

데이비드 보쉬(David Bosch)는 '선교신학'(mission theology)을 '선교적 신학'(missional theology)으로의 변화를 주장했다. 선교신학이란 말은 성경에 기초하여 선교의 제반 영역을 신학화하는 개념이 있지만 선

---

219) 아서 글라서 & 도날드 맥가브란, *현대 선교신학*, 고환규 옮김, 성광문화사, 1990, 121.
220) 아서 글라서 & 도날드 맥가브란, *현대 선교신학*, 121.
221) J. Andrew Kirk, *What Is Mission?: Theological Explorations*, Philadelphia: Fortress, 2000, 43.
222) Charles Van Engen, *Mission on the Way*, 23.
223) Charles Van Engen, *Mission on the Way*, 31.

교적 신학은 모든 신학이 선교적이어야 한다는 의미를 갖고 있다.[224] 다시 말하면 신학이 다루어야 하는 중심 주제가 선교가 되어야 한다는 것이다. 마치 교회의 시스템을 선교 지향적으로 만들어야 한다는 선교적 교회(missional church)를 주장하는 것과 비슷한 개념이다. 보쉬는 "교회가 선교적이지 않으면 교회이기를 중단하는 것처럼 신학이 선교적인 특질을 상실한다면 그것은 신학이기를 중단하는 것이다"[225]는 빌헬름 안데르센(Wilhelm Andersen)의 말을 인용하여 강조하고 있다. 그는 선교신학자로서 선교는 모든 신학의 주제가 되어야 한다는 강한 사상을 갖고 있음이 분명하다.

개혁주의 선교신학의 의미

개혁주의 조직신학자 서철원은 개혁주의 신학은 믿음으로 하는 것이라고 정의했다. 그가 믿음으로 신학을 한다는 말은 "하나님의 말씀하심 혹은 하나님의 계시에 근거해서 신학 하는 것을 말한다."[226] 그는 이 것을 "성경으로만 신학 하는 것"이라고 표현하기도 했다.[227] 그래서 그는 「신학 서론」의 제1편을 마무리하면서 '개혁신학'에 대해 "우리의 신학은 개혁교회(ecclesia reformatae)의 신학 곧 개혁신학이므로 개혁교회의 신앙고백(confessiones ecclesiae reformatae)을 규범(norma)과 근본(fundamentum)으로 삼는다. 그리고 칼빈과 그의 후계자들의 신학을 기초로 삼는다. 특히 칼빈의 기독교강요(Institutio Christianae Religionis)에 나타난 성경이해를 준거해서 신학 한다"고 정의했다.[228]

---

224) David J. Bosch, *Transforming Mission*, 492-494.
225) Wilhelm Andersen, *Towards a Theology of Mission*, London: SCM Press, 1955, 60.
226) 서철원, *신학서론*, 총신대학교출판부, 2000, 13.
227) 서철원, *성경과 개혁신학*, 41.
228) 서철원, *신학서론*, 103.

화란 자유대학(Vrije Universiteit Amsterdam)의 요하네스 베르카일(Johannes Verkuyl)에게서 수학한 미국 풀러신학교의 선교신학자 찰스 반 엥겐(Charles Van Engen)[229]은 "선교신학의 가장 기본적인 전제 중 하나는 선교이론과 실천이 반드시 성경에 기반을 두고 있어야 한다"고 강조했다.[230] 그는 계속하기를 "우리들은 성경 없이 선교할 수 없고 성경을 하나님의 선교와 분리하여 이해할 수도 없다"고 강조했다.[231] 그러나 일부 에큐메닉 선교학자들이나 현장 선교사역자들은 특별한 선교적 관심사를 지나치게 강조함으로 상황(context)을 성경(text)보다 우위에 두거나 심지어 성경을 무시하는 경향이 나타나기도 한다. 그들은 자기 생각을 미리 정해 놓고 그것을 단지 확인하기 위해 성경을 사용(인용)하고 있을 뿐이다.

개혁주의 선교신학은 선교의 제반 요소들을 신학화(神學化)하는 과정에서 성경계시에 근거한 믿음과 개혁주의 신학 전통의 토대 위에서 선교현장에 성경의 메시지를 해석하여 적용(apply)하고 실천(praxis)하는 것이라고 정의할 수 있다. 이미 우리가 아는 바와 같이 개혁주의는 성경중심 사상이요, 하나님 절대주권 사상이 기본 원리라고 강조한 바 있다. 따라서 선교신학도 이런 기본 원리에서 적용하고 발전시켜 나가야 한다.

요하네스 블라우(Johannes Blauw)는 1970년 프랑크푸르트 선언문(The Frankfut Declaration) 작성의 멤버였던 미쉘(O. Michel)의 말을 인용하여 성경에 근거한 신학을 강조했는데, "모든 참된 신학은 신학화, 추상화, 이론화에 그리고 순수한 성경적, 역사적 동기에다 철학적 관념의 옷을 입히는 시도에 반대한다. 참된 신학은 성경 자신이 말하는 성경의 불가해한

---

[229] 찰스 반 엥겐은 필자의 풀러신학교 Ph. D. 주임교수요 개혁주의 선교신학자로 2016년 말에 풀러신학교에서 정년 은퇴했다. 네덜란드 출신으로 멕시코에서 선교사로 사역했던 아버지를 따라 선교지에서 어린 시절을 보냈던 반 엥겐은 미국의 개혁주의 교단(CRC)에 소속하여 교단장을 역임하기도 했던 학문과 교정에 출중한 신학자요 목회자였다.

[230] Charles Van Engen, *Mission on the Way*, 35; Cf. 그의 논문 「The Growth of the True Church: An Analysis of the Ecclesiology of Church Growth Theory」(Amsterdam, 1981)을 읽어라.

[231] Charles Van Engen, *Mission on the Way*, 36.

긴장과 독자적 사고의 형식을 인정하는 바, 그것은 어떤 인간의 사상체계나 여하한 신학체계의 일부분이 될 수 없는 것이다"고 했다.[232]

개혁주의 선교신학은 성경계시에 그 근거를 두어야 하며, 삼위일체 하나님이 선교의 주권자임을 인정하고, 하나님의 구속경륜의 과정 속에서 세상에 말(word)과 행위(deed)로 총체적인 복음(wholistic gospel)을 선포하여 하나님의 나라를 확장하는 것을 목표로 하는 메시지와 선교전략 및 방법들을 신학화하는 것이다. 따라서 선교신학은 철학이나 이성, 또는 시대적 조류(潮流)를 중시하는 인간적인 면보다 하나님의 계시인 성경적인 면에 더 기초를 두고 전개되어야 한다.

결론적으로, 개혁주의 선교신학의 주제는 "하나님 나라의 복음"이다. 하나님 나라의 복음이란 인간의 근본적인 문제에 대한 해결의 소식인데, 인간의 근본적인 문제란 죄 문제이다. 죄가 인간의 모든 문제(trouble)의 시작이고 결과이다. 그런데 일부 에큐메니칼 진영에서는 정치·경제·사회적 문제가 인간의 근본적인 문제로 인식하고 있다는 것이다.[233] 개혁주의 선교는 하나님 나라의 복음이 선포되어 각 개인들이 복음을 자신의 삶에 적용하여 살게 되는 것으로 복음화(evangelization)가 이루어지는 것을 목적으로 한다. 그리고 개혁주의 선교신학의 목표는 이 세상에 "하나님의 나라"가 이루어지게 하는 것이다. 곧 하나님의 주권적인 통치가 전 피조세계에 미치도록 하는 것이 선교의 목표이다. 그 이유는 그리스도께서 하나님 나라의 복음을 선포하기 위해 오셨기 때문이다. "예수께서 이르시되 내가 다른 동네들에서도 하나님의 나라 복음을 전하여야 하리니 나는 이 일을 위해 보내심을 받았노라"(눅 4:43)… "그가 고난 받으신 후에 또한 그들에게 확실한 많은 증거로 친히 살아 계심을 나타내사 사십 일 동안 그들에게 보이시며 하나님 나라의 일을 말씀하시니라"(행 1:3).

---

232) O. Michel, *Grundlager des Denkens Jesu*, EMM, 1953, 35-36, 요하네스 블라우, *교회의 선교적 본질*, 전재옥·전호진·송용조 옮김, 대한예수교장로회총회 출판국, 1988, 117, 재인용.
233) 이승구, *改革神學에의 한 探究*, 웨스트민스터출판부, 1995, 84.

제2장 ■ 선교신학의 성경적 기초

　개혁주의 선교신학은 처음부터 마지막까지 성경에서 그 뿌리를 찾아야 한다. 사실 성경은 삼위일체 하나님의 구속사에 대한 기록이기 때문에 그 자체가 선교의 책이라고 할 정도로 선교사상이 풍성하게 기록되어 있다. 그래서 풀러신학교의 선교신학 교수였던 아더 글라서(Arthur Glasser)는 「Announcing the Kingdom」(성경에 나타난 하나님의 선교)에서 "신약과 구약은 모두 선교의 문서이며, 신구약 성경은 인간 역사 속에 나타난 하나님의 목적과 선교적 행위를 제시한 것이다"고 했다.[234] 또한 허버트 케인은 "성경은 선교의 책이다"고 선언하고 "성경만이 홀로 하나님, 인간, 죄, 구원 그리고 심판에 관한 진리를 계시하고 있다. 성경만이 인간에게 '구원에 이르는 지혜'(딤후 3:15)를 줄 수 있다. 성경으로부터 선교의 메시지와 선교의 사명과 선교의 동기와 그리고 선교의 방법(전략)을 얻을 수 있다. 성경을 떠나서 선교는 의미도 없고 구속력도 없다"고 했다.[235] 데이비드 보쉬(David Bosch)는 성경적·역사적 관점에서 초기 기독교 신학은 "선교역사"(mission history)요 "선교신학"(mission theology)이라고 설파했고,[236] 안드레 커크(Andrew Kirk)는 이를 발전시켜 "선교 없는 신학은 있을 수 없고, 다른 말로, 선교적이지 않는 것은 신학이 아니다"고 주장했다.[237]
　제3차 로잔대회의 선언문인 "케이프타운 서약"(The Capetown Committment)의 초안을 만들었던 크리스토퍼 라이트(Christopher Wright)는 성경의 전체 내용이 하나님의 선교, 즉 삼위일체 하나님의 구속사를 이야기하고 있다고 이해했다. 그에 의하면 성경은 근본적으로 하나의 이야기로 자신을 제시한다. 한 차원에서 역사적 이야기를 하지만 또 다

---

234) Arthur F. Glasser, *Announcing the Kingdom*, 14.
235) Herbert Kane, *The Christian World Mission*, 25.
236) David J. Bosch, *Transforming Mission*, 15.
237) Andrew Kirk, *What Is Mission?: Theological Explorations*, Philadelphia: Fortress, 2000, 11.

른 차원에서 하나의 거대 서사(grand narrative)이다. 이것은 종종 네 가지 요점을 가진 이야기로 제시된다. 바로 창조, 타락, 구속, 미래의 소망(회복, 새 창조의 완성)이다. 이 세계관 전체는 목적론적 일원론에 입각하고 있다. 즉, 우주와 인간의 역사에는 한 분 하나님이 역사하시고 계시며, 이 하나님은 하나님의 말씀의 능력에 의해 하나님의 이름의 영광을 위해 궁극적으로 성취될 하나의 목표, 하나의 목적, 하나의 선교를 갖고 계시다는 것이다. 이것이 성경에 나온 하나님의 선교이다. 이렇게 하나님의 선교라는 중대한 관점에서 성경 전체를 읽는 것은 이에 비추어 성경 전체의 세세한 부분들을 읽는 것이라고 했다.[238]

성경의 중심내용이 선교적 문서라고 한다면, 그에 맞는 합리적이고 정상적인 성경해석을 수반되어야 한다.[239] 그래서 디가엘 골만(Michael Gorman)은 성경을 선교적으로 해석해야 한다는 의미로 '선교적 해석학'(missional hermeneutics)을 강조했다.[240] 그에 따르면 선교적 해석학은 하나님의 선교(*missio Dei*)의 신학적 원리에 근거한다. 이 용어는 신구약 성경이 세상의 창조주요 구원자이신 하나님이 이미 선교를 하고 있음을 증거하고 있다는 사실을 확인하고 있다. 참으로 하나님은 영혼(souls)을 구원하여 천국으로 인도하실 뿐만 아니라 개인과 공동체와 나라들과 환경과 세계(world)와 세상(cosmos)의 창조질서를 회복하시는 '선교적 하나님'(missional God)이시다. 이 하나님은 거룩한 선교를 위해 성육신하신 그리스도의 이름으로 불러 모은 하나님의 백성을 하나님의 선교에 참여하도록 부르셨다.[241] 그는 이 성경적 원리를 몇 가지 함축적인 의미로 적용했는데, 첫째, 선교는 교회의 한 부분이 아니라 전체이며, 교회의 존재

---

238) Christopher J. H. Wright, *The Mission of God*. IVP Academic, 2006, 63–64.
239) Scott W. Sunquist, *Understanding Christian Mission: Participation in Suffering and Glory*. Grand Rapids: Baker Academy, 2013, 178.
240) Scott W. Sunquist, *Understanding Christian Mission*, 179–181(A Missional Hermeneutics) 참조.
241) Michael J. Gorman, *Elements of Biblical Exegesis: A Basis Guide for Students and Ministers*, Grand Rapids: Baker Academic, 2009, 155.

목적이다(선교는 포괄적이다). 둘째, 선교는 교회에 의해 시작된 것이 아니라 단지 하나님의 선교에 반응하고 참여하는 것이다(선교는 파생물이다). 셋째, 선교는 서구의 힘이나 문화나 가치의 확장이 아니라 이것은 도래하는 하나님 나라에 특별히 참여하는 것이다(선교는 하나님과 그리스도 중심적이다). 넷째, 선교는 모든 성경 해석이 이루어지는 중심 체제가 되어야 한다(선교는 해석학적이다).[242]

이런 삼위일체 하나님의 구속사적 관점에서 성경을 이해하고, 그 성경에서 선교신학의 기초를 세우기 위해서는 선교신학의 원리가 되는 네 구절을 해석(missional hermeneutics)하는 것이 중요한 일이라고 생각한다.[243]

1. 선교의 사명: 아브라함의 부르심(창 12:1-3)

성경의 시작인 창세기는 모든 진리의 씨를 내포하고 있다. 그 진리의 씨는 성경적 역사 속에서 발전하였고 또한 신약에서 그 열매를 맺었다. 바울은 갈라디아서 3장 8절에서 "하나님이 이방을 믿음으로 말미암아 의로 정하실 것을 성경이 미리 알고 먼저 아브라함에게 복음(the gospel)을 전하되 모든 이방인이 너로 말미암아 복을 받으리라"고 했다. 아브라함에 대한 하나님의 이 복음적 언약은 우리의 선교와 연관되어 있는데, 복음을 통해서 모든 민족이 구원을 받는 것을 보기 때문이다. 이런 의미에서 창세기 12장 1-3절을 가리켜 '아브라함의 언약'(Abrahamic covenant)이라고 한다.[244] 선교학적 관점에서 보면 '선교적 언약'(missional covenant)인 셈이다.

---

242) Michael J. Gorman, *Becoming the Mission: Paul, Participation, and Mission*, Grand Rapids: Eerdmans, 2015, 53.
243) Michael W. Goheen이 편집한 『Reading the Bible Missionally』(Grand Rapids: Eerdmans, 2016)에는 신구약성경을 선교적-해석학적 관점에서 읽어야 한다는 다수의 선교학자들의 견해가 들어있다.
244) Dennis Teague, *Culture: The Missing Link in Missions*, Manila: OMF Literature Inc, 1996, 27.

하나님은 아브라함을 부르시고, 그와 선교적 언약을 맺으심으로, 진리의 씨인 '복음'(the Gospel)으로 사람들을 구원하시기로 약속하셨다. 이런 의미에서 보면 성경에 등장하는 최초의 선교사는 아브라함이다. 선교사의 개념을 "하나님의 부름(calling)을 받고 모든 민족에게로 보냄(sending)받은 하나님의 사명자(missionary)"라고 한다면, 아브라함은 성경에 등장하는 최초의 선교사임에 틀림없다. 창세기 12장 1-3절은 하나님께서 아브라함을 선교사로 부르시고, 선교적 사명을 주시고, 모든 민족에게로 보내신 내용을 기록하고 있다. "여호와께서 아브람에게 이르시되 [부르심] 너는 너의 고향과 친척과 아버지의 집을 떠나 내가 네게 보여 줄 땅으로 가라[보내심] 내가 너로 큰 민족을 이루고 네게 복을 주어 네 이름을 창대하게 하리니 너는 복이 될지라[사명] 너를 축복하는 자에게는 내가 복을 내리고 너를 저주하는 자에게는 내가 저주하리니 땅의 모든 족속이 너로 말미암아 복을 얻을 것이라."

아브라함을 선교사로 부르심

하나님은 먼저 아브라함을 우상을 섬기는 자리에서 하나님의 자녀로 부르셨다. 그런 다음 "땅의 모든 족속"에게 "복이 되는" 선교사로 선택하시고 부르셨다. 노아 이후의 세대가 타락하여 하나님을 떠난 상황에서 하나님의 복을 전달할 사람으로 아브라함을 선택하신 것이다. 삼위일체 하나님은 구속사의 전 과정에서 '하나님의 선교'를 이루기 위해 선택된 사람들을 부르셨다. 하나님의 이 선택적 부르심(elective calling) 사상은 하나님의 선교에서 가장 중심이 되는 사상이다. 성경에 나타난 하나님은 그분의 사역에 사람들을 참여시키기 위해 선택하여 부르신다.[245]

하나님의 선택에는 두 가지 특성이 있는데 특별성과 보편성이다. 특별

---

245) Susan M. Post, "A Missional Approach to the Health of the City," in *Reformed Means Missional: Following Jesus into the World*, ed. Samuel T. Logan, Greensboro: New Growth Press, 2013, 120.

성(particularism)이란 하나님은 '선택한 사람'을 통해 구속사역을 이루어 가시는 것이고, 보편성(universalism)이란 하나님은 '모든 사람'을 선교의 대상으로 삼으신다는 것이다. 하나님은 이 선택적 부르심의 원리에 따라 아브라함을 비롯한 사람들을 시대마다 부르셨다. 크리스토퍼 라이트는 "하나님께서 아브람을 부르신 것은 인간의 악함, 나라간의 분쟁, 그분의 피조물 전체가 망가져 신음하는 것에 대한 하나님의 대답의 시작이다. 그것이 하나님의 선교와 하나님의 백성의 선교의 시작이다"고 했다.[246)]

일반적으로 대다수의 그리스도인들은 조직신학(교의신학)의 영향을 받아 선택을 자신의 구원의 교리로만 이해하려는 경향이 있다. 즉, 선택받은 자들은 구원을 받은 자들로 이해된다. 그러나 선교신학에서의 선택은 "자신만의 구원을 위해 선택된 것이 아니라 다른 사람들에게 구원의 대행자가 되게 하기 위해 선택되었다"는 것으로 정의된다. 첨가하면 교회론도 마찬가지 경향이 있는데, 조직신학에서는 교회를 '불러 모은 공동체'(ἐκκλησία)에 강조점을 두지만 선교신학에서는 교회를 '불러 모아 사역의 현장으로 보내는 것'(calling-to-sending structure)에 강조점을 둔다.

이런 의미에서 아브라함의 선택은 아브라함과 그의 가족들만을 위한 선택이 아니라 그를 통해 '모든 사람들'(all peoples)을 구원하기 위한 선택이었다.[247)] 이런 선택의 원리는 이스라엘을 선택하실 때도 마찬가지 원리였다. 하나님은 이스라엘을 선택하시고 그들을 통해 열방을 위한 하나님의 선교의 도구로 사용하시기 위함이었다. 하나님께서 이스라엘을 애굽에서 구원하셔서 시내산 앞에 모아놓고 모세를 통해서 "세계가 다 내게 속하였나니 너희가 내 말을 잘 듣고 내 언약을 지키면 너희는 모든 민족 중에서 내 소유가 되겠고 너희가 내게 대하여 제사장 나라가 되며 거룩한 백성이 되리라"(출 19:5-6)는 이 말씀 속에 하나님이 이스라엘을 선택하신 목

---

246) Christopher J. H. Wright, *The Mission of God's People: A Biblical Theology of the Church's Mission*, Grand Rapids: Zondervan, 2010, 66.

247) Donald Senior & Carroll Stuhlmueller, *The Biblical Foundation for Mission*, Maryknoll: Orbis Books, 1989, 83-85.

적이 잘 나타나있다. 이스라엘을 선택하시어 모든 열방을 선교하시겠다는 하나님의 의도였던 것이다.

아브라함 한 사람을 선택하여 모든 사람을 위한 선교의 도구로 사용하시는 하나님의 원리는 구약의 이스라엘을 넘어 신약의 교회를 선택하셨다. 왜냐하면 이스라엘이나 교회는 아브라함의 후손들이기 때문이다. 바울은 "아브라함은 우리 모든 사람의 조상"이라고 했고, 하나님이 그를 "많은 민족의 조상으로 세웠다"고 확인했다(롬 4:16-17). 또한 "너희가 그리스도의 것이면 곧 아브라함의 자손이요 약속대로 유업을 이을 자니라"(갈 3:29)고 함으로 교회가 아브라함의 후손들임을 분명히 하고 있다.

아브라함의 선택은 모든 사람들을 위한 선택이었고, 하나님의 이 선택의 원리는 구약의 이스라엘과 신약의 교회에 동일하게 적용되고 있다. 따라서 아브라함의 선택적 부르심은 '모든 사람들'을 위한 것으로 보편적이고 선교적인 부르심이었다.

아브라함의 선교적 사명

하나님께서 아브라함을 선교사로 부르시고 그에게 주신 사명은 세상에 '복이 되는 것'이었다. "너는 복이 될지라"(창 12:2)는 말씀 속에서 우리는 하나님은 아브라함을 '복이 되는 사람'으로 부르셨음을 알 수 있다.[248] 이것이 아브라함에게 주어진 선교적 사명인 것이다. 우리는 여기서 성경에서 말하는 복에 대한 용어의 개념을 알 필요가 있다. 한국어 성경(개역개정판)에는 '복'이라는 용어와 '축복'이라는 용어가 함께 사용되고 있는데, 히브리어 원어를 비교해보면 그 의미에 큰 차이가 있음으로 우리는 그 용어를 바르게 사용해야 한다. '축복'은 히브리어로 '바라크'(ברך)인데 "무릎을 꿇는다"는 뜻으로 하나님 앞에 겸손히 무릎을 꿇고 소원을 빈다는 의미이다. 반면에 '복'은 히브리어로 '아쉬레'(אשרי)인데 하나님께서

---

248) Christopher J. H. Wright, *The Mission of God*, 201-205.

사람들에게 베풀어주신 번영과 행복을 의미한다. 이와 같이 히브리어 원어로만 봐도 축복과 복은 엄연히 그 뜻의 차이가 있음을 알 수가 있다. 이것을 보다 더 명확히 비교하기 위해 다음의 세 구절을 살펴보고자 한다. 먼저, 민수기 6장 23-27절의 "아론의 축복"에 이 원리가 기록되어 있다.

> 아론과 그의 아들들에게 말하여 이르기를 너희는 이스라엘 자손을 위하여 이렇게 **축복**하여 이르되 여호와는 네게 **복**을 주시고 너를 지키시기를 원하며 여호와는 그의 얼굴을 네게 비추사 은혜 베푸시기를 원하며 여호와는 그 얼굴을 네게로 향하여 드사 평강 주시기를 원하노라 할지니라 하라 그들은 이같이 내 이름으로 이스라엘 자손에게 **축복**할지니 내가 그들에게 **복**을 주리라(저자 강조).

다음으로, 하나님께서 아브라함에게 주신 사명에도 같은 원리로 기록되어 있다.

> 내가 너로 큰 민족을 이루고 네게 복을 주어 네 이름을 창대하게 하리니 너는 복이 될지라 너를 **축복**하는 자에게는 내가 **복**을 내리고 너를 저주하는 자에게는 내가 저주하리니 땅의 모든 족속이 너로 말미암아 **복**을 얻을 것이라 하신지라(창 12:2-3, 저자 강조).

끝으로, 이삭이 아들 야곱에게 축복할 때도 이런 원리가 기록되어 있다.

> 이삭이 이르되 내게로 가져오라 내 아들이 사냥한 고기를 먹고 내 마음껏 네게 **축복**하리라 야곱이 그에게로 가져가매 그가 먹고 또 포도주를 가져가매 그가 마시고 그의 아버지 이삭이 그에게 이르되 내 아들아 가까이 와서 내게 입맞추라 그가 가까이 가서 그에게 입맞추니 아버지가 그의 옷의 향취를 맡고 그에게 **축복**하여 이르되

내 아들의 향취는 여호와께서 **복** 주신 밭의 향취로다 하나님은 하늘의 이슬과 땅의 기름짐이며 풍성한 곡식과 포도주를 네게 주시기를 원하노라 만민이 너를 섬기고 열국이 네게 굴복하리니 네가 형제들의 주가 되고 네 어머니의 아들들이 네게 굴복하며 너를 저주하는 자는 저주를 받고 너를 **축복**하는 자는 **복**을 받기를 원하노라 (창 27:25-29, 저자 강조).

이상의 세 구절에 보면 아론과 아브라함 그리고 이삭은 하나님께 '축복'(祝福)하고, 하나님은 사람들에게 '복'(福)을 주신다는 내용이다. 일종의 언약인 셈이다. 이 말씀 속에 중요한 복의 개념이 들어 있는데, 복을 주실 수 있는 분은 오직 하나님뿐이고, 아브라함과 아론과 이삭은 하나님께 복을 빌어주는(祝福) 것만 할 수 있다는 것이다. 이런 의미에서 아브라함은 사람들에게 "축복"하는 것이 그에게 주어진 선교적 사명인 것이다. 아브라함이 '축복' 하면 하나님이 '복'을 주시는 구조이다. 이런 의미에서 아브라함이 "땅의 모든 민족에게 복이 되는 것"이다.

'복'은 구약성경에만 356번이나 나오는데 생육함, 풍성함, 충만함을 누리는 의미로 사용되었고, 다른 한편으로 창조주 하나님과 거룩하고 조화로운 관계를 바탕으로 창조 세계 안에서 안식을 누리는 것으로 사용되었다.[249] 이것은 창세기 1장에 기록된 장엄한 창조 기사에서 하나님이 선포하신 세 번의 복을 통해 확인할 수가 있는데, 첫 번째는 다섯째 날에 물고기와 새에게 복을 주셨고,[250] 두 번째는 여섯째 날에 인간에게 복을 주셨

---

249) Christopher J. H. Wright, *The Mission of God's People*, 67.
250) "하나님이 이르시되 물들은 생물을 번성하게 하라 땅 위 하늘의 궁창에는 새가 날으라 하시고 하나님이 큰 바다 짐승들과 물에서 번성하여 움직이는 모든 생물을 그 종류대로, 날개 있는 모든 새를 그 종류대로 창조하시니 하나님이 보시기에 좋았더라 **하나님이 그들에게 복을 주시며** 이르시되 생육하고 번성하여 여러 바닷물에 충만하라 새들도 땅에 번성하라 하시니라"(창 1:20-22, 저자 강조).

고,[251] 그리고 세 번째는 일곱째 날에 안식일의 복을 주셨다.[252] 이런 사상은 창세기 9장에서 하나님께서 노아에게 복을 주신 말씀에도 동일하게 적용되고 있다.

크리스토퍼 라이트는 하나님의 '복'은 수직적이고 수평적인 관계 속에서 이루어진다고 했다. 즉, 복은 하나님과의 관계에 달려있고 또한 복은 다른 사람들과의 관계 속에서 나누어야 한다. 수직적인 관계에서 볼 때, 복을 받은 사람들은 자신에게 복을 주시는 하나님을 알뿐 아니라 그 하나님과 신실한 관계 속에서 살아야 한다. 예컨대 야곱은 요셉의 두 아들에게 축복할 때 이점을 인정했다. "내 조부 아브라함과 아버지 이삭이 섬기던 하나님, 나의 출생으로부터 지금까지 나를 기르신 하나님, 나를 모든 환난에서 건지신 여호와의 사자께서 이 아이들에게 복을 주시오며 이들로 내 이름과 내 조상 아브라함과 이삭의 이름으로 칭하게 하시오며 이들이 세상에서 번식되게 하시기를 원하나이다"(창 48:15-16). 또한 그는 임종 직전에 요셉에게 축복하기를 "네 아버지의 하나님께로 말미암나니 그가 너를 도우실 것이요 전능자로 말미암나니 그가 네게 복을 주실 것이라 위로 하늘의 복과 아래로 깊은 샘의 복과 젖먹이는 복과 태의 복이리로다"(창 49:25). 수평적 면에서 볼 때, 복의 관계적 요소는 주위 사람들에게까지 뻗어나간다. 창세기의 기록을 보면 하나님의 복을 받은 사람들을 통해 복을 받은 사람들의 경우가 여러 번 나온다. 아브라함이 받은 "모든 족속에게 복이 될지라"는 선교적 사명이 성취되고 있는 것이다. 예컨대, 라반은 야곱에게 내린 하나님의 복을 받아 재산이 풍부했다(창 30:27-30). 보디발은 요셉으로 인해 하나님의 복을 받았다(창 39:5). 그리고 바로는 야곱

---

251) "하나님이 자기 형상 곧 하나님의 형상대로 사람을 창조하시되 남자와 여자를 창조하시고 **하나님이 그들에게 복을 주시며** 하나님이 그들에게 이르시되 생육하고 번성하여 땅에 충만하라, 땅을 정복하라, 바다의 물고기와 하늘의 새와 땅에 움직이는 모든 생물을 다스리라 하시니라"(창 1:27-28, 저자 강조).

252) "하나님이 그 **일곱째 날을 복되게 하사** 거룩하게 하셨으니 이는 하나님이 그 창조하시며 만드시던 모든 일을 마치시고 그 날에 안식하셨음이니라"(창 2:3, 저자 강조).

으로 인해 복을 받았다(창 47:7, 10).253)

 이와 같이 아브라함의 복은 자신에게만 축적되는 것이 아니라 다른 사람들에게 나누는 것을 사명으로 한다. 아브라함의 복이 오늘 우리에게 임했고, 우리에게 임한 복이 우리와 함께 한 사람들에게 반드시 나눠져야 한다. 이것이 아브라함의 후손으로 선택받은 사람들의 선교적 사명이다. 땅의 모든 족속이 아브라함을 통해 복을 받는 것이 하나님이 세우신 원리이기 때문이다.

 특히 라이트는 창세기 12장 3절에서 하나님께서 아브라함에게 "땅의 모든 족속이 너로 말미암아 복을 얻을 것이라"는 말씀이 신약에서 바울의 선교신학과 종말론에서 최종적으로 구체화된다고 해석했다. 그는 아브라함에게 임한 복의 속성들을 몇 가지로 구분했는데, 복은 창조적이고 관계적이며, 복은 선교적이며 역사적이고, 복은 언약적이며 윤리적이고, 그리고 복은 다국적이며 기독론적이라는 것이다.254)

아브라함의 선교 대상

 아브라함이 복을 전해야할 대상은 "모든 족속"이다. 하나님은 아브라함을 통해 복을 주시되, 유대인들만을 위한 것이 아니라 모든 사람을 대상으로 하신다. 창세기 10장과 11장에 보면 하나님은 사람들을 세상에 퍼지도록 명령하셨고 거부한 자들을 강제적으로 흩으셨다(바벨탑 사건으로 인한 흩으심). 그런데 그들이 복을 받는 길은 하나님의 선택한 자들을 통해서만 가능했다. 아브라함의 선교적 선택의 목적은 "땅의 모든 족속이 너로 말미암아 복을 얻을 것"이었다. 아브라함이 감당해야할 선교의 대상은 '모든 족속'으로 보편적임이 분명하다.

 특히 하나님께서는 아브라함에게 보편적 사명을 주신 이후 이삭과 야곱

---

253) Christopher J. H. Wright, *The Mission of God's People*, 67-68.
254) Christopher J. H. Wright, *The Mission of God*, 262-278.

에 이르기까지 다섯 차례에 걸쳐 반복적으로 말씀하셨다. 첫 번째는 "땅의 모든 족속(all peoples)이 너로 말미암아 복을 얻을 것이라"(창 12:3)는 최초의 약속이고, 두 번째는 "천하 만민(all nations)은 그로 말미암아 복을 받게 될 것이 아니냐"(창 18:18), 세 번째는 "네 씨로 말미암아 천하 만민(all nations)이 복을 받으리니"(창 22:18), 네 번째는 이삭에게 주신 "네 자손으로 말미암아 천하 만민(all nations)이 복을 받으리라"(창 26:4), 다섯 번째는 야곱에게 주신 "땅의 모든 족속(all peoples)이 너와 네 자손으로 말미암아 복을 받으리라"(창 28:14)는 것이다.

아브라함에게 주신 이 보편적 선교는 여러 선지자들에게 지속적으로 주어졌지만 이사야 선지자만큼 분명하게 예언한 선지자도 없을 것이다. 이사야 56장은 구원의 우주적 성격을 여실히 보여주고 있다. 고난 받는 종에 의해 건설될 새 나라가 이방인들에게 개방될 것이라는 예언이다.[255] 특히 6절과 7절을 보면 "또 여호와와 연합하여 그를 섬기며 여호와의 이름을 사랑하며 그의 종이 되며 안식일을 지켜 더럽히지 아니하며 나의 언약을 굳게 지키는 이방인마다 내가 곧 그들을 나의 성산으로 인도하여 기도하는 내 집에서 그들을 기쁘게 할 것이며 그들의 번제와 희생을 나의 제단에서 기꺼이 받게 되리니 이는 내 집은 만민이 기도하는 집이라 일컬음이 될 것임이라"고 하심으로 '이방인' 이라도 여호와와 연합하면 구원의 은총을 주시어 언약백성의 특권을 주신다는 메시지이다. 이방인들이 '여호와에게' 연합하는 목적은 여호와를 섬기기 위함이요, 여호와의 이름을 사랑하기 위함이며, 여호와의 종이 되기 위함이요, 안식일을 지키기 위함이며 또한 여호와의 언약을 굳게 지키기 위함이다(6절).

또한 이사야 60장에서는 언약 밖에 있는 이방의 나라들이 여호와께서 임하신 '시온' 으로 나아올 것을 기록하고 있다. "나라들"(the Gentiles, 3절), "무리"(the Gentiles, 4절), 그리고 "이방 나라들"(the Gentiles, 5절)이 시온으로 몰려와 여호와의 찬양을 전파하고 여호와께 경배할 것이라고

---

255) 강병도, *카리스종합주석*, 이사야 56:6-7.

했다(6절). 특히 이스라엘의 동남쪽에 거하는 민족들인 미디안과 에바 그리고 스바 사람들은 낙타에 재물을 싣고 시온으로 와서 여호와의 찬송을 전파할 것인데 그 낙타의 무리가 "허다하고"(multitude) "시온에 가득할 것"으로 묘사하고 있고,[256] 게달의 양떼와 느바욧의 숫양이 여호와께 번제물로 드려질 것을 말씀하고 있다.[257]

이사야 61장은 이방민족들에게 희년의 은총이 임할 것을 선포하고 있다. 특히 1절과 2절은 예수님께서 공생애를 시작하시면서 나사렛회당에서 설교하실 때 본문으로 인용한 말씀이기도 하다(눅 4:18-19). 장차 그리스도를 통해 선포되고 성취될 희년(여호와의 은혜의 해)에 이스라엘 백성들은 '이방인들'(the Gentiles)의 재물을 먹게 될 것이라고 했다(6절). 그리고 이사야 62장에서는 '이방 나라들'(the Gentiles)이 이스라엘의 공의와 영광을 보게 될 것이라고 했다(2절).

하나님은 아브라함으로 시작된 '모든 민족'을 향한 이 보편적인 선교가 '모든 민족'을 제자 삼으라는 예수 그리스도의 지상명령에로 이어지도록 하셨다.[258] 그리고 그리스도의 제자들에 의해 실천될 보편적 선교가 예수 그리스도 안에서 광범위하게 확장될 것인데 사도 요한은 "각 나라와 족속과 백성과 방언에서 아무도 능히 셀 수 없는 큰 무리"가 보좌에 앉으신 어린양을 경배하는 하늘의 모습을 보았다(계 7:9). 아브라함의 선교적 사명

---

[256] 미디안, 에바, 스바는 아브라함의 후처 그두라의 자손들이다(창 25:1-4). '미디안'은 이스라엘 역사 속에서 미디안 족속의 조상이 되어 후에 이스라엘을 적대시 했다(민 22:4-7; 삿 6:1-10). '에바'는 아라비아의 북동부에 살았고 많은 약대를 소유하였으며(대상 1:33) 금을 무역하던 미디안과 연관이 있는 것으로 성경은 기록하고 있다(사 60:6). '스바'는 욥의 소와 낙타를 약탈하던 스바 족속과 연관이 있는 것으로 보인다(욥 1:15; 6:19).

[257] 게달과 느바욧은 이스마엘의 아들들이다(창 25:13). '게달'은 대상 1:29과 사 60:7에서 느바욧과 함께 언급되고 있다. 다른 기록에서도 게달은 아라비아 족속의 이름이었음을 알 수 있다(시 120:5; 사 21:16, 17; 42:11; 렘 2:10; 49:28; 겔 27:21). 게달족속은 아라비아 잔도에 살면서 양과 염소를 키우는 유목민이었다. '느바욧'은 에서가 그의 누이와 결혼했고(창 28:9; 36:3) 사 60:7에 기록된 느바욧의 조상으로 볼 수 있다. 느바욧족속 역시 게달족속과 같이 아라비아반도에 살면서 유목생활을 했다.

[258] Edward R. Dayton & David A. Fraser, *Planning Strategies for World Evangelization*. Grand Rapids: Eerdmans, 1990, 44.

이 예수 그리스도 안에서 놀라운 결실을 보게 된 것이다.

하나님은 아브라함 한 사람을 선택했지만 세상 모든 사람들이 그 선택의 수혜자가 되었다. 그리고 궁극적인 복은 예수 그리스도 한 분에 의해 성취된다. 그러므로 선택받은 사람들은 자신만을 위한 선택이 아니라 다른 사람들에게 하나님의 복을 전하는 대행자로서 선택되었음을 인식해야 한다. 구약의 이스라엘이 이 사명을 이루기 위해 선택되었고 신약의 교회가 이 사명을 위해 부르심을 받았다. 그리스도인이 이 사명을 깨달을 때 선교적 백성(missionary people)이 되고, 교회가 이 사명을 수행할 때 비로소 선교적 교회(missional church)가 되는 것이다. 교회는 아브라함의 복을 공유하기 위해 부름 받았고 또한 이 복을 나누기 위해 보냄을 받았다.

2. 선교의 원리: 성부의 선교원리(요 3:16)

요한복음 3장 16절은 신구약 성경의 요절이라고 한다. 왜냐하면 성경은 온 세상을 구원하려는 하나님의 원대한 계획을 기록하고 있는데,[259] 이 요절에는 구원에 이르게 하는 '하나님의 복음'의 원리가 정확하게 표현되어 있을 뿐만 아니라 '하나님의 선교'의 대(大) 원리를 담고 있는 보화 그 자체이기 때문이다. "**하나님**이 **세상**을 이처럼 **사랑**하사 **독생자를 주셨으니** 이는 **그를 믿는 자마다** 멸망하지 않고 **영생**을 얻게 하려 하심이라."(저자 강조). 우리는 이 구절 속에서 선교의 여섯 가지 원리를 발견할 수 있다.

선교의 기원: 하나님

선교의 기원, 선교의 시작과 출발, 그리고 선교의 주도자는 성부 하나님이다. 하나님의 선교(*missio Dei*) 사상이 강조하고 있는 것처럼 당연히 선

---

259) Andreas Köstenberger and P. T. O'Brein, *Salvation to the Ends of the Earth: A Biblical Theology of Mission*, Downers Grove: IVP, 2001, 263.

교의 기원은 하나님이시다. 성부 하나님은 만세 전에 범죄한 인간을 구원하실 것을 계획하셨고, 하나님이 정하신 때에 독생자 예수 그리스도를 보내 구원을 이루셨다.

아담과 하와가 선악과를 따먹고 타락했을 때 하나님이 먼저 그들을 찾아오셨다. 그리고 그들의 죄 값을 물으시면서 한편으로 '여자의 후손'을 통한 구원을 약속하셨다(창 3:15). 이스라엘의 역사 속에서 하나님은 자기 백성을 구원하시기 위해 끊임없이 활동하셨다. 그리고 마침내 자신의 외아들 예수 그리스도를 보내셔서 십자가의 죽음과 부활로 구원을 이루셨다.

선교를 시작하신 분이 성부 하나님이요, 그리스도가 선교를 마무리하고 세상을 구속하신 후, 그 새롭게 된 세상을 받으실 분도 성부 하나님이시다. "아담 안에서 모든 사람이 죽은 것 같이 그리스도 안에서 모든 사람이 삶을 얻으리라 그러나 각각 자기 차례대로 되리니 먼저는 첫 열매인 그리스도요 다음에는 그가 강림하실 때에 그리스도에게 속한 자요 그 후에는 마지막이니 그가 모든 통치와 모든 권세와 능력을 멸하시고 나라를 아버지 하나님께 바칠 때라"(고전 15:22-24).

이런 신학적 의미에서 하나님은 '선교적 하나님'(missional God)이다.[260] 따라서 하나님의 백성들은 '선교적 백성들'(missional people)이 되는 것이다. 삼위일체 하나님은 선교적 임무가 있고(엡 1:9-10) 그리고 그 하나님은 선교를 하고 계신다(요 20:21; 고후 5:18-19). 하나님은 교회를 선교의 동역자로 세우셨고, 성경은 선교사이신 하나님께서 그의 아들 예수 그리스도를 세상에 보내어 죄를 대속함으로 구원하신 이야기로 가득하다. 하나님께서는 그 분이 창조하신 창조물들이 그 분을 알고 그 분을 믿도록 선교하는 중에 계신다.[261] 참으로 하나님은 선교의 하나님이다. 그분이 선교를 시작하셨고 우리는 그분의 뜻에 순종할 뿐이다.

---

260) Herbert Kane, *The Christian World Mission: Today and Tomorrow*, Grand Rapids: Baker Book, 1986, 15-23 참조.

261) Ed Stetzer, "An Evangelical Kingdom Community Approach," in *The Mission of the Church*, ed. Craig Ott, Grand Rapids: Baker Academic, 2016, 97.

선교의 대상: 세상

하나님의 선교의 대상은 하나님이 창조하신 '세상'이다. 신약성경에는 '세상'이라는 용어가 네 가지 용례로 사용되고 있다. 첫째로 'γῆ'(게)인데, 태초에 하나님에 의해 창조되어 인간이 살고 있는 '땅'(earth/land)을 의미한다(막 13:31; 행 4:24; 골 1:16; 계 3:10; 20:8). 둘째로 'οἰ κουμένη'(오이코우메네)인데, 인간이 지배하고 있는 '거주적 지역'(the inhabited world)을 의미하는 말로 로마 제국(Roman Empire)이 이 용어를 처음 사용하였다. 즉 로마 제국의 언어·문화·종교·통치의 영향력 안에 거주하는 '지역'을 가리키는 용어이다(마 24:14; 눅 2:1; 4:5; 21:25; 행 17:6; 히 1:6). 셋째는 'κόσμος'(코스모스)인데, 신약성경에서 가장 자주 사용된 용어로서 인간을 포함한 모든 '창조'(creation)를 총체적으로 포함하는 말이다(요 1:10; 3:16, 17; 21:25; 고전 8:6). 넷째는 'αἰών'(아이온)인데, 공간적 개념보다는 시간적 개념이 강한 용어이다. 즉 시대를 나타내는 의미로서의 '세계'(world)을 말한다(마 12:31, 32; 마 13:22; 고전 1:20; 고전 2:6-8; 7:33). 예컨대 "다윗의 세상"이라고 했을 때 다윗이 다스리는 '시대'를 의미한다.[262]

그런데 여기에 사용된 '세상'(κόσμος)은 지리적 개념의 세상(earth)이나 시간적 개념의 세상(world)가 아니라 창조적 개념의 세상(creation)을 의미하는 것으로, 세상에 살고 있는 '사람들'(peoples)을 의미한다. 요한복음 1장 11절에서는 이들을 가리켜 "(예수님이) 자기 땅에 오매 영접하지 아니하는 백성"이라고 언급하고 있다. 바울은 디모데전서 1장 15절에서 "미쁘다 모든 사람이 받을 만한 이 말이여 그리스도 예수께서 죄인을 구원하시려고 세상에 임하셨다"고 함으로 복음은 세상에 존재하고 있는 '모든 사람'이 들어야 할 것임을 강조했고, 또한 디모데전서 2장 4절에서 "하나

---

262) John Corrie, ed, *Dictionary of Mission Theology: Evangelical Foundations*, UK: IVP, 2007, 437.

님은 모든 사람이 구원을 받으며 진리를 아는 데에 이르기를 원하시느니라"고 함으로 '모든 사람'이 구원의 대상임을 강조하고 있다.

하나님의 선교의 대상은 모든 창조를 포함하지만 근본적으로 사람이 중심이다. 하나님은 구원의 대상으로 유대인들뿐만 아니라 이방인들까지 포함한 세상의 모든 사람들을 삼으셨고(복음의 보편성), 예수 그리스도를 세상에 보내 구원 활동을 하게 하셨으며, 승천을 앞둔 그리스도는 제자들에게 지상명령(마 28:19-20)을 주시면서 "너희는 가서 모든 민족을 제자로 삼아 아버지와 아들과 성령의 이름으로 세례를 베풀고 내가 너희에게 분부한 모든 것을 가르쳐 지키게 하라"고 하심으로 선교의 대상이 세상의 '모든 사람'임을 분명히 하셨다.

실제로 창세기에 보면 하나님은 아담을 '히브리인(Hebrews)의 조상'으로 창조하신 것이 아니라 '인류(humanity)의 조상'으로 창조하셨다.[263] 아담의 범죄가 유대인들에게만 전이된 것이 아니라 모든 인류에게 원죄로 전이된 것이 이것을 명확히 증명하고 있다. 다만 구약시대에는 히브리인들(이스라엘)을 모든 사람들을 위한 하나님의 도구로 삼으셨을 뿐이다(출 19:5-6). 창조주요 구원자이신 하나님의 관심은 세상에 살고 있는 모든 사람들이다. 하나님의 모든 창조의 중심은 인간과 관련이 있다. 창세기에 의하면 하나님은 그의 형상대로 모든 인간을 남자와 여자로 각각 구분하여 창조하시되 동등하게 창조하셨다. 인간은 하나님의 최고의 창조물이며 하나님의 구원의 대상이다.[264] 실제로 칼빈도 그의 기독교강요에서 "복음의 말씀이 모든 사람에게 일반적으로 널리 전해지고 있다"고 확인했다.[265]

선교의 동인(動因): 하나님의 사랑

---

263) Richard R. De Ridder, *Discipling the Nations*, Grand Rapids: Baker Book, 1975, 14.
264) Roger E. Hedlund, *The Mission of the Church in the World: A Biblical Theology*, Grand Rapids: Baker Book, 1991, 22-23.
265) John Calvin, *Institutes*, III-22-10.

하나님의 선교의 동인(motive)은 '하나님의 사랑'이다. 기독교가 다른 이방종교와 다른 점은 하나님이 먼저 사람(죄인)을 사랑(άγαπη)하셨다는 것이다. 인간이 하나님을 사랑한 것이 아니라 하나님께서 먼저 인간을 사랑하셨다. 인간을 사랑하시되 자신의 모든 것을 희생하시는 사랑이며, 이 사랑은 완전한 사랑이다. 이런 하나님의 사랑이 선교를 하게 하시는 동인이다.

기독교 선교는 처음부터 끝까지 인간의 선교가 아니라 하나님의 선교이다. 왜냐하면 선교는 사람의 요청이 아니라 하나님의 사랑에서 기원했고 하나님이 주권적으로 결정했기 때문이다(요 3:16).[266] 사랑은 하나님의 본성과 속성이다. 사랑의 하나님은 세상을 '이처럼' 사랑하셨는데, '이처럼'(ουτως)의 뜻은 '그와 같이 무한히', '그처럼 놀랍게', '그처럼 헤아릴 수 없이'라는 의미이다. 즉 '이처럼'은 사람들이 상상하거나 예상할 수 없을 정도의 절대적인 사랑을 의미한다. 실제로 본 구절에서 사용된 "이처럼"이 한국어 성경에는 문장의 중간에 나오지만 헬라어 원문에는 문장 초두에 나온다. 헬라어 용법상 가장 핵심적인 단어나 중요한 단어를 가장 앞에 놓는 것을 감안하면 "이처럼"(ουτως)이라는 용어가 상당히 중요한 의미를 함축하고 있음을 알 수 있다. 따라서 앞의 13절부터의 내용을 연결해서 보면 예수 그리스도는 하늘에서 내려와 십자가에 들려 못 박혔다가 사흘 만에 부활하여 다시 하늘로 올라간 인자(the Son of Man)로 언급되고 있는데, 하나님은 "이처럼," 즉 예수가 십자가에 못 박혀 죽는 방법으로 세상을 구원하시는 그의 절대적인 사랑(άγαπη)을 내보이셨다고 증거하고 있는 것이다.

하나님의 이런 사랑을 사도 요한은 그의 서신서에서 정확하게 밝혀주고 있는데, "하나님의 사랑이 우리에게 이렇게 나타난바 되었으니 하나님이 자기의 독생자를 세상에 보내심은 그로 말미암아 우리를 살리려 하심이라 사랑은 여기 있으니 우리가 하나님을 사랑한 것이 아니요 하나님이 우

---

266) Herbert Kane, *Understanding Christian Missions*, 87.

리를 사랑하사 우리 죄를 속하기 위하여 화목 제물로 그 아들을 보내셨음이라 사랑하는 자들아 하나님이 이같이 우리를 사랑하셨은즉 우리도 서로 사랑하는 것이 마땅하도다…우리가 사랑함은 그가 먼저 우리를 사랑하셨음이라"(요일 4:9-11).

선교의 실제: 독생자를 주심

세상을 구원하기 위한 하나님의 절대적인 사랑은 '독생자 예수 그리스도'를 내어주심으로 실제화되었다. '독생자'는 하나님의 유일한 아들로서, 성부 하나님과 성자 예수님의 특별한 부자관계를 나타낸다. 하나님은 유일한 아들을 십자가에서 죽게 하심으로 선교를 이루셨는데, 이것은 하나님이 세상을 얼마나 사랑하고 계시는지를 단적으로 보여주는 것이요 동시에 세상의 죄인들을 구원하는 유일한 방법이었다. 독생자이신 예수 그리스도가 십자가에서 대속의 죽음을 당하지 않고는 세상을 구원할 수가 없었기 때문이었다. 그래서 베드로 사도는 "다른 이로써는 구원을 받을 수 없나니 천하사람 중에 구원을 받을 만한 다른 이름을 우리에게 주신 일이 없음이라"(행 4:12)고 외쳤던 것이다.

예수님께서 인간을 구원하신 방식은 십자가의 죽음과 부활이었다. 예수님께서는 십자가에서 "다 이루었다"(It is finished)(요 19:30)고 하심으로 인류구원의 사명을 완벽하게 성취하셨음을 선언하셨다. 이에 대해 바울은 그리스도께서 "모든 죄를 십자가에 못 박으시고…십자가로 사탄의 무리들을 이기셨다"(골 2:14-15)고 확인하고 있다. 예수 그리스도께서 십자가로 대속하시고 구원을 이루셨으며 세상을 향한 하나님의 사랑을 대변해 주셨다. 이에 대해 제임스 패커(James I. Packer)는 그의 베스트셀러 「Knowing God」(하나님을 아는 지식)에서 복음의 핵심은 예수님의 십자가인데, 그 십자가의 중심은 죄의 속죄(propitiation)라고 강조했다(롬

3:21-26; 히 2:17; 요일 2:1; 요일 4:8-10).[267]

빌헬름 안데르센(Wilhelm Andersen)은 그리스도의 십자가는 하나님의 은혜의 표현이요 용서의 선포이며 악한 영들을 멸망시키는 능력의 표현이다. 또한 십자가는 승리의 장소이다. 따라서 "선교(Mission)는 '하나님의 선교' 이다"라는 것과 "예수 그리스도의 십자가는 선교((Mission)의 중심이다"라는 이 두 사상은 선교신학의 핵심적인 주제라고 강조했다.[268]

선교의 반응: 예수 그리스도를 믿음

하나님의 선교에 있어서 인간의 반응을 요구하고 있는데 '독생자를 믿는 것'이다. 물론 그 믿음까지도 하나님의 주권 아래에서 선택하기로 예정된 자들에게 주어지는 은혜의 선물이지만, 구원의 유일한 조건은 독생자를 믿는 것이다. 바울은 "너희는 그 은혜에 의하여 믿음으로 말미암아 구원을 받았으니 이것은 너희에게서 난 것이 아니요 하나님의 선물이라"(엡 2:8)고 함으로 믿음이 택자들에게 주어지는 하나님의 은혜의 선물임과 동시에 구원이 이루어지는 조건임을 강조했다. 어거스틴과 칼빈도 그와 같은 신학적 견해를 가지고 있었는데, 구원은 오직 믿음으로, 그러나 그 믿음까지도 하나님의 은혜의 선물이라는 것이다.

믿음은 하나님이 인간에게 행하시고 나타내신 사랑에 대한 인간의 반응이다. 구원의 대상은 모든 사람이지만 구원은 믿는 자들에게 제한적으로 주어진다.[269] 칼빈의 기독교강요의 핵심은 구원론이고, 칼빈의 구원론의 핵심은 예정론이라고 할 수 있다. 칼빈은 예정론에 기초하여 말하기를 "복음의 말씀이 모든 사람에게 일반적으로 널리 전해지고 있으나 믿음의 선

---

267) James I. Packer, *Knowing God*, Downer Grove: IVP, 1973, 199-222.
268) Wilhelm Andersen, "Further Toward a Theology of Mission." in *The Theology of the Christian Mission*, Gerald Anderson, ed. New York: McGraw-Hill Book Company, 1961, 302-303.
269) Sung. K. Chung, *Abraham Kuyper: His Life and Theology*, 512-513.

물은 몇몇 사람에게만 주어졌다고 말하는 것으로 충분하다. 이사야는 '주의 팔'이 모든 사람에게 '나타나지' 않았다는 말로 그 이유를 설명한다(사 53:1)."고 강조했다.[270] 그래서 개혁신학은 모든 사람이 구원받는다는 '만인구원론'(universalism)을 거부하고 하나님의 예정으로 예수 그리스도를 믿는 자들에게만 구원이 제한적으로 임하는 '제한구원론'(particularism)을 인정한다.[271]

선교의 목적: 영생을 얻게 함

선교의 목적은 믿는 자들이 멸망하지 않고 영생을 얻게 하는 것이다. 여기서 '멸망'(perish)은 다시는 회복할 수 없는 영원한 죽음(막 3:6; 고전 1:19)을 뜻하는 것으로 영생과 반대되는 개념이다. '영생'(eternal life)은 영원한 생명을 의미하는데, 여기에서의 영생은 죽음으로부터의 해방(liberation)을 의미하고 구원(salvation)을 말한다. 예수님은 "나는 부활이요 생명이니 나를 믿는 자는 죽어도 살겠고 무릇 살아서 나를 믿는 자는 영원히 죽지 아니하리라"(요 11:25-26)고 말씀하심으로 영생의 근원은 자신을 믿는 것이라고 말씀하셨다.

또한 바울은 에베소에 보낸 서신에서 구원을 허물과 죄로 죽었던 너희를 영원히 살리신 것이라고 정의하고 있다(엡 2:1). 요한복음 3장 18절에서는 "그를 믿는 자는 심판을 받지 아니하는 것이요 믿지 아니하는 자는

---

270) John Calvin, *Institutes*, III-22-10.
271) 전호진 교수는 그의 소논문 "종교다원주의와 그리스도의 유일성"에서 WCC의 만인구원론에 대한 독일 복음주의 신학자 클라우스 복크밀(Klaus Bockmuhl)의 비판적 글을 인용하면서 "뉴델리대회는 요한복음 3장 16절의 하나님이 세상을 사랑하였다는 것은 많이 인용하였으나 '그를 믿는 자마다 멸망치 않으리라' 는 본문은 생략되었으며 또한 사도행전 4장 12절의 '다른 이름으로는 구원을 얻지 못한다' 는 말씀이 전혀 인용되지 않은 것은 주최 측 인도에 대한 예우 때문인가 라고 신랄하게 비판하였다."고 소개했다. 특히 인도 신학자 다니엘 나일스(Daniel T. Niles)는 노골적으로 하나님이 어떤 자는 구원하고 어떤 자는 버린다는 칼빈주의의 예정론은 하나님의 이름을 모독하는 것으로 "신약은 이 문제에 대하여 '예'나 '아니요'를 말하는 것을 허용하지 않는다."고 단언하였다(*Upon the Earth*, London: McGraw Hill Book, 1962, 62).

하나님의 독생자의 이름을 믿지 아니하므로 벌써(already) 심판을 받은 것이니라"고 대조하여 설명하고 있다. 따라서 영원한 생명(영생)이란 미래적인 소망일뿐만 아니라 현실적인 실제의 생명이기도 하다(요 3:36; 5:24; 6:47; 요일 5:13).

3. 선교의 명령: 성자의 지상명령(마 28:19-20)

신구약 성경 전체가 예수 그리스도에 대한 증언이지만,[272] '복음서'는 말 그대로 복음이신 예수 그리스도에 관한 기록이다(눅 1:1-2). 구약에 예언된 대로 그리스도의 성육신, 말과 행위를 통한 하나님 나라의 선포, 십자가의 죽음과 부활, 그리고 승천과 재림 약속, 이 모든 것이 예수 그리스도가 복음 그 자체임을 증거하는 것들이다. 그런데 이 복음은 제자들이나 혹은 유대인들만을 위한 복음이 아니라 모든 민족을 위한 복음이다(눅 24:46-48). 하나님의 사자(천사)가 목자들에게 말한 대로 이 복음은 "온 백성에게 미칠 큰 기쁨의 좋은 소식"(눅 2:10)이다. 복음서는 이 보편적인 복음에 대한 기록이다.

예수 그리스도에 대한 이 복음은 '모든 민족'을 위한 복음이기 때문에 제자들의 가슴속에나 또는 팔레스타인 지역 안에 보존해야 할 것이 아니라 '모든 민족'에게 시급히 전파되어야 한다(마 24:14). 그래서 마태는 그의 복음서를 마무리하면서 다른 복음서 기자들과는 다르게 주님께서 제자들에게 주신 이 귀한 '복음전파 사명'을 구체적으로 기록했다. 그것이 바로 마태복음 28장 19-20절이다. 사람들은 이것을 주님께서 주신 지상에서의 마지막 명령이라 하여 '지상명령'(The Great Command) 또는 제자들에게 맡긴 대사명이라 하여 '대위임령'(The Great Commission)이라고 하지만 여기서는 지상명령으로 통일한다. "그러므로 너희는 가서 모든 민

---

[272] "내가 너희와 함께 있을 때에 너희에게 말한바 곧 모세의 율법과 선지자의 글과 시편에 **나를 가리켜 기록된** 모든 것이 이루어져야 하리라 한 말이 이것이라"(눅 24:44, 저자 강조); "모세를 믿었더라면 또 나를 믿었으리니 이는 그가 **내게 대하여** 기록하였음이라"(요 5:46, 저자 강조).

족을 제자로 삼아 아버지와 아들과 성령의 이름으로 세례를 베풀고 내가 너희에게 분부한 모든 것을 가르쳐 지키게 하라 볼지어다 내가 세상 끝 날까지 너희와 항상 함께 있으리라 하시니라."

사실 세계선교를 위한 주님의 지상명령은 갑자기 주어진 것이 아니라 구약성경의 연장선에서 주어진 것으로 "지상명령은 구약성경의 성취이다."[273] 인간을 향한 하나님의 선교는 구약에서부터 시작되었고, 예수 그리스도는 하나님의 선교의 스케줄에 따라 성육신하셨으며, 그리스도의 선교사역과 지상명령은 구약성경의 성취요 재림 때까지 계속될 신약의 출발점이라고 할 수 있다. 바울은 로마서 15장에서 자신을 가리켜 "그리스도 예수의 일꾼이 되어 하나님의 복음의 제사장 직분"(16)을 맡은 자라고 하면서 구약성경을 다수 인용하였는데, 이것은 "모든 민족을 제자 삼으라"는 지상명령이 구약성경의 가르침 속에서 주어졌고 또한 이행되고 있음을 보여주고 있다.

그런데 흥미롭게도 이 본문은 오래 동안 신약학계에서 비중 있게 다뤄지지 않았다. 마태복음을 주석했던 사람들도 마찬가지였다. 심지어 자유주의 신학자였던 아돌프 폰 하르낙(Adolf von Harnack)은 그의 저서 「The Mission and Expansion of Christianity in the First Three Centuries」(초기 3세기까지의 기독교 선교 및 확장)에서 마태가 그 부분(28:16-20)을 왜 덧붙였는지 이해할 수가 없기 때문에 이 말들이 후대에 첨가된 것이라는 견해를 제시하기도 했다.[274] 그럼에도 그는 이 지상명령은 "걸작"이라고 덧붙이면서 "단지 40단어로 된 이것보다 더 위대하면서 더 많은 것

---

273) Thomas Schirrmacher, "The Book of Romans and the Missional Mandate: Why Mission and Theology Must Go Together," in *Reformed Means Missional: Following Jesus into the World*, ed. Samuel T. Logan, Greensboro: New Growth Press, 2013, 54.
274) 하르낙은 슐라이어마허(Friedrich Schleiermacher)와 리츨(Albrecht Ritschl)의 뒤를 잇는 19세기 독일 자유주의 신학의 대표적 신학자로 그의 저서 「The History of Dogma」(敎理史)를 통해서도 요한복음과 에베소서 및 베드로전서의 저자에 대한 문제제기, 이적에 대한 비판적 태도, 그리스도의 동정녀 탄생과 부활 승천에 관한 전통적 해석거부, 또한 세례는 예수가 직접 제정한 것이 아니라는 주장을 함으로 독일 개혁파 총회로부터 강한 비판을 받았다.

을 말하는 것은 불가능하다"고 말했다.[275]

그러나 1940년대에 이르러 이 지상명령이 학자들의 주목을 받기 시작했다. 개신교 선교의 대부로 불리는 윌리엄 캐리(William Carey)는 1792년에 개신교 최초의 선교에 대한 선언문인 "이방인의 개종을 위하여 사용해야 할 방법에 대한 그리스도인의 책임에 관한 연구"(An Enquiry into the Obligations of Christians to Use Means for the Conversion of the Heathens)라는 소논문을 발표했는데 그는 여기서 그리스도인들이 선교해야 할 성경적 근거로 유일하게 마태복음 28장 19-20절을 제시했다. 캐리가 선언문을 발표하기 이전의 종교개혁기에는 개신교 교회가 다른 민족에게 복음을 전해야겠다는 생각을 가질만한 마음의 여유가 없었다. 그들은 로마 가톨릭교회의 압력으로부터 살아남는 자체가 위태로웠기 때문에 해외 선교의 여력이 없었던 것이다. 또한 18-19세기에는 하나님의 주권사상에서 나온 선택(제한적 구속)교리의 영향으로 이방인들을 구원하는 것을 사람의 노력보다 하나님의 선택에 맡겨야 한다는 오해를 하고 있었다. 그래서 일부 개혁자들은 마태복음 28장의 선교명령은 오직 열두 제자들에게만 해당되는 것이라고 주장했다.[276] 예컨대 존 칼빈의 제자요 후계자였던 데오도르 베자(Theodore Beza)는 마태복음 28장의 선교명령은 사도시대에 끝났다고 주장하기도 했다.[277] 물론 베자의 이런 주장은 개신교 첫 선교학자 중 한 사람인 하드리안 사라비아(Hadrian Saravia)가 영국 국교회의 신부에게 선교적 봉사로 사람들을 파송하는 권위가 주어졌다는 논문에 대한 반박으로 여겨지지만 이런 사상은 분명히 잘못된 것이다.

그래서 캐리는 1792년 10월 2일 영국 최초의 선교단체인 침례교선교회(The Baptist Missionary Society)의 창립모임에서 선교에 관한 개인 연

---

275) David Bosch, *Transforming Mission*, 56; Adolf von Harnack, *The Mission and Expansion of Christianity in the First Three Centuries*, New York: Harper & Brothers, 1962, 40 재인용.

276) Herbert Kane, *The Christian World Mission: Today and Tomorrow*, Grand Rapids: Baker Book, 1986, 15.

277) Johannes Verkuyl, *Contemporary Missiology*, 20.

구논문을 발표함으로 선교해야 할 이유, 선교를 위한 조직, 그리고 당시의 세계 종교현황을 발표했는데,[278] 이 선언문의 유일한 성경적 근거가 마태복음 28장 19-20절이었다.[279]

복음주의 선교운동의 "로잔언약"(Lausanne Covenant)을 작성했던 존 스토트(John Stott)는 지상명령의 핵심주제는 복음전도(evangelism)라고 선언했다. 같은 명령을 기록한 마가의 복음서에는 "너희는 온 천하에 다니며 만민에게 복음을 전파하라"(16:15)고 했고, 선교행전인 사도행전을 기록했던 누가도 그의 복음서에서 "그의 이름으로 죄 사함을 받게 하는 회개가 예루살렘에서 시작하여 모든 족속에게 전파될 것이 기록되었으니 너희는 이 모든 일의 증인이라"(24:47-48)고 함으로 예수 그리스도의 지상명령의 궁극적인 목표가 '복음화'였음을 증거하고 있다.[280]

예수님이 제자들에게 직접 주신 지상명령은 사복음서와 사도행전에 공히 기록되어 있는데, 기본 내용은 같지만 주신 장소와 대상이 다르기 때문에 그 내용에 있어서 뉘앙스의 차이점이 있다. 지상명령은 제일 먼저 부활하신 예수님께서 도마가 없는 상황에서 열 명의 제자들에게 주셨다: "아버지께서 나를 보내신 것 같이 나도 너희를 보내노라"(요 20:21). 이때는 제자들이 예수님처럼 세상으로 "가야 할" 당위성을 말씀하셨다. 두 번째는 도마가 포함된 열한 명의 제자들에게 주셨다: "너희는 온 천하에 다니며 만민에게 복음을 전파하라"(막 16:15). 이때는 복음을 전파해야할 "대상"을 말씀하셨다. 세 번째는 갈릴리 산위에서 주셨다: "그러므로 너희는 가서 모든 민족을 제자로 삼아 아버지와 아들과 성령의 이름으로 세례를

---

278) 캐리가 펴낸 'Enquiry'의 분량은 요즘의 일반적인 영어책으로 계산하면 38페이지에 불과하다. 서론을 제외하고 다섯 부분으로 되어 있는데 그 내용을 보면 주님께서 주신 지상명령에 관한 연구, 이방인의 개종을 위한 과거의 역사 회고, 각 대륙별 나라 및 종교 상황 조사(나라명과 면적, 인구, 종교)와 분석, 이방인의 개종을 위한 선교의 가능성, 세계복음화를 위한 방법과 그리스도인의 책임에 대한 연구 등으로 구성되어 있다(조동진, *세계선교 트렌드 1900~2000 上*, 아시아 선교연구소, 2007, 121-135).

279) Christopher J. H. Wright, *The Mission of God*, 34.

280) John R. W. Stott, *Christian Mission in the Modern World*, Downers Grove, IVP, 2008, 22-25.

베풀고 내가 너희에게 분부한 모든 것을 가르쳐 지키게 하라 볼지어다 내가 세상 끝 날까지 너희와 항상 함께 있으리라"(마 28:19-20). 가장 잘 알고 있는 지상명령으로 이때는 "목표 · 대상 · 방법"을 말씀하셨다. 네 번째는 부활 후 사십 일째쯤 되는 날, 열한 제자들과 다른 성도들에게 주셨다: "또 이르시되 이같이 그리스도가 고난을 받고 제삼 일에 죽은 자 가운데서 살아날 것과 또 그의 이름으로 죄 사함을 받게 하는 회개가 예루살렘에서 시작하여 모든 족속에게 전파될 것이 기록되었으니 너희는 이 모든 일의 증인이라"(눅 24:46-48). 이때는 선포해야할 "내용(복음)"을 말씀하셨다. 다섯 번째는 승천하시기 직전에, 열한 제자들과 많은 성도들에게 주셨다: "오직 성령이 너희에게 임하시면 너희가 권능을 받고 예루살렘과 온 유대와 사마리아와 땅 끝까지 이르러 내 증인이 되리라"(행 1:8). 이때는 "성령의 능력"을 힘입을 것과 선교의 "확장전략"을 말씀하셨다.

이중에서도 가장 자세하게 기록된 마태복음의 지상명령에는 세계복음화를 위한 목표와 대상 및 방법이 정확하게 제시되어 있다. 마치 사도행전 1장 8절이 사도행전 전체 내용과 그 이후의 세계 복음화 과정의 로드맵이 된 것처럼, 마태복음의 지상명령은 그리스도인들이 세계 열방에 복음을 전하는 목표와 내용 및 방법을 선교적 · 신학적으로 분명하게 제시하고 있다. 지상명령을 요약하면 다음과 같다.

1. 목표: 그리스도의 제자를 만듦
2. 내용: 세례 베풂(그리스도의 유기체/교회)과 가르침(제자도)
3. 대상: 모든 민족
4. 방법: 모든 민족에게로 가라!
5. 과정: 하늘과 땅의 권세를 가지신 그리스도가 함께 하심
   (어디든지, 언제든지, 무엇이든지)

지상명령의 목표는 '모든 민족'에게로 '가서' 예수 그리스도의 "제자로

만드는 것"이다. 그리스도의 제자로 만들기 위해 '세례'를 통해 그리스도와 유기적으로 연합시키고(롬 6:1-11) '가르침'(弟子道)을 통해 참된 그리스도의 제자를 만드는 것이다. 지상명령의 구조는 선교적인 용어로 원심적 선교(centrifugal mission)이며, 이 거룩한 명령을 수행하는 모든 제자들에게 그리스도께서는 '세상 끝날'까지 '항상' 함께 하시겠다고 약속하셨다.

'제자' 삼아라!

주님의 지상명령은 '제자들'에게 '제자'를 만들라고 말씀하고 있다. 크리스토퍼 라이트는 주님으로부터 지상명령을 받은 '제자들'은 처음부터 삶을 통해서 기본적인 제자로서의 성숙한 성품을 보여준 사람들이어야 한다고 강조했다(딤전 3:1-13; 딛 1:6-9; 벧전 5:1-3).[281] 그러므로 다른 사람을 그리스도의 제자를 만들려면 자신이 먼저 주님의 제자가 되어야 한다. 지상명령은 이것을 전제로 하고 주신 명령임을 분명히 알아야 한다. 다시 강조하면 그리스도의 제자가 아니면 절대로 지상명령을 수행할 수가 없고, 수행하겠다고 나서도 안 된다. 지상명령은 열심만으로 할 수 있는 것이 아니다. 사악한 사탄의 세력들과 치열한 영적싸움을 하는 것이기 때문에 준비되지 않고 함부로 나서면 큰일 난다. 그래서 그리스도께서는 사도행전 1장 4절과 8절에서 "사도와 함께 모이사 그들에게 분부하여 이르시되 예루살렘을 떠나지 말고 내게서 들은 바 아버지께서 약속하신 것을 기다리라…오직 성령이 너희에게 임하시면 너희가 권능을 받고 예루살렘과 온 유대와 사마리아와 땅 끝까지 이르러 내 증인이 되리라"고 하신 것이다. 지상명령을 수행할 권능을 받은 후(준비된 후) 수행하라는 의미 아닌가?

---

281) 크리스토퍼 라이트, "사무엘: 책무와 청렴함에 관한 구약의 모델," *선교책무(Accountability in Mission)*, 조나단 봉크 외 25인 편저, 생명의말씀사, 2011, 56.

지상명령에서 주 동사는 "제자 삼으라"는 것인데, 이것에 해당하는 '마데튜사테'(μαθητεύσατε)는 '마데튜오'(μαθητεύω)의 부정과거 명령형이다. 그리고 이것을 수식하는 단어로 "가라", "세례를 주라", "가르치라"는 3개의 분사형이 따르고 있다. 따라서 지상명령의 내용은 '가서, 세례를 주고, 가르침'으로 모든 민족을 제자로 만들라는 것이다.

'제자 삼으라'는 말은 '제자를 만들어라'는 강한 명령으로서, 여기서 'μαθητεύω'라는 동사가 명령 과거형으로 사용된 것은 누군가를 제자로 만드는 일이 일회적인 사건이기 때문이다. 따라서 이 단어는 신약성경에서 매우 특별한 경우에 한하여 사용되었다(마 13:52; 27:57; 행 14:21).[282] 특히 지상명령에 언급된 'μαθητεύσατε'는 신약성경에서 주로 명사형으로 사용되었으나 오직 여기서만 동사형으로 사용되었다.[283]

그러므로 예수님께서 지상명령을 통해 열한 제자에게 명령하신 것은 세상의 모든 사람들에게 복음을 전하여 그들을 제자로 삼는 것이었다. 제자는 넓은 의미로 예수 그리스도를 주로 고백하는 모든 사람을 의미한다(행 6:1, 7). 다시 말하면 그리스도를 닮은 온전한 그리스도인을 만드는 것이 제자 삼는 것이다. 그래서 그리스인이 되는 표징으로 "아버지와 아들과 성령의 이름으로 세례를 베풀고"[284] 확실한 제자도(弟子道)를 위해 "가르치라"고 하신 것이다. 성경에 보면 예수님의 제자가 되기 위해서 해야 할 일들이 몇 가지 기록되어 있는데, 첫째 자기를 부인하고 자기 십자가를 지고 예수님을 좇아야 한다(마 16:24; 눅 14:27). 둘째 자신과 자기 가족보다 예수님을 더 사랑하여야 한다(눅 14:26). 셋째 자기의 모든 소유를 포기할 수 있어야 한다(눅 14:33). 넷째 스승인 예수님의 말씀에 절대적으로 순종

---

282) 강병도, *카리스종합주석*, 마태복음 28:19.

283) Herbert Kane, *Christian Missions in Biblical Perspective*, Grand Rapids: Baker Book, 1989, 46-47.

284) 마태복음 28장 19절에서 " '아버지와 아들과 성령의 이름으로' 세례를 베풀라"는 부분에 대한 신학적인 논쟁은 George R. Beasley-Murray의 「Baptism in the New Testament」를 읽어라 (pp. 77-92).

해야 한다(요 8:31). 마지막으로 예수님께서 우리를 사랑하신 것 같이 서로 사랑해야 한다(요 13:34, 35).

특히 제자를 삼아 "세례를 베풀라"고 당부하셨는데, 세례를 베푸는 것은 지상명령의 궁극적인 목표가 무엇인지를 보여주고 있다. 사도행전에 보면 사도들은 예수의 십자가와 부활을 주 메시지로 전했으며, 베드로의 설교를 듣고 회개했던 자들에게 베드로가 요구했던 것은 "각각 예수 그리스도의 이름으로 세례를 받으라"(행 2:38)는 것이었다. 왜냐하면 세례는 죄 씻음을 받고 그리스도와 연합하여 그리스도인(그리스도의 지체)이 되었다는 외적인 표징이기 때문이요 우리는 세례 받음을 통해 우리의 신앙을 공개적으로 증언하기 때문이었다.[285] 베드로의 요구는 예수님의 지상명령에 대한 순종함이었다. 이 지상명령에 의하면 선교의 궁극적인 열매는 "아버지와 아들과 성령의 이름으로" 세례를 베풀어 주님의 제자가 되도록 하는 것이다. 그래서 칼빈은 마태복음 28장 19절의 주석에서 "사도들은 복음전파와 함께 이것에 대한 임무를 분명히 받고 있는 만큼 세례와 말씀을 동시에 전하지 않는 사람은 정당한 사역자라고 할 수 없다."고 강조했다.[286] 또한 그는 "그리스도께서 세례와 가르침을 거룩한 결속으로 묶어 어느 하나가 다른 것에 부차적일 수 없게 만들고 있다"[287] 고 함으로 말씀 선포와 세례 베풂을 지상명령 안에서 하나의 연장선상에 두었다.

세례는 죄를 씻고 하나님의 백성이 되는 거룩한 의식으로 구약시대 때부터 '죄 씻음'을 통한 새로운 사람이 되도록 하셨다. 노아와 그의 가족은 홍수로 씻음 받고 새로운 피조물이 되었다(창 8; 벧후 3:6). 모세와 이스라엘 백성들은 홍해를 건너면서 옛 사람의 삶을 씻었다. 바울은 이것에 대해 "모세에게 속하여 다 구름과 바다에서 세례를 받고"(고전 10:2)라고

---

285) John Calvin, *Institutes*, IV-15-1; Herman Ridderbos, *Paul: An Outline of His Theology*, 396-414 참조.

286) John Calvin, *Commentary*, Matthew 28:19.

287) John Calvin, *Commentary*, Mark 16:16.

했다. 그래서 모든 사람들은 세례를 통해 하나님의 나라로 들어가는 것을 의미하기 때문에 세례(베풂)는 교회의 하나님 나라 선교의 우선적인 일이다.[288]

세례는 그리스도와 연합되어 그분의 지체가 된 사람들에게 '그리스도인'(Christian)이라는 거룩한 호칭을 주는 중요한 수단이다. 세례는 유대인이나 헬라인이나 종이나 자유인이나 다 그리스도와 한 몸이 되게 하는 외적 표징이다(고전 12:13). 베드로 사도 역시 "물은 예수 그리스도께서 부활하심으로 말미암아 이제 너희를 구원하는 표니 곧 세례라"(벧전 3:21)고 함으로 세례가 구원의 중요한 표징이 된다고 강조했다. 그래서 칼빈은 "세례가 한편으로는 하나님 앞에서의 그들의 영생에 대한 '표'이자 한편으로는 사람들 앞에서의 신앙의 외형적 '상징'이 되도록 하였다...그리스도께서는 영원한 구원을 모든 이방인들에게 전파하는 것을 원하셨으며 여기에 '세례'라는 도장을 찍으심으로...하나님의 백성으로 병합된다"고 주석했다.[289]

웨스트민스터 신앙고백서에는 세례에 관해 다음과 같이 말하고 있다.

> 세례는 예수 그리스도께서 제정하신 신약의 성례로서(마 28:19; 막 16:16), 세례 받은 당사자를 유형 교회에 엄숙하게 가입시키는 것을 뜻할 뿐만 아니라(고전 12:13; 갈 3:27-28), 그 당사자에게는 은혜 언약의 표호(表號 sign)와 인호(印號 seal)가 되며(롬 4:11; 골 2:11-12), 그가 예수 그리스도에게 접붙임을 받고(갈 3:27; 롬 6:50), 중생하고(딛 3:5), 죄를 사함 받고(행 2:38; 22:16; 막1:4), 예수 그리스도를 통하여 새 생명 가운데서 행하기로 하나님께 헌신

---

288) Jedidiah Coppenger, "The Community of Mission: The Church," in *Theology and Practice of Mission: God, the Church, and the Nations*, 68.
289) John Calvin, *Commentary*, Matthew 28:19.

하는(롬 6:3-4) 표호요 인호이다.[290]

과거 노예가 허용될 시기에 주인은 자신의 노예의 몸에 자기 소유임을 나타내는 표시를 했다. 이와 같이 하나님은 세례 받은 사람에게 자신의 표를 남기신다. 회개하고 믿는 그리스도인은 하나님의 소유라는 날인을 받는다. 그래서 하나님은 세례 받은 사람에게 "그는 내 사람이다"고 말씀하신다. 죄인이 회개하고 믿음으로 구원받아 그리스도와 연합(죽음과 장사됨과 부활)되어 그리스도의 지체가 되었다는 영적인 사실을 묘사하는 것이 세례이다.[291]

이런 의미에서 서창원은 세례의 교리적 의미를 다음의 네 가지로 설명했다. 첫째 그리스도 안에 있다는 신앙고백으로서 예수 그리스도는 창조주이시며 구주이심을 공적으로 선언하는 것이다(롬 6:3-4; 벧전 3:21; 행 8:37). 둘째 그리스도와 연합하여 교통하는 경험이다. 구원은 예수 그리스도를 믿음으로 받는 것이기 때문에 세례 자체는 구원이 아니라 구원받았다는 외적 증거이다(골 2:12). 셋째 우리 자신을 그리스도에게 산 제물로 봉헌하는 것이다(롬 6:4-22). 넷째 그리스도를 통해서 최종적인 자리에 나아가는 약속이다(롬 6:22). 그 일에 성령이 보증자로 우리 안에 부은바 된다.[292]

선교신학적 입장에서 볼 때 "세례를 베풀라"는 말씀은 그리스도의 유기적 조직체를 만들라는 의미로 그리스도께서 머리가 되시는 '교회를 세우라'(plant church)는 의미를 내포하고 있다. 크레이크 오트(Craig Ott)와 진 윌슨(Gene Willson)의 말대로 "교회개척은 지상명령을 주신 예수 그리스도를 믿는 자들이 전도와 제자훈련을 통해 하나님 나라 백성들의 공

---

290) *The Westminster Confession of Faith*, Chapter 28. 1.
291) 타비티 얀야빌리 & 리곤 던컨, "세례와 성찬," *복음이 핵심이다*. 아가페북스, 2014, 276-278.
292) 서창원, *개혁교회는 무엇을 믿는가?*, 진리의 깃발, 2014, 155-156.

동체를 세우는 사역이다."[293] 제르비스 페인(Jervis D. Payne) 역시 교회개척은 주님께서 당부하신 선교사역중 가장 의미 있는 일 중의 하나이다. "교회가 세워지는 동안 '제자 삼으라' 는 주님의 명령이 이루어지고 있는 것이다"고 했다.[294] 교회개척을 'Church Planting'이라고 하는 이유는 바울이 고린도전서 3장 6절에서 "나는 심었고"(I **planted** the seed)라는 용어를 사용한데서 기인한다(저자 강조). 바울의 이 개념은 로마서 15장 20절에서 더욱 명료하게 나타나는데 "내가 그리스도의 이름을 부르는 곳에는 복음을 전하지 않기를 힘썼노니 이는 남의 터 위에 건축하지 아니하려 함이라"(I would not be **building** on someone else's foundation)고 했다(저자 강조). 아부리 멜퍼스(Aburey Malphurs)는 "교회개척은 온 힘을 다 쏟는 힘든 일이지만 예수 그리스도의 약속에 기초하고 대위임령에 순종함으로 철저한 준비과정을 통해 새로운 교회를 설립하여 성장시키는 흥미로운 믿음의 모험(venture of faith)이다"고 했다.[295] 참으로 교회개척은 지상명령이지만 결코 쉬운 일이 아니다.[296]

그럼에도 교회개척은 열방을 제자 삼는 가장 가시적인 것임에 틀림없다. 교회성장학자 피터 와그너(Peter Wagner)의 말처럼 "교회를 세우는

---

293) Craig Ott and Gene Willson, *Global Church Planting*, Grand Rapids: Baker Academic, 2013, 8.

294) Jervis D. Payne, "Mission and Church Planting," in *Theology and Practice of Mission: God, the Church, and the Nations*, ed. Bruce Riley Ashford, Nashville: B & H Academic, 2011, 210.

295) Aburey Malphurs, *Planting Growing Churched for the 21st Century*, Grand Rapids: Baker Book House, 1992, 21.

296) 타문화권 교회개척을 위해 다음의 책들을 참고하라: Jervis D. Payne, *Discovering Church Planting*, IVP, 2009; David J. Hesselgrave, *Planting Churches Cross-Culturally*, Grand Rapids: Baker Book, 1989; Samuel D. Faircloth, *Church Planting for Reproduction*, Grand Rapids: Baker Book, 1991; Aburey Malphurs, *Planting Growing Churches for the 21st Century*, Grand Rapids: Baker Book, 1992; 명성훈, *교회개척의 원리와 전략*, 국민일보, 2001; 톰 스테픈, *타문화권 교회개척*, 김한성 옮김, 토기장이, 2012; 데이빗 쉔크 & 얼빈 슈트츠만, *초대교회 모델을 따라 교회를 개척하라*, 최동규 옮김, 베다니출판사, 2004; 엘머 타운즈 & 더글라스 포터, *사도행전식 교회개척*, 생명의말씀사, 2005; 박기호, *타문화권 교회개척*, 개혁주의신행협회, 2005; E. E. 존즈, *교회개척의 이론과 실제*, 고민영 옮김, 대한기독교서회, 1985.

것은 하늘 아래 단 하나(single most)의 가장 효과적인 복음화 방법론"이다.[297] 왜냐하면 복음은 모든 사람들에게 보편적으로 선포되지만 교회 구성원은 죄를 회개하여 죄 사함(씻음)을 받고 바른 신앙의 고백을 통해 세례를 받음으로 예수 그리스도의 지체가 된 사람들로 제한하기 때문이다 (고전 12:13; 갈 3:27; 엡 4:1-16; 골 2:12). 신약에서 세례는 기독교 공동체(교회)에 들어가는 조건이자 공동체 구성원이 되었다는 상징으로 이해된 것이 분명했다.[298]

특히 예수님은 빌립보 가이사랴에서 처음으로 '교회'(ἐκκλησίαν)라는 용어를 사용하셨는데 베드로의 "주는 그리스도시요 살아 계신 하나님의 아들이시니이다"(마 16:16)는 신앙고백을 들으신 후 "너는 베드로라 내가 이 반석 위에 내 교회를 세우리니 음부의 권세가 이기지 못하리라"(마 16:18)고 교회를 언급하셨다. 주님의 말씀은 베드로가 했던 그 신앙고백 위에 자신의 교회를 세우시겠다는 뜻이다. 그러므로 교회는 머리되시는 그리스도에 대한 바른 신앙고백 위에 세워지는데 신앙고백을 한 사람들에게는 세례를 베풀어 그리스도의 지체가 됨으로 교회의 구성원이 되게 하신 것이다. 마치 구약의 하나님의 백성들이 할례를 받음으로 언약백성의 공동체의 일원이 되었던 것처럼, 신약의 백성들은 세례를 받음으로 교회 공동체의 일원이 된다.

교회법으로 볼 때도 대부분의 정통 교회들은 세례 받은 사람들(세례교인)에게 정회원(공동의회 회원) 자격을 부여함으로 교인으로서의 권리와 의무를 감당하도록 하고 있고,[299] 성찬에 참예할 수 있는 자격을 부여하고 있다.[300] 또한 교회의 직원이나 직분은 세례교인(무흠 입교인)을 대상으로 하고 있는바 세례는 교회의 구성에 있어서 중요한 의미를 가지고 있다.

---

297) C. Peter Wagner, *Church Planting for a Greater Harvest*, Ventura, CA: Regal, 1990, 11.
298) Alister E. McGrath, *Christianity: An Introduction*, Oxford: Blackwell Publishing, 1997, 367.
299) 대한예수교장로회 헌법 정치 제21장 제1조(공동의회); 대한예수교장로회 헌법적 규칙 제3조 3항.
300) 대한예수교장로회 헌법적 규칙 제3조 3항.

'모든 민족'을 제자 삼아라!

우리는 이미 '모든 민족'이 선교의 대상이요 주님의 제자 삼을 대상이라는 것을 잘 알고 있다. 이 사상은 아브라함을 부르시고 주신 최초의 명령이기도 하다(창 12:2-3). 유대인을 뛰어 넘어 헬라인이나 이방인이나 누구를 막론하고 이 세상에 존재하고 있는 모든 사람들이 선교의 대상이라는 보편성을 가지고 있다(막 16:15). 이 사상은 성경 전체에 흐르는 사상이며, 특히 바울의 선교신학에서 가장 두드러지게 나타난 보편주의 사상이다. "모든 사람에게 구원을 주시는 하나님의 은혜가 나타나"(딛 2:11)… "하나님은 모든 사람이 구원을 받으며 진리를 아는 데에 이르기를 원하시느니라"(딤전 2:4)… "미쁘다 모든 사람이 받을 만한 이 말이여 그리스도 예수께서 죄인을 구원하시려고 세상에 임하셨다"(딤전 1:15)… "그러므로 너희는 가서 모든 민족을 제자로 삼아 아버지와 아들과 성령의 이름으로 세례를 베풀고"(마 28:19)… "이 천국 복음이 모든 민족에게 증언되기 위하여 온 세상에 전파되리니 그제야 끝이 오리라"(마 24:14)… "내가 진실로 속히 오리라 하시거늘 아멘 주 예수여 오시옵소서"(계 22:20).

부활하시고 승천하신 예수 그리스도께서 제자들에게 이제부터 유대지역과 유대인을 넘어 온 세상에 천국복음이 전파될 기회가 되었으니 열방 중에 복음전파 사명을 완수할 것을 명령하셨다. 그리스도께서는 이미 복음서를 통해 "추수할 것이 많되 일꾼이 적다"(마 9:37-38; 눅 10:2)고 하심으로 복음으로 구원할 대상자가 이 세상에 많이 있음을 말씀하셨다. 이런 의미에서 볼 때 예수님은 제자들을 추수할 일꾼으로 보냄을 받았고 그 대상은 모든 사람들이었다. 마태가 마태복음에서 사용한 '에스네'(ἔθνη)는 거의 이방인들만을 가리키는 용어였다. 그런데 마태는 지상명령에서 'πάντα τὰ ἔθνη'(모든 민족)이라는 용어를 사용했는데 이 용어는 마태복음에서 네 번 사용되었다(24:9, 14; 25:32; 28:19). 마태가 지상명령에서

'모든 민족'(정확히 하면 모든 이방인들)을 제자로 만들라고 기록한 것은 그의 주(主) 수신자가 유대인이었음에도 불구하고 예수님은 유대인들만을 위해 보냄 받은 분이 아니라 모든 인류의 구원주로 보냄 받으신 분임을 강조하려고 했던 것이다. 우리가 객관적으로 마태복음 24장부터 28장까지를 읽어보면 마태의 관심이 유대인을 포함한 모든 민족이었음을 알 수 있다.[301]

따라서 제자 삼는 일은 이스라엘을 넘어 "모든 민족"에게로 확장되었다. 온 세상은 창조주(요 1:3)이시고 구원자(요 3:17)이신 그리스도의 것이다. 이제는 그분이 창조하신 피조세계가 그의 제자들의 사역의 장(context)이 되었다.[302]

'가서' 제자 삼아라!

주님의 지상명령, 곧 제자를 삼기 위해서는 먼저 모든 민족에게로 "가라"고 했다. 칼빈은 그리스도께서 모든 민족에게로 "가라"(exeundi)고 명령하신 것은 유대인과 이방인의 차이점을 제거하고 동일시하면서 양자 모두를 언약을 받는 무리로 받아들이고 있다는 것을 의미한다고 했다. 율법시대의 선지자들에게는 유대 나라의 국경선이 그어져 있었지만 담이 무너진 지금 주님께서는 복음의 사역자들에게 더 멀리 나가서 구원의 가르침을 온 세상 구석구석에 뿌릴 것을 명령하고 있다고 주석했다.[303] 그는 또한 요한복음 20장 21절의 "아버지께서 나를 보내신 것 같이..."라는 부분을 주석하면서 주님께서는 제자들을 그의 사신(사도)으로 임명해서 세상에 그의 나라를 설립하도록 파송했음을 강조했다.[304]

---

301) David Bosch, *Transforming Mission*, 64.
302) Herbert Kane, *Christian Missions in Biblical Perspective*, 47.
303) John Calvin, *Commentary*, Matthew 28:19.
304) John Calvin, *Commentary*, John 20:21.

그런데 제자들을 향해 선교현장으로 "가라"는 명령이 내려지기까지 이전의 과정을 잊어서는 안 된다. 허버트 캐인은 예수님은 제자들을 사역의 현장으로 보내시기 전에 그들을 "오라"고 부르셨고, 자신을 "따르라"며 훈련하신 후, 비로소 "가라"고 보내신다는 것을 기억해야 한다고 강조했다.[305]

(1) "오라"(To Christ)

"오라"는 말은 초대의 단어이다. 주님께로 "오라"고 하신 것은 부르심인데, 주님의 부르심은 큰 틀에서 보면 두 가지 목적이 있다. 하나는 구원을 위한 초청이요, 다른 하나는 사역을 위한 소명적 부름이다. 주님께서는 구원을 주시기 위해 다양한 사람들을 부르셨다. 무리들, 세리들, 창녀들, 나병환자들, 곧 구원이 필요했던 당시의 죄인들이 모두 주님의 초청의 대상자들이었던 셈이다. 주님의 초청 중에 가장 아름다운 것은 "수고하고 무거운 짐 진 자들아 다 내게로 오라 내가 너희를 쉬게 하리라"(마 11:28)는 말씀일 것이다. 그것은 하나님을 떠나 영육 간에 곤고한 삶을 살고 있는 자들을 향한 주님의 구원의 초청이요 회복의 약속이었던 것이다.

또한 주님의 부르심에는 제자를 삼기 위해 부르신 경우도 있다. 대표적으로 열두 제자들(막 6:7)과 칠십인 전도단들이다(눅 10:1-20). 이들에 대한 부르심은 훈련시켜 주님의 사역자로 삼으시기 위함이었다. 마태복음 4장 18-22절에 보면 예수님께서 베드로와 안드레 그리고 야고보와 요한을 부르시는 장면을 볼 수 있는데, "갈릴리 해변에 다니시다가 두 형제 곧 베드로라 하는 시몬과 그의 형제 안드레가 바다에 그물 던지는 것을 보시니 그들은 어부라 말씀하시되 **나를 따라오라**(come, follow me) 내가 너희를 사람을 낚는 어부가 되게 하리라 하시니 그들이 곧 그물을 버려 두고 예수를 따르니라 거기서 더 가시다가 다른 두 형제 곧 세베대의 아들 야고

---

305) Herbert Kane, *Understanding Christian Missions*, 119.

보와 그의 형제 요한이 그의 아버지 세베대와 함께 배에서 그물 깁는 것을 보시고 **부르시니(called)** 그들이 곧 배와 아버지를 버려두고 예수를 따르니라."(저자 강조).

(2) "따르라"(In Christ)

예수님은 제자들을 부르신 후 자신을 닮도록 훈련하셨다. 열두 제자의 경우 3년 동안 함께 동고동락하면서 훈련하셨다. 주님의 부르심을 받고 훈련받은 사람만이 비로소 '제자'가 되기 때문이다. 구원은 주님의 부르심에 응답한 사람들에게 값없이 주어지는 은혜의 선물이지만, 제자는 다르다. 엄격한 훈련과 참으로 힘들고 고단한 삶의 과정을 통과해야 한다.

제자도(弟子道 discipleship)라는 말이 있는데, 스승이신 예수 그리스도의 제자로서 마땅히 추구해야 할 가치와 삶의 자세 및 그 내용을 일컫는 말이다. 예수님께서는 제자들을 향하여 진정한 제자도가 어떤 것인지를 가르쳤는데, "아무든지 나를 따라오려거든 자기를 부인하고 날마다 제 십자가를 지고 나를 따를 것이니라"(눅 9:23)는 것이었다. 주님의 제자는 자기 부정하기, 자기 십자가 지기, 그리고 주님 따르기로 요약된다. 그것은 결코 쉽지 않은 과정이요 아무나 갈 수 있는 길이 아니다. 주님을 따르는 길은 고난의 길이요 좁은 길이다(마 7:13-14).

(3) "가라"(For Christ)

주님의 부름을 받고, 고된 훈련을 마치면 비로소 주님을 위한 사역자로 보냄을 받게 된다. 예수님께서 승천하기 직전에 제자들에게 주신 지상명령에서 "가라"고 하신 명령은 제자가 되었으니 이제는 선교현장으로 가서 주님을 위하여 복음사역을 하라는 의미이다. 주님으로부터 '보냄'을 받았으니 사도(apostle) 혹은 선교사(missionary)의 직분을 부여받은 셈이다. 사실 사도나 선교사는 '보냄 받은 자'(αποστολος)라는 의미에서 동일하다.

주님께서는 제자로 부르시고 훈련하신 후 현장으로 보내시는 과정을 반복하셨다. 열두 제자들의 경우에도 "열두 제자를 부르사 둘씩 둘씩 보내시며 더러운 귀신을 제어하는 권능을 주시고"(막 6:7), 칠십인 전도단의 경우에도 "그 후에 주께서 따로 칠십 인을 세우사 친히 가시려는 각 동네와 각 지역으로 둘씩 앞서 보내시며"(눅 10:1)라고 했다. 사실 예수님의 제자들이 유대 전역으로 보냄 받을 당시는 정식 사도가 아니라 예수님의 가르침을 전달하는 선구자의 입장이었으나, 지상명령을 통해 복음의 선포자로 위임을 받아 사도로 파송되었다.[306)]

그런데 요즘 훈련받지 않고 사역의 현장으로 가려는 사람들이 많이 있는데 그 결과는 참담한 실패만이 기다리고 있을 확률이 매우 높다. 가기 위해서는 먼저 부름을 받아야 하고, 부름 받은 다음에는 철저하게 훈련받아야 하고, 그런 후에 보냄을 받아 사역지로 가는 것이다. 이 시스템은 주님의 제자도에 적용되는 불변의 원칙(invariant principle)이다. 보내시는 분은 '하늘과 땅의 권세'를 가지신 예수 그리스도요, 그분은 제자들의 사역현장이 '어디든지'(땅 끝까지) 그리고 '언제든지'(항상) 함께 하신다.

왜냐하면 지상명령을 수행하는 일은 쉬운 일이 아니라 매우 힘들고 위험한 일이기 때문에 주님이 함께 해주신다고 말씀하신 것이다. 선교는 궁극적으로 사악한 악령들과의 영적싸움이다. 우리는 선교하는 일이 얼마나 힘들고 위험한지를 바울의 생생한 간증을 통해 알 수 있다.

> 내가 수고를 넘치도록 하고 옥에 갇히기도 더 많이 하고 매도 수없이 맞고 여러 번 죽을 뻔하였으니 유대인들에게 사십에서 하나 감한 매를 다섯 번 맞았으며 세 번 태장으로 맞고 한 번 돌로 맞고 세 번 파선하고 일주야를 깊은 바다에서 지냈으며 여러 번 여행하면서 강의 위험과 강도의 위험과 동족의 위험과 이방인의 위험과 시내의

---

306) John Calvin, *Commentary*, John 20:21.

위험과 광야의 위험과 바다의 위험과 거짓 형제 중의 위험을 당하고 또 수고하며 애쓰고 여러 번 자지 못하고 주리며 목마르고 여러 번 굶고 춥고 헐벗었노라 이 외의 일은 고사하고 아직도 날마다 내 속에 눌리는 일이 있으니 곧 모든 교회를 위하여 염려하는 것이라 (고후 11:23-28).

이와 같이 지상명령을 수행하는 일, 즉 선교하는 일은 힘들고 위험한 일이다. 그래서 하늘과 땅의 권세를 가지신 주님께서 제자들이 선교하는 현장에 항상 함께 하시겠다고 약속하신 것이다.

4. 선교의 실제: 성령의 프락시스(행 1:8)

정통 그리스도인들을 포함한 개혁주의자들은 "나는 성령을 믿습니다." 라고 고백한다. 그런데 그동안 성령론에 대하여 많은 논쟁이 있었으나 교리사적으로 보면, 381년 제1차 콘스탄티노폴리스 공의회에서 성령의 동일실체(同一實體)를 확립했다.[307] 즉, 아버지와 아들과 성령이 한 동일 신성이라는 교리를 확정을 했고, 특히 성령의 위격적 존재방식을 아버지에게서 출래(εκπορευσις)로 확정을 했다(요 15:26). 이것을 '삼위일체'(The trinity)라고 하는데, 하나님이 '삼위일체적'(triune)이라는 말은 단순히 하나님이 세 위격이라는 것을 말하는 것이 아니라 "하나님이 한 분 안(in)에 셋"이라는 것을 말한다.[308] 성령은 성부와 성자와 함께 하나님이시다. 그래서 그분은 우리의 예배의 대상이시고, 성령을 포함한 삼위일체의 이름으로 세례를 베풀고(마 28:19), 그리고 사도적 축복 또한 삼위일체의 이름으로 베푼다(고후 13:14). 특히 신약 본문에서는 자주 성령을 하나님으로 불리신다. 예컨대, 아나니아가 자신의 소유를 팔아 교회에 드릴 때 얼

---

307) 서철원, 『교리사』, 총신대학교출판부, 2003, 375-382.
308) 존 M. 프레임, 『조직신학 개론』, 60.

마를 감춰 성령을 속인 것을 베드로는 하나님을 속인 것으로 동일시했다 (행 5:1-4).[309] 바울서신에도 삼위일체가 동일하게 언급되는 경우가 많은데, 에베소서 2장에서 교회를 설명할 때 분명하게 설명하고 있다. "너희는 사도들과 선지자들의 터 위에 세우심을 입은 자라 그리스도 예수께서 친히 모퉁잇돌이 되셨느니라 그의 안에서 건물마다 서로 연결하여 주 안에서 성전이 되어 가고 너희도 **성령** 안에서 **하나님**이 거하실 처소가 되기 위하여 **그리스도 예수** 안에서 함께 지어져 가느니라"(엡 2:20-22, 저자 강조).

그럼에도 삼위일체 하나님은 다음과 같은 다섯 가지 교리로 설명된다. 첫째 하나님은 한 분이시다. 둘째 하나님은 세 위격이시다. 셋째 세 위격은 각각 완전한 하나님이시다. 넷째 각각의 위격은 서로 구분된다. 다섯째 세 위격은 성부, 성자, 성령으로서 영원하게 연관되어 있다.[310] 그래서 성부 하나님은 그의 영을 보내시어 아들을 증거하게 하셨고, 죄를 깨닫고 그리스도를 믿어 중생하게 하여 그리스도인으로 성장하게 하신다. 성령의 역사가 아니면 이런 일들이 일어날 수가 없다. 뿐만 아니라 성령은 그리스도께서 보내신 보혜사(원보혜사가 보낸 다른 보혜사, 요 14:16)로서 선교의 영이시다. 그리스도께서 이루신 구원의 은총이 온 세상에 전파되도록 성령께서 역사하신다. 그러므로 선교는 성령의 주도하에 이루어지고, 그래서 성령의 충만함을 받은 자들이 선교에 동참할 수 있다.

칼빈은 사도행전 2장 18절의 "그 때에 내가 내 영을 내 남종과 여종들에게 부어 주리니..." 라는 구절을 주석하면서 "[성령을 부어주겠다는] 그 약속은 하나님을 봉사하고 예배하는 자들에게 한정된다. 왜냐하면 하나님께서는 그의 성령을 결코 남용하시지 않기 때문이다. 만일 하나님께서 믿지 않는 자들과 조롱하는 자들에게도 막연하게 주셨다면-그렇게 하실 수도 있었겠지만-그것은 남용인 것이다. 우리가 성령으로 말미암아 하나님의 종이 되었듯이 우리가 성령을 받기까지는 하나님의 종이 아니라는 사실을

---

309) 존 M. 프레임, *조직신학 개론*, 234.
310) 존 M. 프레임, *조직신학 개론*, 60.

부정할 수 없다. 하나님은 사람들을 성령으로 개조하셔서 하나님을 섬기도록 하시며 나중에 새로운 은사로써 채워주신다"고 했다.[311]

그래서 예수님께서 제자들에게 "약속하신 성령을 받기까지 기다리도록" 말씀하신 후 "오직 성령이 너희에게 임하시면 너희가 권능을 받고 예루살렘과 온 유대와 사마리아와 땅 끝까지 이르러 내 증인이 되리라"(행 1:8)고 하셨다. 이 짧은 한 구절 속에는 너무도 많은 선교적인 교훈들이 들어있다. 선교의 사명, 선교의 과정, 선교와 성령의 관계 등이 내포되어 있다.

마르틴 알렌(Martin Allen)은 사도행전 1장 8절에 들어있는 선교의 원리를 네 가지로 설명했다. 첫째, 이 선교는 그리스도의 핵심 사역이다("내 증인이 되리라"). 둘째, 이 선교는 그리스도를 증거하는 것을 수반한다("내 증인이 되리라"). 셋째, 이 선교는 그리스도로부터 보증을 요구한다("성령이 너희에게 임하시면...내 증인이 되리라"). 넷째, 이 선교는 그리스도를 위해 세계를 수용한다("예루살렘과 온 유대와 사마리아와 땅 끝까지 이르러 내 증인이 되리라").[312] 이 구절이 다른 선교적 구절과 대비되는 특별한 점은 '성령의 권능을 받아야 한다'는 것이다. 칼빈은 이 점에 대해 성령이 임하여 권능을 받을 때까지 조급해하지 말고 기다렸다가 성령이 임하시면 그때 증인의 사명을 감당하라고 해석했다.[3-3]

선교는 죄인을 구원하시는 삼위일체 하나님의 일이다. 성부 하나님께서는 선교를 계획하셨고, 성자 하나님은 선교를 실천하셨고, 성령 하나님은 선교를 개인에게 적용(권능을 주심)하시고 하나님의 선교에 헌신하도록 역사하신다. 그런데 성령의 사역에 대해 조직신학자들과 선교신학자들의 강조점이 다르다. 대부분의 조직신학자들은 성령의 주된 사역을 그리스

---

311) John Calvin, *Commentary*, Acts 2:18.
312) Martin Allen, "What a Missional Church Looks Like," in *Reformed Means Missional: Following Jesus into the World*, ed. Samuel T. Logan, Greensboro: New Growth Press, 2013, 15-22.
313) John Calvin, *Commentary*, Acts 1:8.

도께서 성취하신 구원을 보증하고 적용하는데 강조점을 둔다(구원론에 강조). 조직신학자 강웅산은 구약과 신약성경에서의 구속사와 구원서정(救援序程)의 관계를 설명하면서, 구약성경이 그리스도에 관하여 기록하고 있는데 그 내용이 그리스도가 죽으시고 부활하심으로 구원을 완성하셨고 그를 믿음으로 구원을 받는 구원의 적용사역이 계속된다는 것이고, 신약성경에서도 복음서는 구속사적 측면에서 구원의 완성을 증거하고 있고 사도행전을 비롯한 나머지는 성령이 사도들과 교회들을 통해서 구원의 일을 이루시는 구원의 서정 사역을 증거하고 있다고 강조했다.[314]

그러나 선교신학자들은 성령의 사역을 교회와 선교사들에게 능력을 주어 선교적 사역을 하게 하는데 강조점을 둔다(사역에 강조). 그 근거는 "하늘과 땅의 모든 권세를 부여받으신"(마 28:18) 예수 그리스도께서 승천하기 직전에 제자들에게 "오직 성령이 너희에게 임하시면 너희가 권능을 받고 예루살렘과 온 유대와 사마리아와 땅 끝까지 이르러 내 증인이 되리라."(행 1:8)고 당부하신 말씀이다. 이 말씀은 약속하신 성령이 임하실 것이라는 점과 그 성령이 선교하는 사람들에게 권능을 주심(empowering)으로 성령이 실제적으로 선교를 수행(action)하게 될 것임을 분명히 하고 있다.[315] 이것을 선교 프락시스(mission praxis)라고 한다. 물론 성령의 프락시스는 복음의 역동적 전파를 통한 인간 구원이 중심이라는 것은 의심의 여지가 없다(딤후 4:17-18).

'프락시스'(Praxis)라는 말은 헬라어 동사 '프라쏘'(πρασσω)로부터 왔는데, '내가 성취한다' 또는 '내가 어떤 활동을 수행한다' 라는 뜻을 가지고 있다. 프락시스라는 개념이 아리스토텔레스나 칸트 철학에서 인간의 삶의 양식이나 지성에 이어지는 어떤 행동으로 이해되어왔고 또한 18세기 계몽주의 이후에는 비판적 성찰로 영감 된 창조적 행동으로 이해되기도

---

314) 강웅산, *구원론(Salvation in Christ)*, 말씀과 삶, 2016, 50.
315) James I. Packer, "The Empowered Christian Life," in *The Kingdom and the Power*, eds. Gray S. Greig and Kevin N. Springer, Ventura: Regal Books, 1993, 207-215.

한다. 그러나 선교신학적 관점에서 볼 때, 성령의 프락시스(혹은 하나님의 프락시스)는 삼위일체 하나님께서 피조세계에 드러내시는 존재 및 행동의 구체적인 양식을 말한다. 다시 말하면 성령의 프락시스는 성령의 존재와 행동이 하나로 통합되어 인간이 피조세계에서 나타나는 성령의 구체적인 행동(act)을 의미한다. 따라서 프락시스는 어떤 진리나 이론을 단순히 적용(application)하거나 또는 실행(practice)하는 것이 아니라 발견된 진리나 능력을 지속적이고 책임 있는 행동(action)으로 나타내 보이는 것이다. 예컨대 기름부음 받은 메시아로서, 예수 그리스도는 죄를 용서하고, 마귀를 쫓아내시고, 병자를 고치시고, 죽음에서 부활하심으로 하나님 나라의 능력을 행하셨다. 이와 같이 성령께서도 능력을 창조하심으로 직접 또는 사람들을 통해 행동(praxis)하신다.[316] 이런 의미에서 오순절 성령강림은 성령의 프락시스 그 자체라고 할 수 있다.

실제로 사도행전의 기록은 성령의 선교 프락시스를 기록하고 있다. '사도행전'(使徒行傳)은 사도들이 행한 선교의 행적들(The Acts of the Apostles)을 기록한 누가의 선교기록이라는 점에서 붙여진 책 이름이지만 그 중심내용은 성령의 선교 프락시스를 다루고 있기 때문에 '선교행전'(宣敎行傳) 또는 '성령행전'(聖靈行傳)이라고 할 수 있다.[317]

그래서 사도행전 전체를 통해 성령은 59번이나 언급되어 있다. 사도행전은 선교사들이 성령의 능력으로 사역한 것에 대한 기록이기 때문에 누가가 성령의 사역을 여러 번 언급했다는 것은 매우 중요한 일이다.[318] 한마디로 사도행전은 선택된 선교적 사역자들을 통한 성령의 프락시스에 대한

---

316) Ray S. Anderson, *The Praxis of Pentecost: Revisioning the Church's Life and Mission*, Dowers Grove: IVP, 1993, 12-13.
317) 크레이그 반 겔더는 '사도행전'(The Acts of the Apostles)이라는 명칭보다는 '성령의 행전'(The Acts of the Spirit)이라는 용어가 더 맞는다고 강조했다(Craig Van Gelder, "How Missiology Can Help Inform the Conversation about the Missional Church in Context," in *The Missional Church in Context*, ed. Craig Van Gelder, Grand Rapids: Eerdmans, 2007, 30).
318) Roger E. Hedlund, *The Mission of the Church in the World: A Biblical Theology*, Grand Rapids: Baker Book, 1991, 20.

기록이라고 할 수 있다.

다만 흥미로운 것은, 선퀴스트가 지적한대로, 사도행전 시작부터 바울이 체포되기까지 성령이 균등하게 언급되었다가 22장부터 28장 마지막까지는 단 한번 성령이 언급되는데 그것도 바울이 이사야 선지자의 말을 인용할 때(28:25) 사용되었다는 사실이다.[319] 이 같은 사실은 성령께서 선교행위를 하는 사역자들이나 그와 연관된 사람들에게 주도적으로 역사(praxis)하셨음을 확인할 수 있다. 그래서 선교신학을 논하면서 성령의 인격과 사역을 무시하거나 배제해서는 온전한 개혁주의 선교신학이 될 수가 없는 것이다.

예수 탄생부터 승천까지의 성령의 선교 프락시스

성령은 단순히 예수 그리스도의 성육신 이후부터 사역을 한 것이 아니라 창조 때부터 사역을 하신 제3위의 하나님이시다. 제임스 패커(James I. Packer)는 그의 저서 「Keep in Step with the Spirit」(성령을 아는 지식)에서 구약에 나타난 성령의 사역을 핵심적으로 잘 설명했다. 그에 의하면 구약성경에 나타난 성령은 창조자(creator, 창 1:2; 2:7; 시 33:6), 주관자(controller, 시 104:29-30; 사 34:16; 40:7), 계시자(revealer, 민 24:2; 삼하 23:2; 대하 12:18), 능력주시는 자(quickener, 창 41:38; 민 11:17; 사 11:1-5; 42:1-4), 조력자(enabler, 출 31:1-11; 35:330-35; 왕상 7:14) 등으로 성령을 묘사했다.[320]

그리고 성령은 신약시대에서도 역동적으로 사역했는데, 개혁주의 조직신학자 김길성은 성령이 예수 그리스도와 연관된 사역을 다음과 같이 요약했다.

---

319) Scott W. Sunquist, *Understanding Christian Mission: Participation in Suffering and Glory*, 235.
320) James I. Packer, *Keep in Step with the Spirit*, New York: Fleming Revell Co, 1984, 56-61.

신약의 전반부, 곧 복음서의 중점은 성령의 현재적 사역이 성육신 하신 예수 그리스도 자신과 그의 활동에 밀착되어 있다는 사실이다. 예수 그리스도의 탄생 이후, 특히 그의 공생애 사역에서는 성령께서 예수님을 집중적으로 역사하셨고, 그의 제자들에게는 아직 약속으로, 미래의 선물로 나타나고 있었다는 점이다. 이와 반면에 신약의 후반부, 곧 사도행전과 서신서에는 예수 그리스도의 지상사역 완성, 곧 승천 이후의 그리스도의 천상사역의 시작과 계속을 말하고 있으며, 이 시기 성령의 사역은 주로 그의 교회와 성도들에게 집중적으로 나타나고 있다는 점이다.[321]

성령은 그리스도의 탄생부터 공생애 기간 그리고 승천할 때까지 그리스도의 사역에 동역하셨는데 몇 가지 주요 사건은 다음과 같다.

(1) 그리스도를 잉태하심

성부 하나님은 예수 그리스도가 '여자의 후손'(창 3:15)으로 오실 것이라고 약속하셨고, 이 약속을 성취하시기 위해 성자 예수 그리스도를 동정녀 마리아의 몸에 성령으로 잉태하게 하셨다(마 1:18; 눅 1:35). 또한 그리스도가 성령으로 잉태됨으로 '하나님의 아들'임을 보이셨으며 동시에 동정녀에게 탄생함으로 '사람의 아들'이 되셨다. 구원주로 오신 예수 그리스도는 성육신해야만 십자가에서 대속의 죽음을 당할 수 있었기 때문에 인간의 몸을 입고 오신 것이다.

(2) 그리스도에게 성령의 기름을 부으심

세례 요한에게 "주의 길을 예비"하도록 하신 성령께서(마 3:1-3) 예수

---

321) 김길성, *개혁신앙과 교회*, 총신대학교 출판부, 2006, 157.

님의 세례 현장에 동참하셨다. 도널드 거쓰리(Donald Guthrie)는 예수님의 수세 장면을 잘 설명했는데, "예수님은 군중 앞에 서시고, 하늘로부터 나는 하나님의 음성을 들으셨고, 성령께서 세례식에 오셨다. 예수님께서 요한에게 세례를 받으시려고 했을 때 요한이 주저했다는 사실을 오직 마태만이 홀로 말하고 있다."[322]

예수 그리스도는 공생애를 시작하시기 전에 하나님의 모든 의를 이루기 위해 세례 요한에게 세례를 받으셨다. 성부와 성령은 수세 사건을 통해 예수님이 하나님의 아들이요 메시아이심을 확증하셨다. 즉, 예수님이 세상에서의 공생애를 시작하시려 할 때에 성령으로 기름부음을 받으셨다. 구약의 왕과 선지자 그리고 제사장은 관유(灌油, anointing oil; 출 30:22-33)로 기름부음을 받았지만 메시아이신 그리스도는 성령으로 기름부음을 받으셨던 것이다(마 3:16; 막 1:10; 눅 3:22).

(3) 그리스도를 금식과 사탄의 시험에 이끄심

마가는 예수 그리스도가 세례를 받으신 후 성령에 의해 "곧바로" 사십 일 동안 광야에서 금식을 하셨다고 기록하고 있다(막 1:12). 그리고 마태와 누가는 금식 후 굶주린 상태에서 "성령에 이끌려" 사탄에게 시험(temptation)을 받았다고 기록하고 있다(마 4:1-11; 눅 4:1-13). 그리스도와 사탄과의 첫 지상대결에서 그리스도가 사탄의 미혹을 완벽하게 물리치셨던 것이다.

에덴에서 첫째 아담을 미혹하여 쉽게 무너뜨렸던 사탄이 둘째 아담이신 그리스도를 미혹하려 했지만 실패하고 도망을 갔다. 광야에서 실패한 그 사탄은 결국 십자가에서 완패를 당했다(골 2:15). '마귀의 일을 멸하러' 오신 그리스도에게 사탄이 멸망을 당한 것이다(요일 3:8; 히 2:14).

---

322) Donald Guthrie, *Jesus the Messiah: An Illustrated Life of Christ*, Grand Rapids: Zondervan Publishing House, 1972, 39-40.

김홍전은 예수님께서 성령에 이끌려 마귀의 시험을 받아주신 두 가지 이유를 설명했는데, 첫째, 예수님은 하나님이신 동시에 사람이신 까닭에 사람으로서의 모든 고생을 다 맛보시려는 이유가 있었고(히 4:15), 둘째, 예수님께서 받으신 시험에 대한 답변으로서 "어떻게 그런 시험을 이기는 가?" 하는 중요한 교훈과 거룩한 계시를 만대의 백성에게 베풀어주려는 이유가 있었다고 해석했다.[323] 예수님께서 받으신 시험은 로고스(제2위 하나님)라는 인격이 받으신 것이 아니고 순전히 예수님의 인성, 즉 예수께서 가지고 계신 인간의 육신과 영혼으로 받으신 것이다. 따라서 "성령에 이끌려 가셨다"는 것은 삼위일체의 완전한 조화와 충만한 상태에서 시험을 당하신 것을 의미한다.[324]

(4) 그리스도의 선교사역의 목표를 제시하심

예수 그리스도는 시험을 받으신 후 고향 나사렛 회당에서 설교를 하셨는데 이사야 61장 1-3절을 읽고 설교하셨다. "주의 성령이 내게 임하셨으니 이는 가난한 자에게 복음을 전하게 하시려고 내게 기름을 부으시고 나를 보내사 포로 된 자에게 자유를, 눈 먼 자에게 다시 보게 함을 전파하며 눌린 자를 자유롭게 하고 주의 은혜의 해를 전파하려 하심이라"(눅 4:18-19).

여기서 그리스도께서는 "주의 성령이 내게 임하였으니"라고 하심으로 성령께서 그의 사역의 목표를 제시하시고 함께 동역하고 계심을 밝히고 있다.

(5) 그리스도의 사역에 동역하심

---

323) 김홍전, *예수께서 광야에서 받으신 시험(1권)*, 성약, 2004, 36-37.
324) 김홍전, *예수께서 광야에서 받으신 시험(1권)*, 168-169.

성령은 예수 그리스도의 선교사역에 여러 방편으로 동역하셨다. 첫째는 축귀사역에 동역하셨고(마 12:28),[325] 둘째는 예수님의 십자가 사건(히 9:14)과 부활 사건에 동역하셨으며(롬 8:11), 셋째는 교회가 성령의 전(聖殿)으로서 성령은 그리스도의 교회사역에 동역하고 있고(엡 2:19-22), 마지막으로 그리스도를 증언하고(요 15:26) 그리스도의 가르침을 생각나게 하기도 하셨다(요 14:26).

(6) 그리스도에 의해 약속된 보혜사 성령

예수 그리스도께서는 성령을 보내실 것을 약속하셨는데 그 이름을 '보혜사'라고 명명하셨다. 보혜사는 요한문헌에서만 등장하는 표현으로 성령을 가리킨다.[326] 예수님은 아버지께 부탁하여 '다른' 보혜사(성령)를 '자신의 이름으로' 보내주셨다. "내가 아버지께 구하겠으니 그가 또 다른 보혜사를 너희에게 주사 영원토록 너희와 함께 있게 하리니…보혜사 곧 아버지께서 내 이름으로 보내실 성령 그가 너희에게 모든 것을 가르치고 내가 너희에게 말한 모든 것을 생각나게 하리라"(요 14:16, 26).

보혜사를 헬라어로 '파라클레토스'(παράκλητος)라고 하는데, 파라(παρά)는 '…곁에' 또는 '…와 함께'라는 뜻이고 클레토스(κλητος)는 '…를 돕도록 부르다'라는 뜻으로, 파라클레토스는 '곁에서 돕도록 부름을 받은 존재'라는 의미이다. 따라서 보혜사는 하나님께서 선교하는 하나님의 백성들을 '곁에서 돕도록' 보내주신 하나님의 영으로 성령을 의미한다.

보혜사는 이 땅에서 그리스도를 드러내고, 그리스도의 이름을 보호하고, 그의 사역을 성취하는 대변자이시다. 또한 보혜사는 예수님의 말씀을 가르치시고 생각나게 하며, 사람들을 위로하기 위하여 오신 위로자일 뿐

---

[325] Lloyd D. Fretz, "Healing and Deliverance-Because of the Cross: Seeing the Power of the Gospel at Work Through Prayer for Healing and Deliverance," in *The Kingdom and the Power*, eds. Gray S. Greig and Kevin N. Springer, Ventura: Regal Books, 1993, 245-256.

[326] 강웅산, *구원론(Salvation in Christ)*, 86.

만 아니라, 그들을 복음 증거자로 만들기 위하여 보냄 받으셨다.

(7) "성령으로 세례를 베풀어라."

예수 그리스도는 지상사역을 마치고 하늘로 승천하시기 직전에 제자들에게 지상명령을 수행함에 있어 "아버지와 아들과 성령의 이름으로 세례를" 베풀라고 당부하셨다(마 28:19). 이미 앞에서 언급한 바와 같이 지상명령의 목표는 그리스도의 제자를 만드는 것이지만, 그리스도의 제자가 되었다는 외적 표징이 세례로서, 삼위일체 하나님의 이름으로 세례를 베풀도록 명령하셨다.

다만 마가는 세례 요한의 물세례와 그리스도의 성령세례를 구분하면서 "그는 너희에게 성령으로 세례를 베푸시리라"고 언급했다(막 1:8). 또한 누가는 그리스도께서 "성령과 불로 너희에게 세례를 베푸실 것"이라고 언급했고(눅 3:16), 요한은 그리스도를 가리켜 "성령으로 세례를 베푸는 이"라고 언급했다(요 1:33).

예수 승천 이후의 성령의 선교 프락시스

예수 그리스도는 승천하기 전에 제자들에게 성령이 임할 것임을 약속하셨다. 그리고 그 약속대로 오순절에 성령이 "사람들에게" 충만하게 임하셨다.[327] 사실 베드로를 비롯한 예수님의 제자들은 성령이 그들에게 임하

---

327) "성령 받음," "성령의 내주" 또는 "성령 충만"에 대한 여러 신학적 견해들이 교회 안에 있다. 그런데 큰 틀에서 성령론을 통전적으로 살펴보면, 구약시대에는 성령이 외부로부터 "역사"를 했고 신약시대에는 예수 그리스도의 십자가로 구속받은(그리스도를 영접한) 각 개인에게 "내주"하게 되었다. 구약시대에는 여호와의 영(성령)이 구원사역을 위해 쓰임을 받았던 일정한 사람들에게 외부로부터 임했다가 사역이 끝나면 떠나셨다(예, 삼손, 다윗 등). 그러나 예수님께서 인류의 구속을 이루신 이후에는 한번 오신 성령은 떠나지 않으시고 영원토록 내주하신다. 그런 의미에서 오순절 성령강림은 전 우주적이고 종말론적이다. 따라서 "예수 믿음이 곧 성령 받음"이다. 우리 안에 내주하신 성령이 충만하게 역사하여 하나님의 뜻을 이루고 그리스도의 지상명령을 수행하도록 능력을 주신다.

시기 전에는 그리스도의 지상명령을 수행하지 못했다. 비로소 오순절 성령강림 이후에 성령의 충만함을 입고 성령의 프락시스에 의해 지상명령을 수행할 수 있었다. 성령의 충만함을 받은 사역자들에 의해 복음이 온 세상에 전파되었고 그 결과로 사방에 교회가 설립되었다.

따라서 성령의 충만함을 받은 사람들의 선교행적을 기록한 책이 '사도행전'이고, 선교의 결과로 설립된 교회들과 지도자들에게 보낸 편지가 '서신서'이다. 이런 의미에서 뒤퐁(J. Dupont)이 말한 대로 "사도행전은 서신서들과 예수님의 이야기(복음서)를 연결하는 고리(link)이다."[328] 정확히 말하면 사도행전의 오순절 '성령강림'은 예수님의 지상명령과 서신서들의 연결고리인 셈이다.

(1) 선교의 디자이너로서의 성령

"오직 성령이 너희에게 임하시면 너희가 권능을 받고 예루살렘과 온 유대와 사마리아와 땅 끝까지 이르러 내 증인이 되리라"(행 1:8)는 이 구절 속에 세 가지 중요한 선교학적 원리가 내포되어 있다.

첫째, 성령의 권능을 받아야 선교할 수 있다. 선교는 인간의 재능과 경험으로 하는 것이 아니다. 그리고 아무나 원한다고 선교할 수 있는 것도 아니다. 성령의 권능(權能 power)이란 성령으로부터 선교할 수 있는 권세(權勢 authority)와 능력(能力 ability)을 부여받는 것을 의미한다. 즉, 선교할 수 있는 자격과 권능을 부여받아야 한다는 뜻이다.

둘째, 선교의 범위는 '온 세상'이다. 예수님은 선교의 과정을 구체적으로 언급하셨는데, 예루살렘과 온 유대와 사마리아와 땅 끝까지 선교하라고 하셨다. 이것은 선교가 이루어지지 않을 당시의 로드맵이었고, 지금은 많은 지역에 선교가 이루어졌고 얼마 남지 않은 미전도종족(unreached people)을 향하여 선교가 진행되고 있다. 그러므로 지금 이 말씀은 온 세

---

328) J. Dupont, *The Salvation of the Gentiles*, New York: Paulist, 1979, 7.

상에 편만하게 선교활동이 진행되어야 한다고 해석하면 된다. 예컨대, "오늘은 서울, 내일은 대한민국, 모레는 세계로"라는 단계적 슬로건은 맞지 않고, 내가 서 있는 곳에서부터 온 세상을 선교의 대상으로 삼아야 한다.

셋째, 선교는 예수 그리스도의 증인이 되는 것이다. 선교의 본질이요 궁극적 목표는 예수 그리스도의 복음을 증언하는 것이다. 타락하여 하나님을 떠난 사람들을 구원하여 하나님의 자녀 만드는 일이 선교의 본질이요 주님의 증인이 되는 일이다. 제자들은 주님의 이 말씀을 제대로 깨닫고 '주님의 증인'(복음의 증인)되는 일에 온 힘을 다했다. 베드로를 비롯한 사도들과 바울, 빌립 등 선교사들은 오직 그리스도의 십자가와 부활을 증언했다. 이것이 선교의 본질이요 사명이기 때문이었다. 복음증거 외의 일들은 복음증거를 위한 수단이지 목적이 아니다.

그래함 스크로기(Graham Scroggie)는 사도행전 1장 8절에서 발견할 수 있는 선교의 중요한 네 가지 개념들을 다음과 같이 제시했다.[329] 첫째, 기독교의 증거는 그리스도를 중심 주제로 한다. 둘째, 기독교의 증거는 교회를 유일한 매개체로 한다. 셋째, 기독교의 증거는 세상을 궁극적인 장(場)으로 한다. 넷째, 기독교의 증거는 성령의 능력 안에서 행해져야 한다.

(2) 선교의 창도자로서의 성령

성령은 이 세상에서 직접 선교사를 세우시고 보내신다는 의미에서 선교의 창도자이다. 성령은 기독교 역사상 최초의 선교사였던 안디옥교회의 바울과 바나바를 선교사로 세우시고 파송하셨다: "주를 섬겨 금식할 때에 **성령이 이르시되** 내가 불러 시키는 일을 위하여 바나바와 사울을 따로 세우라 하시니 이에 금식하며 기도하고 두 사람에게 안수하여 보내니라 두 사람이 **성령의 보내심을 받아** 실루기아에 내려가 거기서 배 타고 구브로에 가서 살라미에 이르러 하나님의 말씀을 유대인의 여러 회당에서 전할

---

329) W. Graham Scroggie, *Know Your Bible*, London: Pickering & Inglis Ltd, 1965 참조.

새 요한을 수행원으로 두었더라"(행 13:2-5, 저자 강조).

따라서 선교는 인간의 기업(企業)이 아니라 하나님의 기업(基業)이다. 선교는 처음부터 마지막까지 성령에 의해 지시되고 주도된다. 승천하신 그리스도는 교회의 머리시지만 성령은 교회와 그 사역을 창도하신다.[330] 로버트 글로버(Robert H. Glover)는 기독교 선교는 인간의 사업이 아니라 초자연적이고 전능하신 하나님의 능력과 리더십으로 되는 것으로서 성령께서 전능한 총사령관으로 오셔서 이 일을 주도하신다고 했다.[331]

(3) 선교의 주권적 인도자로서의 성령

성령은 그리스도의 선교에 동역하신 것처럼, 세상의 선교 사역자들을 세우시고 보내실 뿐만 아니라 성부 하나님의 뜻에 따라 주권적으로 인도하신다. 이런 사례는 사도행전에 여러 번 언급되어 있다.

예컨대, 베드로를 비롯한 120여명의 제자들이 다 성령 충만함을 받은 이후 말을 했는데, 그들이 하고 싶은 말을 한 것이 아니라 "성령이 말하게 하심을 따라" 다른 언어들로 말했다(행 2:4). 또한 바울 선교단이 2차 선교여행 중 성령의 인도하심에 따라 자신들의 스케줄을 변경하기도 했다(행 16:6-10). 뿐만 아니라 바울이 3차 선교여행을 마치고 예루살렘으로 가려고 했을 때 빌립의 딸들을 비롯하여 아가보가 결박당할 것이니 가지 말 것을 권고했으나 바울은 기꺼이 가서 결국 감옥에 갇히게 되었는데, 이것도 로마 선교를 위한 하나님의 계획안에서 이루어진 성령의 강권적인 역사였다(행 20:22-24).

참으로 성령은 선교사들의 발걸음 하나하나를 인도하셨다. 마치 성부께서 "사람의 걸음을 정하시고 인도하시는 것처럼"(시 37:23), 성자께서 "세상 끝 날까지 너희와 항상 함께 있는 것처럼"(마 28:20), 성령께

---

330) Herbert Kane, *Christian Missions in Biblical Perspective*, 131-133.
331) Robert H. Glover, *The Bible Basis of Missions*, Chicago: Moody Press, 1964, 70.

서는 "예루살렘과 온 유대와 사마리아와 땅 끝까지"(행 1:8) 주도면밀하게 선교를 인도하신다. 실제로 바울 선교단의 선교여정을 보면 삼위일체 하나님의 스케줄대로 성령이 인도하셨음을 성경을 통해 확인 할 수 있다. 뿐만 아니라 기독교 선교역사에서도 보면 데이비드 리빙스톤(David Livingstone)의 원래 선교계획은 중국이었으나 성령께서 허락하지 않으시고 대신 아프리카로 보내셨다. 윌리엄 캐리(William Carey)도 그의 계획은 선교사를 후원하는 것이었으나 성령께서 인도로 보내셨다. 아도니람 저드슨(Adoniram Judson)은 처음에 인도를 계획하였으나 성령께서 미얀마(버마)로 인도하셨다. 성령께서 바울뿐만 아니라 모든 선교사들의 발걸음을 인도하셨는데 중요한 사실은 성령의 인도하심에는 전혀 실수가 없으셨다는 것이다.

(4) 선교의 능력 공급자로서의 성령

그리스도께서는 "성령이 임하면 권능(power)을 받는다"고 하셨다. 이 말씀 속에는 성령이 사역자들에게 능력을 공급(empowering)하시는 분임을 알려주고 있다.[332] 특히 누가는 사도행전 1장에서 주님께서 약속하신 성령의 '능력'을 강조했는데, 그는 그의 복음서인 누가복음 24장 49절에서 "내가 내 아버지께서 약속하신 것을 너희에게 보내리니 너희는 위로부터 **능력(power)**으로 입혀질 때까지 이 성에 머물라"는 말씀을 반복하며 강조했다(저자 강조).[333]

따라서 사도행전의 기록은 성령의 역사가 선교사들과 현장에서 얼마나 강력하게 나타났는지를 자세하게 보여주고 있다. 성령은 그리스도의 약속대로 오순절에 역동적으로 임했고(2:1-4), 성령은 베드로의 설교를 능

---

[332] Craig S. Keener, *ACTS: An Exegetical Commentary*, Vol. I, Grand Rapids: Baker Book, 2012, 689.
[333] Craig S. Keener, *ACTS: An Exegetical Commentary*, Vol. 690.

력 있게 함으로 삼천 명이 회심하게 했고(2:41), 그리고 성령은 사도들에게 강력한 기사와 표적이 많이 나타나게 하셨다(2:43). 그 결과 베드로와 요한은 성령의 능력으로 앉은뱅이를 일으켰고(3:1-10), 성령 충만한 베드로의 솔로몬 행각에서의 설교로 오천 명이 회심했다(3:11-4:4). 간절히 기도했던 무리들에게 성령의 충만한 역사가 임하여 담대히 하나님의 말씀을 전했다(4:31). 사도들은 성령의 능력 안에서 복음의 진보를 위해 지속적으로 표적과 기사를 행하며 병자들을 치유했다(5장). 교회가 성장함으로 초대교회는 교회의 일군으로 "성령 충만한 사람들"을 세웠고(6:1-9), 그 중에서 성령이 충만했던 스데반은 복음을 "지혜와 성령으로 증거"했다(6:10).

결국 성령 충만했던 위대한 선교사 스데반은 장엄하게 순교를 당했고(7:55-56) 이 일을 계기로 복음은 예루살렘을 넘어 이방인에게로 향하게 되었다. 베드로와 요한은 중단 없는 선교사역을 지속하여 많은 사람들에게 성령이 임하게 했고(8:1-25), 빌립이 사마리아지역 선교를 담당하면서 에디오피아 내시에게 성경을 가르치라는 성령의 지시를 받고 세례까지 베푼 일이 있었는데, 성령께서는 세례를 베푼 빌립을 "이끌어 가심"으로(8:39) 빌립을 주도적으로 인도하셨다.

사도행전 9장은 기독교 역사에서 가장 드라마틱한 사건을 기록하고 있는데 사울이 다메섹 도상에서 예수 그리스도의 부르심을 받고 회심한 사건이다. 회심한 사울은 아나니아의 안수기도로 성령의 충만함을 받았고(9:17) 베드로가 성령의 능력으로 중풍병자와 죽은 도르가를 살리기도 했다(9:32-43). 베드로는 짐승 환상을 본 후 이방인이었던 고넬료를 방문하여 말씀을 전할 때 고넬료와 그 가족들에게 성령이 임하여(부어주심) 온 가족이 세례를 받는 놀라운 복음의 역사가 일어났다(10장). 성령은 교회들이 당할 고난에 관한 예언도 하셨는데 안디옥교회의 아가보가 성령의 감동으로 예루살렘에 흉년이 들 것을 예언했다(11장). 베드로가 복음 때문에 옥에 갇혔으나 주의 사자(성령)가 풀어주었다(12장). 그리고 바울과 바나바는 성령에 의해 선교사로 파송되었다(13장). 심지어 성령은 바울이 예루살렘에서 결박당할 것도 아가보의 예언을 통해 알려주셨다(21:10-11). 그리고 사도행전 14-28장의 기록에는 성령의 역사하심으로 교회가 세워지고, 복음의 진보를 위해 초자연적인 이적과 기사가 행해지고, 복음 때문에 형언할 수 없는 고난을 당하면서도 성령의 위로와 능력으로 선교했던 선교사들의 선교 행적이 기록되어 있다.

적어도, 사도행전에 나타난 성령은 선교사들에게 능력을 부여하여 복음을 가로막는 사탄의 세력(고후 11:15)과 세상의 통치자들(골 2:15)과 공중의 권세 잡은 자들(엡 2:2)과 사탄의 활동을 따라 모든 능력과 표적과 거짓 기적과 불의의 모든 속임을 하는 자들(살후 2:9-10)과의 영적싸움에서 승리하도록 하셨다. 사도행전 곳곳에는 사탄의 세력과의 능력 대결이 나타나 있다. 바울을 비롯한 사도들과 복음 전도자들이 하나님 나라의 복음을 전할 때마다 '사탄의 일꾼들'(고후 11:15)은 여러 가지 방법으로 방해하고 핍박했다. 그때마다 성령은 복음 전도자들에게 권능을 주심으로 승리하게 하셨다.[334]

(5) 교회의 보호자로서의 성령

예수 승천 이후 성령에 충만했던 베드로를 비롯한 120여명의 제자들이 예루살렘에 최초의 교회를 설립했다. 그 이후 예루살렘교회에 대한 유대교의 잔인한 핍박으로 사도들을 제외한 교인들은 사방으로 흩어졌다. 그러나 결과적으로 혹독한 핍박이 "유대와 사마리아와 땅 끝까지" 복음이 전파되어 교회가 세워지는 순기능으로 작용했다. 바울을 비롯한 선교단의 전략적이고 헌신적인 사역으로 소아시아지역과 마케도니아와 아가야 지역에 교회들이 세워졌다. 복음이 확장되고 교회가 세워지는 곳마다 사탄의 공격을 더욱 치열했다.

---

334) Arthur F. Glasser, *Announcing the Kingdom*, 329-330.

이런 상황에서 성령은 교회의 보호자로서 사역을 하셨다. 선퀴스트는 초기 교회의 보호자로서의 성령의 사역을 몇 가지로 요약했는데, 첫 번째로 사도행전과 초기 교회에서의 성령의 사역은 말씀을 통한 사역이었다. 성령은 사역자들이 담대하게 말씀을 전할 수 있도록 힘을 부여하셨고(4:8-31) 예수 그리스도에 대해 정확하게 가르칠 수 있는 지혜와 능력을 주셨다(11:8-12). 두 번째로, 성령은 그리스도인들에게 각종 은사를 주심으로 교회를 섬기고 유지하도록 하셨다(고전 12:4-11; 엡 4:11-12). 세 번째로, 성령은 사람들에게 하늘나라의 비전을 주셨다. 예컨대 스데반은 순교직전에 성령의 도우심으로 하늘의 비전을 보았다(7:55). 이것은 성령께서 그리스도인들로 하여금 하늘의 소망을 두는 신앙을 하도록 역사하신 것이다. 네 번째로, 성령은 교회에 사람들을 변화시키고, 치유와 이적을 행하고, 분명하고 담대하게 복음을 전하고, 가르침에 순종할 수 있는 능력을 주셨다. 마지막으로, 하나님으로서 성령은 세상(사람)을 구원하고 거룩하게 하는 일을 하셨다.[335]

성령의 초자연적 선교 프락시스

성령께서 행하신 초자연적인 행위, 즉 이적은 복음의 진보와 교회의 설립 그리고 선교의 사역에 결정적인 역할을 하였다. 사복음서 안에는 그리스도께서 행하신 35개의 초자연적 신적 행위(이적)들이 상세하게 기록되어 있다. 요한은 그리스도가 행한 이적들 중에는 성경에 기록되지 않은 것들도 많이 있다고 했다(요 20:30). 이 초자연적인 이적들은 인간과 자연과 사탄에 대하여 삼위일체 하나님의 전능하심을 선포하였다.

먼저 성경에 나타난 이적(miracle)에 대한 세 가지 다른 용어들을 살펴보고자 한다. 이적 또는 기적이란 말은 라틴어 '*miraculum*'에서 파생된

---

335) Scott W. Sunquist, *Understanding Christian Mission: Participation in Suffering and Glory*, 235-240.

말로 놀라움을 뜻한다. 일상에서는 나타나지 않는 초자연적인 특별한 일을 의미한다. 그런데 성경에는 이적을 나타내는 용어로 세 가지가 있다. 사도 바울은 자신의 사도된 표징을 설명하면서 표적과 기사와 능력을 구분하여 말했다: "사도의 표가 된 것은 내가 너희 가운데서 모든 참음과 표적(signs)과 기사(wonders)와 능력을 행한 것(mighty deeds)이라"(고후 12:12). 이 세 가지를 헬라어로 구분해보면, 먼저 '표적'은 세메이온(σημείον)이라고 하는데 이 말은 요한복음에 자주 사용된 말로서 "누군가가 또는 무엇인가가 있을 것임을 알려 준다"는 의미를 가지고 있는데 이적 사건의 배후에 감추어진 심오한 의미를 말한다. 이 말은 자주 '징조' 또는 '표징'이라는 의미로도 사용되었다. 두 번째로 '기사'는 테라스(τέρας)라고 하는데 "신기한 현상을 볼 때 느끼는 놀라움"을 의미한다. 세 번째로 '능력 행함'은 두나미스(δυνάμις)라고 하는데 영어의 다이나믹(dynamic)이라는 말이 이것에서 나왔다. 이는 다이나마이트와 같은 무서운 폭발력을 뜻하는데 어떤 '강력한 힘'(dynamic power)을 의미한다.

이적은 예수님에 의해서, 베드로와 바울을 비롯한 사도들에 의해서, 그리고 빌립과 스데반과 같은 복음 전파자에 의해서 강력하게 나타났다. 지금도 주님의 지상명령을 수행하는 선교현장에는 반드시 격렬한 '영적 대결'(power encounter)이 일어남을 알아야 한다.[336] 예수 그리스도께서 사탄과 그의 세력들을 십자가에서 승리하셨음에도 불구하고 마귀는 지금도 우는 사자 같이 두루 다니며 삼킬 자를 찾고 있기 때문에 우리는 근신하고 깨어있음으로 믿음을 굳게 하여 마귀를 대적해야 한다(벧전 5:8-9).

초대교회 그리스도인들은 성령의 초자연적인 역사와 복음전파는 병행되며 상호간에 긴밀한 영향을 미친다는 사실을 잘 알고 있었다.[337] 그래

---

336) Alan Tippet, *Introduction to Missiology*, Pasadena, CA: William Carey Library, 1987, 313-322.
337) Patrick Johnstone, "Biblical Intercession: Spiritual Power to Change Our World," in *Spiritual Power and Missions: Raising the Issues*, ed. Edward Rommen, Pasadena: William Carey Library, 1995, 137-150.

서 성령이 그들 가운데서 자유롭게 역사하실 수 있도록 환영을 받았을 때 그 결과는 엄청났다.[338] 비근한 예로 초대교회 유명한 두 평신도 지도자 스데반과 빌립은 성령이 충만한 사람들이었는데(행 6:5), 스데반은 성령이 충만하여 '큰 기사와 표적'을 사람들에게 행하며 복음을 전했다(행 6:8, 10). 또한 빌립도 사마리아 지역에서 복음을 전파하면서 '표적과 큰 능력'을 행했다(행 8:6, 13). 이와 같이 초기 그리스도인들은 여러 표적과 기사를 통해 복음을 진보하게 하는 성령의 능력에 대해 개방성을 가졌다.

오순절주의가 현대 선교에 미친 영향

(1) 오순절주의 운동의 기원

대부분의 역사가들은 오순절주의 성령운동의 기원을 18세기 중엽에 일어난 웨슬리 형제들의 교회부흥운동으로 본다. 존 웨슬리(John Wesley)는 1738년 5월 24일 올더스게이트(Aldersgate) 거리에서 있었던 모라비안 교인들의 집회에서 가슴이 뜨거워지는 영적인 체험을 함으로 성령의 역사를 경험했다고 확신했다. 그는 지금까지의 지식적인 믿음에서 체험적인 믿음을 경험함으로 이것을 성령의 두 번째 축복(The Second Blessing of the Holy Spirit)으로 여기고 이를 신학화(神學化)하였다. 그는 이것을 사역을 위한 초자연적 능력을 기름부음 받는 것과 거룩함의 완전성(perfection of the holiness)에 이르는 길로 규정하였다. 웨슬리는 이 세상에서의 삶에서 '성령의 두 번째 축복'(개인적 성령체험)을 통해 성화를 완성시킬 수 있다고 주장했는데, 웨슬리의 동료 존 플레쳐(John Fletcher)는 이것을 '성령세례'라고 불렀다. 그리고 19세기 에드워드 얼빙(Edward Irving)이 이것을 '성령의 은사' 개념으로 발전시켰다. 웨슬리의 성령체험운동은 영

---

338) Stanley M. Burgess, "Proclaiming the Gospel with Miraculous Gifts in the Postbiblical Early Church," in *The Kingdom and the Power*, eds. Gray S. Greig and Kevin N. Springer, Ventura: Regal Books, 1993, 277-288.

국의 복음주의자들에게 영향을 미쳤고, 나아가 미국에까지 그 영향력이 확대되었다.

그러나 여기서 한 가지 간과해서는 안 될 것은 개혁신학에서의 성령세례란 어떤 종교적 노력이나 수고로 받는 것이 아니라 예수 그리스도를 믿을 때 믿음으로 성령을 받는다고 여긴다는 점이다.

(2) 오순절주의 운동의 세 가지 부류

가. 고전적 오순절주의 운동(Classical Pentecostalism Movement): 성령세례의 증거로 '방언 말함'을 강조

사도행전 2장의 오순절 성령 강림사건에서 유래한 오순절주의 운동의 시발점은 찰스 파함(Charles Parham)의 방언 말함 운동으로 본다. 그는 병에서 치유 받고 미국 캔자스주 포레카에 '벧엘치유의 집'을 설립하여 큰 이적들이 일어났다. 그는 형식주의적이고 번영과 자만에 빠져있는 교회들을 일깨우기 위해서는 성령의 능력 부여가 필요하다고 확신했다. 그는 1900년에 벧엘성서신학교를 설립하여 40여명의 학생들과 함께 "진정한 성령세례의 의미가 무엇인가?"에 대해 연구한 결과 "방언"이라는 결론에 도달하였다. 실제로 당시 학생들의 요청으로 파함이 안수하자 학생들이 방언을 했는데, 이를 기점으로 오순절주의 운동의 공식적인 기초가 되었던 것이다.

파함의 오순절주의 운동은 1906년부터 1910년까지 캘리포니아주에서 사역하고 있던 흑인노예 가문의 윌리엄 시무어(William Seymour)를 중심으로 확산되었다. 특히 1906년 4월 9일 로스앤젤레스 아주사 거리(LA Azusa Street) 312번지 2층 건물에서 시무어가 인종을 초월한 10여명의 성도들과 함께 기도회를 하던 중 방언을 하고 질병을 치유 받는 일이 일어났다. 이런 일은 3년 동안 계속되었으며, 이 운동이 오순절주의 운동의 중심이 되었다. 이를 계기로 '아주사거리선교회'가 조직되었고, 전 세계에 오순절주의 운동이 전파되었으며, 새로운 오순절주의 계열의 교단들이 형성되었다. 하나님의 교회(The Church of God), 하나님의 성회(The Assembly of God), 포스퀘어 복음(Foursquare Gospel) 교단 등이 있다.

이들의 공통점은 예수를 믿어 중생한 후에 성령세례를 받는다는 것으로 성령세례의 첫 증거가 반드시 방언을 말하는 것이라고 주장하고 있어 고전적 오순절주의자들이라고 부른다. 이에 대해 개혁주의 조직신학자 서철원은 "성령세례와 방언을 말하는 것은 아무 상관이 없다. 성령은 예수 믿을 때 받고 예수 믿음으로 거저 받는다. 곧 선물로 성령을 받는다"고 강조했다. 그는 성령 받았다는 분명한 성경적인 증거에 대해 갈라디아 4장 6절과 로마서 8장 15절을[339] 근거하여 "하나님을 아버지라고 불러 기도하는 것"이라고 주장했다.[340]

나. 신오순절주의 또는 카리스마틱 운동(Neo-Pentecostalism or Charismatic Movement): 성령세례의 증거로 '다양한 은사들'을 강조

이 운동의 시조는 미국 캘리포니아주 밴 너이스에서 사역하고 있던 성공회 신부 데니스 베네트(Dennis Bennett)에서 시작되었는데, 이 운동의 특징은 고전적 오순절주의자들이 성령세례의 증거로 '방언'을 강조하는 것에서 '다양한 성령의 은사들'을 강조한다는 것이다. 이 운동은 기성 교단 내에서 일어난 은사주의 갱신운동으로 1960년대 초교파적인 성격을 띠고 발전했는데, 성령세례를 성령의 두 번째 축복으로서 중생과는 다른 체험으로 구분하고 있다.

그러나 은사는 하나님께서 그리스도인들에게 성도들을 섬기도록 값없

---

339) "너희가 아들이므로 하나님이 그 아들의 영을 우리 마음 가운데 보내사 아빠 아버지라 부르게 하셨느니라"(갈 4:6); "너희는 다시 무서워하는 종의 영을 받지 아니하고 양자의 영을 받았으므로 우리가 아빠 아버지라고 부르짖느니라"(롬 8:15).
340) 서철원, *성경과 개혁신학*, 69.

이 주신 성령의 선물(Spiritual gifts)이지 성령세례의 결과라고 단정 지을 수는 없다.

다. 제3의 물결(The Third Wave): 성령세례의 외적은사로서 '표적과 기사'를 강조

제3의 물결이란 용어는 피터 와그너(Peter Wagner)가 명명했고, 실제 이 운동은 1980년 성령의 초자연적인 능력을 통한 영적 전쟁, 치유, 축귀 등을 강조한 존 윔버(John Wimber)의 표적과 기사운동이다. 와그너는 신앙(믿음)을 네 단계로 구분했는데, 구원을 일으키는 신앙, 거룩하게 하는 신앙, 적극적 사고를 낳게 하는 신앙, 사차원의 신앙이다. 그는 사차원의 신앙 단계에서 제3의 물결의 현상으로 능력전도(Power Evangelism)가 수행된다고 주장한다. 능력전도는 사차원의 신앙 수준을 가진 그리스도인들이 표적과 이적을 통하여 능력 있게 하나님의 나라를 확장한다고 한다. 이에 대해 윔버는 성령의 제3의 물결로 나타난 능력들이 하나님 나라의 현재적 표적이요 성령의 외적은사라고 주장했다.

그런데 1994년 캐나다 토론토 공항 근처의 '토론토 에어포트 크리스천 펠로우십'(前 토론토 공항 빈야드교회)에서 발생한 에피소드는 제3의 물결로 인한 매우 잘못된 영적 운동의 한 단면을 보여주었다. 이 교회 담임목사 존 아놋(John Arnot)은 빈야드 계열의 랜디 클라크(Randy Clark) 목사를 초청하여 4일간 집회를 여는 가운데 특이한 영적 현상이 일어났다. 참석자들이 갑자기 술에 취한 듯이 몸을 가누지 못하고, 드러누워 방언을 하거나, 울거나, 짐승 소리를 내거나, 주체하지 못하는 지속되는 웃음이 나타났다.[341] 사람들은 이것을 가리켜 '토론토 블레싱'(Toronto Blessing)이라고 했다. 그러나 제3의 물결을 주도했던 존 윔버까지도 토론토 블레

---

341) 김영한, "'토론토 블레싱' 운동의 위험성," 크리스천투데이, 2014년 3월 3일.

싱이라는 은사체험이 성령의 역사가 아니라고 거부하였다.[342] 결국 윔버가 이끌던 캘리포니아 빈야드 교회가 이에 거부감을 표시한 뒤 단절을 선언했고, 1995년 12월 결국 토론토 블레싱 운동은 빈야드 운동에서 축출됐다.

라. 신사도운동(New Apostolic Movement):
지금도 '사도적 계시와 기적'이 나타난다고 강조

2001년 피터 와그너에 의해 주도된 운동으로 초대교회의 사도와 예언자의 직분이 오늘날에도 회복되었다는 주장이다. 이 운동은 기존 교회에 엄청난 반향을 일으켰고 교회의 분열과 질서를 붕괴시키는 결과들이 나타남으로 대부분의 교회들은 그 위험성을 인식하게 되었다.

특히 개혁신학은 성경의 계시가 선지자들과 사도들의 계시로 끝났다고 믿지만, 신사도운동은 지금도 기존의 성경의 권위와 같은 사도적 계시가 계속된다고 하는 반성경적 사상을 가진 것으로 이단 논쟁의 중심에 서게 되었다.

(3) 개혁주의 교회 내에서 성령의 은사에 대한 견해들

성령의 역사는 사도행전 2장 오순절의 단회적(once-for-all action) 사건 속에서 신약교회를 탄생시켰고, 교회에 강림하셨으며, 개인의 중생 및 성화를 일으키심으로 내적 성품인 성령의 열매(Spiritual fruit)를 맺게 하시고, 교회적으로는 성령의 은총의 선물로서 영적 은사들(Spiritual gifts)을 부여하셔서 주님의 지상명령인 선교적 사명을 감당하게 하셨다.

이런 의미에서 일반적으로 개혁교회는 성령의 임함 또는 성령세례의 결과들에 대해 특정적으로 반응하지 않고, 성경에 나타난 대로 성령의 열매와 성령의 은사들, 그리고 전도자들에게 주신 주님의 권세의 일환으로 자

---

342) 박영호, 『빈야드운동 평가』, 기독교문서선교회, 1996, 78.

연스럽게 나타날 수 있음을 인정하고 있다. 따라서 방언 말함, 은사의 나타남, 이적과 표적이 나타남 등이 '성령의 임함' 혹은 '성령세례'의 조건이라고 하지 않는다. 서철원도 "성령세례와 방언은 아무 관련이 없다. 때때로 성령께서 방언을 주실 수 있다. 그러나 그때의 방언은 성령세례와 아무 상관이 없다. 성령세례는 방언과 무관하게 예수 믿을 때 일어난다. 성령 받는 것이 성령세례이다"고 했다.[343]

그래서 개혁교회에서는 일반적으로 성령의 외적인 은사로서 이적과 기사를 강조하는 사차원 신앙을 인정하지 않는다. 다만 하나님의 비상한 섭리 속에 기도의 응답을 통한 특별한 경우의 이적은 예외로 한다. 특히 칼빈의 경우에 그의 「기독교 강요」를 보면 성령론이 하나의 독립된 주제로 다루어진 것이 아니라 포괄적인 주제로 거의 모든 주제와 연관되어 있음을 볼 수 있다. 그래서 싱클레어 퍼거슨(Sinclair Ferguson)은 "칼빈의 성령에 대한 언급이 희박하다는 주장은 한번만 심도 있게 생각해보면 잘못된 것임을 알 수 있다"고 강조했다.[344] 특히 사도시대 이후의 성령의 외적 은사에 대해 부인했던 벤냐민 워필드(Benjamin Warfield)까지도 칼빈을 "탁월한 성령의 신학자"(pre-eminent theologian of the Holy Spirit)라고 평가했는데,[345] 그는 죄와 은총의 교리가 어거스틴에게서 왔고, 이신칭의론이 루터에게서 온 것 같이 성령론은 칼빈에게서 왔다고 해석했다. 그는 칼빈의 기독교 강요를 구원을 성취하시는 성령 하나님에 대한 논문이라고 평가하기도 했다.[346]

그러나 개혁주의 신학자들 간에도 성령의 은사와 초자연적인 능력에 대

---

343) 서철원, *성경과 개혁신학*, 70.
344) Sinclair B. Ferguson, "Calvin and Christian Experience: The Holy Spirit in the Life of the Christian," in *Calvin: Theologian and Reformer*, eds. Joel R. Beeke and Garry J. Williams, Grand Rapids: Reformation Heritage Books, 2010, 89.
345) Benjamin B. Warfield, *Calvin as a Theologian and Calvinism Today*, Philadelphia: Presbyterian Board of Publication, 1909, 3.
346) Benjamin B. Warfield, "John Calvin the Theologian," in *Calvin and Augustine*, ed. Samuel Craig, Philadelphia: The Presbyterian and Reformed Publishing Co, 1956, 484-485.

한 견해가 다르다. 찰스 하지(Charles Hodge)는 이적과 기사는 사도들과 선지자들에게만 한정적으로 주신 특별한 권한이요 은총이라고 주장했다. 베냐민 워필드는 이적과 기사는 사도들에게 주신 사도적 교회의 표징으로 사도시대로 마감(cessation)되었다고 주장했다. 안토니 훼케마(Anthony Hoekema)도 워필드의 입장을 지지하며 성령의 은사란 성령의 열매와 연관된 것으로 이해했다. 리차드 게핀(Richard Gaffin)도 동일한 입장을 고수했는데 그는 성령의 은사를 '말씀중심'의 은사들과 '행위중심'의 은사들로 구분하여 교회의 직분과 연관하여 성령의 열매를 강조했다.

　이에 반해 성령세례와 관계없이 교회론적 입장에서 성령의 외적 은사들을 교회적인 은사들로 인정해야 한다는 주장이 제기되고 있다. 아브라함 카이퍼(Abraham Kuyper)는 오순절에 임한 성령은 단회적이지만 그에 근거해서 오늘날도 비록 약하지만 성령의 부어주심(outpouring)이 계속된다고 주장했다. 그는 이것을 개인의 중생과 성화에 연결시킬 뿐만 아니라 교회에 주신 영적인 은사들에도 연관 지어 은사들을 두 가지로 구분했는데, 일반적인(ordinary) 은사들(믿음, 사랑, 거룩함, 말씀증거 등)과 특별한(extraordinary) 은사들(지혜, 지식, 영분별, 신유, 방언 등)이다. 카이퍼는 오늘날 교회 안에 일반적인 은사들은 나타나지만 특별한 은사들은 대체로 활동을 하지 않는다고 주장했다. 카이퍼와 워필드의 차이점은 카이퍼는 '비 활동'(inactive)라고 말하고 워필드는 '중단'(cessation)이라고 말한다는 점이다. 제임스 패커(James I. Packer)는 성령의 은사들을 구분하지 않고 그리스도를 증거 함에 있어 성령이 활동한다고 본다. 필라델피아 10장로교회 목사인 몽고메리 보이스(Montgomery Boice)는 교회에 주어진 영적인 은사들을 19개로 확인하고 있다(엡 4:11; 고전 12:8, 10; 12:28, 30; 롬 12:6-8; 벧전 4:11 등). 그는 교회의 초석을 놓은 지도적 직분으로 사도직과 선지자직이 있는데 이것은 사도시대의 직분이다. 그 외의 것들은 교회의 현재적 직분과 연관된 것으로 여기며, 특히 성령의 외적 은사들인 신유, 방언, 영분별 등은 고린도전서 14장 39절에 의거해서 중단

된 것으로 금해서는 안 된다고 주장한다.[347] 데이비드 웰즈(David Wells)도 몽고메리와 같은 성령의 외적 은사를 부인해서는 안 된다는 주장을 한다. 다만 그는 성령의 외적 은사가 평범하게 일어나지 않고 복음에 적대적인 상황이나 하나님의 백성이 핍박받는 상황에서 영적인 능력대결(power encounter)의 일환으로 예외적으로 일어난다고 한다. 조나단 웨드워드(Jonathan Edwards)도 성령의 부어주심은 교회의 부흥을 일으키시기 위함이라고 이해했다.[348]

한국의 대표적인 개혁주의 신학자인 박형룡과 박윤선도 현대 선교에 있어서 성령의 은사와 이적 자체를 거부하지는 않았다. 박형룡은 이적의 가능성과 개연성을 말하면서 구속의 준비와 계시의 확증이 이적의 목적인 바, 이교국가나 선교지에서 복음의 진보와 교회의 확장 그리고 성경계시의 확증과 관련한 이적의 가능성이 있다고 했다.[349] 또한 박윤선도 사도시대의 이적과 교회시대의 이적의 강도를 비교하면서 지금도 비록 약하지만 이적과 은사가 나타난다고 이해했다. 다만 새 계시의 기록 또는 전달과 관련된 이적의 가능성은 부인하고 있다.[350] 김길성도 오순절 성령강림은 구속역사의 차원에서 단회적이지만, 오순절 성령강림을 선교적 차원에서 볼 때는 오늘날 계속적으로 적용될 수 있는 요소가 있다고 했다.[351]

칼빈은 방언과 신유 같은 초자연적인 은사들은 중단되었다고 본 반면, 성령에 의해 다양한 은사들이 그리스도의 몸인 교회의 모든 구성원들에게 "분배"(distribution)된다고 했다.[352] 그 목적은 교회를 세우고 유익하게 하

---

347) "그런즉 내 형제들아 예언하기를 사모하며 방언 말하기를 금하지 말라"(고전 14:39).
348) 김성태, *현대 선교학 총론*, 163-197 참조.
349) 박형룡, *박형룡박사 조직신학: 신론*, 개혁주의출판사, 2007, 475 이하.
350) 박윤선, *성경신학*, 영음사, 2011, 102-103.
351) 김길성, *개혁신앙과 교회*, 164.
352) 칼빈은 사도행전 19장 1-7절의 에베소교회 제자(성도)들이 '요한의 세례'를 받은 후 바울에 의해 '예수의 이름으로 세례'를 다시 받은 사건에 대해 바울의 안수를 통해 하나님께서 복음의 시초에 다양한 방법으로 "분배"하셨던 성령의 특별한 은사들을 받은 것으로 해석했다(John Calvin, *Commentary*, Acts 19:1-7).

려는 것이라고 이해했다. 그러므로 그리스도인들은 성령께서 주권적으로 분배해주신 각자의 은사를 감사함과 만족함으로 전체 공동체의 유익을 위해 사용해야 한다.[353] 이런 측면에서 칼빈의 은사론은 대단히 실천적이고 목회적인 관점을 가지고 있음을 알 수 있다.

    결론적으로 개혁주의 교회 내에서도 전통적인 신학자들은 성령의 은사에 대해 중단 혹은 비 활동의 견해를 가지고 있고, 목회를 하는 신학자들(pastoral theologians)은 복음의 진보와 교회의 성장을 위한 특수한 경우로 한정했지만 성령의 은사를 인정하고 있음을 알 수 있다. 그러므로 성령과 은사와의 관계는 교회를 건강하게 세우고 복음의 진보를 위해 주신 하나님의 선물로 이해하면 된다(엡 4:7-12). 필자는 풀러신학교 석사(Th. M) 과정에서 교회성장학을 연구하며 깨달은 것이 하나있다. 그것은, 현재 장로교의 본산이라 할 수 있는 화란과 유럽을 비롯한 전 세계 개혁주의교회들, 즉 정통 장로교회들의 성장이 멈추었거나 쇠퇴하고 있는데 한국 장로교회만 유일하게 성장하고 있는 원인이 무엇일까 하는 것이었다. 개인적으로 내린 답은 한국 장로교회는 신학적으로는 칼빈주의 신학을 유지하면서도 영적으로 성령에 민감하게 반응한 것이 중요한 이유 중 하나라고 생각했다. 물론 기복신앙이니 신비주의니 하는 비판을 받기도 했지만 한국 장로교회는 성령의 은사운동이나 강력한 기도운동, 열정적인 예배가 어우러져 개혁신학의 바탕 위에 열정적인 신앙생활을 지속함으로 부흥할 수 있었다고 생각한다.

    개신대학원대학교 교수였던 정원태는 빈야드운동과 같은 잘못된 성령운동을 바로잡고, 개혁신학의 토대 위에 개인의 건전한 신앙성장과 교회의 부흥을 위해 말씀중심의 성령운동을 강력하게 펼쳐 나가야 한다고 강조하면서 "열정 칼빈주의"를 제안했다. 그가 말하는 열정 칼빈주의란 표현은 냉정한 칼빈주의도 미지근한 칼빈주의도 아닌 불붙는 칼빈주의요 역

---

353) Leonard Sweetman, Jr. "The Gifts of the Spirit: A Study of Calvin's Comments on I Corinthians 12:8-10, 28; Romans 12:6-8; Ephesians 4:11," in *Exploring the Heritage of John Calvin*, Grand Rapids: Baker Book House, 1976, 277-279.

사적 칼빈주의를 생활화한 신학과 신앙을 의미한다고 해설했다.[354]

따라서 객관적이고 단편적인 신학적 지식이나 제한적 사고로 성령의 인격과 사역과 능력을 무시하거나 제한해서도 안 되고, 반대로 성령의 역사를 오용하여 인간사회에 나타나는 신비하고 유사한 현상들을 성령의 역사로 호도해서는 안 된다. 성령의 역사는 항상 말씀의 토대 위에서 인격적인 방식으로 그리고 하나님의 영광을 위해 나타나기 때문이다.

---

354) 정원태, *열정 칼빈주의*, 기독교문서선교회, 1998 참조.

제3장 ■ 개혁주의 선교신학과 에큐메닉 선교신학의 비교

개혁주의 선교신학을 정확히 알려면 아이러니하게도 신학적으로 반대 진영에 있는 에큐메닉(ecumenic) 선교신학과 비교해보는 것도 하나의 방법일 것이다. 마치 거울 앞에 서면 자신의 모습을 정확히 볼 수 있는 것처럼 에큐메닉 사상 앞에서 개혁주의 사상을 보면 그 차이점으로 인해 보다 명확하게 개혁주의 선교신학을 인식할 수가 있기 때문이다.

우리는 먼저 개혁주의와 복음주의가 동일한 것으로 이해되어지는 현상 앞에서 둘의 차이점을 구분할 필요가 있다. 광의의 면에서 개혁주의는 복음주의 안에 속했다고 볼 수 있으나 구체적으로 들여다보면 둘 사이에 차이가 있다. 교회사적으로 '복음주의자'(evangelists)라는 용어는 16세기부터 종교개혁의 신학사상과 전통을 수용했던 그룹을 지칭했지만 일반적으로 '복음주의'(evangelicalism)라는 용어는 20세기 영미권에서 등장한 특정한 신학적 조류를 의미한다. 복음주의는 19세기 말부터 20세기 초 미국교회에 침투하는 자유주의에 대항하여 '근본주의'(fundamentalism)라는 연합체가 등장하였으나 이 근본주의가 폐쇄적이고 사회적 책임을 소홀히 한다고 비판하며 새롭게 나타난 것이 '신 복음주의'(new evangelicalism)이다. 즉 신학적 자유주의와 편협한 근본주의에 대한 반동으로 형성된 것으로 자유주의와 근본주의 중간에 위치한 온건한 보수주의 기독교인들의 운동이라고 할 수 있다.

이 새로운 복음주의는 기독교의 교리적 핵심인 복음을 명료하게 선포하는 신학적 입장을 가지고 있다. 예수 그리스도의 십자가의 대속을 믿음으로 구원을 얻는다는 복음의 메시지를 선포하는 것이 복음주의이다. "오직 믿음으로 의롭게 된다"는 '이신칭의' 교리는 복음주의의 신학사상이다. 이 복음을 신학적으로 체계화한 최초의 신학자가 바울이고(롬 1:1-7), 이 복음은 어거스틴에게 전수되었으며, 로마 가톨릭교회에 의해 중세기 천 년 동안 묻혀있던 이 복음의 진수가 종교개혁자 마틴 루터에게 전수되었고, 그 후 스위스에서는 쯔빙글리에게, 프랑스에서는 칼빈에게, 스코틀랜드에서는 낙스 등에게 전수되어 오늘에 이르고 있다. 복음주의는 이런 복음을 믿고, 삶에 적용하며, 세상에 선포하는 신앙운동이다.[355]

특히 복음주의는 성경의 정확 무오함과 예수 그리스도의 유일성 그리고 문화와 사회에 대한 적극적인 관심을 표출하는 점에서 개혁주의와 공통적인 특성을 가지고 있다. 다만 차이점이 있다면 신학적 체계와 구조에서 차이점이 있다. 이에 대해 안인섭은 다음과 같이 둘의 차이점을 설명했다.

> 개혁주의는 하나님을 창조주요 구속주로 고백하는 신학 위에서 인간의 타락과 하나님의 구원과 통치에 대한 포괄적인 해석을 내린 후에 교회와 사회를 위한 체계적인 신학적 대안을 제시한다. 그에 비해 복음주의는 기본적으로 복음을 쉬운 용어로 대중에게 설명하려고 하는 경향을 가지고 있다. 그렇기 때문에 복음주의는 개인의 경건과 공교회 그리고 사회와 창조세계 사이의 유기적이고 역동적이고 복잡한 관계를 설명하고 그들 사이에 발생하는 긴장에 대해 체계적이고 조직적인 해법을 제시하는 면에서 약하다. 따라서 복음주의는 사회적 책임을 강조하고 있지만, 그것이 사상적 체계 안에서 조직적으로 해결되는 것이 아니라 복음전도와 사회적 책임이 우선순위의 문제로 이해될 수밖에 없었다…그래서 복음주의 진영에서 종종 그 처음 의도와는 달리, 신앙 정체성에 대한 도전에 대해 신학적으로 유약한 면을 보여주어서 세속주의나 혼합주의 혹은 인본주의적인 경향에 상대적으로 쉽게 순응할 수 있는 가능성을 갖는다고 볼 수 있다.[356]

개혁주의와 복음주의의 차이점은 복음주의는 17세기 독일 할레대학을

---

355) 김영한, *21세기와 개혁신학(1): 21세기와 개혁사상*, 한국장로교출판사, 1998, 286-290.
356) 안인섭, *John Calvin*, 152-154.

중심으로 일어났던 경건주의와 17-20세기 청교도주의와 20세기 오순절주의를 포함한 신앙운동인 반면 개혁주의는 하나님의 주권을 강조하는 신학과 사상이다.

1. 텍스트(Text) vs 콘텍스트(Context)

개혁주의 선교신학과 에큐메닉 선교신학의 첫 번째 구별 점은 텍스트(성경)로부터 신학화(神學化)를 하느냐 콘텍스트(상황)으로부터 신학화를 하느냐에 있다. 예컨대 '위로부터의 신학'(Theology from Above)은 성경의 계시와 보편성을 중시하는 것으로 성경을 해석하고 그 해석을 적용함으로 신학화하는 것이다. 개혁자 마틴 루터는 아래로부터 시작되는 모든 신학적 잔재를 없애고 위로부터의 신학을 최초로 주장했던 사람이다. 특히 개혁주의자들은 공통적으로 성경의 계시를 신학의 출발점으로 삼고 하나님중심의 신학화를 했는데 대표적인 신학자가 칼빈이다.

이에 반하여 '아래로부터의 신학'(Theology from Below)는 성경 계시보다는 특수한 상황과 인간의 경험을 중시하는 것으로 단순히 성경을 인용(사용)하여 신학화하는 것인데, 해방신학이 그 대표적인 것이다. 아래로부터의 신학을 주장하는 대표적인 신학자가 자유주의신학의 선구자 프리드리히 슐라이어마허(Friedich Schleirmacher)이다. 그는 모라비안의 경건주의 영향을 받아 자신이 감각적으로 경험할 수 있는 신을 상상했고 또한 칸트의 철학적 영향을 받아 인간의 이성을 토대로 한 '인간중심적 신학'을 추구하게 되었다. 그래서 슐라이어마허는 기독교의 본질이 인간의 본질임으로 신학을 인간학으로 개조시킬 것을 요구했다. 그래서 그의 신학방법론은 형이상학적 신학을 거부하고 절대의존의 감정과 이성에 근거하는 지극히 인간중심적(인본주의적), 즉 아래로부터의 신학을 추구했다.[357]

---

357) Gordon J. Spykman, *Reformational Theology: A New Paradigm for Doing Dogmatics*,

선교신학에서도 이 두 관점의 영향을 받을 수밖에 없다. 선교란 성경의 진리인 복음을 불신자에게 전달하여 믿고 구원을 얻게 하는 것이 궁극적인 목표이기에, 성경의 진리를 텍스트(text)라 하고 복음을 받는 선교의 대상이 위치해 있는 상황(문화적 개념)을 콘텍스트(context)라고 한다. 선교에 있어서 성경과 상황은 불가분의 관계에 있다. 마치 물속의 물고기처럼 성경 없이 선교할 수 없고, 상황 없는 선교는 존재할 수 없기 때문이다.

다만 성경과 상황을 선교신학적 관점에서 접근하는 방식에 따라 개혁주의와 에큐메닉으로 구분할 수 있다. 반 엥겐(Van Engen)은 성경과 상황과의 선교학적 관계를 설명하는 일반적인 방법으로 '위로부터'(from above)의 접근 방식과 '아래로부터'(from below)의 접근 방식을 제시했다.[358]

위로부터의 접근: 성경의 적용(application)

'위로부터의' 접근은 선교의 출발점을 성경으로 본다. 성경을 선교의 원천으로 보는 개혁주의 방식이다. 이런 접근방식의 대표적인 인물은 근대 개신교 선교의 대부라 일컫는 윌리엄 캐리(William Carey)이다. 캐리는 그리스도의 지상명령(마 28:19-20)을 선교의 가장 근본적인 원리로 이해함으로 위로부터의 접근 방식을 고수했다. 그래서 캐리의 선교사역의 중심축은 현지인에 의한 토착교회 설립과 현지 언어로 성경을 번역하는 것이었다. 특히 1792년에 개신교 선교의 이론을 제공했던 그의 소논문 "이방인의 개종을 위하여 사용해야 할 방법에 대한 그리스도인의 책임에 관한 연구"(An Enquiry into the Obligation of the Christians to Use Means for the Conversion of the Heathens)는 지상명령에 근거하여 개인영혼구원을 통한 교회의 설립을 강조하고 있다. 이 방식은 보수적 복음주의자인 도널드 맥가브란(Donald McGavran)에 의해 일반화되었고 그의

Grand Rapids: Eerdmans, 1992, 44-45.
358) Charles Van Engen, *Mission on the Way*, 37.

교회성장학의 이론적 근간이 되기도 했다.³⁵⁹⁾

아래로부터의 접근: 성경의 인용(quotation)

'아래로부터의' 접근은 선교의 출발점을 성경에 두지 않고 특수한 상황적 과제에 둔다. 그래서 상황에 맞게 정해진 선교의 방법과 목적의 근거가 되는 성경본문을 끌어내어 인용한다. 이런 접근방식은 성경이 선교의 기준이 된다는 전통적 사상을 거부하고 상황에 따라 정해진 활동에 대한 정당성을 부여하기 위해 성경을 사용(인용)하는 것이다.

이런 접근방식은 폴 틸리히(Paul Tillich)³⁶⁰⁾ 이후 WCC로 대변되는 에큐메닉 진영을 지배하는 중심사상으로 1989년 성 안토니오에서 열린 '세계선교와 복음 위원회'(The Commission on World Mission and Evangelism)의 '신실함의 행동들'(Acts of Faithfulness)에서 강하게 예증되었고, 유럽과 북미의 진보적인 선교학자들의 영향을 받은 1992년 IAMS(International Association of Mission Studies)의 지배적인 관점이었다.³⁶¹⁾

결국 개혁주의는 텍스트에 강조점을 둔 반면 에큐메닉은 콘텍스트에 더 강조점을 두고 있다. 좀 더 정확히 설명하면 개혁주의는 선교의 지침이 되는 텍스트(성경)를 콘텍스트(상황)에 말과 행위로 '적용'하지만, 에큐메닉은 '오늘의 구원'(Salvation Today)의 대상인 콘텍스트(상황)에 맞게 텍스트(성경)를 '인용' 한다.

---

359) Donald A. McGavran의 『Understanding Church Growth』(Grand Rapids: Eerdmans, 1990)을 읽어라.
360) 20세기 전반기 독일에 칼 바르트와 쌍벽을 이룬 신학자가 폴 틸리히이다. 둘은 1886년생 동갑으로 여러 가지 면에서 대조를 이루었는데, 철학자로서 틸리히의 신학은 하나님의 계시가 인간의 상황 속에 어떤 의미가 있는가를 집중적으로 탐구했다. 그의 신학은 하나님의 주권과 계시에서 출발하는 개혁신학과는 반대로 인간 상황에서부터 출발하는 인간중심 혹은 경험중심적인 신학을 전개하는 전형적인 자유주의 신학자였다.
361) Charles Van Engen, *Mission on the Way*, 38.

에큐메닉 신학자들의 이와 같은 "아래로부터"의 신학방법론은 비단 선교신학에서뿐만 아니라 조직신학(교의신학)에서도 마찬가지이다. 조직신학자인 서철원은 기독론을 개진함에 있어서도 자유주의 신학자들은 "밑에서 위에로의 기독론", 곧 상승기독론(Aufstiegschristologie)을 추종하는데, 대표적으로 프리드리히 슐라이어마허(Friedrich Schleirmacher), 알브레히트 리츨(Albrecht Ritschl), 에밀 부룬너(Emil Brunner), 칼 바르트(Karl Barth), 폴 틸리히(Paul Tillich), 루돌프 불트만(Rudolf Bultmann), 헨드리쿠스 베르코프(Hendrikus Berkhof), 가톨릭의 칼 라이너(Karl Rahner) 등이다. 이들은 모두 인간 예수로 시작하여 가치판단에 의해 하나님의 아들로 인정하는 신학으로 나아간다. 결국 상승기독론을 취하면 역사적 예수만 남게 되고 신약의 사도적 정통 그리스도교는 사라지게 된다.[362] 예컨대, WCC의 대표적인 신학중 하나인 해방신학의 경우 먼저 복음을 실생활에 직접 실천해 보고 그 체험을 근간으로 다시 복음에 대해 숙고하는 방법을 사용한다(from below). 따라서 해방신학에서는 신학적 숙고는 계시와 전통에서 시작되는 것이 아니라 현재의 상황과 역사 속에서 제기되는 문제에서 시작된다.[363]

이에 반해 개혁주의 선교신학은 역사적 예수 그리스도는 말씀 하나님(로고스 하나님)의 성육신(요 1:1-18)을 근본으로 삼기 때문에 "위에서 밑으로의 기독론", 곧 하강기독론(Abstiegschristologie)이어야 한다고 주장한다.[364] 개혁주의 선교신학은 교회가 하나님의 선교를 세상에 실천함에 있어서 선교의 원리, 목표, 방법 등을 하나님의 계시인 성경에서 발견하고 신학하는 "위로부터의 선교신학," 혹은 "하강 선교신학"을 해야 한다.

2. 복음화 vs 인간화

---

362) 서철원, *기독론*, 총신대학교출판부, 2000, 4-18; 문병호, *기독론*, 생명의말씀사, 2016 참조.
363) 홍치모, *해방신학 연구*, 성광문화사, 1984, 137.
364) 서철원, *기독론*, 4-18.

개혁주의 선교신학과 에큐메닉 선교신학의 두 번째 구별 점은 선교의 중심을 '복음화'(evangelization)에 두느냐 '인간화'(humanization)에 두느냐의 차이점에서 나타난다. 개혁주의 선교신학은 당연히 하나님과 인간과의 수직적 관계 속에서 믿음으로 말미암은 하나님의 의의 복음을 통한 영적 구원이 중심이 되는 복음화가 주체이다. 그러나 에큐메닉 선교신학은 선교의 중심을 정치적 자유와 경제 정의 및 사회적 갱신을 위한 투쟁으로 세상의 총체적 해방(total liberation)으로 인식함으로 인간화가 그 주체이다. 이와 같은 에큐메닉의 선교사상은 1973년 방콕에서 개최된 WCC의 세계선교와 전도위원회(WCC/CWME)의 "'오늘의 구원'을 위한 세계대회"(Report of World Conference on "Salvation Today")에서 잘 나타나 있다. 선교학자들은 이 대회를 프로테스탄트 200년 선교 역사상 가장 위험스럽고 혼란스러운 대회였다고 평가하고 있다.[365]

이 대회는 1968년 제4회 WCC 웁살라 총회가 인간화를 선교갱신의 목표로 설정한 '선교의 갱신'(Renewal in Mission)에 관한 사상을 구체적으로 전략화 하는 모임이었고, 또한 웁살라 총회의 인간화 선교정책을 비판한 프랑크푸르트 선언에 대한 반격이기도 했다. 그러나 WCC는 그 이전부터 오래 동안 '오늘의 구원'(salvation today)이라는 개념을 놓고 세계 각지에서 연구를 진행시켜왔는데 그 중심 주제는 이 세상이 기독교에 기대하고 있는 구원의 내용이 어떤 것인가 하는 문제를 다룸으로 현실 세상의 구원(해방)을 선교의 중심으로 삼은 것이다. 오늘의 구원은 출애굽 사건에 대한 해석을 그 기반으로 한다. 애굽에 억압받던 사람들을 해방시키는 것이 '오늘의 구원'인데, 이 세상에 살고 있는 구원이 필요한 억압받는 사람들을 해방시키는 것이 선교의 중심이라고 주장한다.

그래서 오늘의 구원을 위한 방콕 대회는 교회의 선교의 목표를 계급과 종족들과 국가들의 관심사에 대한 그들의 굴레로부터의 구원, 그리고 그들의 부정의와 폭력과의 연류로부터 해방시키는 것이라고 확정했다. 이

---

365) 조동진, *세계선교 트렌드 1900~2000 下*, 아시아 선교연구소, 2007, 145.

들은 사회구조적 영역도 하나님의 복음 전파의 영역으로 보고 사회구조적 악에 대항하는 "사회복음" 개념을 개인구원을 보완하는 개념으로 제시하였다. 그래서 이를 위한 구체적인 실천 방안으로 네 가지 차원에서의 구원을 제시했는데, 첫째 민중에 의하여 민중을 착취하는데 항거하는 경제적 정의를 위한 투쟁을 통한 구원사역, 둘째 동료 인간들에 대한 정치적 억압에 항거하는 인간 존엄성을 위한 투쟁을 통한 구원사역, 셋째 개인으로부터 개인의 소외에 항거하기 위한 단결을 위한 투쟁을 통한 구원사역, 넷째 개인생활의 황폐에 대항하는 희망을 위한 투쟁을 통한 구원사역이다.[366)]

　에큐메닉 진영의 선교사상은 기독교의 구원에 대한 불변의 진리인 '죄로부터의 해방'(영혼구원)이 아닌 궁핍을 초래한 경제제도와 억압을 가져온 '정치·사회적 구조로부터의 해방'(사회구원)으로 바꾸어버리는 탈 성경적인 길로 가버렸다. 하나님의 말씀을 제외시키고 대신 풍성한 빵을 주어 육신을 배부르게 하는 것이 오늘의 구원의 선교전략이었다. 종말론적 하나님의 나라를 증거 하는 것은 재래적인 잘못된 선교로 치부되고 오늘의 정치적·경제적·사회적 해방을 위한 투쟁이 새로운 선교방법으로 대두되었다. 믿음으로 말미암은 의의 복음은 거부되고 사회정의를 구현하는 것이 복음으로 대체되었다. 개인의 죄를 회개하고 죄 사함 받는 것은 제외되고 사회적 구조 악을 제거하기 위한 투쟁이 선교의 자리를 차지하게 되었다. 한마디로 여러 갈래의 사회주의적 민중해방운동을 오늘의 구원을 위한 선교전략의 방법으로 수용하여 실천에 옮길 것을 선동하는 회의였다. 그래서 그들은 성경 대신 노동법을 가르치고, 복음 대신 정치이데올로기 강연에 몰두했다. 사랑과 용서가 아니라 증오와 반항을, 화해와 평화보다 투쟁과 대결의 방법으로 조직화하고 선동했다.[367)]

　그러나 예수님의 선교의 관심은 세상 나라가 아니라 하나님 나라였다. 예수님은 제자들의 질문에 "가이사의 것은 가이사에게, 하나님의 것은 하

---

366) 조동진, 『세계선교 트렌드 1900~2000 下』, 121-122.
367) 조동진, 『세계선교 트렌드 1900~2000 下』, 134-145.

나님께 바치라"(눅 20:25)고 하심으로 세상 나라와 하나님 나라의 다름을 인정하셨다. 또한 예수님께서 승천 직전에 제자들이 예수님께 "주께서 이스라엘 나라를 회복하심이 이 때니이까?"(행 1:6)라고 물었다. 제자들의 이 질문 속에는 민족적·역사적 이스라엘의 회복을 통해 성취될 하나님의 나라를 기대했다. 그러나 예수님은 "때와 시기는 아버지께서 자기의 권한에 두셨으니 너희가 알 바 아니요 오직 성령이 너희에게 임하시면 너희가 권능을 받고 예루살렘과 온 유대와 사마리아와 땅 끝까지 이르러 내 증인이 되리라"(행 1:7-8)고 하심으로 예수님의 관심사는 성령의 권능으로 복음의 증인이 되는 것이지 세상 나라가 아님을 분명히 하셨다. 예수와 하나님의 나라는 하나님의 통치와 주권을 의미하는 영적인 나라로서 고통과 죄로 신음하는 인류를 구원시키는 해방이지(마 1:21) 에큐메닉에서 주장하는 것처럼 세상에서 정치적·경제적·사회적으로 억눌린 자들을 해방하는 세속적인 것이 아니다.[368]

  그럼에도 에큐메닉 선교신학자들, 특히 해방신학자들은 인간화의 선교적 배경을 출애굽 사건에서 찾는다. 그러나 출애굽 사건을 살펴보면 완전히 영적인 해방이었지 정치적인 해방이 아니었다. 모세를 최초의 해방신학자로 여기지만 사실 모세가 애굽의 관리를 죽임으로 결국 애굽을 떠나야만 했기 때문에 이런 극단적인 행위가 선교의 수단이 될 수 없음을 분명하게 보여주고 있다. 또한 애굽에서 탄압받고 있던 이스라엘 백성들을 해방(출애굽)시킨 것도 그 방법이 하나님의 주권 하에 이루어진 지극히 영적인 방법이었다. 모세와 아론이 바로 왕과의 대결에서 단 한 번도 폭력이나 세속적인 방법을 행사하지 않고 처음부터 마지막까지 표적과 이적을 통한 하나님의 위대한 능력을 보여주는 것이었다. 마침내 열 가지 재앙 끝에 바로의 항복을 받고 유월절을 지킨 후 애굽에서 해방되었던 것이다. 우리는 애굽에 있던 이스라엘 백성들이 애굽의 압정에 대항하여 한 번도 무력행위를 한 적이 없었다는 사실을 기억해야 한다.

---

368) 강병도, 『카리스종합주석』, 사도행전 1:6-8.

물론 개혁주의 선교에서도 복음 선포가 선교의 중심이지만 적극적인 사회참여를 통해 세상에 하나님의 공의를 세우고 성령의 능력으로 고통 중에 있는 자들을 치유하고 회복하는 총체적인 선교를 실천하고 있다.[369] 아브라함 카이퍼는 그리스도인들에 의한 모든 혁명적인 행동을 거부한다. 그는 구원받은 자들은 하나님의 창조적 구조를 인정해야 하며 그 토대 위에서 사회를 세워야 한다고 주장함으로 기존의 사회 체제를 전복시키는 혁명이 아니라 합법적인 절차를 따른 점진적인 변화를 이루어야 한다고 강조했다.[370]

이에 반해 '오늘의 구원'은 복음 선포를 통한 인간의 영혼구원이 아니라 정치·경제·사회적 억압과 불평등의 구조 악을 제거하고 이 땅에 샬롬을 구현하기 위해 의식화하고 실제적인 활동을 통한 해방이 그 목적이다 보니 문제가 되는 것이다.

결과적으로 방콕대회는 '인간화'를 선교의 중심에 둔 WCC의 에큐메닉 선교의 탈 성경적 성격을 극명하게 드러낸 모임이었다고 평가할 수 있다. 결국 이 대회를 기폭제로 성경적 복음주의 진영의 반격이 일어났는데 1974년 로잔국제선교대회였다. 로잔운동은 복음을 통한 인간구원이 주 목적이다. 제인 프렛(Zane Pratt)은 "세상은 타락해있기 때문에 하나님의 선교의 목표로서 인간의 구원보다 더 중요한 것은 있을 수 없다. 성경적 기독교의 보편적인 이야기(narrative)는 '창조-타락-구속-회복'이다. 곧 구속으로 회복에 이르게 하는 것이 하나님의 선교의 목표이다"고 강조했다.[371]

---

369) 사회참여에 대해서는 본서 3부의 "세계선교의 흐름"을 읽고, 김세윤의 「그리스도인의 사회참여」(IVF, 1999)와 크리스토프 융겐의 「칼빈이 말하는 그리스도인의 사회참여」(김형익 옮김, 실로암, 1989) 참고.
370) 정광덕, "아브라함 카이퍼의 교회론과 사회 윤리," *21세기와 개혁신학의 새로운 패러다임*, 한국개혁신학회 논문집 제8권 2000, 184.
371) Zane Pratt, "The Heart of Mission: Redemption," in *Theology and Practice of Mission: God, the Church, and the Nations*, ed. Bruce Riley Ashford, Nashville: B & H Academic, 2011, 48.

3. 절대주의 vs 다원주의

개혁주의 선교신학과 에큐메닉 선교신학의 세 번째 구별 점은 구원이 오직 예수 그리스도뿐인가(절대주의) 아니면 여러 방편이 있는가(다원주의)에 대한 차이점이다. 에큐메닉에서 주장하는 종교다원주의는 두 가지 의미를 가지고 사용되고 있다. 첫째는 종교학적 의미로 사용되는데, 세상에 존재하고 있는 다양한 종교상황을 가리키는 서술적 의미의 다원주의이다. 현재 우리나라의 상황을 보더라도 기독교 이외에 불교, 유교, 도교, 무속종교 등 여러 종교들이 혼재되어 있어 다종교사회 상황인데, 이것을 종교 다원주의라고 한다. 둘째는 신학적인 의미의 다원주의인데, 다양한 종교들이 모두 동등한 구원의 길을 갖고 있다는 사상이다. 이 사상은 예수 그리스도 유일의 구원관을 부정함으로 기독교의 절대적 정체성을 뿌리 채 흔드는 주장인데, 에큐메닉의 자유주의 신학자들은 적극적으로 종교다원주의를 옹호하고 있다.

일반적으로 기독교와 타종교와의 관계를 세 가지 유형으로 구분하는데, 배타주의, 포괄주의, 다원주의이다. 먼저 배타주의(exclusivism)란 '그리스도 밖에는 구원이 없다'는 절대주의 사상이다. 정통 기독교는 전통적으로 기독교만이 참 종교요, 구원의 절대종교라고 믿기 때문에 이를 기독교 절대주의(christian absolutism)라고도 한다. 이런 의미에서 개혁주의 입장에서는 배타주의라는 용어보다 절대주의라는 용어가 더 성경적인 용어라고 생각한다.

포괄주의(inclusivism)란 자기 종교를 최고 우위에 놓는 자기중심적 요소가 있어 한편으로는 배타주의에 속하고, 다른 한편으로는 종교적 우열을 가리면서도 타종교의 가치를 어느 정도 인정한다는 점에서는 다원주의에 속한다. 하지만 그 근본 내용은 다원주의이다. 이것은 로마 가톨릭의 공식적인 입장이다. 원래 가톨릭은 플로렌스 공의회(Florence Council)에서 확정된 "교회(가톨릭교회) 밖에는 구원이 없다"(extra ecclesia nulla salus)는 교리에 근거하여 가톨릭교회 이외의 타종교는 물론이고 심지어 프로테스탄트 교회들까지 구원에서 배제하였다. 하지만 제2차 바티칸 공의회 신학 자문위원으로 활동했던 가톨릭 신학자 칼 라너(Karl Rahner)의 영향으로 제2차 바티칸 공의회(1962-1965)가 타종고인을 "익명의 그리스도인"(anonymous christian)으로 규정한 이후에 가톨릭 입장은 "타종교에도 구원은 있으나 궁극적으로는 그 구원이 예수 그리스도를 통해 성취된다."는 포괄주의를 강조하게 되었다. 일종의 포장된 다원주의이다.

종교다원주의(religious pluralism)란 모든 종교는 상대적일 뿐이라는 사상에 기초하여 기독교 밖의 타종교에도 구원이 있다는 사상이다. 종교다원주의 사상은 구원을 예수 그리스도와 기독교에 제한하지 않고 다른 종교에도 하나님의 구원이 있다고 주장하는 자유주의적 신학사상이다. 이런 종교다원주의는 단순히 종교적 교리의 다양성을 주장하는 차원을 넘어 종교혼합주의에 빠짐으로 기독교의 신론, 기독론, 성령론, 구원론을 상대화시켜 성경의 핵심 진리를 왜곡시키고, 결국에는 기독교의 근간을 무너뜨리는 반성경적·반기독교적 사상이라고 할 수 있다. 바울은 에베소서에서 교회론과 골로새서에서 기독론을 전개하면서 유일하신 그리스도를 믿는 것 외에는 구원이 없다는 것을 단호하게 선포했다.

종교다원주의의 형성 배경

종교다원주의는 다원화된 종교적 환경의 영향도 있었지만, 19세기 말에 독일의 신학자들에게서 발생한 비교종교학과 종교사학파에서 시작되었다. 먼저 비교종교학은 기독교 선교의 황금기라 불리는 19세기의 선교열정에 대한 반성적 물음에서 시작된다. 19세기 기독교회는 "이 세대 안에 세계를 복음화하자"(The Evangelization of the World in This Generation)라는 슬로건을 내걸고 미국을 중심으로 전방위적인 선교활동이 이루어졌다. 당연히 피선교지였던 아시아와 아프리카와 같은 제3세계

지역으로 복음을 전파하면서 그 곳에 이미 존재하고 있던 토착종교들과 기독교를 비교하여 그 특성을 파악하고자 하는 발상에서 발생하였다. 결국 비교종교학파는 모든 종교를 동일하게 취급하며 각 종교의 특성을 이해하고자 하는 발상을 가지고 발전하는 과정에서 생겨나게 되었다.

다음으로 종교사학파인데, 이 학파는 에른스트 트뢸취(Ernst Troeltsch)에 의해 시작된 학파로 세계의 모든 종교를 역사의 발전과정에서 이해하려고 했다. 종교는 인간 정신이 함께 참여하는 역사 속에 뿌리를 두고 전개되었기 때문에 하나님의 현현은 상대적으로 나타난다. 이 학파는 다른 종교들과 마찬가지로 기독교도 역사 발전과정의 상대적인 산물이라고 주장함으로 기독교의 절대주의를 부정하고 종교 상대주의를 표명하였다.

이런 사상적 기반 위에 종교다원주의가 탄생하는데 이것에 기여한 사람은 폴 틸리히(Paul Tillich)이다. 그는 종교와 문화의 관계에 집중한 문화신학자(cultural theologian)로 종교는 모든 문화의 실체이며 또한 문화는 종교의 형식이라고 주장함으로 신학까지도 인간의 문화행위에 표현된다고 주장했다.[372] 그는 하나님이 어느 특정한 방법으로만 현현한다는 특별계시의 주장을 배제하고 타종교에도 계시적인 접촉이나 하나님과의 만남이 있다는 기독교 보편주의를 표방했다. 또한 그는 기독교가 타종교를 판단하는 일과 타종교에 의해 기독교가 판단 받는 일 사이에 존재하는 긴장 속에서 기독교는 타종교인들을 개종시키려는 노력 대신에 자기 성찰과 타종교와의 대화를 촉진해야 한다고 주장함으로 종교다원주의의 이론적기틀을 놓았다.

이들의 특징은 기독교의 절대주의를 부정하고 종교적 상대주의를 인정하는 것인데, 네 가지로 살펴볼 수 있다. 첫째, 종교의 궁극적 목표는 구원이기 때문에 모든 종교는 궁극적으로 하나의 정점에서 만난다고 주장한다(종교다원주의). 둘째, 모든 종교에는 궁극적으로 신의 실재가 존재하며

---

[372] 폴 틸리히의 문화신학을 이해하기 위해 그의 책 「문화의 신학」(김경수 역, 대한기독교서회, 2002)을 읽어라.

이 신들이 역사적 상황과 문화적 형태 속에서 하나님, 알라, 브라만, 한울님, 로고스 등으로 각기 다르게 나타났다고 주장한다.[373] 셋째, 각 종교는 다른 종교의 독특성을 인정하고 서로 수용할 수 있어야 한다고 주장한다(종교혼합주의). 넷째, 예수 그리스도를 유일한 구주로 인정하는 기독교를 배타주의로 배척하거나 혹은 종교적 포용주의의 일환으로 기독교를 여러 종교 가운데 하나의 종교라고 주장한다.[374]

이런 종교다원주의적 흐름은 로마 가톨릭의 칼 라너의 '익명의 그리스도인'(타종교인들)을 토대로 제2차 바티칸 공의회에서 그리스도 중심의 구원론(절대주의)에서 타종교에서의 구원가능성을 인정하는 포괄주의의 방향으로 이동하였다. 그리고 20세기 후반 들어 에큐메닉 진영의 중요한 신학적 이슈가 '종교 간의 대화'로 정해짐으로 종교적 다원주의가 필연적으로 뒤따르게 되었다. 물론 종교 간의 대화가 긍정적인 역할을 한 면도 있다. 예컨대, 종교 간의 갈등해소와 그로 인한 인류평화에 기여한 점이 있고, 또한 기독교의 대사회적인 이미지 개선에 기여한 면이 있다. 그러나 이런 긍정적인 면과는 비교할 수 없는 기독교의 진리와 정체성을 훼손하

---

373) 이런 사상은 특히 이슬람에서 강조하는 주장인데, 이슬람 학자들이나 이슬람 우호적 학자들은 기독교의 하나님(야훼)과 이슬람의 하나님(알라)이 히브리어와 아랍어의 명칭적 차이가 있을 뿐이지 사실은 같은 신(The same God)이라는 주장이다. 그들은 어원적 배경을 들먹이며 야훼(여호와)와 알라가 같은 신이라고 설명한다. 물론 성경에도 '신'(god)이라는 명칭이 특별한 점에서 하나님을 닮은 다양한 존재들에게 똑같이 부여된 것을 알 수 있다. 그러나 바울은 이에 대해 "비록 하늘에나 땅에나 신이라 불리는 자(so-called gods)가 있어 많은 신(gods)과 많은 주(lords)가 있으나 그러나 우리에게는 한 하나님(one God) 곧 아버지가 계시니 만물이 그에게서 났고 우리도 그를 위하여 있고 또한 한 주(one Lord) 예수 그리스도께서 계시니 만물이 그로 말미암고 우리도 그로 말미암아 있느니라."(고전 8:5-6)고 함으로 이 세상에 '신'이란 호칭이 많이 있지만 진정한 신은 성부 하나님(God Father) 한 분뿐이라고 강조하고 있다. 단순히 '신'(God)이라는 보통명사가 같을 지라도 본명(本名)은 차이가 있음을 알아야 한다. 기독교 신의 본명은 '야훼'(Yahweh/Yehowah)이고 이슬람의 신의 본명은 '알라'(Allah)이다. 알라는 아라비아지역의 여러 부족신들 중의 하나인 '달의 신'(god of moon)으로서 무함마드의 부족이 섬기던 꾸라이쉬(Quraish) 부족의 신에 불과하다. 기독교의 하나님과 이슬람의 알라가 다르다는 결정적인 근거는 이슬람은 삼위일체를 삼신(三神)으로 이해하고 부정한다는 것이고, 또한 예수님의 성자(聖子)되심을 "신에게는 아들이 있을 수 없다"는 논리로 부정함으로 결국 예수님의 십자가의 죽음과 부활까지 부인한다는 점이다(고광석, 이슬람, 기독교와 뿌리가 같은가?, 147-168 참조).

374) 가스펠서브, "교파 및 역사," 교회용어사전, 생명의말씀사, 2013.

는 결과를 낳았는데 곧 '종교다원주의' 혹은 '종교혼합주의'이다. 기본적으로 종교에는 절대적인 진리라는 것이 있는데 다원주의는 "예수 외에도 구원의 길이 있다"고 주장함으로 기독교의 절대적 진리를 양보하는 결과를 초래함으로 반성경적인 길로 들어서고 말았다. 에큐메닉에서는 우리의 진리와 상대방의 진리를 조합하여 더 나은 진리를 만들어낼 수 있다고 생각할 수도 있으나 기독교의 진리에는 그 어떤 것도 혼합해서는 안 된다는 것이 성경의 가르침이다.

구원관에 있어서, 세계교회협의회(WCC)를 필두로 하는 에큐메닉이 주장하는 종교다원주의는 교회연합이라는 모토 아래 "예수 그리스도 외에도 다른 종교에도 구원이 있다"는 사상이다. 그들은 모든 종교는 본질적으로 동일하다는 기본 전제에서 출발한다. 다시 말하면 에큐메닉의 구원사상은 삼위일체 유일신에서 출발하는 것이 아니라 기독교를 다른 여러 종교 중의 하나로 취급하는 범신론 사상에서 출발한다.

WCC는 1961년 제3차 인도 뉴델리 총회에서 최초로 '종교 간의 대화'를 강조함으로 타종교에도 구원이 있을 가능성을 내비치다가, 급기야 1968년 스웨덴 웁살라 총회에서는 '교회 일치'나 '선교'보다 '세상'에 더 큰 관심을 가져야 한다고 함으로 하나님의 관심사인 '만물'을 교회와 세상과의 경계를 무너뜨리는 것으로 해석했다. 여기에서 하나님의 선교(*missio Dei*) 신학이 '세상' 중심으로 바뀌게 되었고 종교혼합주의가 본격화되기 시작했다.

구원은 오직 예수 그리스도뿐

"이웃을 사랑하라"는 그리스도의 명령대로 종교 간의 대화나 평화도 좋지만 절대적인 진리까지 포기하는 잘못을 용납해서는 안 된다. 타종교인들도 구원의 대상으로서 그들에 대한 사랑과 복음전파를 게을리 해서는 안 되겠지만, "구원은 오직 예수 그리스도를 통해서만 가능하다"는 것은 개혁주의 신학과 전통으로 절대로 포기하거나 타협의 대상이 될 수 없다. "내가 곧 길이요 진리요 생명이니 나로 말미암지 않고는 아버지께로 올 자가 없느니라"(요 14:6)는 예수님의 말씀과 성령이 충만했던 베드로가 "이 사람이 어떻게 구원을 받았느냐고 오늘 우리에게 질문한다면…너희가 십자가에 못 박고 하나님이 죽은 자 가운데서 살리신 나사렛 예수 그리스도의 이름으로 이 사람이 건강하게 되어 너희 앞에 섰느니라…다른 이로써는 구원을 받을 수 없나니 천하사람 중에 구원을 받을 만한 다른 이름을 우리에게 주신 일이 없음이라"(행 4:9-12)고 선포했던 말씀을 근거로 예수 그리스도 외에 구원의 길이 없음을 믿고 고백한다. 아더 글라서(Arthur Glasser)는 "구원하는 유일한 이름은 주 예수 그리스도"라고 선언하고,[375] "복음의 중심은 예수 그리스도만이 주님이시라는 것과 믿음과 회개로 그분께 나오는 사람들을 생명으로 들어갈 수 있게 하는 것이라"고 강조했다.[376]

따라서 오직 예수 그리스도 유일 구원관은 성경적이요, 개혁자들의 일관된 가르침이요, 개혁교회의 신학과 전통이다. 인간의 공로나 의, 율법적 행위로는 구원을 받을 수 없고 오직 예수 그리스도를 믿음으로 구원이 주어지기에 이것을 '은혜의 구원' 또는 '하나님의 선물'이라고 하는 것이다(엡 2:8). 그럼에도 로마 가톨릭에서는 1546년 트렌트공의회에서 마리아는 원죄와 자범죄에서 완전히 그리고 영구히 벗어났다고 확인하면서 소위 '마리아 중보론'을 주장했는데 마리아가 예수님과 공동 중보자라는 것이다.[377] 로마 가톨릭은 예수 유일 구원을 부인하는 분명한 혼합주의 종교인 셈이다.

---

[375] Arthur Glasser, *Announcing the Kingdom*, 345.
[376] Arthur Glasser, "Missiology," in *Evangelical Dictionary of Theology*, ed. Walter A. Elwell, Grand Rapids: Baker Publishing, 1984, 726.
[377] 가톨릭에서는 마리아의 중보권과 구원자로서의 상징물로 일명 다리아 십자가인 "M십자가"를 만들었는데, 십자가에 색깔 있는 천 등으로 M자 모양을 만들어 거는 것이다. 여기서 M은 마리아(Mary)를 가리키는 M자이다. 그런데 이런 M십자가를 에큐메니칼 진영의 교회들이나 행사 때 걸어놓고 있는데 종교다원주의를 주장하는 단체들이 주로 부착하고 있다.

에큐메닉의 종교다원주의 사상

WCC의 에큐메닉은 "우리는 종교다원주의를 표방한다."라고 공식적으로 선언을 하지 않았다고 주장한다. 그러나 2013년 제10차 WCC총회가 부산에서 개최되기까지의 역사를 살펴보면 WCC는 종교 간의 대화와 인류의 평화를 내세우며 종교다원주의 사상을 나타냈다. 정준모는 대한예수교장로회(합동) 교단지인 기독신문에 기고한 글에서 "현재의 WCC의 논란은 정치적인 이슈가 아니라 신학적인 문제이다"고 주장하면서 "WCC의 역사적 변천 과정을 살펴 볼 때, 종교다원주의의 신학적 매력에 흠뻑 젖어있다. 인본주의 신학원리 속에 종교적 평화주의를 주창하면서 종교다원주의 꽃밭을 배회하고 있다. 타종교 존중이란 휴머니즘을 표방하면서 그리스도의 유일 구원관을 파괴해 버렸다. 종교다원주의는 교회가 절대 용납할 수 없는 신학적 적수이며 신앙적 배교이다"고 주장했다.

정 박사의 글을 옮겨본다. 종교다원주의 운동은 1961년 뉴델리의 제3차 WCC 총회에서 인도 신학자 더바난단(P. Devanandan)에 의하여 제기되었다. 이 총회는 타종교를 '다른 신앙'으로 표현하면서 하나님이 "다른 신앙을 통해서 말씀하시며, 성령이 역사하는 것을 긍정"하였다. 이 총회에서 더바난단은 '증인으로 부르심을 받다' 라는 제목의 강연을 하였다. 이 강연에서 그는 비기독교적인 종교들을 "성령의 창조자 사역"에 대한 응답이라고 해석하고 복음을 비기독교적인 철학적 신앙의 개념으로 해석해야 한다고 주장하였다. 이 운동은 1971년 힌두 배경을 가진 인도의 자유주의 신학자 사마르타(Stanley Samartha)에 의하여 주도되고 종교 혼합적인 방향으로 나아가게 되었다.

WCC가 타종교와의 대화를 구체적으로 실천하기 시작한 것은 1968년 제4차 웁살라 총회 이후 1970년부터이다. 왜냐하면 WCC는 이때 처음으로 아잘톤(Ajaltoun) 회의에 참석한 기독교(개신교와 로마 가톨릭)와 무관한 타종교인들(무슬림, 힌두교도, 불교도들)과 대화를 시도했으며 이것을 "그리스도인들과 다른 살아 있는 신앙들의 사람들 간의 대화"라 불렀기 때문이다. 이전에도 타종교를 "다른 신앙들"(other faiths)이라고 불렀으나 이 때 이후로 다른 신앙들은 "살아 있는 다른 신앙들"(other living faiths)로 불리게 되었다.

1975년 제5차 WCC 나이로비 총회의 일각에서 타종교에 대한 급진적 견해가 등장하였다. 제3분과는 타 종교 및 다른 신념을 가진 사람들과의 공동체를 논하면서 어떤 사람은 그것을 "보다 확대된 에큐메니즘"이라 묘사하자고 주장하기도 했으나 "당분간" '에큐메니칼'이라는 용어는 기독교인들 사이의 대화로 국한하고 그보다 더 확대된 대화는 '종교간 대화'(Interreligious Dialogue)로 부르자고 결정했다. 1975년 나이로비에서 모인 WCC 총회에서 "예수 그리스도는 해방하고 연합한다"는 주제 하에 강연한 토마스(M. M. Thomas)는 "그리스도 중심적인 혼합주의"를 제안했다. 토마스는 "그리스도 중심적인 혼합주의"란 종교 간의 대화를 통해서 수행되며, 문화와 종교가 서로 침투하는 "거짓된 혼합주의가 아니라, 비판적인 사고를 통해서 교리적인 차이를 초월하고, 그리스도의 인간성을 기초로 한 그리스도 중심적인 공동체를 형성하는 것"이라고 자신의 입장을 주장하였다.

1983년 7월 캐나다 밴쿠버에서 개최된 WCC 제6차 총회에는 나이로비보다 세배나 많은 15명의 타종교 대표자들이 참석하였다. "하나님의 선물인 생명"이란 주제 하에 모인 전체회의에는 캐나다 원주민, 불교도, 힌두교도, 무슬림 그리고 유대교도 등이 각자의 입장을 발표함으로 종교다원주의적 신론을 추구하였다. 또한 WCC 출범 이후 처음으로 리마 성만찬 예식서에 따라 공동 성찬식을 거행하였다. 그러나 이런 행위들은 범 교회적 차원과 교회 일치의 차원을 넘어 범종교적·종교다원주의적 방향으로 선회하는 모습을 볼 수 있다. 특히, 캐나다 인디언의 토템 제막식과 한국 무당의 강신굿도 행하여지는 범신론적 성만찬식이 거행되었다.

WCC의 문서들 중 가장 현저하게 종교다원주의적 입장이 드러난 것은

1990년 CWME에 의해 작성된 바르 선언(Baar Statement: Theological Perspective on Plurality)이다. 이 선언을 시점으로 WCC는 종교다원주의를 본격적으로 포용하고 열애하면서 신학화하는 작업에 착수하게 되었다. 바르 선언문은 그 이전까지 견지해왔던 '기독교 우월적 상대주의'를 과감하게 포기하고 '기독교 평등 상대주의'를 표방하는 내용들로 가득 찼다.

1991년 2월 호주 캔버라에서 개최된 제7차 WCC 총회에서 한국의 여성신학자 정현경은 "오소서 성령이여, 온 우주를 새롭게 하소서"라는 주제 강연에서 초혼(招魂)굿의 향연을 벌였다. 그녀는 (1) 호주 원주민 무용수와 함께 춤을 추면서 영성을 표현하려 했다. (2) 여러 종류의 혼 또는 영을 부르면서 무속적 정령을 성령과 동일시했다. (3) 성령을 동양의 기(氣)로 표현하면서 성령의 형상을 관음보살의 형상과 연계시켰다. 여기서 정현경은 기독교의 성령을 한국의 무당의 영과 일치시키는 혼합주의 성령관을 피력하였다.

2011년 6월 28일 발표된 제네바 선언문은 선교적 차원에서 타종교와의 대화 원리에 대한 지침서를 발간하였다. WCC가 이 선언문 작성을 위해 지난 5년간 함께한 교단과 교파를 보면 결국 신학적 일치가 없이 비가시적 교회론을 배제한 채, 가시적 교회론 입장에서 단지 전도전략의 원리로 포괄적 종교다원주의 색체를 띠고 있음을 직시할 수 있다.[378]

이상의 주장을 종합해 볼 때, WCC의 종교다원주의는 성경과 개혁주의 사상과 전통의 토대 위에 세워진 정통교회가 절대 용납할 수 없는 신앙적 배교라고 결론 할 수 있다.

4. 변화 vs 해방

개혁주의 선교신학과 에큐메닉 선교신학의 네 번째 구별 점은 선교 방법론의 차이점이다. 개혁주의는 타락한 세상을 복음으로 '변화'(transformation)

---

378) 정준모, "WCC의 종교다원주의 비판," *기독신문*, 2013년 8월 23일.

시키는 것을 목표로 삼고 있는데 반해 에큐메니칼은 앞에서 밝힌 것처럼 타락한 세상을 의식화된 힘으로 '해방'(liberation)시키는 것을 목표로 삼고 있다.

성경에서 '해방'(הושׁע/σωτηρία)은 일반적으로 '구원'(salvation)이라는 의미로 사용되고 있는데, 하나님의 백성들을 모든 억압으로부터 자유하게 하시는 하나님의 전능하신 행위로 언급되고 있다. 하나님의 구원을 가장 원론적으로 보여주는 사건이 출애굽사건으로, 하나님께서 이스라엘 백성들을 애굽에서 탈출(exodus)시켜 약속의 땅 가나안으로 인도하신 것으로 해방(liberating)을 의미한다. 이 출애굽사건은 구약의 이스라엘이나 초기 교회에 하나님의 구원의 행위를 보여주는 전형적인 사건으로 여겨졌다. 이 사건의 연장선상에서, 바벨론 포로에서의 귀환(사 40장)과 메시아의 성육신(눅 1장)은 구원의 사건인 출애굽을 떠올리게 하는 비근한 예로 언급되고 있다.[379]

그렇다면 오늘날 그리스도인들과 교회는 세상을 어떻게 구원할 수 있는가? 에큐메닉 진영에서는 불의한 세상의 모든 제도를 바꾸어 정치적으로 억압받고 있는 사람들과 경제적으로 착취당하고 있는 사람들과 사회적으로 소외당하고 있는 사람들을 '해방' 시켜야 한다고 주장한다. 이미 앞에서 밝힌 대로 WCC를 비롯한 에큐메닉의 이런 신학과 사상은 견고하며, 라틴 아메리카를 비롯한 아프리카와 아시아 지역에서 활발하게 실천(praxis)되고 있다. 에큐메닉 진영의 이런 사상을 잘 보여주는 것이 해방신학(liberation theology)이다. 해방 신학자들은 신학은 항상 역사적인 상황에서, 사회적 현장으로부터, 그리고 그런 상황으로부터 닥쳐오는 각종 이슈와 도전에 응답해야 한다고 주장한다. 그래서 그들은 극심한 가난의 상황과 정치적인 억압과 경제적인 불공정의 상황에서 "과연 믿음의 의미는 무엇인가"라고 물으면서 전통적인 개신교 신학자들은 항상 이 문제에 대해 대답하지도 않고 또는 진지하게 이야기하지도 않는다고 스스로 결론

---

379) John Corrie, ed. *Dictionary of Mission Theology*, 207.

을 내린다.

그래서 해방 신학자들은 사회과학에 근거한 새로운 신학화 작업을 주요 수단으로 하여 자신들의 생각을 주장한다.[380] 실제로 해방신학에서는 마르크스의 사회과학적 분석들을 이용해 사회의 경제구조를 분석하고 있다. 따라서 그들은 사회의 불평등을 야기한 부정하고 잘못된 정치 · 경제 · 사회 구조를 바꾸는 것에 참여하는 것이 행동하는 신학(doing theology)의 첫걸음이고, 이것이야말로 성경의 가르침을 충실히 따르는 '정통실천'(orthopraxis)이라고 주장한다.[381] 그들은 영혼의 구원(해방)을 무시하지는 않지만 라틴 아메리카의 소수 자본가들의 착취와 지배계급의 억압에서 고통 받고 있는 대중들의 상황에서 볼 때 진정한 구원은 정치 · 경제 · 사회 및 사상적 해방이 우선적이라고 믿고 있다.

실제로 해방신학이 태동했던 라틴 아메리카에서는 로마 가톨릭의 사제들이나 자유주의 계통의 목회자들이 "하나님은 가난한 자들을 구원하시는 하나님"(욥 5:15)[382]이라는 신학적 사상으로 부유한 엘리트에 대항하는 가난한 자들의 정치투쟁을 목회활동의 일부분으로 포함시킴으로써, 민중을 해방시키는 일을 선동하거나 직접 그런 투쟁에 적극적으로 참여하기도 한다. 해방신학은 라틴 아메리카의 대표적인 상황신학으로서 아프리카의 흑인신학(Black Theology), 북미의 여성신학(Feminist Theology), 한국의 민중신학(Minjung Theology), 필리핀의 투쟁신학(Struggle

---

380) 해방신학은 로마 가톨릭의 제2차 바티칸 공의회와 1968년 남미의 콜롬비아 메데인(Medellin)에서 개최된 제2차 라틴 아메리카 주교회의(CELAM II, 메데인 주교회의) 이후 "가난하고 억압받는 자들을 돌보자"는 모토로 라틴 아메리카에서 시작된 진보적 기독교 신학운동이다. 이 회의에서 주도적 역할을 한 인물이 페루의 가톨릭 신학자요 사제인 해방신학의 선구자 구스타보 구티에레스(Gustavo Gutierrez)였는데, 그는 이미 1971년에 『Teología de la Liberación』(해방신학)이라는 책을 저술함으로 이 운동의 근본이 되었고, 지금도 그의 책은 "남미 해방신학의 대헌장"(Magna Carta)으로 여겨지고 있다.
381) John Corrie, ed. *Dictionary of Mission Theology*, 207-208.
382) "하나님은 가난한 자를 강한 자의 칼과 그 입에서, 또한 그들의 손에서 구출하여 주시나니 그러므로 가난한 자가 희망이 있고 악행이 스스로 입을 다무느니라"(욥 5:15-16).

Theology), 인도의 달리트 신학(Dalit Theology),[383] 팔레스타인의 해방신학(Palestinian Liberation Theology) 등으로 상황화 되고 발전되었다.

그러나 개혁주의 진영에서는 해방 신학자들이 주장하는 식의 '해방'을 인정하지 않는다. 그리스도가 제자들에게 주신 지상명령은 세상의 정치적 투쟁이 아닌, 예수 그리스도의 십자가 대속과 부활의 '복음'을 통한 세상의 변화와 하나님의 나라를 실현하는 것이기 때문이다. 하나님의 선교는 "내 나라는 이 세상에 속한 것이 아니니라 만일 내 나라가 이 세상에 속한 것이었더라면 내 종들이 싸워 나로 유대인들에게 넘겨지지 않게 하였으리라 이제 내 나라는 여기에 속한 것이 아니니라"(요 18:36)는 주님의 말씀 속에 잘 나타나있다. 우리의 선교적 행위는 세상의 정치·경제·사회 구조를 무력에 의한 투쟁으로 '해방' 시키는 것이 아니라 적극적인 사회참여를 통해 복음으로 사람들을 '변화' 시키는 것이어야 한다. 이것을 신학에서는 회심(conversion)이라고 하고 선교학에서는 세계관의 변화(worldview change)라고 한다.

사람이 변화되면 구조적인 악도 제거되고 변화된다. 왜냐하면 사회적 구조 자체가 악한 것이 아니라 사회적 구조를 불의하게 만든 사람이 악하기 때문이다. 예컨대 복음을 일찍 받아들여 기독교적 사회-문화를 형성한 미국이나 유럽의 나라들은 완전하지는 않지만 정치·경제·사회 구조가 비기독교 국가들에 비해 비교우위에 있음이 이를 증명한다.

그러므로 하나님의 선교의 도구인 교회가 우선적으로 해야 할 일은 사람을 변화시키고 세상을 변혁시킬 수 있는 능력을 가진 '하나님 나라의 복음'을 선포하는 일이다. 하나님 나라의 복음이 선포되면 악의 원흉인 사

---

[383] 달리트(Dalit)는 접촉할 수 없는 천민이란 뜻으로 '불가촉천민'(不可觸賤民)을 일컫는 말로서 현재 인도 인구의 16% 정도에 이르는 1억 5천만 명의 최하층 천민들을 일컫는 말이다. 달리트는 힌두어로 "억압받는 자" 또는 "파괴된 자"라는 뜻을 가지고 있다. 인도 헌법에는 이들에 대한 차별이 공식적으로 금지되어 있으나 실제로는 인도 전역에서 이들에 대한 차별은 만연해 있는데, 예컨대 힌두교 사원에 출입이 금지되고, 귀족들과의 신체접촉이 금지된다. 이들의 직업은 주로 인체의 배설물과 관련된 일, 소를 비롯한 동물을 죽이는 일, 청소부나 세탁일 등을 하며 생계를 유지한다. 달리트 신학이란 이들을 해방하기 위한 일종의 인도판 해방신학이다.

탄은 물러가고 사람들은 죄와 사망에서 해방을 받아 구원을 얻게 된다. 구원을 받은 그리스도인들이 자신들의 삶의 현장(상황)에서 "세상의 빛이 되어...사람 앞에 비치게 하여 그들로 너희 착한 행실을 보고 하늘에 계신 너희 아버지께 영광을 돌리게 하라"(마 5:14-16)는 사명을 감당함으로, 세상을 변화시키고 하나님의 통치가 온 땅에 미치게 해야 한다. 이것이 곧 개혁주의 선교신학의 목표이다. 왜냐하면 "나라는 여호와의 것이요 여호와는 모든 나라의 주재"이시기 때문이며(시 22:28), 또한 "주의 나라는 영원한 나라이니 주의 통치는 대대에 이르기" 때문이다(시 145:13).

하나님은 자신이 정하신 때에, 그리스도를 통해서 타락한 이 세상을 심판하신 후 새로운 창조(새 하늘과 새 땅)를 이루실 것이다(고전 15:24; 계 21-22장). 우리는 그 새 창조를 소망하며, 현재의 주어진 상황에서 오직 믿음으로 최선을 다하여 살아야 한다. 그것은 곧 하나님 나라의 복음을 선포함으로 선교의 사명을 감당하는 것이다(롬 12:2).

PART 2
개혁주의 선교신학의 이슈들

PART 2 요약

선교신학의 용어 중 "하나님의 선교"(*missio Dei*)와 "선교적 교회론"(missional ecclesiology)이라는 용어는 상호 밀접하게 연관된 매우 성경적이고 값진 의미를 지니고 있다. 그런데 이런 용어들을 에큐메닉 진영에서 선점하여 원래 의도와 달리 해석하고 신학화 함으로 오용되고 있는 안타까움이 있다. 에큐메닉 진영에서 하나님의 선교의 개념을 변질시킨 것은 1952년 IMC 빌링겐 대회인데, 교회의 선교적 역할을 완전히 축소하고 하나님의 선교와 인간의 선교를 동일한 개념으로 주장했다. 결국 이런 사상은 선교의 중심을 "세상"에 둠으로 구원은 마침내 세상 역사 자체 안에 나타나는 '샬롬'이라고 정의했다. 본래의 하나님의 선교 사상과 전혀 다른 방향으로 흘러 탈 성경적 형태를 보임으로 로잔운동이 탄생하는 원인이 되었다.

그런데 일부 개혁주의 선교신학자들 중에는 이 두 용어를 사용하는 것 자체를 신학적으로 우려하는 경향을 보이기도 하지만(terminological phobia), 우리는 두 용어를 성경적으로 바르게 해석해서 알려야 한다. "하나님의 선교"란 삼위일체 하나님의 주권적인 구원활동을 의미한다. 이는 하나님 절대주권을 강조하는 개혁주의 신학사상과 일치하는 것이다. 로잔 3의 케이프타운 서약을 기초했던 크리스토퍼 라이트는 휘체돔의 하나님의 선교의 본래 개념을 목적론적 일원론에 입각하여 구속사로 이해했다.

개혁주의 선교신학 개념에서 "하나님의 선교"는 하나님의 구속사의 전 과정이요, 그 일을 위해 구약시대 때는 '이스라엘'을 그리고 신약시대에는 '교회'를 하나님의 선교의 수종자로 부르시고 또한 보내신 것으로 이해한다. 이런 개념에서 "선교적 교회"란 삼위일체 하나님의 선교에 참여하는 교회로서의 정체성, 선교적인 구조와 기능, 그리고 실제적으로 하나님의 선교에 참여하는 선교적(인) 교회를 의미한다. 그 이상도 이하도 아니다.

특히 이번 Part 2에서는 선교신학의 성경적 배경을 튼튼히 하기 위해 구약과 신약 그리고 바울서신에 나타난 선교신학의 중심 사상을 고찰한 후, 개혁주의 선교신학의 주제인 "하나님의 나라"에 대해 논한다.

제1장 ■ 하나님의 선교(Missio Dei)

'하나님의 선교'(*missio Dei*)라는 라틴어 용어를 처음 사용한 사람은 독일의 복음주의 선교학자 칼 하르텐슈타인(Karl Hartenstein)이었다. 그는 칼 바르트(Karl Barth)의 삼위일체 교리와 선교를 연결시키기 위해 1934년에 그 용어를 만들어냈다.[384] 하르텐슈타인은 선교가 삼위일체 하나님의 구원활동에 근거하고 있으며 그리스도인에게는 그것에 순종하는 것뿐임을 강조했다. 그래서 하르텐슈타인은 하나님의 선교를 구속사적이고 종말론적인 시각에서 사용하였다. 그에게 선교의 주체는 삼위일체 하나님이시고, 그 목표는 하나님 나라의 확장이며, 하나님의 선교의 수단으로서 교회의 본질은 전 세계 구원을 위한 하나님의 계획에 수종자로 참여하는 것이다.

그런데 하르텐슈타인은 '*missio Dei*'라는 용어를 말한 후 얼마 되지 않아 세상을 떠났다. 그래서 '하나님의 선교'라는 용어를 학문적으로 개념화하여 20세기 세계 선교학계에 지대한 영향을 끼친 사람이 독일 노이엔데틀사우신학대학의 신약학 교수였던 게오르크 휘체돔(Georg F. Vicedom)이다. 그는 1958년에 독일어로 출판하였다가 1965년에 영어로 「The Mission of God」이라는 책을 출판함으로 '하나님의 선교'라는 용어를 대중화시켰다. 그의 하나님의 선교 개념은 하나님의 선교는 교회의 선교에 대칭되는 개념으로서 삼위일체 하나님이 선교의 주체이며 실행자라고 하는 사상에서 출발했다. 그의 이런 사상은 하나님의 선교라는 용어를 삼위일체 신학과 연결시킨 것은 중요한 신학적 소득이었다.[385]

1. '하나님의 선교' 개념

---

384) Keith Whitfield, "The Triune God: The God of Mission," in *Theology and Practice of Mission: God, the Church, and the Nations*, ed. Bruce Riley Ashford, Nashville: B & H Academic, 2011, 19.

385) Christopher J. H. Wright, *The Mission of God*, 63.

휘체돔은 '하나님의 선교'란 선교가 삼위일체 하나님께 속한 구원활동임을 의미한다고 정의했다. 그는 철저하게 선교는 삼위일체 하나님의 주권적인 일임을 강조했다. 허버트 캐인도 휘체돔의 주장을 뒷받침하고 있는데 선교는 구속의 영역에 속한 하나님의 주권적 활동의 일부임으로 기독교 선교는 처음부터 끝까지 인간의 선교가 아니라 하나님의 선교인데, 그 이유는 선교는 사람의 요청이 아니라 하나님의 사랑에서 기원했고 하나님이 주권적으로 결정했기 때문이라고 강조한다(요 3:16).[386]

이런 의미에서 볼 때 교회는 선교의 주체가 될 수 없다.[387] 다만 교회는 선교의 핵심 수단이다.[388] 그래서 '교회의 선교' 혹은 '우리의 선교'라는 용어를 사용해서는 안 된다는 것이다. 그 이유는 선교에 있어서 교회는 독립적인 존재(스스로 선교할 수 있는 주체가 못됨)가 아니라 하나님의 선교에 포함된 종속적 존재이기 때문이다. 그래서 교회와 선교는 모두 하나님의 도구요 기구에 지나지 않는 것으로 이것들을 통해 하나님은 자신의 선교를 수행하신다고 강조한다.[389] 교회는 하나님에 의해 사용될 때에만 비로소 하나님의 선교의 도구가 될 수 있다. 따라서 "교회는 언제, 어디에, 어떻게 선교가 수행될 것인지를 확정할 수 없다. 왜냐하면 선교는 언제나 하나님의 이끄심이며, 이 사실을 무엇보다도 사도행전이 우리에게 잘 가르쳐주고 있기 때문이다. 교회는 하나님께서 이미 행하셨고 지금도 하고 계시는 일을 따라 성취할 수 있을 뿐이며, 또 그가 무엇을 하실 수 있는지를 가리킬 수 있을 뿐이다. 이렇게 선교는 하나님 자신의 행위 속에 근거하고 있다."[390] 실제로 사도행전 13장에서 바울과 바나바가 선교사로 부름

---

386) Herbert Kane, *Understanding Christian Missions*, 87.
387) 이런 사상은 선교신학의 선구자라고 하는 제럴드 엔더슨에게도 발견된다(Gerald H. Anderson, *The Theology of the Christian Mission*, Nashville: Abingdon Press, 1961, 359).
388) Melvin Beals, "The Church's Place in World Evangelism," in *Managing Missions in the Local Church*, ed. Melbourne E. Cuthbert, Cherry Hill: World Evangelism, Inc, 1987, 13.
389) Georg F. Vicedom, *The Mission of God: An Introduction to a Theology of Mission*, Saint Louis: Concordia Publishing House, 1965, 4-5.
390) Georg F. Vicedom, *The Mission of God*, 4-5.

받고, 보냄 받고, 그리고 사역하는 전 과정에 성령께서 주권적으로 이끄셨음을 볼 수 있다(행 13:1 이하).

크리스토퍼 라이트는 휘체돔의 하나님의 선교 개념을 이해하면서 하나님의 선교를 구속사로 이해했다.[391] 성경은 근본적으로 하나의 이야기로 자신을 제시한다. 한 차원에서 역사적 이야기를 하지만 또 다른 차원에서 하나의 거대 서사이다. 이것은 종종 네 가지 요점을 가진 이야기(four major plot movements)로 제시된다. 바로 "창조-타락-구속-회복(미래의 소망)"이다.[392] 이 세계관 전체는 목적론적 일원론에 입각하고 있다. 즉, 우주와 인간의 역사에는 한 분 하나님이 역사하시고 계시며, 이 하나님은 하나님의 말씀의 능력과 하나님의 이름의 영광을 위해 궁극적으로 성취될 하나의 목표, 하나의 목적, 하나의 선교를 갖고 계시다는 것이다. 이것이 성경에 나온 하나님의 선교이다. 이렇게 성경 전체를 하나님의 선교라는 관점에 비추어 성경의 세세한 부분들을 읽어야 하는데, 이것이야말로 성경의 선교적 해석학(missional hermeneutics)의 핵심 전제이다.[393]

2. 에큐메닉 선교신학의 '하나님의 선교' 이해

휘체돔의 '하나님의 선교' 개념은 1952년 국제선교협의회(IMC)의 빌링겐(Willingen) 대회 이후 에큐메니칼(WCC) 선교운동의 핵심적인 선교 신학적 개념으로 자리 잡았다.[394] 이 선교신학을 주도적으로 이끈 사람은 네덜란드의 요하네스 호켄다이크(Johannes C. Hoekendijk)였다. 그의 등장으로 하나님의 선교는 점차 교회를 완전히 배제하는 개념으로 변질되기

---

391) Georg F. Vicedom, *The Mission of God*, 102-103 참조.
392) Bruce R. Ashford, "The Story of Mission: The Grand Biblical Narrative," in *Theology and Practice of Mission: God, the Church, and the Nations*, 6; Nicholas T. Wright, *The New Testament and the People of God*, London: SPCK, 1992, 139-143.
393) Christopher J. H. Wright, *The Mission of God*, 63-65.
394) David Bosh, *Transforming Mission*, 390-393.

시작하였다. 호켄다이크에게 하나님의 선교는 하나님이 그 자신을 "표명" 하는데 있어서 아무 도움도 필요 없다는 것을 의미했다. 심지어 호켄다이크는 하나님의 선교와 인간의 선교를 동일한 개념으로 주장하고 "교회 안에는 구원이 없다"라는 표현까지 사용했다. 하나님은 비신자들까지를 포함해서 당신의 일을 하심으로 세상의 모든 인간의 노력과 활동이 결국 하나님의 선교라는 주장이다.

호켄다이크는 사도적 신학을 주장하면서 선교의 중심을 '세상'으로 규정하고 교회의 선교적 역할을 축소시켰다. 기독교 신앙은 오늘날의 사회적인 도전과 현실의 목표와 더불어 역사적으로 조건 지어진다는 것을 전제로 '구원은 마침내 세상 역사 자체 안에 나타나는 샬롬'이라고 정의했다. 이 '샬롬'은 하나님과 또 이웃과의 관계에서 발견되고 성취되는 것이며, 이 '샬롬'이 구원이고, 이 '샬롬'을 가져오게 하는 것이 곧 선교의 목표라고 주장하게 되었다.

오늘날, 하나님의 선교를 중심으로 하는 선교 개념은 더 확대되면서 극단적인 정치투쟁의 참여, 연대성을 중심에 두고 확대하려는 코이노니아 개념(에큐메니칼), 그리고 그리스도 중심적 구원론을 벗어나려는 시도(다원주의), 교회를 배제하려는 그룹과 교회를 제한적 참여의 수준에 머물게 하려는 그룹 간의 문제, 인권 문제, 생태계 신학과 반 세계화 운동까지를 망라한 전체를 '하나님의 선교'를 근거로 주장하고 있다.

에큐메닉 진영의 이런 탈 성경적 선교사상의 흐름 속에서, 1960년대 후반에 WCC의 '하나님의 선교' 신학이 너무 인본주의적으로 세속화하게 되자 휘체돔은 독일 튀빙겐(Tübingen)대학교 선교와 에큐메니칼 신학 연구소장인 피터 바이어하우스(Peter Beyerhaus)를 위시한 15명의 신학자들과 함께 1970년에 "프랑크푸르트 선언"(The Frankfurt Declaration)을 발표하기에 이르렀다.[395] 프랑크푸르트 선언은 1968년 WCC 웁살라

---

395) 프랑크푸르트 선언에 서명한 학자들은 다음과 같다: P. Beyerhaus(Tübingen), W. Böld(Saarbr Cken), E. Ellwein(Erlanger), H. Engelland(Kiel), H. Frey(Bethel), J. Heubach(Lauenburg), A. Kimme(Leipzig), W. Künneth(Erlangen), O. Michel(Tübingen), H.

총회가 인간화를 선교갱신의 목표로 설정한 '선교의 갱신'(Renewal in Mission)에 관한 사상을 비판하고 이에 응전한 선언으로서 기독교 선교에 있어서의 근본적인 위기를 다루면서 분명한 성경적 근거를 바탕으로 그리스도인과 교회 및 선교 단체들이 삼위일체 하나님이 주신 본래의 선교적 사명으로 돌아올 것을 요청하는 것으로써, 1974년 로잔운동이 탄생하는 데 큰 영향을 끼쳤다.

3. 개혁주의 선교신학의 '하나님의 선교' 이해

WCC가 주도하고 있는 에큐메닉의 하나님의 선교 사상에 맞서, 개혁주의 선교신학에서의 하나님의 선교는 하나님의 구속사의 전 과정이요 그 일을 위해 구약시대 때는 이스라엘을 그리고 신약시대에는 교회를 하나님의 선교의 수종자로 부르시고 또한 보내신 것으로 이해한다. "하나님의 선교"라는 말은 원래 '하나님의 보내심'을 의미했다. 성부가 성자를 보내시고 그분들이 성령을 보내신다는 의미이다. 이런 관점에서 보면 모든 인간(교회)의 선교는 이러한 신적 부르심과 보내심에 참여하는 것이며, 그것을 확장하는 것이다.[396]

이런 의미에서 개혁주의자들의 하나님의 선교 이해는 에큐메니칼 진영의 이해와 분명한 차이점이 있음을 알 수 있다. WCC 웁살라총회 이후 존 스토트, 아더 글라서, 도널드 맥가브란 등 복음주의 대표자들은 에큐메니칼 진영과 선교 신학적으로 거리를 두기로 했다. 1974년에 출간된 존 스토트(John Stott)의 「Christian Mission in the Modern World」(현대 기독교 선교)는 복음주의 선교신학의 기본적인 서술이 되었다. 스토트는 호켄다이크를 떠나 휘체돔의 '하나님의 선교' 사상으로 되돌아갔다. 그는 동

Mundle(Marburg), H. Rohrbach(Mainz), G. Stählin(Mainz), G. Vicedom (Neuendettelsau), U. Wickert(Tübingen), J. W. Winterhager(Berlin).

396) Christopher J. H. Wright, *The Mission of God*, 62.

시에 복음주의자들에게 교회의 선교에 대한 확대된 견해를 제시했는데, 하나님께서 교회를 세상에 보내서 하라고 하신 일은 복음 선포와 사회적 요구에 대한 봉사를 포함한다고 강조했다.[397]

하나님의 선교란 삼위일체 하나님의 주권적인 구원활동을 의미한다. 따라서 선교는 우리의 것이 아니라 삼위일체 하나님의 것이다. 우리의 선교의 기원은 삼위일체 하나님이시다. 하나님은 세상에 교회를 위해 선교를 두신 것이 아니라 하나님의 선교를 위해 교회를 두셨다. 선교가 교회를 위해 만들어진 것이 아니라 하나님의 선교를 위해 교회가 만들어진 것이다.[398]

풀러신학교의 선교신학자 아더 글라서는 하나님의 선교의 중요성에 대해 "우리의 선교는 삼위일체 하나님의 선교에 참여하는 것이다. 그 이상도 이하도 아니다. 부정적으로 말한다면, 선교가 하나님의 선교가 아니라면 식민지 확장, 교세 확장, 종교적 개종, 사회봉사로 전락해버릴 확률이 매우 높다는 것이다. 사실 이런 것들은 진정한 의미의 선교라고 할 수 없다. 다만 선교가 하나님 중심으로 되어 질 때에만 진정한 의미의 선교라고 할 수 있다"고 피력했다.[399]

하나님의 선교에 대해 베벌리 가벤타(Beverly Gaventa)는 "죄와 죽음으로부터 새롭게 창조된[구원받은] 인류가 자신의 공동체 안에서 하나님을 찬양하도록 하기 위해 구원하는 것"이라고 이해했다.[400] 존 파이퍼(John Piper)는 "선교는 하나님을 예배하지 않는 것 때문에 존재함으로, 선교는 하나님이 목적이지 사람이 아니다"고 강조했다.[401] 또한 미가엘 고맨

---

397) John Stott, *Christian Mission in the Modern World*, 36-54.
398) J. Andrew Kirk, *What is Mission?: Theological Explorations*, 23-37.
399) Arthur F. Glasser, *Announcing the Kingdom*, 12.
400) Beverly R. Gaventa, "The Mission of God in Paul's Letter to the Romans," in *Paul as Missionary: Identity, Activity, Theology, and Practice*, eds. Trevor J. Burke and Brian S. Rosner, London: T & T Clark, 2011, 65-70.
401) John Piper, *Let the Nations Be Glad!: The Supremacy of God in Mission*, Grand Rapids: Baker Book, 1993, 11.

(Michael J. Gorman)은 하나님의 선교에 대해 다음과 같이 설명했다.

> 하나님의 선교(missio Dei)는 무엇인가? 이 질문에 대한 바울의 대답은 명확하다. 세상에 구원을 가져오는 것이다. "내가 복음을 부끄러워하지 아니하노니 이 복음은 모든 믿는 자에게 구원을 주시는 하나님의 능력이 됨이라 먼저는 유대인에게요 그리고 헬라인에게로다"(롬 1:16). 구원이란 하나님의 아들이요 이스라엘의 메시아이며 세상의 진정한 주님이신 예수 그리스도의 죽음과 부활을 의미한다. 이것은 복음이고 좋은 소식이다. 그 구원이 세상에 전해지는 방식은 이 좋은 소식을 말과 행위로 전파하는 것이다.[402]

이런 의미에서 개혁주의 입장에서의 하나님의 선교는 삼위일체 하나님의 선교를 수행하는 의미에서 복음전도를 통한 개인영혼 구원과 사회참여를 통한 세상의 변화라는 두 개의 목표를 지향하고 있다. 하나님께서는 이 거룩한 일을 그리스도께서 피로 세우신 교회가, 성령의 허락 하에, 주도적으로 감당하도록 위임하셨다. 칼빈도 그의 로마서 주석에서 "이방인들에게 복음을 선포하는 것이 '하나님의 선교'(The mission of God)"라고 했다. 여기서 칼빈이 사용했던 '하나님의 선교'는 에큐메니칼 진영에서 이해하고 사용하는 개념과는 분명한 차이가 있다.[403]

---

402) Michael J. Gorman, *Becoming the Gospel: Paul, Participation, and Mission*, 23.
403) 최정만, *칼빈의 생애와 선교사상*, 158.

제2장 ■ 구약 선교신학의 중심사상: '부름'과 '보냄'

선교 신학적 관점에서 볼 때 구약성경의 중심사상은 '부름'(calling) 과 '보냄'(sending)으로 요약할 수 있다. 삼위일체 하나님께서는 구원역사를 이루심에 있어 직접적으로 표면에 나타나시는 경우도 있으나 대부분 시대마다 필요한 사람을 선택하여 '부르시고' 그들을 '보내셔서' 하나님의 선교적 사역을 하게 하셨다. 게오르크 휘체돔(Georg Vicedom)은 이것을 "삼위일체 안에서의 보냄"이라고 했다.[404] 그래서 '부름'이란 하나님의 선교를 위한 수종자로서의 소명(calling)을 의미하고, '보냄'이란 하나님의 선교를 위한 수종자로서의 사역들(missions)을 의미한다. 따라서 부름과 보냄은 동전의 양면이요 수레의 두 바퀴처럼 불가분의 관계이다. 즉, 하나님의 부르심은 보내시기 위한 것으로 부름과 보냄은 항상 함께 언급 되어야만 한다. 다만 아더 글라서(Arthur Glasser)는 아브라함을 부르신 이후 구약의 초점은 보편주의(universalism)적인 관점에서 특수주의(particularism)적인 관점으로 패러다임이 바뀌었는데, 그것은 곧 하나님은 모든 민족들에게 복을 주시기 위해 특정한 백성을 복의 통로로 쓰시기 위해 부르셨다고 이해했다.[405]

크리스토퍼 라이트(Christopher Wright)는 보내시는 하나님을 언급하고 있는 구약의 본문들을 연구한 결과, 하나님이 사람들을 보내실 때는 두 가지 목적(구원과 계시)이 두드러짐을 발견했다. 하나는 하나님의 구출과 구원의 대행자로 보내시는 것이고(救援 salvation), 다른 하나는 하나님의 메시지를 들을 필요가 있을 때 메시지를 선포하는 메신저로 보내신다는 것이다(啓示 revelation). 물론 때때로 이 두 가지 목적을 동시에 수행하도록 보낸 사람들도 있는데 대표적으로 모세의 경우이다.[406]

---

404) Georg F. Vicedom, *The Mission of God*, 7-8.
405) Arthur F. Glasser, *Announcing the Kingdom*, 346.
406) Christopher J. H. Wright, *The Mission of God's People*, 203.

이런 배경에서 휘체돔은 "선교의 최상의 신비는 하나님이 그의 아들을 보내시고 아버지와 아들은 성령을 보내신다는 사실이다. 이로 말미암아 선교는 살고 자라난다. 이렇게 함으로 하나님은 그 자신을 보냄 받은 자로 만드실 뿐만 아니라 동시에 보냄의 내용도 되신다"고 말했다.[407] 그는 보냄의 의미에 대해 계속하기를 "하나님의 선교는 인간의 구원을 위하여 하나님께서 계획하고 계신 모든 것을 하나님께서 보내신 사람들을 통하여 사람들에게 주어서, 사람들이 죄와 세상 나라로부터 해방되어 다시 하나님과 사귈 수 있도록 하시는 하나님의 역사이다. 그리하여 보내심은 잃어버린 인간에 대한 하나님의 사랑의 행위가 된다"고 했다.[408]

크리스토퍼 라이트 역시 '하나님의 선교'라는 용어는 "원래는 '하나님의 보내심'을 의미했다. 성부가 성자를 보내시고 그분들이 성령을 보내신다는 의미이다. 이런 관점에서 보면 모든 인간의 선교는 이러한 신적 보내심에 참여하는 것이며, 그것[하나님의 선교]을 확장하는 것이다"고 설명했다.[409] 다렐 구더(Darrell Guder) 역시 "'선교'는 '보냄'을 의미하고 이것은 인류역사에서 행하는 하나님의 행위의 목적을 기술한 성경의 중심 주제이다"고 강조했다.[410] 이에 대한 대표적인 실례로 하나님은 니느웨 구원을 위해 요나를 선택하여 부르셨고, 비록 요나가 거부했지만 끝까지 요나를 니느웨로 보내셔서 회개를 촉구하여 멸망을 피하게 하신 하나님의 사랑을 볼 수가 있다.

이런 의미에서 선교(Mission)란 삼위일체 하나님의 구원행위를 선포함으로 그 구원활동에 수종자로 선교활동(missions)을 지속해나가는 것이라고 할 수 있다.[411] 하나님의 이 구원활동은 하나님의 선교에 의해 표현되

---

407) Georg F. Vicedom, *The Mission of God*, 8.
408) Georg F. Vicedom, *The Mission of God*, 45.
409) Christopher J. H. Wright, *The Mission of God*, 62-63.
410) Darrell L. Guder, *Missional Church*, 4.
411) 선교용어에서 'Mission'(대문자, 단수)은 삼위일체 하나님의 선교를 나타내는 용어이고, 'missions'(소문자, 복수)는 Mission을 수행하는 선교적 활동들을 나타내는 용어로 구분된다.

듯 이 세상에 대한 하나님의 관계이고 동시에 인간과 함께 하시는 그의 행위임으로 성경에서는 이것이 "보내심"이라는 개념으로 기술되어 있다.[412] 따라서 구약성경에 나타난 선교신학의 중심 사상을 이해하기 위해서는 먼저 하나님의 구속사를 이해하는 것이 중요하리라고 본다.

1. 하나님의 구속사

개혁신학은 성경을 구속사(救贖史 redemptive history)적 관점에서 읽고 해석한다. 구속사란 창세전에 예정된 삼위일체 하나님의 구속경륜에 따라 예수 그리스도의 십자가 죽음과 부활을 통해 타락한 인간을 구속하는 전 역사를 의미한다. 여기서 '구속'이라는 말은 죄의 속박에서 해방되기 위해 그 값을 지불하고 자유롭게 되는 해방, 즉 구원(salvation)을 의미한다. 따라서 구속은 반드시 죄 값(죄에 대한 대가)을 지불해야 이루어지는 것인데, 성경은 인간의 죄 값을 지불하고 구원을 이루실 분은 오직 예수 그리스도뿐이라고 명백히 말씀하고 있다(마 20:28; 막 10:45; 행 4:12; 갈 1:4; 딤전 2:6).

존 프레임은 구속사를 "하나님이 자신의 백성을 죄로부터 구속하시는 일련의 사건, 즉 그리스도 안에서 완성된 내러티브이다. 그것은 성경의 주요한 주제(subject matter)이다. 구속사는 하나님의 백성을 위해 그분이 행하시는 전능한 행위로 구성되어 있다"고 이해했다.[413] 이와 같이 하나님의 자기백성 구속 이야기는 "창조(creation)-타락(fall)-구속(redemption)-회복(restoration)"이라는 큰 틀에서 이해되어진다.[414] 혹

---

412) Georg F. Vicedom, *The Mission of God*, 9.
413) 존 M. 프레임, *성경론*, 157-158.
414) 칼 바르트(Karl Barth)는 창세기 1~10장까지를 사가(전설이나 역사 소설)로 간주함으로 창세기의 기록을 오직 "그리스도 안에서"만 파악하려고 시도하여 "창조-타락-구속"이 아닌 "구속-창조-타락"으로 보는 시대착오를 범했다(김길성, *개혁신학과 교회*, 총신대학교출판부, 2007, 192).

자는 구속에 회복이 포함되어 있다고 전제하고 "창조-타락-구속"의 세 가지 요소를 말하기도 하지만, 필자는 네 가지 요소로 구분하고자 한다. 그 이유는 구속은 이미 예수 그리스도의 십자가로 이루어졌고("다 이루었다"), 회복은 재림으로 완성되기 때문에 네 단계로 구분한 것이다. 이런 구분은 제인 프렛(Zane Pratt)과[415] 브루스 애쉬포드(Bruce Ashford)[416] 그리고 조지 로빈슨(George Robinson)이[417] 동의했고, 크리스토퍼 라이트는 창조-타락-구속-미래의 소망(future hope)으로 구분했다.[418]

구속사적 관점에서 볼 때 성경의 시작인 창세기는 삼위일체 하나님의 인간 창조(창 1:26-27), 아담과 하와로 대표되는 인간의 타락(창 3:6), 예수 그리스도를 통한 구원(행 4:12), 그리고 재림으로 회복될 새로운 세상(새 하늘과 새 땅)(계 21:1)으로 마무리되고 있다.

이런 구속사적 성경관은 선교학에서 성경적 세계관(biblical worldview)이라고 한다. 즉, 중생한 그리스도인들이 성경적 관점으로 세상을 보는 세계관인데, 이 성경적 관점이 곧 구속사적 관점이고 구속사적 관점은 결국 하나님 나라를 지향하고 하나님 나라를 실현시킨다.[419] 따라서 구속사적 세계관(redemptive worldview)은 선교적 세계관(missional worldview)을 의미한다. 기독교 세계관의 대가 알버트 월터스(Albert Wolters)는 성경적 세계관은 성경을 숙고하면서 세계를 포괄적으로 조망하려는 성경적 전통이라고 했고,[420] 신국원 역시 기독교 세계관은 성경의 진리에 따라 구속

---

[415] Zane Pratt, "The Heart of Mission: Redemption," in *Theology and Practice of Mission: God, the Church, and the Nations*, ed. Bruce Riley Ashford, Nashville: B & H Academic, 2011, 48.

[416] Bruce R. Ashford, "The Story of Mission: The Grand Biblical Narrative," in *Theology and Practice of Mission: God, the Church, and the Nations*, ed. Bruce Riley Ashford, Nashville: B & H Academic, 2011, 6.

[417] George Robinson, "The Gospel and Evangelism," in *Theology and Practice of Mission: God, the Church, and the Nations*, ed. Bruce Riley Ashford, Nashville: B & H Academic, 2011, 77.

[418] Christopher J. H. Wright, *The Mission of God*, 64.

[419] 이승구, *기독교 세계관이란 무엇인가?*, SFC, 2007, 21-26.

[420] Albert Wolters, *Creation Regained: Biblical Basics for a Reformational Worldview*, Grand

사적 안목으로 세상을 보는 것이라고 했다.[421] 그래서 성경에 기초를 둔 이 세계관을 개혁주의적 세계관(reformational worldview)이라고 부르기도 한다.

창조

성경은 "태초에 하나님이 천지를 창조하셨다"(창 1:1)는 장엄한 선언과 함께 시작된다. 비록 우리가 하나님의 창조사역을 현장에서 직접 목격하지는 안했지만 우리를 둘러싼 자연세계와 그 사실을 우리에게 정확하게 알려주는 계시의 말씀인 성경을 통해 알 수 있고 또한 그 사실을 믿는다.[422] 그래서 기독교의 모든 신조는 하나님이 세상의 창조자라는 것을 강조한다. 예컨대 기독교의 대표적 신앙고백인 사도신경에 보면 "나는 천지를 창조하신 하나님을 믿는다."로 시작한다.[423] 천지를 창조하신 그 삼위일체 하나님은 자신들의 형상을 따라 자신들의 모양대로 남자와 여자를 창조하셨다(창 1:26-27). 그런데 많은 그리스도인들은 이 장엄하고 엄숙한 말씀을 진화론에 대해 반박할 때 외에는 중요하게 여기지 않고 오직 그리스도의 구원만을 강조하는 경향이 있다. 그러나 구속사는 그리스도의 구원으로 시작되는 것이 아니라 하나님의 창조로부터 시작된다.[424] 그래서 크리스토퍼 라이트도 "구속사는 창조 때 목적을 지니신 하나님과 더불어 시작된다"고 강조했다.[425]

물론 그리스도를 통한 구원이 성경의 중심이지만 구속은 창조와 타락을 이해하지 못하고는 그 의미를 알 수가 없다. 하나님은 말씀과 능력으로 세

　　Rapids: Eerdmans, 1985, 1, 53.
421) 신국원, *니고데모의 안경*, IVP, 2015, 45-47.
422) 엔드류 M. 데이비스, "창조," *복음이 핵심이다*, 아가페북스, 2014, 45.
423) Alister E. McGrath, *Christianity*, 200.
424) 고광석, "선교학 개론(Introduction to Missiology)," 총신대학교 신학대학원 강의안, 2017, 12.
425) Christopher J. H. Wright, *The Mission of God*, 63.

상 만물을 창조하시고 여전히 다스리고 계신다. 이 '창조'와 '다스림'의 구별은 바른 기독교 세계관을 유지하기 위해 반드시 확인되어야 한다.[426] 알버트 월터스(Albert Wolters)는 이것을 창조주의 주권적 행위와 창조질서의 상관 작용이라고 정의했다.[427]

삼위일체 하나님의 창조 사실은 하나님의 실재를 분명히 하고 있고, 그 창조주가 그의 형상대로 지음 받은 인간에게 땅을 유지하고 다스리도록 맡기신 것이다(창 1:28). 그러므로 인간은 땅의 관리자임과 동시에 하나님의 종으로서 하나님의 절대적인 주권에 순종하면서 맡겨주신 것을 다스리도록 지음 받았다. 동시에 하나님의 구속경륜에 온전히 순종하도록 창조된 것이다. 그 구속경륜의 궁극적인 목적은 인류구원을 이루시는 '하나님의 선교'이다.

한 가지 분명한 점은 하나님의 모든 창조의 중심은 인간과 관련이 있다는 것이다. 요하네스 블라우(Johannes Blauw)는 인류의 역사는 창세기 1장 1절로부터 시작된다고 했다.[428] 그만큼 창조의 중심은 하나님의 인간 창조이다. 창세기에 의하면 하나님은 그의 '형상대로' 모든 인간을 '남자와 여자'로 '동등하게' 창조하셨다(1:27-28). 따라서 인간은 하나님의 최고의 창조물이며 하나님의 구원의 대상이다. 따라서 엔드류 데이비스(Andrew Davis)의 말대로, "우리는 창조교리를 통해 만물에 깃든 하나님의 영광을 볼 줄 알고, 하나님을 찬양하고 예배할 이유를 끝없이 찾아야 한다."[429] 뿐만 아니라 인간에 대한 창조 기사와 성경적 기술은 복음 전달을 시작하기에 효과적인 기회이며, 또한 선교신학을 시작하기에 적절한 것이기도 하다.[430]

---

426) Bruce R. Ashford, "The Story of Mission: The Grand Biblical Narrative," 7.
427) Albert Wolters, *Creation Regained*, 14.
428) Johannes Blauw, *The Missionary Nature of the Church*, London: Lutterworth Press, 2002 참조.
429) 엔드류 M. 데이비스, "창조," 복음이 핵심이다, 69.
430) Roger E. Hedlund, *The Mission of the Church in the World: A Biblical Theology*, Grand

타락

삼위일체 하나님은 스스로 만족하게 만물을 창조하시고 마지막에 인간을 창조하시고 "그 지은 것을 보시니 보시기에 심히 좋으셨다"(창 1:31). 하나님은 나쁜 것을 창조하지 않으셨다. 심지어 하나님의 보좌를 지키던 천사 중 일부도 스스로 범죄하여 타락한 것이지 하나님은 사탄도 창조하지 않으셨다. 적어도 하나님의 창조 때, 모든 피조물과 인간은 정상적이었고 좋았다. 특히 아담에게는 이른바 원의(原義)가 있었다. 인간은 하나님과 세상과 그리고 다른 것들과도 바른 관계를 가지고 있었다. 그런데 인간은 하나님께 순종하며 하나님 의존적으로 창조되었지만 죄가 이것을 거부하게 만들고 나아가 사탄과 그의 세력을 섬기게 만들었다. 죄는 인간으로 하여금 하나님과 맺은 언약을 파기하여 하나님의 명령을 불순종하게 하였다. 그리고 하나님의 통치를 거부하고, 나아가 하나님과 떨어지도록 만들었는데 이것을 '타락'(fall)이라고 한다. 결국 "타락은 하나님의 목적에 인간이 반역함으로 생겨난 갈등과 문제로 이어지게 되었다."[431]

하나님의 선한 창조의 결과로 매우 아름답고 정상적인 관계가 타락으로 인해 파괴되었는데, 브루스 애쉬포드는 네 가지 부분에서 파괴되었다고 했다. 첫째는 하나님과의 관계가 파괴되었고, 둘째는 다른 사람과의 관계가 파괴되었으며, 셋째는 자신과의 관계가 파괴되었고(이것은 하나님보다 자신을 더 사랑하게 된 상태를 의미), 넷째는 다른 피조물들과의 관계가 파괴되었다.[432] 따라서 하나님과 같은(동료) 인간들과의 관계가 파괴됨으로 소외된 인간의 비극은 하나님의 선교를 절실하게 필요로 하게 되었다.[433]

Rapids: Baker Book, 1991, 22-23.
431) Christopher J. H. Wright, *The Mission of God*, 63.
432) Bruce R. Ashford, "The Story of Mission: The Grand Biblical Narrative," in *Theology and Practice of Mission: God, the Church, and the Nations*, 10-12.
433) Alan R. Tippet, *Verdict Theology in Missionary Theory, Pasadena*: William Carey Library,

특히 인간이 범죄 함으로 인간 자신만 타락한 것이 아니라 인간의 다스림 아래 놓여있던 피조세계도 함께 타락하여 저주 아래 놓이게 되었다(창 3:16-19). 그 결과 하나님의 선한 창조물들 속에 죄가 들어가지 않은 것이 없게 되었다. 오죽했으면 하나님께서 타락한 인간을 향하여 "나의 영이 영원히 사람과 함께 하지 아니하리니 이는 그들이 육신이 됨이라"(창 6:3)고 하셨으며, "여호와께서 사람의 죄악이 세상에 가득함과 그의 마음으로 생각하는 모든 계획이 항상 악할 뿐임을 보시고 땅 위에 사람 지으셨음을 한탄하사 마음에 근심하시고 이르시되 내가 창조한 사람을 내가 지면에서 쓸어버리되 사람으로부터 가축과 기는 것과 공중의 새까지 그리하리니 이는 내가 그것들을 지었음을 한탄함이니라"(창 6:5-7)고 하셨을까?

죄로 인한 인간의 타락의 결과는 실로 심각했다. 타락은 인간의 영혼과 육신을 부패시켰으며, 창조의 모든 영역은 신음하였고, 타락한 인간은 하나님 앞에 죄책감을 갖고 살게 할 뿐만 아니라 하나님과의 관계를 단절시켜버렸다. 즉 하나님과 인간 사이의 분리를 의미하며 이 분리는 결국 죽음에 이르게 하였다.[434]

따라서 성경이 말하는 죄와 타락은 실정법을 어기거나 관습을 깨뜨린 정도가 아니라 삶의 근본적인 문제와 관련된 것이다. 즉 하나님과의 언약을 파기함으로 하나님의 통치권을 거부하고 인간의 주권을 강조하게 됨으로 인간의 모든 사고와 행위에서 하나님을 기쁘게 하는 모든 능력을 상실하게 되었다. 결국 타락한 인간은 지정의(知情意)가 왜곡되고, 정욕에 사로잡히게 되었다.[435]

그런데 문제는 아담과 하와의 범죄로 인한 타락은 본인들만의 문제가 아니라는데 그 심각성이 있다. 그들의 타락은 온 인류와 창조세계에 영향을 주었다. "곧 한 사람의 범죄를 인하여 많은 사람이 죽었은

1973, xvii.
434) 신동식, *기독교 세계관이 상실된 세상에서*, 우리시대, 2014, 124.
435) 신국원, *니고데모의 안경*, 92-107 참조.

즉"(롬 5:15)..."심판은 한 사람으로 말미암아 정죄에 이르렀으나"(롬 5:16)..."한 범죄로 많은 사람이 정죄에 이른 것 같이"(롬 5:18). 결국 모든 사람은 "죄와 허물로 죽었다"(엡 2:1). 죄는 사람들 안에 폭넓게 침투했고 송두리째 부패시켰다. 한마디로 '전적으로 부패' 하였다.[436] 그럼에도 하나님은 타락한 인간들을 그대로 방치하시지 않고 살릴 수 있는 유일한 해결책을 내놓으셨는데, 바로 하나님의 독생자 예수 그리스도를 통한 구속이다.

구속

창세기의 첫 세장(1-3장)의 중심 내용은 창조로부터 타락과 구속을 기록하고 있다. 창세기 3장은 타락의 이야기이지만 그 안에 구속의 약속(3:15)도 들어있다. 인간의 죄 문제를 해결하고 인류를 구속할 수 있는 유일한 분이신 예수 그리스도를 통한 하나님의 구원의 약속이 주어진 것이다. 하나님의 구원의 약속은 사탄을 저주하는 말씀 속에 들어있는데, "내가 너로 여자와 원수가 되게 하고 네 후손도 여자의 후손과 원수가 되게 하리니 여자의 후손은 네 머리를 상하게 할 것이요 너는 그의 발꿈치를 상하게 할 것이니라"(창 3:15)고 하셨다. 여자의 후손인 예수 그리스도를 통해 죄의 기원자인 사탄을 멸망시키고 타락한 인간 세상에 하나님의 구원을 이루실 것을 약속하신 것이다. 이것이 바로 성경에 기록된 최초의 복음인 "원시복음"(primitive gospel)이다. 성경의 내용은 구속의 이야기, 즉 자신의 형상대로 지음 받은 자들을 위한 하나님의 구속의 이야기이다. 참으로 모든 창조물은 그의 아들의 나타남으로 말미암아 타락의 굴레에서 자유하게 된다(롬 8:18-25).[437] 그래서 라이트는 "성경은 인간의 역사라는 무대에서 펼쳐지는 삼위일체 하나님의 구속적 목적에 이야기의 대부분

---

436) 레디티 앤드류스 3세, "죄와 타락," *복음이 핵심이다*, 아가페북스, 2014, 81.
437) Bruce R. Ashford, "The Story of Mission: The Grand Biblical Narrative," 12.

을 할애한다"고 했다.[438]

구속은 타락한 인간의 범죄로 왜곡된 피조세계를 하나님께서 창조하신 본래의 목적대로 회복하는 것으로서(고후 5:17-18), 재창조(re-creation)라고 한다.[439] 이 말의 의미는 처음 창조세계를 폐기하신 것이 아니라 타락한 창조세계를 포기하지 않으시고 붙들고 계시다가 다시 회복하신다는 의미이다.[440]

이와 같은 회복은 누군가가 타락한 인간의 죄 값을 지불해야만 가능한데, 무흠한 예수 그리스도의 십자가의 대속적 죽음과 부활을 통해서만 가능하다. 그러므로 구속사는 예수 그리스도의 인격과 사역(죽음과 부활)에 초점을 맞춰야 한다. 왜냐하면 구속사의 정점에 계신 분이 예수 그리스도이기 때문이다. 예수께서는 초림으로 하나님의 구속사역을 성취하셨고 재림으로 완전하게 회복(완성)하실 것이다.

회복(완성)

하나님의 구속의 일은 마지막 때, 하나님 자신을 위하여 그의 좋은 창조물인 인간과 만물을 회복시킬 것이다. 성경 전체의 이야기는 마지막을 향하여 움직인다. 모든 신학은 예수 그리스도께서 사탄을 물리치고 하나님의 창조 때의 상태로 회복하는 끝(end)을 향한다. 성경에서 종말을 의미하는 '에스카톤'(εσχατον)은 마지막 때에 단순히 복음을 전하는 것이 아니라 교회와 성도들을 회복시키는 소망에 근거한 비전을 말한다.[441]

예수 그리스도는 십자가와 부활을 통하여 타락한 인류의 구속을 이루셨으나 아직 완성되지는 않았다. 무슨 말이냐면 구원받은 그리스도인들은

---

[438] Christopher J. H. Wright, *The Mission of God*, 63-64.
[439] 양승훈, *기독교적 세계관*, 바울, 2003, 96-98.
[440] 신동식, *기독교 세계관이 상실된 세상에서*, 132-135.
[441] Russell Moore, "Personal and Cosmic Eschatology," in *A Theology for the Church*, ed. Daniel Akin, Nashville: B & H, 2007, 858.

구원의 기쁨과 "마침내 구원에 이를 것이라"는 확신에 찬 소망이 있음에도 불구하고 아직도 사탄의 세력들과 투쟁하며 죄 가운데서 살고 있기 때문에 완성된 구속이라고 할 수 없는 것이다. 마치 천국은 "이미"(already) 임했으나 "아직"(not yet) 완성되지 않은 것과 같은 이치이다.

구원은 예수 그리스도께서 재림하셔서 완성할 새로운 나라(새 하늘과 새 땅)에서 완성된다. 사탄이 무저갱에 갇히고 죄가 사라진 완전한 나라에서 구원이 완성된다. 그 나라는 그리스도께서 이루신 구원이 구속사의 각 과정들 속에서 점진적으로 전개되다가 그리스도께서 재림하실 때에 타락한 지금의 세상은 마무리되고 새로운 나라로 재창조될 것이다. 크리스토퍼 라이트는 하나님의 선교는 "새 창조에 대한 종말론적 소망과 함께 역사의 지평 너머에서 끝난다"고 했다.[442] 바울은 그 때를 "그가 모든 통치와 모든 권세와 능력을 멸하시고 나라를 아버지 하나님께 바칠 때라"(고전 15:24)라고 했고, 베드로는 "우리는 그의 약속대로 의가 있는 곳인 새 하늘과 새 땅을 바라보도다"(벧후 3:13)고 함으로 우리가 바라보며 살아야 할 종말의 소망은 그리스도께서 이루실 완성된 하나님의 나라인 '새 하늘과 새 땅'(계 21:1-5; 사 65:17)임을 가르쳤다.

그리스도께서 새롭게 세우실 '새 하늘과 새 땅'에서는 사탄의 결박과 함께 타락한 세속의 문화는 사라지고 의와 진리로 가득한 거룩한 하나님의 나라가 될 것이며, 이 완성된 나라에서는 구원받은 자들이 변화된 모습으로 영원히 왕 노릇하며 살게 될 것이다(계 5:10; 11:15; 20:4, 6; 22:5). 이승구는 이 완성을 '극치'(consummation)라 표현했다. 하나님의 나라는 예수님의 재림 때에 비로소 그 나라의 극치에 이르고, 그 때까지는 이 세상 안에서 하나님의 나라가 성장해 가면서 그 영향력은 온 땅에 미친다.[443] 하나님의 나라는 예수 그리스도의 초림으로 시작되었고 재림으로 완성될 것이다. 신국원은 그리스도의 재림 때 완성될 하나님의 나라는 슬

---

442) Christopher J. H. Wright, *The Mission of God*, 64.
443) 이승구, *기독교 세계관이란 무엇인가?*, 31.

픔이나 고통이 없는 "샬롬의 터"라고 표현했다.[444]

최용준은 요한계시록 21장 1-4절에서 구속된 그리스도인이 소망하는 '완성'을 네 가지 비전으로 설명했다. 첫째는 새 하늘과 새 땅으로, 둘째는 하나님의 거룩한 성 새 예루살렘으로, 셋째는 임마누엘의 하나님이 우리와 함께 하시는 것으로, 넷째는 영원한 축복을 누리는 것으로 말하고 있다.[445]

2. 하나님의 선교를 위한 '부름'과 '보냄'

삼위일체 하나님은 구속사의 전 과정에서 '하나님의 선교'를 이루기 위해 선택된 사람들을 부르셨고 또한 보내셨다. 이 사상은 '하나님의 선교'에서 가장 중심이 되는 사상이다. 하나님의 부르심은 선택적 부르심(elective calling)이고, 하나님의 보내심은 사역적 보내심(missional sending)이다. 하나님의 부르심은 곧 보내시기 위한 부르심으로서 하나님의 부르심과 보내심은 동전의 양면과 같고 수레의 두 바퀴와 같이 불가분적 관계이다.

하나님의 선택에는 두 가지 특성이 있는데 특별성과 보편성이다. 특별성(particularism)이란 하나님은 선택한 사람을 통해 구원사역을 이루어가시고, 보편성(universalism)이란 하나님은 모든 사람을 구원의 대상으로 삼으신다는 것이다. "하나님은 언제나 보냄 안에 자신을 현존하시고, 또한 보냄을 통해서 세상을 보존하시며 인간을 인도하신다."[446] 하나님의 이 원리에 따라 아브라함을 비롯한 사람들이 시대마다 부름을 받았고 보냄을 받았다.

---

444) 신국원, *니고데모의 안경*, 181.
445) 최용준, *세계관은 삶이다*, CPU, 2008, 131-135.
446) Georg F. Vicedom, *The Mission of God*, 8.

아브라함의 부름과 보냄

언약백성의 조상 아브라함은 하나님의 특별한 선택을 받아 '열국의 아비'로 '믿음의 조상'으로 부르심을 받았다. 아브라함은 75세라는 적지 않은 나이에 부름을 받아 "고향과 친척과 아버지의 집을 떠나" 하나님이 지시하신 미지(未知)의 땅으로 보냄을 받았다(창 12:1). 아브라함은 하나님의 부르심에 아내와 조카 롯과 함께 순종하여 갔는데(창 12:4), 히브리서 기자는 이런 아브라함에 대해 "믿음으로 아브라함은 부르심을 받았을 때에 순종하여 장래의 유업으로 받을 땅에 나아갈새 갈 바를 알지 못하고 나아갔으며"라고 평가했다(히 11:8).

아브라함은 그의 인생에서 하나님의 부르심에 절대적이고 즉각적으로 순종함으로 받은 복이 크게 두 가지인데, 하나는 "너는 너의 고향과 친척과 아버지의 집을 떠나 내가 네게 보여 줄 땅으로 가라"(창 12:1)는 부르심에 순종함으로 '약속의 땅'(가나안)을 받았고(창 12:7), 다른 하나는 "네 아들 네 사랑하는 독자 이삭을 데리고 모리아 땅으로 가서 내가 네게 일러 준 한 산 거기서 그를 번제로 드리라"(창 22:2)는 부르심(명령)에 순종하여 '열국의 아버지'가 되었다(창 22:15-17). 아브라함은 언약백성의 조상으로 '부름'을 받았고 장차 그의 후손들이 살게 될 땅으로 '보냄'을 받았다.

아브라함과의 언약 성취를 위해 사람들을 부름과 보냄

하나님은 가나안 땅에 살고 있던 아브라함에게 중요한 언약을 주셨다. "여호와께서 아브람에게 이르시되 너는 반드시 알라 네 자손이 이방에서 객이 되어 그들을 섬기겠고 그들은 사백 년 동안 네 자손을 괴롭히리니 그들이 섬기는 나라를 내가 징벌할지며 그 후에 네 자손이 큰 재물을 이끌고 나오리라"(창 15:13-14). 이 약속은 하나님께서 아브라함과 맺은 언약이었다(창 15:18). 즉 아브라함의 후손들이 지금 당장 약속의 땅에서 살 수 있는 것이 아니라 이방(애굽) 땅에서 사백 년 동안 객이 되어 고생을 하다가 하나님의 구원의 은총(출애굽)을 경험한 후 약속의 땅으로 오게 될 것이라는 내용이다.

하나님께서 이렇게 하신 이유는 세 가지 목적을 이루시기 위함이었는데, 첫째는 출애굽을 통해 구원의 은총을 체험하게 하기 위함이요, 둘째는 가나안 땅을 정복하고 정착하기 위한 나라(이스라엘)를 형성하기 위함이었고, 셋째는 그의 후손을 열방을 구원하기 위한 수단으로 부르시기 위함이었다.

아브라함과의 이런 언약을 성취하기 위해 하나님께서는 시대마다 필요한 사람들을 부르셨고 보내셨다.

(1) 요셉

아브라함의 후손이 애굽에서 사백년 동안 번성하여 하나의 나라로 성장하기 위해서는 누군가가 보호막이 되어야만 했는데, 하나님은 그 일의 적임자로 요셉을 선택하여 부르셨다. 하나님은 요셉에게 꿈을 통해 비전을 주셨고, 요셉을 형들에 의해 팔리는 방법으로 애굽에 보내셨다. 요셉은 보디발의 집안 일꾼으로 와서 총무가 되고, 모함을 받아 감옥에 갇히게 되고, 마침내 왕의 꿈을 해몽하여 약관 삼십에 대제국의 총리가 되었는데, 그 모든 과정에 "여호와께서 요셉과 함께 하심으로 그가 형통하였다"(창 39:2, 23).

요셉은 애굽의 총리가 되어 그의 아버지 야곱과 가족들을 고센 땅에 살게 하고 완벽한 보호자가 되어 "이스라엘 족속이 애굽 고센 땅에 거주하며 거기서 생업을 얻어 생육하고 번성하였다"(창 47:27). 하나님이 정하신 때가 차서 출애굽 할 즈음에는 "이스라엘 자손은 생육하고 불어나 번성하고 매우 강하여 온 땅에 가득하게 되었고"(출 1:7), 이들은 "학대를 받을 수록 더욱 번성하여 퍼져나가니 애굽 사람이 이스라엘 자손으로 말미암아 근심"(출 1:12)할 정도로 큰 민족을 이루었다.

요셉은 17세의 어린 나이에 노예로 팔려 와서 110세에 죽기까지 93년 동안 아브라함의 후손들이 애굽에서 정착하여 큰 나라를 이룰 수 있도록 하라는 부름을 받고 애굽으로 보냄을 받아 자신의 사명을 완벽하게 완수했다. 그는 자신이 애굽에 간 것은 자신의 의지나 혹은 형들이 팔았기 때문이 아니라 하나님이 보내셨다고 세 번씩이나 반복해서 형제들에게 고백했다.

> 요셉이 형들에게 이르되 내게로 가까이 오소서 그들이 가까이 가니 이르되 나는 당신들의 아우 요셉이니 당신들이 애굽에 판 자라 당신들이 나를 이 곳에 팔았다고 해서 근심하지 마소서 한탄하지 마소서 하나님이 생명을 구원하시려고 나를 당신들보다 먼저 **보내셨나이다** 이 땅에 이 년 동안 흉년이 들었으나 아직 오 년은 밭갈이도 못하고 추수도 못할지라 하나님이 큰 구원으로 당신들의 생명을 보존하고 당신들의 후손을 세상에 두시려고 나를 당신들보다 먼저 **보내셨나니** 그런즉 나를 이리로 **보낸** 이는 당신들이 아니요 하나님이시라 하나님이 나를 바로에게 아버지로 삼으시고 그 온 집의 주로 삼으시며 애굽 온 땅의 통치자로 삼으셨나이다."(창 45:4-8, 저자 강조).

우리는 요셉이 형제들과의 대화에서 "하나님이 자신을 보내셨다"는 말을 세 번씩이나 반복해서 말하고 있는 모습을 통해서 하나님이 애굽에 있는 아브라함의 후손인 이스라엘 백성들을 보호하시기 위해 요셉을 먼저 보내셨음을 확인할 수 있다.[447]

---

447) Christopher J. H. Wright, *The Mission of God's People*, 203.

(2) 모세

하나님께서 아브라함과의 약속대로 그의 후손들이 이방 땅 애굽에서 사백년 동안(430년) 종살이하다가 "큰 재물을 이끌고 나오리라"(창 15:14)는 언약을 성취한 사람이 모세였다. 앞에서 언급한 대로 모세는 이스라엘 백성들을 구원하기 위해 애굽으로 보내졌고 또한 하나님의 계시를 전달하기 위해 백성들에게로 보내졌다. 하나님은 모세를 애굽으로 보내시기 위해 모세를 호렙산(시내산)에서 직접 부르셨다. "하나님이 떨기나무 가운데서 그를 불러 이르시되 모세야 모세야 하시매 그가 이르되 내가 여기 있나이다"(출 3:4). 그리고 말씀하시기를 "이제 **가라**…이제 내가 너를 바로에게 **보내어** 너에게 내 백성 이스라엘 자손을 애굽에서 인도하여 내게 하리라"(출 3:9-10, 저자 강조)고 하셨다. 물론 모세가 처음에는 하나님의 보내심에 주저했지만 결국 하나님의 부르심을 받아 아론과 함께 애굽으로 보내졌다.

하나님의 권능에 힘입어 바로와의 치열한 영적 싸움(열 가지 재앙 등)에서 승리한 모세는 이스라엘 백성들과 함께 유월절을 지킨 후 백성들을 이끌고 애굽에서 나왔다(출 13:18). 모세는 백성들을 인도하여 약속의 땅으로 가는 과정에 수많은 난관이 있었지만 하나님의 도우심으로 가데스 바네아까지 도착했으나, 정탐꾼 사건으로 인해 여호수아와 갈렙을 제외한 출애굽 1세대는 아무도 가나안 땅에 들어갈 수 없는 대재앙을 만나 40여 년을 광야에서 유리하게 되었다.

불행하게도 모세마저 하나님의 말씀에 온전히 순종하지 못한 므리바 사건으로 인해 가나안 땅에 들어가지 못하는 사태에 이르렀으나(민 20:12), 하나님은 모세에게 가나안 동편 일부라도 점령할 수 있게 하셨고 또한 가나안 본토를 바라볼 수 있는 은혜를 주셨다. 우리는 모세의 상황을 보면서 안타까운 마음이 들지만, 하나님께서 주권적으로 그 원의 역사를 이루어 가심에 있어 모세에게 부여된 사명이 "거기까지"였다고 믿을 수밖에 없다. 예컨대, 바울의 경우도 안디옥교회의 후원으로 동반부 선교를 마무리하고(롬 15:19), 로마교회의 후원을 받아 서바나(Spain) 선교를 소망했지만(롬 15:23, 28) 하나님은 바울의 선교를 로마에서 마치게 하셨다.

(3) 여호수아

모세가 죽은 이후 하나님은 모세의 수종자였던 여호수아를 아브라함과의 언약을 성취할 사람으로 부르셨고 그를 약속의 땅 가나안으로 보내셨다. "여호와의 종 모세가 죽은 후에 여호와께서 모세의 수종자 눈의 아들 여호수아에게 **말씀하여[부르시고]** 이르시되 내 종 모세가 죽었으니 이제 너는 이 모든 백성과 더불어 일어나 이 요단을 건너 내가 그들 곧 이스라엘 자손에게 주는 그 땅으로 **가라**"(수 1:1-2, 저자 강조).

여호수아는 두렵고 떨림이 있었으나 하나님의 강력한 능력에 힘입어 백성들을 인도하여 요단강을 건넜고, 여리고성을 비롯한 가나안을 점령하였다. 마침내 하나님의 뜻대로 제비를 뽑아 지파별로 땅을 분배하여 정착하게 함으로 하나님께서 아브라함과 맺은 언약을 마무리했다. 하나님께서 그에게 부여하신 사명을 큰 무리 없이 잘 수행했다.

(4) 이사야

구약 시대에, 하나님은 그의 백성들에게 계시의 전달자로 선지자들을 직접 부르시고 보내셨다. 그 대표적인 선지자 중의 하나가 이사야이다. 이사야 6장에서 "내가 여기 있나이다 나를 보내소서"라는 이사야의 유명한 말 속에서 부르시고 보내시는 하나님의 선교적 모습을 정확하게 볼 수 있다.

우리가 여기서 주목해야 할 점은 선교 지망생으로 자원하는 이사야에 초점을 맞추지 말고 이사야를 보내시는 삼위일체 하나님께 초점을 맞춰야 한다는 것이다.[448] 즉, 선교의 주체가 되시는 삼위일체 하나님이 중심이 되시므로 우리의 시선을 성전에 있는 이사야가 아닌 천상(天上)의 보좌에 계시는 삼위일체 하나님께 집중해야 한다. 그 이유를 이사야 파송의 과정에서 볼 수 있다. 삼위일체 하나님께서 "내가 누구를 보내며 누가 우리를 위하여 갈꼬?"라고 말씀하시는 상황에서, 이사야가 "내가 여기 있나이다 나를 보내소서"라고 자원하였더니, 삼위일체 하나님께서 "가서 이 백성에게…" 전하라고 보내셨다(사 6:9-10). 삼위일체 하나님의 부르심에 응답했던 이사야를 계시의 대행자로 보내신 분은 하나님이시다.

(5) 예레미야

예레미야 역시 하나님의 보내심을 받고 계시의 대행자로 헌신했다. 특히 그에 관한 성경의 기록을 살펴보면 다른 선지자들보다 더 많이 보내심과 관련된 언어를 사용하고 있음을 볼 수 있다. 하나님은 예레미야를 출생 전부터 성별하셨고, 여러 나라의 선지자로 세우셨다(렘 1:5). 당시 10대 후반 또는 20대 초반이었던 예레미야는 하나님의 부르심에 모세처럼 자신의 부족함을 알고 선뜻 응할 수가 없었다. 그때 하나님은 예레미야에게 "너는 아이라 말하지 말고 내가 너를 누구에게 보내든지 너는 가며 내가 네게 무엇을 명령하든지 너는 말할지니라"(렘 1:7)고 말씀하셨다.

하나님은 예레미야를 사역의 대상과 영역의 제한을 두지 않으시고 보내셨다. 실제로 예레미야는 정부에 의해 반역죄로, 종교당국에 의해 신성모독으로 해석될 만한 말씀을 주시기도 했다. 그는 외롭고 위험한 곳으로 보냄을 받았다. 때때로 그는 거짓 선지자들에게 에워싸이기도 했다.[449] 그러나 그를 가장 힘들게 했던 것이 예루살렘과 성전의 멸망에 대한 메시지였다(렘 1:10). "주께서 계실 영원한 처소"(왕상 8:13)인 성전이 파괴될 것

---

448) Christopher J. H. Wright, *The Mission of God's People*, 206.
449) Christopher J. H. Wright, *The Mission of God's People*, 207.

이라는 예언은 찢어지는 마음과 눈물 없이는 선포할 수 없는 자신의 아픔이요 민족의 아픔이었다. 그래서는 그를 "눈물의 선지자"라고 부르는 것이다(렘 9:1; 14:7). 그는 무너질 성전을 생각하며 통한의 눈물을 흘렸고, 다시 회복될 것을 소망하며 희망의 눈물을 흘렸다.

이스라엘의 부름과 보냄

삼위일체 하나님의 은혜로 모세와 함께 애굽을 나온 이스라엘 백성들은 시내산에 도착하여 하나님으로부터 민족적인 사명을 받았다. "세계가 다 내게 속하였나니 너희가 내 말을 잘 듣고 내 언약을 지키면 너희는 모든 민족 중에서 내 소유가 되겠고 너희가 내게 대하여 제사장 나라가 되며 거룩한 백성이 되리라"(출 19:5-6).

이스라엘은 애굽에서 구원을 받아 하나님의 선교의 수종자도 부르심을 받은 것이다. 게오르크 휘체돔은 이 부분을 해석하면서 하나님께서는 민족들 가운데서 오로지 자기에게만 속하는 그 민족을 선택하시어 그들을 부르시고 또한 보내심으로서 이 세상에로의 보내심을 수행하신다. 이렇게 이스라엘은 선교의 부르심을 받았다. 하나님께서 여러 민족들 중에서 이스라엘만을 선택하신 것은 다른 민족들을 버려둔 것이 아니라 오히려 그들을 위한 하나님의 봉사요 선교의 일부이다. 이스라엘의 선택을 통하여 다른 민족들 역시 하나님의 은총의 대상자로 포함시키셨기 때문이다(창 12:2-3)고 설명했다.[450]

3. 예수 그리스도의 '부름'과 '보냄'

구약의 선지자들은 여호와 하나님께서 장차 메시아를 '보낼 것'을 예언했고, 신약의 선지자인 세례 요한은 그 메시아가 하나님의 '보냄을 받

---

450) Georg F. Vicedom, *The Mission of God*, 48.

아 왔음'을 선포했으며(마 3:2), 사도 요한도 "하나님이 자기의 독생자를 세상에 보내심은 그로 말미암아 우리를 살리려 하심이라"(요일 4:9)고 말함으로 예수 그리스도가 성부 하나님의 보내심을 받아 이 세상에 왔음을 분명히 했다. 이런 사실은 예수님 자신의 가르침을 통해서도 명백하게 확인되고 있는데 "나는 이스라엘 집의 잃어버린 양 외에는 다른 데로 보내심을 받지 아니하였노라"(마 15:24); "내가 다른 동네들에서도 하나님의 나라 복음을 전하여야 하리니 나는 이 일을 위해 보내심을 받았노라"(눅 4:43); "아버지께서 나를 보내신 것 같이 나도 너희를 보내노라"(요 20:21). 그런데 예수님은 무슨 목적을 위하여 성부로부터 보냄을 받았는가? 그는 하나님의 선교를 위해 보냄 받았다. 예수님의 삶, 곧 성육신과 출생, 가르침과 역동적인 사역들, 수난과 죽음, 부활과 승천은 온전히 선교적인 삶이었다.[451] 그러므로 예수님의 삶에서 선교는 여러 사역들 중의 하나가 아니라 그분의 삶과 사역 자체가 선교였다. 왜냐하면 예수님은 "잃어버린 자를 찾아 구원하시기 위해" 보냄을 받았기 때문이다(눅 19:10).

하나님께서 그의 아들을 '보낸다'(ἀπέσταλκέν)는 개념은 이미 구약에서 여러 형태로 가시화되었다. 예컨대 하나님께서 그의 선지자들을 보내셨고, 그의 말씀을 보내셨고(주셨고), 그의 영(성령)을 보내셨고, 그의 천사들을 보내셨다. 또한 말라기 4장 5절에서는 마지막 때에 "내가 선지자 엘리야를 너희에게 보내리니"라고 하면서 하나님께서 예수님을 보내시고 그분들은 성령을 보내심으로 구속사를 이루어 가시는 것은 하나님의 섭리임을 알 수가 있다.[452] 그래서 크리스토퍼 라이트는 "예수님은 그냥 오시지 않으셨다. 예수님은 보냄을 받으셨다. 그것은 예수님의 자의식 가운데 가장 주목할 만한 차원 중의 하나이다. 그것은 예수님이 성부 하나님의 뜻을 행하도록 보내심을 받으셨다는 강력한 인식이다"고 강조했다.[453]

---

451) Scott W. Sunquist, *Understanding Christian Mission*, 208-209.
452) Seyoon Kim, *The Origin of Paul's Gospel*, Tuebingen: J. C. B. Mohr, 1981, 117-119 참조.
453) Christopher J. H. Wright, *The Mission of God's People*, 210.

제자들의 부름과 보냄

예수 그리스도는 성부의 보냄을 받아 이 세상에 와서 열두 명의 제자들을 중심으로 필요한 자들을 부르시고 다시 세상으로 보내셨다. "또 산에 오르사 자기가 원하는 자들을 **부르시니** 나아온지라 이에 열둘을 세우셨으니 이는 자기와 함께 있게 하시고 또 **보내사** 전도도 하며 귀신을 내쫓는 권능도 가지게 하려 하심이러라"(마 3:13-15, 저자 강조). 일반적으로 예수님의 부름을 받은 자들을 '제자'(disciple)라고 하고 보냄을 받은 자들을 '사도'(apostle)라고 구분한다. 제자는 스승으로부터 일을 배우는 훈련생의 의미가 있고, 사도는 스승의 가르침대로 실행하는 '보냄 받은' 사역자의 의미가 있다.

예수님은 이스라엘의 열두 지파를 상징하는 열두 명의 제자들을 부르시고 훈련하신 후 보내셨다. 또한 칠십 명의 전도인들을 부르시고 보내셨다(눅 10:1 이하). 그리고 승천하시기 전에 모든 제자들을 향하여 "그러므로 너희는 **가서** 모든 민족을 제자로 삼아 아버지와 아들과 성령의 이름으로 세례를 베풀고 내가 너희에게 분부한 모든 것을 가르쳐 지키게 하라 볼지어다 내가 세상 끝 날까지 너희와 항상 함께 있으리라 하시니라"(마 28:19-20, 저자 강조)고 당부하시면서 "가라"(go)고 명령하셨다. 이 '가라'는 명령은 주님 편에서 볼 때 '보냄'인데, 결국 신약의 선교는 하나님으로부터 '보냄 받은' 그리스도께서 선교의 수종자들인 제자들을 '보냄(가라)'으로 시작되었고, 또한 성부께서 이들을 돕기 위해 보혜사(παράκλητος) 성령을 보내심으로 계속되고 있다.

열두 제자들은 예수님에 의해 선택되고 보냄을 받았다. 그들은 예수님의 영원한 제자들로서 지상명령에 순종하도록 보냄 받은 사도들이었다. 그래서 그들을 가리켜 "사도된 제자들"(apostolic disciples)이라고 부르기도 한다.

사도 바울의 부름과 보냄

바울은 유대교에 대한 열성이 대단하여 그리스도인들에 대한 핍박의 도가 지나칠 정도였다. 그는 스데반을 돌로 죽이는데 앞장섰고, "교회를 잔멸하려고" 그리스도인들에 대한 바울의 박해는 예루살렘을 넘어 외국 성(다메섹)에까지 미쳤다(행 8:3; 9:1 이하). 그는 대제사장들의 권세와 위임을 받고 예루살렘 밖에 있는 그리스도인들까지 박해를 하려고 살기가 등등한 모습으로 다메섹으로 향했다. 그는 이것이 하나님과 율법에 가장 충실한 행위라고 믿었던 것이다. 다메섹에는 이미 유대로부터 피신 온 그리스도인들이 많이 있었다. 그래서 그들은 다메섹 주민 중 그리스도교로 개종한 자들의 집을 피난처로 삼고 그곳으로 모여들었는데, 바울이 체포하려고 했던 사람들이 바로 이들이었다.

그런데 바울이 길을 재촉하여 다메섹 가까이에 이르렀을 때 그는 느닷없이 "그가 박해했던" 예수 그리스도의 "부르심"을 받고 성령의 강권적인 역사로 회심하였던 것이다(행 9:5). 그야말로 불가항력적인 부르심이었다. 그는 "내 이름을 이방인과 임금들과 이스라엘 자손들에게 전하기 위하여 택한 나의 그릇"으로 부르심을 받았다(행 9:15). 이것은 바울의 피할 수 없는 소명이요 또한 사명이었다.

마침내 바울은 성령의 "보내심"을 받아 동역자들과 함께 선교단을 이루어 이방인을 위한 선교활동을 시작하게 되었다(행 13:4). 그는 바나바와 팀을 이루기도 했고 실라와 팀을 이루며 생명을 걸고 이방인들에게 복음을 전하기 위해 보냄을 받았다. 그는 성령의 강력한 인도함을 받아 기독교 역사상 가장 위대한 하나님의 선교의 동역자가 되었다. 허버트 케인은 선교사 바울의 성공 요인 중의 하나가 주님의 부르심(소명)에 대한 확고한 신념이었다고 이해했다.[454]

바울은 예수 그리스도로부터 사도로 부르심을 받았고, 사도직을 수행

---

454) Herbert Kane, *Christian Missions in Biblical Perspective*, 86.

하도록 보냄을 받았다. 사도라는 용어 자체가 '보냄 받은 사람'이라는 뜻을 갖고 있음을 잘 알고 있었던 바울은 하나님의 복음을 전파하기 위해 보냄을 받았다. 그는 "보내심을 받지 아니하였으면 어찌 전파하리요"(롬 10:15)라고 함으로 복음을 전파하기 위해서는 반드시 그리스도로부터 보냄을 받아야할 것을 강조했다. 그래서 바울은 자신이 예수 그리스도의 부르심을 받아 사도로 보냄을 받았다는 것을 분명히 했던 것이다(롬 1:1; 11:29).

교회의 부름과 보냄

교회는 구약의 이스라엘 백성들과 같이 하나님의 구원사역의 수종자로 부름 받고 보냄 받은 그리스도인들의 공동체이다. 교회를 의미하는 헬라어 '에클레시아'(ἐκκλεσία)는 "불러 모으다"라는 뜻의 에칼레오(ἐκκαλεώ)에서 유래했다. 따라서 교회는 세상에서 불러 모은 그리스도의 공동체요(골 1:18), 그리스도께서 피로 사신 주님의 공동체이다(행 20:28). 그리스도께서 교회를 불러 모은 이유는 세상에서 주님의 뜻을 구현하는 수종자로 삼기 위함이다. 그래서 교회의 선교학적 의미는 "세상으로부터 부름 받아 세상으로 보냄 받은 공동체"라고 한다. 이런 의미에서 교회를 선교적 공동체(missional community)라고 하는 것이다.

이와 같은 교회의 정체성에 대해 게오르크 휘체돔은 "교회는 예수 그리스도가 보냄 받은 인간을 통하여 그의 말씀을 전하게 하고, 인간들이 구원의 사신(使臣)으로 인하여 세상으로부터 부름 받아 모이게 됨으로 생겨나게 되었다. 이 같은 교회는 복음이 이방인의 것이기도 하다는 것에 대한 강력한 증거이다"[455]고 함으로 교회는 세상에서 불러 모은 공동체이고 복음을 들고 세상으로 보냄 받은 공동체임을 확인해주었다. 요하네스 블라우(Johannes Blauw) 역시 교회는 세계로부터 선택받은 존재로서, 세상 안

---

455) Georg F. Vicedom, *The Mission of God*, 82.

에서, 세상을 위하여 증거하고 봉사하는 공동체라고 교회의 사명을 정리했다.[456)]

이런 의미에서 교회는 머리되신 예수 그리스도에 의해 부름을 받아 성령의 권능으로 세상을 구원하기 위해 보냄 받은 하나님의 수종자들이라고 할 수 있다. 그래서 다렐 구더(Darrell Guder)는 하나님의 선교는 부름에서 시작해서 보냄으로 이루어진다는 전제 하에 하나님은 '선교적 하나님'으로, 그리고 교회는 '보냄 받은 공동체'라는 것을 강조했다.[457)] 데이비드 보쉬(David Bosch) 역시 성부 하나님은 아들을 보내셨고, 성부 하나님과 아들은 성령을 보내셨으며, 성부와 성자와 성령께서는 교회를 세상에 보내셨음을 역설했다.[458)] 또한 에드워드 데이톤(Edward Dayton)과 데이비드 프래서(David A. Fraser)도 "교회의 선교는 세상을 구원하시는 하나님의 은혜로운 행위에 동참하고 협력하는 것"이라고 했는데, 여기서 '동참과 협력'이란 곧 선교사역의 현장으로 보냄 받음을 의미한다.[459)]

성령의 부름과 보냄

예수님께서는 성령을 보내실 것을 자주 말씀하셨다(요 14:26; 15:26; 16:13). 승천 직전에도 그를 배웅하러 모인 제자들을 향하여 "예루살렘을 떠나지 말고 내게서 들은 바 아버지께서 약속하신 것을 기다리라"(행 1:4)고 당부하셨고 또한 성령이 임해야 권능을 받아 증인이 될 수 있다고 말씀하셨다(행 1:8).

실제로 성부와 성자로부터 '보냄 받은' 성령께서 사도들의 선교사역에 역동적으로 주관하셨음을 볼 수 있다. 특히 예수님께서 보내신 성령은 보

---

456) Johannes Blauw, *The Missionary Nature of the Church*, London: Lutterworth Press, 2002, 180-181.
457) Darrell L. Guder, *Missional Church*, 4.
458) David J. Bosch, *Transforming Mission*, 390.
459) Edward R. Dayton & David A. Fraser, *Planning Strategies for World Evangelization*, 45.

혜사로 오셨다. 보혜사를 헬라어로 '파라클레토스'(παράκλητος)라고 하는데 우리 곁에서 돕는 분이라는 뜻이다. 그래서 성경에서는 보혜사를 가리켜 위로자(Comforter), 상담자(Counselor), 돕는자(Helper) 등의 의미로 번역되기도 한다.

성령은 주로 구원과 계시와 관련된 특정한 선교적 과제를 위해 보냄 받았다. 복음 전파자들을 보호하시고 위험에 처했을 때 구원해주시며(행 20:28; 빌 1:19), 또한 하나님의 계시와 관계된 일들을 처리하신다. 예컨대 성령의 계시 사역 중 가장 큰 것은 성경의 저자들을 감동하시어 기록하도록 하신 일이다(딤후 3:16). 또한 빌립으로 하여금 에디오피아 관리에게 성경을 해석하도록 인도하신 일이 있고(행 8:26-40), 복음전파자들이 마땅히 해야 할 말을 성령께서 생각나게(증언) 하시며(눅 12:12; 행 2:4; 4:31; 6:10; 히 10:15; 벧전 1:12), 때로는 예언을 하도록 하신다(행 11:28; 19:6; 20:23).

제3장 ■ 신약 선교신학의 중심사상: 복음

신약성경은 복음의 책이다. 복음(福音)은 "좋은 소식"(good news)이라는 뜻인데 종교적이든 아니든 어떤 상황에서도 복음은 좋은 소식이다. 그러나 신약성경에서 말하는 복음은 신학적으로 그리스도를 통한 구원의 소식을 의미한다.[460] 이런 의미에서 볼 때 구약의 선지자들이 예언했던 구속사의 주인공이신 예수 그리스도가 이 세상에 오심 그 자체가 복음이었다. "천사가 이르되 무서워하지 말라 보라 내가 온 백성에게 미칠 큰 기쁨의 좋은 소식(福音)을 너희에게 전하노라 오늘 다윗의 동네에 너희를 위하여 구주가 나셨으니 곧 그리스도 주시니라"(눅 2:10-11). 구약성경이 약속했던 메시아이신 예수 그리스도가 이 세상에 오셔서 십자가의 죽음과 부활을 통해 인류의 구원을 이루셨다는 것이 복음이다.

그래서 예수님의 제자들은 복음을 전했고, 예수님께서는 복음은 선교의 가장 중요한 수단으로 종말과 관련이 있음을 말씀하셨다(마 24:14). 사도 바울은 기독교의 핵심 교리서신인 로마서를 시작하면서 첫머리에 "예수 그리스도의 종 바울은 사도로 부르심을 받아 하나님의 복음을 위하여 택정함을 입었으니 이 복음은 하나님이 선지자들을 통하여 그의 아들에 관하여 성경에 미리 약속하신 것이라"(롬 1:1-2)고 선언했다. 그리고 그는 할 수 있는 대로 복음을 전하려고 최선을 다했다. 심지어 그는 "하나님의 은혜의 복음을 증언하는 일을 마치려 함에는 나의 생명조차 조금도 귀한 것으로 여기지 아니하노라"(행 20:24)고 고백할 정도로 복음에 인생을 걸었던 사람이었다. 그래서 바울은 수없이 많은 죽음의 고비를 넘기면서도 일관되게 전했던 복음은 죄인을 구원하시기 위해 십자가에서 죽으신 예수 그리스도와 그 죽음의 권세를 이기고 부활하신 예수 그리스도였다.[461]

이 복음은 사도 바울뿐만 아니라 모든 그리스도의 제자들의 메시지였

---

460) Herbert Kane, *The Christian World Mission*, 35.
461) Seyoon Kim, *The Origin of Paul's Gospel*, Tübingen: J. C. B. Mohr, 1981, 100-104.

고, 이것이 세상을 구원하는 유일하고 강력한 수단이었다. 바울서신을 살펴보면 바울은 '복음'이라는 용어를 다양한 맥락에서 풍부하고, 활기차고, 역동적인 방식으로 사용함으로 바울이 이해했던 복음을 한마디로 정의하기란 거의 불가능하다. 그럼에도 크리스토퍼 라이트(Christopher Wright)는 바울서신에 나타난 복음, 즉 바울이 이해했던 '복음'(εὐαγγέλιον)이라는 용어를 여섯 가지로 요약하여 설명했다. 첫째, 복음은 성경에 비추어 본 예수님의 이야기이다. 바울에게 복음은 무엇보다도 하나님이 구원을 성취하기 위해 통로로 삼으신 나사렛 예수에 관한 역사적 사실이다. 복음은 구약성경의 빛 아래서 이해할 수 있는 예수의 죽음과 부활 사건에 관한 이야기이다(고전 15:1-4; 갈 1:11-20). 바울에게 있어서 복음은 성경에 뿌리를 두고 하나님 나라로 구체화된다. 둘째, 복음은 구속받은 새 인류, 곧 하나님의 한 가족이 되게 한다. 바울은 에베소서에서 복음으로 구속받지 못한 사람들을 "이방인," "그리스도 밖의 사람," "이스라엘 나라 밖의 사람," 그리고 "약속의 언약의 외인"이라고 표현했다(엡 2:11-12). 그런데 복음이 그들을 "하나님의 권속," 즉 성도들과 동일한 시민으로 만들었다고 강조했다(엡 2:19). 셋째, 복음은 온 세상에 전파되어야할 메시지이다. 복음의 본질은 이사야 52장 7절의 성경적 뿌리에서 본 것처럼 선포해야 할 좋은 소식이다. 이 복음은 당연히 모든 열방에 선포되어야 한다. 이런 차원에서 바울은 "복음 사역"(빌 2:22)이라는 용어를 사용했다. 넷째, 복음은 윤리적 변화이다. 예수님께서는 "회개하고 복음을 믿으라"(막 1:15)고 하셨다. 삶의 근본적인 변화가 복음에 대한 믿음과 함께한다. 믿음과 삶은 서로 떼어낼 수 없는 것이다. 그래서 바울이 강조했던 것은 옛사람의 더러운 옷을 벗어버리고 그리스도를 닮은 새로운 옷을 입으라고 했던 것이다(엡 4:22). 복음은 은혜(믿음)로 말미암아 선행(삶)으로 이어지는 구원에 대해 말한다. 그래서 바울의 선교 목표는 복음을 받고 믿음으로 반응한 자들 가운데 윤리적 변화가 일어나는 것이었다. 복음으로 구원받은 자들이 자신을 "하나님이 기뻐하시는 거룩한 산 제물"로 드리게 하는 것이 복음의 목표이다(롬 12:1). 다섯째, 복음은 변호해야 할 진리이다. 복음은 반대하는 세력들에 의해 부인되기도 하고, 왜곡되기도 하고, 배신당하기도 한다. 그러므로 복음의 진리를 옹호하고 보존하기 위해 때로는 치열하게 싸워야 할 때도 있다(딤전 1:18; 6:12; 딤후 4:7). 여섯째, 복음은 우주를 변혁하시는 하나님의 능력이다. 복음은 역사와 창조세계 속에 역사하시는 하나님의 능력이다. 타락한 세상을 변혁시키는 것은 복음밖에 없다. 왜냐하면 복음은 하나님의 능력이기 때문이다(롬 1:16).[462]

예수 그리스도는 단순히 복음의 전달자가 아니다. 그는 복음 그 자체이다. 바울은 복음이신 그리스도의 정체성과 복음의 범위에 대해 다음과 같이 선포하고 있다.

> 그는 보이지 아니하는 하나님의 형상이시요 모든 피조물보다 먼저 나신 이시니 만물이 그에게서 창조되되 하늘과 땅에서 보이는 것들과 보이지 않는 것들과 혹은 왕권들이나 주권들이나 통치자들이나 권세들이나 만물이 다 그로 말미암고 그를 위하여 창조되었고 또한 그가 만물보다 먼저 계시고 만물이 그 안에 함께 섰느니라 그는 몸인 교회의 머리시라 그가 근본이시요 죽은 자들 가운데서 먼저 나신 이시니 이는 친히 만물의 으뜸이 되려 하심이요 아버지께서는 모든 충만으로 예수 안에 거하게 하시고 그의 십자가의 피로 화평을 이루사 만물 곧 땅에 있는 것들이나 하늘에 있는 것들이 그로 말미암아 자기와 화목하게 되기를 기뻐하심이라 전에 악한 행실로 멀리 떠나 마음으로 원수가 되었던 너희를 이제는 그의 육체의 죽음으로 말미암아 화목하게 하사 너희를 거룩하고 흠 없고 책망할 것이 없는 자로 그 앞에 세우고자 하셨으니 만일 너희가 믿음에 거하고 터 위에 굳게 서서 너희 들은 바 복음의 소망에서 흔들리지 아니하면 그리하리라 이 복음은 천하 만민에게 전파된 바요 나 바울은

---

462) Christopher J. H. Wright, *The Mission of God's People*, 190-198.

이 복음의 일꾼이 되었노라(골 1:15-23).

이와 같은 배경 하에서, 선교신학적 의미로 볼 때, 신약성경에 나타난 복음에는 열 가지의 원리가 있다.

1. 복음의 의미: 좋은 소식

일반적으로 복음(福音)이란 '좋은 소식'(good news)이란 의미를 가지고 있는데 이 용어는 두 가지 개념에서 사용되었다. 하나는 군사적인 용어로서 전쟁에서 승리했을 때 사용했고, 다른 하나는 정치적인 용어로서 최고의 왕이 즉위할 때 사용했다. 이런 개념에서 볼 때 예수 그리스도께서 십자가로 어둠의 세력을 물리치고 죄와 죽음의 저주 아래 있던 인류를 구원하시고, 이 땅에 그의 영원한 나라를 세우셔서 그의 백성들을 친히 다스리신다는 소식이 바로 인류의 복음인 것이다.[463]

그런데 신약성경에서, 특히 로마서에서 복음이란 말이 다양하게 사용되고 있다. '하나님의 복음'(롬 1:1), '그리스도의 복음'(롬 1:16), '바울의 복음'(롬 2:16) 등이다. 그러나 이들 용어들 사이에 특별한 상이점은 없다. 왜냐면 하나님이 복음의 기원(author)이고, 그리스도가 복음의 주제(theme)이고, 사람은 복음의 수혜자(recipient)이기 때문에 같은 의미를 가지고 있다.[464]

실제적으로 복음이란 예수 그리스도께서 그의 죽으심과 장사됨 그리고 부활을 통하여 영육간의 고통 중에 있는 사람들을 해방(구원)시키시고 하나님 나라의 백성으로 삼으신다는 기쁜 소식이다. 그래서 복음의 중심은 예수 그리스도이시다. 그의 사역과 인격이 복음의 진수이다. 복음은 '좋은 소식'이기 때문에 외우고 믿어야 하는 신조 이상의 것으로서 다양한 방

---

463) 고광석, *하나님 나라의 복음*, 광신대학교 출판부, 2014, 11.
464) Herbert Kane, *The Christian World Mission*, 35.

법으로 긴급하게 열방(땅 끝)에 선포되어야 하고 증거 되어야만 한다. 선교신학적으로 복음은 하나님 나라의 복음을 의미한다. 그래서 예수님께서 공생애를 시작하시면서 외쳤던 첫 마디가 "회개하라 천국(하나님 나라)이 가까이 왔느니라!"(마 4:17)고 하신 것이다.

2. 복음의 기원: 하나님

복음은 인간이 만들어낸 사상이나 학설이 아니라 하나님이 만드신 것이다. 예수 그리스도를 통하여 인류를 구원하시겠다는 하나님의 구속사가 복음이다. 그래서 바울은 자신의 정체성에 대해 "예수 그리스도의 종 바울은 사도로 부르심을 받아 하나님의 복음을 위하여 택정함을 입었으니"(롬 1:1)라고 고백했던 것이다.

하나님의 복음은 첫째로 하나님께서 그 뜻대로 예정하신 것이다(엡 1:3-14). 둘째로 온 인류를 위한 하나님의 사랑의 표현이다(요 3:16). 셋째로 하나님께서 구약을 통해 우리에게 이미 약속하신 것이다(롬 1:2-3). 넷째로 예수 그리스도를 통해 인간에게 주어졌다(예수님의 성육신과 그의 삶 자체가 복음이다).

3. 복음의 주제: 예수 그리스도

복음에는 여러 가지 측면이 있으나 그 주제는 오직 예수 그리스도이다. 복음은 근본적으로 예수 그리스도의 인격(personality)과 사역(ministry)이다. 예수 그리스도의 인격은 '여자의 후손'인 예수의 인성(人性)과 '하나님의 아들'인 그리스도의 신성(神性)을 의미한다. 그리고 예수 그리스도의 중심 사역은 십자가와 부활을 의미한다. 그래서 이 복음이 하나님의 복음(막 1:14; 롬 1:1)이요, '그리스도의 복음'이며 인간을 구원하는 복음(롬 1:16)인 것이다.

사도신경은 전체 내용 중 절반 이상을 예수 그리스도의 인격과 사역을 자세하게 언급하고 있다. "그 외아들 우리 주 예수 그리스도를 믿사오니, 이는 성령으로 잉태하사 동정녀 마리아에게 나시고, 본디오 빌라도에게 고난을 받으사, 십자가에 못 박혀 죽으시고, 장사한 지 사흘 만에 죽은 자 가운데서 다시 살아나시며, 하늘에 오르사 전능하신 하나님 우편에 앉아 계시다가, 저리로서 산 자와 죽은 자를 심판하러 오시리라." 예수 그리스도의 사역의 핵심은 십자가의 죽음과 부활이요, 그것이 곧 복음이다.

알리스터 맥그래스(Alister McGrath)는 그리스도의 십자가의 의미와 기능을 다음의 네 가지로 설명했다. 첫째, 십자가의 그리스도는 희생제물(sacrifice)이다. 이것은 구약의 희생제물을 묘사한 말인데 예수 그리스도의 십자가상의 죽음은 희생 제물이었다. 바울도 이점을 분명히 했는데, "이 예수를 하나님이 그의 피로써 믿음으로 말미암는 화목제물로 세우셨으니..."(롬 3:25)라고 했다. 둘째, 그리스도의 십자가는 승리(victory)이다. 신약성경은 예수 그리스도가 십자가에서 죄와 죽음과 사탄에 대해 승리했다고 말씀하고 있다. 바울은 "[예수 그리스도가] 통치자들과 권세들을 무력화하여 드러내어 구경거리로 삼으시고 십자가로 그들을 이기셨느니라"(골 2:15, 저자 삽입)고 확인했다. 이 승리의 표징이 바로 부활이다. 셋째, 그리스도의 십자가는 죄 용서(forgiveness)의 선언이다. 그리스도는 죄인 된 인류의 죄를 대신 짊어지시고 십자가에서 속죄제물이 되심으로 단번에 그를 믿는 자들의 죄를 속죄하셨다. 히브리서 기자는 이것을 자세하게 설명했는데, "염소와 송아지의 피로 하지 아니하고 오직 자기의 피로 영원한 속죄를 이루사 단번에 성소에 들어가셨느니라"(히 9:13), "이 뜻을 따라 예수 그리스도의 몸을 단번에 드리심으로 말미암아 우리가 거룩함을 얻었노라"(히 10:10). 넷째, 그리스도의 십자가는 사랑(love)의 표징이다. 그리스도의 십자가에 대한 신약성경의 가르침은 인간에 대한 하나님의 사랑의 표현으로 된다. 요한은 그의 복음서에서 "하나님이 세상을 이처럼 사랑하사 독생자를 주셨으니..."(요 3:16)라고 함으로 하나님은 이 세상을 사랑하는 방식으로 그리스도를 십자가에서 죽게 하셨다고 선포하고 있다. 바울도 "우리가 아직 죄인 되었을 때에 그리스도께서 우리를 위하여 죽으심으로 하나님께서 우리에 대한 자기의 사랑을 확증하셨느니라"(롬 5:8)고 함으로 그리스도의 십자가 죽음이 하나님의 사랑을 내보이는 수단이었음을 확인했다.[465]

그러므로 우리가 분명히 인식해야 할 것은 예수 그리스도는 단지 복음의 전달자가 아니라 복음 그 자체라는 사실이다.[466] 이것이 예수님 자신뿐만 아니라 바울을 비롯한 사도들의 일관된 가르침이었다.

4. 복음의 대상: 모든 민족

복음의 주제가 예수 그리스도라면 복음의 대상은 '온 인류'이다. 바울은 골로새서 1장 23절에서 "이 복음은 천하 만민에게 전파된 바요"라고 함으로 복음의 대상이 '모든 민족'(천하 만민)임을 분명히 하고 있고, 로마서 1장 16절에서도 "이 복음은 모든 믿는 자에게 구원을 주시는 하나님의 능력이 됨이라 먼저는 유대인에게요 그리고 헬라인에게로다"고 함으로 복음은 인종·성별·지역·혈통을 넘어 모든 사람이 복음의 보편적 대상임을 밝히고 있다.

요하네스 블라우는 이 복음의 보편성은 구약성경의 선교적 메시지에 기초하고 있다고 했다.[467] 실제로 구약성경에는 '모든 민족'에 대해 빈번하게 사용하고 있다(예, 창 10장; 12:3; 17:4; 출 19:5; 신 32:43; 왕상 14:24; 왕하 19:19; 대상 16:24; 대하 6:33; 시 2편; 47:8; 67편; 86:9; 87:96; 102:15; 117편; 사 2:2-3; 42:6; 49:6; 60:3, 11; 66:18; 렘 10:7; 22:8; 46:1; 겔 36:24; 단 4:1; 7:14; 욜 3:12; 옵 15장; 미 4:2;

---

465) Alister E. McGrath, *Christianity*, 134-144.
466) Christopher J. H. Wright, *The Mission of God's People*, 197-198.
467) Johannes Blauw, *The Missionary Nature of the Church*, 17.

슥 8:22, 9:10; 말 1:11).

5. 복음의 역할: 필요 충족

복음은 인간이 가지고 있는 다양한 실존적 욕구를 채워주는 역할을 한다. 예수님께서는 치유, 이적, 십자가의 죽음 등을 통해 인간들의 필요를 채워주셨다. 특히 예수님께서 공생애를 시작하시면서 했던 나사렛 설교는 인간의 필요를 충족시키는 것이 중요한 것임을 보여주셨다: "주의 성령이 내게 임하셨으니 이는 가난한 자에게 복음을 전하게 하시려고 내게 기름을 부으시고 나를 보내사 포로 된 자에게 자유를, 눈 먼 자에게 다시 보게 함을 전파하며 눌린 자를 자유롭게 하고 주의 은혜의 해를 전파하게 하려 하심이라 하였더라"(눅 4:18-19). 뿐만 아니라 "누구든지 목마르거든 내게로 와서 마시라 나를 믿는 자는 성경에 이름과 같이 그 배에서 생수의 강이 흘러나리라"(요 7:37-38)는 말씀과 "수고하고 무거운 짐 진 자들아 다 내게로 오라 내가 너희를 쉬게 하리라"(마 11:28)는 말씀은 인간의 영육간의 필요를 충족시키시겠다는 예수님의 의지를 나타내고 있다.

6. 복음의 능력: 구원을 주심

바울은 복음의 능력을 구원이라고 했다: "내가 복음을 부끄러워하지 아니하노니 이 복음은 모든 믿는 자에게 구원을 주시는 하나님의 능력이 됨이라"(롬 1:16). 복음은 예수 그리스도의 인격과 능력이기 때문에 그 자체가 죄인을 구원하는 능력이 된다.

알란 티펫(Alan Tippet)은 그리스도의 성육신과 죽음 그리고 부활이 죄인 된 인간을 묶고 있는 사탄의 저주로부터 인간을 구원하시는 유일한 방법이었다고 강조했다.[468] 아더 글라서(Arthur Glasser)는 사탄이 가진 가

---

468) Alan R. Tippet, *Verdict Theology in Missionary Theory*, Pasadena: William Carey Library,

장 큰 무기는 사망이라고 전제하고, 사탄을 무력화시키고 그를 극복하려면 사망이라는 무기를 빼앗아 버려야만 하는데, 그것을 그리스도께서 십자가와 부활로 이루셨다고 했다. 이런 이유 때문에 복음서에는 예수님이 행하신 영적 전쟁에 관한 기사들로 가득하다고 강조했다.[469]

이런 기조 아래 조지 래드(George Ladd)는 복음의 3대 능력을 말했는데; 첫째 복음은 죽음에 대해 승리했다(고전 15:24-25). 둘째 복음은 사탄에 대해 승리했다(히 2:14-15). 셋째 복음은 죄에 대해 승리했다(히 9:26, 롬 6:6)고 했다.

7. 복음의 보편성: 온 세상

복음은 온 세상의 열방에 전파되어야 할 하나님의 메시지이다. 이런 의미에서 복음은 보편적 속성(universal property)을 가지고 있다. 복음이 보편적이라고 할 때 네 가지 측면을 가지고 있는데: 첫째 모든 사람이 범죄했다(롬 3:23). 둘째 하나님께서는 모든 사람이 구원받기를 원하신다(행 2:21; 딤전 2:4; 벧후 3:9). 셋째 하나님께서는 모든 사람에게 회개하라고 말씀하신다(행 17:30). 넷째 모든 사람은 믿음으로 구원을 얻는다(롬 10:9-11). 그러나 분명한 것은 복음은 보편적이지만 구원은 믿는 자로 제한적이다.

8. 복음의 적용: 개별적

복음은 철저하게 개별적으로 적용된다. 왜냐하면 다른 사람을 대신하는 신앙은 없기 때문이다. 설령 영적 집회 등을 통해 대중에게 복음이 전파되어 '집단개종'이 일어난다 해도 결국 복음은 개개인의 믿음과 수용 정도

1973, 89-90.
469) Arthur F. Glasser, *Announcing the Kingdom*, 330.

에 의해 좌우된다. 따라서 복음은 개별적으로 적용되고, 각자의 개인적 입장에서 수용되어야 한다. 요한복음 3장 16절에서도 "이는 저를 믿는 자마다"라고 했고, "누구든지 주의 이름을 부르는 자"가 구원을 받는다고 한정했기 때문이다(행 2:21; 롬 10:13).

구원은 오직 예수 그리스도를 믿음으로만 주어진다. 그분을 떠나서는 구원이 없다. 지금 우리가 시급하게 전해야 할 것이 바로 이 메시지이다.[470] 바울은 이것이 바로 "영세 전부터 감추어졌다가" 이제는 모든 사람들이 믿어 순종해야만 하는 "신비의 계시"(the revelation of the mystery)(롬 16:25-26)라고 강조했다.

9. 복음의 위임: 대 사명(The Great Commission)

복음은 간직해야 할 것이 아니라 전파해야 한다. 그래서 예수님께서 제자들에게 모든 민족에게 증언하라고 위임하신 것이다: "그러므로 너희는 가서 모든 민족을 제자로 삼아 아버지와 아들과 성령의 이름으로 세례를 베풀고 내가 너희에게 분부한 모든 것을 가르쳐 지키게 하라 볼지어다 내가 세상 끝 날까지 너희와 항상 함께 있으리라"(마 28:19-20); "또 이르시되 너희는 온 천하에 다니며 만민에게 복음을 전파하라 믿고 세례를 받는 사람은 구원을 얻을 것이요 믿지 않는 사람은 정죄를 받으리라"(막 16:15-16); "또 이르시되 이같이 그리스도가 고난을 받고 제 삼일에 죽은 자 가운데서 살아날 것과 또 그의 이름으로 죄 사함을 얻게 하는 회개가 예루살렘으로부터 시작하여 모든 족속에게 전파될 것이 기록되었으니 너희는 이 모든 일의 증인이라"(눅 24:46-48).

바울은 제자 디모데에게 "너는 말씀을 전파하라 때를 얻든지 못 얻든지 항상 힘쓰라"(딤후 4:2)고 당부했고, 본인 스스로도 "내가 복음을 전할지라도 자랑할 것이 없음은 내가 부득불 할 일임이라 만일 복음을 전하지 아

---

470) Arthur F. Glasser, *Announcing the Kingdom*, 325.

니하면 내게 화가 있을 것이로다"(고전 9:16)고 말함으로 복음 선포에 대한 자신의 소명의식을 날마다 새롭게 인식했다.

10. 복음의 사명: 믿음과 선포

복음은 우리에게 구원의 능력으로 임하였으며 또한 사명으로 주어졌다. 그러므로 우리 자신이 먼저 복음을 믿어야 하고 또한 복음을 열방 중에 선포해야한다. 주님께서는 "너희는 온 천하에 다니며 만민에게 복음을 전파하라"(막 16:15)고 부탁하셨고, "이 천국 복음이 모든 민족에게 증언되기 위하여 온 세상에 전파되리니 그제야 끝이 오리라"(마 24:14)고 하심으로 복음전파와 주님의 재림을 연관 지으셨다. 즉, 복음을 믿고 선포하는 것은 그리스도께서 재림하실 때까지만 할 수 있는 한시적인 것임을 말씀하심으로, 복음 선포의 시급성을 강조하신 것이다.

제4장 ■ 바울 선교신학의 중심사상: 선교적 교회

기독교 선교역사에서 바울의 선교적 발자취를 빼놓을 수 없다. 특히 그가 세운 신학적 토대는 기독교 신앙과 신학의 뿌리가 되었으며, 선교사로서 그가 세운 선교 신학적 토대는 현대 선교의 의미, 목적, 전략, 방법 그리고 선교신학에 결정적인 기초가 되고 있다.

예수 그리스도는 다메섹 길 위에서 바울을 부르셨고(행 9:4-6), 아나니아를 보내셔서 바울의 이방인 선교 사명을 알게 하셨는데 "이 사람(바울)은 내 이름을 이방인과 임금들과 이스라엘 자손들에게 전하기 위하여 택한 나의 그릇이라"고 하셨다(행 9:15). 바울은 불가항력적인 그리스도의 부르심과 이방인 선교에 대한 사명을 안고 안디옥교회의 보냄을 받았다. "주를 섬겨 금식할 때에 성령이 이르시되 내가 불러 시키는 일을 위하여 바나바와 사울을 따로 세우라 하시니 이에 금식하며 기도하고 두 사람에게 안수하여 보내니라 두 사람이 성령의 보내심을 받아…"(행 13:2-4). 바울은 일평생 자신에게 부여된 이방인 선교를 수행했는데, 그의 인생을 마무리할 즈음 그는 이렇게 고백했다. "내가 달려갈 길과 주 예수께 받은 사명 곧 하나님의 은혜의 복음을 증언하는 일을 마치려 함에는 나의 생명조차 조금도 귀한 것으로 여기지 아니하노라"(행 20:24). 그는 주님의 사명을 감당하는데 생명을 걸고 최선을 다했다.

바울은 소아시아와 마게도냐와 아가야 지역을 중심한 이방인들에게 복음을 전하여 삼위일체 하나님의 구속사에 수종들었고, 그 결과로 교회들을 세웠다. 교회설립은 바울의 선교의 중심이요 목표였고,[471] 교회에 대한 그의 가르침은 서신들로 남게 되었으며, 아들 같은 젊은 디모데에 보낸 그의 애절한 편지는 교회를 목회하는데 중요한 지침이 되었다. 바울의 시작과 끝은 오직 교회였다. 그 교회는 선교 중심적인 교회(mission-centric

---

471) Harold Amstutz, "The Role of the Mission Agency," in *Managing Missions in the Local Church*, ed. Melbourne E. Cuthbert, Cherry Hill: World Evangelism, Inc, 1987, 43-46.

church), 곧 선교적 교회(missional church)였다.

'선교적'이라는 용어 이해

요즘 선교신학계에서 '선교적'(missional)이라는 용어가 광범위하게 사용되고 있다. 모든 신학은 선교적 관점에서 이루어져야 한다는 의미에서의 '선교적 신학'(missional theology), 목회를 선교 지향적으로 해야 한다는 의미에서의 '선교적 목회'(missional ministry), 선교사적인 삶을 살아야 한다는 의미로 '선교적 삶'(missional life), 선교 지향적인 성도들을 '선교적 회중'(missional congregation), 성경을 선교적 관점에서 해석해야한다는 '선교적 해석학'(missional hermeneutic)[472] 등이 있다.

'선교적'이라는 용어를 처음 사용한 사람은 미국 남침례교신학교의 프랜시스 듀보스(Francis DuBose)이다. 그는 1983년 발간된 「God Who Sends」(Nashville, Broadman)에서 이 용어를 처음 사용하였다. 듀보스가 이 용어를 사용하게 된 계기는 그동안 오랜 기간 선교신학계의 대명사였던 하나님의 선교(*missio Dei*)라는 용어가 1974년 로잔대회(Lausanne Congress)에서 많은 복음주의자들로부터 지지를 받지 못했고, 이런 현상은 오래 지속되었다. 그래서 듀보스가 WCC나 호켄다이크의 에큐메닉 선교 신학적 사상의 '*missio Dei*'가 원래적 의미에서 벗어나자 이를 대신하여 복음주의자들이 수용할 수 있는 선교 신학적 용어로 'missional'(선교적)을 만들어낸 것이다. 그는 선교는 교회의 본질적인 정체성의 표징이라는 것에 방점을 두고 '선교적'이라는 용어를 사용했다. 또한 요하네스 블라우(Johannes Blauw)가 1962년에 「The Missionary Nature of the Church」(Lutterworth Press)라는 책을 통해 교회의 선교사적 정체성을 강조했지만 그 의미가 너무 광범위하여 'missionary'(선교사)라는 용어

---

472) Michael Goheen, *Reading the Bible Missionally*, Eerdmans, 2016; Michael J. Gorman, "Reading Paul Missionally," in *Becoming the Mission: Paul, Participation, and Mission*, Grand Rapids: Eerdmans, 2015, 50-62 참조.

대신 'missional'(선교적)이라는 성경적 개념의 용어를 사용했다.

'선교적 교회'의 용어 이해

'선교적 교회'(missional church)라는 용어는 듀보스나 같은 개념으로 「God's Missionary People」(Baker Academic, 1991)을 저술한 찰스 반 엥겐에 의해서가 아니라 1989년 영국의 "The Gospel and Our Culture Conversation"에서 처음 사용하여 북미와 기타 지역으로 전파되었다.[473] 그러나 이 용어가 본격적으로 사용된 계기는 1998년에 레슬리 뉴비긴(Lesslie Newbigin)과 데이비드 보쉬(David Bosch)의 사상을 따르는 운동의 하나인 "The Gospel and Our Culture Network"의 프로젝트에 의해서였다.[474] 이후로, 비록 이들이 에큐메닉 계통의 진보적인 선교 운동가들이었지만, 많은 선교신학자들은 교회의 선교사적 부름과 정체성을 '선교적'(missional)이라는 용어로 말한다.

크리스토퍼 라이트는 '선교적'이라는 말은 선교에 관련되거나 선교에 의해 특징 지워지는 무언가를 나타내는 형용사이거나 혹은 선교의 특성, 속성 또는 역동성을 나타내는 말이라고 해석했다. '선교적'(missional)이라는 말과 '선교'(mission)라는 말과의 관계는 '언약적'(covenantal)이라는 말과 '언약'(covenant)이라는 말과 같은 관계적 의미를 가지고 있다.[475] 다렐 구더(Darrell Guder)는 '선교적'이라는 말은 하나님의 부름을 받고 보냄을 받은 공동체인 교회의 본질적인 성격과 사명감을 강조한 것이라고 해석했다.[476]

---

473) 홍기영, "선교적 교회론의 관점에서 본 선교," *선교적 교회론과 한국교회*, 한국선교신학회 엮음, 대한기독교서회, 2015, 197.
474) Darrell L. Guder, ed. *Missional Church: A Vision for the Sending of the Church in North America*, Grand Rapids: Eerdmans, 1998, 10-11.
475) Christopher J. H. Wright, *The Mission of God*, 24.
476) Darrell L. Guder, ed. *Missional Church*, 11-12.

선교적 교회에 대한 여러 해석들이 있지만 선교적 교회에 대한 관심은 이미 성경에 나타난 삼위일체 하나님의 선교에서부터 시작되었으며 교회의 선교적 본질과 정체성을 강조한 용어임에 틀림없다. 따라서 선교적 교회는 교회의 본질을 추구하는 것이다. 선교적 교회는 교회의 본질과 정체성을 선교에서 찾는 것이다. 왜냐하면 하나님은 선교하시는 하나님이시기 때문이다. 선교적 교회는 하나님 나라의 삶을 받아들인 공동체를 말한다. 그래서 그들의 선교는 지역과 사회에서 일하시는 하나님의 통치에 참여하고 증언하는 모든 행위이다. 교회는 교회 자신의 목적을 따로 갖는 것이 아니라 하나님의 선교에 동참하라고 '부름 받고,' '보냄 받은' 공동체이다.[477] 이런 의미에서 구원이 하나님께 속한 것처럼 선교도 우리의 것이 아니라 하나님께 속한 것이다. 따라서 선교는 교회를 위해 만들어진 것이 아니라 교회가 하나님의 선교를 위해 만들어진 것이다. 이것을 선교적 교회라고 한다. 그런데 "선교적 교회"라는 말은 사실 같은 말을 반복(tautology)하는 것이다. 예컨대 "주일날"이라는 단어는 '주일'(主日)에 '날'(日)을 중복한 낱말이다. 마찬가지로 교회는 당연히 '선교적'이어야 하기 때문에 그냥 "교회"라고 해도 되는데, 굳이 "선교적 교회"라는 용어는 중복적인 말이 되고 만다. 그 이유는 선교적이지 않으면 교회가 아니기 때문이다.[478]

그럼에도 오늘날 '선교적'이라는 용어는 하나님의 선교사적 특성과 교회의 선교사적 특성을 모두 나타내주는 말로 이해되고 있다. 마르틴 알렌(Martin Allen)은 참된 교회의 표시(notae)를 세 가지를 요약했는데, 첫째 복음을 적절하게 선포하는 교회, 둘째 성례를 적절하게 행하는 교회, 셋째 제자훈련을 적절하게 잘하는 교회라고 했다.[479] 이것을 한마디로 하면

---

477) 이병옥 외 3인, *선교적 교회의 오늘과 내일*, 예영 커뮤니케이션, 2016, 서문.

478) Christopher J. H. Wright, "What Do We Mean by 'Missional?'," in *Reformed Means Missional: Following Jesus into the World*, ed. Samuel T. Logan, Greensboro: New Growth Press, 2013, ix.

479) Martin Allen, "What a Missional Church Looks Like," 12.

"선교에 적절하게 참여하는 교회"라고 할 수 있다. 이런 의미에서 다렐 복(Darrell Bock)은 "교회는 선교를 소유하지 않고, 다만 선교적일 뿐이다"고 강조했다.[480]

1. 선교사 바울

이방인의 선교사로서의 준비

바울은 주님의 부르심을 받기 전에 자타가 인정한 바리새파 정통 유대인이었다. 그는 스스로 "나는 유대인이라 소읍이 아닌 길리기아 다소 시의 시민"이라고 말하고 있다(행 21:39; 22:3). 이 말속에 그의 혈통과 종교적 성장 배경이 네 가지 면에서 간결하게 표현되어 있다.

첫째, 바울은 '유대인'이었다. "나는 팔일 만에 할례를 받고 이스라엘 족속이요 베냐민 지파요 히브리인 중의 히브리인이요 율법으로는 바리새인이요…율법의 의로는 흠이 없는 자라"(빌 3:5-6)고 말함으로 자신이야말로 흠잡을 데 없는 정통 바리새파 유대인임을 말하고 있다. 즉, 바울의 삶과 사상의 근저에는 유대 민족의 피(혈통)와 전통과 종교가 뿌리 깊게 자리 잡고 있다는 것을 강조하였다. 그래서 그는 자신의 종교적 깊이에 대해 "내가 내 동족 중 여러 연갑자보다 유대교를 지나치게 믿어 내 조상의 전통에 대하여 더욱 열심이 있었으나"(갈 1:14)라고 설명하기도 했다. 바울신학자 프레드릭 브루스(Frederick F. Bruce, 주로 F. F. Bruce로 불리고 있음)는 바울이 자신을 가리켜 '유대인'이라고 강조할 때 세 가지 중요한 의미가 있다고 했다. 첫째 그는 베냐민 지파에 속했다(롬 11:1). 둘째 그는 자신을 "히브리인 중의 히브리인"이라고 기술했다(빌 3:5). 이것은 '이스라엘 사람'이나 '유대인'이라는 것보다 더 특별한 신분이었던 것으로 추정된다. 셋째 그는 가말리엘에게서 율법을 철저히 배운 율법적으로

---

480) Darrell L. Bock, *Acts*, Grand Rapids: Baker Book, 2008, 66.

바리새파였다(행 22:3).[481]

둘째, 바울은 '다소市의 시민'이었다. 다소(Tarsus)는 길리기아 성의 관문으로 해변에는 무역선들이 정박할 수 있는 시설과 육지에는 통상로를 만들어 여러 지방의 문물들이 흘러들어오게 함으로 부요한 국제도시를 만들었다. 또한 히브리 사상과 헬라 사상이 집대성된 곳으로 아덴이나 알렉산드리아 대학들과 견줄 수 있는 학문의 산실이었다. 이런 다소의 당시 상황은 바울이 지역을 넘어 세계적인 타문화 선교사요 학자가 되게 했던 배경이 되었다. 바울은 이런 자신의 고향에 대한 자부심이 강했고, 회심 후 우선적으로 전도의 대상으로 삼았던 곳이기도 했다(행 15:23; 갈 1:21).

셋째, 바울은 '로마 시민권자'였다. 그는 유대인이면서 당시 로마의 지배 권역이었던 길리기아 성에서 출생함으로 '나면서부터' 로마 시민권을 가질 수 있었는데(행 22:28), 그가 로마 시민권을 가질 수 있었던 것은 그의 부모가 이미 로마 시민권자였기 때문이기도 하다.[482] 그래서 그의 이름 '바울'은 로마식(헬라식) 이름이었고 '사울'은 히브리식 이름이었다. 바울이 유대인이면서 동시에 로마 시민권을 얻은 것은 후에 이방인들을 비롯한 세계선교에 유용하게 사용되었다. 사실 그는 그 시민권 때문에 몇 번이나 로마 정부의 보호를 받아 박해로부터 벗어날 수가 있었는데, 당시 로마 시민권을 행사할 때는 "키우이스 로마누스 숨(Ciuis Romanus sum)"(나는 로마 시민이다)이라고 말하면 되었다. 바울은 빌립보에서 이 권한을 행사했다(행 16:37).[483] 바울의 로마 시민권이 가장 빛을 발한 때는 재판을 받기 위해 로마까지 올 수 있었다는 것이고 그것 때문에 바울이 로마에서 하나님 나라의 복음을 전할 수 있었던 것이다(행 28:30-31).

넷째, 바울은 "가말리엘의 문하에서 우리 조상들의 율법의 엄한 교훈을

---

481) Frederick F. Bruce, *Paul, Apostle of the Heart Set Free*, Grand Rapids: Eerdmans, 2000, 41-44.
482) Arthur F. Glasser, *Announcing the Kingdom*, 286.
483) Frederick F. Bruce, *Paul, Apostle of the Heart Set Free*, 34.

받았고"(행 22:3)라고 말함으로 당대 최고의 율법학자 중에 하나인 힐렐의 손자요 랍반(rabban) 시므온의 아들인 가말리엘 문하에서 율법을 엄하게 배웠음을 밝히고 있다.[484] 이런 우수한 학문적 배경은 바울의 위상을 높였을 뿐만 아니라 유대인들과 철학자들에게 전도하거나 종교적 논쟁(변증)을 할 때 큰 영향력을 발휘했고 또한 자신의 신학을 정립하는데 큰 도움이 되었다.

이와 같은 점들을 종합해 보면 바울의 가정은 사회적 지위와 재산의 상태로 볼 때 상류의 가문에 속했던 것으로 여겨진다. 어떠한 난국에 처했을지라도 그는 종교적으로는 '유대인'이요 정치적으로는 '로마인'이라는 긍지와 기품을 지니고 있었다. 성경에서 바울의 이름이 처음으로 등장한 것은 스데반의 순교 때이다(행 7:58). 그는 스데반이 돌에 맞아 순교했을 때 이에 앞장섰던 인물이었고(행 8:1), 그 여세로 예루살렘과 그 주위에 흩어졌던 그리스도인들을 핍박하는데 적극적인 역할을 했다. 본인 스스로 자백했던 바와 같이 "열심으로는 교회를 박해"했던 사람으로(빌 3:6; 갈 1:13) "교회를 잔멸"하는데 앞장섰다(행 8:3).

그리스도인들에 대한 바울의 박해는 예루살렘에서 시작하여 외국 성(다메섹)에까지 미쳤다(행 26:11). 그는 대제사장들의 권세와 위임을 받고 예루살렘 밖에 있는 그리스도인들까지 박해를 하려고 살기가 등등한 모습으로 다메섹으로 향했다. 그는 이것이 하나님과 율법에 가장 충실한 행위라고 믿었다. 다메섹에는 이미 유대로부터 피신 온 그리스도인들이 많이 있었다(행 22:5). 그래서 그들은 다메섹 주민 중 그리스도교로 개종한 자들의 집을 피난처로 삼고 그곳으로 모여들었는데, 바울이 체포하려고 했던 자들이 바로 이런 사람들이었다.

그러나 기독교에 대한 바울의 태도는 그의 스승이었던 가말리엘과는 정반대였다. 가말리엘은 기독교인들에 대해 "이 사람들을 상관하지 말고 버

---

484) Arthur F. Glasser, *Announcing the Kingdom*, 286; 당시에 '랍반'이라는 호칭을 받은 유대인 랍비는 총 7명뿐이었는데 그중 3명이 가말리엘 문하에서 나왔다. 이들은 차례로 랍비학교의 교장이 되었다(최정만, *선교이해*, 세계선교연구소, 2004, 316).

려두라 이 사상과 이 소행이 사람으로부터 났으면 무너질 것이요 만일 하나님께로부터 났으면 너희가 그들을 무너뜨릴 수 없겠고 도리어 하나님을 대적하는 자가 될까 하노라"(행 5:38-39)며 개의치 않았다. 그런데 바울은 예루살렘 밖에 있는 그리스도인들까지 잡아 핍박하는데 열심이었다(행 8:3).[485]

바울이 길을 재촉하여 다메섹 가까이에 이르렀을 때 그는 느닷없이 예수 그리스도의 부르심을 받고 성령의 강권적인 역사로 회심하였던 것이다. 그야말로 불가항력적인 회심이었다. 바울이 땅에 엎어짐과 동시에 소경이 되어 동행인의 손에 이끌리어 다메섹 성으로 들어가 거기서 사흘 동안 식음을 전폐하였다. 사흘째 되던 날에 주님이 다메섹의 아나니아라는 제자를 바울에게 보냈다. 그는 바울에게 가서 안수하여 그의 눈을 보게 하고 세례를 주었다. 또 바울을 택하신 주님의 메시지를 전했다: "이 사람은 내 이름을 이방인과 임금들과 이스라엘 자손들에게 전하기 위하여 택한 나의 그릇이라 그가 내 이름을 위하여 얼마나 고난을 받아야 할 것을 내가 그에게 보이리라"(행 9:15-16).

주님의 이 메시지 속에는 앞으로 바울이 감당해야 할 사명이 들어있었다. 첫째, 바울은 주님이 선택한 사람이었다. 둘째, 바울은 이방인들을 위해 선택되었다. 셋째, 바울은 주님 때문에 큰 고난을 당할 것이다. 주님의 이 메시지는 바울의 소명과 사명 그리고 운명이 되었다. 그래서 그는 만나는 사람마다, 교회들에게 보낸 서신서마다 자신은 주님이 선택한 사람이요 이방인을 위한 사도임을 강조했던 것이다.

바울은 회심과 동시에 복음을 전했다: "즉시로 각 회당에서 예수가 하나님의 아들이심을 전파하니 듣는 사람이 다 놀라…사울은 힘을 더 얻어 예수를 그리스도라 증언하여 다메섹에 사는 유대인들을 당혹하게 하니라"(행 9:20-22). 바울은 요단강 동편(아라비아)에서 보낸 기간을 제외하

---

485) Seyoon Kim, *The Origin of Paul's Gospel*, 324.

고 세례 받은 후 3년 동안 다메섹에서 전도하며 지냈다(갈 1:17-18).[486] 그의 회심은 동시에 사도로의 소명이었다. 그래서 바울은 자신의 사도직의 배경을 두 개의 성경 구절(갈 1:11-17; 롬 1:1-5)을 통하여 다메섹 도상에서 그리스도를 만난 사건에서 찾았다.[487]

바울에게 있어서 신앙생활은 곧 전도생활이었다. 이제 새 확신을 얻은 그는 즉시 그 전파에 착수하지 않을 수 없었다. 그러나 동시에 그는 자기 내부 생활에 일어나는 변화와 그 의의에 대해, 또 앞으로 취할 방침에 대해 깊이 생각하고 조용히 기도할 필요를 통감했다. 따라서 그는 '아라비아로 가서'(갈 1:17) 잠시 동안 자신을 돌아보는 시간을 가졌다.

다메섹으로 돌아온 바울은 다시 예수의 복음을 전파했으나 헬라파 유대인들이 죽으려고 했기 때문에 바울은 제자들의 도움으로 간신히 거기서 도망쳐 예루살렘으로 갔다. 그때 이미 회심한 지 3년 후였다(갈 1:18). 바울은 먼저 신앙의 선배인 베드로를 찾아 갔고, 또 주님의 형제 야고보를 만났다. 예루살렘의 신자들은 바울의 회심을 의심하고 두려워했으나, 바나바의 소개로 제자들과 합류하게 되었던 것이다. 물론 역사에는 가정이 없지만, 만일 이때 사도들과 교회가 바울을 받아들이지 않았다면 기독교의 역사는 완전히 판이하게 전개될 수도 있었다.[488]

그러나 예루살렘에서도 유대인들이 바울을 죽이려고 했기 때문에 사도들은 그를 가이사랴로 데리고 가서 고향 다소로 보냈다. 고향에서의 약 10년 동안의 바울의 동정에 대해서 사도행전은 언급하고 있지 않지만 바울은 여전히 복음을 전파하는 일을 했을 것임에 틀림이 없다.

그동안 안디옥에서는 이방인에 대한 전도 붐이 일어나서 안디옥교회가

---

486) 이종윤, *신약개론*, 개혁주의신행협회, 2014, 331.
487) 돈 앤 호웰 2세, "바울서신에 나타난 선교(1)" *성경의 선교신학*. 윌리엄 J. 랄킨 2세 & 조엘 F. 윌리엄스 총편, 홍용표 · 김성욱 옮김, 이레서원, 1998, 307.
488) 이에 대해 많은 이슬람 사역자들도 이슬람을 창시한 무함마드(Muhammad)가 어린 시절 만났던 유대인과 기독교인들로부터 확실한 복음을 들었더라면 현재의 기독교와 이슬람의 판도는 확연히 달랐을 것이라고 여기고 있다.

급성장을 하게 되자 예루살렘교회에서 바나바를 전임사역자로 파송하였으나 그 한 사람 가지고서는 도저히 감당할 수가 없었다. 그래서 "바나바가 사울을 찾으러 다소에 가서 만나매 안디옥에 데리고 와서 둘이 교회에 일 년간 모여 있어 큰 무리를 가르쳤다"(행 11:25-26). 때마침 그때 유대지방에 기근이 일어나 안디옥교회에서 바울과 바나바를 구제하는 일을 하도록 예루살렘에 파견하게 된 것을 계기로 그들은 예루살렘교회의 "기둥같이 여기는 야고보와 게바와 요한"과 사적으로 만났다. 그 자리에서 베드로는 할례자에게, 바울은 무할례자에게 복음을 전하기로 약정하고 그들은 교제의 악수를 나눔으로 이를 확인했다(갈 2:7-9).

조지 래드(George Ladd)는 바울의 회심에 대해 "바울의 회심은 유대교가 상실했던 구속사에 대한 관념의 회복을 의미했다. 그의 그리스도에 대한 경험은 그로 하여금 모세와 율법을 초월하여 예수 그리스도의 인격과 사역을 통해 최근의 사건들 가운데서 언약이 성취되는 것을 보도록 했다"고 말했다.[489]

이방인의 선교사 바울

예수의 반대자가 예수의 종이 되었다. 바울은 매우 자랑스럽게 자신을 가리켜 '예수 그리스도의 종'이라고 고백했다(롬 1:1; 빌 1:1; 딛 1:1). 바울은 다메섹 도상에서 거부할 수 없는 예수 그리스도의 강력한 부르심으로 그의 종이 되어 "내가 달려갈 길과 주 예수께 받은 사명 곧 하나님의 은혜의 복음을 증언하는 일을 마치려 함에는 나의 생명조차 조금도 귀한 것으로 여기지 아니하노라"(행 20:24)고 고백한 것처럼 남은 생애를 온전히 그리스도의 종으로 살았다. 정승현은 바울의 이런 삶에 대해 "그의 삶은 실로 선교적이었고 동시에 순교적이었다"고 평가했다.[490]

---

489) George Ladd, *A Theology of the New Testament*, Grand Rapids: Eerdmans, 1974, 375.
490) 정승현, "선교적 교회론의 과거, 현재 그리고 미래," *선교적 교회론과 한국교회*, 한국선교신학

사도행전 13장 2-4절은 바울이 선교사로 부름 받고 보냄 받은 상황을 잘 설명해주고 있다. "주를 섬겨 금식할 때에 성령이 이르시되 내가 불러 시키는 일을 위하여 바나바와 사울을 따로 세우라 하시니 이에 금식하며 기도하고 두 사람에게 안수하여 보내니라 두 사람이 성령의 보내심을 받아...." 바울은 철저하게 성령에 의해 선교사로 부름 받고 성령에 의해 보냄을 받았다. 선교사로 보냄을 받은 바울은 세 가지 면에서 의미 있는 선교사의 삶을 살았는데, 그는 이방인을 위한 선교사였고, 타문화권 선교사였으며, 교회중심의 선교사였다.

(1) 이방인을 위한 선교사

바울은 다메섹 도상에서 부르심을 받을 때부터 이방인을 위한 사역자로 택함을 받았다: "주께서 이르시되 가라 이 사람은 내 이름을 이방인과 임금들과 이스라엘 자손들에게 전하기 위하여 택한 나의 그릇이라"(행 9:15). 그리고 선교사로 사역을 시작한 바울은 자신의 사역의 대상에 대해 입을 열었는데, "주께서 이같이 우리에게 명하시되 내가 너를 이방의 빛으로 삼아 너로 땅 끝까지 구원하게 하리라 하셨느니라"(행 13:47)고 자신의 사명이 무엇인지를 선언하였다.

바울은 이방인들로 설립된 안디옥교회의 파송을 받아 이방인들이 살고 있던 소아시아 지역과 마게도냐 지역과 아가야 지역에서 선교하였다. 사도행전 13장 이후부터의 기록은 바울이 이방인들에게 어떻게 선교하였는지를 기록하고 있다. 그리고 그의 서신에 의하면 자신이 이방인을 위한 사역자로 부르심을 받았고 이방인들을 위해 사역했음을 밝히고 있다(롬 1:5; 고전 1:23; 갈 1:16; 엡 3:1; 골 1:27; 살전 2:16; 딤전 2:7; 딤후 4:17).

특히 갈라디아서 2장은 바울이 베드로와의 사역 대상(target)을 약정했

회 엮음, 대한기독교서회, 2015, 52.

음을 밝히고 있는데, "베드로에게 역사하사 그를 할례자의 사도로 삼으신 이가 또한 내게 역사하사 나를 이방인의 사도로 삼으셨느니라 또 기둥 같이 여기는 야고보와 게바와 요한도 내게 주신 은혜를 알므로 나와 바나바에게 친교의 악수를 하였으니 우리는 이방인에게로, 그들은 할례자에게로 가게 하려 함이라"(갈 2:8-9)고 했다. 바울은 회심한 이후부터 이방인들이 회개하고 하나님께로 돌아오도록 복음을 전하는 것이 자신의 소명임을 깨달았고, 또한 그는 신학적으로 이방인을 하나님의 약속의 상속자로서 인식했다(엡 2:11; 3:21).[491]

(2) 타문화권 선교사

바울의 선교지는 자신의 문화권 밖에 있었다. 그는 길리기아의 다소 사람이었지만 여러 지역에서 밀려오는 사람들과의 교류를 통해 이미 다른 문화에 대한 기본적인 인식을 가지고 있었다. 그래서 그는 어린 나이에 예루살렘에 와서 가말리엘 문하에서 혹독한 유학생활을 견딜 수가 있었다. 그 결과, 제롬 머피 오코너(Jerome Murphy-O'Connor)는 바울은 히브리어 성경의 헬라어 번역본에 아주 익숙했다고 전제하고, 그래서 바울은 그의 서신에 그것을 거의 90번쯤 인용할 수 있었는데 이는 오랜 학문적 훈련으로 얻어질 결과였다고 강조했다.[492]

이방인을 위한 선교사로 부름을 받고 파송되는 순간 그는 타문화권 선교사(cross-cultural missionary)가 되었다. 그는 준비된 언어구사력으로 유대인들에게는 히브리어로, 헬라인들에게는 헬라어로 복음을 전했다. 한 번도 가보지 않은 지역에서 사람들을 만나 접촉점을 만들어 복음을 전하고 그들을 묶어 교회를 세우는 일은 결코 쉬운 일이 아니었지만 바울은 차

---

491) Roger E. Hedlund, *Mission to Man in the Bible*, Madras: Evangelical Literature Service, 1985, 237-238.
492) 제롬 머피 오코너, *바울 이야기*, 정대철 옮김, 두란노, 2006, 18.

질 없이 그 일을 이루어갔다.

바울이 타문화권 선교사로 성공할 수 있었던 것은 나름대로 전략적인 사역을 했기 때문이다. 예컨대, 바울은 복음을 전할 때 다양한 언어와 문화를 가진 백성들의 상황에 맞게 적절한 방법으로 전했고, 선교전략상 항상 무역과 문화의 중심지인 도시를 선택했으며, 주로 회당을 통해 사람들을 만났고, 또한 복음 때문에 받은 수난을 기꺼이 받아들였다(고후 11:27).[493]

(3) 교회중심의 선교사

바울의 선교사역의 중심은 교회였다. 그는 가는 곳마다 하나님이 예비하신 사람들을 만나 그들에게 복음을 전하고 교회를 세웠다(행 16:11-15, 18:1-4). 또한 헤르만 리델보스(Herman Ridderbos)의 지적대로 "바울의 설교 내용의 중심은 교회였다. 예수 그리스도 안에서 이루어지는 하나님의 구원사적 관점에서 언급할 때마다 항상 교회를 포함시켰다."[494] 사도행전과 바울서신을 통해서 우리가 쉽게 알 수 있는 것은 바울선교의 핵심 전략은 교회라는 사실이다. 롤랑드 알렌(Roland Allen)은 그가 살던 시대의 선교수행과 바울의 모본을 대조하여 말하기를 "그는 교회를 세웠다. 반면에 우리는 선교단을 세운다"고 설파했다.[495] 바울은 세 차례의 선교여정을 통해 많은 지역을 방문하였고, 많은 사람들을 만났으며, 그들에게 주 예수 그리스도의 복음을 증거 함으로 교회를 세웠고, 또한 그 교회들을 재방문하거나 편지를 통해서 그들의 믿음을 견고히 하였다.[496]

---

493) Johannes Verkuyl, *Contemporary Missiology*, 113-114.
494) Herman Ridderbos, *Paul: An Outline of His Theology*, Grand Rapids: Eerdman, 1975, 327.
495) Roland Allen, *Missionary Methods: St. Paul's or Ours?*, Grand Rapids: Eerdmans, 1966, 93.
496) David Garrison, *Church Planting Movements*, Midlothian: WIGTake Resources, 2004, 211-13.

그 이유는 교회가 바울선교의 핵심 전략이요 목표였기 때문이다. 교회는 예수님께서 자신의 것이라고 말씀하셨고(마 16:18; 행 20:28), 지상명령을 통하여 제자들에게 '세례를 베품으로' 교회를 설립하라고 위임하셨으며(마 28:19), 예수님 승천 이후 오순절에 성령 충만을 받았던 제자들이 했던 첫 번째 일은 복음을 전파함으로 교회를 설립하는 것이었다(행 1-2장). 주님의 지시대로 초대교회들, 즉 예루살렘교회는 베드로를 중심으로 유대인들을 위한 사역을 감당했고 안디옥교회는 바나바와 바울을 중심으로 이방인들을 위한 사역을 하면서 지속적으로 교회를 개척하여 설립했다.

이런 의미에서 볼 때 기독교 선교의 중심은 교회라고 할 수 있다. 물론 궁극적 목표는 교회를 통한 하나님의 나라를 확장하는 것이지만 하나님의 나라를 증거하고 확장해가는 도구로서 교회는 선교의 핵심적인 수단임에 이의가 있을 수 없다. 코넬리우스 반 틸은 그리스도는 그의 교회를 세우셨고(모으셨고), 그 교회를 통해 세상을 구원하셨다고 했다.[497]

그래서 바울은 평생토록 교회중심의 선교를 했던 선교사였다. 바울의 서신들에는 교회(ἐκκλησία)라는 용어가 약 60번 정도 언급되어 있다. 바울이 서신서에서 '교회'라는 용어를 사용할 때(단수 또는 복수로 사용) 세 가지 의미로 사용했는데, 첫째 어떤 특정한 장소에 모여 있는 '신자들'(believers)을 의미했고(롬 16:1; 갈 1:2; 골 4:16; 살전 1:1, 살후 1:1), 둘째 신자들이 예배하고 교육받는 '장소'(temple)로서의 교회를 언급했으며(고전 11:18; 14:4-5, 12, 19, 23), 셋째 예수 그리스도를 머리로 삼는 지상의 '모든 교회'(universal church)를 의미했다(빌 3:6; 엡 3:10, 21; 5:24-25).[498] 리델보스는 바울서신에 나타난 '신자들(believers)'로서의 교회를 두 가지 의미로 해석했는데, 하나는 역사적으로 아브라함의 후손들인 '하나님의 백성'(people of God)을 의미하고, 다른

---

497) Cornelius Van Til, *The Reformed Pastor & Modern Thought*, Phillipsburg: Presbyterian and Reformed Publishing Co, 1980, 230.

498) William Barclay, *The Mind of St. Paul*, New York: Harper Collins Pub, 1986, 231-233.

하나는 '그리스도의 몸'(body of Christ)을 의미한다고 했다.[499] 전자는 구속사적 의미가 있고 후자는 기독론적 의미가 있다.

특히 그의 서신서 중 로마서, 고린도전·후서, 갈라디아서, 데살로니가전·후서, 에베소서, 빌립보서, 골로새서는 각각 교회들에게 보낸 서신들이었다. 이 서신들은 사역지에서, 감옥에서 또는 쉬면서 각 교회의 현안 문제들을 지도하고 교훈함으로 바울은 시작부터 마지막까지 교회 중심의 선교를 했던 사람이었다. 바울의 심장 속에는 항상 교회가 자리 잡고 있었다(고후 11:28; 골 1:24). 하지만 바울은 교회를 세우는 것이 자신의 선교 목적이요 목표였음에도 불구하고 다른 사람들이 사역하고 있는 곳에는 사역하지 않고 교회가 없는 곳에 개척하는 것을 원칙으로 삼았다(롬 15:20).

바울은 교회의 파송으로 선교사가 되어, 선교 현장에 교회를 세웠으며, 그의 마음속에는 항상 교회가 있었다. 그래서 그의 서신에 보면 교회라는 용어가 빠지지 않고 사용되고 있다. 참으로 바울의 선교는 교회 중심적이었다. 하지만 존 드라이버(John Driver)가 말한 대로, 교회가 하나 세워지는 것은 몇 번의 설교와 며칠간의 전도로 되는 것이 아니라 뼈를 깎는 희생과 생명을 담보로 하는 고난과 인내의 열매로 세워진다.[500]

2. 바울의 선교사상

보편주의(Universalism)

바울은 본래 타고난 유대인으로 아브라함의 혈통적 후손 외에는 구원의 자격이 없다고 믿었던 완고한 선민의식을 가졌던 사람이었다. 그런데 다메섹 도상에서 예수 그리스도를 만나고 자신의 패러다임이 바뀐 것이다. 하나님은 유대인뿐만 아니라 모든 사람들을 구원하시기를 원하신다는 것

---

499) Herman Ridderbos, *Paul: An Outline of His Theology*, 327.
500) John Driver, *Images of the Church in Mission*, Scottdale: Herald Press, 1997, 206-207.

을 깨달았다(딤전 2:4). 그래서 그는 이 사실을 만백성들에게 알리기 위해 스스로를 '이방인의 사도'라고 자리매김했던 것이다. 페르디난드 한(Ferdinand Hahn)은 바울은 회심할 때부터 자신이 이방인을 위해 부름을 받았다는 것을 알았다(갈 1:15-17). 그래서 그는 사도의 직분을 받은 목적이 이방인들로 하여금 믿어 순종하게 하는 것으로 확신했다(롬 1:5; 16:26).[501] 그래서 비록 인도가 사도 도마의 계보를 주장할지라도 일반적으로 이방 기독교는 바울의 유산으로 간주된다.[502]

(1) 복음의 보편성

복음은 모든 사람들에게 증거 되어야 할 보편적 특성을 가지고 있다. 복음은 유대인이나 헬라인이나 남자나 여자나 종이나 자유자나 누구에게든지 증거 되어야 할 것이다. 이런 의미에서 복음은 보편적이다. 그래서 예수님께서는 "이 천국 복음이 모든 민족에게 증언되기 위하여 온 세상에 전파되리니 그제야 끝이 오리라"(마 24:14)고 말씀하심으로 복음이 '모든 민족'에게 증거 되어야 할 보편적임을 분명히 하셨다. 뿐만 아니라 예수님은 지상명령을 통해 "너희는 가서 모든 민족을 제자로 삼아 아버지와 아들과 성령의 이름으로 세례를 베풀고 내가 너희에게 분부한 모든 것을 가르쳐 지키게 하라"(마 28:19-20)고 하심으로 복음은 '모든 민족'에게 반드시 증거 되어야 할 보편적인 것임을 강조하셨다.

복음의 이런 보편적 특성을 깨달은 바울은 그의 사역을 통해 실천했고 그의 서신들을 통해 강조했다. 그는 먼저 "헬라인이나 야만인이나 지혜 있는 자나 어리석은 자에게 다 내가 빚진 자라 그러므로 나는 할 수 있는 대로 로마에 있는 너희에게도 복음 전하기를 원하노라 이 복음은 모든 믿는

---

501) Ferdinand Hahn, *Mission in the New Testament*, London: SCM Press, 1965, 97.
502) Roger E. Hedlund, *Mission to Man in the Bible*, Madras, India: Evangelical Literature Service, 1985, 230.

자에게 구원을 주시는 하나님의 능력이 됨이라 먼저는 유대인에게요 그리고 헬라인에게로다"(롬 1:14-16)고 말함으로 그의 보편적 복음관에 대해 밝히고 있다. 그래서 스스로를 '이방인을 위한 사도'로 자리매김하고 "내가 예루살렘으로부터 두루 행하여 일루리곤까지 그리스도의 복음을 편만하게 전하였노라"(롬 15:19)고 함으로 복음이 유대인 지역을 넘어 이방의 여러 지역에까지 전파되었음을 밝혔다. 그래서 로마교회에 보낸 서신에서 "모든 민족이 믿어 순종하게 하시려고" 주신 신비한 계시라고 했고(롬 16:26), 골로새교회에 보낸 서신에서는 "이 복음은 천하 만민에게 전파된 바요 나 바울은 이 복음의 일꾼이 되었노라"(1:23)고 함으로 복음이 천하 만민을 위한 보편적인 것임을 강조했다.

칼빈도 예수 그리스도는 세상의 구원을 위하여 오셨음으로 유대인과 이방인 사이에 구원을 전제로 한 차별은 철저히 제거하셨다고 보편성을 강조했다.[503] 또한 사도행전 2장 21절의 "누구든지 주의 이름을 부르는 자는..." 구절을 주해하면서 "누구든지"라는 일반적인 용어 안에 하나님께서는 예외 없이 모든 사람을 용납하시고 그들을 구원으로 초대하신다는 것을 의미한다고 복음의 보편성을 재확인했다.[504]

중국내지선교회(현재의 OMF) 소속으로 사역했던 오스왈드 샌더스(Oswald Sanders) 역시 "바울은 사회 어느 한 계층에 그의 선교를 제한시키지 않았다"고 전제하면서 바울은 모든 사람에게 복음을 전하고자 했다고 주장했다.[505] 복음은 어떤 특정 지역이나 특정 사람들에게만 적용되는 것이 아니다. 복음은 천하 만민에게 전파되어야 할 복된 소식으로서의 보편성을 가지고 있다. 이런 바울의 보편적 사상은 주님의 지상명령에서 기인한 것이라고 이해하는 학자들이 있다. 대표적으로 아더 글라서는 다음

---

503) John Calvin, *A Selected of the Most Celebrated Sermons of John Calvin*, New York: S & D. A. Forbes Printings, 1830, 98.

504) John Calvin, *Commentary*, Acts 2:21.

505) 오스왈드 샌더스, *지도자 바울*, 네비게이토 출판사, 1987, 116-117.

과 같이 주장했다.

> 우리가 신약의 기록을 액면 그대로 받아들인다면, 바울은 지상명령을 완전하게 이해한 최초의 사도이다. 그는 선교가 모든 민족들을 제자 삼는 것을 수반한다고 보고 지상명령에 순종하려고 노력하였다(골 1:28)…이것과 연관하여 가장 중요한 구절은 디모데후서에 나온다. 이 마지막 목회서신의 마지막 장에서 바울은 그의 소명을 완수하였다고 말한다. 그의 소명은 복음을 "모든 이방인"으로 듣게 하는 것이었다(딤후 4:7, 17). "모든 족속"이라는 구절은 지상명령에도 포함된 말씀이며(마 28:19), 바울의 위대한 선교 보고서인 로마서에도 사용된 말씀이다(롬 1:5; 16:26).[506]

에버렛 해리슨(Everett Harrison)은 로마서 16장 26절에 사용한 "영원하신 하나님의 명"(the command of the eternal God)은 모든 족속에게 복음을 전하라는 주님의 지상명령을 직접 거론하는 것이라고 주장했다.[507] 특히 바울은 자신이 받은 영원하신 하나님의 명령은 "선지자들의 글로 말미암아 모든 민족이 믿어 순종하게 하시려고 알게 하신 바 그 신비의 계시"라고 함으로, 모든 민족을 구원하시려는 주님의 지상명령을 '신비한 계시'라고 이해했던 것이다.

(2) 죄의 보편성

바울은 그의 서신에서 죄의 보편성을 강조한다. 이것은 아담 한사람의 죄로 인해 모든 사람이 죄인 되었음으로 아담의 타락과 그 후손에 대한 죄의 전가에서 찾아볼 수 있다. "한 사람(아담)으로 말미암아 죄가 세상에 들

---

506) Arthur F. Glasser, *Announcing the Kingdom*, 291.
507) Everett F. Harrison, *Acts: The Expanding Church*, Chicago: Moody Press, 1975, 171.

어오고 죄로 말미암아 사망이 들어왔나니 이와 같이 모든 사람이 죄를 지었으므로 사망이 모든 사람에게 이르렀느니라"(5:12, 18)고 강조함으로 아담의 죄가 모든 사람에게 전가되었음을 말하고 있다. 그 결과 "의인은 없나니 하나도 없다"(롬 3:10). 그리고 "모든 사람이 죄를 범하였으매 하나님의 영광에 이르지 못하더니"(롬 3:23)라고 함으로 모든 사람이 죄인이라는 죄의 보편성을 설명했다. 그래서 모든 사람은 '본질상 진노의 자녀'인 것이다(엡 2:3).

(3) 속죄의 보편성

속죄의 보편성이란 '모든 사람이 구원받는다'는 의미가 아니라 '차별 없이 예수 그리스도를 통해 구속받는다'는 의미에서 보편성이다. 모든 사람은 죄인이기 때문에 예수 그리스도를 통한 속죄를 필요로 한다. 다시 말하면 모든 사람이 죄인이라는 것은 그리스도께서 모든 사람을 속죄하기 위해 십자가에 죽으셨다는 것을 의미한다. 바울은 이 원리를 로마서 5장 17-19절에서 잘 설명해주고 있는데 "한 사람의 범죄로 말미암아 사망이 그 한 사람을 통하여 왕 노릇 하였은즉 더욱 은혜와 의의 선물을 넘치게 받는 자들은 한 분 예수 그리스도를 통하여 생명 안에서 왕 노릇 하리로다 그런즉 한 범죄로 많은 사람이 정죄에 이른 것 같이 한 의로운 행위로 말미암아 많은 사람이 의롭다 하심을 받아 생명에 이르렀느니라 한 사람이 순종하지 아니함으로 많은 사람이 죄인 된 것 같이 한 사람이 순종하심으로 많은 사람이 의인이 되리라."

아담의 죄가 모든 인간에게 보편적으로 전가된 것처럼 예수 그리스도의 속죄도 모든 인간에게 보편적(차별 없이)으로 적용된다는 것이다. 그는 디모데에게 보낸 서신에서 "그가 모든 사람을 위하여 자기를 대속물로 주셨으니 기약이 이르러 주신 증거니라"(딤전 2:6)고 함으로 그리스도의 속죄의 보편성을 다시 한 번 확인했고, 디도에게 보낸 서신에서도 "모든 사람에게 구원을 주시는 하나님의 은혜가 나타났다"(딛 2:11)고 함으로 구원의 보편성을 확인했다. 또한 로마교회에 보낸 서신에서도 "유대인이나 헬라인이나 차별이 없음이라 한 분이신 주께서 모든 사람의 주가 되사 그를 부르는 모든 사람에게 부요하시도다 누구든지 주의 이름을 부르는 자는 구원을 받으리라"(롬 10:12-13)고 함으로 구원의 보편성을 재확인했다.

특히 바울은 "유대인이나 헬라인이나 그리스도 안에서 차별이 없다"는 말을 자주 함으로 모든 사람들이 '그리스도를 통해' 속죄 받고 구원받게 되는 구원의 보편성을 강조했다(롬 10:12; 갈 3:28; 골 3:11).

(4) 교회의 보편성

바울은 교회를 세우는 일을 가장 중요하게 생각했다. 그런데 이 교회는 그리스도가 머리가 되는 교회이다(엡 1:22; 5:23; 골 1:18). 따라서 그리스도가 머리가 되는 교회, 즉 그리스도의 지체로서의 교회는 유기체적인 연관성을 가지고 있기 때문에 그리스도를 머리로 하는 모든 교회는 하나라는 보편성을 가지고 있다. 여기에는 인종, 언어, 성, 문화의 차이를 뛰어넘어 하나님의 택함을 받아 구원을 받은 모든 열방과 족속들을 다 포함한다. 바울은 에베소서 2장 11-22절에서 교회의 보편적 특성을 잘 설명해 주었다. 이방인이요 무할례자들이요 언약 밖에 있던 외인들이 그리스도의 십자가로 하나님과 화목하게 되어 성도들과 동일한 시민이요 하나님의 권속이 된 사람들을 교회라고 정의했다. 따라서 이 교회는 "너희는 사도들과 선지자들의 터 위에 세우심을 입은 자라 그리스도 예수께서 친히 모퉁잇돌이 되셨느니라 그의 안에서 건물마다 서로 연결하여 주 안에서 성전이 되어 가고 너희도 성령 안에서 하나님이 거하실 처소가 되기 위하여 그리스도 예수 안에서 함께 지어져 가느니라"(20-22)고 함으로 모든 교회는 그리스도를 중심으로(모퉁잇돌) 서로 연결되어 하나의 성전을 이루어가는 공동체로서 교회의 보편성을 강조했다(엡 4:1-16 참조).[508] 칼빈은 보편적 교회를 "모든 나라에서 모은 큰 무리"라고 정의했다.[509]

이신칭의(以信稱義)

바울은 다메섹 도상에서 회심을 경험한 후 이방인을 위한 사도로 자리매김을 하고, 세 차례의 선교여행과 마지막으로 죄수의 몸으로 로마에 이르기까지 복음을 전했는데, 그가 선포한 복음과 그의 신학의 중심 사상은 오직 "믿음으로 의롭게 된다"는 것이었다(롬 1:17; 갈 3:11; 히 10:38).[510] 바울의 이 사상은 어거스틴을 거쳐 종교개혁자 마틴 루터와 칼빈이 전수받은 개혁신학의 중심 사상이요 정통신학의 전통이었다. 그리스도의 죽음과 부활 사건의 효력이 인간에게 나타난 결과가 구원인데, 바울이 구원을 표현하기 위해 사용한 술어들 가운데 가장 중요한 것이 '칭의'(稱義)이다.[511] 칭의란 하나님께서 예수 그리스도의 대속의 죽음을 근거로 죄인임에도 불구하고 그를 믿는 자들을 의롭다고 선언해주시는 것이다. 바울의 '의'(δικαιοσύνη)의 개념이 당시 유대교의 '의'의 사상과 가장 큰 차이점은 불경건한 자에게도 하나님의 의가 주어진다는 것이었다. 유대인 중에서도 바리새파였던 바울의 '의'에 대한 사상이 예수 그리스도를 만나고 그를 구주로 믿은 다음에는 자신의 체험을 통해 사람이 의롭게 되는 것은 율법의 행위가 아니라 오직 믿음이라는 것을 깨닫고 확신했다. 그래서 로마서와 갈라디아서를 비롯한 그의 서신 구석구석에서 '오직 믿음으로만 의롭게 된다'는 것을 강조했던 것이다.

---

508) 교회의 보편주의에 대해 Johannes Blauw, *The Missionary Nature of the Church*, London: Lutterworth Press, 2002, 1-2장을 읽어라.

509) John Calvin, *Institutes*, IV-1-9.

510) Robert L. Plummer, "A Theological Basis for the Church's Mission in Paul," in *Westminster Theological Journal*, Vol. 64, Fall 2002, 253-271.

511) J. A. Fitzmyer, *바울의 신학*, 배용덕 역, 솔로몬, 1996, 133-159 참조.

특히 로마서 3장은 바울의 이신칭의(以信稱義) 사상을 이론적으로 가장 자세하게 강조한 부분이다. 그는 "복음에는 하나님의 의가 나타나서 믿음으로 믿음에 이르게 하나니 기록된바 오직 의인은 믿음으로 말미암아 살리라 함과 같으니라"(롬 1:17)고 선언했다. 인간은 아담의 죄를 이어받고 죄의 보편성으로 인해 자력으로 의롭게 되는 것이 절대 불가능하기 때문이다. 그래서 바울은 "그러면 어떠하냐 우리는 나으냐 결코 아니라 유대인이나 헬라인이나 다 죄 아래에 있다고 우리가 이미 선언하였느니라 기록된바 의인은 없나니 하나도 없으며 깨닫는 자도 없고 하나님을 찾는 자도 없고 다 치우쳐 함께 무익하게 되고 선을 행하는 자는 없나니 하나도 없도다"(롬 3:9-12)고 말했다.

그러므로 인간이 의롭게 되는 것은 자기 노력이나 율법준수로 얻어지는 것이 아니고 오직 믿음으로만 가능한 것이다. 바울은 구약의 아브라함도 믿음으로 의롭게 되었음(창 15:6)과 하박국 선지자가 "의인은 그 믿음으로 말미암아 살리라"(합 2:4)고 말한 것을 알고, "할례자도 믿음으로 말미암아 또한 무할례자도 믿음으로 말미암아 의롭다 하실 하나님은 한 분이시니라"(롬 3:30)고 강조했다. 참으로 바울은 자신의 사도적 사명에 대해 사람이 하나님의 은혜와 믿음으로 말미암아 의롭게 된다는 이신칭의를 선포하는 것으로 이해했다.[512]

갈라디아교회 안에 율법주의자들이 들어와 성도들을 교란시켰다(1:6 이하). 그들은 구원은 믿음 하나로만 되는 것이 아니고 할례를 포함한 율법을 함께 준수해야 한다고 주장했던 것이다. 바울은 이런 사상을 '다른 복음'으로 규정했다(1:7-9). 이렇게 다른 복음을 전하는 자는 사람이나 천사를 막론하고 저주를 받을 것이라고 강력하게 책망했다(1:8). 그리고 단언하기를 "사람이 의롭게 되는 것은 율법의 행위로 말미암음이 아니요 오직 예수 그리스도를 믿음으로 말미암는 줄 알므로 우리도 그리스도 예수

---

512) Donald Senior & Carroll Stuhlmueller, *The Biblical Foundation for Mission*, Orbis Books, 1989, 165.

를 믿나니 이는 우리가 율법의 행위로써가 아니고 그리스도를 믿음으로써 의롭다 함을 얻으려 함이라 율법의 행위로써는 의롭다 함을 얻을 육체가 없느니라"(2:16); "하나님 앞에서 아무도 율법으로 말미암아 의롭게 되지 못할 것이 분명하니 이는 의인은 믿음으로 살리라"(3:11)고 선언했다.

인간은 자력구원(自力救援)의 여지가 없는 전적으로 부패한 죄인으로 하나님의 은혜와 사랑이 아니면 절대로 구원에 이를 수 없는 존재이기 때문에 구원을 '은혜의 선물'(롬 5:17)이라고 한다. 따라서 의롭게 됨(구원)은 믿는 자 누구에게나 "하나님의 은혜로", "값없이" 주어지는 은총이다. 기독교의 구원은 '값없는' 구원으로 오직 믿음만을 요구한다. 그러므로 바울이 전수하고 종교 개혁자 마틴 루터와 존 칼빈이 재발견한 '이신칭의'(갈 2:16)와 '은혜구원'(엡 2:5)의 교리는 기독교 구원관의 토대(basis)가 되고 있다.[513]

이와 같은 이신칭의론은 교황의 반성경적인 면죄부에 대한 항거에서 형성된 교리로 종교개혁 운동의 핵심사상이었다. 종교개혁자들이 강조했던 개혁의 모토 중 하나였던 '오직 믿음'(Sola Fide)은 우리의 내부에서 우러나오는 어떤 자연적 역량에 의해서 의롭게 되는 것이 아니라 하나님의 은혜로 주어진 믿음만이 우리를 의롭게 하고 우리의 구원의 기초가 된다는 사상이다.

그런데 종교개혁 500주년을 맞이한 한국교회 안에 '종교개혁 칭의론'에 대항하여 "유보적 칭의론"(Reserved Justification)을 주장함으로 구원의 탈락 가능성을 제기하는 '새 관점 칭의론'이 대두되어 혼란을 주고 있다. 신약학자 제임스 던(James D. G. Dunn)은 이것을 '바울의 새 관점'(New Perspective on Paul)이라는 용어로 처음 사용했는데,[514] 사실 그 기초는 1977년에 에드워드 샌더스(Edward P. Sanders)가 「Paul and Palestinian Judaism」(바울과 팔레스타인 유대교)라는 책을 통해 제기했

---

513) '이신칭의'에 관하여 존 칼빈의 「기독교 강요」와 아더 핑크의 「이신칭의」(2013)를 읽어라.
514) James D. G. Dunn, *The New Perspective on Paul*, Grand Rapids: Eerdmans, 2008, 99ff.

다.[515] 그는 초대교회와 바울시대의 유대교를 전통적인 생각(옛 관점)대로 율법을 지킴으로 의에 이르는 '율법주의 종교'가 아니라, 이미 하나님의 선행적인 은혜와 선택을 통해 하나님의 백성이 되었음으로 구원은 하나님의 은혜로 받았으나 그 하나님의 은혜에 대한 감사의 표현으로 율법을 지켰을 뿐이라는 소위 '언약적 신율주의'(covenantal nomism)라고 규정했다.[516] 그가 주장한 언약적 신율주의란 인간은 하나님의 은혜로 말미암아 언약에 들어가고, 행위로 말미암아 언약 안에 머무른다는 논리로 '들어감'(getting in)과 '머무름'(staying in)이라는 용어를 제시했다.

샌더스에 의하면 언약적 신율주의는 다음과 같은 형식을 가지고 있는데; 세례를 받음으로 언약에 들어가고, 언약 안에 들어간 사람은 구원을 받고, 특별한 계명(율법)에 순종하면 언약적 관계가 유지되지만, 만일 반복적으로 그리고 극악하게 범죄 하면 그 언약공동체 구성원의 자격이 박탈당한다.[517] 이런 주장은 결국 칭의 유보론과 구원의 탈락설을 제기하는 우를 범한 것이다. 그는 이런 사상적 기초 위에 루터와 칼빈을 비롯한 종교개혁자들로부터 시작된 기존의 바울 연구가 바울신학과 그의 역사적 배경을 잘못 이해했다고 주장함으로 500년 동안 프로테스탄트 교회를 지배했던 유대교와 바울에 대한 잘못된 해석을 새롭게 정립하자는 '바울의 새 관점' 사상을 제기했고, 후에 영국성공회 신학자인 니콜라스 토마스 라이트(Nicholas Thomas Wright, 일반적으로 톰 라이트로 알려짐)가 이 견해를 발전시켰다.

새 관점학파가 주장하는 언약적 신율주의는 '율법 안에 머무름'을 구원의 핵심 사안으로 이해함으로 '믿음'(옛 관점)보다 '행위'(새 관점)에 방점을 찍었다고 한국성경신학회장 박형용 교수는 설명했다.[518] 결국 톰 라

---

515) Edward P. Sanders, *Paul and Palestinian Judaism*, Philadelphia: Fortress Press, 1977을 읽어라.
516) 김세윤, *바울 신학과 새 관점*, 두란노아카데미, 2002, 16.
517) Edward P. Sanders, *Paul and Palestinian Judaism*, 513.
518) 박형용, "그리스도가 전 인류 아닌 유대인들 위해 죽으셨나?" *크리스천투데이*, 2010년 2월 9일.

이트를 비롯한 새 관점학파의 칭의론은 유대인을 포함한 모든 이방인들은 '믿음'을 통해 이스라엘과 하나님 사이의 언약 안으로 들어가게 되고, 이 안에서 율법을 지키는 '행위'를 통해 의롭다 함을 얻는다는 것으로 요약될 수 있다. 하나님께서 이들에게 율법을 주신 것은 하나님의 선택을 유지시키는 방편이요, 이들이 율법을 지킨 것은 언약적 백성의 신분에 거하기(머물기) 위한 것이라고 이해했다.[519]

그러나 루터와 칼빈을 비롯한 종교개혁자들이 500년 동안 우리들에게 내려준 전통은 '오직 믿음'(Sola Fide)으로 의롭게 된다는 성경적 사상이다. 바울은 로마서에서 칭의론을 분명히 가르쳐주었고 개혁자들은 이 가르침을 전통으로 개혁교회에 물려주었다. 바울은 "사람이 의롭다 하심을 얻는 것은 율법의 행위에 있지 않고 믿음으로 되는 줄 우리가 인정하노라"(롬 3:28, 저자 강조)고 함으로 의롭게 되는 것은 믿음이지 율법이 아님을 분명히 했다. 또한 "할례자도 믿음으로 말미암아 또한 무할례자도 믿음으로 말미암아 의롭다 하실 하나님은 한 분이시니라"(롬 3:30)고 함으로 할례자(유대인)들이나 무할례자(이방인)들 모두 믿음으로 의롭게 됨을 강조했다. 따라서 "오직 의인은 믿음으로 말미암아 살리라"(롬 1:17)는 말씀에 의해 칭의와 율법은 아무 관련이 없고 오직 믿음뿐임을 확증했다.

종교개혁은 가톨릭의 믿음과 행위를 강조하는 구원론과 교황의 면죄부에 대항하여 '오직 믿음'으로 의롭게 된다는 성경적 가르침을 믿고 따르는 운동이었다. 칼빈에 의하면, 인간은 전적으로 타락했기 때문에 결코 어떤 행위로는 의롭다는 인정을 받을 수 없는 존재들이지만 하나님의 선택적 은혜와 믿음으로 통해 의롭다함을 받게 된다. 이 의($\delta\iota\kappa\alpha\iota\sigma\sigma\acute{\upsilon}\nu\eta$)는 죄용서와 함께 그리스도의 의(義)가 믿는 자들에게 전가되는 것이다.[520] 그래서 우리가 심판 때 하나님 앞에 섰을 때 하나님이 은혜를 베푸시어 우리를

---

519) Edward P. Sanders, *Paul and Palestinian Judaism*, 237-238.
520) John Calvin, *Institutes*, III-3-5.

의롭게 여기시며 용납해주시는 것이다.[521]

그러므로 인간은 오직 믿음으로만 의롭게 되며, 하나님의 언약 안에 '들어감'도 하나님의 은혜요 또한 그 언약 안에 '머무름'도 하나님의 은혜이다. 그래서 "의인은 오직 믿음으로만 살아야하는 것"이다(합 2:4; 롬 1:17; 갈 3:11; 히 10:38).

교회 중심적 선교

바울선교의 전략과 목표는 교회였다고 강조한 바가 있다. 그는 교회의 파송으로 선교사가 되어, 선교현장에 교회를 세웠으며, 그의 마음속에는 항상 교회가 있었다. 그래서 그의 서신에 보면 교회라는 용어가 빠지지 않고 사용되고 있다. 바울신학자 프레드릭 브루스(F. F. Bruce)는 "바울의 친구요 선교 동행자였던 누가는 사도행전에서 바울이 교회들을 세우고 그 교회들에게 보낸 편지의 배경과 내용 및 목적에 대해 잘 기록하고 있다. 특히 그의 기록은 바울이 교회들에 보낸 편지(바울서신)의 배경을 이해하는데 아주 큰 도움을 주고 있다"고 함으로 바울의 사역과 그가 보낸 서신들의 중심내용이 교회와 관련되어 있음을 분명히 했다.[522] 바울의 선교는 참으로 교회 중심적 선교(church-centric mission)였다고 할 수 있다. 그래서 선교전략가 롤랜드 알렌(Roland Allen)은 바울의 선교사역의 핵심 전략은 거점 지역에 자치적 교회(autonomic church)를 개척하는 것이었다고 했다.[523]

그렇다면 바울이 생각하는 교회상은 어떤 것이었을까? 홍기영은 그의 소논문에서 바울이 원했던 세 가지 교회상을 제시했는데 거룩한 교회, 하

---

521) John Calvin, *Institutes*, III-11-2.
522) Frederick F. Bruce, *Paul & His Converts: How Paul Nurtured the Churches He Planted*, Downers Grove: IVP, 1985, 37.
523) Roland Allen, *Missionary Methods: St. Paul's or Ours?*, 82.

나 되는 교회, 봉사하는 교회였다.[524] 이에 몇 가지를 더하여 바울서신에 나타난 교회관을 살펴보고자 한다.

첫째로, 거룩한 교회이다. 바울은 하나님의 성품을 본받아 거룩한 교회가 되기를 바랐다. 로마교회를 향하여 "너희 몸을 하나님이 기뻐하시는 거룩한 산 제물로 드리라"(롬 12:1)고 했고, 로마서를 마무리하면서 교인들을 향하여 "너희가 거룩하게 입맞춤으로 서로 문안하라"(롬 16:16)는 말로 마무리했다. 고린도교회에 보낸 첫 번째 서신에서는 교회를 "그리스도 예수 안에서 거룩하여지고 성도라 부르심을 받은 자들"의 공동체라고 했다(고전 1:2). 이어지는 고전 3:17에서는 "하나님의 성전은 거룩하니 너희도 그러하니라"고 하면서 거룩한 교회가 될 것을 강조했다. 그리고 고린도교회에 보낸 서신에서도 역시 "거룩하게 입맞춤으로 서로 문안하라"는 것으로 마무리를 했다(고후 13:11). 특히 에베소교회에 보낸 서신에서는 예수 그리스도께서 죄와 허물로 죽었던 우리를 살리시어 거룩하게 만드셨다고 여러 번 강조했다(1:4; 4:24; 5:26). 또한 엡 5:27에서는 "자기 앞에 영광스러운 교회로 세우사 티나 주름 잡힌 것이나 이런 것들이 없이 거룩하고 흠이 없게 하려 하심이라"고 교회의 거룩성을 강조했다. 골로새교회와 데살로니가교회에는 '거룩하고 흠 없는' 교회를 강조했다(골 1:22; 3:12; 살전 2:10; 3:13; 5:23). 그리고 데살로니가교회를 향하여 역시 "거룩하게 입맞춤으로 모든 형제에게 문안하라"고 마무리했다(살전 5:26). 바울은 이상의 여러 교회들에 보낸 서신을 통해 자신이 세운 교회뿐만 아니라 다른 사람에 의해 세워진 교회도 하나님을 본받아 성결할 것을 강조하고 있다.

둘째로, 하나 되는 교회이다. 바울은 교회가 그리스도 안에서 하나 되어 연합과 일치를 이루는 교회가 되기를 바랐다. 당시 교회들은 바울이 떠난 이후 교회 안에서 교리문제와 리더십문제, 교인들 간의 파당문제로 많

---

524) 홍기영, "바울서신에 나타난 선교학적 주제들 고찰," *선교신학*, *제26권*, 한국선교신학회, 2011, 298-302 참조.

은 갈등이 있었다. 특히 유대교의 율법주의자들과 영지주의자 및 이방 철학에 영향을 받은 자들이 교회 내에서 성도들을 미혹함으로 분란을 일으켰다. 특히 파벌이 심했던 고린도교회를 향하여 "형제들아 내가 우리 주 예수 그리스도의 이름으로 너희를 권하노니 모두가 같은 말을 하고 너희 가운데 분쟁이 없이 같은 마음과 같은 뜻으로 온전히 합하라"(고전 1:10)고 권면하면서 파벌로 나뉘어 분쟁 중에 있던 교회를 향하여 "너희는 아직도 육신에 속한 자로다 너희 가운데 시기와 분쟁이 있으니 어찌 육신에 속하여 사람을 따라 행함이 아니리요 어떤 이는 말하되 나는 바울에게라 하고 다른 이는 나는 아볼로에게라 하니 너희가 육의 사람이 아니리요"(고전 3:3-4)라며 한탄해 하고 있다. 바울이 교회들을 향하여 권면했던 하나 되는 교회상은 에베소교회에 보낸 편지에서 잘 나타나있다: "모든 겸손과 온유로 하고 오래 참음으로 사랑 가운데서 서로 용납하고 평안의 매는 줄로 성령이 하나 되게 하신 것을 힘써 지키라 몸이 하나요 성령도 한 분이시니 이와 같이 너희가 부르심의 한 소망 안에서 부르심을 받았느니라 주도 한 분이시요 믿음도 하나요 세례도 하나요 하나님도 한 분이시니 곧 만유의 아버지시라 만유 위에 계시고 만유를 통일하시고 만유 가운데 계시도다"(엡 4:2-6). 빌립보교회를 향해서는 "그리스도 안에 무슨 권면이나 사랑의 무슨 위로나 성령의 무슨 교제나 긍휼이나 자비가 있거든 마음을 같이하여 같은 사랑을 가지고 뜻을 합하며 한마음을 품어 아무 일에든지 다툼이나 허영으로 하지 말고 오직 겸손한 마음으로 각각 자기보다 남을 낮게 여기고 각각 자기 일을 돌볼뿐더러 또한 각각 다른 사람들의 일을 돌보아 나의 기쁨을 충만하게 하라"(2:1-4)고 함으로 마음을 같이하는 교회가 될 것을 권고하고 있다. 결국 바울이 소망했던 교회상은 교회의 일치와 연합이었다. 왜냐하면 모든 교회는 예수 그리스도를 머리로 삼은 지체들이기 때문에 그리스도 안에서 유기체로서의 일치를 추구했던 것이다.

셋째로, 봉사하는 교회(사역하는 교회)이다. 바울은 교회들이 헌신과 봉사하는 교회가 되기를 바랐다. 바울이 원했던 봉사와 나눔은 영적인 것과 육적인 것을 포함한 것이었다(롬 15:27). 예루살렘의 초대교회처럼 "믿는 사람이 다 함께 있어 모든 물건을 서로 통용하고 또 재산과 소유를 팔아 각 사람의 필요를 따라 나눠 주며"(행 2:44-45) 또한 예루살렘교회가 흉년으로 어려운 처지에 있을 때 안디옥교회를 비롯한 이방인의 교회들이 구제헌금을 모아 바울 일행 편에 보냈던 것을 기억하고 있었을 것이다: "이는 마게도냐와 아가야 사람들이 예루살렘 성도 중 가난한 자들을 위하여 기쁘게 얼마를 연보하였음이라"(롬 15:26). 또한 바울은 성령의 은사를 영적인 봉사로 인식했다. 로마교회(12장)와 고린도교회(고전 12-13장) 그리고 에베소교회(4장)에 보낸 서신들에서 성령의 은사에 대해 말하면서 은사를 주신 이유에 대해 "이는 성도를 온전하게 하여 봉사의 일을 하게 하며 그리스도의 몸을 세우려 하심이라"고 밝히고 있다(엡 4:12). 바울은 자신이 그리스도를 위해 전적으로 헌신했던 것처럼 교회들도 그리스도를 향해 전적으로 헌신하기를 소망했다(행 20:24; 딤후 4:7; 빌 3:1-9).

넷째로, 복음을 전하는 교회이다. 교회의 존재목적은 지상명령에 순종함으로 헌신적으로 복음을 전하는 것이다. 바울은 자신을 가리켜 복음을 전하는 사람이라고 규정했다: "그리스도께서 나를 보내심은 세례를 베풀게 하려 하심이 아니요 오직 복음을 전하게 하려 하심이로되 말의 지혜로 하지 아니함은 그리스도의 십자가가 헛되지 않게 하려 함이라"(고전 1:17); "내가 복음을 전할지라도 자랑할 것이 없음은 내가 부득불 할 일임이라 만일 복음을 전하지 아니하면 내게 화가 있을 것이로다"(고전 9:16). 바울은 자신의 후계자였던 디모데에게도 당부하기를 "너는 말씀을 전파하라 때를 얻든지 못 얻든지 항상 힘쓰라 범사에 오래 참음과 가르침으로 경책하며 경계하며 권하라"(딤후 4:2)고 함으로 복음전파가 성도의 사명이요 교회의 사명임을 천명했다.

다섯째로, 선교하는 교회(선교적 교회)이다.[525] 바울 자신이 안디옥교회

---

525) Charles Van Engen, *God's Missionary People*, Grand Rapids: Baker Book House, 1991. 저자는 이 책에서 교회론적·성경적·역사적 관점에서 지역교회를 조명하고 교회의 본질이 선교적 사명에 있음을 주장하면서 지역교회가 어떻게 선교적 교회(missional church)로 존재할 것인가를 제시하고 있다.

의 파송으로 선교사의 사역을 감당했기 때문에 교회의 선교적 사명은 누구보다도 강조한 부분일 것이다. 특히 동반부 선교를 마무리하고 서반부 선교를 위해 서바나(스페인)으로 가기 전 로마교회에 후원을 요청하는 모습은 바울이 교회의 후원으로 선교하였음을 알 수가 있다(롬 15:22-33). 물론 바울이 고린도 지역에서 일 년 반 동안 살면서 아굴라와 브리스길라의 천막을 만드는 공장에서 잠시 일하면서 자비량선교를 한 적이 있었지만(행 18:3)[526] 바울은 거의 대부분의 사역을 교회와 성도들의 후원으로 사역에 전념했다. 이와 같이 바울 자신이 교회들의 후원으로 선교사역을 했던 것처럼, 모든 교회들이 선교에 동참하는 교회가 될 것을 원했다. 실제로 바울은 로마교회에 보낸 편지(로마서)에서 후원(파송)을 요청했는데, "이제는 이 지방에 일할 곳이 없고 또 여러 해 전부터 언제든지 서바나로 갈 때에 너희에게 가기를 바라고 있었으니 이는 지나가는 길에 너희를 보고 먼저 너희와 사귐으로 얼마간 기쁨을 가진 후에 너희가 그리로 보내주기를 바람이라"(롬 15:23-24, 저자 강조). 그는 로마교회에 보낸 편지에서 구체적으로 세 가지 요청을 했는데, 파송해 줄 것(15:24), 기도해줄 것(15:30), 쉴(안식) 수 있도록 해줄 것(15:32) 등이었다.

3. 선교적 교회론(Missional Ecclesiology)

"선교적 교회"라는 용어가 "하나님의 선교"(missio Dei)라는 용어처럼 에큐메니칼 진영의 전유물처럼 인식되고 있지만, 그렇다고 보수진영에서 이 두 용어에 대해 신학적으로 문제가 있는 것처럼 우려할 일이 아니다. 앞에서 "하나님의 선교"에 대한 두 진영 간의 이해를 비교 설명한 바 있는

---

[526] 바울이 고린도 지역에서 일 년 반 동안 머물면서 아굴라와 브리스길라가 경영하던 천막 만드는 공장에서 일했다는 부분에서 바울이 단순히 자비량선교(tentmaker)를 위해 공장에 취업했다기보다는 고린도지역의 전략적 중요성을 인식하고 거점교회를 세우기 위함이었고 또한 아굴라 부부를 제자화함으로 장차 선교사역의 동역자로 만들기 위함이었다는 점이 더 중요한 것이다. 실제로 아굴라 부부는 바울의 에베소 선교(행 18장)나 로마 선교(롬 16:3-4)를 비롯한 여러 선교사역에 물심양면의 중요한 후원자가 되었다는 사실이 이를 증명한다.

데, 선교적 교회론도 따지고 보면 매우 성경적인 용어이다. 선교적 마인드를 갖고 계시는 하나님께서 이스라엘을 부르시고 세상으로 보내신 것처럼, 하나님으로부터 보냄 받은 선교사 예수 그리스도께서 교회(제자들)을 부르시고 세상에 보내셔서 선교적 사명(지상명령)을 감당하도록 하셨는데, 주님의 이 명령에 순종하는 교회를 가리켜 선교하는 교회, 즉 선교적(인) 교회라고 한다. 그리스도께서 지상사역을 마치고 승천하시기 직전 당부하신 말씀이 무엇이었는가? "너희는 가서 모든 민족을 제자로 삼아 아버지와 아들과 성령의 이름으로 세례를 베풀고"(마 28:19)…"땅 끝까지 이르러 내 증인이 되리라"(행 1:9)는 말씀 아닌가? 이 명령을 교회의 본질로 삼고 우선적으로 순종하는 교회가 선교적(인) 교회이다. 이 용어를 누가 처음 고안했으며, 지금 누가 자주 이 용어를 사용하고 있는가는 중요하지 않다. 주님의 마음을 담아 지상명령에 충실한 교회가 선교적 교회이다. 최형근은 로잔운동의 슬로건인 "온 교회가 온전한 복음을 온 세상에 전하자"에서 "온 교회 '가 바로 보편적 교회인 선교적 교회라고 해석했다.[527]

그리스도가 피로 사신 교회는 본질적으로 선교적 공동체(missional community)이다. 조직신학자 리델보스는 교회를 "하나님의 백성"(people of God) 또는 "그리스도의 몸"(body of Christ)으로 표현했는데,[528] 선교신학자 반 엥겐은 교회를 선교적 기능을 강조하여 "하나님의 선교적 백성"(God's missionary people)이라고 표현했다.[529] 결국 그리스도의 몸이요 하나님의 백성들의 공동체인 교회의 정체성은 선교하는 공동체이다. 따라서 선교는 교회의 한 부분이 아니라 전부이며, 선교는 교회의 존재목적이다.[530] 만약 교회가 선교적인 공동체가 아니었다면 기독교가 지금처럼

---

527) 최형근, "케이프타운 서약에 나타난 선교적 교회론," *로잔운동과 선교신학*, 한국로잔연구교수회 편, 도서출판 케노시스, 2015, 18.
528) Herman Ridderbos, *Paul: An Outline of His Theology*, 328.
529) Charles Van Engen, *God's Missionary People* 참조.
530) Michael J. Gorman, *Elements of Biblical Exegesis: A Basis Guide for Students and Ministers*, 156.

세계적인 종교로 존재하지 못하고 단지 지중해를 중심으로 한 팔레스틴 지역의 고대 종교 중의 하나로 남았을 것이다.

비근한 예로 1세기 팔레스틴 지역에는 크리스천 공동체와 유사한 여러 공동체들이 있었는데 그중 엣세네파((Essene, 쿰란 공동체)가 있었다. 그들은 크리스천 공동체와 마찬가지로 유대교를 모태로 발생하여 구약의 율법과 메시아사상과 하나님 나라의 이념을 강하게 지니고 있었다. 그런데 이들은 한 세기를 넘기지 못하고 소멸되었는데, 그 이유가 선교지향적인 공동체가 되지 못하고 비선교적 공동체로 머물러 있음으로 결국 확장되지 못하고 당대에 소멸된 것이다.

그런데 그리스도의 교회는 이천 년이 넘도록 존저하고 성장하고 있다. 그 이유는 교회가 선교하는 공동체이기 때문이다. 레온 모리스(Leon Morris)는 사도의 중요한 기능으로 복음을 선포하는 전도 지향적이었음을 강조했다.[531] 따라서 사도적 사명을 갖고 있는 이 세상의 교회는 항상 다른 사람들에게 복음을 전해야만 하는데, 믿음의 공동체인 교회는 이 일에 헌신함으로 하나님의 선교에 동참하고 있는 것이다.[532] 그러므로 교회의 선교적 소명은 교회의 사도적 속성에 대한 바른 이해 속에서 찾을 수 있고,[533] 교회의 선교적 본질을 회복하려는 것이 바로 선교적 교회론이다.[534]

요즘 미래의 바람직한 교회상을 일컬어 "메타 교회"(Meta Church)라고 한다. 미국의 교회성장 학자 칼 조지(Carl George)가 소개한 것으로, 접두어(전치사) 메타(μετα)는 헬라어로 '변화' 혹은 '개혁'을 의미한다. 따라서 메타교회는 변화하는 교회, 개혁하는 교회를 의미한다. 메타교회는 대형교회를 의미하는 메가 처치(Mega Church)와는 질적으로 다른 교회를

---

531) Leon Morris, *The First Epistle of Paul to the Corinthians: An Introduction and Commentary*, Leicester, England: IVP, 2007, 166.

532) Craig Van Gelder, "How Missiology Can Help Inform the Conversation about the Missional Church in Context," in *The Missional Church in Context*, 13.

533) 김성욱, *개혁주의 선교신학*, 112-113.

534) 정승현, "선교적 교회론의 과거, 현재 그리고 미래," *선교적 교회론과 한국교회*, 52.

가리킨다. 유럽을 비롯한 미국교회, 심지어 성장가도를 달리던 한국교회까지도 침체의 늪에 빠져있는 지금, 건강한 교회상을 정립해야하는데, 성장하는 교회(Mega Church)보다 변화하는 교회(Meta Church)가 되어야 한다. 그것이 곧 선교적 교회로 구조화되는 것이다.

선교학적 관점에서 교회의 의미

신학에서는 교회에 대한 의미를 헬라어 에클레시아(ἐκκλησία)를 번역하여 "불러냄을 받은 자"를 뜻하는 것으로 이해하고 있다. 그러나 선교학에서는 교회를 단순히 불러 모은 사람들의 공동체로만 보지 않고 주님의 사명을 수행하기 위해 세상으로 보냄을 받은 사람들을 의미한다. 따라서 선교학적 관점에서 교회의 의미는 "세상에서 부름 받아 세상으로 보냄 받은 공동체"(call from world-send to world structure)라고 정의할 수 있다. 그래서 스튜어트 머레이(Stuart Murray)는 "교회는 선교학(missiology)이나 교회론(ecclesiology)의 신학적 학문에 공히 포함될 수 있다"고 했던 것이다.[535] "교회"는 신학적인 의미와 선교학적인 의미를 함께 내포하고 있다는 의미이다.

'교회'(ἐκκλησία)라는 용어는 예수님께서 마태복음 16장 18절에서 처음으로 사용하셨다: "너는 베드로라 내가 이 반석 위에 내 교회를 세우리니 음부의 권세가 이기지 못하리라." 이후 신약성경에는 교회라는 용어가 114회 사용되었는데, 스데반은 구약의 이스라엘 공동체를 가리켜 '광야교회'라고 불렀다(행 7:38).

이런 의미에서 볼 때 교회는 신약시대에 시작된 것이 아니라 구약시대 때부터 시작되었다고 할 수 있다. 주로 세대주의자들은 구약시대에는 교회가 없었다고 주장하지만[536] 전통적으로 개혁신학자들은 교회는 세상 창

---

535) Stuart Murray, *Church Planting: Laying Foundations*, UK: Paternoster Press, 1998, 30.
536) Charles Ryrie, *Dispensationalism Today*, Wheaton: Scripture Press Pub. Inc, 1986, 393.

조 때부터(구약시대) 세상 종말까지(신약시대) 존재한다고 보고 있다. 물론 구약시대의 교회와 신약시대의 교회 사이에 분명한 차이가 있지만 교회는 구약시대부터 시작되었다.[537]

실제로 교회가 구약시대 때부터 존재했다는 근거는 교회의 의미에서 찾아볼 수 있다. 교회가 "불러냄을 받은 자들"(ἐκκλησία)을 뜻하는 것이므로 아담(에덴동산), 노아(방주), 아브라함(선택과 사명), 이삭, 야곱을 비롯한 족장들은 제사장으로서 가족들과 함께 항상 여호와 하나님을 경외하고 예배하는 삶을 살았다.

족장시대가 끝나고 이스라엘 백성들이 애굽에서 불러냄을 받아(출애굽) 광야에서 공동체(총회, 창 35;11; 민 16:2; 신 31:30; 삿 20:2; 느 13:1)를 형성했는데 그것을 스데반은 '광야교회'라고 불렀던 것이다(행 7:38). 하나님은 이스라엘 백성들을 애굽에서 불러내시고 시내산 기슭에 모아놓고 "세계가 다 내게 속하였나니 너희가 내 말을 잘 듣고 내 언약을 지키면 너희는 모든 민족 중에서 내 소유가 되겠고 너희가 내게 대하여 제사장 나라가 되며 거룩한 백성이 되리라 너는 이 말을 이스라엘 자손에게 전할지니라"(출 19:5-6)고 말씀하셨다. 이 말씀은 이스라엘 백성들이 교회로서 다른 민족을 구원하는데 사용될 것임을 말씀하고 있다. 중요한 것은 베드로가 이 말씀을 인용하여 신약의 교회가 본질적으로 구약의 교회와 같다는 것을 확인했다는 것이다: "그러나 너희는 택하신 족속이요 왕 같은 제사장들이요 거룩한 나라요 그의 소유가 된 백성이니 이는 너희를 어두운 데서 불러내어 그의 기이한 빛에 들어가게 하신 이의 아름다운 덕을 선포하게 하려 하심이라"(벧전 2:9).

하나님의 영이요 선교의 영이신 성령은 교회를 부르시고 세상에 보내심으로 하나님의 창조세계 안에서 하나님의 선교에 동참하도록 하셨다. 즉, 교회는 선교적인 본질을 가지고 있으며 또한 교회는 이 본질적인 사명에

---

537) Louis Berkhof, *Systematic Theology*, Grand Rapids: Eerdmans, 1972, 570-571.

충실해야 한다는 의미이다.[538] 아더 글라서는 선교적 관점에서 교회를 다음과 같이 정리했다.

> 하나님의 백성의 신약적 표현인 교회는 오순절에 형성되었고, 바울에게 교회는 기독교 선교에 관해 차후에 계속되는 모든 신학화 작업의 초점이 되었다. 그는 선교신학을 정립하려고 시도도하지 않았다. 그의 열망은 하나님 나라의 공동체인 교회의 본질과 선교를 탐구하는 것이었다. 그는 교회를 하나님이 이스라엘을 선택하시는 것에서 시작되는 것으로 보았다. 그는 [교회를] 정적인 종교 공동체(static religious community)가 아니라 세상에 보내심을 받은 역동적인 백성의 집단으로서 예수 그리스도의 임재를 증거하고 섬기는 공동체로 보았다. 바울은 [교회의] 이런 선교활동을 통해서만 모든 민족들을 위한 하나님의 종말론적 목적이 이루어진다고 확신하였다.[539]

증인으로서의 교회의 사명

하나님께서는 교회를 세우시고 그들에게 증인의 사명을 주셨다(행 1:8). 따라서 교회의 본질은 복음의 증인이 되는 것이다. 교회는 제자들에게 주신 지상명령을 이어받아 복음의 증인이 되는 것을 교회의 본질적인 사역으로 삼아야 한다.[540] 성부 하나님은 이스라엘 백성들을 교회로 부르시고 그들을 부르신 목적을 말씀하셨는데 "열방은 모였으며 민족들이 회집하였는데 그들 중에 누가 이 일을 알려 주며 이전 일들을 우리에게 들려

---

538) Craig Van Gelder, "How Missiology Can Help Inform the Conversation about the Missional Church in Context," in *The Missional Church in Context*, 38.
539) Arthur F. Glasser, *Announcing the Kingdom*, 318.
540) Harry R. Boer, *Pentecost and Missions*, Grand Rapids: Eerdmans, 1961, 119.

주겠느냐 그들이 그들의 증인을 세워서 자기들의 옳음을 나타내고 듣는 자들이 옳다고 말하게 하여 보라 나 여호와가 말하노라 너희는 나의 증인, 나의 종으로 택함을 입었나니 이는 너희가 나를 알고 믿으며 내가 그인 줄 깨닫게 하려 함이라…너희 중에 다른 신이 없었나니 그러므로 너희는 나의 증인이요 나는 하나님이니라"(사 43:9-12). 하나님은 구약의 교회(이스라엘 공동체)에 하나님을 증언하는 사명을 부여하신 것이다.

성자 하나님께서도 신약의 교회에 증인의 사명을 부여하셨는데 "오직 성령이 너희에게 임하시면 너희가 권능을 받고 예루살렘과 온 유대와 사마리아와 땅 끝까지 이르러 내 증인이 되리라"(행 1:8)고 하셨다. 그래서 예수님 승천 이후 제자들과 신약의 교회의 중심 사역은 예수 그리스도의 구주되심, 즉 십자가의 죽음과 부활을 증언하는 일이었다(행 2:32; 3:15; 5:32; 10:39; 22:20; 26:16).

사실 예수님께서 제자들을 부르신 목적은 증인을 삼기 위함이었다. "그리스도가 고난을 받고 제 삼일에 죽은 자 가운데서 살아날 것과 또 그의 이름으로 죄 사함을 받게 하는 회개가 예루살렘에서 시작하여 모든 족속에게 전파될 것이 기록되었으니 너희는 이 모든 일의 증인이라"(눅 24:46-48; cf. 행 1:8). 그래서 가룟 유다가 자살한 이후 새로운 사도를 선정할 때 그 기준이 "우리와 더불어 예수께서 부활하심을 증언할 사람"이었던 것이다(행 1:22).

성령께서도 예수 그리스도를 증언하시기 위해 우리 가운데 강림하셨다. "내가 아버지께로부터 너희에게 보낼 보혜사 곧 아버지께로부터 나오시는 진리의 성령이 오실 때에 그가 나를 증언하실 것이요"(요 15:26).

특히 바울은 자신의 사명을 주님을 증언하는 것으로 여겼다. 그는 이 일을 위해서 어떤 고난과 죽음까지도 두려워하지 않았다. 그는 고백하기를 "내가 달려갈 길과 주 예수께 받은 사명 곧 하나님의 은혜의 복음을 증언하는 일을 마치려 함에는 나의 생명조차 조금도 귀한 것으로 여기지 아니하노라"(행 20:24)고 했다.

그러므로 교회의 사명은 복음을 증언하는 것이다. 천국복음은 세상 끝 날까지 교회를 통해 반드시 온 세상의 모든 민족에게 증언되어야 한다(마 24:14). 교회는 이 일에 부름을 받고 이 일을 사명으로 알고 실천해야 한다. 선교의 주체는 성삼위 하나님이시지만 역사 속에서 선교를 수행하는 사람들은 교회이다. 선교는 하나님의 주권 하에 천국의 복음을 증언함으로 하나님의 나라를 형성하는 역사적인 활동을 의미한다.[541] 요하네스 블라워는 세계로부터 선택받은 교회는 예수 그리스도 안에서 왔고(already) 그리고 오고 있는(not yet) 하나님의 나라를 세상에 증거 하는 것을 수행할 목적으로 선택된 것이라고 했다.[542]

복음의 증인으로서 좋은 소식을 전하는 것은 믿음의 공동체 안에서 개인이나 선교회 또는 구역의 사명으로, 이 일에 전적으로 참여하는 것은 곧 하나님의 선교에 참여하는 것이다.[543] 물론 이 복음은 듣는 사람들에게 이해가 되도록 전파되어야 한다. 마치 예수님이 "말씀이 육신이 된 것처럼" 교회는 복음의 좋은 소식을 듣는 사람들이 이해할 수 있도록 그들의 상황에 맞게 전달해야 한다.[544]

지상명령의 목표로서의 교회

우리는 마태복음 28장 19-20절을 '지상명령'이라고 한다. 앞에서 이 부분을 자세히 설명한 것처럼 지상명령의 목표는 제자를 만드는 것으로 그 방법론에 있어서 세례를 베풀고 가르쳐 제자를 만드는 것이다. 그런데 지상명령에서 "세례를 베푼다"는 것은 죄 사함을 받은 후 그리스도와 유

---

541) 서정운, *교회와 선교*, 두란노서원, 1989, 25.
542) Johan H. Bavinck, *The Church Between Temple and Mosque: A Study of the Relationship Between the Christian Faith and Other Religions*, Grand Rapids: Eerdmans, 1981, 181.
543) Craig Van Gelder, "How Missiology Can Help Inform the Conversation about the Missional Church in Context," in *The Missional Church in Context*, 33.
544) Lesslie Newbigin, *The Gospel in a Pluralist Society*, Grand Rapids: Eerdmans, 1990, 72.

기적으로 연합되게 하는 것으로 교회의 머리되신 예수 그리스도의 지체가 되게 하는 것이다(고전 12:13; 갈 3:27; 엡 4:1-16; 골 2:12). 즉 세례는 교회의 지체(구성원)이 되는 외적인 징표가 된다.

그러므로 주님의 지상명령의 목표는 '교회'이다. 즉 '모든 민족'에게 세례를 베풀어 교회를 세우고, 그 교회를 잘 가르쳐 주님의 제자로 삼아 천국복음을 '땅 끝까지' 증언하라는 것이다.[545] 그래서 바울 선교단의 중심 사역이 교회를 설립하는 것이었다. 바울의 선교의 특성을 연구했던 오스왈드 샌더스(Oswald Sanders)는 바울을 가리켜 "교회를 개척하는 선교사"라고 했다.[546] 에드워드 머피(Edward Murphy) 역시 바울을 포함한 "사도는 교회 창설자"라고 했고,[547] 레이 스테드만(Ray Stedman)은 "사도의 은사 중 하나가 교회를 개척하는 것이니 이런 일을 하는 사람들을 개척 선교사"라고 정의했다.[548]

교회의 속성

교회란 하나님에 의해서 결성된 언약백성들의 연합체(assembly)이다. 교회는 사람들의 의지와 노력에 의해 조직된 단체가 아니라 하나님이 세상에서 성도 한 사람 한 사람을 지명하여 불러 모아 이루어진 공동체(εκκλησια)이다. 이 교회는 예수 그리스도께서 자신의 피를 흘려 사신 자신의 몸이다(엡 1:23). 따라서 이런 교회는 세상의 조직들과는 구분되는 몇 가지 특성이 있다.

381년에 제정된 니케아-콘스탄티노플 신경(the Creed of Nicaea-

---

545) Thomas S. Rainer, *The Book of Church Growth: History, Theology and Principles*, Nashville: Broadman Press, 1993, 205-213 참조.
546) 오스왈드 샌더스, *지도자 바울*, 114-122.
547) Edward F. Murphy, *Spiritual Gifts and the Great Commission*, Pasadena: Mandate Press, 1975, 203.
548) Ray C. Stedman, *Boy Life: The Church Comes Alive*, Glendale: Regal Books, 1972, 72.

Constantinople)과 이것을 재확인한 에베소와 칼케돈 공의회의 신조는 교회의 속성을 잘 표현해주고 있다: "우리는 하나이고, 거룩하며, 보편적이고, 사도적인 교회를 믿습니다."(We believe…(in) the one, holy, catholic and apostolic Church).[549] 참고적으로 많은 사람들이 니케아-콘스탄티노플 신경에 전치사 'in'(eis)을 쓰는 이유는 칼케돈 회의록(Acts of the Council of Chalcedon)에 나타나 있기 때문이라고 하는데, 전치사 'in'을 넣음으로 해석상 "나는 교회를 믿습니다"가 된다. 이에 대해 칼빈은 "교회를 믿는다"고 하는 문구는 적절한 표현이 아닐 것이라고 했다. 그는 우리가 "공회를 믿는다"는 조항은 하나님의 자녀들과 불신자들이 이것 외의 다른 말로 구별되어질 수 없는 때가 종종 있기 때문에 사용되었다고 해설했다. 많은 사람들이 전치사 'in'을 삽입하고 있으나 그에 대한 마땅한 이유는 없다고 했다.[550]

그럼에도 로마 가톨릭교회에서는 하나의 교회를 강조한 나머지 이러한 형용사들을 자기들이 원하는 대로 해석한다. 미사와 의식을 통해 거룩성을 강조하고, 로마 가톨릭(Catholic)교회를 통해 보편성을 강조하고, 여러 세대를 거쳐 사도들로부터 직접 안수 받은 제사장직을 소유한다는 것을 통해 자신들의 사도성을 주장한다.[551]

그러나 바울이 에베소교회에 보낸 에베소서는 교회론에 대한 가장 중요한 성경적 원천을 제공해주는 성경 중 하나이다. 찰스 반 엥겐(Charles Van Engen)은 에베소서에 나타난 교회의 역동적인 네 가지 속성을 개혁주의 선교신학적 관점에서 잘 설명했다.[552]

---

549) Hans Küng, *The Church*, London: Burns & Oates, 1968, 263.
550) John Calvin, *Institutes*, IV-1-2; David N. Wiley, "The Church as the Elect in the Theology of Calvin," in *John Calvin & the Church: A Prism of Reform*, ed. Timothy George, Louisville: Westminster/John Knox Press, 1990, 99-103 참조.
551) 존 M. 프레임, *조직신학 개론*, 343.
552) Charles Van Engen, *Mission On the Way*, 105-114.

(1) 교회의 통일성: "교회는 하나이다."(엡 4:1-6)

성경에서 교회는 본래 단수(ἐκκλησία)로 쓰여 있다. 다만 지리학적 위치를 언급할 때만 복수(ἐκκλησίαις)로 사용되곤 한다. 즉, 교회는 본질상 이 세상에 단 하나의 교회만 존재할 뿐 하나 이상의 교회는 존재할 수가 없다. 그래서 교회는 하나로 통일되어 있다. 바울은 에베소에 보낸 서신에서 교회의 통일성을 명확하게 선언하고 있는데 "몸이 하나요 성령도 한 분이시니 이와 같이 너희가 부르심의 한 소망 안에서 부르심을 받았느니라 주도 한 분이시요 믿음도 하나요 세례도 하나요 하나님도 한 분이시니 곧 만유의 아버지시라 만유 위에 계시고 만유를 통일하시고 만유 가운데 계시도다"(엡 4:4-6)라고 범주를 구분하고 있다.

우리는 교회가 하나라는 사실을 믿음으로 받아드린다. 교회의 하나 됨은 사람이 만든 것이 아니라 성령께서 만드신 것이다. 그것은 교회를 불러 모으신 성령에 의해 하나로 묶여진다. 바울은 교회가 하나의 건축물처럼 함께 지어진 거룩한 성전이라고 언급했다(엡 2:21-22). 또한 교회의 하나 됨을 사람의 신체가 유기적으로 연결되고 결합되어 자라나는 것으로 비유했다(엡 4:16). 그래서 교회는 예수 그리스도 안에서 한분 하나님께 대한 동일한 신앙을 고백하는 성도들의 연합체라는 점에서 하나이다.

중요한 것은 교회가 하나라고 할 때 그것은 예수 그리스도를 머리로 하여 지체로서 유기적으로 일체된 것을 의미한다. 그런데 로마 가톨릭은 조직된 로마 가톨릭만을 교회로 인정하며 교황을 수장으로 하는 조직적 교회(institutional church)를 하나 된 교회로 주장한다.

결국 바울이 강조하는 것은 교회가 하나로 성장해야 한다는 것이다. 이것은 다른 지체들이 몸으로 하나 됨을 통하여 보다 큰 하나 됨을 이루는 '양적성장'(quantitative growth)이다. 그리고 세상을 향한 그들의 은사를 실현하는 가운데 몸의 각 지체들이 영적인 발전을 통해 이루어지는 유기적인 '영적성장'(spiritual growth)이다. 그래서 성장한 교회가 하나가 되어 "그리스도의 영광스러운 교회로 세워짐으로"(엡 5:27) 세상에서 그리스도의 주되심을 선포하는 선교적 사명을 이루어야 한다.

(2) 교회의 거룩성: "교회는 거룩하다."(엡 1:1-6; 3:14-21; 4:17-5:5; 5:6-6:20)

바울은 교회의 정체성을 설명하면서 교회는 하나님의 거룩한 백성들로 이루어진 공동체임을 밝히고 있다. 즉, 교회는 거룩한 사람들(聖徒)로 이루어졌기 때문에 거룩하다는 것이다. 그래서 바울은 일반적으로 교회를 "성도들"로 지칭하곤 한다(롬 1:7; 고전 1:2; 고후 1:1; 엡 1:1; 빌 1:1; 골 1:2; 살전 3:13; 살후 1:10; 몬 1:5).[553] 그는 교회의 구성원인 성도들이 어떻게 거룩하게 되었는지를 가장 먼저 설명하고 있다. 에베소서 1:1-14에 의하면; 성도(聖徒)는 성부에 의해 선택되고, 거룩해지며, 예정되었고, 양자되었다. 성자에 의해 구속되었고, 용서함 받았으며, 그 비밀을 알게 되었고, 그리스도 안에서 하나로 연합되었고, 그와 함께 하나님의 상속자가 되었다. 그리고 성령에 의해 인친 바가 되었다. 이것은 하나님의 거룩한 백성으로서 성도의 정체성이다.

그러므로 성도는 개인적으로 그리고 공동체적으로 교회의 거룩성을 이루고자 노력해야 한다(엡 4:17-5:5). 또한 개인적으로도 내주(內住)하시는 성령의 역사에 의해 날마다 성화되어가야 한다(갈 5:22, 23). 따라서 이 거룩성은 개인과 교회, 그리고 세상에서 동일하게 거룩해야 한다.

(3) 교회의 보편성: "교회는 보편적이다."(엡 1:15-23; 2:1-22; 3:1-13)

교회는 단순히 한 국가나 한 민족에 국한되지 않고 모든 곳에 있는 모든

---

553) 존 M. 프레임, 조직신학 개론, 344.

사람들을 다 포용하는 연합체라는 점에서 '보편적'(universal)이다. 구약시대의 교회는 하나의 나라, 즉 이스라엘을 의미했지만, 신약시대의 교회는 그리스도 안에서 지상의 모든 나라와 족속에 보편적으로 퍼져 있다. 이런 의미에서 도널드 시니어(Donald Senior)는 에베소서야말로 가장 발달된 교회의 보편주의적 모형의 극치를 표현하고 있다고 주장했다.[554] 요하네스 베르카일(Johannes Verkuyl)은 이스라엘에 대해 "이스라엘은 다수를 위해 봉사하도록 선택받은 소수이다. 아브라함과 이스라엘에 대한 하나님의 선택은 전 세계에 대한 관심이다."고 함으로 영적 이스라엘인 교회의 보편적 속성을 잘 표현해주었다.[555] 따라서 교회는 민족·인종·성·연령·언어·문화·지역의 차별이 없이 예수 그리스도 안에서 구원받은 모든 사람들을 다 포함한다. 이것이 교회의 보편적 가치이다. 바울은 에베소서 2장 11-22절에서 보편적 교회란 모든 이방인들, 무할례자들, 이스라엘 나라 밖의 사람들, 언약의 외인들이 그리스도 안에서 성도들과 동일한 시민이요 하나님의 권속이 되어 예수 그리스도를 머릿돌로 서로 연결되어 하나의 성전이 되어가는 것이라고 설명했다.

존 칼빈은 교회의 보편성에 대해 다음과 같이 설명했다.

"우리가 공회를 믿는다"라고 고백하는 조항은 가시적 교회뿐만 아니라 죽은 자들을 포함하여 하나님의 선택을 받은 모든 사람들에 대한 언급이다....있을 수 없는 일이지만 그리스도가 나뉘지 않는 한(고전 1:13) 교회도 둘이나 셋이 있을 수 없기 때문에 교회를 '공회', 혹은 '보편적 교회'라고 부른다. 모든 선택된 사람들은 그리스도 안에서 연합되었음으로(엡 1:22-23), 한 머리를 의존하며 서로가 한 몸이 되고 한 몸에 달린 기체들 같이(롬 12:5; 고전 10:17; 12:12, 27) 서로 단단히 결합된다(엡 4:16). 그들은 한 믿

---

554) Donald Senior & Carroll Stuhlmueller, *The Biblical Foundation for Mission*, Orbis Books, 1983, 191.
555) Johannes Verkuyl, *Contemporary Missiology*, 91-92.

음과 소망과 사랑으로 또 같은 하나님의 영 안에서 함께 살기 때문에 참으로 하나가 되는 것이다.[556]

헤르만 바빙크는 교회가 보편적 속성을 가지고 있다는 말은 사람에게 전달하려는 하나님의 모든 진리와 은혜를 교회가 온전히 소유하고 보존하고 나누어 주며, 따라서 모든 사람의 구원을 위한 유일무이한 필수 기관이기 때문이라고 이해했다.[557] 이런 의미에서 교회의 보편성의 적극적인 실현은 복음전파이다(막 16:15).

교회의 보편성이라 함은 하나의 주님의 교회이지만 온 땅에 퍼져 존재하는 지역교회들(有形敎會)이 있고 동시에 보이지 아니하는 주님의 교회(無形敎會)가 존재한다고 믿는 것을 의미한다.[558] 그러므로 교회의 보편성은 소위 교회의 연합운동(ecumenical movement)과는 다른 개념이다. 교회 간의 연합이나 일치가 아니라 그리스도의 지체로서 모든 사람들이 지역과 인종과 성별과 신분을 넘어 그리스도 안에서 하나의 유기체(한 몸)가 되는 것이 보편성의 핵심이다.

스코틀랜드 신앙고백서(Scotland Confession of Faith, 1560년) 제16장(교회에 대하여)에서는 "우리는 한 하나님, 즉 아버지, 아들, 그리고 성령을 믿는 것처럼 한 교회가 처음부터 있었고 현재에도 있으며 이 세상이 끝날 때까지 있을 것이라고 확신한다. 이 한 교회, 즉 예수 그리스도에 대한 참된 신앙으로 예배하는 하나님의 선택을 받은 사람들의 하나의 공동체를 믿는다…이 교회 밖에는 생명이 없고 영원한 행복이 없다…교회는 눈에 보이지 않고 유일하신 하나님만이 알고 계시며 하나님이 선택하신 사람들만이 교회를 알고 있다. 또 교회는 이미 세상을 떠나 선택된 사람들도 포함된다"고 했다.

---

556) John Calvin, *Institutes*, IV-1-2.
557) 헤르만 바빙크, *개혁 교의학*, 박태현 역, 부흥과 개혁사, 4권, 2013, 381.
558) 로마 가톨릭은 교회의 보편성을 교황의 지배 아래에 있는 유형적 교회에만 적용한다.

벨직 신앙고백서(Belgic Confession of Faith, 1561년) 제27조에도 "그리스도 교회의 보편성"을 다루면서 "우리는 하나의 보편적 혹은 우주적인 교회를 믿고 고백한다. 이 교회는 참된 기독교 신자들로 이루어진 거룩한 회중이자 모임인데 이들은 예수 그리스도 안에서 온전한 구원을 기다리는 사람들로서 그분의 피로 씻음 받고 성령님께서 성결하게 하여 인 치신 사람들이다." 그리고 마지막 부분에서 "이 거룩한 교회는 특별한 어느 한 지역이나 특정한 사람들에게 한정되거나 제한되지 않고 전 세계에 흩어져 산재해 있다. 그럼에도 이 교회는 믿음의 능력으로 말미암아 동일하신 한 성령님 안에서 마음과 뜻을 다해 하나로 이어지고 연합되어 있다"고 했다.

그 후 웨스트민스터 신앙고백서(The Westminster Confession of Faith, 1647년) 제25장에는 보편적 교회에 대해서 다음과 같이 규정하고 있다: (1) 보편적 교회로서 보이지 않는 것이 있는데, 그것은 택한 백성의 전체 수효이고, 그리스도를 그 머리로 모시고 그 아래에 하나로 모인다. 전에도 모였고 지금도 모이고 장차도 모일 것이다. 이 교회는 그리스도의 신부요, 그의 몸이요, 만물 안에서 만물을 충만케 하시는 자의 충만이다(엡 1:10, 22, 23; 5:23, 27, 32; 골1:18). (2) 보편적 교회로서 보이는 교회는 신약시대(복음시대)의 세계적 교회로서 어느 한 민족(예컨대, 구약시대에는 이스라엘)에 국한된 것이 아니고, 전 세계에서 참 복음을 믿고 고백하는 모든 신자들(시 2:8; 롬 15:9-12; 고전 1:2, 12:12-13; 계 7:9)과 그 자녀들(행 2:39; 창 3:15, 17:7; 겔 16:20-21; 롬 11:16; 고전 7:14)로 구성되는데, 주 예수 그리스도의 왕국이요(사 9:7; 마 13:47), 하나님의 가족이다(엡 2:19, 3:15). 보통으로는 보이는 보편적 교회 밖에서는 구원받는 자가 없다(행 2:47). (3) 이 보이는 교회에 그리스도께서 하나님의 말씀과 규례에 의한 복음 사역의 방편들을 주셨다. 그것은 현세에서부터 세상 끝 날까지 성도들을 완성하시려는 목적인데, 그의 약속대로 그와 그 성령의 현림(現臨)에 의하여 복음 사역의 방편들을 효과적으로 작용하게 하신다(사 59:21; 마 28:19, 20; 고전 12:28; 엡 4:11-13). (4) 이 보편적 교회의 식별되는 정도가 어떤 때에는 더하기도 하고 덜하기도 한다(롬 11:3-4; 계 12:6, 14). 그것은 그 지체라고 할 수 있는 개 교회의 상황으로 알려진다. 개 교회에서 복음 전달과 그 받아들임이 순수한지 아닌지, 하나님 중심한 성례나 규례나 예배의 시행이 순수한지 아닌지에 따라서 참된 보편적 교회에 대한 식별 정도가 결정된다(고전 5:6-7; 계 2-3장). (5) 지상에서는 가장 순수한 교회라도 불결함과 오착(誤錯)으로 떨어질 수 있는 경향을 지니고 있다(마 13:24-30, 47; 고전 13:12; 계 2-3장). 어떤 교회는 그리스도의 교회가 아니고 사단의 회라고 할 만큼 깊이 타락하였다(롬 11:18-22; 계 18:2). 그러나 땅 위에는 언제나 하나님의 뜻을 순종하며 하나님께 예배하는 교회가 있을 것이다(시 72:17, 102:28; 마 16:18, 28:19-20). (6) 예수 그리스도 외에는 교회의 머리가 존재하지 않는다(엡 1:22; 골 1:18). 로마 가톨릭교회의 교황은 어떤 의미로든지 교회의 머리가 아니다. 그는 적그리스도요 죄악의 사람이요 저주의 아들, 곧 교회 안에서 그리스도와 및 하나님과 관계된 모든 것과 반대되고, 자기를 영화롭게 하는 사람이다(마 23:8-10; 살후 2:3-4, 8-9; 계 13:6).

이와 같이 개혁주의의 주요 신앙고백서에는 보편적 교회를 고백하고 있는데, 이런 사상은 신구약 성경에서 "세상"(the world)이라는 개념에서 그 근거를 찾을 수 있다. "땅과 거기에 충만한 것과 세계(the world)와 그 가운데에 사는 자들은 다 여호와의 것이로다"(시 24:1). 하나님은 단지 한 사람 혹은 한 나라를 심판하시는 것이 아니라 "공의로 세계(the world)를 심판"하신다. 그리스도께서도 친히 증명하시기를 복음이 온 세상(the world)에 전파될 것이라고 하셨다(마 24:14). 그분은 "세상"을 구원하시기 위해 보냄 받았고(요 3:16), 세상에 구원의 복음을 전하도록 제자들을 보내셨고(마 28:19-20) 교회를 보내신다. 요한은 하나님께서 아들을 "세상의 구주"로 보내셨다고 했다.[559] 그리고 계시록에서 "세상 나라가 우리

---

559) 반 엥겐은 "세상의 구주"이신 예수 그리스도에 대한 것을 "우주적 기독론"(cosmic Christology)이라고 했다(*Mission on the Way*, 112).

주와 그의 그리스도의 나라"(계 11:15)가 될 것임을 분명히 하고 있다. 이런 것들이 다 보편적 사상을 우리들에게 부여하고 있는 말씀들이다.[560] 즉, 교회가 보편적이라고 불리는 이유는 교회가 끝에서 끝까지 세계 전역에 퍼져있기 때문이고, 교회가 신분을 따지지 않고 모든 사람을 포함하고 있기 때문이며, 또한 교회가 모든 종류의 죄에 보편적 해결책을 갖고 있기 때문이다.[561]

그래서 반 엥겐은 우리가 교회의 보편성을 직접 보지 못했지만 믿음으로 받아들인다고 했다.[562] 다만 김길성은 요한계시록 7장 9절을 근거로 현세에서는 교회의 보편성이 충분히 실현되지 않는다고 했다.[563] 그럼에도 불구하고 우리는 주님의 지상명령에 근거하여 '모든 민족'에게 세례를 베풀고 가르침으로 보편적인 교회를 설립하는 것이 선교의 목표가 되어야 할 것이다.

(4) 교회의 사도성: "교회는 사도적이다."(엡 2:20)

전통적으로 초기 기독교는 교회의 속성으로 앞에서 언급한 통일성·거룩성·보편성을 인정해왔다. 그런데 니케아-콘스탄티노플 공의회에서 네 번째 속성인 사도성이 덧붙여진 것이다. 교회의 사도성을 말할 때, 이는 예수 그리스도 자신이 친히 교회의 모퉁잇돌이 되셨을 뿐 아니라 사도들과 선지자들이 일구어 놓은 복음 사역의 터전 위에 교회가 굳게 세워질 것을 의미한다. 이런 관점에서 교회가 사도성을 가지고 있다고 할 때 다음과 같은 두 가지 의미가 있다.

---

560) John H. Wood and Andrew M. McGinnis, ed. *On the Church: Abraham Kuyper*, 384-385.
561) Alister E. McGrath, *Christianity*, 219.
562) Charles Van Engen, *Mission on the Way*, 112.
563) 김길성, *개혁신학과 교회*, 18. (이 일 후에 내가 보니 각 나라와 족속과 백성과 방언에서 아무도 능히 셀 수 없는 큰 무리가 나와 흰 옷을 입고 손에 종려 가지를 들고 보좌 앞과 어린 양 앞에 서서〈계 7:9〉).

첫째, 교회는 사도적 말씀과 사도적 교리를 계승했다는 의미이다. 다시 말하면 사도적 속성은 로마 가톨릭처럼 '인물'에 강조점을 두는 것이 아니라 사도가 전해준 '말씀'에 강조점을 두어야 한다. 바울은 "너희(교회)는 사도들과 선지자들의 터 위에 세우심을 입은 자라 그리스도 예수께서 친히 모퉁잇돌이 되셨느니라"(엡 2:20)고 함으로 교회는 사도들과 선지자들이 전해준 말씀의 터 위에 세워짐으로서 사도성이 있음을 말하고 있다. 가톨릭 신학자 한스 큉(Hans Küng)은 교회의 사도성을 논하면서 교회의 사도적 계승을 강조했다. 그래서 교황과 감독들이 합법적인 사도들의 계승자(후속자)라고 주장하면서 마태복음 16장 18절에 근거하여 베드로가 로마 가톨릭의 초대 교황이라고 주장했다. 그러나 교회는 베드로를 중심으로 세워진 것이 아니라 "주는 그리스도시요 살아계신 하나님의 아들"이라는 베드로(사도)의 신앙고백 위에 세워진 것이다. 초대교회가 처음 설립되었을 때 구약성경만 있었지 신약성경은 없었다. 그래서 초대교회는 사도들이 전해준 말씀, 사도들이 전해 준 교리, 사도들이 전해 준 예수님 이야기들을 듣는 것이 설교요 예배였다(행 2:42). 그러므로 사도적 교회는 신구약 성경의 근거 위에 세워진 교회요 사도적 가르침을 기준으로 운영되는 교회이다.

둘째, 교회는 사도적 사역을 계승했다는 의미이다. 교회의 사도적 사역이란 세상을 향해 찾아가서 복음을 전하고 선포하는 것이며, 또한 하나님의 말씀에 따라 사랑과 봉사를 행하는 교회이다. 교회는 세상으로 보냄을 받은 공동체로서 사도성이 있다. 부활하신 예수께서는 제자들을 향하여 "아버지께서 나를 보내신 것 같이 나도 너희를 보내노라"(요 20:21)고 하심으로 교회의 사도적 속성을 말씀하셨다. 그리고 그리스도의 마지막 지상명령에서도 "그러므로 너희는 가서 모든 민족을 제자로 삼아 아버지와 아들과 성령의 이름으로 세례를 베풀고 내가 너희에게 분부한 모든 것을 가르쳐 지키게 하라"(마 28:19-20)고 하심으로 교회의 사도적 사명과 속성을 분명히 하셨다. 이런 의미에서 하나님의 선교를 수행하는 주체는 사

도적 사명을 갖고 있는 교회인 것이다.[564]

교회의 속성에 대한 선교학적 적용

앞에서 말한 대로 교회가 지니고 있는 네 가지 속성들을 우리의 삶의 현장에서 어떻게 적용할 것인가 하는 것은 선교학의 책임일 것이다. 반 엥겐은 교회의 네 가지 속성을 선교적 관점에서 잘 적용했다.[565]

첫째로, '하나 된 교회'는 연합시키는 사역을 의미한다. 여기서의 연합은 에큐메니칼 진영에서 주장하는 교회와 종교 간의 연합(ecumenic)을 의미하는 것이 아니라 세상을 그리스도를 중심으로 모이게 하고 연합하게(unity) 하는 것이다. "평안의 매는 줄로 성령이 하나 되게 하신 것을 힘써 지키라"(엡 4:3)는 말씀에 따라 그리스도 안에서 일치를 이루게 하는 선교적 사역을 해야 한다.

둘째로, '거룩한 교회'는 세상에서 성화시키는 사역을 의미한다. 그것은 거룩함으로 주께 나아오고 정결함으로 세상에 나타내는 것이다. 또한 세상에서 치유와 용서를 통한 성령의 임재를 드러내는 것이다. "너희는 택하신 족속이요 왕 같은 제사장들이요 거룩한 나라요 그의 소유가 된 백성이니 이는 너희를 어두운 데서 불러내어 그의 기이한 빛에 들어가게 하신 이의 아름다운 덕을 선포하게 하려 하심이라"(벧전 2:9)는 사명을 실천해야 한다.

셋째로, '보편적 교회'는 세상을 화해시키는 사역을 의미한다. 우선적

---

564) 랄프 윈터(Ralph Winter)는 선교의 두 구조로 모달리티(Modality)와 소달리티(Sodality)로 구분했다. 모달리티는 교회구조를 말하며 소달리티는 선교단체를 일컫는 말이다. 이런 구분에서 파생된 용어들이 파라 처치(Para-church)와 프로 처치(Pro-church)인데, 파라 처치는 교회와 대등한 위상에서의 선교단체를 일컫는 말이고, 프로 처치는 교회의 선교적 사명을 돕는 입장에서의 선교단체를 일컫는 말이다. 당연히 랄프 윈터는 파라 처치의 입장이고 선교단체들은 대부분 이 입장을 견지하고 있다. 그러나 선교의 주체는 교회(Modality)이며, 선교단체(Sodality)는 교회의 선교를 돕는 프로 처치로 존재해야한다.

565) Charles Van Engen, *Mission on the Way*, 171-175 참조.

으로 하나님과 세상을 화해시키고(행 10:36; 고후 5:18), 사람들을 화평하게 하며(막 9:50; 롬 12:18; 히 12:14), 그리스도의 제자로서 세상을 품는 그리스도인이 되는 사역을 해야 한다(빌 2:1-11).

넷째로, '사도적 교회'는 세상에 복음을 선포하는 사역을 의미한다. 예수 그리스도의 주되심과 사도들과 선지자들의 가르침에 근거하여 증거하고, 동원하며 가르치고 또한 사랑을 실천함으로 섬기는 사역을 해야 한다.

결론적으로, 교회의 선교적 본질은 무엇인가? 그것은 교회 안팎에서 세상을 하나 되게 하고, 성화시키고, 화해시키고, 그리고 그리스도의 활동을 세상 속에 선포하는 것이라고 할 수 있다.

제5장 ■ 개혁주의 선교신학의 중심사상: 하나님의 나라

선교역사의 과정을 보면 시대마다 선교의 중심사상이 제기되어 왔다. 선교의 중심사상은 신학적 해석뿐만 아니라 선교전략을 결정하고 선교의 방법이나 수단을 선택하는데 있어서 중요한 역할을 한다.

종교개혁은 어떤 의미로 교회의 개혁이었다. 반성경적 인본주의 전통과 의식에 사로잡혀 있던 로마 가톨릭교회에 대한 일대 개혁운동이었다. 사실 초기 종교개혁 때는 개혁자들과 개혁교회가 여러 가지 원인들로 인해 가톨릭교회에 비해 선교적이지 못했다는 것은 이미 역사적 기록을 통해 논한 바가 있다. 그럼에도 다시 한 번 유념해야 할 것은 루터와 칼빈을 비롯한 초기 개혁자들은 로마 가톨릭에 대항하는 신학적 토대를 이룸으로 전 유럽에 개혁적 신학과 신앙의 물결이 넘치도록 하는 혁혁한 공헌을 했고 또한 개혁자들이 성경을 번역하여 모든 사람들이 읽을 수 있도록 한 것과 세상 사람들이 복음을 받아들일 수 있도록 성경의 기초를 닦음으로 세계 복음화를 위한 근본적인 터전을 마련한 부분은 결코 간과해서는 안 될 것이다.[566]

1. 초기 개신교 선교의 중심 사상들

개인영혼 구원

개신교의 선교가 구체적으로 이루어진 것은 17세기 이후였는데, 이들의 선교의 목표는 로마 가톨릭의 조직적 교회에 대한 반작용으로 개인적 경건주의에 기반 된 "개인영혼의 구원"이었다. 역사적으로 볼 때, 초기 경건주의의 시조였던 필립 스패너(Philip Spener)와 어거스트 프랑케(August Francke)가 대표적으로 개인영혼의 구원을 통한 경건주의 운동

---
566) 강문석, *선교신학 개론*, 성광문화사, 1987, 124.

을 선교의 중심사상으로 제시했다.⁵⁶⁷⁾ 그들은 참된 경건의 생활, 소수의 헌신된 그리스도인의 모임, 가정에서의 경건생활, 만인 제사장직을 강조했다. 초기 경건주의자들은 로마 가톨릭의 교황 중심의 탈 성경적 조직교회 (institutional church)에 환멸을 느껴 종교개혁을 단행했기 때문에 조직교회에 대한 부정적 시각이 여전했다. 그래서 그들은 교회라는 조직보다 소수의 경건생활을 더 강조했던 것이다.

스패너와 프랑케의 초기 경건주의는 니콜라스 진센도르프(Nicolaus Von Zinzendorf)에 의해 계승되었다. 그러나 진센도르프는 경건생활을 위한 전제조건으로 진정한 회심을 강조했고, 회심된 초신자들을 양육하기 위한 소그룹들을 조직했는데 이것이 후에 공교회(公敎會)로 발전했다. 진센도르프는 기독교 선교사에 큰 공헌을 한 사람인데, 그는 신앙적인 열심과 조직력을 가지고 있던 사람으로 10세 때 할레대학교에서 경건주의와 프랑케 밑에서 교육을 받고 루터파 목사로서 안수를 받았다. 특히 진센도르프는 로마 가톨릭과의 30년 전쟁에 패배함으로 가톨릭의 오랜 핍박을 받아 거의 전멸하고 남은 200여명의 모라비안 교도들을 자신의 땅에 정착하도록 도와 헤른후트(Herrnhut) 공동체를 결성하여 경건주의 운동과 모리바안주의(Moravianism) 운동을 결합시켰다(1722년). 그 공동체는 1727년 8월에 모라비아교회를 설립하여 본격적으로 세계 선교에 주력했다. 이들은 소극적인 경건생활에서 적극적인 세계 선교로 방향을 전환하고 200여명의 피난민들이 100명 이상의 선교사를 파송하는 등 모라비아교회를 통한 선교의 확산은 계속되었으며, 1930년까지 세계 14개 나라에 3,000여명의 선교사들을 파송했고 19세기 유럽에는 15개의 선교기관이 설립되는 쾌거를 이루었다. 이들의 경건운동은 감리교 창시자인 존 웨슬리(John Wesley)에게 큰 영향을 주었고, 현대 신학의 아버지라고 하는 슐라이어마허(F. Schleirmacher)의 아버지가 모라비안 경건주의 영향을 받은 독일

---

567) 이들의 경건주의 운동은 독일의 할레대학교(Halle University)를 중심으로 이루어졌는데, 스패너의 권유를 따라 프랑케가 신학부를 담당하여 경건주의 운동을 조직적이고도 학문적인 운동으로 이끌어 나감으로 독일 경건주의 운동의 중심지가 되기도 했다.

개혁파 목사이기도 했다

경건주의 운동의 대표적인 선교사로 헨리 마틴(Henry Martyn)이 있었는데, 그는 영국 성공회 선교사로 인도에서 이슬람 사역 및 성경번역을 주로 했다. 그는 선교지를 개척하는 가장 효과적인 유일한 도구로서 각 개인들과 친근한 접촉을 통한 개인영혼 구원에 대해 반복해서 강조했다. 그런 그는 평생을 선교하면서 단 한명의 무슬림을 회심시켜 세례를 베풀었다. 물론 성경번역 사역도 중점적으로 했기 때문이기도 했지만 선교사로서의 전 생애를 걸쳐 단 한명의 회심자를 얻은 것은 심각하게 생각해볼 필요가 있다.

개신교 현대 선교의 아버지로 불리는 윌리엄 캐리(William Carey) 역시 개인영혼의 구원에 대해 강조했다. 그런데 캐리는 개인영혼의 구원을 단순히 복음을 전하는 것으로 끝나지 않고 각 개인을 속박하고 있는 문제에도 관심을 가졌다. 예컨대 노예제도 반대, 계급제도(카스트 제도) 반대, 농촌진흥협회를 설립하여 식량 상황을 개선했고, 성경을 현지어로 번역하였으며 인권존중을 주창했다. 또한 캐리는 선교의 일차적 목적은 개인의 영혼을 구원하는 것이지만, 교회를 설립하고 교육기관을 세우는 일도 함께 요청된다고 함으로 보다 포괄적인 사역을 시도했다. 그는 1793년에 침례교선교회(Baptist Missionary Society)의 첫 선교사로서 가족과 함께 인도로 갔고, 1795년 런던선교회(London Missionary Society)가 창립되는 데 원동력이 되었다. 역사는 그를 개신교 선교의 선구자로 평가하고 있는데, 그의 소논문 「An Enquiry into the Obligation of Christians to use means for the Conversion of the Heathens」(그리스도인이 이교도들의 회심을 위해 수단을 사용해야 할 의무에 대한 탐구)는 개신교 최초의 선교 전문 소논문으로 인정받고 있다.

교회 설립

로마 가톨릭교회에 대한 반동으로 초기 개신교 선교에서 교회설립에 대한 선교적 반응은 신통치 않았다. 그런 중에도 초기 개신교 선교에서 "교회 설립"(Church Planting)을 강조했던 선교신학자는 화란 개혁파 경건주의자요 개혁주의 신학자였던 지스버터스 보에티우스(Gisbertus Voetius)였다.[568] 그의 선교이론은 선교의 삼중 목적이 있는데 이교도의 회심이 가장 직접적인 목적이요, 다음은 교회설립이며, 궁극적인 목표는 하나님의 은총을 나타내어 영광을 돌리는 것이라고 했다. 보에티우스의 이런 선교이론에 깊은 감동을 받은 사람이 화란 개혁주의 선교학자였던 요한 바빙크(Johan Bavinck)였다. 그는 이 세 가지 목적들은 각기 서로 분리되는 것이 아니라 하나님 나라의 도래와 확장이라는 하나님의 한 가지 목적의 세 가지 측면인 것이라고 역설했다.[569]

19세기가 진행되는 동안에 편협한 개인주의적 접근 방식에 대한 반발이 일어났다. 교회들의 유기적인 생명에 대한 필요성이 제기된 것이다. 이 시대의 주도적인 인물이 영국 성공회의 선교 책임자였던 헨리 밴(Henry Vann)과 미국 회중교회의 루퍼스 앤더슨(Rufus Anderson)이었다.[570] 이들은 삼자교회(三自敎會)를 설립하는 것이 선교의 목표라고 주장했는데 곧 자치(自治 self-governing), 자급(自給 self-supporting), 자전(自傳 self-extending)하는 토착 교회들을 세우는 것이다.

밴과 앤더슨의 '삼자원리'(3-S Principle)는 점차 폭넓은 지지를 받게

---

568) 한국에서는 일반적으로 보에티우스(Gisbertus Voetius)로 알려져 있지만 네덜란드 현지에서는 기스베르투스 '푸치우스' 라고 발음한다. Voetius의 원래 성(姓)은 'Voet'인데 이것을 라틴어화 한 것이 Voetius이기 때문에 '푸티우스' 또는 '푸치우스' 라고 발음하는 것이 옳다. 그러나 세계적으로 보에티우스라고 알려져 있기 때문에 본서에서도 그렇게 기술하고자 한다.

569) Johan H. Bavinck, *An Introduction to the Science of Missions*, 155-159.

570) 헨리 밴은 이미 1854년에 선교의 목표는 자치적이고, 자립적이며, 자전하는 토착교회(indigenous church)를 설립하는 것이라고 주장했다. 당시 일반적인 서구인들은 제3세계 국가들에 대한 우월의식, 일종의 식민주의 의식(colonial complex)을 가지고 있었다. 그래서 구미 선교사들은 선교지에서 가능한 오래 동안 그 지도력과 주도권을 행사해야 한다고 보았던 것이다. 이런 와중에서 헨리 밴이 그 반대적 주장을 했던 것은 가히 혁명적이었다. 그는 선교부는 현지에 자치(自治), 자급(自給), 자전(自傳)하는 토착교회를 세우고 일정 기간이 지나면 조용히 물러가야 한다고 주장했으니 선견지명이 있었던 사람이었다고 평가할 수 있다.

되었는데 그 즈음에 파송된 선교사들은 대부분 이 삼자원리에 충실했다. 예컨대 존 네비우스(John Nevius) 선교사는 미국 북장로교 소속으로 중국 산둥(山東)성으로 파송되어 40여 년간 선교사역을 했다. 그는 1885년에 그의 선교 경험을 담은 삼자원리를 중요한 선교 방법론의 하나로 상하이(上海)에서 발행되었던 「中國紀錄」(Chinese Recorder)에 5회에 걸쳐 연재하였고,[571] 이듬해에는 이것이 「Method of Mission Work」라는 제목의 책으로 출판되기도 했다.

그런데 한국에는 언더우드(Horace Underwood)를 비롯한 20대 젊은 선교사들이 주로 사역했기 때문에 열정은 있었으나 효과적인 선교 방법은 알지 못했다. 그래서 한국 주재 미국 장로교 선교사들이 경험 많은 선교사로부터 선교 전략과 방법을 배우려고 하던 중, 본부로부터 당시 61세의 나이로 중국에서 36째 선교사역을 하고 있던 노련한 네비우스 선교사를 소개받고 선교 정책에 관한 강의를 듣게 되었다. 네비우스는 1890년 6월에 안식년을 맞아 미국으로 가던 중 부인을 대동하고 한국에 들러 그 곳에서 사역하고 있던 7명의 장로회 소속 선교사들과 2주 동안 함께 지내면서 자신의 경험을 비추어 선교 방법론의 하나로 삼자고회 정책에 대해 가르쳤고 이에 선교사들은 큰 도전을 받았다.[572] 네비우스가 한국 주재 선교

---

571) 김양선, *한국기독교회 연구*, 기독교문사, 1980, 68.
572) 역사학자들은 후에 이것을 '네비우스 선교정책'이라고 명명했는데 10가지 핵심사항은 다음과 같다(김남식, *네비우스 선교방법*, 성광문화사, 1995, 162-163).
  1. 선교사들 개인은 폭넓은 순회선교를 통하여 전도한다.
  2. 성경이 모든 사역의 가장 중심이 되어야 한다.
  3. 자립전도: 신자 각인은 타인의 선생이 된다.
  4. 자립정치: 모든 그룹은 봉급 받지 않는 지도자들과 봉급 받는 조사(助事)들이 후에 각 지역과 전국적인 지도자를 만들기 위해 훈련을 한다.
  5. 자립보급: 모든 예배당은 신자들 자신의 힘으로 건축되어야 한다. 교회가 설립되면 조사들의 봉급을 책임진다. 목사들의 봉급은 결코 선교사들의 보조에 의존하면 안 된다.
  6. 모든 신자들은 그들의 지도자나 조사들에 의해 조직적인 성경공부를 해야 한다. 그 지도자들과 조사들은 '성경반'에서 공부해야한다.
  7. 성경에 규정한 벌칙에 따라 엄중한 훈련과 치리를 해야 한다.
  8. 다른 단체들과 긴밀한 협조와 연합을 해야 한다. 적어도 지역을 분할하여 일한다.
  9. 교인들의 법정소송문제 같은 것에 일체 간여하지 않는다.
  10. 가능한 한도 내에서 자립을 돕기 위해 사람들의 경제면에서는 서로 협력해야 한다

사들에게 강조했던 것은 두 가지 원리였는데 성경공부반 운영과 자립원칙이었다. 물론 네비우스 선교 정책에 대해 긍정과 부정적인 평가들이 있지만 한 가지 분명한 것은 네비우스 선교 정책이 한국교회, 특히 한국 장로교의 선교 정책으로 채택되어 교회 부흥에 큰 영향을 미쳤다는 사실이다.[573] 역사학자 박용규에 의하면 1890년대는 세례를 받은 교인의 숫자가 약 40명에 불과했으나 1900년에는 1,086명으로, 그리고 1910년에는 10,082명으로 급증했다. 그 결과 한국교회 세례교인 숫자가 1886년에 9명에 불과하였으나 1900년에는 7,500명, 1910년에는 119,273명, 1920년대 144,062명 1930년에는 194,678명, 그리고 1936년에 341,700명으로 급증했다.[574] 적어도 초기 한국교회에서는 네비우스의 선교 정책이 순기능으로 작용했던 것만은 분명하다.

교회성장 운동

삼자교회 운동에 이어 본격적으로 "교회성장 운동"(Church Growth Movement) 시대가 도래 했다. 그것은 선교전략가이며 교회성장 운동의 창시자라 일컫는 도널드 맥가브란(Donald McGavran)이 1960년 미국 캘리포니아의 파사데나에 있는 풀러신학교에 세계선교대학원과 교회성장연구소(Institute of Church Growth)를 설립함으로 시작되었다. 맥가브란은 인도에서 3대째 선교사의 아들로 태어나 자신도 그리스도의 제자회(Disciples of Christ) 교단의 파송을 받아 31년간 교육과 의료사역을 하는 선교사로 일했다.

그런데 맥가브란은 31년간의 인도 사역 동안 자신이 속한 교단이 매년 1%에도 미치지 못하는 저조한 성장에 대해 실망을 하고 그 원인을 분석해 보았다. 성장하는 교회와 그렇지 못한 교회의 원인이 무엇인가? 여러 교회

---

573) 민경배, *한국 기독교회사*, 대한기독교출판사, 1991, 194.
574) 박용규, *한국기독교회사 1권*, 생명의말씀사, 2005, 631-633.

들을 방문하고 면담하고 지켜본 결과 교회성장 원리를 발견하게 되었다.

맥가브란의 교회성장 이론을 보면; 첫째, 교회는 그들의 선교 사명을 감당함에 있어서 모든 노력을 양적 성장(quantitative growth)에 쏟아부어야한다. 양적 성장이야말로 '교회사업(선교사업)'의 가장 우선적인 항목이 된다. 둘째, 교회는 스스로 양적인 확장을 위해 대중운동(mass movement)을 도입해야한다. 이를 위해 지도력을 가진 핵심 가정을 택해야한다. 종족으로 묶여진 교회를 설립하면 보다 더 효과적이다. 셋째, 손쉽게 포섭할 수 있는 종족, 단체, 계급들을 전도하라. 그는 "고기가 몰려 있는 곳에 가서 그물을 던지라"고 했고 "바위에 쟁기질 하지 말라"고 강조했다. 넷째, 우선적으로 양적 성장을 이루고 그 다음에 질적 성숙의 문제로 관심을 돌려야한다. 그는 마태복음 28장에 기록된 지상명령을 두 부분으로 나누고 있는데, "세례 베풀고...가르치라"는 명령 속에 선교 과업의 순서가 있다고 주장했다. 즉 양적 성장(quantitative growth)이 먼저이고, 질적 성장(qualitative growth)이 다음이다. 다섯째, 교회의 성장을 위해서는 사회학이나 문화인류학의 도움을 받아 적절히 응용할 수 있어야 한다. 여섯째, 선교단체들은 그들의 우선순위를 교회성장의 원리에 두도록 해야하며 이를 지속적으로 점검해야 한다고 주장했다.[575]

사회복음 운동

하지만 개신교 선교의 황금기를 지날 무렵, 19세기 말과 20세기 초에 미국에서는 개인적인 회심에 대한 배타적인 강조와 교회중심적인 기독교 선교에 대한 반발로 일어난 운동이 '사회복음'(Social Gospel) 운동이었다. 이 운동은 사회구조를 기독교적으로 개혁함으로 궁극적으로 하나님의 나라를 사회 속에 실제화 시켜야 한다고 주장했다. 예컨대 구스타브 바르넥(Gustav Warneck)과 아놀드 반 룰러(Arnold A. Van Ruler)는 선교의

---

575) Donald A. McGavran, *Understanding Church Growth* 참조.

궁극적 목표로서 사회복음화를 강조하면서 하나님은 죄악이 가득한 이 세상에서도 기독교화된 문화를 통해 통치하신다고 강조했다. 따라서 반 룰러의 입장에서 보면 선교는 문화를 기독교화하는 사명을 포함하고 있는 것이다. 반 룰러는 유럽과 미국의 문명을 하나님 나라의 표현으로 이해했다. 따라서 온 세상에 이 문화를 확장하는 것이 곧 하나님의 나라를 확장하는 것으로 이해했다. 이 운동은 비록 신학적인 근거가 약했지만 사회 구석구석에 뿌리내린 죄악들을 들추어냈으며 또한 교회들로 하여금 사회적 책무(social mandate)를 하도록 일깨운 역할을 감당했다.

2. 하나님의 나라

선교에 대한 여러 이론들이 제시되었음에도 불구하고 개혁주의 선교신학의 중심 사상과 목표는 하나님의 나라(The Kingdom of God)이다. 하나님에 대한 성경적 계시는 하나님 나라의 개념에 근거해 있다.[576] 개혁주의 선교신학자 요한 바빙크(Johan Bavinck)는 하나님의 나라는 하나님께서 모든 것을 창조하시고 "그가 만드신 만물을 보시기에 심히 좋았더라"(창 1:31)고 하셨던 바로 그 처음부터 존재해 왔던 것이라고 강조했다.[577] 그래서 개혁주의 선교신학에서 선교의 중심사상과 목표는 하나님의 나라, 곧 예수 그리스도에 의해 이 세상에 세워진 하나님의 나라를 말(word)과 행위(deed)로 증거 함으로 그 나라를 확장하는 것이다.

'하나님의 선교'(*missio Dei*)라는 라틴어 용어를 처음 사용한 칼 하르텐슈타인(Karl Hartenstein)은 하나님의 선교를 구속사적이고 종말론적인 시각에서 사용하였다. 그에게 선교의 주체는 삼위일체 하나님이시고, 그 목표는 하나님 나라의 확장이며, 그 수단으로서 교회의 본질은 전 세계 구

---

576) Roger E. Hedlund, *The Mission of the Church in the World: A Biblical Theology*, Grand Rapids: Baker Book, 1991, 170.
577) Johan H. Bavinck, *An Introduction to the Science of Missions*, 159.

원을 위한 하나님의 계획에 참여하는 것이다.[578] 그래서 크레이그 반 겔더(Craig Van Gelder)는 하나님의 선교가 교회의 본질을 구성한다면, 하나님의 나라는 선교의 주요 내용이라는 관점을 가졌다.[579] 요하네스 베르카일(Johannes Verkuyl)은 이것을 적극적으로 지지했는데, 하나님께서는 말씀과 행위로 그의 주권적 통치를 드러내시고자 하나님의 나라를 세울 것이라는 그분의 뜻을 신구약성경을 통해 나타내셨다고 했다.[580] 특히 아더 글라서(Arthur Glasser)는 그의 역작(力作)「Announcing the Kingdom」(성경에 나타난 하나님의 선교)을 통해서 하나님의 선교를 "하나님 나라의 생성과 발전이라는 모티브"로 구약과 신약을 총체적으로 탐구하였다.[581]

안토니 호크마(Anthony A. Hoekkema)는 구약시대 성도들이 바라고 기대했던 사건 중의 하나가 하나님 나라의 도래였으며 이런 기대는 특히 다니엘에게 있어서 인자(Son of Man)의 미래의 나타나심과 연결되어 진다. 그러므로 하나님의 나라의 지속성과 최후의 절정뿐만 아니라 하나님의 나라의 도래는 성경적 종말론의 중요한 부분으로 다루어져야 한다고 강조했다.[582]

이런 의미에서 하나님의 나라는 예수님의 가르침의 중심 사상이었고 또한 사역의 핵심 주제였다.[583] 성경 전체의 주제는 '하나님의 나라' (하나님이 통치하신다)이다. 특히 복음서의 주제가 하나님의 나라인데, 굳이 나눈다면 공간복음서의 주제는 하나님의 나라요 요한복음의 주제는 영생이다. 양용의는 '하나님 나라' 가 공간복음서의 주제임을 성경신학적으로 잘 연구했다.

---

578) Johan H. Bavinck, *An Introduction to the Science of Missions*, 155-156.
579) 이병옥, "크레이그 밴 겔더(Craig Van Gelder)의 선교적 교회론," *선교적 교회론과 한국교회*, 한국선교신학회 엮음, 대한기독교서회, 2015, 102.
580) Johannes Verkuyl, *Contemporary Missiology*, 197.
581) Arthur F. Glasser, *Announcing the Kingdom The Story of God's Mission in the Bible*, Grand Rapids: Baker Publishing, 2011을 읽어라.
582) 안토니 호크마, *개혁주의 종말론*, 유호준 역, 기독교문서선교회, 1986, 62.
583) 양용의, *하나님의 나라 어떻게 이해할 것인가*, 성서유니온선교회, 2007, 12.

마가는 예수 사역과 가르침을 시작하는 서두에 총 주제를 '하나님 나라'로 소개한다: 예수께서 말씀하셨다. "때가 찼고 하나님 나라가 가까이 왔으니, 회개하고 복음을 믿어라"(막 1:15). 마태는 예수의 복음 사역을 기술하는 처음 다섯 장(5-9장)을 가르침(5-7장: 산상설교)과 기적(8-9장: 10개의 기적들) 두 분으로 나누어 제시하면서, 그 시작과 끝 부분에서 그 복음 선포의 주제를 '하나님 나라'라고 밝힌다: "예수께서...그들을 회당들에서 가르치시고, 그 나라의 복음을 선포하시며, 백성 가운데 모든 병과 모든 약한 것을 고치셨다"(마 4:23; 9:35). 누가는 예수의 사역 마지막 기간을 기술하면서, 그 기간 동안 그의 가르침의 주제가 '하나님 나라'였다고 밝힌다: "그가 고난을 받으신 후에 그들에게 자신이 살아 계심을 많은 확실한 증거들로 보여주셨고, 사십일을 그들에게 나타나시고 하나님 나라에 대한 일들을 말씀하셨다"(행 1:3). 이처럼 복음서 저자들은 예수의 복음 선포의 주제가 줄곧 '하나님 나라'였음을 확고히 증언해 준다. 더욱이 복음서에서 '하나님 나라' 또는 '하늘 나라'(천국)라는 표현은 113회나 나타나고 있는데(겹친 경우를 제외하더라도 60여회에 달한다) 그 중 72회는 예수 자신의 말씀 가운데서 사용된 경우이다. 이에 반해 구약성경에는 '하나님 나라'라는 표현이 나타나지 않으며(여호와의 다스림 또는 통치적 개념으로는 9회 정도 나타남)...복음서를 제외한 신약성경의 다른 책에서는 '하나님 나라'라는 표현이 29회에 걸쳐 나타나고 있다.[584]

이와 같이 예수 그리스도는 하나님의 나라를 중심으로 자신의 본질과 사역을 이해하셨다. 예수님의 공적 사역의 첫 말씀이 "회개하라 천국이 가까이 왔느니라"(마 4:17)고 하셨는데 이는 하나님의 나라가 세상 역사 안에 이미 임하였음을 선포하신 것이다. 아더 글라서는 하나님 나라의 복음

---

584) 양용의, *하나님의 나라 어떻게 이해할 것인가*, 15-16.

이 예수 그리스도의 죽음과 장사됨과 부활과 성령의 오심을 통해 이루어졌다고 보았다.[585] 그래서 조지 피터스(George Peters)는 예수 그리스도에게 있어서 복음은 하나님의 나라였지만 사도 바울에게 있어서 복음은 예수 그리스도 그분 자신이었다고 해석했다.[586]

예수님의 사역의 시작은 하나님 나라의 선포에 있었다. 하나님 나라는 예수 그리스도를 통해 이미(already) 이 땅에 임하였고 그의 재림으로 완성될 것(not come yet)이다.[587] 그러므로 선교적 행위나 선교적 성경해석이나 선교적 신학 등 모든 것은 하나님의 나라 관점에서 이해되어야 한다.[588]

하나님 나라의 개념

예수님께서 세우신 하나님 나라의 중심 개념은 하나님의 다스림(βασιλεία)이다.[589] 다른 말로 표현하면 하나님 나라는 하나님의 다스림(reign)을 받는 사람들의 영역(realm)이기도 하다.[590] 그래서 존 브라이트(John Bright)는 구약과 신약을 하나로 묶어주는 강력한 개념은 하나님의 나라, 곧 하나님의 다스림이라고 설파했다.[591]

---

585) Arthur F. Glasser and Donald A. McGavran, *Contemporary Theologies of Mission*, Grand Rapids: Baker Book, 1983, 43.
586) George. W. Peters, *A Biblical Theology of Missions*, Chicago: Moody Press, 1978, 39-42.
587) E. Earle Ellis, *Pauline Theology: Ministry and Society*, Grand Rapids: Eerdmans, 1989, 5-6.
588) Jedidiah Coppenger, "The Community of Mission: The Church," in *Theology and Practice of Mission: God, the Church, and the Nations*, ed. Bruce Riley Ashford, Nashville: B & H Academic, 2011, 60.
589) Herman Ridderbos, *The Coming of the Kingdom of God*, Philadelphia: The Presbyterian and Reformed Publishing Co, 1962, xxi.
590) George E. Ladd, *The Gospel of the Kingdom*, Grand Rapids: Eerdmans, 1959, 22.
591) John Bright, *The Kingdom of God*, Nashville: Abingdon Press, 1953, 197; Geerhadus Vos, *The Kingdom of God and the Church*, Nutley: Presbyterian and Reformed Publishing Co, 1972, 15; Arthur Glasser는 시내산의 언약 안에 하나님의 통치(하나님 나라) 개념

하나님의 나라는 이 땅에 있는 것이 발전해서 형성된 것이 아니라 위에서부터 내려온 것을 의미한다. 인간의 노력에 의해서 되는 것이 아니라 위에서부터의 개입으로 되는 것이다. 그래서 요하네스 베르카일은 "하나님의 나라는, 전체적인 구원의 실현과 선포로서, 인류를 강타하는 모든 죄악과 슬픔을 파괴하여 인간의 필요를 그 전반적인 범위에서 충족시키는 하나님의 통치이다. 신약에서의 하나님 나라는 그 포괄하는 폭과 범위에 있어서 제한을 받지 않는다. 그 나라는 이 땅 뿐만 아니라 하늘도, 그리고 우주 전체뿐만 아니라 세상 역사도 함께 포함하는 것이다."고 정의했다.[592]

하나님 나라를 신학적으로 깊이 있게 연구를 했던 조지 래드(George Ladd)는 성경에 나타난 하나님 나라의 개념을 세 가지로 요약했는데; 첫째, 하나님의 나라는 하나님의 다스림(reign of God)이다(마 19:12, 14; 눅 23:42; 요 18:36). 둘째, 하나님의 나라는 하나님의 축복을 경험하는 현재적 영역(present realm)이다(마 11:11; 21:31; 23:13; 눅 16:16). 셋째, 하나님의 나라는 예수님의 재림과 함께 이루어질 미래의 영역(future realm)이다(막 9:47; 10:23-25; 눅 13:28).[593] 그는 계속해서 말하기를 "하나님의 나라는 사람들 중에 세워진 하나님의 구속적 통치이다. 이 나라는 예수께서 재림하셔서 완성하실 종말론적인 나라이지만, 현재 사람들 중에 임하여 사람들을 악으로부터 구원하시고 축복을 경험하는 하나님의 통치의 영역이다."고 강조했다.[594] 이 세상 어느 나라에 살더라도 하나님의 다스림 속에 산다면 그곳이 하나님 나라(天國)이다. 현재 한국찬송가공회에서 발간한 찬송가 438장(내 영혼이 은총 입어)은 이런 하나님 나라의 개념을 잘 표현해주고 있다. "내 영혼이 은총 입어 중한 죄 짐 벗고 보니 슬픔 많은 이 세상도 천국(하늘나라)으로 화하도다. 높은 산이 거친 들

이 내포되어 있다고 주장했다("Kingdom and Mission," Unpublished Manuscript, CA: Fuller Theological Seminary, School of World Mission, 1989, 72.
592) Johannes Verkuyl, *Contemporary Missiology*, 197-198.
593) George E. Ladd, *The Gospel of the Kingdom*, 23.
594) George E. Ladd, *A Theology of the New Testament*, 91.

이 초막이나 궁궐이나 내주 예수 모신 곳이 그 어디나 하늘나라. 할렐루야 찬양하세 내 모든 죄 사함 받고 주 예수와 동행하니 그 어디나 하늘나라."

예수님께서 이 땅에 오신 목적이 바로 이 세상에 하나님 나라를 세우는 것이었다. 누가복음 1장 31-33절을 보면 "보라 네가 잉태하여 아들을 낳으리니 그 이름을 예수라 하라 그가 큰 자가 되고 지극히 높으신 이의 아들이라 일컬어질 것이요 주 하나님께서 그 조상 다윗의 왕위를 그에게 주시리니 영원히 야곱의 집을 왕으로 다스리실 것이며 **그 나라**가 무궁하리라."(저자 강조). 하나님의 나라는 메시아의 오심과 동시에 시작되었고, 그분의 중심 사역이었다. 예수 그리스도께서는 온 우주 만물의 통치자로서 사탄이 지배하고 있는 이 세상에 오셔서 십자가로 사탄을 정복하시고 구속사역을 통해 그의 나라를 세우셨다. 그레이엄 골드워시(Graeme Goldsworthy)가 간단하고도 명확하게 말한 대로 "하나님의 나라는 하나님께서 하나님의 장소에 있는 하나님의 백성들을 다스리는 것이다."[595] 하나님의 나라는 기본적으로 구원역사의 여러 단계에서 드러나고 실현되는 하나님의 주권적 통치인데, 이 나라는 하나님이 자신이 창조한 만물을 다스림으로 늘 현존하지만 아직 완성되지 않은 나라로서 만물의 마지막 구원을 향해 하나님이 행사하시는 주권적 다스림이다.[596]

그래서 예수님의 공생애를 알리는 첫 음성을 세례요한은 이렇게 선포했다. "회개하라 천국(하나님의 나라)이 가까이 왔느니라"(마 3:2). 예수님께서도 공생애를 시작하시면서 "회개하라 천국이 가까이 왔다"(마 4:17; 막 1:14-15)고 직접 선포하셨다. 또한 주님께서는 자신이 이 땅에 오신 목적에 대해 밝히셨는데, "내가 다른 동네들에서도 하나님의 나라 복음을 전하여야 하리니 나는 이 일을 위해 보내심을 받았노라"(눅 4:43)고 하셨

---

595) Graeme Goldsworthy, *According to Plan: The Unfolding Revelation of God in the Bible*, Downers Grove: IVP, 1991, 95.
596) 스티븐 움, "하나님 나라," *복음이 핵심이다*, 아가페북스, 2014, 230.

다. 그 분의 중심 사역은 하나님 나라 그 자체였다(마 4:23; 행 1:3).[597] 그리고 그 분의 제자들에게도 하나님 나라를 선포하게 하셨고(눅 9:1-2), 부활하신 이후 사십일 동안 지상에 계시면서 하나님 나라의 일을 말씀하셨으며(행 1:3), 예수님 승천 이후 제자들의 메시지 역시 하나님 나라를 선포하는 것이었다(행 8:12; 20:25; 28:23, 31).

하나님 나라와 구속사

우리는 이미 구속사적 네 구조에 대해 논한 바가 있다. "창조-타락-구속-완성(회복)"으로 이루어진 성경의 주요 네 가지 줄거리(four major plot movement)를 구속사 또는 개혁주의 세계관이라고 말한다. 이 구조 안에서 하나님의 나라를 이해하는 것도 매우 중요한 개혁신학적 작업인데, 예디디아 코펜저(Jedidiah Coppenger)가 잘 정리했다.[598]

(1) 하나님 나라와 창조

세상의 창조는 곧 하나님 나라의 창조였다. 하나님의 나라는 말씀으로 창조되었고 또한 말씀으로 다스려졌다. 씬 코델(Sean Cordell)의 말대로 "하나님께서 하늘과 땅을 창조하셨을 때, 그분은 자신의 형상대로 창조하신 사람들의 왕이 되고 그들은 그의 권위 아래 땅을 다스리도록 하는 하나님의 나라를 창조하셨다."[599] 하나님은 에덴동산을 만드시고 아담과 하와를 그곳에 살게 하셨고 그들을 친히 다스리셨다. 아담과 하와는 오직 하

---

597) 예수님께서는 하나님의 나라에 대해 직접적인 어휘 또는 비유들을 통해 가르치셨다. 이에 대해 고광석의 「하나님 나라의 원리」(복음문화사, 2015, 175-280)를 읽어라.

598) Jedidiah Coppenger, "The Community of Mission: The Church," in *Theology and Practice of Mission: God, the Church, and the Nations*, 62-65 참조.

599) Sean Cordell, "The Gospel and Social Responsibility," in *Theology and Practice of Mission: God, the Church, and the Nations*, ed. Bruce Riley Ashford, Nashville: B & H Academic, 2011, 99.

나님의 말씀에만 순종함으로 하나님을 영화롭게 하고 자신들에게 부여된 사명만 감당하면 되었다. 흥미로운 것은 하나님이 처음에 다수의 사람들(people)을 창조하신 것이 아니라 사람(person), 즉 아담을 창조하셨다는 사실이다. 그런 후에 "사람이 혼자 사는 것이 좋지 아니하니"(창 2:28) 하와를 만드심으로 생육하고 번성하여 땅에 충만하고 땅을 정복하는 사명(창 1:28)을 부여하셨다.

하나님은 개인들뿐만 아니라 사람들이 하나님의 나라에서 자신과 연합되어 자신을 예배하기를 원하셨고 또한 그들에게 부여된 선교적 사명을 감당하기를 원하셨다. 하나님의 창조의 궁극적인 목적은 하나님께서 창조하신 그의 나라에서 그의 형상대로 지음 받은 사람들로부터 영광을 받으시는 것이었다.

(2) 하나님 나라와 타락

그런데 하나님의 나라는 사탄에 의해 순간적으로 파괴되었다. 사람들은 하나님의 말씀에 복종하기보다 사탄의 말에 복종함으로 죄가 하나님의 나라(창조 세계)에 침입하여 타락시켜버렸다. 하나님께 연합된 사람들은 하나님의 의로운 통치를 거부했고, 그 결과 아담과 하와는 하나님의 동산에서 쫓겨났다(창 3:23). 타락한 사람은 더 이상 하나님의 선교적 공동체가 되지 못했고 그들의 공동체는 해체되었다. 타락으로 인해 하나님과의 인격적인 관계가 깨졌고, 다른 사람과의 관계가 깨졌으며, 땅의 모든 것들이 파괴되었다. "땅은 너로 말미암아 저주를 받고 너는 네 평생에 수고하여야 그 소산을 먹으리라 땅이 네게 가시덤불과 엉겅퀴를 낼 것이라"(창 3:17-18). 타락의 결과는 비참했는데 영생하도록 창조된 아담과 하와는 '반드시' 죽게 되었다(창 3:19). 타락으로 인해 생명의 왕국이 죽음의 왕국이 되어버렸다. 하나님의 의로운 통치가 거부되고 사탄의 사악한 통치를 받아들였다.

그 결과 "사람의 죄악이 세상에 가득함과 그의 마음으로 생각하는 모든 계획이 항상 악할 뿐"이었고(창 6:5), "온 땅이 하나님 앞에 부패하여 포악함이 땅에 가득하였고…모든 혈육 있는 자의 행위가 부패함"으로(창 6:11-12) 하나님은 "땅 위에 사람 지으셨음을 한탄하사 마음에 근심"하셨다(창 6:6).

(3) 하나님 나라와 구속

"구속"(redemption)은 하나님 나라의 회복이라는 차원에서 이해되어져야 한다. 하나님은 창세기 3장 15절을 통해서 여자의 후손인 그의 아들 예수 그리스도를 통해 사탄을 폐퇴시킬 것을 약속하셨다. 이런 의미에서 구약성경은 하나님 나라에 대한 내용이다. 하나님은 구원받은 그의 백성들을 그의 나라로 불러들여 다스리신다. 그러나 아담과 하와와 같은 신실한 믿음의 공동체는 예수 그리스도가 오실 때까지 발견되지 못했다.

예수 그리스도는 그의 인격 안에서 하나님 나라를 보이셨고 그의 십자가의 죽음을 통해 하나님 나라의 백성들을 모으셨다(히 13:12). 스티븐 에드먼슨(Stephen Edmondson)은 그리스도의 왕국에 대한 칼빈의 관점을 역사 안에 실재하는 나라로서 그리고 교회와 함께 하나님의 언약사(covenant history)의 산물로 이해했다. 그래서 이 나라는 아담의 타락 때 약속되어(창 3:15), 첫째로 아브라함과의 하나님의 약속, 왕으로서 다윗에 대한 하나님의 기름 부으심, 그리고 그의 씨가 영원한 왕이 될 것이라는 다윗에 대한 하나님의 약속, 그런 다음에 그리스도의 오심으로 영원한 왕국에 취임하신 일련의 역사 속에 시작된 영원한 나라이다.[600] 하나님 나라의 구속은 그리스도의 삶과 죽음과 부활을 통해 이루어졌다. 그러므로 성경에서 발견되는 모든 선교신학은 그리스도의 십자가가 핵심이어야 한다.[601]

---

600) Stephen Edmondson, *Calvin's Christology*, Cambridge: Cambridge University Press, 2004, 143.
601) Christopher J. H. Wright, *The Mission of God*, 312.

예수 그리스도는 십자가의 죽음으로 인류의 죄를 대속하셨고, 육체가 장사되어 있는 동안 그의 영은 천국에 있는 영들에게 구원이 성취되었음을 전파하였고(벧전 4:5-6) 지옥에 있는 영혼들에게는 영벌을 선포하심(벧전 3:19-20)과 또한 사탄을 결박하신 후(계 20:1-3), 삼일 만에 부활하셔서 인류의 구속을 완성하심과 동시에 부활의 첫 열매가 되셨다. 이것을 온전한 십자가의 복음이라고 한다.

(4) 하나님 나라와 회복

예수님은 그의 초림으로 하나님 나라를 시작하셨지만 그 나라는 완성되지 않았다. 예수님은 제자들에게 "나라가 임하시오며"(Your kingdom come)라고 기도하라고 했다(마 6:10). 예수님은 그의 미래의 왕국을 종말의 잔치(end-time feast)(마 8:11-12)와 심판이 이루어질 곳으로 묘사하고 있다(마 25:31-46). 이것들은 미래에 이루어질 하나님 나라에 대한 것이다. 하나님의 나라의 성취는 그리스도가 재림하셔서 창조 세계를 새롭게(새 창조) 하실 때 이루어질 것이다(계 21:1-2).

하나님은 최종적이고 충만하게 그의 백성을 모으실 것이다. 하나님의 장막이 사람들과 함께 있으매 하나님이 그들과 함께 계시리니 그들은 하나님의 백성이 되고 하나님은 친히 그들과 함께 계실 것이다(계 21:3). 그리고 하나님은 그곳에서 모든 위협들을 제거하실 것인데, 사탄과 죄와 그리고 죽음이다(계 20-21장). 하나님의 나라는 기쁨의 장소가 될 것인데, 하나님은 사람들의 모든 눈물을 그 눈에서 닦아 주시고, 다시는 사망이 없고, 다시는 애통하는 것이나 곡하는 것이 없으며, 다시는 아픈 것이 있지 않는 곳이다(계 21:4).

완성된 하나님의 나라는 우리가 만국의 영광을 즐거워하고 하나님이 통치하시는 죄 없는(sin-free) 문화와 영토가 될 것이다(계 21:24). 이때에 우리들에게 부여된 하나님 나라의 선교는 완성된다. 성경은 그 나라를 "새 하늘과 새 땅"(新天新地)이라고 가르쳐주고 있다. 베드로는 성도들을 향하여 "우리는 그의 약속대로 의가 있는 곳인 새 하늘과 새 땅을 바라보도다"고 격려했다(벧후 3:13; 계 21:1).

하나님의 나라: "이미"(already), 그러나 "아직"(not yet)

예수님의 가르침에서 보면 하나님의 나라는 현재적이면서 미래적이다. 하나님 나라의 도식을 "already but not yet"(이미, 그러나 아직)으로 설명했던 사람이 풀러신학교의 조지 래드(George Ladd)이다. 그는 헤르만 리더보스(Herman Ridderbos)와 함께 "하나님의 나라"에 대한 최고의 권위 있는 신약학자인데, 예수님의 초림과 함께 하나님의 나라가 이미 도래했으나 아직 완성되지는 않았고 완성을 향하여 가고 있다고 설명했다. 이런 사상에 동의한 데이비드 보쉬(David Bosch)는 "하나님의 나라는 예수 그리스도의 초림과 함께 이미 이 세상에 영적인 나라 세워졌지만(already come), 그 나라는 지금도 성장하고 있으며, 예수님 재림하실 때 완성될 것이다(not yet)."고 했다.[602] 래드 역시 "하나님의 나라는 기본적으로 하나님의 통치이다. 그러나 그 나라는 영역을 나타내기도 한다. 복음서는 하나님 나라의 축복을 경험하는 영역에 들어가는 것을 현재(present)와 미래(future)에 이루어질 것으로 말씀하고 있다."고 강조했다.[603] 예수 그리스도는 말씀과 행함으로 하나님 나라를 보여주셨으며, 그 방법의 하나로 사탄의 권세를 정복하셨다. 그리고 사탄의 속박 아래 있는 사람들에게 해방을 주시고 사탄의 소행과 방법들을 소멸하셨다. 십자가와 부활은 이런 사탄을 이기신 결정적이고 명백한 증거이다.[604]

다만 하나님 나라의 시제에 대한 견해가 학자들 간에 다양하다. 알브레

---

602) David J. Bosch, *Transforming Mission*, 31-32.
603) George Ladd, *The Gospel of the Kingdom*, 24.
604) Arthur F. Glasser, *Announcing the Kingdom*, 329.

히트 리츨(Albrecht Ritschl), 아돌프 폰 하르낙(Adolf von Harnack), 찰스 다드(Charles H. Dodd) 같은 학자들은 하나님의 나라가 예수님의 가르침 속에 "현재적"으로 나타났다고 주장한다. 반면에 바이스(Weiss), 알베르트 슈바이처(Albert Schweitzer), 위르겐 몰트만(Jürgen Moltmann)과 같은 학자들은 하나님의 나라를 전적으로 "미래적"인 것으로 보았다. 그럼에도 불구하고 게할더스 보스(Geerhadus Vos), 오스카 쿨만(Oscar Cullmann), 조지 래드(George Ladd) 같은 학자들은 하나님의 나라를 "현재적이며 미래적"인 것으로 보았다.[605] 특히 하나님나라 신학에 비교적 깊이 있게 연구했던 조지 비슬리-머리(George R. Beasley-Murray)는 신구약 성경을 일관성 있게 흐르는 맥이 하나님의 나라이며, 그 나라는 예수 그리스도의 가르침과 사역을 통해 이 세상에 현재화 되었으며 동시에 그의 재림과 함께 완성될 미래적이라고 설파했다.[606]

그러나 성경에 나타난 하나님의 나라는 예수 그리스도의 초림으로 세상 역사 가운데 시작된 현재적이며 또한 재림으로 완성될 미래적인 것이다. 하나님의 나라에 대한 사복음서의 가장 큰 특징은 하나님의 나라가 현재 우리 가운데 임하였다는 것이다. "하나님의 나라가 임하였다"(the kingdom of God has come)(마 12:28; 눅 11:20)는 말은 정치적인 의미와 영적인 의미가 있다. 먼저 정치적인 의미로서, 하나님의 나라는 이 세상의 나라들을 포함한 온 우주 안에 세워졌다. 왜냐하면 하나님의 나라는 하나님의 통치이기 때문이다. 이사야는 그의 예언서에서 "하늘은 하나님의 보좌요 땅은 하나님의 발판"(사 66:1)이라고 선포함으로 "하나님은 하나님"(God is God)이시며 왕(王) 중의 왕이요 주(主) 중에 주시다. 하나님(그리스도)이 "왕 중의 왕"(King of kings)이라는 말은 하나님은 최고 통치자로서 그분 아래에 있는 이 세상의 대통령이나 총리나 회장이나 대표자들

---

605) 안토니 호크마, *개혁주의 종말론*, 62.
606) George R. Beasley-Murray의 「Jesus and the Kingdom of God」(Grand Rapids: Eerdmans, 1986)을 읽어라.

의 통치자라는 의미이다.[607] 그리고 영적인 의미로서, 사탄이 지배하는 영역에 하나님의 통치가 시작되었음을 의미한다. 원래 이 땅은 하나님의 보시기에 '좋았다'(창 1:4, 10, 12, 18, 21, 25, 31). 그런데 사탄이 침입하여 들어와 사람과 피조물들을 타락하게 만들어 사탄의 권세 아래 가두어 버린 것이다. 아더 글라서(Arthur Glasser)는 사탄이 가진 가장 큰 권세(무기)는 사망(death)이라고 했다.[608] 이런 사탄의 왕국에 예수 그리스도께서 오셔서 십자가와 부활을 통해 사탄의 권세(사망권세 및 영육간의 묶음)를 물리치고 자신의 왕국을 세워서 그의 백성들을 그의 나라로 인도하신 것이다.

그래서 예수님의 사역 중에 가장 특징적인 것 하나가 사탄의 영인 귀신을 쫓아내는 일이었다. 그 이유는 자신이 이 땅에 오신 목적이 하나님의 나라가 하늘에서 이룬 것 같이 이 땅에서도 이루어지는 것이기 때문이었고(마 6:10), 그래서 요한이 "하나님의 아들이 나타나신 것은 마귀의 일을 멸하려 하심이라"(요일 3:8)고 말했던 것이다.[609] 로저 헤드런드(Roger Hedlund)에 의하면 "바울은 그의 선교를 이방인들을 '어두움에서 빛으로, 사탄의 권세에서 하나님께로'(행 26:18) 돌아오게 해야만 하는 대결(encounter)의 차원으로 이해했다."[610] 알란 티펫(Alan Tippet) 역시 사탄의 권세에 결박당해 있는 인간을 더 강력한 권세와 권위로 해방시키는 것

---

607) Cornelius Plantinga, *Engaging God's World: A Reformed Vision of Faith, Learning, and Living*, Grand Rapids: Eerdmans, 2002, 107.

608) Arthur F. Glasser, *Announcing the Kingdom*, 330.

609) 요한복음에는 공관복음과 달리 예수님의 귀신축출사건(exorcism account) 기록이 없다. 다만, 요한복음은 십자가 사건을 통해 마귀가 아닌 "이 세상 임금"을 축출한 사건이 곧 사탄이 심판을 받아 최종적으로 패배한 것으로 이해되고 있다(요 12:31; 14:30; 16:11)(정용신, "신적전사 패턴(Divine Warrior Pattern)으로 요한복음 읽기," *GM선교회 동계수련회*, 2018, 40). 비록 요한이 요한복음에 예수님의 축귀사건을 직접적으로 기록하지는 않았어도 그의 서신(요한일서)에서 그리스도께서 오신 목적이 마귀를 멸하는 것이라고 이해했고, 또한 요한계시록에서 종말 때 사탄이 심판받아 멸망할 것이라(20:2, 10)는 기록들은 요한에게도 그리스도에 의해 마귀이 패배한다는 사상이 있었음을 알 수 있다.

610) Roger E. Hedlund, *Mission to Man in the Bible*, 262.

이 기독교 선교의 필요성이라고 강조했다.[611]

그래서 아더 글라서는 "마귀론과 종말론 주제는 예수님의 모든 말씀과 사역의 핵심이다. 이 주제는 부활에서 정점에 이른다"고 강조했다.[612] 실제로 복음서에 보면 예수님께서 말씀(word)과 행위(deed)로 사탄을 물리치셨는데, 그것은 역설적으로 하나님의 나라가 그곳에 임하였다는 것을 의미한다. 이에 대한 예로 알버트 월터스(Albert Wolters)는 "그리스도의 병 고침의 사역 즉 회복의 사역은 타락한 창조세계에 그 나라가 침투했음을 나타낸다"고 했다.[613] 이를 증명하는 강력한 말씀이 마태복음 12장 28-29절에 기록되어있는데, "그러나 내가 하나님의 성령을 힘입어 귀신을 쫓아내는 것이면 하나님의 나라가 이미 너희에게 임하였느니라 사람이 먼저 강한 자를 결박하지 않고서야 어떻게 그 강한 자의 집에 들어가 그 세간을 강탈하겠느냐 결박한 후에야 그 집을 강탈하리라." 여기서 '결박한다' 는 말은 하나의 비유이며 진정한 의미는 사탄에 대한 승리를 의미하고 사탄의 권세를 억제한다는 의미이다.

또한 바리새인들의 질문에 대한 예수님의 답변에서 하나님의 나라가 이미 임하였음을 알 수 있다: "바리새인들이 하나님의 나라가 어느 때에 임하나이까 묻거늘 예수께서 대답하여 이르시되 하나님의 나라는 볼 수 있게 임하는 것이 아니요 또 여기 있다 저기 있다고도 못하리니 하나님의 나라는 너희 안에 있느니라"(눅 17:20-21). 그런 의미에서 하나님 나라는 이미 이루어졌다. 게할더스 보스는 하나님의 나라는 마태복음 6장 33절의 "너희는 먼저 그의 나라와 그의 의를 구하라 그리하던 이 모든 것을 너희에게 더하시리라"는 말씀을 통해 이미 이 세상에 임하였다고 해석했다.[614] 조지 래드도 하나님의 능력으로 사탄의 나라를 공격하고, 귀신의 능력으

---

611) Alan R. Tippet, *Verdict Theology in Missionary Theory*, Pasadena: William Carey Library, 1973, 89.
612) Arthur F. Glasser, *Announcing the Kingdom*, 330.
613) Albert Wolters, *Creation Regained*, 76.
614) Geehardus Vos, *The Kingdom of God and the Church*, 35.

로부터 구원되는 사건들은 미래에 있는 일이 아니라 현재 일어나고 있는 하나님 나라의 현상이라고 강조했다.[615] 양용의도 이에 대해 동의했는데 "예수의 [귀신을 쫓아내는] 기적은 메시아가 시행할 것으로 고대해 온 하나님 나라의 현존에 대한 확고한 증거로 받아들여지는 것이 매우 자연스럽다"고 전제하고 다만 "이 하나님 나라는 구약성경에서 예언된 영적 승리를 가져오는 하나님 나라일 뿐,....유대인들이 대중적으로 기대했던 민족적, 정치적 승리를 가져오는 하나님 나라와는 거리가 멀다. 다시 말해서 예수의 대적은 로마가 아니라 사탄이다"고 했다.[616]

에드워드 데이톤(Edward Dayton)과 데이비드 프래서(David Fraser) 역시 "교회는 이 세상에 임한 하나님의 나라의 표징(sign)이고 상징(sacrament)이다. 이것은 '나라가 임하시오며 뜻이 하늘에서 이루어진 것 같이 땅에서도 이루어지이다' (마 6:10)라는 기도에 대한 부분적인 응답이다."고 함으로 하나님의 나라가 이 세상에 이미 임했음을 강조했다.[617] 물론 하나님의 나라가 임한다는 것은 무엇보다도 먼저 하나님의 영광이 현시되고, 이 땅 위에서 하나님의 권능이 아주 충만하게 재천명되며, 하나님의 통치가 유지되는 것을 의미한다.[618]

그러나 하나님의 나라는 예수의 초림과 함께 현재화되었지만 아직 완성되지 않았다(not come yet)는 의미에서 미래적(종말론적)이라고 한다. 다시 말하면 하나님 나라의 도래는 아직 완료된 실재가 아니다. '이미' 와 '아직' 의 두 국면이 그리스도의 초림과 재림 사이의 중간기를 특정 짓고 있는 것으로서 하나님의 나라는 예수께서 재림하실 때 완성될 것이다. 헤르만 리델보스(Herman Ridderbos)는 마가복음 9장 1절만큼 분명하게 하

---

615) George Ladd, *A Theology of the New Testament*, 66.
616) 양용의, *하나님 나라 어떻게 이해할 것인가*, 95.
617) Edward R. Dayton & David A. Fraser, *Planning Strategies for World Evangelization*, 45.
618) Herman Ridderbos, *The Coming of the Kingdom of God*, 20-21.

나님 나라의 미래성을 보여주는 구절은 없다고 했다.[619] 이 구절은 하나님의 나라가 지금 오고 있다는 것을 분명하게 말하고 있다: "내가 진실로 너희에게 이르노니 여기 서 있는 사람 중에는 죽기 전에 하나님의 나라가 권능으로 임하는 것을 볼 자들도 있느니라." 또한 주기도문에서도 "당신의 나라가 임하옵시고"(your kingdom come)(마 6:10)라고 했다. 이런 것들을 볼 때 하나님 나라의 통치는 현재적이며 미래적이다.[620] 이런 것들은 천국에 관한 대표적인 예수님의 비유인 마태복음 13장에 자세하게 언급되어 있는데, 천국의 현재성과 미래성에 관한 것 또는 양쪽 모두를 가르치고 있음을 알 수가 있다. 가르치고 있음을 알 수가 있다.

이에 대해 얼 엘리스(Earle Ellis)는 다음과 같이 하나님의 나라에 대한 해석을 했다.

> "하나님의 나라가 임했다"는 예수님의 가르침에는 두 단계로 진행된다는 의미이다. 첫 번째 단계는 그의 사역 안에 이미 임하였고 또한 현재 역사 안에 명확하게 나타났다. 두 번째 단계는 보편적인 심판과 최종의 구원을 이루는 영광스런 인자(Son of man)로서 임하는 그의 재림(παρυσια) 때 이루어진다. 이 두 단계는 누가 (11:2f)의 주기도문에 언급되어 있다. "당신의 나라가 임하시고, 날마다 우리에게 우리의 내일(morrow's[kingdom]) 양식을 주시옵고...."[621]

엘리스는 주기도문 안에서 하나님 나라의 현재성과 미래성을 말하고 있음을 강조하면서 "당신의 나라가 임하시고"를 현재적으로, "날마다 우리에게 우리의 내일(morrow's[kingdom]) 양식을 주시옵고"를 미래적으로

---

619) Herman Ridderbos, *The Coming of the Kingdom of God*, 41.
620) Albert Wolters, *Creation Regained*, 76.
621) E. Earle Ellis, *Pauline Theology: Ministry and Society*, 6.

설명하고 있다. 하지만 여기에 언급된 헬라어 에피우시온(ἐπιούσιον)은 누가복음 11장에서만 사용된 형용사로 두 가지 의미가 있는데, "내일을 위한"이라는 의미와 "필요한" 또는 "충분한"의 의미를 가지고 있다. 그래서 일반적으로 후자의 해석('일용한'/하루에 필요한)을 따르지만, 일부에서는 전자로 해석하는데 이런 경우 이 단어는 종말론적이고 영적인 의미로 해석되어 완성된 하나님의 나라에서 먹을 영적인 양식을 뜻한다. 그래서 엘리스는 이 해석을 지지함으로 이 부분을 하나님 나라의 미래성을 나타낸다고 이해한 것이다.

특히 엘리스는 하나님의 나라가 현재 임했다는 사실을 복음서에서 예수의 사역 안에 나타난 성령의 역사(치유, 죄 용서, 축귀 등)로 확인되었다고 주장했다. 예컨대, "내가 하나님의 성령을 힘입어 귀신을 쫓아내는 것이면 하나님의 나라가 이미 너희에게 임하였느니라"(마 12:28)는 말씀은 이를 확인해주고 있다. 이것은 바울서신에서도 확인되고 있는데, "하나님의 나라는 먹는 것과 마시는 것이 아니요 오직 성령 안에 있는 의와 평강과 희락이라"(롬 14:17)는 말씀에 사용된 '평강과 희락'은 성령의 열매로 불린다(갈 5:22). 그리고 성령의 은사들에 대한 서신서의 언급과 성령에 사로잡힌 바울의 역동적인 선교사역 자체가 하나님 나라가 현재 임하였음을 증거하고 있다.[622] 그래서 요하네스 블라우는 하나님 나라의 시제(時制)를 구약성경부터 신약성경과 연관하여 설명했는데, "아직"(구약)–"이미"(신약)–"아직"(종말)으로 표현했다.[623] 또한 오스카 쿨만(Oscar Cullmann)은 하나님 나라의 시제를 예수 그리스도를 중심으로 구분했는데, 하나님 나라는 그리스도의 초림으로 이미 성취된(already) 현재적 사건인 동시에 그리스도의 재림으로 완성될(not yet) 미래적 성격을 띠고 있다고 이해했다.[624]

---

622) E. Earle Ellis, *Pauline Theology*, 6–7.
623) Johannes Blauw, *The Missionary Nature of the Church*, 88.
624) Oscar Cullmann, *Christ and Time: The Primitive Christian Conception of Time and*

바울은 예수 그리스도의 말과 사역을 통해 하나님의 나라가 임하였음을 증거하였고 또한 그 나라는 장차 완성될 것임을 가르쳤는데, 그리스도께서 재림하셔서 완전한 하나님의 나라를 만드신 후 성부께 왕권을 바칠 것을 명확하게 밝혀주고 있다: "그러나 각각 자기 차례대로 되리니 먼저는 첫 열매인 그리스도요 다음에는 그가 강림하실 때에 그리스도에게 속한 자요 그 후에는 마지막이니 그가 모든 통치와 모든 권세와 능력을 멸하시고 나라를 아버지 하나님께 바칠 때라 그가 모든 원수를 그 발아래에 둘 때까지 반드시 왕 노릇 하시리니 맨 나중에 멸망 받을 원수는 사망이니라"(고전 15:23-26).

하나님 나라와 교회와의 관계

그렇다면 하나님의 나라 개념을 선교적 관점에서 적용해볼 때, 하나님 나라와 교회의 관계는 어떠한가? 어거스틴은 지상의 교회와 하나님 나라를 동일시하였다. 그는 교회는 그리스도의 나라이며 하늘의 나라라고 단언하였다. 이러한 견해는 로마 가톨릭의 교리로 굳어졌다. 그러나 하나님의 나라는 하나님의 다스림이 존재하는 곳이며(God's reign) 교회는 사람들의 공동체(people's community)이다. 따라서 교회 자체는 하나님의 나라가 아니지만 교회는 천국을 드러내 보여주는 형태이다. 아더 글라서(Arthur Glasser)는 "교회는 이 세상에 임한 하나님 나라의 표징"이라고 했고,[625] 요하네스 블라우(Johannes Blauw)는 "교회는 세상에 들어온 새로운 미래에 대한 하나님의 신호"라고 각각 표현했다.[626]

비록 사도 바울도 그리스도인들을 '하늘나라의 시민'(빌 3:20)이라고 했지만 교회를 하나님의 나라와 같은 공간(coextensive)으로 보지는 않았

History, trans. Floyd V. Filson, London: SCM, 1962, 81-83.
625) Arthur F. Glasser, *Announcing the Kingdom*, 362.
626) Johannes Blauw, *The Missionary Nature of the Church*, 88.

다. 가끔 마태복음 13장에서 예수님께서 하신 하나님 나라(天國)에 대한 비유 중 두 개의 비유(좋은 곡식과 가라지 비유〈24-30절〉와 그물 비유〈47-50절〉)가 하나님의 나라와 교회를 동일시한다고 해석하기도 하지만 그 비유들이 교회가 하나님의 나라라는 함축적 의미는 없다.[627] 마태복음 13장의 천국비유는 공통적으로 "천국은 마치 …과 같으니"로 시작되고 있기 때문에 이 비유들의 초점은 '천국의 비밀'(11절), 즉 천국은 어떠한 것인지, 천국의 자태가 무엇인지, 천국은 어떻게 나타나고 어떻게 진행되고 어떻게 완성되는지를 알려주기 위한 목적에 있다.[628] 따라서 대부분의 개혁주의자들은 교회가 하나님의 나라인가에 대한 질문에 "아니다"고 대답한다. 이는 교회란 결정적으로 경험할 수 있는 실체인데 비해 하나님의 나라는 그렇지 못하기 때문이다.[629]

조지 래드는 교회와 하나님 나라의 관계에 대해 다음과 같이 잘 설명을 했다.[630] 첫째, 교회는 하나님 나라가 아니다. 하나님의 나라는 하나님의 통치가 있는 나라다. 그러나 하나님의 통치가 있다고 해서 모든 것이 다 하나님의 나라는 아니다. 교회는 하나님의 통치가 있어야 한다. 사람의 통치가 아닌 하나님의 통치가 있는 교회가 본질을 회복한 교회이기 때문이다. 교회는 하나님의 나라 자체가 아니라 하나님의 백성인 것이다.

둘째, 하나님 나라가 교회를 창조한다. 교회는 예수 그리스도의 사역에 의해 세상에 하나님의 나라가 도래한 결과이다. 그물의 비유처럼 하나님의 나라라고 하는 그물을 던져서 걷어 올리면 고기가 잡히는데 이것이 바로 교회라는 것이다.

셋째, 교회는 하나님 나라를 증거 한다. 교회는 하나님의 나라를 세우거나 하나님의 나라가 될 수가 없다. 가끔 "하나님의 나라를 세운다"고 하는

---

627) John Gray, *The Biblical Doctrine of the Reign of God*, Edinburgh: T. & T. Clark, 1979, 369-370.
628) 최낙재, *하나님의 나라는 이와 같으니(I)*, 성약, 2008, 145.
629) 오광만 편역, *구속사와 하나님의 나라*, 반석문화사, 1992, 123.
630) George Ladd, *A Theology of the New Testament*, 111-119.

데 이는 적절한 표현이 아니다. 하나님의 나라는 오직 그리스도만이 세울 수가 있다. 다만 교회가 하나님의 나라를 선포함으로 이미 그리스도께서 세우신 그의 나라가 확장될 수 있을 뿐이다. 따라서 하나님의 나라를 증거하는 것은 교회의 중요한 사명이요 선교의 궁극적인 목표이다.

넷째, 교회는 하나님 나라의 도구이다. 교회는 능력으로 하나님의 나라가 임하도록 일하는 도구이다. 예수님께서 병자들을 고치시고 귀신을 쫓아내심으로 하나님의 나라가 현재적으로 임하게 하셨고, 또한 그의 제자들에게 하늘과 땅의 권세를 주셔서 하나님의 나라가 임하도록 하셨다.

다섯째, 교회는 하나님 나라의 수호자이다. 유대 랍비들은 이스라엘이 하나님 나라의 수호자로 생각했다. 그러나 예수님은 하나님 나라를 수호할 존재로 교회를 택하셨다. 이는 베드로에게 천국의 열쇠를 주신 사건과 연관되어 생각해야 한다. 따라서 교회는 하나님 나라를 공의와 사랑으로 지키고, 확장하는 사명이 있다. 이런 의미에서 교회의 권징은 하나님 나라의 관점에서 중요한 일이다.

결론적으로, 하나님 나라와 교회 사이에는 불가분의 관계가 있지만 이 둘을 동일한 것으로 여기면 안 된다. 하나님 나라는 그 출발점을 하나님으로부터, 교회는 사람들로부터 취한다. 따라서 교회는 하나님의 통치 아래에서 그 나라의 축복을 경험하는 사람들의 교제이다. 헤르만 리더보스(Herman Ridderbos)는 하나님 나라는 그리스도의 성취와 완성 안에 표출된 구원의 거대한 신적 사역이며, 교회는 하나님에 의하여 선택되고 부름을 받아 이 하나님 나라의 축복을 향유하는 백성들을 의미한다고 함으로 하나님 나라와 교회와의 밀접한 관계를 강조했다.[631] 하나님의 나라는 교회를 창조하고 교회는 하나님의 나라를 증거 한다.

이런 의미에서 교회는 하나님 나라의 중요한 사역자들이다. 하나님의 선교의 목적이 그리스도의 왕국을 통한 하나님의 영광이라고 하면 우리의 선교적 교회론(missional ecclesiology)은 하나님 나라 교회론(the

---

631) Herman Ridderbos, *The Coming of the Kingdom of God*, 342-356.

kingdom ecclesiology)이 되어야 한다. 그래서 예수님은 하나님 나라의 시작(초림)부터 완성(재림)까지의 중간 기간에 교회를 세우셨다. 그리스도는 교회에게 하나님 나라의 복음을 선포하게 하셨다.[632] 예수님은 승천하신 후에도 그 나라의 도래를 위해 계속 일하시는데, 지금은 성령의 능력을 받은 교회의 사역을 통해 일하고 계신다. 하나님 나라의 비유들 중, 누가복음 19장에 나타난 므나(銀貨) 비유의 가르침처럼(11-27절), 교회는 귀인이 왕위를 받고 돌아오기 전까지 부여받은 임무를 충실히 수행하도록 선교적 명령을 받았다. 따라서 이 세상에 '이미 임한 나라'(already)의 종들은 '아직 임하지 않은 나라'(not yet)의 확장을 위해 충성과 헌신을 다해야 한다.[633]

기독교의 하나님 나라와 이슬람의 알라의 나라

기독교의 하나님 나라는 하나님이 통치하시는 영적인 나라이지만, 이슬람의 알라의 나라는 칼리파가 통치하는 세속적인 나라이다.[634] 기독교의 하나님 나라는 예수님의 초림으로 시작되어 재림으로 완성될 영적인 나라이다. 그리스도에 의해 완성될 그 나라는 지금의 세상과는 완전히 다른 신천신지(새 하늘과 새 땅)가 될 것이다(사 65:17; 벧후 3:13; 계 21:1). 그러므로 하나님의 나라는 그리스도에 의해 이 세상에 시작되었지만 이 세상에 속한 것이 아니다. 예수님은 빌라도 앞에서 이것을 분명히 밝히셨다. "내 나라는 이 세상에 속한 것이 아니니라 만일 내 나라가 이 세상에 속한 것이었더라면 내 종들이 싸워 나로 유대인들에게 넘겨지지 않게 하였으리라 이제 내 나라는 여기에 속한 것이 아니니라 빌라도가 이르되 그러면 네가 왕이 아니냐 예수께서 대답하시되 네 말과 같이 내가 왕이니라 내가

---

632) Jedidiah Coppenger, "The Community of Mission: The Church," in *Theology and Practice of Mission: God, the Church, and the Nations*, 65.
633) Albert Wolters, *Creation Regained*, 76.
634) 고광석, *이슬람, 기독교와 뿌리가 같은가?*, 도서출판 엔크, 2016, 218.

이를 위하여 태어났으며 이를 위하여 세상에 왔나니 곧 진리에 대하여 증언하려 함이로라 무릇 진리에 속한 자는 내 음성을 듣느니라"(요 18:36-37). 예수님은 자신이 영적이고 영원한 나라의 왕으로 이 세상에 오셨음을 분명히 가르쳐주셨다.[635]

주님의 재림과 함께 이루어질 그 완성된 나라는 우리가 경험해보지 않은 나라로 부활한 육체가 영원히 살 '새 하늘과 새 땅'이다(계 21-22장). 우리는 승천과 재림 사이의 시간에 살면서 하나님 나라의 현재성을 깨닫고, 그 윤리에 따라 살아야 한다(마 5-7장). 그리고 그 나라(왕국)의 도래는 오직 왕이신 예수 그리스도가 임할 때에만 가능한 것임을 기억해야 한다.[636]

그러나 이슬람의 알라의 나라는 이 세상을 샤리아(Sharia)법[637]에 의해 칼리파(Khalifah)[638]가 통치하는 이슬람의 나라(알라의 집)를 만드는 것이다. 샘 쉴로르프(Sam Schlorff)는 이슬람의 알라의 나라 개념에 대해 의미 있는 정보를 제공하고 있다.

---

635) 잔 데이비드 헤팅어, *예수에게 붙들린 삶*, 고광석 옮김, 한언, 2004. 38-39.

636) Charles Van Engen, *Mission on the Way*, 262.

637) 샤리아법(Sharia Law)는 이슬람 율법의 본체로서 이슬람 공동체의 헌법이며 알라의 뜻을 삶의 모든 정황에 적용한 것이다. 샤리아의 아랍어 의미는 '올바르고 밖으로 들어난 확실한 길(道)'이다. 샤리아는 무슬림들의 삶의 길을 분명히 해주고 가야할 바를 드러내 주는 삶의 지표를 의미한다. 따라서 샤리아는 꾸란에 명시된 종교적 의무와 개인의 사회적 삶의 모든 영역, 즉 정치 · 경제 · 사회 · 문화 · 의식 및 은행 · 상법 · 형법 · 계약법 · 가족법 · 성 · 종교법 그리고 지하드(jihad) 등 공적인 생활과 개인적 삶을 구별하지 않으며, 알라의 율법에 의하여 통제 가능한 인간관계의 모든 면을 다룬다. 그래서 샤리아 율법의 관념에서는 세속적인 법 영역과 종교적인 의무 관념이 불가분의 관계에 있고 사회 규범은 무엇보다도 종교적 의무 관념 그 자체이다(고광석, *이슬람, 기독교와 뿌리가 같은가?*, 127).

638) 칼리파(Khalifah)는 이슬람의 창시자 무함마드(Muhammad)의 뒤를 이어 이슬람 공동체를 이끈 후계자 혹은 계승자를 가리키는 아랍어로, 영어에서는 '칼리프'(Caliph)라고 한다. 이슬람(Islam)은 종교와 정치를 합한 공동체(umma)이므로 그 수장(首長)의 지위를 가진 최고 통치자를 가리켜 칼리파라고 한다. 칼리파는 무함마드 사후부터 최초의 이슬람 왕조인 우마이야 왕조(Umayyad dynasty)가 창설되기까지 네 명의 칼리파가 세워졌는데(아부 바크르(Abu Bakr), 우마르 이븐 알 카탑(Umar ibn alKhattab), 우스만 이븐 아판(Uthman ibn Affan), 알리 이븐 탈립(Ali ibn Talib), 이들 네 명의 칼리파들은 꾸란(Quran)과 순나(sunna)에 기초하여 이슬람 공동체를 통치하였기 때문에 정통 칼리파(Rashidun Caliphate)로 불린다(고광석, *이슬람, 기독교와 뿌리가 같은가?*, 48).

이슬람에 관해 잊지 말아야 할 근본적인 요소는 이슬람은 단순히 종교가 아니라, 무엇보다도 정치적 이데올로기라는 사실이다. 무슬림 이데올로기는 이상화된 "무슬림 공동체"인 움마(umma)를 중심으로 한다. 이 이념은 (1) 하나의 일치된 세계 공동체인 움마가 존재하고, (2) 그것은 이슬람 국가기구(칼리파)에 의해 다스려지고, (3) 이슬람법 샤리아 아래 있다는 것이다. 따라서 그들은 움마를 알라의 나라와 동일시하는 '신적인 사회체제'(divine social order)라고 보며, 무슬림 통치체제를 전 세계로 확장하려고 힘쓰고 있다.[639]

무슬림들은 이런 알라의 나라 패러다임으로 이 세상에 칼리파가 통치하는 '알라의 집'을 세우기 위해 무력을 사용하고 테러를 마다하지 않고 지하드(jihad)[640]를 실행하고 있다.[641] 그러나 예수께서 선포하신 하나님의 나라는 칼과 총으로 이루는 나라가 아니라 하나님의 다스림을 받아들이는 영적인 나라이다.[642]

하나님 나라의 선교적 실천

하나님의 나라는 예수 그리스도 안에서 시작되고 최종적으로 그분에 의해서 완성되는 새로운 질서(나라)가 하나님과의 관계는 물론 인간 상호 간의 관계, 그리고 인간과 자연과의 관계까지 회복되는 것을 의미한다.[643]

---

639) 샘 쉴로르프, *무슬림 사역의 선교학적 모델*, 김대옥·전병희 공역, 도서출판 바울, 2012, 191.
640) 많은 무슬림들이, 심지어 일부 그리스도인들까지 이슬람의 지하드를 '성전'(聖戰 holy war)이라고 미화하고 있는데 이는 매우 잘못된 것으로, 지하드는 이 세상을 이슬람화(알라의 나라로 만듦)하기 위해 이슬람의 적대세력인 모든 비 무슬림들에 대한 반인륜적인 처절한 '투쟁'(鬪爭 fighting)일 뿐이다.
641) 이슬람 극단주의자들의 테러에 대한 이해를 넓히기 위해서는 최진태의 「테러시대의 안전 및 생존전략」(글마당, 2009)을 읽어라.
642) 고광석, *이슬람, 기독교와 뿌리가 같은가?*, 218-227.
643) Johannes Verkuyl, *Contemporary Missiology*, 198.

이것은 선지자들이 전한 메시지였고,[644] 사도 요한이 보았던 환상이었으며,[645] 베드로와 바울이 확증하고 있다.[646] 따라서 하나님의 나라는 그 본래의 목적이 성취된 창조이다. 죄로 인한 타락과 무질서는 극복될 것이며, 모든 적그리스도의 세력들은 사라지고, 하나님의 자유하게 하시는 역사는 그 궁극적인 목적을 완수할 것이다.[647]

그러므로 교회의 선교활동은 그 목표를 하나님의 나라의 관점에 맞춰야 하고, 선교신학은 하나님 나라의 전체적인 안목으로 다루어져야 한다.[648] 이런 관점에서 볼 때, 하나님 나라를 목표로 하는 선교적 실천(praxis)은 크게 세 가지 사항이 있다.

(1) 하나님 나라와 복음 선포

성령은 전도자로서 하나님 나라의 복음을 선포하게 하신다. 교회는 하나님 나라의 복음 선포의 결과로 탄생하고, 마침내 하나님의 나라는 교회를 통하여 완성된다(고전 15:24). 하나님 나라의 선고를 하기 위한 첫 번째 실천사항은 하나님 나라의 복음을 선포하는 것이다. 세례 요한은 예수님의 출현을 알리는 말로 "회개하라 천국이 가까이 왔느니라"(마 3:2)고 선포했다. 때가 되매, 예수님의 음성도 "회개하라 천국이 가까이 왔느니라"(마 4:17)는 선포였다. 마태는 그의 복음서에서 예수님의 3대 사역을 "예수께서 온 갈릴리에 두루 다니사 그들의 회당에서 가르치시며 천국 복

---

644) "보라 내가 새 하늘과 새 땅을 창조하나니(I will create new heavens and a new earth) 이전 것은 기억되거나 마음에 생각나지 아니할 것이라"(사 65:17).
645) "내가 새 하늘과 새 땅을 보니 처음 하늘과 처음 땅이 없어졌고 바다도 다시 있지 않더라"(계 21:1).
646) "우리는 그의 약속대로 의가 있는 곳인 새 하늘과 새 땅을 바라보도다"(벧후 3:13); "그 후에는 마지막이니 그가 모든 통치와 모든 권세와 능력을 멸하시고 나라를 아버지 하나님께 바칠 때라"(고전 15:24).
647) Johannes Verkuyl, *Contemporary Missiology*, 198.
648) Arthur F. Glasser, *Announcing the Kingdom*, 329-330.

음을 전파하시며 백성 중의 모든 병과 모든 약한 것을 고치시니"(마 4:23)라고 함으로, '가르침', '천국 복음 전파', '질병 치유' 임을 밝히고 있다.

특히 예수님은 비유들을 통해 하나님 나라를 가르쳤고(마 13장 등), 각종 질병과 귀신들을 쫓아냄으로 하나님 나라의 사역을 하셨고, 장차 완성될 하나님 나라를 위한 인내와 헌신을 요구하셨다. 다시 말하면 예수님의 사역의 중심은 하나님 나라였던 것이다. 그래서 신약 학자들은 복음서, 특히 공관복음서의 주제가 하나님 나라(天國)라는데 동의한다(마 4:17, 23; 막 1:15).

그러므로 교회의 선교는 그리스도의 사역을 계승하여 실천하는 것임으로 하나님 나라가 목표가 되어야한다. 하나님 나라의 선교적 실천으로서, 천국복음을 선포하여 사람들을 예수 그리스도를 하나님 나라의 왕으로 믿고 고백하도록 해야 한다. 복음서들과 서신서들 그리고 전 교회 역사를 통해서 볼 때 선교적 성과는 언제나 하나님 나라의 사역으로부터 시작되었다. 그래서 제자들과 바울을 비롯한 선교사들의 메시지 주제가 하나님 나라였다.

예수님께서 부활하신 후 사십일 동안 계시면서 하셨던 주된 일이 하나님 나라를 증거 하신 것이었다(행 1:3). 사마리아 지역을 담당했던 빌립의 주 메시지는 '하나님 나라와 예수 그리스도의 이름에 관한 것' 이었다(행 8:12). 특히 바울의 일관된 메시지는 하나님의 나라였다(행 14:22; 19:8; 20:25; 28:23; 28:31). 그래서 바울서신들 곳곳에 빠짐없이 등장하는 키워드가 하나님 나라였다(롬 14:17; 고전 4:20; 6:9, 10; 15:24; 갈 5:21; 엡 2:12; 5:5; 골 4:11; 살전 2:12; 살후 1:5; 딤후 4:1).

(2) 하나님 나라와 회심

하나님 나라의 복음을 들은 사람은 하나님 나라의 왕(통치자)이신 그리스도께로 '돌아서야' (to turn)한다. 이것을 회심(conversion)이라고 하는데, 회심은 하나님 나라의 복음을 진지하게 받아들인 사람들에게 그리스도께서 요구하시고 기대하시는 응답이다.[649] 신약성경에서 회심은 회개라는 말과 '함께' 또는 '동일한' 개념으로 사용되는데, 이에 대해 조엘 그린(Joel Green)은 "회심과 회개라는 주제는 누가복음-사도행전(Luke-Acts)의 내용 속에 편재하다(ubiquitous)"고 했다.[650] 그것들의 중요성은 복음서의 첫 장에 바로 나타났는데,[651] 가브리엘 천사가 세례 요한의 중대한 사역을 예언하는 것에 나타나 있다. "이스라엘 자손을 주 곧 그들의 하나님께로 많이 돌아오게(will turn) 하겠음이라 그가 또 엘리야의 심령과 능력으로 주 앞에 먼저 와서 아버지의 마음을 자식에게, 거스르는 자를 의인의 슬기에 돌아오게(to turn) 하고 주를 위하여 세운 백성을 준비하리라' (눅 1:16-17)." 누가복음-사도행전에 나타난 '회심'을 의미하는 '에피스트레포'(επιστρεφω)는 '돌아선다' (to turn)는 뜻으로 사용되고 있는데, 이 용어는 돌아가야 할 방향과 돌이키는 직접적인 행동이 포함되어 있는 실제적인 회개(to repent)를 의미한다.

조엘 그린은 이런 의미에서 누가복음 1장에서 사용된 회심, 즉 '돌이킴' (to turn)이 세 가지 의미를 가지고 있다고 했다. 첫째, 세례요한이 선포해야할 '회심'은 하나님 중심적(theocentric)이다. 다시 말하면 사람들의 회심은 하나님께로 돌아오는 것이어야 한다는 말이다. 둘째, 세례요한이 선포해야할 '회심'은 이스라엘이 듣고 하나님께로 '돌아서는' 것이어야 한다(신 30:2; 말 4:6). 셋째, 세례요한이 선포해야할 '회심'은 신학적인 개념이 아니라 매일 매일의 생각과 감정과 믿음과 행위의 변화(transformation)에 목적을 두고 있다.[652] 그래서 세례요한은 "회개의 세례"(눅 3:3; 행 13:24)를 강조했고 "회개에 합당한 열매를 맺으라"(눅

---

649) Johannes Verkuyl, *Contemporary Missiology*, 199.

650) Joel Green, *Conversion in Luke-Acts: Divine Action, Human Cognition, and the People of God*, Grand Rapids: Baker Academic, 2015, 1.

651) Ronald D. Witherup, *Conversion in the New Testament*, La Vergne: Lightning Source Inc, 1994, 44-47.

652) Joel Green, *Conversion in Luke-Acts*, 2-3.

3:8; 마 3:8)고 외쳤던 것이다.

세례요한이 선포했던 이 회개와 회심은 사도행전의 중심 주제이기도 하다.[653] 오순절 성령강림 이후 베드로의 설교를 듣던 사람 중 삼천 명 정도가 "마음에 찔려 베드로와 다른 사도들에게 물어 이르되 형제들아 우리가 어찌할꼬?"(행 2:37)라고 묻자 베드로는 "너희가 회개하여 각각 예수 그리스도의 이름으로 세례를 받고 죄 사함을 받으라"(행 2:38)고 했다. 바울은 아덴에서 "알지 못하던 시대에는 하나님이 간과하셨거니와 이제는 어디든지 사람에게 다 명하사 회개하라"(행 17:30)고 강조했다. 그리고 사도행전의 마지막 부분에서, 바울은 그의 사역을 회고하면서 "먼저 다메섹과 예루살렘에 있는 사람과 유대 온 땅과 이방인에게까지 회개(to repent)하고 하나님께로 돌아와서(to turn) 회개에 합당한 일을 하라"(행 26:20)고 선포했다고 강조했다.

세례요한과 베드로 그리고 바울의 중심사역은 회개를 통한 회심으로 하나님의 나라를 확장해나갔다. 그래서 예수님께서는 "때가 찼고 하나님의 나라가 가까이 왔으니 회개하고 복음을 믿으라"(막 1:15)고 하심으로 하나님 나라를 위해서는 회개(회심)이 절대적인 조건임을 말씀하셨기 때문이다. 회심은 사람의 삶이 새롭게 되는 지속적인 과정이며, 그리스도의 제자로서 새롭게 변화되는 상황에 부딪히면서 그 나라의 요청에 자기 자신을 재조정해 가는 과정이다. 존 칼빈은 「기독교 강요」에서 회심의 의미를 다음과 같이 정의했다.

> 하나님께 대한 '회심'을 전체적으로 '회개'란 말로 이해하며, 믿음이 이 회심의 중요한 부분이라는 사실을 나는 알고 있다...회개

---

653) Thomas M. Finn, *From Death to Rebirth: Ritual and Conversion in Antiquity*, New York: Paulist, 1997, 27; Charles Talbert, "Conversion in the Acts of the Apostles: Ancient Auditor's Perceptions," in *Literary studies in Luke-Acts: Essays in Honor of Joseph B. Tyson*, eds. Richard P. Thompson and Thomas E. Phillips, Macon: Mercer University Press, 1998, 135.

의 실제 뜻은 우리가 우리 자신을 떠나서 하나님께로 향하며, 우리의 이전의 마음을 벗어버리고 새 마음을 입는다는 것이다. 따라서 회개는 우리의 생활을 참으로 하나님께로 전향하는 것이며, 하나님을 순수하게 또 진실하게 두려워하기 때문에 전향하는 것이다. 그리고 회개는 옛 사람과 육의 죽임(mortification)과 성령의 살림(vivification)으로써 구성된다.[654]

칼빈에 따르면 옛 사람(old man)과 육(flesh)은 원래적 본성의 부패를 의미하는 것으로 회심되기 이전의 사람의 영적 · 육적 상태를 의미한다. 그러므로 사람이 예수를 믿고 '회심했다'는 의미는 옛 사람과 육체의 삶을 죽이고(청산하고) 성령 안에서 다시 사는 것(재창조)이다. 바울은 이 것을 그리스도 안에서 '새로운 피조물'(new creation)이라고 했다(고후 5:17). 그는 또한 회심한 사람을 가리켜 "옛 사람과 그 행위를 벗어 버리고 새 사람을 입었으니 이는 자기를 창조하신 이의 형상을 따라 지식에까지 새롭게 하심을 입은 자"라고 했다(골 3:9-10). 그러므로 이방인(이교도)이 그리스도인으로 회심했다면 당연히 옛 사람의 성품과 믿음과 세계관을 청산하고(죽이고) 새로운 피조물로 변화되어 삶의 방향이 하나님께로 전향(conversion)되어야 한다.

다음으로, 선교문화학적인 의미에서 회심의 핵심은 세계관의 변화(worldview innovation)이다.[655] 복음은 결국 변형된 삶에 관한 것이다. 우리가 그리스도를 증언한다는 것은 사람들에게 이전의 삶을 조금 수정하도록 권유하는 정도가 아니라 그들을 완전히 새로운 삶(重生)으로 초대하는 것이다. 그것은 그들의 세계관을 비롯하여 문화의 모든 차원이 변하는 것을 뜻한다. 이 변형은 근본적(fundamental)이고 물리적 · 생물학적 · 심리

---

654) John Calvin, *Institutes*, III-3-4.
655) 폴 히버트, "세계관의 변화," *곧은길에서 좁은 길로: 예수께 나오는 무슬림들*, 데이빗 그린리 편저, 김요한 · 백재현 · 전병희 공저, 예영커뮤니케이션, 2010, 59.

적 · 사회적 · 영적인 것을 망라한 총체적인 변형(wholistic innovation)이다.[656] 폴 히버트(Paul Hiebert)는 문화학적인 의미에서의 회심과 세계관의 변화에 대해 다음과 같이 강조했다.

> 그리스도께 회심하는 일은 다음 세 가지 차원을 모두 포함해야 한다. 행위와 믿음 그리고 그 밑에 깔린 세계관(worldview)이 그것이다. 그리스도인들은 그리스도인이라는 이유로 다르게 살아야 한다. 하지만 그들의 행위가 기독교적인 믿음이 아니라 전통적인 믿음에 주로 기초해 있으면 그것은 이교도적인 의식이 되어 버린다. 회심이 믿음의 변화를 수반해야 하지만, 행위는 변하지 않고 믿음만 변할 경우에는 그것은 거짓 신앙에 불과하다(약 2장). 회심이 믿음과 행위의 변화를 포함하더라도 세계관이 변하지 않을 경우에는 장기적으로 보면, 복음이 거꾸로 뒤집어지고 기독교의 모양은 있으나 알맹이가 없는 혼합주의 종교를 초래하게 된다. 기독교가 일종의 새로운 마술과 아주 미묘한 형태의 우상숭배로 변질되는 것이다. 행위의 변화가 19세기 선교 운동의 초점이었고, 믿음의 변화가 20세기 운동의 초점이었다면, 21세기에는 세계관의 변화가 핵심 과제가 되어야 한다.[657]

따라서 진정한 회심은 마음만의 변화(change)가 아니라 삶의 실제적인 전향(conversion)이어야 한다. 회심은 마음뿐만 아니라 행위의 변화가 동반되어야한다. 사도행전 2장 14절 이하는 오순절 날 성령 충만했던 베드로가 유대인들을 향하여 설교한 내용이다. 베드로의 설교는 예수의 십자가와 부활이 주제였고 그 예수를 믿음으로 구원을 얻는다는 것이었다. 그러자 베드로의 설교를 듣던 많은 사람들 중에 놀라운 회개의 역사가 일

---

656) 고광석, "선교와 문화," 총신대학교 신학대학원 강의안, 2016, 33.
657) 폴 히버트, *21세기 선교와 세계관의 변화*, 홍병룡 역, 복 있는 사람, 2010, 22.

어났다. "그들이 이 말을 듣고 마음에 찔려 베드로와 다른 사도들에게 물어 이르되 형제들아 우리가 어찌할꼬?"(37절)라고 물었다. 이에 베드로는 "너희가 회개하여 각각 예수 그리스도의 이름으로 세례를 받고 죄 사함을 받으라"(38절)고 했는데, 곧 진정한 회심을 요구한 것이다. 그러자 그들 중 삼천 명 정도의 큰 무리가 세례를 받아(회심) 교회를 이루었다(41절). 그 많은 사람들이 일시에 예수 그리스도를 왕으로 받아들임으로 하나님의 나라로 회심했던 것이다.[658]

(3) 하나님 나라와 그 나라의 백성

신약성경에 의하면 하나님 나라의 복음을 선포하면 반드시 그 나라의 백성이 모이고 유지되며 그 수가 더하는 일들이 뒤따랐다. 예수님께서 제자들을 부르신 것은 항상 그 나라의 백성으로 부르신 것과 동일한 의미를 갖는다. 예컨대, 삭개오를 부르시고 '아브라함의 아들'(눅 19:9)이라고 불러주셨고, 회당에서 고쳐준 여자를 '아브라함의 딸'(눅 13:16)이라고 불

---

658) 그런데 요즘 이슬람권역에서 선교하는 일부 선교사들 중에 소위 '내부자운동'(Insider Movement)을 주장하는 사람들은 성경적 의미의 회심(conversion)을 포기하는 경향이 있어 큰 우려가 아닐 수 없다. 내부자운동은 이슬람·불교·힌두교 등 다양한 종교적 그룹의 사람들이 자신이 속한 공동체에 그대로 머무른 상태에서 예수를 따르고 복음을 전하는 운동으로 주로 이슬람권에서 상황화된 선교전략으로 시행되고 있다. 내부자운동은 랄프 윈터(Ralph Winter)와 존 트라비스(John Travis), 케빈 히긴스(Kevin Higgins) 등에 의해 주창되어온 것으로 전방개척선교(Mission Frontier)전략의 한 방법으로 거론되고 있는데, 영적전쟁터의 최전방에서 개척선교를 해야 하는 무슬림선교에 효과적인 '맞춤선교전략'이라는 것이다.
한마디로 내부자운동은 현재의 이슬람 신앙형태를 버리지 않은 채 예수를 믿고자 하는 운동이다. 그래서 내부자운동은 기독교와 이슬람의 서로 다른 신학과 세계관을 포용하는 종교혼합주의적 성향을 띠고 있다. 나아가 내부자운동가들(내부자운동을 주장하거나 실천하는 사람을 지칭하는 용어로 필자가 만듦)은 무슬림들이 받아드리기 힘든 신학적 교리나 성경의 용어는 바꾸기도 한다.
그러나 이런 행위는 아무리 전도의 목적을 이루는 것이라 할지라도 성경적이지도 않고 선교학적으로도 맞지 않다. 내부자운동은 분명히 종교혼합주의운동이다. 내부자운동을 강력하게 반대하는 대표적 이슬람 전문가는 조슈아 링겔(Joshua Lingel)이다. 그가 쓴 「크리슬람: 성경적 관점에서 본 내부자 운동」(종교문화연구소, 2011)이 내부자운동을 강력하게 비판하고 있다. 이 책은 성경적 관점에서 내부자운동의 문제점을 정확하게 지적하고 있는데, 이 책을 주도한 링겔은 현재 내부자운동을 반대하는 단체인 'i² Ministries'(i²는 Islam Institute)의 창립자 및 대표로 있다(고광석, 『이슬람, 기독교와 뿌리가 같은가?』, 279-291 참조).

러주셨다. 이와 같이 그리스도의 부르심은 그들을 개별적인 부르심으로 끝나지 않고 '새 백성'으로 삼으시고자 부르셨는데 곧 하나님 나라의 백성으로 부르신 것이다.[659]

특히 구약성경에서 언급된 새 언약의 백성들은 예수에 의해 세워진 하나님 나라의 백성을 의미한다. 예레미야 선지자는 이 새 언약의 백성의 특징으로 "하나님은 그들의 하나님이 되고 그들은 하나님의 백성이 되는 것"이라고 정의했다: "보라 날이 이르리니 내가 이스라엘 집과 유다 집에 새 언약을 맺으리라 이 언약은 내가 그들의 조상들의 손을 잡고 애굽 땅에서 인도하여 내던 날에 맺은 것과 같지 아니할 것은 내가 그들의 남편이 되었어도 그들이 내 언약을 깨뜨렸음이라…그러나 그 날 후에 내가 이스라엘 집과 맺을 언약은 이러하니 곧 내가 나의 법을 그들의 속에 두며 그들의 마음에 기록하여 나는 그들의 하나님이 되고 그들은 내 백성이 될 것이라"(렘 31:31, 33).

새 언약을 맺고 하나님 나라의 백성이 된 자들의 공동체가 교회이다. 이 사상은 그리스도의 지상명령에 정확하게 나타난다. "아버지와 아들과 성령의 이름으로 세례를 주고…분부한 모든 것을 가르쳐 지키게 하라"(마 28:19-20). 세례를 베푼다는 말은 하나님 나라의 복음을 듣고 그리스도께로 회심한 자들에게 베푸는 의식으로 하나님 나라의 백성이요 교회의 일원이 되었다는 외적 증표이다. 그리고 그 백성들에게 하나님의 말씀을 가르치고 지키게 함으로 하나님의 나라를 확장해 갈 것을 명령하신 것이다.

결론적으로, 선교는 그리스도의 지상명령에 순종하여 하나님 나라의 복음을 듣지 못한 사람들에게 가서 개별적 또는 집단적으로 하나님 나라의 복음을 전하여 예수 그리스도의 통치를 받아들이게 함으로써 전 창조세계에 하나님의 나라를 확장하는 것을 목표로 하는 활동(praxis)이다. 이것을 성경과 개혁주의 신학과 전통의 토대 위에 신학화(theologization)하는 것이 개혁주의 선교신학이다.

---

659) Johannes Verkuyl, *Contemporary Missiology*, 200.

PART 3
세계 선교계의 두 흐름

PART 3 요약

19세기는 기독교 선교의 황금기였다. 서구 열강들의 식민주의 열풍을 타고 전 세계적으로 기독교가 확장되었다. 영국을 중심으로 한 유럽과 미국이 합세하여 세계선교를 주도했으나 전략과 목적 및 신학이 제 각각이었고 또한 강대국 중심의 제국주의적인 공격적 선교가 피선교지에서 많은 부작용을 불러일으켰다.

20세기에 들어서는 영혼구원을 통한 교회설립을 중심으로 하는 전통적인 복음 선교를 강조하는 이반젤리칼(evangelical)과 사회정의 실현을 통한 사회적 구원을 강조하는 에큐메니칼(ecumenical)로 양분되어 신학적·선교학적으로 대립하였다. 그 결과 우리나라에서는 가장 큰 교단이었던 대한예수교장로회가 에큐메니칼 진영을 대표하는 WCC에 참여 여부를 놓고 반대하는 합동교단과 찬성하는 통합교단으로 분열되는 결과를 초래할 정도로 심각했다.

1948년 설립된 세계교회협의회(WCC)를 중심으로 전개된 상황 중심의 선교신학은 심각한 우려를 낳았다. '이 세상의 샬롬'을 선교목표로 세워 타종교와의 대화, 이를 위해 개종전도금지, 사회정의 구현을 위한 무력 사용 허용 등 탈성경적·인본주의적 신학과 선교적 사상에 대해 유럽신앙고백주의교회협의회가 '에큐메니즘에 대한 베를린 선언'(The Berlin Declaration)을 통해 강력히 경고했으며, 이어서 에큐메니칼에 대한 복음주의 진영의 응전이 1974년에 발표된 '로잔언약'(Lausanne Covenant)에서 나타났다. 로잔운동은 전통적인 복음 선교가 선교의 중심 목표임을 천명하고, 그동안 소극적이었던 사회참여를 선교의 중요한 항목으로 제시했다. 로잔언약은 "정치적(사회적) 해방이 곧 구원은 아닐지라도, 전도와 사회참여는 우리 그리스도인에게 주어진 두 가지 사명임을 인정한다"고 선언하며, 선교는 영적 사명과 사회적 사명을 총체적으로 수행하는 것이어야 한다고 강조했다.

제1장 ■ 국제선교협의회 및 세계교회협의회

　19세기 개신교 선교의 부흥기를 지나 20세기 초에 효과적인 세계선교를 위해 전 세계 교회와 선교단체들의 연합(ecumenical)의 필요성이 제기되었는데 그 운동의 주도자가 존 모트(John Mott)였다. 그는 1886년 여름에 매사추세츠 주 헐몬산에서 아서 피어선(Arthur T. Pierson)[660]과 드와이트 무디(Dwight L. Moody)가 주도한 대학생 성경공부 모임에서 세계선교에 대한 강력한 도전을 받고 프린스턴서약을 통해 해외 선교를 위한 '학생자원운동'(Student Volunteer Movement)을 창설하여 대표가 되었다. 그는 전 세계 교회와 선교단체가 연합하여 "이 세대 안에 전 세계를 복음화하자"(Evangelization of the World in this Generation)이라는 목표를 세우고 해외 선교에 앞장섰는데,[661] 그 결과로 1910년에 스코틀랜드 에딘버러에서 개신교 최초의 세계선교대회를 개최하게 되었다.[662] 대회 이후 계속위원회는 1921년에 국제선교협의회(International Mission Council)를 설립하였고(선교의 에큐메니칼) 또한 그 연장선에서 1948년에는 세계교회협의회(World Council of Churches)가 창설되는(교회의 에큐

---

[660] 아서 피어선은 미국 장로교 목사로 선교적 마인드를 가진 설교가요 교육자였는데, 1920년 12월 약한 몸으로 한국에 와서 선교사들을 대상으로 성경공부를 인도하였으나 병세가 악화되어 1911년 1월 순교했다. 그는 임종 직전에 한국에 성경학교를 세우라는 유언을 남겼는데, 이 유지에 따라 1912년에 협성신학교의 교사 일부를 사용하여 초교파적 연합 정신으로 '피어선기념 성경학원'이 설립되었고, 이 학교는 1984년 피어선신학교를 거쳐 1990년 피어선대학으로 개편승인을 받은 후, 1996년에 지금의 명칭인 평택대학교로 변경하였다.

[661] Johannes Verkuyl은 이 학생운동을 오순절 이후 기독교 최대의 선교운동이라고 평가했다(*Contemporary Missiology*, 180). 실제로 19세기 선교의 황금기를 SVM 출신들이 주도했다고 해도 과언이 아니다. 유수한 대학 졸업생들이 부귀영화를 포기하고 자발적으로 선교사로 헌신함으로 세계복음화에 거대한 족적을 남겼다. 그러나 SVM이 쇠퇴하게 된 가장 큰 원인중의 하나가 SVM의 원동력이었던 시대적 사명의 선교부재와 초창기 비전 및 목표를 상실한데서 찾을 수 있다. 그 결과 성경공부·기도·전도 등 복음의 열정이 식고 오히려 자유주의 신학의 산물인 사회복음(Social Gospel)의 출현으로 학생들의 관심이 국제평화, 경제개발, 사회정의, 인종차별 등으로 옮겨가고 설상가상으로 1930년대 대공항에 따른 재정적 압박이 겹쳐 1940년대 이후 역사 속으로 사라졌다.

[662] 선교신학의 선구자 제럴드 앤더슨은 20세기의 선교를 7개 단계로 구분하면서 그 첫 번째 단계를 에딘버러대회를 들었다(Gerald H. Anderson, *The Theology of the Christian Mission*, Nashville: Abingdon Press, 1961, 5).

메니칼) 일련의 에큐메니컬 운동을 주도적으로 이끌었다. 하지만 WCC는 1961년 뉴델리대회에서 IMC를 WCC의 산하기관으로 통합함으로 복음전파의 기능보다 교회의 연합(church ecumenical)과 선교의 목표를 '인간화'(humanization)를 중심으로 하는 사회적 구원에 더 집중하는 우를 범했다.

이런 일련의 WCC를 중심으로 하는 에큐메니칼 진영의 세속적 선교방향에 대응하여 복음주의 진영에서도 응전에 나섰는데, 1966년 4월에 휘튼대학교에서 미국복음주의선교단체협의회(EFMA)와 초교파선교단체협의회(IMA)가 모여 '휘튼선언문'(Wheaton Declaration)을 선포했다. 같은 해 10월에는 독일 베를린에서 20세기 최초의 복음주의 국제선교대회인 세계전도대회(World Congress on Evangelism)가 모여 '베를린선언문'(Berlin Declaration)을 발표했다.

그럼에도 에큐메니칼 진영은 1968년 WCC 웁살라 총회에서 선교의 갱신을 통해 탈 성경적 세속화의 길로 나갔으며, 이런 WCC의 탈선을 강력하게 경고한 문서가 피터 바이어하우스(Peter Bayerhaus)를 중심한 일단의 독일 신학자들에 의해 1970년에 발표되었다. 그럼에도 에큐메니칼 진영은 1973년 방콕대회를 통하여 '오늘의 구원'(salvation today)을 선교의 중심으로 선포함으로 한걸음 더 탈 성경적 방향으로 나아갔다. 이에 복음주의 진영에서는 1974년에 미국의 빌리 그래함(Billy Graham)과 영국의 존 스토트(John Stott)를 중심으로 스위스 로잔에서 대대적인 복음주의 선교대회인 로잔운동의 '세계복음화국제대회'(International Congress on World Evangelization)를 개최함으로 세계 선교계는 바야흐로 복음주의와 에큐메니칼 두 진영으로 양극화되었다.

1. 에딘버러 국제선교대회(1910년)의 배경

윌리엄 캐리의 인콰이어리(Enquiry)

선교학자들은 인도 선교사였던 영국의 윌리엄 캐리(William Carey)를 현대 선교의 선구자(鼻祖)로 부르는데 동의한다. 그는 친히 선교사로 헌신했고 또한 영국 내에 여러 선교회들을 직접 조직하거나 또는 조직하도록 함으로 영국교회와 개혁교회들이 선교에 눈을 뜨게 했던 개신교 선교의 개척자였다. 뿐만 아니라 그는 1792년에 「윌리엄 캐리의 인콰이어리」(An Enquiry of William Carey)라는 "이방인의 개종을 위하여 사용해야 할 방법에 대한 그리스도인의 책임에 관한 연구"(An Enquiry into the Obligations of Christians to the Use Means for Conversion of Heathens) 논문을 발표하여 개신교 최초의 선교에 관한 선언문을 발표하였다. 이 선언문은 선교전략과 실천방법을 구체적으로 제시함으로 개신교 선교의 대헌장이라고 할 만큼 선구자적인 가치를 가지고 있으며, 이로 인해 14개의 선교단체가 설립되는 쾌거를 이루기도 했다.

윌리엄 캐리가 현대 개신교 선교의 선구자가 된 것은 당시 세계를 지배하는 패권 국가였던 대영제국의 후광도 있었지만, 그는 이미 개신교 선교의 원동력이었던 독일 할레대학에서 시작된 경건주의와 선교 운동의 영향을 받았다. 또한 할레대학의 정신을 이어받은 니콜라스 진센도르프(Nikolas Zinzendorf)를 정점으로 한 모라비안 형제단(Moravian Brethren)의 선교운동에서 직간접적인 영향을 받았다.

경건주의 운동의 영향, 강력한 선교사로의 소명의식과 선교적 실천 그리고 대영제국의 후광으로 캐리의 선교적 영향력은 전 세계에 미쳤다. 특히 캐리의 선교적 영향은 영국과 미국의 젊은 대학생들에게 미침으로 오순절 이후 가장 강력한 선교운동이었다고 평가받는 학생자원운동(SVM)의 열매를 맺게 했다. 물론 이 운동은 아서 피어선과 드와이트 무디의 성경공부 영향으로 만들어졌지만 그 뿌리는 윌리엄 캐리의 영향이었음을 부인할 수 없다.

학생자원운동(Student Volunteer Movement)

1886년에 학생자원운동이 만들어지기 전에 미국의 세계선교의 출발점은 1806년 윌리엄스대학에서 사무엘 밀즈(Samuel Mills)와 네 명의 기도 동역자들이 시작한 '건초더미기도회'였다. 이들은 매일 기도회를 했는데 하루는 기도회를 마치고 돌아오는 길에 소나기를 만나 건초더미 아래에서 소나기가 그칠 때까지 기도하다가 밀즈의 제안으로 아시아선교에 헌신하기로 다짐했다. 이런 선교의 불길이 횃불이 된 것은 1886년 하버드대학교, 프린스턴대학교, 예일대학교 등 미국 및 캐나다의 89개 대학에서 251명의 대학생 대표들이 7월 6일부터 8월 2일까지 미국 매사추세츠 주 헐몬 산에서 아서 피어선과 드와이트 무디가 주도한 대학생 성경공부 집회였다. 여기서 피어선 박사의 "우리는 가야 한다, 모든 곳으로 가야 한다"(All should Go, Go to All)는 설교를 통해 세계선교에 대한 강력한 도전을 받고 프린스턴서약을 통해 해외 선교를 위한 대학생들의 자발적인 선교단체인 '학생자원운동'이 창설된 것이다. 이 단체의 대표는 20세기 초 근대 개신교 선교를 주도했던 존 모트(John Mott)였는데, 그는 비록 선교 현장에서 사역을 하지 않은 감리교 소속 평신도 지도자였지만 복음 전도자와 선교 동원가로서 그의 영향은 지대했다. 특히 모트는 학생자원운동과 더불어 기독교청년회(YMCA) 창설에도 주도적으로 참여하여 전 세계 에큐메니칼 운동의 중심인물이 되었고, 그 공로로 1946년에는 노벨평화상을 수상하기도 했는데 그는 수상식에서 "나의 직업은 세계 전도사"라는 유명한 말을 남기기도 했다.

에딘버러, 최초의 국제선교대회(International Missionary Conference)(1910년)

타고난 선교전략가였던 모트는 전 세계에 흩어진 개신교 선교를 하나로 묶어 선교의 연합을 이루기 위한 목적으로 1910년 6월 14일부터 23일까지 스코틀랜드 에딘버러의 뉴칼리지와 연합자유교회에서 개신교 최초의 국제선교대회를 개최하는데 주도했다. 개신교 역사상 최초의 세계선교대회에는 전 세계에서 선정된 1,206명의 선교회 간부, 선교사, 교회와 선교기관의 책임자 및 행정책임자, 선교관련 신학자, 세계적인 전도자 등이 참석했다.

에딘버러 국제선교대회는 선교의 열망과 열기로 충만했지만 지나치게 연합(에큐메니칼)과 교리적 포괄주의를 지향함으로 선교신학적인 선언문은 만들어내지 못한 아쉬움이 있었다. 다만 이 대회의 목적이 주제였던 "이 세대 안에 세계복음화"(이것은 원래 SVM의 슬로건이었음)에서 나타난 것처럼 세계 복음화를 위한 전략을 개발하고, 지역 상황의 특색을 파악하고, 미복음화 지역을 위한 선교의 역량을 재조정·재배치하는 책임을 서로 나누는 등 "어떻게 선교할 것인가?"(how to mission)를 논의했던 선교의 전략적 문제가 주목적이었다. 이를 위해서 선교지 교회의 자립과 자치문제가 다뤄졌고, 선교사와 현지인 간의 협력 문제를 전략적으로 다루었으며, 교단 선교부 및 선교단체 간의 연합과 일치 문제가 집중 논의되었다.[663]

그럼에도 세계 선교를 논하면서 세계를 기독교 세계와 비기독교 세계로 구분한 것은 큰 오점 중의 하나였다. 또한 초청 대상을 선교 관련자 외에 기독학생운동, YMCA 및 국제 기독교운동 관련자들을 망라하여 연합운동(ecumenical movement)에 초점을 맞춤으로 세계 선교의 장래에 분열의

---

663) 김은수, *현대선교의 흐름과 주제*, 대한기독교서회, 2001, 21-26.

씨앗을 잉태하게 했다는 결함을 가지게 했다.[664]

2. 국제선교협의회(IMC) 창립(1921년)

에딘버러 국제선교대회는 폐회에 앞서 그 정신을 이어나갈 세계선교를 위한 초교파적 국제연합 조직을 만들기로 하고, 45명의 계속위원회(Continuation Committee)를 구성하여 위원장으로 존 모트를 임명했다. 그러나 에딘버러 대회 이후 영국 초호화 여객선 타이타닉 침몰(1912년), 유럽의 크고 작은 전쟁과 1차 세계대전 발발(1914-1919년), 볼세비키 공산주의혁명(1917년), 발칸전쟁(1918년) 등의 사건으로 계속위원회는 활동을 잠시 중단할 수밖에 없었다.

마침내 1921년 10월 1일부터 6일까지 뉴욕 레이크 모홍크(Lake Mohonk)에서 14개국 61명의 대표들이 '국제선교협의회'(International Missionary Council)를 결성하고 존 모트가 초대 회장으로 선출되었다. IMC는 선교단체들이 개별적으로 가입되지 못하고 국가별·지역별 연합체를 구성하여 가입토록 함으로 철저하게 에큐메니칼 정신을 구현했다.

예루살렘 IMC 선교대회(1928년)

1921년 IMC가 창립된 지 7년 만에 첫 번째 선교대회가 기독교 성지 예루살렘 감람산에서 부활절 전후 2주 동안 51개국 231명의 대표들이 참가하여 제1차 IMC 선교대회를 개최했다. 이 대회에서는 에딘버러대회 이후 변화된 세계에서 기독교 선교가 직면한 변화에 대한 국제적인 선교협력의 긴급성과 중요성을 강조하면서 선교사를 보내는 나라와 받는 나라 간의 협력을 위한 IMC의 기능 강화가 궁극적인 목적이었다.

특히 예루살렘대회의 참가자 중 35명은 국가별 대표와는 별도로 IMC

---

664) 조동진, *세계선교 트렌드 1900~2000 上*, 174-175.

이사회가 초청한 특별회원이었는데 그 중 세 명의 학자가 대회의 사상적 방향을 이끌었다. 그들은 하버드대학교 철학과 교수 윌리엄 호킹(William Hocking)과 인도네시아 선교사 출신으로 네덜란드 레이든대학교 종교역사학 교수 헨드릭 크레머(Hendrick Kraemer), 그리고 남미 선교사 출신으로 후에 프린스턴신학교 교장이었던 존 맥케이(John Mackey)였다. 호킹은 기독교를 포함한 모든 종교를 하나의 거대한 세계 종교 안에 통합시키고 종교일치를 목표로 서로 자극하는 것이 선교의 목표여야 한다고 주장한 사람이었고,[665] 크레머도 기독교를 다른 종교들 중의 하나로 인식함으로 종교혼합주의 사상을 가진 사람으로서, 이 대회에서 종교 간의 대화를 처음 제안했다.

예루살렘대회는 총 주제를 "비기독교 사상과 생활 구조에 대한 그리스도인의 생활과 메시지"(The Christian Life and Message in Relation to the Non-Christian Systems of Thought and Life)로 잡았는데 이들 세 명의 학자들은 기독교 선교 메시지와 방법을 이방 종교사상과 생활과의 혼합주의적인 방향으로 내딛게 하는 기초를 마련하는데 결정적인 영향을 끼쳤다. 예루살렘대회는 총 주제 외에 여섯 개의 주제별 분과토의를 거쳐 주제별 선언문을 발표하기도 했는데, ① 종교 교육 ② 신생 교회(younger church)와 오래된 교회(older church)의 관계 ③ 기독교 선교와 인종문제 ④ 기독교 선교와 선교지에서의 산업주의의 성장 ⑤ 선교와 농촌문제 ⑥ 선교사 간의 국제적 협력의 미래였다.[666]

---

[665] 윌리엄 호킹은 1932년에 그의 혼합주의 사상을 "선교 재고론"이라는 연구논문을 통해 선교의 목적은 다른 지역에 있는 사람들과 하나님에 대한 참된 지식과 사랑을 탐구하고 예수 그리스도를 통해 우리들이 배운 것을 생활과 말을 통해 표현하는 것이다. 다른 종교 체계를 공격하는 것은 기독교 선교사의 의무가 결코 아니다. 기독교 선교사들은 다른 종교의 멸망을 기대할 것이 아니라 기독교와 공존하면서 궁극의 목표를 향해 성장하기 위해 서로 격려하며 가장 완전한 종교적 진리에 있어서 일치하기를 기대해야 한다고 주장했다(목창균, "다원주의는 종교적 매춘행위," 교회와 신앙, 2004년 1월). 그에 따르면 선교의 목적은 성경의 진리를 '전하는 것'이 아니라 다른 종교의 신자들과 '대화'하면서 더불어 진리를 찾는 것이고, 따라서 모든 종교는 동등하기 때문에 하나로 통합되어야한다고 주장함으로 탈 성경적이고 반 기독교적 사상을 설파했다.

[666] 조동진, 세계선교 트렌드 1900~2000 上, 266-281.

한국에서는 양주삼(감리교 감독), 신흥우(YMCA 총무), 여성 지도자 김활란, 노블(W. A. Noble), 모펫(S. A. Moffett) 등이 대표로 참석했으며, 한국교회는 이 대회 이후 IMC에 가입하고 농촌사업과 에큐메니컬 운동에 본격적으로 나서게 되었다.

마드라스 IMC 선교대회(1938년)

제1차 IMC대회 이후 10년 동안 전 세계가 경제 대 공항에 빠지고, 독일과 이탈리아의 전제주의와 파쇼주의가 유럽을 흔들며, 아시아에서는 중일(中日)전쟁으로 일본이 세계를 뒤흔드는 격동의 시대였다. 결과적으로 이런 일련의 사건들은 2차 세계대전으로 이어지는 긴장과 전쟁위기가 유럽과 아시아에서 조성되는 계기가 되었다. 신학적으로는 칼 바르트(Karl Barth)의 신정통주의 '위기의 신학'이 시대에 맞춰 일어나고, 선교에서는 헨드릭 크래머의 종교혼합주의가 득세하기 시작한 때였다. 크래머가 쓴 「비기독교 세계에서의 기독교의 메시지」(The Christian Message in a Non-Christian World)라는 책은 마드라스대회를 위한 준비 연구서요 대회의 텍스트가 되었는데, 칼 바르트의 신학적 입장을 따르는 크레머는 기독교도 다른 종교들처럼 인간이 되게 하는 하나의 종교로 간주함으로 혼합주의를 구체화했다.[667] 크래머의 영향으로 마드라스대회는 다른 종교에도 깊은 종교적 경험과 위대한 도덕적 성취가 있으며 하나님은 언제 어디서나 자신을 타종교인들에게 드러내 보이신다고 선언했다. 이 사상은 후에 WCC가 종교다원주의를 표방하게 되는 기초가 되었다.

이런 혼란의 시기에 IMC 선교대회가 1938년 12월 12일부터 30일까지 인도 마드라스의 탐바람(Madras, Tambaram)에서 470명의 국가별 대표와 특별 초청자 및 학생운동 대표들이 참석하여 개최되었다. 놀라운 것은 중국에서 45명의 대표자와 일본에서 21명(선교사 11명 포함)의 대표자가

---

667) 윤병상, 『종교간의 대화』, 연세대학교출판부, 1999, 290.

참석했다는 점이다. 반면 한국에서는 외국선교사 3명만 참석했고 내국인은 없었다. 그 이유는 일본이 한국기독교를 공식적으로 박해하기 시작하여 신사참배를 거부하는 지도자들을 투옥시키고 학교들을 폐교하기 시작한 다음 해에 개최되었기 때문에 참석할 여력이 없었던 것이다.

마드라스대회는 "비기독교 종교들에 대한 기독교 증언의 관계"(The Witness of the Church in Relation to the Non-Christian Religion)라는 주제로 열여섯 개의 주제를 다루었다. ① 교회의 삶을 통한 신앙 ② 교회-그 본질과 기능 ③ 끝나지 않은 전도의 과업 ④ 전도에서 교회의 위치 ⑤ 비기독교 종교들에 대한 교회의 증언 ⑥ 교회의 증언-방법과 정책에 대한 실제적 질문들 ⑦ 교회의 내적 생활 ⑧ 성직자와 평신도의 교회의 토착적 사역 ⑨ 기독교 교육 ⑩ 미래 선교사의 훈련과 그 위치와 기능 ⑪ 기독교 문서사역을 위한 올바른 프로그램 ⑫ 교회의 경제적 기초 ⑬ 교회와 변화하는 사회와 경제 질서 ⑭ 교회와 국제 질서 ⑮ 교회와 국가·협력과 연합[668]

휫비 IMC 선교대회(1947년)

마드라스 대회 이후 세계 역사는 처참했다. 1939년 9월 독일의 폴란드 침공과 1941년 12월 태평양전쟁 개시와 함께 시작된 2차 세계대전은 1945년 5월에 독일이, 같은 해 8월에 일본이 무조건 항복함으로 종결되었다. 이 기간 동안 세계선교는 본국으로부터 재정적 지원이 끊김으로 '선교의 고아' 시대로 불린다.

IMC 내에서는 존 모트가 회장직을 사임하고 제임스 베이커(James Baker)가 계승하였고, 2차 세계대전이 끝난 후 혼란과 황폐와 절망에 빠져있는 세계를 소생시키기 위한 상황에서 IMC는 캐나다 온타리오 주 휫비(Whitby)에서 1947년 7월 5일부터 24일까지 3주 동안 대회를 개최하였다. 40개국 112명의 대표만이 참석한 휫비 대회의 독적은 여러 가지 재난

---

668) 조동진, 세계선교 트렌드 1900~2000 上, 303-378.

에 빠진 현실에서 소망을 주기 위한 것이었다.

그래서 이 대회에 참석했던 대표들은 주로 선교 지도자들보다 역사학자, 사회학자, 정치에 관심 있는 신학자, 그리고 교단의 행정 관료들이 대부분이었다. 이런 연유로 이 대회에서는 대외적으로 공식 선언문을 채택하지 않았다. 단지 140여 쪽에 달하는 미래의 성격과 방향을 가늠할 수 있는 "Tomorrow is Here"(내일이 여기에 있다)라는 보고서만 예일대학교 역사학 교수였던 케네스 라토렛(Kenneth Latourette)이 여덟 가지 주제로 엮어 만들었다. (1) 세계와 지구상에 있는 교회의 오늘의 상황을 위하여 우리가 기울여야 할 노력: ① 내일의 세계가 여기에 있다 ② 내일의 교회가 여기에 있다. (2) 세계교회의 역사 발전 이전에 일어났고 앞으로 일어날 추세: ① 협력의 현실 ② 새로운 시대의 복음 해석 (3) 교회가 전달자인 영원한 복음에 대한 설명: ① 생활 속에 실현된 영원한 복음 ② 순종하는 동반자들 (4) 내일을 위하여 교회가 받은 사명을 수행하기 위한 계획들: ① 다음 단계들 ② 그리스도인 남녀들이 진입해야 할 내일[669]

3. 세계교회협의회(WCC) 창립(1948년)

그로부터 1년 후, 1948년 네덜란드 암스테르담에서 세계교회협의회(World Council of Churches)가 창립되었다. WCC의 창립은 IMC 중심의 선교구조가 WCC의 교회중심으로 바뀌는 역사적 전환기에 접어들었음을 의미한다. 1921년 창립된 IMC는 제도적 조직교회 밖에서 세계선교를 주도했으나 1946년 2월 IMC와 WCC의 공동위원회를 조직함으로 '국제선교구조'와 '세계교회구조'가 협동관계를 이룰 수 있는 기초를 마련했다. 그리고 1947년 1월 이 공동위원회는 다음과 같은 원칙에 합의했다. "IMC는 WCC와 제휴하며 WCC는 IMC와 제휴한다." 이어서 같은 해 휫비에서 모인 IMC 확대위원회는 에큐메니칼 개혁을 최우선 과제로 삼았다.

---

669) 조동진, 『세계선교 트렌드 1900~2000 上』, 381-389.

WCC는 법적으로 1948년에 창립되었지만 실제로는 1925년(신앙과 제도운동)부터 잉태되어 적당한 때를 기다렸을 뿐이었다. WCC 창립 이후 복음주의 교회들과 선교단체들은 거대한 에큐메니칼 교회기구와 선교에 대한 세속적인 진로에 대해 이의를 제기하고 거부하는 입장을 취하기 시작했다.

세계교회협의회(WCC) 창립 배경

에큐메니칼 선교를 주도하는 세계교회협의회(World Council of Churches)는 2차 세계대전이 끝난 뒤인 1948년(8월 22일~9월 4일), 세계에 흩어진 모든 교회의 일치와 연합을 도모하는 에큐메니칼(ecumenical) 운동의 대표적 기구로서 네덜란드 암스테르담에서 창립되었다. 전 세계 44개국, 147개 교단의 대표자 351명이 모여 "인간의 무질서와 하나님의 계획"(Man's Disorder and God's Design)이라는 주제로 모였고, 기조연설은 칼 바르트(Karl Barth)가 담당하여 주로 교회와 사회와의 관계를 강조하며 교회의 구체적인 사회참여를 촉구하였다.[670]

WCC가 만들어지게 된 배경은 그동안 유럽 교회들이 세계를 기독교 문명으로 바꾸고자 하는 열정으로 세계선교를 수행했음에도 불구하고 두 번씩이나 세계대전이 발발하여 인류는 전쟁으로 폐허가 되고, 많은 사람이 죽음과 부상으로 고통을 당하며 불행을 겪게 되자 유럽교회들은 깊은 회의에 빠져 있었다. 그 이유는 두 번의 세계대전이 대부분 기독교 국가였던 유럽의 나라들이 원인이 되어 주도했기 때문이었다. 이때 세계에 흩어진 교회들을 하나로 연합(ecumenic)시켜 다시는 전쟁하지 않고 '인류평화'와 '사회정의'를 이루려는 목적으로 WCC를 창설하게 되었다.

WCC는 "성경에 따라 예수 그리스도를 하나님이며 구주로 고백하며, 성부, 성자, 성령의 영광을 위하여 공동의 소명을 함께 성취하고자 노력하는

---

670) 박영호, *WCC 운동 비판*, 기독교문서선교회, 1984, 39.

교회들의 교제"라고 WCC 헌장 제1조에 정체성을 밝히고 있다. 그리고 에큐메니칼 운동은 하나님께서 창조하신 모든 피조물들이 하나님 안에서 하나 됨을 지향하는 교회의 본질에 속하는 개념이라고 주장한다.[671]

WCC의 이런 정체성, 즉 "하나님께서 창조하신 모든 피조물들이 하나님 안에서 하나 됨을 지향"함으로 인류평화와 사회정의를 목적으로 하는 것이 지금 종교 간의 대화를 명분으로 종교다원주의를 주장하기에 이르렀고 또한 '오늘의 구원'으로 대변되는 선교 목표가 세속사회의 구조 악을 제거함으로 이루어지는 세상의 샬롬과 사회정의 구현으로 나타나고 있다.

이와 같은 WCC 운동의 신학적 기초를 제공한 사람이 화란의 요하네스 호켄다이크(Johannes Hoekendijk)라는 선교신학자였다. 호켄다이크는 1938년 마드라스 IMC 선교대회 이후 교회중심적 선교 사상을 맹렬히 비난하며 "선교의 중심은 교회가 아니라 세상이다"고 강조함으로 기존의 '교회-중심적 선교'(ecclesiocentric mission)를 '세상-중심적 선교'(worldcentric mission)로 패러다임을 바꿨다. 그의 선교적 세계관은 "하나님이 선교의 주체이며, 선교의 중심은 세상이고, 교회는 선교의 도구로서 세상의 일부분이다." 그는 '사도적 임무(선교)가 교회의 한 기능'이라는 아놀드 반 룰러(Arnold van Ruler)의 "사도적 사명의 신학"[672]을 정면으로 반박하고 '교회가 사도적 임무(선교)의 한 기능'이라고 주장했다. 그래서 호켄다이크는 신학의 명칭에서도 여러 신학의 학문들 중 하나로서의 의미를 가진 '선교 신학'(theology of mission)이라는 용어를 거부하고 모든 신학들이 '선교적 신학'(missional theology)이어야 한다고 주장한다.

호켄다이크는 1952년 빌링겐 IMC 주강사로 활동하면서 '하나님의 선교'(missio Dei) 신학을 제시했다. 그는 교회는 하나의 존재(being)가 아니라 선교의 기능(function)일 뿐이라는 전제 하에 "교회 밖의 세상에도 하

---

671) 제10차 WCC 부산 총회의 WCC 준비위원회 홍보책자.
672) 1차 세계대전 이후 네덜란드 신학 중에서 교회의 본질과 기능을 "사도적인 관점"에서 이해하려는 신학 운동이 출현했다. 이 신학 운동 속에서는 "사도적"(apostolic) 또는 교회의 "사도적 사명"(apostolic task)이라는 용어가 신학 용어로 사용되었다.

나님의 구원사역이 이루어지고 있다. 그러므로 교회는 포괄적인 선교사역의 한 부분의 사역을 감당해야 한다"고 주장하였다. 이는 교회에만 구원이 있는 것이 아니라 교회 밖의 세상 기관에서도 하나님의 통치가 이루어짐을 겸손하게 받아들일 것을 주장하였다. 하나님이 천사들, 선지자들, 말씀, 메시아, 아들, 영, 사도, 교회 등을 선교사로 보내셔서 이 '세상'을 구원하신다고도 했다. 그의 이 말은 교회 밖의 타종교들 통해서도 하나님의 구원사역을 이루어 가고 있다는 종교다원주의 이론을 주장하게 되었다. 그의 하나님의 선교 신학은 이 세상이 평화(shalom)를 수립하는 것이 선교의 목표요 세상을 구원하는 것이다. 평화는 개인구원 이상의 것이며, 그것은 동시에 평화 · 통합 · 공동체 · 조화 및 정의이다. 이 세상에 평화를 주는 것이 바로 하나님의 선교이며, 교회란 이러한 하나님의 선교에 참여하는 기능일 뿐이다. 결국 WCC는 호켄다이크의 신학적 이론을 받아들여 이 세상에 샬롬을 이루기 위해 종교다원주의, 사회복음, 종교혼합주의, 그리고 개종전도 금지를 지향해 오고 있다.

WCC는 1948년에 선교전략가이자 대표적인 에큐메니칼주의자 존 모트(John Mott)에 의해 회집되어 창립하게 되었다. 에딘버러 세계선교대회는 '계속위원회'를 조직하여 3대 에큐메니칼 부서를 만들었는데, '국제선교협의회'(IMC)와 '생활과 봉사'(Life & Work)위원회 그리고 '신앙과 직제'(Faith & Order)위원회였다. 그런데 1937년 7월 서 부서 중 생활과 봉사위원회와 신앙과 직제위원회의 위원 35명이 영국 웨스트필드대학(Westfield College)에 모여 양대 기구를 통합하기로 결의하고 이 기구의 이름을 초대 총무였던 윌렘 비셔트 후프트(Willem Visser't Hooft)의 제안으로 WCC로 명명했다. 이 결의에 의해 드디어 1948년 창립총회를 함으로 WCC가 공식적으로 출범하게 되었다. 급기야 1958년 가나에서 열린 IMC 총회는 WCC와 IMC의 통합을 결의하였고, 급기야 1961년 IMC는 WCC에 합병 예속됨으로 WCC가 명실공이 하나로 통합된 에큐메니칼 기구가 되었다.

WCC의 로고(logo)에 보면 맨 아래는 물결(wave), 그 위에 배(boat), 그리고 그 위에 십자가가 설치되고, 맨 위에 'oikoumene'(오이쿠메네)라는 단어가 새겨져 있다. 오이쿠메네의 어원은 헬라어 'οικουμενη'(오이쿠메네)에서 유래한 말인데, '집'을 의미하는 '오이코스'(οικος)와 '거한다'는 의미의 '메노'(μενω)의 합성어로, 단어의 문자적 의미는 "한 집에 거주한다"(dwell in a house)라는 뜻이다. 영어의 에큐메니칼(ecumenical)이라는 말은 헬라어 오이쿠메네(οικουμενη)에서 유래한 말로서, 이 용어의 현대적 의미는 "두 교회 또는 두 교파 이상"의 연합·일치를 의미한다.[673] 따라서 세계교회협의회(WCC)는 전 세계 교회의 연합운동기구이다. 문제는 WCC가 '교회' 이외의 종교들과의 연합을 모색한다는 점에서 많은 문제점(종교혼합주의)을 안고 있다.

그래서 WCC의 교회 연합은 사실상 정교회와 개신교 일부 교파간의 일치에 불과하다. 가톨릭은 1927년 교황 비오 11세가 발표한 교황의 "회칙"(回勅 Encyclica)을 통해 가톨릭 신자들이 모든 교회일치 운동에 참여하는 것을 금지시켰다. 가톨릭교회는 에큐메니칼 운동이란 가톨릭교회로 복귀하는 것을 의미하며 이 운동 외의 연합운동은 있을 수 없다는 생각을 가지고 있었다. 그 이유는 에큐메니칼 운동에 참여하는 것은 가톨릭교회를 여러 기독교 종파 중에 하나로 밖에 인정되지 않기 때문이었다.[674] 그래서 요즘에는 참관인(observer)으로 참석하고 있는 정도이다.

따라서 현재 WCC에는 110여 개국, 349개 교단이 가입하고 있으며, 주요 교단은 동방정교회, 성공회, 동양정교회, 루터교회세계연맹, 개혁교회세계연맹, 감리교회, 침례교회, 독립교회연합교회 등이다. 한국에는 대한예수교장로회(통합), 한국기독교장로회(기장), 기독교대한감리회(기감), 대한성공회 등 4개 교단이다.[675] 하지만 교단이 WCC에 가입되었다 할지라도 개별교회나 목회자는 WCC를 반대하는 경우도 상당수가 있다. 실제

---

673) 조영엽, *세계교회협의회(WCC)의 실상을 밝힌다*, 언약출판사, 2010, 11-13.
674) 이재석, *종교연합운동사*, 선학사, 2004, 134.
675) 조영엽, *세계교회협의회(WCC)의 실상을 밝힌다*, 13-14.

로 지난 2013년 WCC 부산 총회 때 대한예수교장로회(통합)에 소속한 모 교회 담임목사가 WCC 반대운동을 강력하게 주장하자 교단에서 징계를 받는 일이 발생하기도 했다.

국제기독교협의회(ICCC) 출범

WCC가 창립될 당시 WCC의 사상과 신학적 정체성을 알고 이를 반대했던 많은 신학자와 목회자들이 WCC가 창립된 암스테르담에서 1948년에 국제기독교협의회(International Council of Christian Churches)를 출범시켰다. 이 일을 주도했던 보수주의 신학의 거장들은 프린스턴신학교(후에 웨스트민스터신학교로 옮김)의 그래샴 메이첸(J. Gresham Machen)과 페이스신학교의 칼 매킨타이어(Carl McIntyre) 박사였다. 그들은 WCC의 정체를 알고서 WCC에 반대할 것을 세계 교회들에게 알리는데 주력하였다.

WCC의 영향은 1959년에 한국 기독교 최대 교단이었던 대한예수교장로회를 합동과 통합으로 분리하는 결과를 초래했다. 통합은 WCC를 지지했고 합동은 반대함으로 분리되었는데, 그 역사적 배경에는 WCC에 반대했던 메이천과 그의 제자였던 매킨타이어로부터 신학적 영향을 크게 받았던 총회신학교(현재 총신대학교) 교장이었던 박형룡 박사가 있었기 때문이었다.

세계교회협의회(WCC)의 선교신학적 패러다임

에큐메니칼 선교는 세계교회협의회(WCC)가 창립된 이후부터 네 가지의 패러다임으로 구분할 수 있다.[676] 첫째는 1910년부터 1948년에 걸친 '선교를 위한 협력 패러다임 시기'였다. 이 시기는 개신교 최초의 세계선교대회인 에딘버러 선교대회부터 WCC 창립 때까지의 시기이다. 이때는 교단 및 선교단체와의 협력을 중시하는 시기였고 또한 선교의 목표를 복음화에

---

676) 안승오, *세계 선교역사 100장면*, 평단, 2010, 332-333.

두고 교회 중심적 선교를 펼치던 시기였다. 둘째는 1952년부터 1963년까지로 '하나님의 선교(missio Dei) 패러다임 시기'였다. 이 시기는 빌링겐 IMC 선교대회부터 제4차 WCC 웁살라 총회 이전까지의 시기이다. 이때는 교회가 선교의 중심이 되어 교회를 설립하는 선교에서 세상이 선교의 중심으로 자리 잡고 세상에 '샬롬'을 이루는 것이 선교의 목표요 세상을 구원하는 것으로 인식되었다. 셋째는 1968년부터 1975년까지로 '인간화 패러다임 시기'였다. 이 시기는 제4차 WCC 웁살라 총회부터 제5차 WCC 나이로비 총회 때까지의 시기이다. 이때는 세계 곳곳에 만연해 있는 빈곤과 억압을 물리치고 사회의 구조 악을 포함한 모든 속박으로부터의 해방, 즉 인간화를 선교의 목표로 인식했다. 넷째는 1980년 이후의 시기로 '생명 살림 패러다임 시기'였다. 이 시기에 WCC가 생명 살림에 관심을 갖게 된 것은 총제적인 생명 죽임의 현실이 가장 주된 이유였다.

WCC의 선교분과위원들의 면면을 보면 앞으로 WCC의 선교 패러다임을 예측할 수 있는데, 위원장은 혼합주의를 노골화했던 헨드릭 크래머가 맡았고, 레슬리 뉴비긴(Lesslie Newbigin), 폴 틸리히(Paul Tillich), 스티븐 닐(Stephen Neill), 에밀 브루너(Emil Brunner) 등 급진적인 자유주의 신학자들이 주도했다. 이들은 계속해서 WCC의 에큐메니칼 선교의 새 패러다임 정립의 주역으로 활동하다 결국 1961년 뉴델리에서 IMC를 해산하고 WCC의 한 기능적인 부서로 전락시키고 말았다(Division of World Mission and Evangelism).

WCC의 에큐메니칼적 선교는 인류와 사회와 국제관계가 선교의 대상이 된 반면 개인 영혼의 구원 문제는 더 이상 주된 관심의 대상이 못되었다. 선교단체와 선교조직들은 뒷전으로 밀려났고 교회와 사회만이 전면에 등장했다. 선교 전문가들은 사라지고 진보적인 신학자들만 나타났다. 이로 인해 복음주의 교회들의 WCC 거부운동이 일어나기 시작했던 것이다.[677]

---

677) 조동진, 세계선교 트렌드 1900~2000 上, 393-420.

빌링겐 IMC 선교대회(1952년)

WCC와의 통합을 목적으로 하는 IMC 확대회의가 1952년 7월 15일부터 17일까지 181명의 각국 대표들이 참석한 가운데 독일 빌링겐(Willingen)에서 개최되었다. 이 대회에서 제시된 사상은 선교는 교회의 한 팔에 불과한 것이 아니라 교회의 본질에 속하므로 IMC와 WCC는 통합을 해야 한다는 것이었다.

또한 이 대회에서 선교신학의 출발점은 교회가 아니라 하나님 자신이라고 주장함으로 복음을 삼위일체와 연결시킨 '하나님의 선교'(*missio Dei*) 개념이 등장하였다. 요하네스 호켄다이크(Johannes Hoekendijk)에 의해 주도된 에큐메니칼의 '하나님의 선교' 사상은 선교의 주체가 하나님임을 고백함으로 교회의 선교를 제한하게 되었고, 하나님의 선교는 부름 받은 공동체인 '교회'로부터 출발하는 선교가 아니라 하나님으로부터 보냄받은 선교현장인 '세상'으로부터 출발해야 한다고 했으며, 다가올 종말의 하나님의 나라를 바라보면서 끊임 없는 자기갱신과 이 세상의 변혁사업에 동참해야 한다는 것이다. 따라서 구원은 세상 역사 안에서 이루어지는 '샬롬'이기 때문에, 선교의 도구로서의 교회는 이 세상에 샬롬이 이루어지도록 하는 것을 목표로 삼아야 한다. 그러므로 교회는 세상을 위한 교회, 남을 위한 교회, 흩어지는 교회가 되어야 한다는 새로운 선교적 교회관을 정립했다.

빌링겐 IMC 확대회의는 WCC와의 통합을 결의한 후 차기 대회에 상정하기로 했다. 1921년 창립된 IMC가 스스로 해산의 길을 걷게 된 것이다.

가나 IMC 선교대회(1958년)

마지막 IMC 선교대회가 아프리카 서해안의 작은 나라 가나(Ghana)에서 1957년 12월 28일부터 1958년 1월 8일까지 200여명의 각국 대표들이 참석한 가운데 "이 시대의 기독교 선교"(The Christian Mission at This Hour)라는 주제를 가지고 개최되었다. 가나 대회의 중심 이슈는 IMC를 합법적으로 WCC와 통합을 이루는 것이었다. 일종의 통합을 위한 모임이었다. 이는 가나 대회의 통합결의문 전문 맨 앞에 나와 있는 문구를 통해서 확인할 수 있다. "전문, 국제선교협의회의 가나 총회는 세계교회협의회와 국제선교협의회의 통합에 대한 제안을 토의하였다…"(PREAMBLE, The Assembly of the International Missionary Council meeting in Ghana (in plenary sessions and in committees) discussed the proposal to integrate the World Council of Churches and the International Missionary Council…).

가나 대회는 IMC 회원단체들에 보내는 서신에서 "선교는 우리의 것이 아니라 그리스도의 것이다. 그렇기 때문에 우리의 행위나 인간적 교만으로 방해받지 않아야 한다"고 주장했지만, 실제로는 "선교는 IMC의 것이 아니라 WCC의 것이 되어야 한다"는 결론을 내렸다. 선교의 의미가 재해석되고 선교의 책임이 교회의 제도(조직) 속에 묶이면서 18세기 모라비안 형제단의 경건주의 선교운동과 19세기 학생자원운동을 비롯한 찬란했던 기독교 선교운동이 냉각기에 접어들기 시작했다.[678]

4. 세계교회협의회에 국제선교협의회 흡수통합

에반스톤 WCC 총회(1954년)

제2차 WCC 총회는 1954년(8월 15일~31일) 미국 일리노이 주 에반스톤(Evanston)에서 42개국 161개 교단의 대표자 502명이 참석하여 개최되었다. 이 총회는 "그리스도, 세상의 희망"(Christ - the Hope of the World)이라는 주제로 세계는 거짓 희망, 절망과 두려움으로 가득 차 있기

---

678) 조동진, *세계선교 트렌드 1900~2000 上*, 423-448.

때문에 주 예수 그리스도께서 교회와 세상 모두에게 유일한 희망이라는 것을 확증함으로 총회의 분야별 주제들이 기독론을 반영하도록 유도했다.

에반스톤 총회가 열릴 당시 세계는 냉전 대립과 탈 식민지화 운동이 고조되고 있었다. 먼저 1948년 동베를린이 봉쇄됐고, 1949년 북대서양조약기구(NATO)가 결성되면서 미국과 소련사이에 자유주의와 공산주의라는 냉전이 형성되었다. 또 같은 해 중국이 공산화됐다. 이듬해인 1950년 한국전쟁이 발발했으며, 지구촌 곳곳에서 탈 식민지화 운동을 통해 신생국가들이 생겨나기 시작했다.[679]

이와 같은 시대적 배경 속에서 1950년대 세계 에큐메니칼 운동의 관심은 자연스럽게 탈 식민지화와 신생국의 국가건설에 집중되었다. 또한 1952년 빌링겐 IMC 선교대회에서 등장한 '하나님의 선교' 사상은 WCC 선교신학에 결정적인 영향을 주었다.

당시 세계 교회는 각 교회들이 이념적으로 동서갈등, 경제적으로 남북갈등, 인종적으로 흑백갈등에 갈등하고 있었는데, WCC는 이런 이슈들을 초월해 서로 일치할 수 있는 방법을 제시해야 하는 과제를 안고 있었다. 이 때문에 총회는 그리스도에 대한 신학과 그 안에 있는 종말론적인 희망을 제시했다. 그러나 종말론적 희망의 의미와 그 역사적 관련성에 대해서는 일치된 견해를 도출하지 못했는데, 그 이유는 유럽 교회들은 희망을 종말론적(eschatological)으로 이해했고, 미국 교회들은 현실적 낙관론(realistic optimism)으로 이해했기 때문이다.

특히 에반스톤 총회는 인종평등을 주장하는 '성경서'를 발표했는데, 이에 대해 인종차별 정책을 고수하는 남아프리카공화국과 3개의 네덜란드 개혁교회들이 WCC를 탈퇴했다. 한편 한국은 이대 "World Council of Church in Korea"라는 명칭으로 가입했는데, 한국교회 대표로 김현정목사(에큐메니칼 측), 명신홍목사(복음주의 측), 유호준목사(교회협의회 총

---

679) 최창민, "WCC 역대 총회 주제와 신학(2): 제2차 에반스톤 총회(1954)," *기독교연합신문*, 2012년 2월 6일.

무)가 참석했다. 그런데 장로교에서 파송된 김현정목사와 명신홍목사는 교단 총회에서 WCC 총회와 관련하여 서로 상이한 보고를 함으로 합동과 통합이 분열되는 교단 분열의 단초가 됐다.

뉴델리 WCC/IMC 총회(1961년)

제3차 WCC 총회는 1961년(11월 19일~12월 5일) 서구권 밖 최초로 아시아의 인도 뉴델리(New Delhi)에서 개최되었는데 IMC를 해산하고 WCC의 한 부서인 '세계선교와 전도위원회'(Committee on World Mission and Evangelism)로 종속시키는 IMC/WCC 합병대회였다. 이로서 1910년에 태동하여 1921년에 창립된 IMC는 탄생 40년 만에 종말을 고하고 역사의 뒤안길로 사라졌다. IMC의 퇴장은 단순히 한 조직의 해산으로 끝난 것이 아니라 성경적 원리에 근거한 전통적 선교원리가 사라지고 현실 세계에서의 정치·경제·사회 전반에 걸쳐있는 모든 세속적 구조 악을 제거하여 세상에 '샬롬'(shalom)을 이루는 것을 선교의 목표로 하는 세속적 선교신학이 등장했다. 그들은 이 세상에 샬롬이 이루어짐으로 사회가 구원되는 것으로 보았다.[680] 1952년 빌링겐 IMC 대회에서 제시된 요하네스 호켄다이크의 '하나님의 선교'(missio Dei) 사상이 WCC의 공식적인 선교신학으로 규정됨으로 사회구원이 선교의 궁극적인 목표가 되었다. 그러므로 교회는 타자(他者)와 세상을 위한 교회가 되어야하며, 그러기 위해서는 기독교는 타종교와의 대화에 적극적으로 임해야 한다고 강조했다. WCC는 이런 혼합주의적 사상에 대한 비판을 의식하여 주제를 "그리스도"가 아닌 "예수 그리스도"라고 확대하기도 했다.

---

[680] 독일 보수적 성향을 가진 현대 신학자로 튀빙겐대학교의 몰트만과 현대신학의 쌍벽을 이뤘던 볼프하르트 판넨베르그(Wolfhart Pannenberg)는 세계의 평화(shalom)란 하나님의 통치에서만 비로소 실현된다고 보았다. 유엔이나 WCC 같은 기구는 이러한 세계 평화를 실현시킬 수 없다고 보았다. 이 지상의 교회는 다가오는 하나님 통치를 증거 하는 데서만 그 존재 가치가 인정된다면서, 세계교회의 기구적 일치를 추구하는 WCC운동에 대하여 부정적인 입장을 취하였다 (김영한, "볼프하르트 판넨베르그가 현대신학에 남긴 공헌," *크리스챤투데이*, 2014년 10월 6일).

뉴델리 총회는 세계 197개 교단에서 557명의 대표가 참가했고, 새로 24개 회원교회가 가입했는데 4개의 동방정교회(러시아, 루마니아, 불가리아, 폴란드)와 18개의 신생교회(11개의 아프리카교회, 5개의 아시아교회, 2개의 남미교회) 및 2개의 오순절교회가 가입했다. 뉴델리 총회는 주제를 "예수 그리스도, 세상의 빛"(Jesus Christ – the Light of the World)이라고 함으로 예수 그리스도가 주제의 중심이었는데,[681] 이때 루터란 신학자 조셉 시틀러(Joseph Sittler)는 '우주적 그리스도'(Cosmic Christ)란 개념을 제시했다. 시틀러는 우주 자체가 하나님의 활동 무대이고 우주와 모든 자연은 서로 불가분의 관계에 있기 때문에 그리스도의 구속은 인간뿐만 아니라 온 우주 만물의 구속도 동반되어야 한다고 주장했다. 따라서 시틀러의 이 우주적 그리스도 개념은 그리스도의 구속이 불교, 힌두교, 이슬람 등 타종교에도 임한다는 것으로 이해했다.

이와 비슷한 사상으로 가톨릭 신학자 칼 라너(Karl Rahner)는 이 '우주적 그리스도' 개념으로 불교 신자나 힌두교 신자 등 타 종교인들을 '익명의 그리스도인'(anonymous Christian)이라고 주장함으로 타 종교인들도 예수 그리스도를 믿지 않고도 구원에 이를 수 있다는 종교다원주의를 주장하게 된다. 1960년대 초 칼 라너에 의해 시작된 로마 가톨릭의 타종교에 대한 탈 성경적인 신학사상은 계속 유지되고 발전하다가 2005년에 교황 베네딕트 16세가 "누구든지 순전한 양심으로 공동체의 평화와 선을 추구하며, 초월적인 것을 위하여 그 소원을 활기 있게 유지하면, 성경적 신앙이 부족하더라도 구원받을 것이다"는 만인구원설을 발표했다.[682] 이 부분에서 로마 가톨릭과 WCC가 신학적 공통점을 지니고 있는 셈이다.

---

681) 에반스톤 총회에서는 '그리스도'만을 사용했으나 이를 두고 WCC를 향해 '혼합주의'라고 비난을 하자 뉴델리 총회에서는 '예수 그리스도'를 사용했다.
682) Pope Benedict XVI, "NONBELIEVERS TOO CAN BE SAVED, SAYS POPE," *Vatican City News*. 2005년 11월 30일.

웁살라 WCC 총회(1968년)

제4차 WCC 총회가 1968년(7월 4일~20일) 스웨덴의 수도 웁살라(Uppsala)에서 235개 회원 교회에서 704명의 대표가 참석한 가운데 "보라, 내가 모든 것을 새롭게 하노라"(Behold, I make all things new)라는 주제로 개최되었다. 특히 이번 대회에는 특별 초청된 15명의 로마 가톨릭 대표가 옵서버로 참관하기도 했다. 당시 세계 상황은 미국과 베트남의 전쟁(1965년), 중동의 6일 전쟁(1967년), 존 F. 케네디 대통령과 인권운동가 마틴 루터 킹 목사의 암살(1968년), 체코의 민주화운동에 대한 소련의 무자비한 학살(1968년) 등의 영향으로 강력한 사회정의와 인간성의 회복이 절실했다.[683] 이런 배경 하에 웁살라 총회는 선교의 목표를 '인간화'(humanization)에 두었다. 웁살라 총회는 이의 구체적 실천을 위해 급진적 개혁과 공산 게릴라들을 지원하는 일을 합법화함으로 WCC의 순수성에 대한 비난을 받기도 했다.[684]

웁살라 총회는 사회정의와 경제정의를 세우기 위해 '선교의 갱신'(Renewal in Mission)을 선언하였다. 1961년 뉴델리 총회에서 웁살라 총회에 이르는 7년 동안 WCC 급진세력은 하나님 나라보다 세상, 복음보다 자유, 구원보다 인간해방, 진리보다 세속화의 길로 들어서고 말았다. WCC는 주제 강연을 통해 요한계시록 21장 5절과 22장 16절 그리고 이사야 43장 18-19절을 중심으로 '갱신'(renewal)의 신학적 해설을 했지만 그것은 오늘의 세속 세상을 위한 세속적 갱신을 강조하려는 목적이 있었다.[685] 웁살라 총회는 선교의 목표를 인간을 억압하는 세상의 모든 정치·경제·사회의 구조 악을 제거하는데 교회가 적극적으로 투쟁해야 한다고 했다. 이 목적을 달성하기 위해서는 비기독교적인 모든 세력과 합세

---

683) 서정운, *교회와 선교*, 두란노, 1989, 167.
684) 전호진, *한국교회와 선교*, 정음출판사, 1983, 92.
685) 조동진, *세계선교 트렌드 1900~2000 上*, 64-66.

할 것을 선언했는데, 이것이 곧 그들이 주장하는 "모든 것을 새롭게 하는 것"이다. 결국 WCC의 세속적 선교운동은 WCC에 가입된 신학자들까지 분노하게 함으로 1970년에 독일의 피터 바이어하우스(Peter Beyerhaus)를 비롯한 저명한 신학자 15인의 "프랑크푸르트 선언"(The Frankfurt Declaration)이 발표되는 원인이 되기도 했다.

또한 WCC는 스웨덴 웁살라 총회 때부터 성(性) 문제를 다뤘다. 이에 대해 영남신학대 석좌교수 박성원은 동성애나 일부다처제 문제가 아니라 인간의 성이 무엇이며, 이혼, 조혼, 성노예, 문란한 성문제에 대한 논의였다고 주장한다. 이때 논의된 것은 하나님이 주신 성이 쾌락의 도구가 아니라 은총의 도구였다는 것이다. WCC는 동성애를 지지한 적이 없다고 강조하고 있지만, 실제로는 동성애자들이 소외되어서는 안 되며 동성애가 현실로 다가온 서구교회의 경우 남의 이야기처럼 바라봐선 안 된다는 생각은 갖고 있다는 뜻이라고 강변한다.[686] 하지만 제10차 WCC 부산대회에서 동성애 문제가 제기되어 찬반의견이 개진되었지만 회원들 간의 의견차이로 "동성애에 대한 입장표명이 이루어지지 않았다." 이로 인해 보수진영으로부터 WCC가 동성애를 지지한다고 오해 할 수 있는 여지를 남겼다.[687]

나이로비 WCC 총회(1975년)

제5차 WCC 총회가 1975년(11월 23일~12월 10일) 아프리카 최초로 케냐 나이로비(Nairobi)에서 285개 회원교회의 676명의 대표자들이 참석한 가운데 개최되었다. 특히 1971년부터 시작한 타종교와의 대화 프로그램의 열매가 나이로비 총회에 본격적으로 나타났는데, 이슬람, 로마 가톨릭, 불교, 힌두교, 유대교, 무신론자 등 각종 이방종교의 대표자들이 대거

---

686) 박성원, "WCC 부산총회 평가 특별좌담(김영한과 박성원): '총회 개최 한국교회의 축복' – '보수교회 함께 못해 아쉬움'," 국민일보, 2013년 11월 14일.
687) 김영한, "WCC 부산 총회에 대한 신학적 평가," 크리스천투데이, 2013년 11월 24일.

옵서버로 참석하였다. WCC가 '세계교회협의회'를 넘어 '세계종교협의회'(World Council of Religions)로 확대되는 것 아닌가하는 의심을 갖게 했다.

나이로비 총회는 "예수 그리스도는 자유하게 하시고 하나 되게 하신다"(Jesus Christ Frees and Unites)로 주제를 정했는데, 이는 60년-70년대 초반에 제3세계에서 자유와 해방에 대한 움직임이 거세게 일어났음을 반영한 것이다. 이때 남미의 해방신학을[688] 비롯해서 흑인신학, 여성신학 등이 등장했고, WCC는 웁살라 총회 이후 사회참여를 강화하는 기구개편을 하였다. 인종차별철폐위원회(1969), 교회개발참여위원회(1970), 기독교의료선교위원회(1968), 교육위원회, 살아있는 신앙 및 이데올로기와의 대화 등의 조직이 신설되었다.

특히 나이로비 총회는 1973년 방콕에서 열린 세계선교와 전도위원회(CWME)가 "오늘의 구원"(salvation today)을 발표했다. 방콕대회에서 아시아교회들은 동아프리카의 존 가투(John Gatu)가 1971년 미국의 NCC에서 선교 모라토리움(mission moratorium)을 선언하면서 '앞으로 5년간 선교사를 보내지 말아 달라'고 제안한 것을 강력하게 지원했으나, 나이로비 총회에서 '모라토리움'을 수용하는 대신 '선교적 동반자 관계'(partnership in mission)로 발전시켰다.[689] 사실 가투가 선교 모라토리

---

[688] 해방신학(解放神學 Liberation Theology)은 1970년대 남미의 빈곤과 독재의 상황에서 시작된 상황신학이다. 당시 남미의 대부분의 나라에서는 전체 인구의 5%가 전체 부(富)의 80%를 차지하는 빈부의 격차가 심각했고, 대부분의 소작농들과 노동자들은 최소한의 대가조차 받지 못함으로 절반 이상의 국민들이 영양실조 상태에 처했다. 이런 상황에서 콜롬비아의 카밀로 토레스(Camilo Torres) 신부가 사제직을 잠시 내려놓고 총을 들고 게릴라 혁명군에 동참했다가 정부군에게 사살됐다. 이에 가장 큰 충격을 받은 사람이 해방신학의 선구자로 불리는 도미니크회 신부였던 구스타보 구티에레즈(Gustavo Gutierrez)였다. 그는 고통과 억압 그리고 제도적 폭력과 불공정의 현장에서 "구원은 가난으로부터의 해방이 없이는 불가능하다"는 신념으로 교회와 신학의 사명을 새롭게 인식하게 되었다. 그래서 그는 1971년에 「해방신학」이란 책을 출간함으로 '해방신학'이라는 용어가 공식적으로 사용되었고, 이후 WCC 진영은 "해방"이라는 용어가 신학계와 선교학계를 주도했다. 해방신학의 직간접적인 영향으로 흑인신학, 여성신학 등이 생겨났으며, 한국의 민중신학도 여기서 출발했다; 자세한 내용은 Gustavo Gutierrez, A Theology of Liberation: History, Politics, and Salvation, Maryknoll: Orbis Books, 1988을 읽어라.

[689] 정병준, "WCC 총회 주제들 안에 나타난 WCC 운동과 신학."

움을 제기한 이유는 서구 선교사들 때문에 오히려 피선교지의 선교가 방해받기 때문이었으나, WCC에서 제기된 모라토리움의 배경은 WCC에 속한 정교회와 로마 가톨릭이 자신들의 신앙구역 안에서 다른 교회들이 자신들의 교리를 비판하거나 개종을 강제하는 것을 중단하라고 강력히 요구한 것에 대한 응답으로 '개종금지'(개종전도 및 개종권유 금지)를 선언했다.[690] 일종의 WCC 내 회원교단 간의 경쟁적 선교를 중단시킨 것이었으나 이 개종금지 선언은 WCC 밖의 종교인들에게까지 선교활동을 원천적으로 금지하는 것으로 이해되었다.

결국 WCC는 "가서 모든 민족을 제자 삼으라"(마 28:19)는 주님의 지상명령을 거부하고, 인간적인 요구조건을 수용하여 연합을 유지하기 위한 방편으로 삼아 선교와 개종을 금지시키는 탈 성경적인 우를 범했다는 지적을 받고 있다.

밴쿠버 WCC 총회(1983년)

제6차 WCC 총회가 1983년(7월 24일~8월 10일) 캐나다 밴쿠버(Vancouver)에서 301개 회원 교회의 847명의 대표가 참석했다. 특히 밴쿠버 총회 때부터는 총대구성에 큰 변화가 있었는데 여성 30%, 청년 15%, 평신도 46%로 구성했다. 대륙별 참가자도 북미 158명, 서유럽 152명, 동유럽 142명, 호주·뉴질랜드 26명, 아프리카 131명, 아시아 131명, 중동 53명, 남미 30명, 태평양 22명, 카리브 19명으로 구성했다. 밴쿠버 총회

---

690) WCC는 정교회와 로마 가톨릭교회의 형식적·명목상의 신자들에게 개신교 구원론을 근간으로 하는 복음전도를 금지시켰다. 가톨릭의 교리나 마리아숭배 및 성상숭배 등에 대해 비판하거나 성경적 기독교로 개종하라는 것을 못하게 한다. 그 이유는 정교회·가톨릭·개신교 사이에는 동일한 신앙고백을 수용하기 때문에 신앙에 근본적인 차이가 없음으로 신앙무차별주의를 전제로 개종선교, 개종전도, 개종권유를 금지한다. 개종전도가 교회일치와 '공동의 증거'를 방해함으로 이를 중단(moratorium)하라는 것이다. 이를 위해 첫째 개종전도를 중단하라. 둘째 WCC 회원교회들이 선점한 특별한 지역 내에 교회를 세우지 말라. 셋째 비기독교 종교들은 자력의 수행(修行)이나 득도(得道) 방식으로 궁극적인 구원에 도달하기 때문에 다른 종교인들에게 기독교가 더 우월한 교리라고 주장하지 말라(최덕성, "세계교회협의회 개종전도 금지주의," (cafe.naver.com/ariel300/131).

는 "예수 그리스도, 세상의 생명"(Jesus Christ – the Life of the World) (요 11:25, 14:6)이라는 주제로 모였는데, 당시 시대적 징표는 '생명'이었다. 총회는 인종차별, 성차별, 계급적 억압, 경제적 착취, 군사주의, 인권유린, 핵실험과 핵무기 개발 등 생명을 죽이고 손상하는 죽음의 세력이라고 규정했다. 그래서 예수 그리스도를 '세상의 생명'이라고 고백하는 것은 바로 죽음의 세력에 대응하는 것이고, 그 내용은 정의와 평화를 실현하는 것이었다.[691]

하지만 밴쿠버 총회는 인디언의 종교를 존중한다는 의미에서 개회식 때 캐나다 원주민의 종교행사도 곁들였는데, 그들의 우상인 토템기둥(totem pole)을 총회 장소에 세워 개회식 때 그들의 종교주문을 암송하며 종교의식을 행하게 하였다. 또한 WCC 총회 역사상 최초로 무신론자(theological atheist)를 초청하여 총회에서 메시지를 전하게 하였다. 밴쿠버 총회에서 시작된 이런 무당적 행위는 이후의 총회 때마다 반복되었는데 이로 인해 WCC의 종교혼합주의 사상은 견고해졌고 종교다원주의 신념은 더욱 노골화되었다.

특히 밴쿠버 총회에서는 '신앙과 직제위원회'가 마련한 "세례, 성만찬, 직제"(BEM: Baptism, Eucharist, Ministry) 문서에 의거하여 작성된 리마예식(Lima Liturgy)을 적용한 가운데 모든 참석자들이 성만찬 예배를 드렸는데,[692] 이에 대해 박영호는 WCC는 이슬람, 불교, 시크교 등 다른 종

---

691) 정병준, "WCC 총회 주제들 안에 나타난 WCC 운동과 신학."

692) '리마예식'은 1982년 페루의 수도 리마(Lima)에서 열린 WCC의 '신앙과 직제 위원회' 총회에서 채택한 "세례, 성만찬, 사역"의 리마문서 중 예식부분을 의미한다. 리마예식이 채택되기 이전까지 WCC 참석 교단의 대표들은 교회 일치를 위한 회의와 예배에서 기독교의 성례전(성사) 중에서 가장 중요한 성찬에 대한 신학적 견해와 예전의 차이로 함께 성찬을 하기 어려웠다. 교회 연합 운동에 기독교의 핵심 성례전인 성찬도 어렵게 되자 이에 대한 반성으로 성찬에 대한 신학적 공감대를 형성하고 우선적으로 성찬의 일치적 실천을 위해 이 예식이 채택되었다. 1983년 제6차 WCC 밴쿠버 총회에서 최초로 리마예식에 따라 성찬식이 베풀어졌다. 첫 예식에서 러시아 정교회 대주교의 기도, 독일의 로마 가톨릭 주교의 성경봉독, 남인도교회 감독의 설교, 영국 성공회 대주교의 성찬기도, 그리고 덴마크 루터교회, 인도네시아 개혁교회(장로교회), 베닝의 감리교회, 헝가리 침례교회, 자메이카 모라비안 교회, 캐나다 연합교회 목사들이 순서를 맡아 성찬을 거행하였다(한국기독교교회협의회 편역, 「리마예식서」, 한국기독교교회협의회, 1986).

교에도 구원이 있다는 것을 명백히 인정하고 있기 때문에 범종교적 보편주의(종교다원주의) 성격을 띠고 있다고 비판하고 있다.[693]

캔버라 WCC 총회(1991년)

제7차 WCC 총회가 1991년(2월 7일~21일) 오세아니아 대륙 최초로 호주 캔버라(Canberra)에서 317개 회원 교회의 889명의 대표가 참석하여 개최되었다. 당시 광범위한 환경오염과 아프리카와 남미의 사막화 확대는 인류의 미래와 생존권에 대한 위기감으로 다가왔다. 태평양 지역의 사람들은 자신들의 삶의 터전이 강대국들의 핵실험장이 되고 폐기물 처리장으로 황폐화되고 있음을 호소했다. 그래서 환경문제, 원주민 문제, 영성문제를 다루기에 적합한 호주 캔버라가 선정되었다. 캔버라 총회는 또한 중국교회와의 관계회복에 노력했고 중국교회의 회원권을 회복시켰다.[694]

캔버라 총회의 주제는 "오소서, 성령이여! 모든 창조를 새롭게 하소서!"(Come, Holy Spirit – Renew the Whole Creation)였다. 특히 캔버라 총회는 그동안의 기독론 중심의 주제에서 성령론 중심으로 바뀌었으며, 신앙고백이 아닌 기도형식을 사용했다. 당시의 상황을 뉴욕리폼드신학대학에서 열린 WCC관련 세미나 강사였던 김재호목사(올네이션교회)는 다음과 같이 묘사했다.

> 호주 캔버라에서 모인 제7차 WCC 총회는 그 주제가 "오소서, 성령이여! 모든 창조를 새롭게 하소서!"였는데 이방 종교를 본격적으로 포용하고 연대하는 모습을 드러냈다. 4,000여명의 참가자 가운데에는 점술가, 심령술사, 마술사, 무당 등의 세계 15개 종교 대표자들도 포함되어 있었다. 개회식에서는 호주 원주민의 전통 종교의식으

---

693) 박영호, *WCC 운동 비판*, 83.
694) 정병준, "WCC 총회 주제들 안에 나타난 WCC 운동과 신학."

로 진행되었다. 호주 원주민 마법사들이 젖은 고무나무 잎을 태우면서 짙은 검은 연기를 하늘로 올리고 참가자들은 조상들의 영들로부터 축복받기 위하여 그 연기 사이로 걸으라고 요청받기도 했다.

이때 한국의 여성 신학자 정현경 교수는 주제 강연에서 흰 치마 저고리를 입고 창호지에 쓴 초혼문을 가지고 나와 낭독하며 죽은 영혼들을 불러내고 "오소서, 우리들의 신앙의 조상 아브라함과 사라에 의하여 이용당하고 버림받은 이집트 여인 하갈의 영이여…다윗 왕에 의하여 죽임을 당한 우리야의 영이여 오소서…나치에 죽음 당한 영이여, 2차 대전 중 창녀로 끌려간 한국 여인의 영이여, 십자가의 고통으로 죽은 우리의 형제 예수의 영이여 오소서…"라고 읽은 다음 그 종이를 불에 태워 공중에 날렸다.[695]

성령을 주제로 해놓고 샤머니즘과 죽은 영혼들을 불러들이는 반성경적인 의식을 공공연하게 행함으로 WCC의 영성과 성령신학의 문제점을 여실히 드러낸 총회였다. 이에 대해 WCC의 세속화에 반대하고 프랑크푸르트 선언을 주도했던 前 튀빙겐대학교의 선교학 교수 피터 바이어하우스(Peter Beyerhaus) 박사는 2013년 11월 9일 한국신학회가 주최한 "피터 바이어하우스 박사 초청 신학강좌"에서 "1961년 뉴델리와 1968년 웁살라 총회에서의 유명한 추진력은 1991년 캔버라 총회의 '초혼제'로 인해 멈춰버렸다"며 "특히 정교회 같은 중요한 회원 교회들에게 이는 WCC가 공개적으로 혼합주의를 표방한 증거로 나타났을 뿐 아니라, 에큐메니칼 의사결정 과정이 서구의 의회 규정들과 그들의 이념적 개념을 따라 협의회 당국의 손에 달린 것을 불평하고 있다"면서 "정교회측은 만일 WCC가 모든 시스템을 철저히 개혁하지 않을 경우 회원권을 포기하겠다고 위협했다"고 말했다.[696]

---

695) 아멘넷 뉴스, "유상열 목사가 유니온신학교 정현경 교수에게 하는 충고," 2012년 9월 11일.
696) 이대웅, "WCC의 추진력, '초혼제'로 멈춰…내부 비판도 직면," 크리스천투데이, 2013년 11월

하라레 WCC 총회(1998년)

제8차 WCC의 희년(禧年) 총회가 1998년(12월 3일~14일) 아프리카의 짐바브웨 하라레(Harare)에서 332개 회원교회의 960명의 대표들이 참가하여 개최되었다. 아프리카는 그리스도인 인구가 집중된 곳이며, 가난, 인종갈등, 질병(AIDS/HIV)으로 고통받는 장소이므로 희년이 절실하게 필요한 대륙이었다. 동구권 해체 이후 미국의 패권주의와 신자유주의 경제 세계화는 빈부차이를 심화시켰고, 이로 인해 아시아 지역에서는 대규모 외환위기가 초래됐다. 또한 지구 온난화와 엘리뇨현상 등 기상이변과 자원의 고갈 및 인구증가가 또 다른 위기로 등장하기도 했다.[697]

이런 상황에서 하라레 총회의 주제는 "하나님께 돌아가자, 소망 중에 기뻐하자"(Turn to God – Rejoice in Hope)였다. 하라레 총회의 주제는 기독론, 성령론에 이어 삼위일체론으로 확대되었다. 총회에서는 처음부터 WCC와 함께 하던 동방 정교회의 여러 질문에 대해 구체적으로 응답하고 포용할 수 있도록 특별 담당부서를 만들었다. 이는 WCC의 회원 교회의 지경이 크게 넓혀진 것을 의미한다.

포르토 알레그레 WCC 총회(2006년)

제9차 WCC 총회가 2006년(2월 14일~23일) 라틴아메리카 대륙 최초로 브라질 최대도시 포르토 알레그레(Porto Alegre)에서 348개 회원 교회의 691명의 대표자가 참석하여 개최되었다. 세계의 빈부격차는 날로 심화되었고, 2001년 9·11사태 이후 미국은 아프가니스탄의 탈레반 정권을 무너뜨렸으며, 2003년 이라크의 사담 후세인 정권이 붕괴되었다. 이 과정에서 수많은 무고한 생명들이 희생되었고 이슬람 무장단체들의 테러행위

10일.
697) 정병준, "WCC 총회 주제들 안에 나타난 WCC 운동과 신학."

가 발흥하였다. 또한 생태계 파괴로 인한 쓰나미와 지진 등 자연재해가 곳곳에서 발생했다.[698]

포르토 알레그레 총회의 주제는 "하나님 당신의 은혜로 세상을 변화시키소서"(God in Your Grace, Transform the World)였다. 여기서 세상을 변화시키는 주체는 인간이 아닌 '하나님'이었다. 특히 WCC는 남미에서 성장하고 있는 오순절교회를 가입시키기 위해 노력했는데, 이의 목적을 위해 주제에 '은혜'라는 용어를 사용함으로 개신교회, 동방정교회, 오순절교회의 신학을 하나로 묶어 내려고 노력했다.

부산 WCC 총회(2013년)

제10차 WCC 총회가 2013년(10월 30일~11월 8일) 1961년 인도 총회 이후 42년 만에 아시아 대륙인 대한민국 부산(Busan)에서 110개국의 349개 교단의 대표 835명이 참석하여 개최되었다. 특히 부산 총회에는 세계복음주의연맹(WEA)과 로잔운동(Lausanne Movement)도 소수의 대표를 참관단으로 파송했고, 로마 가톨릭은 다수의 참관단을 파송했다. 해외 참관단과 일반 참가자 등 지금까지의 WCC 총회 중에서 최대 인원이 동원되었다.

부산 총회의 주제는 "생명의 하나님, 우리를 정의와 평화로 이끄소서"(God of Life, Lead us to Justice and Peace)였다. 이런 주제를 정하게 된 것은 한국 NCC의 요청과 아시아교회들과 연관된 이슈를 다루려는 의도였다. 이번 대회는 교회의 연합과 일치, 생명과 정의, 평화를 위한 WCC의 의지를 하나로 모으는데 역점을 두었다. 그동안 WCC에 대해 탈 성경적이라는 지적을 희석시키기 위해 날마다 예배로 시작하고 예배로 마무리했다. 또한 그동안 서구 엘리트 중심의 세계 에큐메니컬 운동이 각 지역의 교회와 평신도들 중심으로 발전해가는 전환점이 됐다는 평가를 받았다.

---

698) 정병준, "WCC 총회 주제들 안에 나타난 WCC 운동과 신학."

부산 총회의 특별한 점은 WCC 선교선언문인 "함께 생명을 향하여: 변화하는 지형 속에서 선교와 전도"(Together towards Life: Mission and Evangelism in Changing Landscapes)가 발표되었다. 이 선언문은 네 개의 주제로 "선교의 성령: 생명의 숨결," "해방의 성령: 주변으로부터의 선교," "공동체의 성령: 움직이는 교회," "오순절의 성령: 모든 사람을 위한 좋은 소식"으로 구성되었고, "생명의 잔치: 결론적 확언"으로 끝나고 있다. 이 새로운 선교선언문은 교회가 생명회복이라는 선교적 사명을 망각하지 않아야 한다는 것과 성령이 선교의 중심에서 일하신다는 것을 담고 있다. 그리고 한국의 분단 상황을 고려하여 "평화선언문"이 발표되었는데 한반도 비핵화와 평화체제를 촉구하며 남북 교회를 비롯한 국제사회에 평화를 촉구하는 내용을 담고 있다.[699]

그럼에도 불구하고 부산 총회 역시 WCC의 신학사상의 한계는 뛰어넘지 못했다. 일례로 한국기독교교회협의회(NCCK)는 WCC 부산 총회 이후 후속조치의 일환으로 한국천주교주교회의(CBCK)가 함께 하는 '한국 그리스도교 신앙과 직제 협의회'(가칭)[700] 설립을 추진함으로[701] WCC가 로마가톨릭과 신앙과 직제를 일치시켜 종교 통합을 이루려고 하는데, 이는 종교개혁 이전의 상태로 되돌아가려는 발상임에 틀림없다.

WCC 부산 총회로 더욱 분열된 한국교회

한국교회는 WCC를 두고 찬성하는 교단과 반대하는 교단으로 극명하게

---

699) 한국기독교장로회총회, "WCC(세계교회협의회) 부산총회 의미와 결과." ⟨http://www.prok.org/ gnu/bbs/board.php?bo_table=bbs_news1&wr_id=32606⟩
700) "신앙과 직제"(Faith & Order)는 에큐메니칼 운동의 하나로서 신학적·교리적 문제를 연구하여 교회의 일치를 위한 신학적 근거를 제공하고자 1927년 로잔에서 만들어진 WCC 산하 위원회이다. WCC는 소속 개신교 교단과 동방 정교회뿐만 아니라 로마 가톨릭까지 포함한 신앙과 직제의 일치를 추진함으로 종교개혁 이전으로 회귀하려는 구상을 ㅎ고 있다.
701) 최승욱, "NCCK, WCC부산총회 분석·평가…전담조직 만들어 후속사업 추진," 국민일보, 2014년 1월 24일.

나눠져 있다. 단순히 찬성과 반대의 정도가 아니라 신학적으로 다른 종교 대하듯 첨예하게 대립하고 있다. 한국 최대 교단이었던 대한예수교장로회 총회는 1959년에 WCC 가입문제로 합동과 통합으로 나눠지기도 할 정도로 완전히 양극화되어 있다.

이런 상황에서 2009년 8월 31일, WCC 중앙위원회가 제10차 총회를 부산으로 발표한 이후 WCC를 반대하는 보수진영의 거센 반대운동이 일어났다. 최초로 반대 성명서를 발표한 교단은 대한예수교장로회 고려총회였다. "WCC부산총회개최반대" 투쟁위원장 석원태(고려신학교 교장) 명의로 2009년 9월 25일자로 발표된 이 성명서에서, WCC는 종교다원주의, 인본주의 성경관, 세속적 구원론, 종교혼합주의, 기독교 이름의 정치단체라고 주장하고, 또 선교무용론을 주장한다는 6가지 이유를 제시했다. 예장합동측은 2009년 9월 21-25일 울산 우정교회당에서 개최된 총회에서 WCC 부산 총회 개최를 공식적으로 반대했다. 한국기독교총연합회는 2009년 10월 21일 WCC문제 대책위원회를 구성했고, 이때부터 합동·고신·합신 등 보수적 혹은 복음주의 교회와 단체 및 개인이 반대성명서를 발표하기 시작했다. 독립개신교회 강변교회 최낙재 목사는 2009년 9월 7일자의 성명서를 "기독교보"에 게재하고, WCC 총회 유치위원회 조직위원장 김삼환 목사에게 공개질의서 형식의 반대성명서를 발표했다. 최 목사는 WCC에는 구원의 복음인 십자가의 도가 나타나지 않고, 그리스도를 믿음으로 구원을 얻는다는 복음의 진리를 찾아보지 못했다고 주장했다. 또 2010년 1월 25일에는 19개 보수교단 대표들이 회집하여 WCC 대책 준비위원회를 구성한 이후 반대 결의문을 발표하였고, 이후 반대 운동은 범 보수교단 전체로 확산되어 대한예수교장로회(고신) 등 교단과 단체는 물론 광신대학교(2010. 2. 1), 총신대학교 신학대학원(2010. 5. 4) 등 신학교육 기관들도 반대성명서를 발표하기 시작했다. 그래서 40여개의 단체와 기관 혹은 신학교가 WCC 반대 성명서를 발표했다. 이들 성명서는 WCC는 사회구원, 용공주의 외에도 종교다원주의를 지향하여 전도의 긴박성과 구령사

업을 저해한다는 점을 지적했다.[702]

이와 같은 WCC 반대운동이 격렬해짐으로 종교문제를 넘어 사회문제로까지 확대되자 WCC의 성공적인 개최를 위해 진보와 보수교회 지도자들 간의 대화가 극비리에 이루어졌고, 2013년 1월 13일에는 4가지 원칙이 반영된 '공동선언문'이 발표되었다. '공동선언문'의 전문은 다음과 같다.[703]

선언문

한국교회는 지난 130년 동안 민족의 고난과 역경을 함께하며 괄목할 만한 영적 성장과 대한민국의 성장과 성숙을 이끄는 중심에 있었으며, 환난과 전쟁 속에서도 민족을 지킬 수 있었던 것에 대하여 큰 자부심과 긍지를 느낍니다. 그동안 한국교회는 세계선교 역사상 유례가 없이 짧은 시간에 눈부신 부흥의 역사를 일으켰고 이는 한국교회가 하나님의 은혜를 받은 것임을 누구도 부인할 수 없습니다. 그러나 현재 세계교회협의회(WCC) 총회 개최를 앞두고 한국교회 안에 불협화음이 일어나고 있는 것에 대하여 우리는 우려를 표명하며 유감으로 생각합니다. 한국기독교교회협의회와 한국기독교총연합회는 2013년 WCC 부산 대회를 앞두고 2013년 WCC 부산대회 개최에 대한 보수교단의 우려를 불식시키기 위하여 아래와 같은 공동선언문을 선언합니다.

1. 우리는 종교다원주의를 배격합니다.
   (1) 우리는 '오직' 예수 그리스도 외에 구원이 없음을 천명합니다.

---

702) 고신대학교 이상규 교수의 "WCC 부산총회 이후의 복음화와 선교이해"(데오스앤로고스, 2015년 12월 14일)를 인용했다.
703) 김진영, "한기총-NCCK-WEA준비위-WCC준비위 공동선언 발표," 크리스천투데이, 2013년 1월 14일.

    (2) 우리는 예배는 '오직' 예수 그리스도만이 구원의 주라고 고백하
        는 자들만이 성령으로 말미암아 드릴 수 있는 행위임을 고백하고,
        그러므로 초혼제와 같은 비성경적인 종교혼합주의의 예배 형태와
        함께 할 수 없음을 천명합니다.
2. 우리는 공산주의, 인본주의, 동성애 등 복음에 반하는 모든 사상을
    반대합니다.
3. 우리는 개종 전도 금지주의에 반대하고 '땅 끝까지 이르러 복음의
    증인이 되라'(행 1:8)는 예수님의 명령에 따라 세대와 지역과 나라와
    종교를 막론하고 복음 증거의 사명을 감당할 것을 천명합니다.
4. 성경 66권은 하나님의 특별 계시로 무오하며 신앙과 행위의 최종
    적이고 절대적인 표준임을 천명합니다.

이에 따라 한국기독교총연합회 산하 모든 보수교단은 WCC 총회 한국준비위원회가 개최하는 2013년 WCC 부산 대회를 이해하며 이 대회가 하나님께 영광 돌리기를 바랍니다. 아울러 한국기독교총연합회와 한국기독교교회협의회는 2014년 세계복음주의연맹(WEA) 총회 역시 성공적인 대회가 될 수 있도록 상호 협력할 것임을 선언합니다.

2013년 1월 13일

한국기독교총연합회 대표회장 홍재철 목사
한국기독교교회협의회 총무, WCC 총회 한국준비위원회 진행위원장
  김영주 목사
WEA 총회 준비위원장 길자연 목사
WCC 총회 한국준비위원회 상임위원장 김삼환 목사

이 공동선언문이 발표되자 보수진영인 한국기독교총연합회는 만장일치

로 추인을 했지만, 진보진영인 한국교회협의회 측에서는 격렬한 반발이 터져 나왔다. 1월 25일 서울 연지동 기독교회관에서 NCCK 김근상 회장이 "NCCK 회장 대국민 담화문"을 통해 한기총과의 공동선언문은 NCCK와 무관한 것이며 이를 수용할 수 없다는 입장을 밝혔다. 또한 성공회대학교 신학과 교수 일동이 공동선언문을 폐기하라고 요구하면서 김삼환 위원장과 김영주 총무를 비롯한 임원들은 사퇴하라고 성명서를 발표했다. 에큐메니칼 기독여성들도 적극 비판하고 나섰다. 1월 29일에는 감신대학교와 한신대학교 교수들이 공동선언문이 '에큐메니칼 신학과 전통을 심각하게 훼손했다'며 폐기할 것과 관련자 사퇴를 요구하는 입장을 발표했다. 한국기독자교수협의회 전·현직 회장 및 임원들이 발표한 "WCC 공동선언문에 대한 입장 성명서" 중에는 공동선언문 중에 특히 개종을 강요하는 전도와 66권 성경의 무오를 주장하는 내용은 21세기 인류보편의 지성과 함께 할 수 없는 반지성적인 주장일 뿐이며 우리가 믿는 하나님은 성경보다 넓고, 교회보다 크다는 것이 기독자 교수들의 입장이라고 주장했다.

특히 교회협의회 회장 김근상 주교(대한성공회)는 교회협의회 실행위원회에서 "선언문이 발표된 후에야 그 안에 WCC와 교회협의 근간을 무너뜨릴 수 있는 내용이 있다는 것을 알았다"고 발언을 했고, 한국정교회 암브로시우스 대주교는 "선언문의 내용은 신학적인 면에서 큰 오류가 있다. 정교회뿐만 아니라 모든 교회가 이를 받아들이지 못할 것"이라며 "빠른 시일 내에 선언문을 버리지 않으면 (에큐메니칼 진영이) 큰 짐을 계속 지고 가게 될 것"이라고 말했다.[704] 이들 NCCK 지지 단체들은 공동선언문에 천명된 '개종전도 금지주의 반대', '종교적 다원주의 반대' 등 선언문의 내용이 NCCK가 추구해온 교회일치와 종교 간 평화의 원칙에 위배된다고 주장했다.[705]

---

704) 김진영, "NCCK, 'WCC 공동선언' 놓고 갈등…총무 책벌 가능성도." *크리스천투데이*, 2013년 1월 17일.
705) 김갑식, "WCC 공동선언문 뭐길래…10월 부산총회 앞두고 개신교계 파장 일으키나," *동아일보*, 2013년 1월 30일.

이들의 이런 발언 속에는 공동선언문의 내용이 WCC 신학과 정체성에 맞지 않다는 것, 바꿔 말하면 그동안 보수교단에서 제기한 WCC의 종교다원주의, 공산주의 · 인본주의 · 동성연애, 개종전도 금지, 66권 성경의 무오성 불인정 등에 관한 지적을 정면으로 거부한다는 것을 대외적으로 공개 천명한 셈이 되었다. 이와 같은 WCC 소속 단체들의 격한 반발 때문에 '성공적인 WCC 총회 개최를 위한 합의'로 서명된 공동선언문은 발표 3주 만에 파기되었고, 한국기독교총연합회는 WCC의 신학사상과 부산 총회를 공개적으로 반대하게 되었다.

결론

적어도, 현재까지 진행되어 온 WCC의 신학적 사상과 노선은 '교회의 연합운동'(ChurchEcumenical Movement)이 아니라 종교혼합주의에 기초한 '종교의 통합운동'(Religious Integration Movement)임이 자명하다. 광신대학교 조직신학 교수 황성일이 지적한대로 "WCC의 가장 큰 문제점은 다양한 교회/교파들의 연합을 위해 분명한 신학적 기준을 내세우지 않는다는 것이다."[706] 그 결과로 초대교회 이후 기독교는 교리의 일치 안에서의 연합을 추구했지만 WCC는 탈 교리적인 연합을 추구함으로 종교적 다원주의를 지향하고 있다.[707]

WCC의 주요 교리적 문제점들을 살펴보면 다음과 같다. 첫째, WCC의 성경관을 보면, 그들은 성경을 인간의 문서로 생각하고, 성경을 여러 전통들 중의 하나로 간주하며, 성경이 하나님의 영감으로 기록된 무오한 책인 것을 믿지 않음으로 성경의 권위를 부인함과 동시에 그것을 경험할 때만 하나님의 말씀이 된다고 한다. 또한 WCC는 신구약 66권을 유일

---

706) 황성일, "WCC의 성경관에 대한 비판," *WCC는 우리와 무엇이 다른가?* WCC대책위원회 편. 대한예수교장로회총회, 2011, 93.
707) 문병호, "WCC 기독론 비판," *WCC는 우리와 무엇이 다른가?* WCC대책위원회 편. 대한예수교장로회총회, 2011, 157.

한 정경으로 인정하지 않고, 구약을 믿고 따르는 것은 시대착오적인 것으로 생각한다.[708] 둘째, WCC는 초기 기독교 신조들 중에서 니케아-콘스탄티노플 신경(니케아 신경)만을 편향적으로 강조한다. 그들이 니케아 신경에만 집착하는 이유는 진리적인 동기보다 교회의 가시적 일치를 주장하기 위한 편의적인 동기가 강하다. 또한 WCC는 성부 중심의 단일신론(Monarchianism)적 경향을 보이고 있는데, 그 이유는 유대교, 이슬람, 아프리카의 전통 종교 등에 나타나는 단일신론을 거론하면서 이런 자신들의 이해가 그들의 복음화에 도움이 될 것으로 생각하기 때문이다.[709] 광신대학교 박정식도 WCC의 이런 신관을 '유사한 신관'으로 규정하고, 그들은 기독론을 배제한 신론 중심적인 일치운동에 방점을 두고 종교 간의 대화와 일치운동을 추구하고 있다고 비판했다.[710] 셋째, WCC의 교회론은 가시적인 연합을 강조한다. 칼빈에 의해 정립된 개혁주의 교회론은 교회를 연합하게 하는 구속력은 그리스도라고 강조함으로 교회 일치의 중요한 본질을 영적인 것으로 보았다. 그러므로 교회의 본질적인 성격은 교회의 머리 되시는 그리스도와 교회와의 영적인 연합이며, 이 토대 위에 가시적인 교회가 조직되는 것이다.[711] 그런데 WCC는 가시적인 교회론에 입각하여 연합을 강조함으로 타 종교인들에게 예수 그리스도의 복음을 전하기보다 종교 간의 대화와 연합을 강조함으로 다원주의에 함몰되어 있다.

이와 같이 WCC가 탈 성경적 노선을 가고 있는 핵심적인 두 가지 증거 중 첫 번째는 종교다원론을 주장하고 있다는 것이다. 그들은 성경적인 이신칭의의 구원관을 약화시키거나 상대화 시키고 타 종교와의 연합을 추구함으로 정치적 종교단체로 전락했다. 이는 "내가 곧 길이요 진리요 생명이

---

708) 황성일, "WCC의 성경관에 대한 비판," 79-95.

709) 문병호, "WCC 기독론 비판," 144-146.

710) 박정식, "성경적인 교회일치: 요한복음 17장의 하나 됨을 중심으로," *WCC는 우리와 무엇이 다른가?* WCC대책위원회 편. 대한예수교장로회총회, 2011, 178-179.

711) 안인섭, "WCC 교회론 비판," *WCC는 우리와 무엇이 다른가?* WCC대책위원회 편. 대한예수교장로회총회, 2011, 166-167.

니 나로 말미암지 않고는 아버지께로 올 자가 없느니라"(요 14:6)는 예수님의 말씀과 "다른 이로써는 구원을 받을 수 없나니 천하사람 중에 구원을 받을 만한 다른 이름을 우리에게 주신 일이 없음이라"(행 4:12)고 외쳤던 사도 베드로의 선포를 정면으로 부인하는 것으로 반성경적 사상이다. 실제로 WCC의 올라프 트베이트(Olav F. Tveit) 총무가 2013년 11월 11일 제10차 WCC 부산 총회를 마치고 출국하기 전 기자회견을 통해 "WCC가 추구하는 것은 '다양성 속 일치'라며 기독교인은 세계 평화를 위해 타종교와 대화하고 협력할 수 있어야 한다"고 강조했다.[712] 그의 이런 사상은 기독교를 여러 종교 중의 하나로 만들고, WCC가 세계 평화라는 미명 하에 타종교와의 대화와 협력을 강조함으로 종교다원주의를 주장한다는 근거가 된다. 결국 종교 간의 대화라는 명분 때문에 '개종전도'를 금지함으로 성경의 가르침과 사도들의 전통을 부정하는 결과를 초래했다.

두 번째는 '사회참여'(social participation)가 아니라 '사회구원'(social salvation)을 선교의 목표로 삼은 것이다. WCC는 1952년 빌링겐(Willingen) 대회에서 등장한 '하나님의 선교'(missio Dei) 사상으로 인해 선교를 교회중심에서 하나님의 전 영역인 세상중심으로 바꿈으로 그동안의 전통적 의미의 '복음전파'라는 선교 패러다임에서 '인간해방'이라는 새로운 선교 패러다임으로 변화시켰다. WCC는 이 사상을 더욱 발전시켜 복음화(evangelization)는 약화시키고 인간화(humanization)를 강조함으로 궁극적으로 세속사회의 구조 악을 제거하여 이 땅에 '샬롬'(오늘의 구원)을 구현하는 것을 선교의 지상목표로 삼고 있는 진보적 사회-종교단체로 전락했다는 것이다. 그러나 신학적으로 볼 때 사회구원은 없다. 사람은 타락한 세상을 복음으로 변화시킬 수는 있어도 구원을 할 수는 없다. 진정한 사회구원은 그리스도께서 지상에 재림하셔서 죄의 원흉인 사탄의 세력을 멸하시고 완성된 하나님의 나라인 '새로운 나라'(새 하늘과 새 땅)를 이루시는 것이다. 사도 바울은 그 때를 "그가(그리스도) 모든 통치와 모든

---

[712] 이규혁, "WCC 올라프 총무, 종교 근본주의 세력 우려," 뉴스엔조이, 2013년 11월 11일.

권세와 능력을 멸하시고 나라(τὴν βασιλείαν)를 아버지 하나님께 바칠 때라"(고전 15:24)고 말했다.

그러므로 교회의 선교는 삼위일체 하나님의 구속사에 참여하여 복음으로 사람들을 구원시켜 하나님의 통치를 받게 하는 것을 우선으로 하고, 동시에 하나님의 말씀의 원리에 따라 각자의 영역에서 '세상의 빛과 소금'으로서의 사회적 사명(social mandate)을 잘 감당함으로 세상을 변혁(transforming)시키고, 장차 그리스도께서 세우실 '새 하늘과 새 땅'을 소망하며 살게 하는 것이 그리스도의 가르침임을 명심해야 한다.

제2장 ■ 로잔세계복음화운동

　WCC를 중심으로 하는 에큐메니칼은 1973년 방콕대회를 통하여 '오늘의 구원'(salvation today)을 선교의 목표로 선포함으로 완전히 탈 성경적 방향으로 돌아서자, 복음주의 진영에서는 1974년에 미국의 빌리 그래함(Billy Graham)과 영국의 존 스토트(John Stott)를 중심으로 스위스 로잔(Lausanne)에서 대대적인 복음주의 선교대회인 '세계복음화국제대회'(International Congress on World Evangelization)를 개최함으로 명실상부한 복음주의 교회들과 단체들의 선교적 중심축이 되었다. 로잔은 세계복음화를 위한 하나의 선교 '운동'(movement)이다.[713] 로잔은 WCC처럼 조직적 연합이나 신학적 의결기관도 아니고 단지 로잔정신을 함께하여 세계복음화에 뜻을 같이 하는 사람들의 모임이다.[714]

---

713) Leighton Ford, *Proclaim Christ Until He Comes: Calling the Whole Church to Take the Whole Gospel to the Whole World*, ed. J. D. Douglas, Minneapolis: World Wide Publication, 1990, i.

714)　에큐메니칼 진영의 WCC와 구별되는 복음주의 진영의 연합체로는 "세계복음주의연맹"(World Evangelical Alliance)이 있다. WEA는 1846년 교파를 초월하여 교회의 하나 됨을 소망했던 영국복음연맹이 기반이 되었다. 이후 영국복음연맹은 1912년 영국을 중심으로 한 세계복음주의연맹으로 발전하게 되는데, 이 단체는 미국의 제2차 대각성운동에 신앙적 기초를 두고 활동하다가 1951년 영국의 세계복음연맹과 1942년에 만들어진 미국의 복음주의 연맹과 연합해서 터키, 인도 등 아시아 국가들을 포함한 21개국의 대표들이 모여 "세계복음주의협의회"(World Evangelical Fellowship)를 창립했다(교회연합신문, "세계복음연맹(WEA)은 어떤 단체인가?" *교회연합신문*, 2016년 2월 25일).
　그 후 2001년에는 말레이시아 쿠알라룸푸르 총회에서 세계복음주의협의회를 세계복음주의연맹으로 그 명칭을 바꿨는데 세계복음주의연맹은 교단 연합체가 아닌 128개 국가 내 복음주의 교파들로 구성된 연합체의 모임이다. WEA는 로마 가톨릭교회와 세계교회협의회(WCC)와 어깨를 나란히 하는 세계 3대 기독교 기구 가운데 하나이다. 한국의 경우 한국복음주의협의회가 회원으로 활동하고 있는 중에 한국기독교총연합회가 2009년 6월 9일 가입했다.
　WEA는 성경을 근본으로 한 전통적 신앙과 신학에 기초해 복음증거와 기독교적 일치를 추구하고 있으며, 전 세계의 교회, 단체 사역지 등의 국제적인 네트워크 및 다양한 프로젝트를 통해 여러 사업을 효율적으로 추진하고 있다. WEA는 진리의 절대성을 부정하는 포스트모더니즘에 강하게 맞서 왔으며, 세속주의와 무신론의 도전으로부터 성경의 권위를 회복함으로써 진정한 복음의 의미를 지키기 위해 노력하고 있다. 특히 WEA 신앙고백은 성경론, 신론, 기독론, 성령론, 구원론, 교회론, 부활과 영생으로 구성되어 있으며 모두 성경적이고 전통적 신앙과 신학에 기초하고 있다. 최근에는 복음과 기독교인의 사회적 책임이라는 측면에 차츰 관심을 갖는 변화를 보이고 있다(노충헌, "복음주의 최대협의체 WEA 꼼꼼히 살펴보기," *기독신문*, 2011년 1월 10일).

크리스토퍼 라이트가 정의한대로 "로잔운동은 전 세계 모든 지역에 예수 그리스도와 그분의 가르침을 증거하기 위해 복음주의 지도자들을 동원한 전 세계적 선교운동으로, 로잔운동의 정신은 '온 교회가 온전한 복음을 온 세상에 전하자'로 축약된다."[715] '프랑크푸르트선언문'(Frankfurt Declaration)을 주도했던 독일의 저명한 선교신학자 피터 바이어하우스(Peter Beyerhaus)는 "로잔대회는 마치 지금까지 별로 알려지지 않은 작은 강들이 한곳에 모여서 그 물결이 크고 깊어져 복음주의적인 고기잡이배(fisher boat)의 떼를 나를 수 있게 되었고, 20세기 후반기 기독교의 건조한 땅을 영적으로 비옥하게 만든 것과 같다"고 평가했다.[716]

1. 로잔세계복음화국제대회 이전: 휘튼선언, 베를린선언, 프랑크푸르트선언

에큐메니칼 진영의 세속적 선교방향에 대응하여 로잔세계복음화국제대회 이전에 복음주의 진영에서 주목할 만한 두 선교대회가 같은 해에 미국과 독일에서 열렸다. 1966년 4월에 미국 일리노이 주 휘튼(Wheaton)에서 복음적해외선교협의회(EFMA)와 초교파해외선교단체협의회(IMA)가 주도하여 '교회의 세계선교에 관한 회의'(the Congress on the Church's Worldwide Mission)로 모여 '휘튼선언문'(Wheaton Declaration)을 선포했고, 같은 해 10월에는 독일 베를린에서 20세기 최초의 복음주의 국제선교대회인 '세계전도대회'(World Congress on Evangelism)가 모여 '베를린선언문'(Berlin Declaration)을 발표했으며, 1968년 WCC 웁살라 총회가 채택한 "선교의 갱신"에 관한 리포트에 반발하여 1970년 독일의 복음주의 선교신학자 피터 바이어하우스를 비롯한 독일 신학자 15명이 연 서

---

715) 크리스토퍼 라이트는 2017년 11월 6일 서빙고 온누리교회에서 한국로잔위원회가 주최한 종교개혁 500주년 기념 선교세미나(주제: '성경, 개혁, 선교')에서 강의했다(김신의, "크리스토퍼 라이트 '모든 교회 성도의 선교 영역은 삶 전체'," 크리스천투데이, 2017년 11월 6일).
716) 조종남 편저, 로잔 세계복음화운동의 역사와 정신, IVP, 1991, 8, 재인용.

명으로 작성한 '프랑크푸르트 선언문'(Frankfurt Declaration)이 있다.

휘튼선언(교회의 세계선교에 관한 회의)(1966년)

1948년 WCC의 창립에 이어 1961년에 IMC가 WCC에 합병됨으로 에큐메니칼 진영의 선교가 탈 성경적이고 세속적 방향으로 흐르자 1966년 부활절(4월 9일~16일)에 미국 일리노이 주 휘튼(Wheaton)에서 세계 각국의 복음주의자들이 '교회의 세계선교에 관한 회의'(the Congress on the Church's Worldwide Mission)로 모였다. 이 회의는 초교파해외선교협의회(Interdenominational Foreign Mission Association)와 복음적해외선교협의회(Evangelical Foreign Missions Association)가 공동으로 주관했는데 두 단체에 속한 100개의 선교단체 대표자들로서 71개국 938명이 참석했다. 또한 두 협의회에 속하지 않은 50여 개의 다른 기관들이 대표자들을 보냈고, 그 외에 39개의 특별한 선교관심그룹과 14개의 비 북아메리카 기관, 그리고 55개의 신학교와 대학에서 보낸 대표들이 참여했다.

휘튼대회 준비위원회는 이 대회가 1910년 에딘버러 세계선교대회와 IMC 내에서 함께 선교활동을 해온 선교단체들이 1961년 IMC가 WCC의 에큐메니칼 기구에 병합됨으로 해산되고 WCC 산하의 세계선교와 전도위원회(WCC/CWME)와 함께 할 수 없게 되어 IFMA와 EFMA 소속단체들과 그 외 단체들이 IMC 창립 초기의 목적과 취지를 계승하기 위해 소집되었음을 밝혔다. 복음주의자들은 한목소리로 WCC의 선교신학과 방향에 대해 우려와 반대 입장을 분명히 했고, 성경에 입각한 복음주의 선교신학과 선교의 방향을 열 가지 부분의 선언으로 천명했다.

조동진 박사는 휘튼선언에 대해 "1960년대 그 시대로서는 참으로 대담한 것이었으며 그 시기에 적절한 변증적 선언이었다. 혼합주의와 보편주의를 위시한 열 가지 문제들에 대해 성경적 증언을 근거로 한 복음주의적 선교세력의 이 선언은 WCC 에큐메니칼 선교의 추세에 대한 매우 직선적

이고 날카로운 해답이었다."고 평가했다.[717]

오늘의 교회가 특별히 세계선교와 관련된 열 가지 문제들에 대한 복음주의적 입장을 선언하기에 앞서 이런 선언을 하지 않으면 안 되었던 이유들을 일곱 가지로 설명하고 있다.[718] 첫째, 확실성의 필요성이다. 많은 복음주의적 기독교인들은 불안하고 걱정스럽다. 어떤 이들은 이 변화의 시대에 있어서의 성경적 증언들의 타당성에 확신을 못가진다. 왜 우리는 마음과, 힘과 재원을 이 발전해가는 세대의 모든 족속과 민족과 나라를 향한 그리스도의 선포에 쏟아야 하는가? 이 불확실성이 우리로 하여금 교회의 성경적 선교에 다시 초점을 맞추는 선언문을 작성하도록 요구한다. 우리는 우리의 확실성을 분명히 해야 한다.

둘째, 헌신의 필요성이다. 세속적 세력들이 그리스도와 그분의 선교 목적을 향한 헌신을 방해하면서 기독교인들의 마음에 작용하고 있다. 우리는 점차적으로 "점점 더 다루기 힘들어 가는 다루기 힘든 세계"로부터 뒤로 물러나 대가가 필요한 전진을 향한 호소에 귀를 닫아 버리고는, "왜 과거의 성과에 만족해하지 않을까? 어쨌든 교회는 이제 전 세계에 퍼져있다. 신생교회들로 하여금 그 과업을 끝마치게 해야지"라고 합리화한다. 우리는 성경의 조명 아래서 솔직하게 자기를 반성하고 우리 마음가짐을 남김없이 드러낼 필요가 있다. 개선책의 응용이 자기 점검에 뒤따라야 한다. 상황은 그리스도의 주권에 뒤따라야 한다. 상황은 그리스도의 주권에 대한 우리 헌신의 깊은 갱신과 성령께서 우리와 그분의 교회 안에서 그것을 이룰 수 있도록 만일 필요하다면 어떤 희생과 고통까지도 감수하고자 하는 자발성을 요구한다. 우리는 이러한 소명을 발하고 유의해야 한다.

셋째, 분별의 필요성이다. 개신교는 교리적 불확실성, 새로운 신학사조, 공공연한 배교 등으로 어려움을 겪고 있다. 사탄은 거짓증거를 조장하여 의심을 퍼뜨리고 참된 신앙을 파괴하려고 밀밭 가운데 엉겅퀴를 뿌리는

---

717) 조동진, *세계선교 트렌드 1900~2000 上*, 527.
718) 조동진, *세계선교 트렌드 1900~2000 上*, 477-516 참조.

일에 열심이다. 그리스도인들은 "하나님의 것인지 아닌지 영들에 대한 분별"을 하고자 하는 의지와 능력을 필요로 한다. 교회는 교회의 순수성, 평화, 그리고 하나 됨을 수호하기 위해 신약성서의 훈련과정을 이행하려는 용기를 필요로 한다. 하나님의 백성은 죄악과 잘못으로부터 벗어날 것을 요청하는 예언자적 목소리를 필요로 한다. 우리는 그 목소리를 높여야만 한다.

넷째, 소망의 필요성이다. 세계는 격동 속에 있다. 기독교 신앙에 적대적인 세력들이 점점 강해지며 공격적이 되고 있다. 특별히 공산주의 같은 정치적 운동들은 집단적 인간의 숭배를 요청한다. 그들은 어떤 "신"의 도움 없이도 인간은 사회를 완성시킬 것이라고 호언한다. 그들은 자주 다시 부흥하는 그리고 확장에 있어서 전투적인 고대 민속종교들로 발을 묶고 행진한다. 이런 기독교 의식들은 영적 권위를 향한 인간의 선천적 욕망을 양식 삼아 증가하고 성장하고 있다. 새로운 도전이 성경적 기독교에 충실한 교회들에 직면하고 있다. 갈등과 예수 그리스도의 백성에 대한 증대하는 적대감의 상황 속에 예수 그리스도의 지속적인 충분성이란 어떤 의미인가? 소망의 선언이 긴급히 필요하다. 우리는 그 소망을 선포해야만 한다.

다섯째, 확신의 필요성이다. 하나님께서는 우리의 시대를 다스리시는 분이다. 우리는 그분과 그분의 복음의 진보와 역사 속에서의 그분의 승리를 믿는다. 우리는 교회와 민족가운데서 그분이 은혜롭게 사역하시는 수 없는 증거들을 발견한다. 우리는 우리가 교회의 보편성을 말할 수 있음을 기뻐한다. 우리는 모든 민족 가운데 하나님의 궁극적 승리의 확실성을 나타내는 그리스도와 그분의 복음에 대한 증인들이 있음을 믿는다. "이 천국 복음이 모든 민족에게 증거 되기 위하여 온 세상에 전파되리니 그제야 끝이 오리라"(마 24:14). 성경은 그분의 참된 교회로부터 나온 모임이 완성될 때, 그리스도가 다시 오실 것이라고 단호하게 선언한다. 모든 인간의 역사는 그분 안에서 완성될 것이다(엡 1:10). 우리는 이 확신을 단언해야만 한다.

여섯째, 고백의 필요성이다. 우리의 무가치함을 인정하면서, 우리는 전 세계에 걸친 그리스도 안에서의 우리 형제자매, 신앙의 세계 가족에게 말한다. 비록 그들처럼 우리도 "주 예수의 이름으로 우리 하나님의 성령으로 말미암아 씻겨 지고…거룩하게 되고…의롭게 되었으므로," 하나님의 은총의 대상이지만 우리는 그럼에도 불구하고 교회 안에서 우리의 사역의 부족함을 느낀다. 우리는 무거운 죄를 지었다. 우리는 우리로 종종 세상의 관심을 정직하게 대면하고 대처하는 것을 막는 세상으로부터의 비성경적 격리에 대한 죄인이다. 기독교 사역을 수행함에 있어서 우리는 일의 진척과 대중성에는 너무 많이 의존하는 반면 지속적인 기도와 성령에는 너무 의존하지 않는다. 우린 자주 타당하고 매력적인 방식으로 복음을 전달하는데 실패한다. 우리는 외향적인 복음 증언과 높은 윤리적 관심의 그리스도인을 지속적으로 개발하지 않는다. 우리는 하나님께 그리고 우리의 형제들에게 우리를 용서하라고 요구한다. 그러나 우리의 고백은 좀 더 구체적이어야 한다. 우리가 성경의 조명 아래서 과거의 사역에 대한 솔직하고 객관적인 평가를 받을 때, 우리는 우리가 종종 다음과 같은 데서 실패했던 사실을 발견한다.

우리 주님 재림의 복된 소망을 개인적 성결과 선교적 열정의 자극제로서 충분히 강조하는데 있어서, 수용적인 사람들 가운데서 교회를 늘리는 과제의 전략적 중요성을 어떤 적절한 방식으로라도 분별하는데 있어서, 새롭게 생겨난 회중가운데 계시는 성령의 리더십에 전적으로 의지하는데 실패함으로 온정적 간섭주의를 지속시켜 국가교회와 선교 단체사이에 불필요한 긴장을 야기 시킨 것, 인종차별, 전쟁, 인구 폭발, 가난, 가정 파탄, 사회혁명, 그리고 공산주의 같은 문제에 성경적 원리를 적용하는데 있어서, 비용이 많이 들고 비효율적인 행정구조의 중복의 제거하고 우리 손길이 닿는 범위를 넓히는 협력형태를 촉진하는데 있어서, 우리가 회개하는 마음으로 인정하고 있는 이러한 실패들은 우리에게 이 객관적인 평가와 성경의 교정하는 권위에 순종할 것을 요구한다. 우리는 이 고백을 해야 한다.

일곱째, 복음주의적 합의의 필요성이다. 우리의 실패를 점검하고 수정하는 것 외에, 우리는 성경적 기독교의 유일성과 궁극성에 도전하는 종교적 움직임들을 점검하지 않으면 안 된다. 이 회의는 그것들이 우리의 성경적 신앙에 제기하는 구체적인 위협에 대한 더욱 심도 있는 통찰과 균형 잡힌 사고에 대한 관심으로 인해 소집되었다. 로마 가톨릭교회, 제2바티칸 공의회에서 바뀐 그 외적 입장과 내적 조직 그리고 개방적인 대화를 위한 명백한 욕구로 말미암아 그 조절된 그 이전의 폐쇄성은 우리의 신중한 평가와 반응을 요구한다. 현대 개신교 운동, 하나님에 의한 계시된 복음의 비 실재를 대담하게 주장하고, 영원한 심판을 부정하는 신(新)보편주의를 퍼뜨리며, 공격적 복음전도를 교회 간의 화해사역으로 대치하고, "교회"와 "선교," "가톨릭"과 "개신교" 사이의 성경적 구분을 모호하게 하며, 세계 종교의 단일화의 방향으로 교회의 조직을 창출하고 있는 현대 개신교 운동도 마찬가지로 신중한 평가와 반응을 요구한다. 신(新)기독교 의식들, 배우지 못한 기독교인들의 신앙을 전복하려는 강렬한 노력을 통해 그리고 그리스도의 참된 제자인양 하는 자신들의 기만적 과시 속에서 영적 권위를 향한 인간의 선천적 욕망을 양식 삼는 그들도 마찬가지로 신중한 평가와 반응이 요구된다. 비기독교적 종교조직, 새로운 선교적 열정 속에 있는 이슬람, 힌두교, 그리고 불교 같은 비기독교적 종교조직들이 기독교의 성장에 강력한 위협을 가해오고 있으므로 마찬가지로 신중한 평가와 반응이 요구된다. 우리는 이 합의를 분명히 해야 한다.

베를린 세계전도대회(1966년)

1966년은 복음주의 선교역사에 중요한 사건 두 개가 있었다. 부활절(4월 9일~16일)에 복음주의의 메카 미국 일리노이 주 휘튼에서 '교회의 세계선교에 관한 회의'(Congress on the Church's Worldwide Mission)가 모여 그리스도의 지상명령에 대한 재 헌신을 다짐하는 대회를 열었고, 종교개혁주일 기간(10월 25일~11월 4일)에는 제2차 대전의 패전국이자 두 개의 이데올로기의 대결로 분열된 독일의 옛 수도 베를린의 장벽 앞에서 전 세계 백여 개 국가들의 대표가 모여 "선교의 새로운 종교개혁"을 선언하는 '세계전도대회'(World Congress on Evangelism)가 열렸다.

베를린대회는 복음주의 신학자들 중에서 뛰어난 논객으로 명성을 날리던 풀러신학교 조직신학 교수였던 칼 헨리(Carl F. Henry)에 의해 제안되고, 기획되고, 또한 그가 대회의 이념과 사상의 주도자였으며, 대회장이었다. 그리하여 베를린대회는 빌리 그래함(Billy Graham)의 대중전도운동의 특성과 칼 헨리의 복음주의 신학이 합성된 격조 높은 복음주의 세계선교대회가 되었다. 조동진 박사는 "휘튼대회가 복음주의자들의 '성경적 선교관'을 집대성한 선언서를 창출했다면, 베를린대회는 하나님 중심의 세계관을 선포하는 대회였다"고 평가했다.[719]

베를린대회에는 전 세계 100여개 국가에서 1,200명의 대표자들이 참가하였고, 한국에서는 한경직목사(영락교회), 홍현설박사(감리교신학교 교장), 김활란박사(이화여자대학교), 조동진목사(조직위원장), 이상근목사(대구제일교회), 김준곤목사(한국 CCC 대표), 최찬영선교사(태국주재), 조종남박사(서울신학교), 오병세교수(고려신학교), 김득렬목사(북미주 한인교회 대표)목사 등 열 명이었다.

베를린대회의 주제는 지금까지의 선교대회 주제들보다 가장 근본적인 것으로 "'한 인류'(One Race), '한 복음'(One Gospel), '한 과업'(One Task)"이었다. 하나님의 말씀과 복음과 전도의 지상명령이라는 불변의 역사적 사명을 가진 교회가 악마의 세력을 정복하기 위한 영적 전쟁을 선포하는 대회임을 선언했다. 특히 베를린대회는 미국 복음주의 교회를 대표하는 저널 "Christianity Today" 창간 10주년을 기념하여 개최된 세계 최초의 전도대회로서 로잔운동의 근원으로 평가받기도 한다.

---

719) 조동진, 세계선교 트렌드 1900~2000 下, 27.

프랑크푸르트 선언(1970년)

　게오르크 휘체돔(Georg F. Vicedom)의 '하나님의 선교' 개념은 1952년 국제선교협의회(IMC)의 빌링겐 대회(Willingen) 이후 에큐메니칼(WCC) 선교운동의 핵심적인 신학적 개념으로 자리 잡았다.[720] 이 신학을 주도적으로 이끈 사람은 네덜란드의 요하네스 호켄다이크(Johannes C. Hoekendijk)이다. 그의 등장으로 하나님의 선교는 점차 교회를 완전히 배제하는 개념으로 변질되기 시작하였다. 호켄다이크에게 하나님의 선교는 하나님이 그 자신을 "표명"하는데 있어서 아무 도움이 필요 없다는 것을 의미했다. 심지어 호켄다이크는 하나님의 선교와 인간의 선교를 동일한 개념으로 주장하고 "교회 안에는 구원이 없다"라는 표현까지 사용했다. 하나님은 비신자들까지를 포함해서 당신의 일을 하므로 세상의 모든 인간의 노력과 활동이 결국 하나님의 선교라는 주장이다.

　호켄다이크는 사도적 신학을 주장하면서 선교의 중심을 '세상'으로 규정하고 교회의 선교적 역할을 축소시켰다. 기독교 신앙은 오늘날의 사회적인 도전과 현실의 목표와 더불어 역사적으로 조건 지어진다는 것을 전제로 '구원은 마침내 세상 역사 자체 안에 나타나는 샬롬'이라고 정의했다. 이 샬롬은 하나님과 또 이웃과의 관계에서 발견되고 성취되는 것이며 이 '샬롬'이 구원이고 이 '샬롬'을 가져오게 하는 것이 곧 선교라고 주장하게 되었다.

　오늘날의 하나님의 선교를 중심으로 하는 선교 개념은 더 확대되면서 극단적인 정치투쟁의 참여에서, 연대성을 중심에 두고 확대하려는 코이노니아 개념, 그리고 그리스도 중심적 구원론을 벗어나려는 시도, 교회를 배제하려는 그룹과 교회를 제한적 참여의 수준에 머물게 하는 그룹 간의 문제, 인권 문제, 생태계 신학과 반세계화 운동까지가 모두 하나님의 선교를 근거로 주장하고 있다.

---

720) David Bosh, *Transforming Mission*, 390-393.

1960년대 후반에 세계교회협의회(WCC)의 '하나님의 선교' 신학이 너무 인본주의적으로 세속화하게 되자 휘체돔은 독일 튀빙겐(Tübingen) 대학교 선교와 에큐메니칼 신학 연구소장인 피터 바이어하우스(Peter Beyerhaus)를 위시한 15명의 반 에큐메니칼 신학자들과 1970년에 "프랑크푸르트 선언"(The Frankfurt Declaration)을 발표하기에 이르렀다.[721] 프랑크푸르트 선언은 1968년 WCC 웁살라 총회가 인간화를 선교갱신의 목표로 설정한 '선교의 갱신'(Renewal in Mission)에 관한 사상을 비판하고 이에 응전한 선언으로서 기독교 선교에 있어서의 근본적인 위기를 다루면서 분명한 성경적 근거를 바탕으로 그리스도인과 교회 및 선교 단체들이 삼위일체 하나님이 주신 본래의 선교적 사명으로 돌아올 것을 요청하는 것이었다.

그동안 에큐메니칼 진영이 탈 성경적인 신학과 인본주의적인 선교노선을 지향함으로 복음주의 진영에서 이에 대한 강력한 경고들이 있었는데 주로 미국 복음주의 진영에서 나타났다. 대표적으로 1966년 봄 부활절에 미국 복음주의 진영의 두 선교단체인 EFMA(Evangelical Fellowship of Mission Agencies)와 IFMA(Interdenominational Foreign Mission Association)가 발표한 '휘튼선언'(Wheaton Declaration)과 같은 해 가을 종교개혁 기념일에 베를린에서 모였던 전도를 위한 세계회의(World Congress on Evangelism)의 '베를린선언'(Berlin Statement)이었다.

그런데 프랑크푸르트 선언은 유럽의 신학을 주도하고 있는 독일 신학자들, 그것도 WCC에 가입되어 있는 독일의 개신교회에 속한 신학자들에 의하여 작성되고 발표되었다는데 그 의의가 있다. 특히 개신교 최초의 세계선교대회였던 에딘버러 세계선교대회(1910년) 이후 개신교 선교역사

---

721) 프랑크푸르트 선언에 서명한 학자들은 다음과 같다: P. Beyerhaus(Tübingen), W. Böld(Saarbrücken), E. Ellwein(Erlanger), H. Engelland(Kiel), H. Frey(Bethel), J. Heubach(Lauenburg), A. Kimme(Leipzig), W. Künneth(Erlangen), O. Michel(Tübingen), H. Mundle(Marburg), H. Rohrbach(Mainz), G. Stählin(Mainz), G. Vicedom (Neuendettelsau), U. Wickert(Tübingen), J. W. Winterhager(Berlin).

를 이끌었던 국제선교협의회(International Mission Community)가 지속적으로 자유주의 신학자들과 혼합주의 선교학자들에 의해 탈 성경적 선교노선을 지향하다가 결국 1961년 WCC에 병합된 이후 1963년 멕시코 시티에서 개최된 WCC의 세계선교와 전도위원회(Commission on World Mission and Evangelism)에서 선교의 세속화(secularization)를 선언하기에 이르렀다.

이어서 1968년 WCC 웁살라 총회가 인간화를 선교 갱신의 목표로 설정한 리포트를 채택한 것을 보고 피터 바이어하우스가 "인간화가 유일한 세계의 소망인가?"(Humanization-the Only Hope of the World?)라는 선교의 인간화에 대한 비판적인 논문을 발표하였다.[722] 이 논문은 독일의 여러 대학교 신학자들의 호응을 얻었으며 마침내 프랑크푸르트 선언을 발표하게 된 계기가 되었다. 따라서 프랑크푸르트 선언은 에큐메니칼 진영의 선교가 성경의 전통적인 구원의 복음을 떠나 인간화(humanization)라는 탈 성경적인 노선으로 선회한 것에 대한 통렬한 비판이었다. 이 선언문에는 일곱 가지의 성경적 원리에 입각한 선교신학을 제시했는데 휫튼선언과 베를린선언에서 발표된 복음주의 선교원리를 재천명하는 수준이었다. 성경은 총체적인 선교(복음 선포와 사회적 책임)를 강조하고 있는 바, 에큐메니칼은 복음 선포에 대한 우선순위를 저버리고 세상중심의 인간화를 목표로 함으로 기독교의 정체성을 벗어난 세속단체로 전락해버린 것이다.

2. 1차 로잔세계복음화국제대회: "로잔 언약"(1974년)

WCC의 에큐메니칼의 탈 성경적 선교관에 강력하게 대응했던 세력이 복음주의자들의 '로잔 국제복음화대회'였다. 1974년(7월 16일~25일) 대표적인 복음주의 신학자들인[723] 미국의 빌리 그래함(Billy Graham)과 영국

---
722) 조동진, 『세계선교 트렌드 1900~2000 下』, 95.
723) 대표적인 세계 복음주의 선교신학자들은 미국의 빌리 그래함(Billy Graham)과 도널드 맥가브

의 존 스토트(John Stott)가 주도하여 스위스 로잔(Lausanne)에서 150개국 3,700명의 목회자, 신학자, 선교사, 평신도 대표들이 참석했다. 한국에서도 65명의 대표들이 참석했다. WCC의 탈 성경적 세속화 선교에 반대하여 프랑크푸르트 선언을 주도했던 독일의 피터 바이어하우스는 "로잔대회는 마치 지금까지 별로 알려지지 않은 작은 강들이 한데 모여서 큰 물길이 되어 복음주의적인 고깃배를 나를 수 있게 되었고, 20세기 후반기 기독교의 건조한 땅을 영적으로 비옥하게 만든 것같이 참석자들의 신학적 사고와 선교활동에 지대한 영향을 주었다."고 평가했다.[724]

이런 의미에서 로잔대회는 세계 선교역사에 지대한 영향을 끼쳤음에 이론의 여지가 없다. 로잔은 하나의 '운동'(movement)이다. 로잔정신을 함께하여 세계복음화에 뜻을 같이 하는 사람들의 모임이다. 로잔은 WCC처럼 교단(단체)을 회원으로 하지 않고 로잔언약과 신학에 동조하는 사람이면 누구든지 참여할 수 있다. 따라서 WCC에 속한 단체의 구성원도 개별적으로 로잔에 함께 할 수 있다.

로잔대회는 에큐메니칼의 종교다원주의에 대항하여 "구원은 오직 예수 그리스도뿐"이라는 절대주의(일원주의) 신학을 고수하였고, 또한 총체적 선교를 강조함으로 복음주의자들로 하여금 복음전도뿐만 아니라 사회적 책임도 그리스도인의 임무라는 사실을 받아들이게 했다.

로잔대회는 존 스토트가 초안을 작성한 15개의 주제를 참석자들이 합의하고 서명하여 "로잔 언약"(Lausanne Covenant)을 만들었다.[725] 전반적인 로잔언약의 기조는 웨스트민스터 신앙고백을 토대로 하고 있는데, 하나님과 성경의 권위에서부터 그리스도의 지상명령과 성령의 능력, 그리고 그리스도의 재림에 대한 신앙고백을 재확인하는 광범위한 내용을 담고 있다.

란(Donald McGavran), 영국의 존 스토트(John R. W. Stott), 독일의 피터 바이어하우스(Peter Beyerhaus)와 게오르그 휘체돔(Georg F. Vicedom)으로 알려져 있다.

724) Lausanne Committee for World Evangelization, "World Evangelization," Vol. 14, No. 46, March 1987, 7.

725) 조종남, *로잔언약*, 생명의말씀사, 1986 참조.

특히 로잔대회는 복음의 선포라는 의미를 가진 "복음전도"(evangelism)보다는 교회의 과업이라는 의미를 가진 "복음화"(evangelization)라는 용어를 사용하였다. 또한 로잔대회는 랄프 윈터(Ralph Winter)가 주장한 대로 마태복음 28장 18-20절의 지상명령(대위임령)을 새롭게 해석하였는데, "민족"이라는 개념을 "종족집단"(people group)이라는 개념으로 이해했다는 점이다. 이런 해석에 기반하여 나타난 선교적 용어가 '미전도 종족'(unreached people)이란 용어인데 세계 선교계에 큰 이정표가 되어 10/40창을 기점으로 한 종족 선교운동이 시작되기도 했다. 분명한 사실은 1974년 로잔대회를 정점으로 세계선교의 구심점이 에큐메니칼에서 이반젤리칼 진영으로 이동했다는 것이다. 다음은 로잔 언약의 전문이다.[726]

로잔 언약(The Lausanne Covenant)

머리말

로잔에서 열린 세계복음화국제대회에 참가하기 위해 150여 개 나라에서 온 예수 그리스도의 교회의 지체인 우리는, 그 크신 구원을 주신 하나님을 찬양하며, 하나님께서 우리로 하나님과 교제하게 하시며 우리가 서로 교제하게 해주시니 매우 기쁘다. 우리는 하나님이 우리 시대에 행하시는 일에 깊은 감동을 받으며, 우리의 실패를 통회하고 아직 미완성으로 남아 있는 복음화 사역에 도전을 받는다. 우리는 복음이 온 세계를 위한 하나님의 좋은 소식임을 믿고 이 복음을 온 인류에 선포하여 모든 민족을 제자 삼으라고 분부하신 그리스도의 명령에 순종할 것을 그의 은혜로 결심한다. 그러므로 우리는 이 신앙과 그 결단을 확인하고 이 언약을 공포하려고 한다.

---

726) 조동진, *세계선교 트렌드 1900~2000 下*, 179-188 참조.

1. 하나님의 목적

우리는 세계의 창조자이시며 주되신 영원한 한분 하나님 곧 성부, 성자, 성령에 대한 우리의 신앙을 확인한다. 하나님은 그의 뜻의 목적에 따라 만물을 통치하신다. 그는 자기를 위하여 세상으로부터 한 백성을 불러내시며 다시금 그들을 세상으로 내보내시어 그의 나라의 확장과 그리스도의 몸의 건설과 그의 이름의 영광을 위하여 그 부름 받은 백성들을 그의 종들과 증인이 되게 하신다. 우리는 종종 세상과 동화되든가 혹은 단절됨으로 우리의 소명을 부인하고 우리의 선교사명에 실패하였음을 부끄러움을 무릅쓰고 고백한다. 그러나 복음은 비록 질그릇에 담겼을지라도 귀중한 보화임을 기뻐하며 이 보화를 성령의 능력으로 널리 알게 하는 과업에 우리 자신을 새롭게 헌신하려고 한다. (사 40:28; 마 28:19; 엡 1:11; 행 15:14; 요 17:6, 18; 엡 4:12; 고전 5:10; 롬 12:2; 고후 4:7)

2. 성경의 권위와 능력

우리는 신구약 성경이 하나님에 의하여 영감 되었음과 그 참됨과 권위를 믿는다. 성경은 그 전체에 있어서 하나님의 유일한 기록된 말씀으로서 그 모든 가르치는 바에 있어서 착오가 없으며, 신앙과 행위에 대하여 유일의 정확 무오한 법칙임을 믿는다. 하나님의 말씀은 또한 그의 구원의 목적을 이루시는 하나님의 능력이다. 성경 말씀은 온 인류를 위한 것이다. 왜냐하면 그리스도와 성경에 나타난 하나님의 계시는 불변하기 때문이다. 그 계시를 통하여 성령은 오늘도 말씀하신다. 성령은 어느 문화 속에 있든지 모든 하나님의 백성의 마음을 깨우치사 이 진리를 그들의 눈으로 친히 새롭게 보게 하시고 하나님의 여러 가지 모양의 지혜를 온 교회에 더욱더 풍성하게 나타내신다. (딤후 3:16; 벧후 1:21; 요 10:35; 사 55:11; 고전 1:21; 롬 1:16; 마 5:17, 18; 유 3; 엡 1:17; 3:10, 18)

3. 그리스도의 유일성과 보편성

　우리는 전도의 방법은 여러 가지이나 구주도 오직 한 분이요 복음도 오직 하나임을 확인한다. 우리는 자연에 나타난 하나님의 일반계시를 통해서 모든 사람이 하나님에 관한 어느 정도의 지식이 있음을 인정한다. 그러나 우리는 사람들이 이것으로 구원받을 수 있다는 주장을 거부한다. 왜냐하면 사람은 그의 불의로써 진리를 억압하고 있기 때문이다. 우리는 또한 여하한 형태의 혼합주의와 그리스도께서 어떤 종교나 어떤 이데올로기를 통해서도 똑같이 말씀하신다는 뜻에서 진행된 대화는 그리스도와 복음을 손상시키므로 이를 거부한다. 예수 그리스도는 유일하신 신인(神人)으로서 죄인을 위한 유일한 대속물로서 자신을 주셨고, 하나님과 사람 사이의 유일의 중보자이시다. 예수의 이름 외에 우리가 구원받을 다른 이름은 없다. 죄로 인하여 모든 사람이 멸망하고 있다. 그러나 하나님은 모든 사람을 사랑하시어 한 사람도 멸망하지 않고 모두가 회개할 것을 원하신다. 그럼에도 그리스도를 거절하는 자는 구원의 기쁨을 거부하며 스스로 정죄함으로써 하나님으로부터 영원히 떠난다. 예수를 "세계의 구주"로 전한다해서, 반드시 모든 사람이 자동적으로 혹은 궁극적으로 구원받게 되는 것은 아니며 더구나 모든 종교가 그리스도 안에 있는 구원을 제공한다고 보장하는 것은 더욱 아니다. 예수를 "세계의 구주"로 전한다고 하는 것은 오히려 죄인들의 세상을 향한 하나님의 사랑을 선포하는 것이며 마음을 다한 회개와 신앙에 의한 인격적 헌신으로 예수를 구주로 맞이하도록 모든 사람을 초대하는 것이다. 예수 그리스도는 모든 다른 이름 위에 높임을 받아 왔으며 그러므로 우리는 모든 사람이 그 앞에 무릎을 꿇게 되고 모든 입이 그를 주로서 고백하게 되는 날을 간절히 고대한다. (갈 1:6-9; 롬 1:8-32; 딤전 2:5, 6; 행 4:12; 요 3:16-19; 벧후 3:9; 살후 1:7-9; 요 4:42; 마 11:28; 엡 1:20, 21; 빌 2:9-11)

4. 전도의 본질

전도한다는 것은 기쁜 소식을 널리 퍼뜨리는 것인데, 기쁜 소식이라 함은 예수 그리스도께서 성경대로 우리의 죄를 위하여 죽으시고 죽은 자로부터 다시 살아나시어 통치하시는 주로서 그는 지금도 회개하고 믿는 모든 자들에게 사죄와 성령의 자유하게 하시는 은사를 공급하신다는 것이다. 전도에 있어서 세계 속의 그리스도인의 현존은 불가결한 것이며, 또한 이해하기 위하여 주의 깊게 귀를 기울이는 것을 목적으로 하는 대화도 없는 수는 없다. 그러나 전도 그 자체는 역사적 성경적 그리스도를 구주요 주로서 선포하여 사람들로 하여금 그에게 개인적으로 와서 하나님과 화목함을 얻도록 설득하는 일이다. 복음의 초대를 함에 있어 제자된 값을 치러야 한다는 일을 감출 수는 없다. 예수께서는 오늘도 당신을 따르는 모든 사람으로 하여금 자기를 부인하고 자기 십자가를 지고 그의 새 공동체에 속하였음을 분명히 하도록 부르신다. 전도의 결과는 그리스도께의 순종, 그의 교회와의 협력, 세상 안에서의 책임 있는 봉사를 포함한다. (고전 15:3, 4; 행 2:32-39; 요 20:21; 고전 1:23; 고후 4:5; 5:11, 20; 눅 14:25-33; 막 8:34; 행 2:40, 47; 막 10:43-45)

5. 그리스도인의 사회적 책임

우리는 하나님이 모든 사람의 창조자이신 동시에 심판자이심을 믿는다. 그러므로 우리는 인간 사회 어디서나 정의와 화해를 구현하시고 인간을 모든 종류의 압박에서 해방시키려는 하나님의 권념에 참여하여야 한다. 사람은 하나님의 형상으로 창조되었기에 인종, 종교, 피부색, 문화, 계급, 성 또는 연령의 구별 없이 모든 사람이 타고난 존엄성을 지니고 있으며 따라서 사람은 서로 존경받고 섬김을 받아야 하며 누구나 착취당해서는 안 된다. 이 점을 우리는 등한시하여 왔고, 또는 종종 전도와 사회참여가 서로 상반되는 것으로 잘못 생각한데 대하여 참회한다. 사람과의 화해가 곧 하나님과의 화해가 아니며, 사회행동이 곧 전도는 아니며, 정치적 해방이 곧 구원은 아닐지라도, 전도와 사회-정치적 참여는 우리 그리스도인의 의무의 두 가지 부분이라는 것을 우리는 인정한다. 왜냐하면 이 두 가지는 다 같이 하나님과 인간에 대한 우리의 교리, 우리 이웃을 위한 우리의 사랑, 그리고 예수 그리스도에 대한 우리의 순종의 필수적 표현들이기 때문이다. 구원의 메시지는 모든 종류의 소외와 압박과 차별에 대한 심판의 메시지를 내포한다. 그러므로 우리는 악과 부정이 있는 곳에서는 어디서나 이것을 공박하는 일을 무서워해서는 안 된다. 사람들이 그리스도를 받아들이면 그의 나라에 다시 태어난다(중생함을 받는다). 따라서 그들은 불의한 세상 속에서도 그 나라의 의를 나타낼 뿐만 아니라 전파하기에 힘써야 한다. 우리가 주장하는 구원은 우리의 개인적 그리고 사회적 책임을 총체적으로 수행하도록 우리를 변화시키는 것이어야 한다. 행함이 없는 믿음은 죽은 것이다. (행 17:26, 31; 창 18:35; 사 1:17; 시 45:7; 창 1:26, 27; 약 3:9; 레 19:18; 눅 6:27, 35; 약 2:14-26; 요 3:3, 5; 마 5:20; 6:33; 고후 3:18; 약 2:20)

6. 교회와 전도

아버지께서 그리스도를 세상에 보내신 것과 같이 그리스도는 그의 구속받은 백성들을 세상으로 보내시는 것을 우리는 확인한다. 이 사실은 그리스도께서 하신 것과 같이 우리들이 세상으로 깊고도 희생적인 침투를 할 것을 요구한다. 우리는 우리의 교회적 "울타리"를 트고 넘어서 비기독교 사회에 침투해 들어가야 한다. 교회가 희생적으로 해야 할 일 가운데 전도는 최우선적인 것이다. 세계 전도는 전체 교회로 하여금 전체 복음을 전 세계에 전파함을 요구한다. 교회는 하나님의 우주적 목적을 이루는 바로 중심에 서 있으며 복음을 전파할 목적으로 그가 지정하신 수단이다. 그러나 십자가를 설교하는 교회는 스스로 십자가의 흔적을 지녀야 한다. 교회가 만일 복음을 배반하든가, 하나님을 향한 산 믿음이 없다든가, 사람들에 대한 진정한 사랑이 없든가, 사업 추진과 재정 등 모든 일에 있어서의 철저한 정직성이 결여될 때 교회는 오히려 전도의 장애물이 되어 버린다. 따라서 어떤 특정한 문화적, 사회적 또는 정치적 체제들이나 인간의 이데올로기와 동일시되어서는 안 된다. (요 17:18; 20:21; 마 28:19, 20; 행 1:8; 20:27; 엡 1:9, 10; 3:9-11; 갈 6:14, 17; 고후 6:3, 4; 딤후 2:19-21; 빌 1:27)

7. 전도를 위한 협력

교회가 진리 안에서 가견적 일체성을 이룩하는 일이 하나님의 목적임을 우리는 확인한다. 전도는 또한 우리를 하나가 되도록 부른다. 왜냐하면 우리의 불일치가 우리가 전하는 화해의 복음을 무너뜨리고 마는 것처럼 우리의 하나 됨은 우리의 증거를 더욱 힘 있게 만드는 것이기 때문이다. 그러나 조직적 일치가 여러 가지 모양을 띨 수가 있고 또 그것이 반드시 전도를 증진시키는 것이 아니란 것도 우리는 인정한다. 그럼에도 불구하고 동일한 성경적 신앙을 함께 하는 우리들은 교제와 일과 증거에 있어서 긴밀하게 일치단결하지 않으면 안 된다. 우리의 증거가 때로는 죄악 된 개인주의와 불필요한 중첩으로 인하여 저해를 받는 경우가 많다는 것을 우리는 고백한다. 우리는 진리와 예배와 거룩함과 선교에 있어서 좀 더 깊은 일치를 추구할 것을 약속한다. 교회의 선교를 촉진하기 위해서, 전략적 계획을 위해서, 상호간의 격려를 위해서 그리고 자원과 경험을 서로 나누기 위해서 지역적이며 기능적인 협력을 발전시킬 것을 우리는 촉구한다. (요 13:35; 17:21, 23; 엡 4:3, 4; 빌 1: 27; 요 17:11-23)

8. 교회의 선교 협동

선교의 새 시대가 동트고 있음을 우리는 기뻐한다. 서방 선교의 주도적 역할은 급속히 사라져 가고 있다. 하나님은 신생 교회들 중에서 세계 복음화를 위한 위대하고도 새로운 자원을 불러일으키고 계신다. 그리하여 전도의 책임이 그리스도의 몸 전체에 속해 있음을 밝히 보여 주신다. 그러므로 모든 교회는 개교회가 속해 있는 지역을 복음화 함과 동시에 세계의 다른 지역에도 선교사를 보내기 위하여 무엇을 해야 할 것인가를 하나님과 자신에게 물어야 할 것이다. 우리의 선교 책임과 선교 역할에 대한 재평가는 계속되어야 한다. 이렇게 하여 교회들 간의 협동은 더욱 강화될 것이며, 그리스도 교회의 보편성은 더 분명하게 드러나게 될 것이다. 우리는 또한 성경번역, 신학교육, 매스미디어, 기독교 문서사업, 전도, 선교, 교회갱신, 기타 특수 분야에서 일하는 여러 기관들로 인하여 하나님께 감사한다. 이런 기관들도 교회 선교의 한 사역자로서 그 효율성을 평가하기 위하여 지속적인 자기 검토를 해야 한다. (롬 1:8; 빌 1:5; 4:15; 행 13:1-1; 살전 1:6-8)

9. 복음 전도의 긴박성

인류의 3분의 2 이상에 해당하는 27억 이상의 인구가 아직도 복음화 되어야 한다. 우리는 이토록 많은 사람이 아직도 등한시되고 있다는 사실을 부끄럽게 생각한다. 이는 우리와 온 교회에 대한 끊임없는 견책이다. 그러나 오늘날 세계 도처에서는 주 예수 그리스도에 대하여 전례 없는 수용 자세를 보이고 있다. 지금이야말로 교회와 모든 교회 기관들이 복음화 되지 못한 이들의 구원을 위하여 열심히 기도하고 세계 복음화를 성취하기 위한 새로운 노력을 시도해야 할 때임을 확신한다. 이미 복음이 전파된 나라에 해외 선교사와 선교비를 감축하는 일은 토착교회의 자립심을 기르기 위하여 혹은 아직 미복음화 된 지역으로 그 자원을 회전시키기 위하여 때로는 필요한 경우도 있을 것이다. 선교사들이 겸손한 섬김의 정신으로 더욱 더 자유롭게 육대주 전역에 걸쳐 교류되어야 할 것이다. 목표는, 가능한 모든 수단을 총동원하여, 되도록 빠른 시일 안에 한 사람도 빠짐없이 이 좋은 소식을 듣고, 깨닫고, 받아들이게 할 기회를 제공하는 일이다. 희생 없이 이 목적을 성취한다는 것은 기대할 수가 없다. 수천 수백만이 당하고 있는 빈곤에 우리 모두가 충격을 받으며, 이 빈곤의 원인인 불의에 대하여 분개한다. 우리 중에 풍요한 환경 속에 살고 있는 이들은 검소한 생활양식을 개발하여 구제와 전도에 보다 많이 공헌하는 것이 우리의 의무임을 확신한다. (요 9:4; 마 9:35-38; 롬 9:1-3; 고전 9:19-23; 막 16:15; 사 58:6, 7; 약 1:27; 2:1-9; 마 25:31-46; 행 2:44, 45; 4:34, 35)

10. 전도와 문화

세계 전도 전략의 개발에는 대담한 개척적 방법이 요청된다. 하나님 아래서 세계 전도의 결과로 그리스도 안에 깊이 뿌리박히고 동시에 각각의 문화에 밀접히 관련된 여러 교회들이 일어날 것이다. 문화는 항상 성경을 표준으로 해서 검토되고 판단 받아야 한다. 사람은 하나님의 피조물이므로 인간 문화의 어떤 것은 대단히 아름답고 선하다. 그러나 인간의 타락으로 인하여 그 전부가 죄로 물들었고 어떤 것은 악마적이다. 복음은 어떤 문화가 다른 문화보다 우월하다고 전제하지 않는다. 오히려 복음은 모든 문화를 그 자체의 진리와 정의를 표준으로 해서 평가하고 모든 문화에 있어서 도덕적 절대성을 주장한다. 선교는 이제까지 복음과 함께 이질적 문화를 수술하는 일이 너무나 많았다. 그리하여 교회는 종종 성경에 매이기보다 문화에 매이는 경우가 많았다. 그리스도의 전도자는 겸손하게 자기를 비워버리기를 힘써야 한다. 다만 그의 인격의 가장 진정한 것만 남겨 다른 사람들의 종이 되어야 한다. 그리하여 문화는 문화를 변형(변혁)시키고 풍요하게 만들기에 힘쓰되 모든 것을 하나님의 영광을 위해서 해야만 한다. (막 7:8, 9, 13; 창 4:21, 22; 고전 9:19-23; 빌 2:5-7; 고후 4:5)

11. 교육과 지도력

우리는 때때로 교회성장을 추구한 나머지 교회의 깊이를 포기하는 결과를 가져 왔고, 또한 전도를 신앙적 육성으로부터 분리시켜 왔음을 고백한다. 또한 우리 선교단체들 중에는 현지 지도자로 하여금 그들의 마땅한 책임을 감당할 수 있도록 준비시키고 격려하는 일에 매우 소홀했음을 인정한다. 그러나 이제 우리는 토착화 원칙을 믿고 있으며 모든 교회가 현지 지도자들을 등용하여 그들로 하여금 지배자로서가 아닌 봉사자로서의 기독교 지도자상을 제시할 수 있기를 갈망한다. 신학 교육의 개선이 크게 요구되고 있음을 인정한다. 모든 민족과 문화권에 있어서 교리, 제자도, 전도, 교육 및 봉사의 각 분야에 목회자와 평신도를 위한 효과적인 훈련 계획이 수립되어야 한다. 그러한 훈련 계획은 틀에 박힌 전형적인 방법에 의존할 것이 아니라 성경적 표준을 따라 지역적인 독창성에 의하여 전개시켜 나아가야 한다. (골 1:27, 28; 행 14:23; 딛 1:5, 9; 마 10:42-45; 엡 4:11, 12)

12. 영적 싸움

우리는 우리가 악의 권세들과 능력들과의 부단한 영적 싸움에 참여하고 있음을 믿는다. 그것들은 교회를 전복시키고 세계 복음화를 위한 교회의 사역을 좌절시키려고 한다. 우리는 하나님의 전신갑주로 자신을 무장하고 진리와 기도의 영적 무기를 가지고 이 싸움을 싸워야 한다는 것을 안다. 이는 교회 밖에서의 거짓 이데올로기 속에서뿐만 아니라 교회 안에서까지도 성경을 왜곡시키며 사람을 하나님의 자리에 놓는 거짓 복음 속에서 적이 활동하고 있음을 발견하기 때문이다. 우리는 성경적 복음을 수호하기 위하여 깨어 있어야 하며 분별력이 있어야 한다. 우리는 우리 자신이 세속적인 생각과 행위, 즉 세속주의에 면역되어 있지 않다는 사실을 인정한다. 예를 들면 숫자적으로나 영적으로 교회성장에 대한 세심한 연구는 정당하고 가치 있는 일임에도 우리는 종종 이런 연구를 게을리 하였으며, 어떤 경우에는 복음에 대한 반응에만 열중하여 우리의 메시지를 타협시켰고 강압적 기교를 통하여 청중을 교묘히 조종하였고 지나치게 통계에 집착한 나머지 통계를 부정직하게 기록하는 때도 있었다. 이 모든 것이 세속적인 것이다. 교회가 세상 속에 있어야 하지만 세상이 교회 속에 있어서는 안 된다. (엡 6:12; 고후 4:3, 4; 엡 6:11, 13-18; 고후 10:3-5; 요일 2:18-26; 4:1-3; 갈 1:6-9; 고후 2:17; 4:2; 요 17:15)

13. 자유와 핍박

모든 정부는 교회가 간섭하지 않고 하나님께 순종하고, 주 그리스도를 섬기며, 복음을 전파하도록 평화와 정의와 자유의 상태를 보장해야 할 의무를 하나님께로부터 받고 있다. 그러므로 우리는 모든 나라의 지도자들을 위하여 기도하며 그들이 사상과 양심의 자유를 보장하고 하나님의 뜻을 따라, 그리고 유엔 인권선언에 규정한 바와 같이 종교를 믿으며 전파할 자유를 보장해 줄 것을 요청한다. 우리는 또한 부당하게 투옥된 사람들, 특히 주 예수 그리스도를 증거 함으로 고난 받는 우리 형제들을 위하여 깊은 우려를 표명한다. 우리는 그들의 자유를 위하여 기도하며 일할 것을 약속한다. 동시에 우리는 그들의 운명에 의하여 유발되는 협박을 거부한다. 하나님이 우리를 도우시매 우리는 무슨 희생을 치르더라도 불의에 항거하며 복음에 충성하기를 힘 쓸 것이다. 핍박이 없을 수 없다는 예수님의 경고를 우리는 잊어버리지 않는다. (딤전 1:1-4; 행 4:19; 5:2; 골 3:24;

히 13:1-3; 눅 4:18; 갈 5:11; 6:12; 마 5:10-12; 요 15:18-21)

14. 성령의 능력

우리는 성령의 능력을 믿는다. 아버지 하나님은 그의 영을 보내시어 아들에 대하여 증거하게 하신다. 그의 증거 없이 우리의 증거는 헛되다. 죄를 깨닫고, 그리스도를 믿고, 새로 중생하고, 그리스도인으로 성장하는 이 모든 것이 성령의 역사이다. 뿐만 아니라 성령은 선교의 영이시다. 그러므로 전도는 성령 충만한 교회로부터 자발적으로 일어나야 한다. 교회가 선교하는 교회가 되지 못할 때 그 교회는 자기모순에 빠져 있는 것이요, 성령을 소멸하고 있는 것이다. 전 세계 복음화는 오직 성령이 교회를 진리와 지혜, 믿음과 거룩함과 사랑과 능력으로 새롭게 할 때에만 실현 가능하게 될 것이다. 그러므로 우리는 모든 그리스도인들이 그러한 하나님의 전능하신 성령의 역사를 위하여 기도할 것을 요청하며, 성령의 모든 열매가 그의 모든 백성에게 나타나고, 그의 모든 은사가 그리스도의 몸을 충성하게 하도록 기도할 것을 호소한다. 그때야 비로소 온 교회는 하나님의 손에 있는 합당한 도구가 될 것이요, 온 땅은 하나님의 음성을 듣게 될 것이다. (고전 2:4; 요 15:26, 27; 16:8-11; 고전 12:3; 요 3:6-8; 고후 3:18; 요 7:37-39; 살전 5:19; 행 1:8; 시 85:4-7; 67:1-3; 갈 5:22, 23; 고전 12:4-31; 롬 12:3-8)

15. 그리스도의 재림

우리는 예수 그리스도께서 친히 권능과 영광중에 인격적으로 그리고 눈으로 볼 수 있도록 재림하시어 그의 구원과 심판을 완성시킬 것을 믿는다. 이 재림의 약속은 우리의 전도를 가속화시킨다. 이는 먼저 복음이 모든 민족에게 전파되어야 한다고 하신 그의 말씀을 우리가 기억하기 때문이다.

그리스도의 승천과 재림 사이의 중간 기간은 하나님의 백성의 선교 사역으로 채워져야 한다고 우리는 믿는다. 그러므로 종말이 오기 전에는 우리에게 이 일을 멈출 자유가 없다. 우리는 또한 마지막 적그리스도의 선행자로서 거짓 그리스도들과 거짓 선지자들이 일어나리라는 그 분의 경고를 기억한다. 그러므로 우리는 인간이 땅 위에 유토피아를 건설할 수 있다는 생각은 오만한 자기 확신의 환상으로 간주하여 이를 거부한다. 우리 그리스도인들은 하나님께서 그의 나라를 완성하실 것이요, 우리는 그 날을 간절히 사모하며 또 의가 거하고 하나님께서 영원히 통치하실 새 하늘과 새 땅을 간절히 고대하고 있음을 확신한다. 그 때까지 우리는 우리의 삶 전체를 지배하시는 그의 권위에 기꺼이 순종함으로 그리스도를 섬기고 사람에게 봉사하는 일에 우리 자신을 재 헌신한다. (막 14:62; 히 9:28; 막 13:10; 행 1:8-11; 마 28:20; 막 13:21-23; 요 2:18; 4:1-3; 눅 12:32; 계 21:1-5; 벧후 3:13; 마 28:18)

맺는말

그러므로 이와 같은 우리의 신앙과 우리의 결심에 비추어서 우리는 하나님 앞에서 또 우리 상호간에 전 세계의 복음화를 위해서 함께 기도하고, 계획하고, 일할 것을 엄숙히 언약한다. 우리는 다른 사람들도 우리와 함께 할 것을 호소한다. 하나님께서 그의 은혜로서 그의 영광을 위하여 우리의 이 언약에 충실할 수 있도록 우리를 도우시기를 기도한다. 아멘, 할렐루야!

3. 2차 로잔세계복음화국제대회: "마닐라 선언"(1989년)

1차 로잔대회 이후 15년 만인 1989년 7월, 아시아 대륙 필리핀 마닐라에서 개최된 두 번째 로잔대회(Lausanne II)에서는 "마닐라 매니페스토"(Manila Manifesto)를 발표했다. 마닐라 매니페스토는 존 스토트(John

Stott)가 작성한 "로잔언약"(Lausanne Covenant)을 보완하여 작성한 것으로 로잔운동의 슬로건이자 로잔의 정신을 구체적으로 표현하고 있다. 즉, 로잔언약이 기독교 선교의 총론이라면 마닐라 매니페스토는 각론의 성격을 가지고 있다. 따라서 마닐라 매니페스토는 선언문이라기보다는 주제에 대한 해설이라고 할 수 있다. 그래서 한국선교의 선구자로 불리는 조동진은 마닐라 매니페스토는 세계복음화를 위해 로잔위원회가 전개한 범지구적인 복음화운동의 추세에 대한 해설서라고 평가했다.[727] 분명한 것은 이 선언문이 복음주의 교회와 선교단체들이 선교 교과서처럼 읽혀지고 있다는 사실이다.

특히 마닐라 매니페스토는 에큐메니칼 진영의 탈 성경적 선교이론과 전략의 위험성을 적시하고 경고하면서도 그 이론의 근저는 긍정적으로 포용했다는 점이다. 그리고 2차 로잔대회 이후 "AD 2000 and Beyond Movement"(기독교 21세기 운동)을 이끌었던 토마스 왕(Thomas Wang)과 루이스 부시(Luis Bush)를 중심으로 한 비서구 지도자들에게 그 주도권이 넘어오게 되었다는 것이다.

마닐라 매니페스토는 서문에서 마닐라 매니페스토가 1차 로잔언약을 계승한 것임을 선언하고, 그 주제를 "그리스도가 다시 오실 때까지 그를 선포하라"(Proclaim Christ Until He Comes)고 함으로 로잔이 WCC의 '인간화'와 달리 '복음화'에 강조점을 두고 있음을 단적으로 표방하였다. 그리고 실천적 주제를 "'온 교회'가 '온전한 복음'을 '온 세상'에 전하라는 부름을 받았다"(Calling the Whole Church to Take the Whole Gospel to the Whole World)고 전제하고, 21개 항의 확인(affirmation)을 서두에 담았고, 본론 부분을 세 영역으로 정리했는데 '온전한 복음'과 '온 교회'와 '온 세상'에 대한 12개 항목의 신앙적 확인에 대한 해설로 구성되어 있다. 다음은 "마닐라 매니페스토" 전문을 요약해서 옮겨놓은 것으로 자세한 내

---

727) 조동진, 세계선교 트렌드 1900~2000 下, 401.

용은 해당 도서나 사이트를 통해 알 수가 있다.[728]

마닐라 매니페스토(Manila Manifesto)
"온 교회가 온 세상에 온전한 복음을 전하라는 부름"

서문

1974년 7월, 스위스 로잔에서는 세계복음화국제회의가 개최되었었다. 그리고 이 대회는 로잔언약(the Lausanne Covenant)을 발표했다. 1989년 7월에는 약 170여 개국에서 3,000여명이 같은 목적으로 마닐라에 모여 마닐라 선언문을 발표하게 되었다. 우리는 필리핀 형제 자매들로부터 받은 환영에 대하여 깊은 감사를 드린다.

이 두 회의 사이의 15년 동안, 복음과 문화, 복음 전도와 사회적 책임, 검소한 생활양식, 성령, 중생과 같은 주제로 소규모의 신학협의회들이 모였다. 이런 회의와 그 보고서들은 로잔 운동에 관한 생각을 발전시키는데 있어서 많은 도움을 주었다.

'선언'이란 신념과 의도와 동기를 선포하는 것을 의미한다. 마닐라 선언문은 이번 대회의 두 개의 주제인 '그리스도께서 오실 때까지 그를 선포하라'와 '온 교회가 온 세상에 온전한 복음을 전하라는 부름'에 기초하여 작성되었다. 제1부는 21개 항목의 신앙적 고백(affirmations)으로 구성되었으며, 제2부는 12개 항목으로 주제를 설명하였다. 교회들은 이 선언문을 "로잔언약"과 함께 연구하며, 실천에 옮기기를 바란다.

21개의 항의 고백

1. 우리는, "로잔언약"을 계속 로잔운동을 위한 협력의 기초로 삼고 일

---

728) 조동진, 세계선교 트렌드 1900~2000 下, 379-399.

해 갈 것을 확인한다.
2. 우리는, 하나님께서 신약성경과 구약성경에서 우리에게 하나님의 성품과 뜻, 그리고 하나님의 구속적 역사(役事)와 그 의미를 권위 있게 드러내실 뿐 아니라 선교를 명하고 계신 것을 확실히 믿는다.
3. 우리는, 성경의 복음이 하나님께서 계속적으로 우리에게 주시는 메시지임을 확인하며, 이 복음을 변호하고, 선포하며, 이를 구체적으로 표현할 것을 다짐한다.
4. 우리는, 인간이 하나님의 형상대로 창조되었으나, 죄인으로서 죄책이 있으며, 그리스도 없이는 멸망의 존재임을 믿으며, 복음을 이해하기 위해서는 이것이 우선적으로 알아야 할 필수적 진리인 것을 믿는다.
5. 우리는, 역사적인 예수와 영광의 그리스도가 동일한 분이시며, 이 예수 그리스도만이 성육신하신 하나님이시요, 우리의 죄를 담당하시고, 죽음을 이기신 분이요, 재림하실 심판자이므로, 절대 유일한 분인 것을 믿는다.
6. 우리는, 예수 그리스도께서 십자가에서 우리를 대신하여 우리의 죄를 지시고 죽으셨기 때문에 이에 근거해서만 하나님께서는 회개와 믿음으로 나오는 사람들을 값없이 용서하신다는 것을 믿는다.
7. 우리는, 다른 종교나 이데올로기가 하나님께로 나아가는 또 다른 길이라고 볼 수 없으며, 그리스도만이 유일한 길이기 때문에 그리스도로 말미암아 구속되지 않는다면 인간의 영성은 하나님께 이르는 것이 아니라 심판에 이른다는 것을 믿는다.
8. 우리는, 하나님의 사랑을 구체적으로 표현하되, 정의와 인간의 존엄성, 그리고 의식주의 문제로 어려움을 당하고 있는 사람들을 돌아봄으로써 그 사랑을 실천적으로 입증해야 한다는 것을 믿는다.
9. 우리는, 정의와 평화의 하나님 나라를 선포하므로, 개인적인 것이든 구조적인 것이든 모든 불의와 억압을 고발하면서 이 예언자적 증거

에서 물러서지 않을 것을 고백한다.

10. 우리는, 전도에 있어서 그리스도에 대한 성령의 증거가 절대 필요하며, 따라서 성령의 초자연적인 역사가 없이는 중생이나 새로운 삶이 불가능하다는 것을 믿는다.
11. 우리는, 영적인 싸움을 위해서는 영적 무기가 필요하므로, 성령의 능력으로 말씀을 선포하며 정사(政事)와 악의 권세를 이기신 그리스도의 승리에 참여할 수 있도록 항상 기도하여야 한다는 것을 믿는다.
12. 우리는, 하나님이 모든 교회와 모든 성도들에게 그리스도를 온 세상에 알리는 과제를 부여하셨음을 믿기 때문에 평신도나 성직자나 모두가 다 이일을 위하여 동원되고 훈련되기를 간절히 바란다.
13. 우리는, 몸 된 그리스도의 지체로서 인종과 성(性)과 계층을 초월하여 성도의 교제를 나눠야 한다는 것을 믿는다.
14. 우리는, 성령의 은사는 남자든 여자든 하나님의 모든 백성에게 주어져 있으므로 복음 전도에 있어 함께 동역하여 선(善)을 이루어야 한다는 것을 믿는다.
15. 우리는, 복음을 선포하는 사람들은 성결과 사랑을 생활 속에서 드러내야 한다는 것을 믿는다. 그렇지 않으면 우리의 증거는 그 신빙성을 잃게 될 것이다.
16. 우리는, 모든 교회의 성도들이 속한 지역 사회에서 복음증거와 사랑의 봉사에로 눈을 돌려야 한다는 것을 믿는다.
17. 우리는, 교회와 선교단체, 그리고 그 외 여러 기독교 기관들이 전도와 사회참여에 있어 경쟁과 중복을 피하면서 상호 협력이 절실히 필요하다는 것을 믿는다.
18. 우리는, 우리가 사는 사회의 구조, 가치관과 필요 등을 이해하기 위하여, 이 사회를 연구함으로 적절한 선교전략을 개발하여 나가는 것이 우리의 책임인 것을 믿는다.
19. 우리는, 세계 복음화의 긴급성과 아울러 미복음화 지역에 사는 사람

들(unreached people)에게도 전도가 가능하다고 믿는다. 그러므로 우리는 20세기의 마지막 10년 동안에 세계 복음화라는 과업을 위하여 새로운 결단으로 헌신할 것을 결의한다.
20. 우리는, 복음으로 인하여 고난 받는 사람들과의 연대 의식을 확인하며, 우리 역시 그와 같이 고난 받을 가능성에 대비하여 우리 자신을 준비시키는 일에 힘쓴다. 아울러 모든 곳에서의 종교적, 정치적 자유를 위하여 일할 것이다.
21. 우리는, 하나님께서 온 세상에 온전한 복음을 전하라고 온 교회를 부르고 계신 것을 믿는다. 그러므로 우리는 주님이 오실 때까지 신실하고 긴급하게 그리고 희생적으로 복음을 선포할 것을 결의한다.

1. 온전한 복음(The Whole Gospel)

"온전한 복음"은 악의 권세로부터의 하나님의 구원과 영원한 하나님 나라의 건설, 그리고 하나님의 목적에 도전하는 모든 것들에 대한 하나님의 최종적인 승리에 관한 기쁜 소식이다. 하나님은 사랑으로 창세전에 그렇게 하시려고 목적하였고, 우리 주 예수 그리스도의 죽음을 통하여 죄와 사망과 심판에서 해방시키는 계획을 성취하셨다. 진실로 우리를 자유하게 하고 구속된 자들의 사귐 속에서 우리를 연합시키는 분은 그리스도이시다.

(1) 인간의 곤경
(2) 오늘을 위한 기쁜 소식
(3) 예수 그리스도의 유일성
(4) 복음과 사회적 책임

2. 온 교회(The Whole Church)

"온 교회"는 온전한 복음을 선포하여야 한다. 하나님의 모든 백성은 전도의 과제를 함께 나누도록 부름을 받았다. 그러나 그들의 노력이 하나님의 성령의 역사 없이는 결실을 얻지 못할 것이다.

(5) 전도자 하나님
(6) 증인들
(7) 증인의 성실성
(8) 지역 교회
(9) 전도의 협력

3. 온 세상(The Whole World)

온전한 복음이 "온 세상"에 알려지도록 온 교회에 위탁됐다. 그러므로 우리는 우리가 보냄을 받은 이 세상을 이해할 필요가 있다.

(10) 현대 세계
(11) AD 2000년도와 그 이후의 도전
(12) 어려운 상황

결론 : "그리스도께서 오실 때까지 그를 선포하라"

"그리스도께서 오실 때까지 그를 선포하라." 이것이 제2차 로잔대회의 주제이다. 물론 우리는 그리스도가 이미 오셨음을 믿는다. 그 분은 아구스도(Augustus)가 로마의 황제였을 때 이 땅에 오셨다. 그러나 우리가 아는 바, 그 분의 약속대로 어느 날 그의 나라를 완성하기 위하여 상상할 수 없는 영광 속에 다시 오실 것이다. 우리는 깨어 준비하고 있으라는 명령을 받고 있다. 이 초림과 재림 사이의 간격은 기독교 선교활동으로 채워져야 한다. 우리는 복음을 가지고 땅 끝까지 가라는 명령을 받았으며, 주님은 그렇게 할 때에야 이 시대의 종말이 오리라고 약속하셨다. 두 가지의 마지막(곧 시간과 공간의 우주 종말)이 동시에 있을 것이다. 그 때까지 주님은 우리와 함께 하시겠다고 약속하셨다.

그러므로 기독교 선교는 긴급한 과업이다. 우리는 선교를 위한 시간이 얼마나 남아 있는지 모른다. 분명 허비할 시간은 없다. 그리고 우리의 의무를 시급히 수행하기 위해서 우리가 갖추어야 할 것이 있는데 특히, 연합(함께 전도해야 한다)과 희생(복음화를 위한 대가를 알고, 또 치러야 한다)이 필요할 것이다. 로잔에서 우리는 온 세상의 복음화를 위하여 함께 기도하고, 계획하고, 일할 것을 언약했다. 마닐라에서 우리는 온 교회가 온 세상에 온전한 복음을 가지고 나아가 하나가 되어 희생적으로 주님 재림하실 때까지 긴급하게 그리스도를 선포할 것을 선언하는 바이다.

4. 3차 로잔세계복음화국제대회: "케이프타운 서약"(2010년)

1910년 에딘버러국제선교대회 100주년을 기념하여 "로잔 Ⅲ: Cape Town 2010"으로 명명된 세 번째 로잔대회가 2010년 10월(16~25일) 198개국에서 온 4,200명의 교회 및 선교단체의 복음주의자들이 참석하여 남아프리카공화국 케이프타운에서 열렸다. 다만 한 가지 아쉬운 점은 중국 정부가 가정교회 지도자 200여명의 참가를 강제적으로 저지함으로 참가하지 못했다는 점이다(중국은 정부가 인정하는 삼자교회만 인정하기 때문에 이들의 출국을 금지시킨 것임).

3차 로잔세계복음화국제대회는 '믿음과 행동에의 요청에 대한 선언'을 부제로 "케이프타운 서약"(Capetown Committment)을 발표했는데, 이것은 1차 '로잔언약'(1974년)과 2차 '마닐라 매니페스토'(1989년)의 토대 위에 작성된 것으로서 보다 현실적인 문제들을 구체적으로 다루었다. 이 서약은 대체적으로 성경과 기독론을 중심으로 복음주의 선교신학에 입각하여 21세기 세계선교를 위한 핵심원리와 행동지침을 제시하였다는 평가를 받고 있다. 특히 케이프타운 서약은 급격히 변화하고 있는 시대를 분별하고 향후 10년간 교회가 직면하게 될 이슈들과 대응방안을 일목요연하게 제시함으로 로잔국제복음화운동의 로드맵으로 채택되었다.

다만 한국로잔위원회가 강조한대로 "케이프타운 서약은 성경이 아니다. 케이프타운 서약은 성경의 엄중한 권위 아래 있어야 한다. 우리는 케이프타운 서약에 지나치게 무게를 부여하지 않는다. 이것은 인간이 만들어 낸 것이기 때문에 흠이 있고 불완전할 수 있다"[729]는 것을 인정해야한다. 그러므로 케이프타운 서약을 무조건 받아들여서는 안 되고 성경과 신학적 토대 위에서 신중하게 연구하여 세상에 실천할 방법들을 찾아야 할 것이다.

케이프타운 서약은 하나님 사랑에 기반을 둔 '신앙'과 이에 따른 행동의 '실체'를 담았는데, 전문과 함께 1부는 성경을 통해 우리에게 전해진 삼위일체 하나님과 선교에 대한 신앙서약으로 구성되며, 2부는 세상에서 선교하기 위한 행동 요청을 기술하고 있다. 이 서약은 "우선 복음이 믿음만을 의미하지 않으며 구체적인 행동까지 포함한다는 점을 다시 강조했다. 행동은 그리스도인의 사회적 책임으로서 환경과 정의, 폭력의 문제, 에이즈와 자연재해 등 세계가 처해 있는 상황에 대해 교회가 외면하지 말아야 함을 강조한 것이다."[730] 로잔위원회 의장 더글라스 버잘(Douglas Birdsall)과 로잔 국제총무 린지 브라운(Lindsay Brown)은 서문(Foreword)에서 "케이프타운 서약"이 작성된 경위와 주제를 다음과 같이 말했다.

198개국, 4,200명의 복음주의자들이 세계 복음화를 위한 제3차 로잔대회(케이프타운 2010. 10. 16-25)에 참가했다. 그 외에 세계 곳곳에서 온라인을 통해 참여한 수 천 명의 참가자들로 인해 대회 규모가 확대되었다.

---

729) 로잔운동, *케이프타운 서약: 하나님의 선교를 위한 복음주의 헌장*, 최형근 옮김, 한국로잔위원회 감수, IVP, 2012, 135.

730) 신상목, "케이프타운 서약 발표," 국민일보, 2010년 10월 29일.

제3차 로잔대회의 목적은-모든 국가, 사회, 사상 분야에서-전 세계 교회에게 예수 그리스도에 대한 증거와 그의 가르침을 품으라는 참신한 도전을 제기하는 것이다.

케이프타운 서약은 이러한 노력의 결실이다. 이 서약은 로잔언약과 마닐라 선언문에 근거하여 작성된 것으로서 그 역사적 노선에 서 있다. 이 서약은 두 개의 장으로 구성된다. 1부는 성경을 통해 우리에게 전해진 성경적 확신들로 구성되며, 2부는 행동에의 요청을 기술한다.

1부가 형성된 과정은 이렇다. 전 세계(6대륙)에서 초청된 18명의 신학자들과 복음주의 지도자들이 2009년 12월 미니아폴리스에 모여 처음으로 케이프타운 서약에 관해 논의했다. 로잔 신학위원회 위원장인 크리스토퍼 라이트가 이끄는 이 소그룹은 케이프타운 대회에 제시하기 위한 최종 서약문 작성 준비를 시작했다.

2부가 형성된 과정은 이렇다. 로잔대회가 시작되기 전, 3년 이상 광범위한 연구과정이 진행되었다. 로잔운동의 국제총무들은 기독교 지도자들에 의해 제기된 교회가 직면하고 있는 주요 도전들을 중심으로 각 지역 협의회를 준비했다. 이런 일련의 과정을 통해 6개의 주요 이슈들이 부상했다. 이 이슈들은 대회 프로그램을 규정하고 행동에의 요청에 대한 골격을 구성했다. 이러한 청취 과정은 크리스토퍼 라이트와 로잔 문서위원회가 성실하게 모든 노력과 공헌을 기록하면서 대회 기간 동안 계속되었다. 그것은 놀라운 작업이었고 기념비적인 노력이었다.

케이프타운 서약은 앞으로 10년간 로잔운동의 로드맵으로 활용될 것이다. 우리가 희망하기는, 일하고 기도하라는 케이프타운 서약의 예언자적 부르심을 교회, 선교단체, 신학교, 일터의 그리스도인, 그리고 캠퍼스의 학생 선교단체들로 하여금 그 서약을 수용하고 현장에서 그들이 해야 할 일을 찾기를 요청할 것이다. 그들이 해야 할 많은 일들이 있으며, 형제자매들로부터 제기된 이러한 요청들은 모든 복음주의 교회가 이 땅에서 그리스도의 마지막 명령을 성취하기 위해 함께 일하라는 요청이다.

다양한 교리적 진술들은 교회가 믿는 바를 확증한다. 우리는 한 걸음 더 나아가 신앙을 실천과 연결하기 원한다. 우리의 모델은 사도 바울의 모델로서, 그의 신학적 가르침은 실제적 교훈으로 구체화되었다. 예를 들어, 골로새에서 그리스도의 우월성에 대한 그의 심오하고도 경이로운 묘사는 그리스도 안에 근거한다는 의미에 관한 실제적인 가르침을 나타낸다.

우리는 일치를 이루어야만 하는 기본적 진리들과 기독교 복음의 핵심과, 성경이 가르치고 요구하는 것에 대한 신실한 그리스도인들의 해석에 있어서 일치하지 않는 이차적인 이슈들을 구별한다. 우리는 여기서 "한계 범위 안에서의 넓이"라는 로잔의 원리를 따랐는데, 제1부에는 이러한 한계범위들이 명백하게 규정된다.

이상의 모든 과정을 통하여 우리는 각 준비 단계부터 우리와 함께한 세계복음주의연맹과의 협력을 기쁘게 여긴다. 세계복음주의연맹 지도자들은 신앙고백과 행동지침에 있어서 우리의 견해에 전적으로 동의한다.

로잔운동을 전개해 나감에 있어서 우리는 복음적 전통 위에서 말하고 기술하면서, 그리스도의 몸의 하나 됨을 확증하고 다른 기독교 전통들 안에 주 예수 그리스도를 따르는 많은 이들이 있다는 것을 기꺼이 인정한다. 우리는 케이프타운 로잔대회의 참관인으로 참가한 역사적 전통에 서 있는 여러 교회 대표들을 환영했으며, 케이프타운 서약이 모든 교회들에게 도움이 되기를 바라며 겸손한 마음으로 케이프타운 서약을 제시한다.

케이프타운 서약에 대한 우리의 희망은 무엇인가? 우리는 케이프타운 서약이 전 세계 복음주의자들의 하나 된 목소리로 회자되고 논의되며 중요한 문서로 제시되기를 기대한다. 또한 케이프타운 서약이 기독교 사역의 의제를 형성하고, 공공 분야에서 사려 깊은 지도자들을 굳건하게 하며 담대한 출발과 동반자 협력을 이끌어 내기를 기대한다.

하나님의 말씀이 우리의 길을 비추며, 주 예수 그리스도의 은혜와 하나님의 사랑과 성령의 교통하심이 우리들 모두에게 함께 하기를 기원한다.

케이프타운 서약(Capetown Committment) 전문 [731]

전 세계 예수 그리스도의 교회에 속한 신자들인 우리는 살아계신 하나님과 주 예수 그리스도를 통한 그의 구원의 목적들에 기꺼이 우리의 헌신을 다짐한다. 우리는 하나님을 위하여 로잔운동의 비전과 목표들에 대한 우리의 헌신을 다시금 확인한다. 이것은 두 가지 의미를 갖는다.

첫째, 우리는 예수 그리스도와 그의 모든 가르침에 대해 전 세계적으로 증거하는 과제에 지속적으로 헌신한다. 제1차 로잔대회(1974)는 세계 복음화의 과제를 위해 소집되었다. 세계교회에 주어진 그 대회의 주요 선물들은 무엇보다도 "로잔언약"이며, 수많은 미전도 종족들에 대한 새로운 인식, 성경적 복음과 기독교 선교의 통전적 성격에 대한 참신한 발견이었다. 1989년 필리핀 마닐라에서 열린 제2차 로잔대회는 지구상의 모든 국가들 간의 협력에 참여했던 많은 이들을 포함하여 세계 복음화에 있어서 300개 이상의 전략적 동반자 협력 관계를 탄생시켰다.

둘째, 우리는 로잔운동의 핵심 문서인 "로잔언약"(1974)과 "마닐라선언"(1989)에 지속적으로 헌신한다. 이 두 로잔 문서들은 성경적 복음의 핵심 진리들을 분명하게 나타내며 여전히 상관적이며 변화하는 상황의 선교적 실천 가운데 적용된다. 우리는 이 문서들 가운데 나타난 다짐들에 충실하지 않았다는 것을 고백한다. 그러나 우리가 살아가는 끊임없이 변화하는 세계에서 영원한 복음의 진리를 표현하고 적용하는 방법을 인식하면서, 그 헌신들을 권고하고 지킨다.

제1부 우리가 사랑하는 주님을 위하여: 우리의 신앙 서약

1. 하나님께서 우리를 먼저 사랑하셨기에 우리는 사랑한다.

---

[731] "케이프타운 서약" 전문을 요약한 것으로, 자세한 내용은 해당 도서와 사이트를 참조하라; 로잔운동, 케이프타운 서약, 13-132 참조.

2. 우리는 살아계신 하나님을 사랑한다.
3. 우리는 하나님 아버지를 사랑한다.
4. 우리는 아들이신 하나님을 사랑한다.
5. 우리는 성령 하나님을 사랑한다.
6. 우리는 하나님의 말씀을 사랑한다.
7. 우리는 하나님이 창조하신 세상을 사랑한다.
8. 우리는 하나님의 복음을 사랑한다.
9. 우리는 하나님의 백성들을 사랑한다.
10. 우리는 하나님의 선교를 사랑한다.

제2부 우리가 섬기는 세상을 위하여: 행동을 위한 요청

하나님과 맺은 우리의 언약은 사랑과 순종을 하나로 묶는다. 하나님은 우리의 "믿음의 역사"와 "사랑의 수고"를 보시기를 기뻐하신다. 왜냐하면 "우리는 그의 만드신 자들로서, 그리스도 예수 안에서 선한 일을 위하여 지으심을 받은 자들"이기 때문이다. 우리는 예수 그리스도의 보편적 교회의 신자들로서 성령을 통해 하나님의 음성을 듣고자 힘썼다. 우리는 에베소서 강해를 통해 기록된 하나님의 말씀 안에서, 그리고 온 세상에 흩어져 있는 그의 백성들의 음성을 통해 우리에게 말씀하시는 그의 음성을 들었다. 케이프타운 대회에서 논의된 6개의 주제들은 전 세계 그리스도의 교회가 직면하고 있는 도전들과 미래의 우선순위들을 분별하기 위한 틀을 제공한다. 우리는 이러한 헌신의 서약들이 교회가 고려해야만 하는 유일한 것이거나 또는 어느 상황에서나 동일한 우선적인 것이라고 생각하지 않는다.

1. 다원적이고 세계화된 세상에서 그리스도의 진리에 대한 증거를 담지(擔持)하기

(1) 그리스도의 진리와 인격
(2) 진리와 다원주의의 도전
(3) 진리와 일터
(4) 진리와 글로벌 미디어
(5) 선교에 있어서 진리와 예술
(6) 진리와 부상하는 테크놀로지
(7) 진리와 공적 영역

2. 분열되고 깨어진 세계에서 그리스도의 평화 이루기

(1) 그리스도께서 이루신 평화
(2) 종족 갈등 가운데 그리스도의 평화
(3) 가난한 자들과 억압받는 자들을 위한 그리스도의 평화
(4) 장애인들을 위한 그리스도의 평화
(5) HIV와 함께 살아가는 사람들을 위한 그리스도의 평화
(6) 고통 받는 피조물을 위한 그리스도의 평화

3. 타종교인들 가운데서 그리스도의 사랑으로 살아가기

(1) "네 이웃을 네 몸과 같이 사랑하라"는 명령은 타종교인들을 포함한다.
(2) 그리스도의 사랑은 우리가 복음을 위해 고난을 받으며 때로는 죽음도 감수할 것을 요구한다.
(3) 사랑의 행동은 은혜의 복음을 구체적으로 표현하며 권고한다.
(4) 사랑은 제자도의 다양성을 존중한다.
(5) 사랑은 흩어진 사람들에게 파급된다.
(6) 사랑은 모든 사람들을 위한 종교의 자유에 영향을 미친다.

4. 세계복음화를 위한 그리스도의 뜻을 분별하기

(1) 미전도 종족과 선교에서 소외된 종족
(2) 구전문화
(3) 그리스도 중심 지도자들
(4) 도시
(5) 어린이
(6) 기도

5. 그리스도의 교회가 겸손과 온전함과 단순성으로 회귀하라는 부르심

(1) 하나님의 구별된 새로운 인류로서 걸어가자.
(2) 혼잡한 성적인 우상숭배를 거부하고 사랑 안에서 걸어가자.
(3) 권력이라는 우상을 거부하고 겸손 가운데 걸어가자.
(4) 성공이라는 우상을 거부하며 온전함 가운데 걸어가자.
(5) 탐욕이라는 우상을 거부하고 단순성 가운데 걸어가자.

6. 선교의 일치를 위한 그리스도의 몸 안에서의 동반자 협력

(1) 교회연합
(2) 글로벌 선교의 동반자 협력
(3) 남녀의 동반자 협력
(4) 신학교육과 선교

결론

하나님은 그리스도 안에서 자신을 세상과 화해하셨다. 하나님의 영은 세상에서 하나님의 화목하게 하시는 사랑의 대사들이 되도록 그리스도의 교회를 케이프타운으로 부르셨다. 주 예수 그리스도는 우리 가운데 계시고 우리와 함께 걸어가셨기에, 하나님은 그리스도의 이름 안에서 그의 백성들과 함께 만나셨던 것처럼 그의 말씀의 약속을 지키셨다. 우리는 주 예수 그리스도의 음성을 듣고자 힘썼다. 그리고 그의 자비와 그의 성령을 통하여 그리스도는 자신의 음성을 듣고자 갈망하는 그의 백성들에게 말씀하셨다. 성경강해, 본회의 발표, 그리고 그룹토의에서 나온 많은 견해들을 통해 두 가지 반복된 주제들이 나타났다.

수적인 성장뿐 아니라 질적인 성장을 위하여 지속적인 성숙을 이루는 급진적인 복종적 제자직의 필요성과 믿음과 소망 안에서의 성장뿐 아니라 사랑 안에서의 성장을 위하여 일치를 지향하는 급진적인 십자가 중심의 화해의 필요성이다.

제자직과 화해는 우리의 선교에 있어서 불가결한 요소들이다. 우리는 천박함과 제자직의 결핍이라는 수치와 분열과 사랑의 결핍이라는 수치를 안타깝게 여긴다. 왜냐하면 이 두 가지 약점들은 우리의 복음증거를 심각하게 훼손하기 때문이다. 우리는 이 두 가지 도전들 안에서 주 예수 그리스도의 음성을 분별한다. 그 이유는 그것들이 복음서에 기록되었듯이, 그리스도께서 가장 안타까운 심정으로 교회에게 하신 말씀들 가운데 두 개의 말씀들과 부합하기 때문이다. 마태복음에서 예수님은 우리에게 "모든 민족으로 제자를 삼으라"는 근본적인 위임령을 주셨다. 요한복음에서 예수님은 우리에게 "서로 사랑함"으로 세상이 우리가 예수님의 제자임을 알게 될 것이라는 근본적인 선교의 방법을 교훈하셨다. 예수께서 2천년 후에 전 세계에서 모인 그의 백성들에게 동일한 말씀을 하실 때, 우리는 놀라지 말고 오히려 주인의 음성 듣기를 기뻐해야만 한다. 제자삼고 서로 사랑하라.

1. 제자 삼으라

성경적 선교는 그리스도의 이름을 주장하는 사람들이 십자가를 지고 자신을 부인하며 겸손함, 사랑, 온전함, 관대함, 그리고 종의 길을 걸어가는 가운데 그를 따름으로써 그를 닮아야만 한다. 제자직과 제자 삼는데 실패하는 것은 우리의 선교의 가장 기초적인 차원에서 실패하는 것이다. 그리스도가 교회를 부르시는 것은 우리로 하여금 복음서의 내용에 새롭게 다가서게 한다: "와서 나를 따르라." 그리고 "가서 제자 삼으라."

2. 서로 사랑하라

예수께서는 세 번에 걸쳐 "새 계명을 너희에게 주노니 서로 사랑하라. 내가 너희를 사랑한 것 같이 너희도 서로 사랑하라"고 반복하여 말씀하셨다. 예수께서는 세 번에 걸쳐 "아버지여, 그들도 다 하나가 되어"라고 기도하셨다. 이 명령과 기도는 선교적이다. "너희가 서로 사랑하면 이로써 모든 사람이 너희가 내 제자인 줄 알리라." "그들도 다 하나가 되어 우리 안에 있게 하사 세상으로 아버지께서 나를 보내신 것을 믿게 하옵소서." 예수께서는 이보다 더 간절하게 말씀하실 수는 없었다. 세계 복음화와 그리스도의 신성을 인정하는 것은 우리가 실제로 그에게 복종하느냐 하지 않느냐에 따라 결정된다. 그리스도와 그의 사도들의 부르심은 "서로 사랑하라"는 명령과 "평안의 매는 줄로 성령의 하나 되게 하신 것을 힘써 지키라"는 참신한 명령으로 우리에게 다가온다. 우리는 하나님의 선교를 위하여 "우리가 처음부터 들은 소식"에 복종하는 헌신을 새롭게 다짐한다. 그리스도인들이 성령의 능력으로 화해를 이룬 사랑의 일치 가운데 살아갈 때, 세상은 예수를 알게 되고 우리가 그의 제자인 것을 알게 될 것이며, 그를 보내신 아버지를 알게 될 것이다.

아버지 하나님과 아들과 성령의 이름으로 그리고 하나님의 무한하신 자비와 구원의 은혜라는 유일한 믿음의 기초 위에서 우리는 성경적 제자직이라는 개혁과 그리스도를 본받는 사랑의 혁명을 진정으로 열망하며 기도한다. 우리는 이러한 기도를 드리면서 우리가 사랑하는 주님을 위하여, 그리고 그의 이름 안에서 우리가 섬기는 세상을 위하여 우리의 헌신을 다짐한다.

PART 4
개혁주의 선교신학의 실천

PART 4 요약

성경에는 인간에게 주어진 두 가지 사명이 있는데, 창세기에서 성부 하나님에 의해 주어진 '문화적 사명'과 복음서에서 성자 예수님에 의해 주어진 '복음의 사명'이 있다. 성령 하나님께서는 이 두 사명을 수행하도록 능력을 주시고 주권적으로 인도하신다. 이것을 아브라함 카이퍼가 주장한 신학적 이론에 적용하면, 복음의 사명은 '특별은총'(genade)에 속하고 문화적 사명은 '일반은총'(gratia)에 속한다고 할 수 있다.

개혁주의자들은 특별은총 안에서 구원을 이루고 일반은총 안에서 문화의 변혁을 이루어야 한다. 창조의 중재자로서 예수 그리스도는 특별은총 안에서 구원받을 사람들을 모으시고 일반은총 안에서 문화영역(국가·학교·사회·경제·예술·가정 등)을 다스리신다.

이런 관점에서 선교를 이해하면, 특별은총으로 구원받은 그리스도인들은 복음을 전파하는 사명을 감당해야할 뿐만 아니라 일반은총의 영역인 문화를 하나님의 뜻에 맞게 변혁시키고 하나님의 통치가 임하는 곳으로 만들어야 할 사명이 있다. 문화를 변혁시킨다는 것은 문화 안에 살고 있는 사람들의 삶의 방식을 변화시키는 것인데, 궁극적으로 사람들의 세계관(worldview)을 변형시키는 것이다. 즉 세속적 세계관을 성경적 세계관으로 변화시키는 것으로 신학에서는 이것을 '회심'(conversion)이라고 한다.

세계관은 세상을 바라보는 내면의 안경이요 정신적 지도이기 때문에 사람들은 세계관에 따라 말하고, 생각하고, 행동한다. 그래서 선교인류학자 폴 히버트는 '행위'의 변화가 19세기 선교운동의 초점이었고, '믿음'의 변화가 20세기 운동의 초점이었다면, **21세기에는 '세계관'의 변화**가 선교의 핵심 과제가 되어야 한다고 강조했다.

제1장 ■ 복음과 문화

　개혁주의 선교는 문화 안에 살고 있는 사람들에게 하나님 나라의 복음을 전하여 그리스도의 제자가 되게 하는 목표를 가지고 있다. 이것을 선교학적으로 정리하면 칼 뮬러(Karl Müller)의 말대로 "복음은 역사의 상황[문화] 속에서 사람들에게 선포되어야 한다."[732] 즉, 복음(신학)과 상황(문화)의 불가분의 관계를 설명했는데, 복음의 메시지는 성경으로부터 왔고(신학) 그 메시지가 인간사회의 문화적 구조를 통해 전달되는 것(문화인류학)이 선교이기 때문에 이 두 학문을 가리켜 선교학의 두 기둥이라고 한다.

　문화학과 인류학은 각각 독립된 학문이지만 선교학에서는 이 두 학문을 함께 다룬다. 그 이유는 선교의 궁극적인 목표는 '사람'에게 복음을 전달하여 구원을 얻게 하는 것인데, 모든 사람은 '문화'라는 틀 속에 살고 있기 때문에 그들의 문화를 통하지 않고는 복음이 전달될 수가 없기 때문이다. 그래서 선교학에서는 선교의 대상인 '사람'을 연구할 때 반드시 그 사람을 둘러싸고 있는 '문화'를 함께 다뤄야 한다. 그래서 문화학(culturology)과 인간학(anthropology)을 합하여 문화인류학(cultural anthropology)으로 칭한다.

　따라서 선교학에서 문화인류학은 신학과 함께 다뤄지는 중요한 축(軸)임과 동시에 타문화권 선교를 위한 중요한 선교의 도구이기도 하다. 다른 문화권에 있는 사람들에게 효과적으로 복음을 전하기 위해서는 그들의 문화와 행동을 체계적으로 이해할 필요가 있는데 이를 위해서는 문화인류학의 도움이 절실하다. 예컨대 예수 그리스도는 팔레스타인 문화 속에 성육신하셨고, 그의 제자들은 예수 그리스도의 복음을 문화적 상황을 통해 전달했다. 다시 말하면 "그리스도교는 팔레스타인의 구체적인 역사적 상황과 문화적 틀의 옷을 입고 출현했던 것이다."[733]

---

732) 칼 뮬러, *현대 선교신학*, 김영동 역, 한들출판사, 1997, 13.
733) 박종현, *기독교와 문화*, 크리스천헤럴드, 2006, 31.

그래서 효과적인 복음 전파를 위해서 인류학적 연구방법과 그 지식 체계를 도입 적용하고자 하는 시도가 선교학계에 있었다. 선교학과 인류학과 신학의 삼자대화(trialogue)를 시도한 신학자 가운데 하비 칸(Harvie M. Conn)과 폴 히버트(Paul G. Hiebert)가 있었다. 이들은 선교 목적을 전제로 하는 문화인류학을 연구하는 학문 분야를 일반적인 사회과학적 문화연구와 구분해서 '선교 인류학'(Mission Anthropology)이라고 했다.[734]

1. 개혁주의 선교신학과 문화

개혁주의 선교신학을 논하면서 문화를 빼놓고 생각할 수는 없다. 칼빈은 복음과 문화와의 관계를 씨(seed)와 땅(soil)의 관계로 보았다.[735] 즉 씨가 열매를 맺기 위해서는 땅에 뿌려져 뿌리를 내려야 하는 것처럼, 복음이 열매를 맺으려면 땅과 같은 문화(상황) 속에 뿌려져(선포)야 한다. 따라서 선교의 궁극적인 목표는 하나님의 나라를 이 세상 문화 안에 세워나가는 것이기 때문에 개혁주의 신학자들은 신학을 논할 때 항상 세상(문화)을 포함했다. 이런 신학적 사상은 바울과 어거스틴을 거쳐 칼빈에 이르렀고, 칼빈주의 신학자들은 한결같이 신학의 적용 대상으로 문화를 이해하려고 했다. 그 대표적인 칼빈주의자가 아브라함 카이퍼(Abraham Kuyper)였다.

카이퍼를 비롯한 개혁주의자들은 신학적으로 죄로 타락한 세상은 하나님의 일반은총 없이는 어떠한 문화도 이루어지지 않을 것이고,[736] 선교학적으로 하나님의 창조 세계인 문화(세상)를 변형((transforming)시키는 것이 선교의 목표이기 때문이다. 개혁신학은 "살아 있고 운동력"(히 4:12)이 있는 성경에서 출발한 신학이기 때문에 현재의 문화적 삶 속에 역동적으

---

734) 최정만, *선교이해*, 509.
735) 최정만, *칼빈의 생애와 선교사상*, 162.
736) Henry R. Van Til, *The Calvinistic Concept of Culture*, Grand Rapids: Baker Book, 1959, 118.

로 적용(apply)되고 실천(praxis)되는 "살아있는 신학"이어야 한다. 그 이유는 교회와 세상에 적용되지 않고 실천되지 않는 신학은 죽은 것이나 다름없기 때문이다. 마치 야고보가 "행함이 없는 믿음은 죽은 것"(약 2:26)이라고 강조한 것처럼 실천 없는 신학은 의미가 없는 것이다. 이것이 개혁신학의 역동성이다.

그래서 칼빈을 비롯한 개혁신학자들은 그들의 신학이 단순히 사람들의 머릿속에 암기되고 그들의 저서 안에 보관되는 신학이 되는 것을 원치 않았다. 칼빈주의 조직신학자 존 프레임은 "신학은 신자들이 성경을 말씀과 행동으로 삶의 모든 영역에 적용하는 것이다"고 정의했다.[737] 월터스도 이에 연관하여 "성경과 그 가르침을 소위 '종교적인' 영역으로 제한시키지 말고 바로 지금의 문화 전체와 연관시켜야 한다"고 설파했다.[738] 이와 같이 개혁신학은 그 신학적 사상이 교회와 세상의 모든 영역에 적용되고 실천되도록 하는 것을 목표로 하고 있기 때문에 개혁자들 스스로 적극적인 사회참여로 세속문화를 변화시키는 본을 보였다. 특히 신 칼빈주의자로 불리는 아브라함 카이퍼는 왕성하게 그의 신학을 문화의 여러 부분에서 실천하며 살았던 대표적인 칼빈주의 신학자요 문화실천가였다. 그는 개혁주의 세계관에 입각하여 목회영역(교회 목회자), 정치영역(의원 및 수상), 교육영역(교수 및 자유대학설립), 언론영역(주필 및 편집장), 그리고 정통신학자로서 그의 개혁신학 사상을 저서와 강의 및 삶을 통해 역동적으로 실천했던 신학자요 문화인(文化人)이었다. 카이퍼와는 신학적으로 반대편에 섰던 폴 틸리히(Paul Tillich) 역시 그의 조직신학을 전개하면서 문화를 신학의 한 분야로 강조하여 "문화 신학"(Theology of Culture)이라는 용어를 만듦으로 기독교와 세속 문화와의 관계를 신학과 문화의 관점에서

---

737) John M. Frame, *Systematic Theology: An Introduction to Christian Belief*, Phillipsburg: &R Publishing, 2013, 8.
738) Albert Wolters, *Creation Regained*, 9.

심도 있게 연구했다.[739] 김재윤은 문화의 중요성을 강조하면서 "기독교는 언제나 문화와의 관계성 속에 존재하며 세상에 대한 사명을 가지게 된다. [그 이유는] 그리스도의 통치는 하나님께서 창조하신 모든 피조세계를 향하기 때문에 그리스도를 믿는 기독교 신앙 또한 모든 피조세계를 향할 수밖에 없다"고 설명했다.[740] 그래서 브래드 하퍼(Brad Harper)와 폴 멧저(Paul Metzger)는 교회를 '문화적 공동체'(cultural community)요 '선교적 공동체'(missional community)라고 주장했다.[741]

이런 배경 하에 개혁주의 신학과 문화론 부분은 화란의 개혁신학자 아브라함 카이퍼의 일반은총론을 중심으로 살펴보고자 한다. 그 이유는 카이퍼가 칼빈의 일반은총론에 입각한 문화관을 전수하여 더 깊고 넓은 발전을 이루었기 때문이다. 칼빈 연구자들은 아브라함 카이퍼를 신 칼빈주의자(Neo-Calvinist)라고 평가한다. 그 이유는 그의 신학적 사상은 그의 스승인 존 칼빈에게서 기인했지만(카이퍼는 스스로를 존 칼빈의 충실한 모방자라고 생각함), 그렇다고 맹목적이고 무비판적으로 수용하지 않고 신학의 어떤 부분에서는 그의 스승인 칼빈보다 더 깊고 넓게 신학을 발전시켰기 때문이다. 예컨대 칼빈과 카이퍼의 사상적 차이점을 하나 보면 국가관의 차이점이다. 칼빈은 국가를 최상위의 권위기관으로 보고 그 체제 밑에 여러 사회적 영역들을 귀속시켰지만, 카이퍼는 여러 사회적 영역들(가정·사업·과학·예술·교육 등)이 국가와는 별개로 존재하는 영역으로서 각자의 영역을 지배할 권위가 있다고 보았다. 즉 사회를 유기체적으로 보면서 각각 독립된 권위를 인정해준 것이다.[742] 따라서 카이퍼의 정치 사상은 배타적인 신정정치가 아닌 사회적 다양성을 인정하는 것이었다.[743]

---

739) Paul Tillich, *Theology of Culture*, London: Oxford University Press, 1959, v.
740) 김재윤, *개혁주의 문화관*, SFC, 2015, 23.
741) Brad Harper and Paul L. Metzger, *Exploring Ecclesiology: An Evangelical and Ecumenical Introduction*, Grand Rapids: Brazos Press, 2009, 207-265.
742) Abraham Kuyper, *Lectures on Calvinism*, Grand Rapids: Eerdmans, 1994, 107-109.
743) Louis Praamsma, *Let Christ Be King: Reflection on the Life and Times of Abraham*

이런 배경에서 카이퍼의 '영역주권'(Sphere Sovereignty)[744] 사상이 나온 것이다.

카이퍼는 1880년 10월 암스테르담 자유대학교를 개교하면서 영역주권이란 용어를 사용했는데, 그 핵심 주제는 피조물의 모든 국면들 위에 머물러 계시는 그리스도의 우주적 통치에 근거한 사상으로, 그리스도는 창조세계의 모든 다양한 영역들 속에 각기 나름대로의 고유한 주권을 위임하셨다는 것이다. 그는 자유대학교 개교 연설에서 교육의 영역이 정부의 통제로부터 자유로워야 한다는 사실을 분명히 주장했던 것이다. 멕켄드레이 랑흘레이(Mackendree Langley)는 카이퍼의 영역주권사상을 다음과 같이 요약했다.

> 카이퍼에 의하면 국가, 교회, 학교, 가정 등과 같은 우리 삶의 모든 사회적 영역들은 서로 침해할 수 없는 그것 자체의 고유한 신분과 주권을 가진다. 이를 영역주권이라고 한다. 카이퍼는 선언하기를 절대적 주권자이신 하나님께서 사회 내의 각각의 영역 속에 제각기의 주권을 부여했으며 각각의 영역들은 하나님으로부터 주어진 제각기의 주권적 법질서에 의하여 유지되도록 하였다고 주장한다. 국가만 주권을 갖는 것이 아니라 가정, 학교, 교회, 과학, 문화, 예술 등도 자체의 영역에 대하여 고유의 영역주권을 갖고 있다는 것이다. 정부의 합접적인 직무는 모든 영역들이 고유의 기능을 유지할 수 있도록 형평성 있는 조절 역할을 수행하는 것이라고 카이퍼는 강조했다. 정부는 이들 여러 영역 속에 있는 자유를 억압해서는 안 되며 오히려 그 영역들이 고유의 역할을 원활하게 수행할 수 있도

Kuyper, 164-165.

[744] 김재윤은 영역주권을 다원화된 현실에서 교회의 자리를 새롭게 정립하려는 카이퍼의 생각을 압축적으로 표현한 개념으로 이해했다. 그는 영역주권 사상의 본질을 교회로 두고, 국가의 간섭과 함께 자유주의 사상을 교회가 어떻게 수용하고 대처해야 할 것인지에 대한 대응책으로 영역주권을 고안해 낸 것으로 이해하고 있다(김재윤, 개혁주의 문화관, 76-85 참조).

록 보호하지 않으면 안 된다.[745]

그러나 카이퍼의 신학이 칼빈의 신학보다 체계화되고 발전된 신학사상 중 대표적인 것이 '일반은총론'(Common Grace)이다. 그의 명저 「De Gemeene Gratie」(일반은총론)이 발표된 후 수많은 논쟁이 일어났고 찬반양론으로 갈렸으나 이것을 계기로 카이퍼는 일반은총론의 주창자요 위대한 신 칼빈주의자로 각인되게 되었다. 사실 카이퍼는 칼빈의 신학사상과 전통을 중시하여 구원에 있어서 자유주의자들의 견해에 맞서 하나님의 주권을 강조하기 위해 '특별은총론'(Special Grace)을 강하게 주장했던 신학자였다. 카이퍼 당시 아르미니안주의자들을 비롯한 자유주의자들은 '모든 사람을 위한 그리스도론'을 내세우면서 만인구원론을 주창했지만 카이퍼는 사도 바울과 교부 어거스틴과 칼빈으로부터 이어지는 역사적 개혁주의 전통과 신앙고백서(특히 도르트 신경)에 근거하여 '모든 사람이 아니라 택한 자들을 위한 그리스도론'을 강조했다. 카이퍼는 요한서신(요일 2;2, 2:16, 5:4, 5:19)과 바울서신(딤전 4;10, 5:20, 6:14, 딤후 1:15, 2:7, 3:12, 4:17) 등을 자세히 주석하면서 아르미니안주의자들이 제기한 만인구원론을 적극적으로 반박함으로 특별은총의 독특성을 강조했다.[746]

특히 카이퍼가 일반은총론에 입각하여 문화적 사명에 적극적이게 된 원인은 16세기 이후 화란 개혁교회가 신학과 교리형성에 관심을 집중하는 사이에 인본주의가 문화의 모든 영역을 점령해 버렸다. 그는 이런 상황을 안타깝게 여기며 시편 묵상집을 통해 "모든 것이 달라져 버렸다. 일상생활에서 하늘, 거룩, 영원 등에 대한 기억들이 우리 영혼에서 거의 사라져 버렸다....아무도 하나님에 대해 말하지 않는다....거룩하고 성스러운 것들은 조롱거리가 되었다....하나님 없는 삶이 하나님을 경외하는 삶보다 더 번

---

745) M. R. 랑흘레이, *복음이냐 혁명이냐*, 이동영 역, 한국로고스연구원, 1994, 52-53.
746) Sung K. Chung, *Abraham Kuyper: His Life and Theology*, 532-536 참조.

성하고 있다"고 한탄했다.[747] 특히 국가마저도 신학적 자유주의의 영향을 받아 반 개혁주의적 사상으로 흘러가자 이런 상황을 바꾸기 위해서는 올바른 개혁주의적 세계관의 정립이 시급한 과제라고 보았다. 이를 위해 그리스도인은 세상에서 도피할 것이 아니라 하나님의 영광을 위해 적극적으로 문화적 사명을 인식하고 참여할 것을 강조했다. 그의 목표는 삶 전체의 변혁을 시도한 것이다. 그래서 카이퍼는 목회자요 신학자이면서 정치에 뛰어들어 의원, 장관, 수상 직을 수행했으며, 신학적 자유주의에 영향을 받은 국가가 교회에 깊이 관여하는 것으로부터 교회의 고유 영역을 지킬 것을 강조했고, 1904년에는 고등교육법안을 통과시켜 비국립적인 사립학교 설립의 자유를 보장하면서 동시에 이들이 국공립과 동등한 자격을 갖도록 하였는데, 이것은 기독교 교육이 국가로부터 자유를 쟁취한다는 것과 동시에 후원을 확보하는 것을 의미하는 것이었다.[748] 이것이 국가의 간섭으로부터 자유로운 기독교 교육을 목적으로 하는 화란 최초의 사립대학인 자유대학을 설립하게 된 배경이다.

이제 본서가 지향하는 바대로, 선교(문화)에 관련된 일반은총에 대해 좀 더 자세하게 살펴보고자 한다. 개혁신학 체계에서 일탄은총론은 개혁주의 문화론(칼빈주의 문화론)의 핵심적인 요소이다. 개혁신학에서 말하는 하나님의 은총은 두 가지인데 특별은총과 일반은총이다. 특별은총은 예수 그리스도를 통해 택자들에게 구원을 주시는 하나님의 특별한 은총을 말하고(그래서 '구원은총' ⟨saving grace⟩이라고도 함), 일반은총은 구원에 관계없이 이 세상의 모든 사람들과 자연계에 보편적으로 임하는 하나님의 사랑과 보살핌을 말한다.

칼빈은 하나님의 일반은총을 그리스도인들의 문화적 사명을 위한 접촉점으로 생각하는데 반해 칼 바르트는 이것을 부인한다. 칼빈은 사도행전 17장 28절을 주석하면서 "하나님은 성령의 놀라운 능력과 영감을 통해 자

---

747) Abraham Kuyper, *To Be Near Unto God*, General Books, 2013, 25.
748) Sung K. Chung, *Abraham Kuyper: His Life and Theology*, 226-233.

신이 무(無)로부터 창조한 것들을 보존하신다."고 해석함으로 모든 창조세계에 주신 하나님의 보편적 은혜인 일반은총을 설명했다.[749] 그는 덧붙여 말하기를 일반은총의 근원은 성령이라고 했다. 그는 타락한 인간에게서 이루어지는 질서유지와 학문연구 등을 성령에 의해 우리에게 전달되는 일반은총으로 보았던 것이다.[750] 칼빈의 후예 카이퍼는 일반은총에 대해 "하나님이 세계의 생활을 유지시키며 그 위에 놓인 저주를 경감하고 타락의 진행을 억제하며 하나님을 창조자로서 영화롭게 하는 생활의 방해 받지 않는 발전을 허용하는 은총"이라고 했다.[751]

개혁주의 조직신학자 헤르만 바빙크(Herman Bavinck)는 칼빈 탄생 400주년 기념 논총인 "Calvin and Common Grace"(칼빈과 일반은총론)에서 칼빈의 일반은총론 사상을 다음과 같이 설명했다: "칼빈에게 있어 유기(reprobation)와 관련해 보다 더 중요한 사실은 그것이 모든 은혜의 중단을 의미하지 않는다는 것이다. 비록 죄로 말미암아 인간은 하나님 나라의 모든 영적 실재에 대해 장님이 되었고, 따라서 그리스도 안에 있는 하나님의 부성적 사랑을 보여주는 특별계시와 죄인의 마음속에 빛을 비춰주는 성령의 특별한 조명(specialis illuminatio)이 필수적이게 되었지만, 그럼에도 불구하고 모든 인간에게 다양한 선물을 나누어 주는 일반은총(generalis gratia)이 이것들과 함께 존재한다. 만약 하나님이 사람을 보존

---

749) John Calvin, *Commentary*, Acts 17:28. "우리가 그를 힘입어 살며 기동하며 존재하느니라 너희 시인 중 어떤 사람들의 말과 같이 우리가 그의 소생이라"(행 17:28).

750) John Calvin, *Institutes*, II-2-14~16; 칼빈은 불신자가 행하는 윤리적인 선행(善行)은 그들의 본성을 정화시켜서가 아니라 그것을 내적으로 억제하는 하나님의 은혜 때문이다. 칼빈은 이것을 특별한 은혜라고 한다: "이러한 것들은 본성의 공통적인 선물들이 아니라 사악한 사람들 위에 하나님께서 수여하시는 그분의 특별한 은혜이다"(*Institutes*, II-3-4). 그의 이런 사상은 이사야 10장 5절("앗수르 사람은 화 있을진저 그는 내 진노의 막대기요 그 손의 몽둥이는 내 분노라")의 주석에서도 잘 나타나 있는데, 하나님이 사람에게 역사하시는 방식 세 가지가 있다: "첫째로 우리 모두는 그를 힘입어 움직이고 살아간다(행 17:28). 그러므로 여기서 모든 행동들은 하나님의 능력으로부터 나온다는 결론이 나온다. 둘째로 그가 적합하다고 생각하는 바에 따라 특별한 방식으로 사악한 자들을 강요하시고 조종하신다. 셋째로 그가 선택한 자들에게 특별한 성화의 성령에 의해 통치하시는 경우를 들 수 있다."(John Calvin, *Commentary*, Isaiah 10:5).

751) 아브라함 카이퍼, *칼빈주의*, 박영남 옮김, 세종문화사, 1993, 46.

하지 않으셨다면, 그의 타락은 자연 전체를 파멸시켰을 것이다."[752]

카이퍼가 주장한 일반은총을 좀 더 자세하게 살펴보면, 일반은총은 이 세상에 사는 악한 자나 선한 자나 할 것 없이 즉 구원문제와 상관없이 하나님께서 모든 사람에게 주시는 은혜(호의)라고 할 수 있다. 이 일반은총은 불신자에게는 구원에 이르지 못하고 예수 그리스도와 접붙임이 되게 하지도 못한다. 즉 불신자에게는 구원의 은혜(특별은총)는 받을 수 없지만 나머지 일반적인 은혜는 받게 하는 것이다. 예컨대 태양의 빛, 공기, 비 등 자연의 혜택을 모든 사람에게 주시는 것이다. 그러나 그리스도를 통한 구원의 은총과 성화의 삶을 살 수 있게 하는 것은 선택된 사람에게만 적용되는 특별은총에 속한다. 그래서 카이퍼는 특별은총과 일반은총은 그 내용에 있어서 서로 확연하게 다르다고 강조했다.[753]

카이퍼가 일반은총론의 성경적 근거로 '노아언약'에서 찾았다. 그는 하나님께서 노아에게 다시는 모든 생물을 멸하지 않겠다고 약속하신 것에서 하나님의 일반은총을 보았는데, 비록 세상에 악이 여전히 활동하고 사람들이 타락의 길을 간다할지라도, 적어도, 예수님의 재림 때까지는 하나님의 은혜(자비)로 보존된다는 것이다. 카이퍼는 하나님과 노아 사이에 맺은 "내가 나와 너희와 및 육체를 가진 모든 생물 사이의 내 언약을 기억하리니 다시는 물이 모든 육체를 멸하는 홍수가 되지 아니할지라 무지개가 구름 사이에 있으리니 내가 보고 나 하나님과 모든 육체를 가진 땅의 모든 생물 사이의 영원한 언약을 기억하리라"(창 9:15-16)는 언약에서 "너희"라는 복수를 사용한 점에 주목했다. 이것은 단지 노아와 그 직계(셈)만을 지목한 것이 아니라 함과 야벳을 포함한 전체를 의미하는 말로서, 신자나 불신자 모두를 포함한 보편적인 의미의 말이다. 뿐만 아니라 "모든 생물"과 "땅"이라는 단어는 인류와 피조세계 전체를 아우르는 말이라고 이해함

---

752) Herman Bavinck, "Calvin and Common Grace," in *The Princeton Theological Review*, 1909, 437-465 참조(Bavinck의 화란어 글을 Geerhardus Vos가 영문으로 번역했고, 태동열이 한글로 번역한 것을 인용함).

753) Sung K. Chung, *Abraham Kuyper: His Life and Theology*, 547-548.

으로 일반은총의 범위와 대상을 설명했다.

하나님의 일반은총에 관한 것은 하갈과 이스마엘을 보호하심에서도 잘 나타나 있다(창 21장). 하나님은 이삭을 아브라함의 씨(적자)로 정하시고 하갈과 이스마엘을 내쫓으라고 하셨다. 그래서 광야로 내쫓긴 하갈과 이스마엘은 마실 물이 없어 죽을 상황에서 하나님은 하갈에게 샘물을 보게 하심으로 모자(母子)를 살려주셨다. 특히 하나님은 목말라 우는 이스마엘의 소리를 듣고 계셨는데 이는 하나님의 지속적인 사랑과 은총이 이스마엘에게서 떠나지 않았음을 보여준다(창 21:17). 그리고 이스마엘도 장차 큰 민족을 이루게 해주시겠다고 약속하셨다(창 21:18). 그 후에도 하나님은 여전히 그와 함께 계셨고(창 21:20), 그리고 그가 장성하여 결혼함으로 하나님의 보호하심 아래 큰 민족을 이루었다(창 21:21). 실제로 창세기 25장(12-18절)에 기록된 이스마엘의 후손들의 족보를 통해 하나님께서 얼마나 이스마엘을 보호하시고 큰 민족을 이루도록 하셨는지를 확인할 수 있는데 이것이 곧 이스마엘에게 베푸신 하나님의 일반은총인 것이다.[754]

이와 같이 하나님께서 지상의 모든 사람들에게 일반은총을 주신 것은 창조세계의 질서와 유지 및 발전을 위해 주셨다. 이런 의미에서 특별은총을 받은 그리스도인들은 교회의 개혁뿐만 아니라 세상 문화(정치·사회·경제·교육·예술 등)의 전 영역을 변화시키는 문화적 사명을 수행해야 한다. 모든 세계는 하나님의 것으로(출 19:5; 시 24:1), 세상의 모든 문화 영역에 하나님의 주권적 통치가 이루어지도록 하여 하나님의 영광을 드러나게 하는 것이 그리스도인들의 문화적 사명이요 선교적 사명이다.

특히 그리스도인들은 이 세상의 자신의 영역에서 하나님의 주권적 통치가 나타나고 기독교(성경적) 문화가 이루어지도록 해야 한다. 개혁자 루터는 "내 나라는 이 세상에 속한 것이 아니다"(요 18:36)는 말씀을 인용하여 가시적인 교회(visible church)에서 나타난 그리스도의 나라는 외부 세계

---

754) 고광석, 이슬람, 기독교와 뿌리가 같은가?, 140-141.

(정치 · 경제 · 외교 등)에 몰두해서는 안 된다고 이해했지만,[755] 츠빙글리나 칼빈은 그리스도의 나라는 철저하게 외부적(교회뿐만 아니라 이 세상 문화)이라는데 동의한다.

따라서 정통 개혁주의는 하나님 나라 확장의 한 부분으로서 하나님의 피조세계를 개발하고 개인과 공동체의 삶이 하나님의 통치를 받아들임으로 타락한 세속적인 문화가 그리스도의 문화로 변화되도록 해야 한다고 여긴다.

이 세상에는 이원적(二元的) 구조가 있음이 사실이다(이원론을 의미하지 않음). 참신과 거짓 신들이 있으며, 하나님의 왕국(영역)과 사탄의 왕국(영역)이 있고, 신자와 불신자가 있으며, 참과 거짓이 있다. 이런 상황에서 그리스도인들이 해야 할 사명은 구조적인 대결을 통해 참신이신 하나님의 주권과 영광을 드러내야 하고, 하나님의 나라가 지속적으로 확장됨으로 사탄의 나라가 축소되게 하고, 복음 선포를 통하여 숨어있는 택자들을 회심을 시키고, 빛이 어둠을 이기는 것처럼 진리가 거짓을 이길 수 있도록 해야 한다.

이를 위해 중생한 그리스도인들은 말씀의 권위 앞에 경건의 삶을 살아야하고, 말과 행위를 통해 하나님의 통치를 선포하고, 필연적으로 대두되는 사탄과 악령들과의 영적 싸움에서 승리해야 한다. 또한 정치 · 사회 · 과학 · 예술 · 음악 · 교육 · 사업 · 농축업 · 스포츠 등 삶의 전 영역에서 하나님의 주권을 드러내고[756] 세속의 문화를 기독교 문화로 변화시키는 일과 성경적 세계관을 가진 사람들이 악의 세력에 대하여 조직적으로 대처함으로 하나님의 공의와 질서가 세워져 하나님의 영광이 충만한 사회를 만들어야한다. 이것이 특별은총을 받은 개혁주의자들에게 주어진 일반은총의 문화적-선교적 사명이다.

---

755) Timothy George, *Theology of the Reformers*, Nashville: Broadman Press, 1988, 132-133.
756) 아브라함 카이퍼, *칼빈주의*, 62-223 참조.

2. 복음과 문화의 선교학적 발전

성경에는 인간에게 주어진 두 가지 사명(mandate)이 있는데, 창세기에서 성부 하나님에 의해 주어진 '문화 사명'(cultural mandate)과 복음서에서 성자 예수님에 의해 주어진 '복음 사명'(gospel mandate)이다. 전자는 육적인 것이고 후자는 영적인 것이지만 이 둘의 근본적인 것은 하나인데, 곧 번식(reproduction)이다. 하나님은 아담에게 "생육하고 번성하여 땅에 충만하라"(창 1:28)고 하셨고, 예수님은 제자들에게 "[세상으로] 가서 모든 민족을 제자로 만들라"(마 28:19)고 하셨다. 아담에게 주신 문화적 사명은 육신의 사람을 번성시키라는 명령이요 제자들에게 주신 복음 사명은 영적인 사람들을 번성시키라는 명령이라는 의미에서 동일하다.[757]

이런 의미에서 복음과 문화는 선교에 있어서 동전의 양면과 같고 수레의 두 바퀴와 같이 불가분의 관계에 놓여있다고 할 수 있다. 그럼에도 불구하고 복음과 문화의 테마가 20세기 중반까지는 선교학에서 중요하게 다루어지지 못했다. 그 주된 이유는 칼 바르트(Karl Barth)를 비롯한 신학자들이 복음과 문화를 철저히 구별하였기 때문이다. 그들의 주된 주장은 '복음'은 하나님의 계시로서 그 출발점이 하나님이지만, '문화'는 사람들의 행위의 결과물로서 그 출발점이 인간이라는 것이었다. 따라서 복음과 문화는 근본이 다르기 때문에 함께 다루어져서는 안 된다는 논리였다.

그러나 복음을 효과적으로 전달하기 위해서는 사람들을 둘러싸고 있는 문화를 이해하지 못하고는 불가능하다는 것을 인식하기 시작했다. 브루스 애쉬포드(Bruce Ashford)가 지적한대로 "선교는 반드시 복음과 교회 그리고 문화의 교차점에서 성취되어야 한다."[758] 즉 복음은 교회를 통해 문화 속에 전달되기 때문에 교회는 문화 안에 복음의 전달자인 셈이다. 이

---

757) Herbert Kane, *The Christian World Mission*, 46.
758) Bruce Ashford, "The Gospel and Culture," in *Theology and Practice of Mission: God, the Church, and the Nations*, ed. Bruce Riley Ashford, Nashville: B & H Academic, 2011, 109.

런 인식의 토대위에 1960년대에 이르러 토착화(Indigenization)와 1970년대 상황화(Contextualization)와 문화화 또는 문화토착화(Inculturation) 개념들을 통해서 복음과 문화가 선교학의 테마로 다루어지기 시작하다가 1970년대 접어들어 에큐메니칼 진영뿐만 아니라 복음주의 신학과 로마가톨릭교회에서도 활발한 논의를 시작했다.

특히 복음주의 진영에서는 1974년 로잔대회를 중심으로 1978년 캐나다 윌로우뱅크(Willowbank)에서 복음과 문화에 대한 신학협의회를 개최하였고, 그 결과 윌로우뱅크 보고서(The Willowbank Report)를 발표하였다. 특히 윌로우뱅크 보고서는 총 8개의 대주제와 그에 따른 소주제들로 구성되어있는데 8개의 대주제를 보면: ① 문화의 성경적 기초 ② 문화의 정의 ③ 성경계시 속의 문화 ④ 오늘날 하나님 말씀의 이해 ⑤ 복음의 내용과 전달 ⑥ 복음의 겸손한 전령들 ⑦ 회심과 문화 ⑧ 교회와 문화 등이다.[759]

선교학에서 복음과 문화의 관계를 중요하게 다루어야할 이유는 이 둘의 관계가 상호불가분의 관계이기 때문이다. 복음은 문화에 영향을 줄 뿐만 아니라 문화로부터 영향을 받는 상호 조건적 관계에 놓여있다. 복음은 문화의 형태로 전달되고 수용되며 이해된다. 복음의 전파와 수용과정은 모두 각자의 문화적 조건과 영향을 벗어나서 이루어질 수 없다. 폴 히버트(Paul Hiebert)가 말한 대로 문화는 안경과 같은 것이기 때문에 누구도 자신의 문화적 안경을 벗어나서 복음에 접근하지 못한다. 그렇기 때문에 문화의 영향을 받지 않은 순수한 복음에 접근하는 것은 문화 안에 살고 있는 인간에게는 현실적으로 불가능한 일이다. 복음은 문화를 통해서 전달되기 때문에 문화를 떠나서 복음을 말할 수는 없다. 다만, 복음과 문화는 본질적인 차이점이 있는데 복음은 항상 인간 문화의 신성한 심판자로 서있다는 것이다.[760]

---

759) Robert T. Coote and John Stott, eds. *Down to Earth: The Paper of the Lausanne Consultation on Gospel and Culture*, Grand Rapids: Eerdmans, 1980, 308-339 참조.

760) Paul Hiebert, "The Gospel and Culture," in *The Gospel and Islam*, ed. Don McCurry, Monrovia: MARC, 1979, 63.

실제로 성경과 교회역사를 보면 복음이 세상에 전파될 때 인간의 문화(종교 및 사회·정치적 구조)가 장애물이 되어 복음의 진보를 가로 막기도 했다.[761] 이런 의미에서 문화는 복음전파의 장애물이 되는 경우도 있지만 복음전파의 통로가 되기도 한다. 그래서 바울은 고린도전서 9장 19-23절에서 복음의 효과적인 전파를 위해 문화적 상황을 적절히 이용했음을 역설했다.

> 내가 모든 사람에게서 자유로우나 스스로 모든 사람에게 종이 된 것은 더 많은 사람을 얻고자 함이라 유대인들에게 내가 유대인과 같이 된 것은 유대인들을 얻고자 함이요 율법 아래에 있는 자들에게는 내가 율법 아래에 있지 아니하나 율법 아래에 있는 자 같이 된 것은 율법 아래에 있는 자들을 얻고자 함이요 율법 없는 자에게는 내가 하나님께는 율법 없는 자가 아니요 도리어 그리스도의 율법 아래에 있는 자이나 율법 없는 자와 같이 된 것은 율법 없는 자들을 얻고자 함이라 약한 자들에게 내가 약한 자와 같이 된 것은 약한 자들을 얻고자 함이요 내가 여러 사람에게 여러 모습이 된 것은 아무쪼록 몇 사람이라도 구원하고자 함이니 내가 복음을 위하여 모든 것을 행함은 복음에 참여하고자 함이라.

복음이 전파되고 있는 공간과 시간을 채우는 것이 문화이다. 이런 의미에서 볼 때 복음이 생명을 살리는 '물'(生命水)이라면 문화는 생명수를 담아서 전달하는 '그릇'에 비유할 수 있다. 예를 들어 강보에 싸인 아기 예수를 볼 때, '강보'는 문화이고 '예수'는 복음이다. 다시 말하면 예수 그리스도의 복음은 유대 문화에 의해서 보존되고 또한 그 문화적 형식으로 전파되었다. 이런 이유 때문에 "문화라는 개념은 학문적인 것임과 동시에

---

761) Roger E. Hedlund, *The Mission of the Church in the World: A Biblical Theology*, Grand Rapids: Baker Book, 1991, 226.

실천적인 것이다."[762]

3. 문화론 이해

문화의 어원적 배경

문화라는 말은 땅을 갈거나 경작한다(cultivate)는 의미의 라틴어 동사인 '콜레레'(colere)에서 유래되었다. 이 말은 일반적으로 '경작하다'(cultivate) 또는 '보살피다'(care)라는 뜻을 가지고 있는데,[763] 헨리 미터(Henry Meeter)는 문화를 "'cultivating'하는 어떤 행위" 또는 "'cultivating'으로 나타난 결과"라고 이해했다. 그런데 그는 특이하게 이 'cultivating'이라는 단어를 모든 학문 또는 식물이나 동물이나 혹은 사람을 순화시켜 개선(향상)의 결과를 가져오도록 하는 '훈련'(training)으로 광범위하게 해석했다는 점이다. 그럼에도 미터는 선교학에서 문화라고 함은 일반적으로 인간 문화(human culture)로 제한된다고 했다.[764]

문화학적인 개념에서, 문화는 인간의 개입이 전혀 없는 자연(nature) 개념과 대조적인 개념이다. 이 개념은 땅을 경작하는 것뿐만 아니라 정신이나 마음 및 감정을 닦는 일도 포함되었다. 따라서 문화는 유전적으로 전달되지 않고 사회적·문화적으로 전달되는 인간 활동과 그 결과물이라고 할 수 있다.

좀 더 전문적으로 표현하자면 문화는 자신의 인식(지적 측면)과 감정(정서적 측면)과 행동(의지적 측면)을 조직화하는데 사용되는 형식의 통합적 체계이다. 그리고 이 문화는 여러 문화적 하부 체계들(cultural sub-

---

762) Bruce Ashford, "The Gospel and Culture," in *Theology and Practice of Mission: God, the Church, and the Nations*, 109.
763) 클라스 스킬더, *그리스도와 문화(Christus en Cultuur)*, 손성은 옮김, 지평서원, 1988, 102.
764) H. Henry Meeter, *The Basic Ideas of Calvinism*, Grand Rapids: Baker Book, 1990, 57.

systems)로 구성되어 있다. 그리고 이런 하부체계들의 통합이 세계관(worldview)으로 나타난다.

문화개념과 문화에 대한 여러 이론들

문화는 인간이 이 땅에 존재하는 순간부터 존재한 것으로 우리는 문화 없이 생존할 수 없다. 문화는 인간이 산출해낸 것으로 인간 삶의 총체적 활동이 곧 문화이다. 인간은 만물의 영장으로서 자연적인 것을 가공하고, 개발·개선하고, 그것을 인간의 삶에 유용하도록 변형시키는 능력이 있는데 이것이 곧 문화 활동이다.[765] 따라서 문화는 우리가 "살아 움직이며 존재하는"(live and move and have our being)(행 17:28) 장소이다.[766]

그러나 문화가 있었다고 해서 문화개념이 바로 있었던 것은 아니다. 어떤 것이 존재하는 것과 그 존재를 인식하는 것은 다르기 때문이다. 예를 들어, 하나님께서 인간을 창조하시면서 영혼을 만들어 주셨기 때문에 처음부터 인간에게 영혼이 있었지만 일반인들이 자신에게 영혼이 있음을 인식한 것은 BC 4세기 말 플라톤(Platon) 때부터였다.

마찬가지로 인간이 존재할 때부터 문화가 존재했지만 문화개념이 본격적으로 나타난 것은 18세기 후반과 19세기 초반이었다. 문화개념이 엄밀한 학문용어로 사용한 것은 19세기에 들어서면서부터였는데 영국의 인류학자 에드워드 타일러(Edward B. Tylor)의 공이 크다.[767]

문화에 대한 개념이 생기고, 그것을 연구하다보니까 이 세상에는 자신

---

765) 김영한, 『기독교와 문화』, 한국기독교문화연구소, 1987, 24-25.
766) Charles H. Kraft, *Anthropology for Christian Witness*, New York: Orbis Books, 1998, 89.
767) 에드워드 타일러는 영국 퀘이커교 목사 아들로 인류학 내지 문화인류학의 아버지(창시자)로 존칭하고 한다. 그는 '인류학'을 학문으로 조성하였고, '문화인류학'의 현장 연구법 토대를 놓았다. 타일러는 미국 여행 후 중미 쿠바 멕시코로 가서 원시 문화들에서 종교 신앙들을 학문적으로 조사 연구하였다. 1865년 출간된 「인류의 초기사 리서치(Researches into the Early History of Mankind)」는 1871년 「원시 문화」(Primitive Culture)로 발전되어 "신화, 종교, 언어, 예술, 풍습의 발전 연구"라는 부제를 달아 1881년에는 가장 널리 사용된 인류학 연구의 교본이 되었다.

의 문화 이외의 문화가 다양하게 있다는 것을 깨달았다. 그래서 여러 문화의 다양성을 인정하고 각 문화는 문화의 독특한 환경과 역사적·사회적 상황에서 이해되어야 한다는 견해가 등장했는데 이를 '문화상대주의'(Cultural Relativism)라고 한다.[768] 각 집단의 문화의 형성과 생성 배경을 상대적으로 바라보는 태도이다. 서로 다른 자연 환경과 사회적 환경 속에서 문화형성은 서로 다르게 나타날 수 있으며, 이는 문화 간에는 우열이 없다는 인식으로 나아가게 된다. 즉 이것은 사회의 환경과 맥락을 고려하여 문화를 판단하는 것으로 어떤 문화요인도 나름대로 존재 이유가 있다는 것이다. 한마디로 문화상대주의에서는 어느 나라의 문화가 다른 나라의 문화보다 더 우월하다는 '문화절대주의'(Cultural Absolutism)를 거부한다. 예수님께서도 자신의 타문화라 할 수 있는 이 세상의 문화(1세기 팔레스타인 문화)를 수용하심으로 그 문화 속에서 성육신하셨고, 성장하셨으며, 사역하셨다.

따라서 인간이 살고 있는 사회는 각자 특수한 문화를 가지고 있으며, 다양한 문화를 올바르게 이해하기 위해서는 그 사회의 입장에서 이해하려는 태도가 필요하다. 문화의 상대성을 부정하는 극단적 태도는 자민족 중심주의로 자기 민족의 모든 것이 타민족의 문화보다 우월하다고 믿고 타민족의 문화를 배척하는 태도를 말한다. 초기 유럽이나 미국 선교사들이 선교지에 가서 자신들의 문화에 대한 우월성을 가지고 그대로 심으려는 경향이 강했던 것이 사실이다. 심지어 그들 중 일부는 자국의 문화가 기독교 문화(하나님나라 문화)로 인식하고 그들의 문화를 강제하려하기도 했다.

그러나 문화상대주의가 극단적으로 사용될 경우(순장(殉葬)이나 식인문화, 인간을 제물로 바치는 행동 등의 인류의 보편적 가치를 해치는 행위)에 대해서는 문화상대주의라는 이름으로 이해하고 넘어갈 수 없는데 이를

---

[768] 문화상대주의의 이론은 인류학자들이 문화진화론에 대한 관심에서 시작되었는데, 1930년대 미국의 두 인류학자 룻 베네딕트(Ruth Benedict)와 멜빌 허스코비츠(Melville J. Herskovits)에 의해 대표적으로 주창된 이래 현재까지도 다른 문화를 이해하고자 하는 인류학자들의 기본적 인식이 되고 있다.

'극단적 문화상대주의'(Extreme Cultural Relativism)라고 한다. 그러므로 우리는 인간의 기본적인 인권이나 인류의 보편적 가치가 침해되지 않는 상태에서 타문화를 바라보아야 한다. 인간으로서의 최소한 인격과 보편적인 사회규범을 준수하는 기준으로 타문화를 보아야 이러한 부작용을 막을 수 있다.

예를 들어, 인도의 힌두교에서는 남편이 죽으면 부인도 따라죽는 '사티'라는 풍습이 있었다. 대다수의 이슬람 국가에서는 외간 남자와 가깝게 지냈거나 간통을 했다는 혐의를 받으면 남편은 자신과 가문의 명예를 지키기 위해 아내를 살해(명예살인)하고 또한 꾸란(Quran)의 명령대로 모든 성인 여성들에게 베일[769]을 씌운다.[770] 아프리카 일부 부족은 부모의 시신을 먹는 식인 풍습이 있는데, 이때 식인의 의미는 부모에 대한 장례의 의미이며 부모의 영혼과 육체를 고스란히 자신의 몸속에 간직하려는 종교적 의의를 갖는다. 일부 아프리카 및 중동지역에서 성인의식의 일환으로 여성할례를 자행하기도 한다. 한때 중국의 일부 지역에서는 건물을 지을 때 어린아이를 땅에 매장하고 건축하면 안전하게 완공된다고 하여 어린 아이를 매장하기 위한 유아 인신매매가 성행하기도 했다. 과거 한국사회에도 비정상적인 문화들이 있었는데, 예컨대 칠거지악, 시집살이, 축첩 등이었다.

문화의 속성

---

[769] 무슬림 여성들이 쓰는 베일에는 4가지 종류가 있는데 이슬람 종파에 따라 다르다: '부르카'(burka)는 눈에 망사를 씌워 몸 전체를 덮는 것이고, '니캅'(niqab)은 눈만 보이게 하고 몸 전체를 덮는 것이며, '차도르'(chador)는 얼굴만 보이고 몸 전체를 덮는 것이고, 그리고 '히잡'(hijab)은 머리와 가슴부위를 덮는 꾸란에서 요구하는 가장 일반적인 것이다(고광석, 이슬람, 기독교와 뿌리가 같은가?, 356).

[770] "믿는 여성들에게 일러 가로되 그녀들의 시선을 낮추고 순결을 지키며 밖으로 나타내는 것 외에는 유혹하는 어떤 것(성욕을 일으키는 것)도 보여서는 아니 되니라. 그리고 **가슴을 가리는 머리 수건을 써서** 남편과 그녀의 아버지, 남편의 아버지, 그녀의 아들, 남편의 아들, 그녀의 형제, 그녀 형제의 아들, 그녀 자매의 아들, 여성 무슬림, 그녀가 소유하고 있는 하녀, 성욕을 갖지 못하는 하인, 그리고 성에 대해 부끄러움을 알지 못하는 어린이 외에는 드러내지 않도록 하라 또한 여성이 발걸음 소리를 내어 유혹함을 보여서는 아니 되나니…"(꾸란 24:31, 저자 강조).

문화에는 특별한 속성들이 몇 가지 있는데, 첫째로, 문화는 공유(共有 shared)되는 속성을 가지고 있다. 문화는 한 집단을 이루는 구성원들의 행위와 다른 집단의 것들과 구별되는 어떤 공통적인 경향을 가지고 있다. 그 집단 구성원들 개개인의 독특한 취향이나 기호가 아닌 그 집단 구성원 모두의 고유적인 삶의 양식을 문화라고 부른다. 예컨대, 언어, 관습, 통과의례, 법률, 교육제도 등의 문화는 모든 요소가 공유적 속성을 가지고 있다.

둘째로, 문화는 유전이 아니고 학습(學習 learned)되는 속성을 가지고 있다. 문화가 되기 위해서는 배우고 익혀서 습득되어지는 것이어야 한다. 예를 들어, 매일 잠자고 식사하는 것을 일상생활이라고 하지 그 자체를 문화라고 하지 않는다. 다만, 어떻게 먹고 무엇을 사용하여 먹는가 하는 것은 문화의 한 부분이다. 사람이 특정의 문화적 환경에서 태어나는 것은 사실이지만, 그리고 유전적 요소 가운데 훌륭한 예술가나 문학가 등이 될 만한 것을 가지고 태어나는 것을 부정하지는 않지만, 그러나 그들 모두는 태어난 후에 학습을 통해 문화적 업적을 이루는 것이다. 예컨대, 미국 뉴욕에서 한인 부모에게서 태어난 아이는 한국인 자녀이기 때문에 자동적(유전적)으로 한국어를 사용할 줄 아는 것은 아니다. 그가 한국어를 사용하려면 배우고 익혀야 한다. 만일 그렇지 않고 뉴욕에 있는 유치원이나 뉴욕의 미국인 친구들과 어울리다 보면 영어를 배우고 익히게 됨으로 영어를 사용하게 될 것이다. 음식과 의복과 주거환경도 마찬가지이다.

셋째로, 문화는 축적(蓄積 accumulated)되는 속성을 가지고 있다. 어떤 것을 배우고 익혀서 알고 깨닫는 것은 비단 인간만이 할 수 있는 것이 아니라 원숭이와 같은 유원인(類猿人)들에게도 이런 학습행위가 있다. 1953년 일본에서 원숭이 집단을 연구하던 학자들이 원숭이 사회에서도 학습행위가 있다는 연구결과를 발표한 바가 있다. 그러나 그 원숭이들은 비록 다른 원숭이들의 하는 행위를 따라하고 배울 수는 있지만 그것을 축적할 수는 없다. 원숭이들은 현장에서 직접 배우지 못한 것은 처음부터 다시 시작해야하고 시행착오를 반복하여 어떤 일을 할 수 있지만 인간은 언어나 문자로 자신들이 배우고 익힌 것들을 축적(기록 및 저장)하여 다음 세대에 전달한다.

 넷째로, 문화는 통합적(統合的 integrated) 속성을 가지고 있다. 한 사회집단의 문화에는 여러 가지의 문화적 하부체계, 즉 지식, 신앙, 예술, 도덕, 법, 관습 등 수많은 부분들로 통합되어 있다. 그래서 어떤 한 부분이 변화하면 다른 부분들도 함께 변화하게 되는 것이다. 예를 들어, 과학기술의 발달은 공업화를 촉진시켜 농어촌의 잉여 노동력이 도시의 공장으로 이동하면서 도시화가 이루어지고 그로 인한 도시인구 집중현상으로 전통적인 대가족·친족사회에서 핵가족·개인주의사회가 만들어진다. 또한 과학기술의 발달은 질병치료에 있어서 전통적인 주술의존의 사고방식에서 벗어나 현대의학에 의존하게 된다. 이와 같이 과학기술 발달이라는 하나의 문화적 요소가 변화하면 다른 요소들도 함께 변화하는 통합적 체계를 이루고 있다.

 다섯째로, 문화는 변화(變化 changed)되는 속성을 가지고 있다. 만물이 변하는 것처럼 문화도 변화되는 속성을 지니고 있다. 문화는 갑자기 생겨났다가 사라지는 것이 아니라 장구한 세월을 두고 '생성→성장→쇠퇴→소멸'의 과정을 거친다. 그러므로 영원히 존재하는 문화는 이 세상에 없다. 고대 이집트 문화나 중국의 황하 문화나 그리스 및 로마의 문화도 하루아침에 생겨났다가 사라진 것이 아니라 오랜 세월 조금씩 변화하다가 소멸되었던 것이다. 문화의 변화는 왜 일어나는가? 어떤 사람에 의해 발견된 새로운 지식이 사회구조에 효과적으로 이용될 수 있을 때(이것을 혁신(innovation)이라고 함) 이 혁신이 사회문화의 한 부분으로 수용되면 문화는 변형하게 되는 것이다.

제2장 ■ 문화와 세계관

1. 문화의 의미

문화란 용어는 일반적으로 익숙한 것 같으면서도 학문적인 개념 정의는 다양하고 애매하며 때로는 편파적이기도 하다. 왜냐하면 문화의 개념 정의를 내리는 사람의 철학적·인식론적·이념적 전제에 따라 다르기 때문이다. 그래서 찰스 타버(Charles Taber)는 "문화 개념은…진공 속에서 나타나는 것이 아니라, 아주 실제적인 이데올로기들, 힘의 구조들 및 관계들 속에서 생성된다"고 주장했다.[771]

문화학자들의 견해에 따르면 문화에 대한 정의가 무려 160가지 이상이나 된다고 한다. 그 이유는 문화의 개념이 복합적인 특성을 가지고 있기 때문에 어느 한 면에서 문화의 특성을 단정하기란 쉽지 않기 때문이다. 그래서 문화에 대한 정의의 범위가 "사람들의 총체적인 삶의 방식"에서부터 "외부 환경과 다른 사람들 모두에게 적응하기 위한 일련의 기술들"에 이르기까지 광범위하게 이해되고 있다.[772] 문화란 본질적으로 사람들이 살아가는 '삶의 방식'(a way of life)이다. 각 문화마다 사람들이 각각 살아가는 방식은 일률적이지 않다. 따라서 문화는 특정집단에 의해 나타나는 공유되고 통합된 행위 형태이다.[773] 선교문화학자 찰스 크래프트(Charles Kraft)가 말한 대로 "문화 자체는 하나님이나 사람의 적도 아니고 친구도 아니다.…하나님은 창조주이시기 때문에 인간의 문화에 관심을 갖고 계신다. 그래서 하나님은 인간을 최소한의 문화를 수용하도록 창조하셨다."[774]

---

771) Charles Taber, *The World Is Too Much With Us: "Culture" in Modern Protestant Missions*, Macon: Mercer University Press, 1991, xix.

772) Clifford Geertz, *The Interpretation of Cultures: Selected Essays*, New York: Basic Books, 1973, 4–5.

773) 에비 스미스, "문화: 선교의 환경" *선교학 대전*, J. M. 테리 외 2인 편저, 한국복음주의 선교학회 역, CLC, 2003, 364.

774) Charles H. Kraft, *Christianity in Culture: A Study in Dynamic Biblical Theoloziging in*

복음주의 선교신학의 입장을 대변하는 윌로우뱅크 보고서에 의하면 "문화란 믿음, 가치, 관습과 이런 믿음과 가치와 관습을 표현하는 기구들의 통합된 제도로서, 사회를 결속시키고 사회에 정체성·존엄성·안정성·계속성을 부여한다."고 정의하고 있다. 이것을 네 가지로 요약하면, 문화란 첫째 궁극적 실재에 대한 믿음이며, 둘째 선악을 판단하는 규범을 제시하는 가치 기준이고, 셋째 사람들의 일상생활을 형성하는 다양한 관습들이며, 넷째 이와 같은 요소들을 하나로 통합하는 체계이다.[775]

앞에서 언급한대로 성경적인 관점에서의 문화는 하나님의 창조행위를 모방하여 자연(하나님의 元創造)을 인간의 특정한 사상, 감정, 가치관적 관점이 개입된 육체적·정신적 활동의 산물이다. 문화는 학습되며 유산으로 후대에 계승되며 또한 지속적인 발전을 통하여 항상 변화된다. 그래서 찰스 크래프트는 문화를 "사람들의 총체적 삶의 방식, 그들의 삶에 대한 설계, 그리고 그들이 생물적, 물리적, 사회적 환경에 대처해 가는 방식"이라고 정의했다.[776] 또한 폴 히버트는 "문화는 인식과 감정과 가치의 통합된 체계 및 이와 연관된 행위의 형태와 그들이 생각하고(知) 느끼며(情) 행동하는(意) 것을 조직하고 규칙화하는 사람들의 집단에 의하여 공유된 산물이다"고 정의했다.[777] 히버트의 정의에 의하면 문화는 먼저 세 가지 차원들이 있다. 첫째로 '인식(지식)적 차원'이다. 문화는 한 집단이나 사회의 구성원들에 의하여 공유된 지식과 관련된 것으로 공유된 지식이 없이는 전달과 공동체의 삶은 불가능하게 된다. 둘째로, '감정(감성)적 차원'이 있다. 문화는 사람들이 갖고 있는 태도, 미적 감각, 식도락, 의상, 싫고 좋은 것, 기쁨과 슬픔 등 감정과 관련이 있다. 셋째로, '가치(평가)적 차원'이 있다. 문화는 인간관계에 대하여 도덕적이냐 비도덕적이냐를 판단하므로

Cross-Cultural Perspective, Maryknoll: Orbis Books, 1979, 104, 113.
775) The Willowbank Report, 복음과 문화, 조종남 역, 한국기독교학생회 출판부, 1993, 13-15.
776) Charles H. Kraft, *Anthropology for Christian Witness*, 38.
777) 폴 G. 히버트, 문화 속의 선교, 채은수 역, 총신대학교 출판부, 1996, 41.

가치를 갖게 된다. 예컨대, 어떤 직업은 귀하고 다른 직업은 천하고, 또한 옷을 입거나 음식을 먹는 방식의 적절성을 평가하게 된다.[778]

2. 세계관 이해

세계관은 문화의 핵(core)이요 주제(theme)이다. 이런 의미에서 선교의 목표는 인간 개인이나 집단을 대상으로 복음을 증거 하여 그 사람들이 속해 있는 문화의 핵심 구조가 되는 세계관을 변화(worldview change)시키는데 있다. 그러므로 선교에서, 특히 문화 연구에서 세계관을 이해하는 것은 매우 중요한 일이다. 특히 타문화권 선교에서 세계관을 이해하는 것은 선교의 성패를 좌우한다고 해도 과언이 아니다. 세계관은 여러 문화적 하부 구조들(cultural sub-systems)로[779] 형성된 둔화의 핵심(cultural theme)이며, 기본적인 가정(assumption)이며, 의심할 여지없는 실재(reality)이다.

사람들이 어떤 생각을 할 때 그들의 마음상태는 백지상태가 아니다. 이미 사람들의 마음속에는 그 사고의 전제(가정)가 되는 온갖 종류의 관념들로 가득 차 있는 상태에서 생각을 하게 된다. 예를 들면, 필자가 청년대학생들을 상대로 "성경과 기독교 세계관"에 대한 강의를 하면서, 강의 시작 전 백지를 한 장씩 나눠주고 각자가 생각하는 교회당을 그려보도록 했다. 그런데 100여명의 청년들이 그린 그림 중에서 같은 것은 하나도 없었다. 그 이유는 교회당 모습에 대한 각자의 생각(assumption), 즉 그들 안에 내재되어 있는 사고의 전제가 각각 달랐기 때문이다. 이와 같이 사고의 도구가 되는 얼마간의 관념들이 모여서 외부 세계에 대한 개인의 정신적인 지도(mental map)를 구성하는데 이를 다른 말로 세계관이라고 한다.[780]

---

778) 폴 G. 히버트, *문화 속의 선교*, 41-48.
779) Paul G. Hiebert, *Cultural Anthropology*, Grand Rapids: Baker Book, 1983, 177-395 참조.
780) James W. Sire, *How to Read Slowly*, Water Book Press, 1978, 23.

따라서 선교에 있어서 세계관을 이해하는 것은 매우 중요한 것인데, 이에 대해 폴 히버트는 다음과 같이 그 중요성을 강조했다.

> 그리스도께 회심하는 일은 다음 세 가지 차원을 모두 포함해야 한다. 행위와 믿음 그리고 그 밑에 깔린 세계관(worldview)이 그것이다. 그리스도인들은 그리스도인이라는 이유로 다르게 살아야 한다. 하지만 그들의 행위가 기독교적인 믿음이 아니라 전통적인 믿음에 주로 기초해 있으면 그것은 이교도적인 의식이 되어 버린다. 회심이 믿음의 변화를 수반해야 하지만, 행위는 변하지 않고 믿음만 변할 경우에는 그것은 거짓 신앙에 불과하다(약 2장). 회심이 믿음과 행위의 변화를 포함하더라도 세계관이 변하지 않을 경우에는 장기적으로 보면, 복음이 거꾸로 뒤집어지고 기독교의 모양은 있으나 알맹이가 없는 혼합주의 종교를 초래하게 된다. 기독교가 일종의 새로운 마술과 아주 미묘한 형태의 우상숭배로 변질되는 것이다. 행위의 변화가 19세기 선교 운동의 초점이었고, 믿음의 변화가 20세기 운동의 초점이었다면, 21세기에는 세계관의 변화가 핵심 과제가 되어야 한다.[781]

세계관의 의미

세계관의 개념은 여러 뿌리를 갖고 있는데 일반적으로 서양철학과 인류학에서 찾아볼 수 있다. 먼저 철학자 임마누엘 칸트(Immanuel Kant)가 1790년에 그의 저서 「Critique of Judgement」[782]에서 독일어 단어 "Weltanschauung"을 처음 소개한 이후 여러 학자들을 거쳐 1840

---

781) Paul G. Hiebert, *Transforming Worldview: An Anthropological Understanding of How People Change*, Grand Rapids: Baker Academic, 2008, 11-12.
782) Craig G. Bartholomew, *Contours of the Kuyperian Tradition*, 102.

년에 이 단어가 독일에서 표준어가 되었다.[783] 세계관을 뜻하는 단어 'Weltanschauung'는 'Welt'(세계)와 'Anschauung'(관점, 보기)의 합성어로, 세계관의 기본개념은 세상을 보는 안목, 사물에 대한 관점, 특정한 지점에 서서 우주를 바라보는 방식을 의미한다.[784] 특히 프리드리히 슐라이어마허는 세계관을 단순히 어떤 대상에 대한 연구의 결과로서 나타나는 "세계상"(世界像)과는 다른 의미로 구분했는데, 그에 의하면 세계관이란 세계와 인간에 대한 지식과 경험이 인간의 사고·감정·의지·행위와 관련하여 하나의 의미 있는 "사상"(thought)으로 이루어진 것으로 이해했다.

세계관에 대한 다른 뿌리는 인류학에서 찾아 볼 수 있는데 인류학자들은 전 세계에 살고 있는 여러 민족들을 경험적으로 연구한 끝에 그들의 문화 밑바탕에 근본적으로 다른 세계관이 깔려있음을 발견했다. 그 문화들을 연구하면 할수록 사람들이 세계를 보는 방식과 인생을 사는 모습에 세계관이 깊은 영향을 미치고 있음을 분명하게 인식하게 되었다.[785] 그래서 세계관과 연관된 다양한 단어들이 만들어졌는데 '내면의 우주', '내면의 안경', '정신적 지도', '문화적 핵심', '뿌리 패러다임' 등이 대표적이다.

일반적으로 세계관이라는 말은 이 세계를 바라보는 눈, 즉 세상을 보는 관점(view)을 지칭하는 말이다.[786] 세계관은 사람들이 세상을 바라보는 방식을 말하는데, 곧 세상을 바라보는 내면의 안경(inner glasses)이자 정신적 지도(mental map)라고 할 수 있다.[787] 세계관은 사람들이 이 세상에 존재하는 모든 현상들(사물들)을 바라보는 일관적이고 체계화된 관점을 말한다. 그래서 세계관을 영어로 'worldview'(world-view) 또는 'world-and-life-view'라고 한다. 세계관과 비슷한 말로는 마르크스주

---

783) Paul G. Hiebert, *Transforming Worldview*, 13.
784) Albert Wolters, *Creation Regained*, 9.
785) Paul G. Hiebert, *Transforming Worldview*, 14-15.
786) A. 스캇 모로우 편집, *선교학 사전*, 김만태 외 12인 공역, 기독교문서선교회, 2014, 866.
787) 이원설, *기독교 세계관과 역사발전*, 혜선출판사, 1995, 43.

의(Marxism) 자들이 쓰는 '이데올로기'(ideology)와 일반적으로 사회과학에서 쓰는 '가치 체계'(system of values)란 말이 있다. 과학계에서는 토마스 쿤(Thomas Kuhn)이 제시한 '패러다임'(paradigm)이라는 말을 사용하기도 한다. 그러나 이런 용어들은 결정론과 상대주의를 함축하고 있기 때문에 적절한 것으로 받아들일 수 없다.[788] 그러나 일반적인 의미에서 본다면 패러다임이란 우리가 세상을 보는 방식(way of world view)을 말한다.

그러나 폴 히버트는 '세계관'이란 단어가 가지고 있는 문제점을 세 가지로 요약했는데, 첫째로 이 단어가 철학에 뿌리를 두고 있기 때문에 문화의 인지적 차원에 초점을 맞춘 나머지 똑같이 중요한 정서적 차원과 도덕적 차원을 다루지 않는다는 것과, 둘째로 이것은 듣기(청각) 보다 보기(시각)에 우선권을 두고 있다는 것과, 마지막으로 이 용어가 개인과 공동체에 모두 적용된다는 것이다(공동체의 힘과 사회적 역학에 의해 좌우됨).[789] 이와 같은 문제점들이 발견되지만 그렇다고 '세계관'이라는 단어보다 나은 용어가 없고 또한 이 단어는 이미 널리 인식된 것이기 때문에 우리는 이 용어를 사용할 수밖에 없다.

세계관에 대한 정의는 크게 두 가지 입장으로 나뉘고 있다. 하나는 세계관을 '인식적 차원'에서 이해하는 것인데 대표적인 선교문화학자는 찰스 크래프트(Charles Kraft)이다. 그는 세계관에 대해 다음과 같이 언급했다: "사람들은 실제에 대한 모델 혹은 지도를 따라 자신의 인생경로를 도식화하는 경향이 있다는 것에 대해 알게 되었다. 이러한 경향들은 단지 개인적인 차원에서만 이루어지는 것이 아니다. 전체 그룹(사회)은 실재에 대한 지도를 따라 해당 그룹이 나가는 과정을 도식화할 수 있다. 즉, 허용된 변이의 범주 내에서 수많은 사람들은 주로 교육에 대한 반응으로 자신을 둘러싸고 있는 실재에 대한 공통된 인식을 채용하며 살아간다. 우리는 특정

---

788) Albert Wolters, *Creation Regained*, 2.
789) Paul G. Hiebert, *Transforming Worldview*, 15.

사회그룹에 의해 공유하는 인식을 세계관이라고 부른다."[790]

따라서 세상에 살고 있는 사람들은 누구나 세계관을 가지고 있다. 이 세계에 대한 각 개인들의 나름대로의 관점(perspective)과 이해(understanding)에 따라 삶을 영위해 나가는 기본적인 신념이 각자의 세계관이다.[791] 그러므로 크래프트는 "세계관은 사람들의 실재에 대한 인식들과 그러한 인식들에 대해 반응할 때 기초가 되는 문화적으로 구조화된 가정들(structured assumptions), 가치들(values), 그리고 그러한 것들에 대한 헌신과 충성심들(commitments)을 세계관이라고 한다"고 정의하였다.[792] 크래프트의 정의를 세 부분으로 구분해보면, 첫째, 세계관은 문화적으로 구조화되어 있다. 즉, 세계관은 문화의 일부분으로서 문화 구조의 일부를 이루고 있지 그 자체로 독립적인 것은 아니다. 둘째, 세계관은 가정들(심상〈images〉들을 포함하여)로 구성되어있다. 사람들이 이해하고 있는 기본적인 가정들 대부분이 구도나 이미지라는 방식으로 두뇌에 저장되어 있다고 할 수 있다. 여기서 가정이란 가치와 충성심을 포함한 용어이다. 셋째, 이러한 가정들은 실재에 대한 사람들의 인식과 이에 대한 사람들의 반응의 기초를 이룬다. 예컨대 사람들은 하나님의 실재가 아니라 그들이 인식한 실재, 즉 실재에 대한 그들의 해석에 대한 반응이다.

이에 대한 다른 견해는 세계관을 단지 인식적 차원으로만 이해해서는 안 된다는 주장이다. 이에 대한 대표적인 선교문화학자가 폴 히버트(Paul Hiebert)이다. 그는 세계관을 문화의 심층 구조로서 사물에 대한 인식적이며 정서적이며 윤리적인 판단이요 가정이라고 했다.[793] 히버트는 세계관에 대해 "한 집단이 자기 삶을 정돈하는데 사용하기 위해 실재의 본질에 대해 내리는 기초적인 인지적 · 정서적 · 평가적 가정과 틀이다. 이것은 한 공동

---

790) Charles Kraft, *Anthropology for Christian Witness*, 51-52.
791) 신동식, *기독교 세계관이 상실된 세상에서*, 우리시대, 2014, 26.
792) Charles Kraft, *Anthropology for Christian Witness*, 52.
793) 폴 G. 히버트, *문화 속의 선교*, 62-73 참조.

체가 가지고 있는 참되고 바람직하고 도덕적인 우주상(宇宙像)이라고 할 수 있다"고 정의했다.[794]

결론적으로, 세계관이란 여러 문화적 하부 구조들(cultural sub-systems)로 형성된 문화의 핵심 주제(theme)이며, 한 문화에 의해 공유되어지는 의심할 여지가 없는 삶의 실재(reality)에 대한 기본적인 가정(assumption)들로서, 이것에 의해서 한 문화의 실재에 대한 믿음과 관습들과 행동양식들이 다양하게 파생되게 만드는 것이다. 따라서 세계관은 문화라는 건물이 서 있도록 받쳐주는 기초라고 할 수 있다.

세계관의 특성

(1) 세계관은 논리적 체계가 아니다.

세계관은 논리적 체계가 아니며 자신이 속한 문화 속에서 자기도 모르는 사이에 삶의 과정 속에서 자연스럽게 습득되는 것이다. 세계관은 합리적인 사고의 결과로 나타나는 것이 아니라 아무런 선례적 증거가 없더라도 참된 것이라고 받아들이는 것이다. 어떤 객관적인 증명으로 받아들이는 것이 아니라 그냥 받아들인다. 그래서 사람들은 자신의 세계관을 당연한 것으로 믿고 자신이야말로 사물을 객관적으로 감지하고 있다고 여긴다. 뿐만 아니라 이런 세계관의 가정들은 아주 설득력 있는 방식을 통해 새로운 세대에 전해지기도 한다.

(2) 세계관은 문화인식의 기본적인 틀이다.

사람들은 각자의 세계관에 따라 구상화된 형태, 곧 그림, 조각, 건축, 사회제도, 의식주 등의 형태를 만들어 낸다(文化的 産物). 이것을 문화적 용어

---

794) Paul G. Hiebert, *Transforming Worldview*, 25-26.

로 정신적 지도(mental map)라고 한다. 우리가 새로운 지역을 방문했을 때 그곳의 지형을 자세히 표기한 지도를 가지고 있으면 목적지를 쉽게 찾아갈 수 있는 것처럼, 사람들의 문화 인식과 산물인 세계관을 이해하는 것은 상대방을 이해하는데 도움을 준다.

예를 들어, 서남아시아 사람들은 음식을 먹을 때 기구를 통해 음식을 먹는 것을 부정한다. 그래서 그들은 손으로 음식을 먹는데 포크나 나이프를 사용하는 서구인들을 전쟁에서나 사용하는 기구들을 사용한다며 잔인하고 야만스런 사람들이라고 판단한다. 반면 서구인들은 서남아시아 사람들은 손으로 음식을 먹는 비위생적이고 더러운 미개인들이라는 판단을 한다. 필자가 필리핀에서 선교사로 사역할 때 가끔 현지인 지도자들을 데리고 한국을 방문한 적이 있었다. 한국을 방문할 때면 (필리핀에는 사우나가 없었기 때문에) 항상 사우나를 한번쯤 함께 이용했는데, 필리핀 지도자들은 처음에 알몸으로 사우나 탕 안에 들어가는 '한국적 대중목욕탕 문화'에 대해 상당히 당황하는 반응을 보였다. 아무리 동성이라도 알몸으로 좁은 탕 안에 같이 들어간다는 것을 경험해보지도 않았고 또한 그들의 문화에서는 상상도 해보지 못했기 때문이다. 그래서 끝까지 거부하고 혼자 밖에서 기다리는 사람도 있었지만, 대부분은 필자의 적극적인 설명에 동의하고 수용하기도 했다.

(3) 세계관은 암시적 특성을 가지고 있다.

세계관은 마음속 깊숙한 곳에 자리 잡고 있기 때문에 대체로 검토되지 않은 상태로 있고, 암시적(implicit) 특성을 갖고 있다. 마치 안경처럼 우리가 세상을 보는 방식을 좌우하지만 우리가 그 존재를 의식하는 경우는 드물다. 암시적 특성의 좋은 예가 언어이다. 우리가 다른 언어를 배울 때 모든 언어는 똑같은 자음과 모음을 사용한다고 가정하기 때문에 우리 언어의 소리(발음)를 사용해서 외국어를 발음한다.

이와 같이 우리는 대체로 우리 자신의 세계관과 그것이 어떻게 우리의 사고와 행위를 좌우하는지를 의식하지 않는다. 단순히 세계는 우리 눈에 보이는 대로 존재한다고, 또 다른 사람들도 우리와 똑같이 본다고 가정한다. 우리가 자신의 세계관을 의식하게 되는 것은 외부의 어떤 사건들로부터 도전받을 때 자기 마음속에 존재하는 가정들(세계관)을 의식하게 된다.[795]

(4) 세계관은 문화차용 또는 문화 간의 조우를 통해 변화된다.

세계관은 다른 문화의 영향을 받아 변화를 주기도 하고 변화를 받기도 한다. 예를 들어 우리나라는 과거에 중국의 문자(漢字)를 차용하여 사용함으로 불가피하게 중국문화와 조우하게 되었다. 그 결과 우리 조상들의 세계관도 중국의 영향을 받지 않을 수가 없었다. 19세기에는 비서구권에 기독교가 들어가면서 서구 세계의 문화가 비서구권 문화 전반에 영향을 미쳤다. 우리나라도 마찬가지로 미국의 선교사들이 서구식 학교를 세워 기존의 교육관에 일대 변화가 일어났고 특히 여성들의 교육에 대한 패러다임이 혁신적으로 변화되었다. 또한 현대식 병원을 설립하고 혁신적인 의료 기술을 도입하여 기존의 세계관을 변화시켰던 것이다.

이와 같이 복음이 이방문화권에 전해지게 되면 시간이 지남에 따라 이교도 문화가 기독교문화의 영향을 받아 변화되는데 세계관의 변화가 일어난다. 그래서 문화인류학적 의미에서 선교의 목표는 세계관의 변화(worldview change)라고 할 수 있다.

(5) 세계관의 차이는 긴장과 갈등을 일으킨다.

문화권이 다른 곳에 살고 있는 사람들의 세계관은 당연히 다르다. 그래

---

795) Paul G. Hiebert, *Transforming Worldview*, 47-48.

서 사람들 간의 세계관의 차이는 상호간에 긴장과 갈등을 일으키게 되기도 한다. 세계관의 차이가 심하면 문화충격으로 나타나기도 한다. 따라서 타문화권 선교에 있어서 가장 중요한 것은 세계관을 파악하고 그들의 생활양식을 이해하고 적응하는 것이다.

세계관의 기능

세계관을 한 문화의 밑바탕에 있는 가정들(assumptions)을 모두 묶어 놓은 것이라고 할 때, 세계관은 사람들에게 세계를 바라보는 방식을 제공한다. 이런 의미에서 세계관은 문화적으로나 사회적으로 여러 가지 기능을 한다. 세계관의 기능에 대해 월터스는 다음과 같이 설명했다.

> 세계관은 우리 삶을 인도하는 기능을 한다. 세계관은 우리가 완전히 의식하지 못하거나 설명할 수 없을 때라도 나침판이나 약도 역할을 한다. 그것은 세계 속에서 우리에게 방향을 제시해주고 우리가 접하는 사건과 현상들의 혼란 속에서 어디가 위이고 어디가 아래인지, 무엇이 옳고 그른지를 감지하게 해준다. 세계관은 사건과 쟁점들, 우리 문명의 구조와 우리 시대를 평가하는 방식에 상당한 영향을 미친다. 그것은 우리 시야에 들어오는 다양한 현상들의 '위치를 확인하거나 정하도록' 해준다…인간의 독특한 성격 가운데 하나는, 세계관이 제공하는 이와 같은 방향 감각이나 인도 없이는 살 수 없다는 점이다…세계관은 우리의 견해나 논점뿐만 아니라 우리가 내려야할 모든 의사결정에 결정적으로 영향을 미친다.[796]

폴 히버트는 세계관의 기능을 다음의 여섯 가지로 제시했다.[797] 첫째, 세

---

796) Albert Wolters, *Creation Regained*, 5-6.
797) Paul G. Hiebert, *Transforming Worldview*, 28-30.

계관은 우리의 궁극적인 질문에 답변을 제공하고 있는데, 우리는 어디에 있는가, 우리는 누구인가, 무엇이 잘못되었으며 그 해결책은 무엇인가 등 우리가 세계를 이해하는 방식과 행동양식에 대한 정신적 모델을 제공해준다(Brian J. Walsh 인용).

둘째, 세계관은 우리에게 정서적 안정감을 준다. 즉 통제 불가능한 상황에서 위로와 안정감을 얻으려고 내면 깊숙이 자리 잡고 있는 우리의 근본적인 신념에 정서적 버팀목을 세워 주어 그것이 쉽게 무너지지 않게 해준다.

셋째, 세계관은 우리의 경험을 평가하여(정의와 죄의 개념에 대한 가치평가) 행동의 방향을 정하는데 가장 깊숙한 문화적 규범을 정당화시켜 준다. 즉 우리의 행위를 안내해주는 지도 역할을 한다.

넷째, 세계관은 우리의 문화를 통합하도록 돕는다. 즉 우리의 관념, 정서, 가치들을 조직화하여 어느 정도 통합된 실재관을 형성해 준다.

다섯째, 세계관은 문화적인 변화를 조정해준다(Charles H. Kraft 인용). 즉 끊임없이 다가오는 새로운 사상, 새로운 행동, 새로운 생산물들을 접하면서 우리에게 어울리는 것은 선택하고 그렇지 못한 것을 배격하도록 도와준다.

마지막으로, 세계관은 세계가 우리 눈에 보이는 그대로라는 심리적 확신과 우리가 몸담고 있는 세계를 편안하게 느끼게 하는 안정감을 제공해 준다.

세계관의 선교학적 중요성

세계관을 이해하는 것은 선교에서 매우 중요한 문제이다. 왜냐하면 복음을 효과적으로 전하기 위해서는 반드시 그들의 세계관을 이해해야 하기 때문이다. 히버트는 선교학에서 세계관 이해의 중요성에 대해 "세계관을 변화시키기 위해서는 사람들의 경험, 가정(假定), 논리 등에 기초한 그들의 세계관을 정확하게 연구해야 한다"고 전제하고, 회심의 경우를 예로 들면서 회심이 행위와 신념(믿음)의 피상적 수준에서 일어나는 경우가 너무나 많은데, 만일 세계관이 변화되지 않으면 복음이 이교적 세계관에 비추어 해석될 것이고 결국에는 기독교적 이교주의(Christo-Paganism)에 빠지게 된다고 강조했다.[798]

성경적 세계관

성경적 세계관은 성경에 기초를 둔 세계관을 말하는데, 아브라함 카이퍼는 '기독교 세계관'(Christian worldview)이라고 했고, 개혁주의에서는 '개혁주의적 세계관'(reformational worldview)이라고 부르기도 한다. 이 사상은 성경을 숙고하면서 세계를 포괄적으로 조망하려고 했던 오랜 전통에서 나왔는데, 이 전통은 성경 자체에 뿌리를 두고 있다. 이런 의미에서 이승구는 성경적 세계관을 '영적 세계관'(spiritual worldview)이라고 명명했고,[799] 김영한은 "성경과 기독교 가치체계에 근거해서 세상을 이해하고 해석하는 세계를 보는 관점"이라고 정의했다.[800] 디국 필라델피아 웨스트민스터신학교의 로버트 누드슨(Robert Knudson)은 "기독교적 세계관이란 하나님의 계시에 중심한 진리에 대한 반성으로 심오해진 '체계화된 지혜'"라고 했다.[801] 그리고 신동식은 "성경적 세계관은 중생한 그리스도인이 성경의 이해를 통하여 세상의 방식을 이해하고 해석한 대로 세상에서 살아가는 삶의 관점이다"고 이해했다.[802]

이와 같은 성경적 세계관의 전통은 교부 이레니우스와 어거스틴 그리고 종교개혁자인 칼빈 같은 사람들이 이 전통의 뛰어난 대표자들이다. 20세

---

798) Paul G. Hiebert, *Transforming Worldview*, 69.
799) 이승구, *기독교 세계관이란 무엇인가?*, SFC, 2007, 21-26.
800) 김영한, *기독교 세계관*, 숭실대학교출판부, 2009, 179-180.
801) Robert D. Knudsen, *기독교 세계관*, 박삼영 역, 한국로고스연구원, 1994, 23.
802) 신동식, *기독교 세계관이 상실된 세상에서*, 83-84.

기 들어 개혁주의자들의 성경적 세계관은 독특한 형태를 띠면서 아브라함 카이퍼(Abraham Kuyper), 헤르만 바빙크(Herman Bavinck), 헤르만 도예베르트(Herman Dooyeweerd), 더크 볼렌호벤(Dirk H. Vollenhoven)과 같은 화란의 신학자들에 의해 계승·발전하였다.[803]

성경적 세계관은 삼위일체 하나님이나 천사나 사탄의 영역, 인간의 삶이 형성되고 이루어지는 문화의 영역 등이 있지만 보다 분명한 것은 하나님을 중심으로 한 세계관이라고 할 수 있다. 성경적 세계관을 평가할 수 있는 최고의 판단 기준은 성경이다. 성경은 실체에 대한 하나님의 계시이다. 성경은 삼위일체 하나님의 궁극적 실재가 무엇인지(절대자), 인간이 누구이며 왜 존재하는지(창조), 인간사회의 문제점이 무엇인지(타락), 그 문제점에 대한 해결책이 무엇인지(구속), 그리고 종말에 이루어질 일(완성)에 대한 기록이라고 할 수 있다.[804]

결국 세계관은 한 개인이 다음과 같은 근본적 질문에 답하는 관점인데, 이런 의미에서 볼 때 성경적 세계관이란 이런 질문에 어떤 답을 하고 사느냐의 문제로 확인된다. 세계관에 대한 근본적인 세 가지 질문들은; 첫째, 우주의 궁극적 실재(근본)는 무엇인가? 둘째, 인간은 어디서 왔으며 존재와 삶의 의미는 무엇인가? 셋째, 역사와 문화, 그 안의 사회·국가·전통 등의 의미와 가치는 무엇인가? 하는 것이다. 첫 번째 질문에 대한 답에 의하여 두 번째와 세 번째가 결정되며 그 안에 가치관이 결정된다. 결국 세계관은 세계와 자신에 대한 특별한 관점의 '해석'이며, 그 해석을 자신의 삶에 적용하는 것이다. 첫 번째 질문은 우주에 존재하는 것(being)들의 근원에 관한 것이다. 즉, 하나님이 창조했느냐? 아니면 우연히 자체적으로 발생했느냐? 하는 것에 대한 신념이다. 이 신념에 따라 각자의 세계관이 형성되는데, 성경적 세계관이란, 첫 번째 질문에 대해 당연히 하나님이 우

---

803) Albert Wolters, *Creation Regained*, 1-2.
804) 브리안 왈쉬 & 리챠드 미들톤, *기독교 세계관이란 무엇인가*, 김항안 역, 글로리아, 1992, 51-115 참조.

주만물을 창조하셨고, 두 번째 질문에 대해서는 하나님이 인간을 자신의 형상대로 창조하시되 남자와 여자로, 육신과 영혼을 합하여 창조하셨다고 믿는다. 그러나 그 인간은 죄로 인해 타락했음으로 예수 그리스도를 믿음으로 구속을 받아 하나님의 자녀로 회복되어야 하며, 회복된 인간은 하나님의 백성으로서 이 땅에서 하나님의 뜻을 구현하는 것을 목적으로 삼고 하나님의 영광을 위해서 살아야 함을 믿는다. 장차 임할 완성된 하나님의 나라를 확신하며, 복음전파와 문화적 사명을 감당하는 것을 삶의 최고의 가치로 두고 있다.

이와 같은 성경적 세계관은 곧 기독교 세계관과 같은 개념인데, '기독교 세계관'이라는 용어를 처음 사용한 사람이 아브라함 카이퍼였다. 그는 기독교 세계관을 세속문화에 대항할 공적 신학으로 제시했다.[805] 카이퍼가 생각한 기독교 세계관은 하나님의 은혜가 창조 세계를 회복한다는 기본 신념 아래 모든 창조 세계에 대한 하나님의 전적 주권을 강조한다. 창조 세계가 원래 선하며, 죄에 의한 타락과 하나님의 은혜에 의해 회복되는 것(소위 창조-타락-구속-회복)이 기독교 세계관 운동을 잘 요약한 것이라면, 그 운동성은 모든 창조 세계에 대한 하나님의 주권을 드러나게 하는 데서 찾을 수 있다. 그래서 카이퍼를 비롯한 신칼빈주의자들은 하나님 은혜로 정치·경제·학문·예술·종교 등의 영역에서 하나님의 주권을 회복하기 위해 각각의 영역에 적극적으로 참여했던 것이다. 카이퍼는 이런 기독교 세계관에 근거하여 영역주권을 제창하기도 했다.

개혁주의자들은 각각의 영역에서 하나님의 주권을 나타내기 위해 여러 방면에서 역동적인 활동을 했는데, 당시 3대 정통 칼빈주의 신학자로 알려진 카이퍼나 헤르만 바빙크는 상원 활동을 하면서 반혁명당에서 당수로 활동하였다. 기독교 세계관운동의 창립자 카이퍼는 화란 암스테르담 자유대학교를 세웠고, 일간신문과 주간신문을 창립하고 편집자로서 자신의 직

---

805) 제임스 M. 보이스 & 필립 G. 라이큰, *개혁주의 핵심: 칼빈의 5대 교리*, 이용중 옮김, 부흥과 개혁사, 2010, 73.

업군 중에서 제일 오래 일했다. 바빙크는 네덜란드 왕립 학술위원으로 신학이 아닌 다른 분야, 즉 심리학이나 교육학 등에서도 열심히 활동했다. 그들이 그렇게 했던 이유는 삶의 전 영역에서 하나님의 주권을 드러내려 했기 때문이었다.

따라서 우리의 세계관은 성경에 의해서 형성되고 점검되어야 한다. 세계관이 성경적일 때만 우리의 삶을 올바르게 인도할 수 있다. 성경과 그 가르침을 '종교적인' 영역으로만 제한시키지 말고 우리가 살고 있는 "지금-여기"(now-here)의 문화 전체와 연관시켜야 한다. 우리의 세계관이 "창조-타락-구속-회복"이라는 성경적 범주에 기초한 세계관으로 접근하지 않는다면, 우리의 삶 가운데서 종종 비종교적이라고 가정되는 이런 영역들은 서구의 세속화된 세계관에 정복되고 말 것이다.[806]

개혁주의 세계관의 특징

개혁주의 세계관은 곧 성경적 세계관이요 기독교 세계관이라고 했다. 월터스는 개혁주의 세계관에 대해 삼위일체적 신앙고백의 모든 주요 용어들을 보편적이고 포괄적인 의미로 이해한다. 즉, '화목케 함', '창조', '타락', '세계', '새롭게 함', '하나님의 나라' 등의 용어들을 우주적인 범위에서 이해한다고 전제하고 개혁주의 세계관의 독특성을 설명하는 한 가지는 "은혜가 자연(창조된 실체)을 회복한다"는 통찰을 그 중심으로 삼고 있다고 주장했다. 즉 예수 그리스도 안에서 성취된 구속이란 원래의 선한 창조의 회복을 의미하는 것으로 구속은 재창조(re-creation)이다. 왜냐하면 구원의 핵심은 타락한 창조세계를 구하여(redeem) 회복(restoration)하는 것이기 때문이다.[807] 이런 개혁주의 세계관의 구조, 즉 구속사적 구조를 신국원은 기독교 세계관은 성경의 진리에 따라 세계를 보는 안목이라고 전제

---

806) Albert Wolters, *Creation Regained*, 7-9.
807) Albert Wolters, *Creation Regained*, 11-12.

하고, "성경의 근본 진리인 창조, 타락, 구속의 세 가지 안목을 따라 세상을 보는 것"이라고 이해했다. 그는 이에 더하여 "하나로 통합되어 작동하는 창조-타락-구속의 성경적 세계관을 통해서 세상을 보면 천국이 보인다"고 한다.[808]

이런 성경적 세계관을 3구조(창조-타락-구속)로 이해하는 전통적 구분에서 최근 선교학계에서는 구속을 회복(완성)과 구분하는 경향이 있음으로 필자는 성경적 세계관의 구조를 "창조-타락-구속-회복"이라는 네 가지 범주에서 논하고자 한다.

(1) 창조

개혁주의 세계관은 "태초에 하나님이 천지를 창조"하셨다는 믿음과 선포로 시작된다. 많은 그리스도인들이 오직 복음만 강조하면서 그리스도의 십자가의 죽음과 부활만을 강조하는 경향이 있는데 사실 복음은 하나님의 창조로부터 시작된다. 왜냐하면 그리스도의 구속은 창조와 타락을 이해할 때 온전히 알 수가 있기 때문이다. 구속의 전 단계가 창조와 타락인 셈이다. 물론 가정(假定)이지만 타락이 없었다면 그리스도의 죽음도 필요 없었을 것이다. 그러므로 성경의 프레임, 즉 기독교 세계관은 창조로부터 시작된다.

알버트 월터스는 창조(creation)라는 말은 이중적 의미를 가진다고 전제하고, '창조 기사'(account of creation)를 말할 때는 창조행위를 뜻하고, '창조의 아름다움'(배열 또는 섭리)을 말할 때는 창즈질서를 뜻함으로 창조행위와 창조질서를 서로 혼동해서는 안 된다고 했다.[809] 다시 말하면, 하나님의 '창조'는 무에서 유를 창출하신 창조행위와 그 창조물을 적당하게 배열하고 창조 질서대로 움직이도록 하는 창조법칙을 아울러 말한다. 예

---

808) 신국원, *니고데모의 안경*, 45-47.
809) Albert Wolters, *Creation Regained*, 14.

컨대 하나님이 지구를 창조하셨는데(창조행위) 이 지구는 태양을 중심으로 자전하도록(창조법칙) 창조하셨다. 시편 기자는 "그가 말씀하시매 이루어졌으며 명령하시매 견고히 섰도다"(33:9)고 선포함으로 하나님의 말씀으로 창조되고 하나님의 말씀으로 질서 있게 움직이고 있음을 말하고 있다.[810] 이것을 신학적으로 말하면 창조란 창조사역(만듦)과 섭리사역(다스림)으로 구분할 수 있으나 사실 이 둘은 동전의 양면처럼 분리될 수 없는 하나님의 창조행위이다.

특히 창세기 1장의 창조기사를 통해 인간이 살고 있는 땅(earth)을 살펴보면, 삼위일체 하나님은 우주의 공간과 시간을 창조하신 후(1:1) 혼돈하고 공허하며 흑암이 깊은 땅을 질서 있게 채우고 배치하는 일을 하셨다(1:2 이하; 시 33:9 참조). 하나님은 여섯째 날에 인간 창조를 끝으로 창조를 완결하셨는데 하나님 자신이 창조하신 모든 피조물을 보시고 스스로 "심히 좋으셨다"(창 1:31). 그리고 일곱째 날에 안식하셨다. 하나님의 창조는 안식으로 끝난 것이 아니라 그의 형상대로 지은 인간을 땅에 살게 하시면서 그들에게 하나님을 본받아 창조의 일(정확히 창조를 모방함)을 계속할 것을 명령하셨는데 이것을 '문화 명령'(cultural command) 또는 '문화적 사명'(cultural mandate)이라고 한다.

이제는 하나님의 대리인이 된 사람들이 "생육하고 번성하고 땅을 정복하고 모든 생물을 다스림"으로 하나님이 중지하신 나머지 개발의 사역(문명의 발전)을 수행해야 한다. 이런 의미에서 그리스도인들은 하나님의 지속적인 창조사역의 대리인이요 동역자들이다(고전 3:9). 그러므로 인간은 땅의 관리자임과 동시에 하나님의 대리자로서 하나님의 절대적인 주권에 순종하면서 맡겨주신 것을 지키고 다스리며 개발하도록 다스리도록 지음받았다.

---

810) "한 마디 주님의 말씀으로 모든 것이 생기고, 주님의 명령 한 마디로 모든 것이 견고하게 제자리를 잡았다."(시 33:9, 새번역 참고)

(2) 타락

사탄이 아담과 하와를 하나님의 말씀에 불순종하게 함으로 범죄하게 만들어 타락시켰는데, 타락이란 인간으로 하여금 하나님의 통치를 거부하고 하나님과 떨어지도록 만든 것이다. 문제는 아담과 하와의 타락이 단순히 그들만의 독립된 타락이 아니라 창조세계 전체를 타락하게 만들어버렸다는 것이다. 죄의 영향력은 지상의 모든 창조세계에 미친다(롬 8:22). 왜냐하면 하나님은 사람에게 땅(지구)을 맡겨주셨기 때문에 그들의 죄는 그들이 맡은 영역(지상의 창조세계)으로 제한된다.

타락의 영향력은 이 세상의 모든 영역에 미치는데, 예컨대 유형의 창조물뿐만 아니라 국가, 가정, 기업, 학문, 문화생활 등 어느 것 하나 죄가 미치지 않은 영역은 없다. 하나님의 선한 가치가 죄로 인해 오용되고, 왜곡되며, 죄 된 목적을 위해 착취되고 있다. 사람들 사이에도 시기, 질투, 분쟁, 증오, 속임, 살인, 간음, 도둑질, 신성모독 등 죄의 영향력은 모든 피조세계에 편만하다. 하나님은 아담이 범죄 한 직후 "땅이 너로 말미암아 저주를 받고"(창 3:17)라고 함으로 모든 사람은 아담 안에서 타락했으며, 타락이 모든 악(질병, 죽음, 비도덕)의 근원이 되었다.[811] 그래서 바울은 "피조물이 다 이제까지 함께 탄식하며 함께 고통을 겪고 있는 것을 우리가 아느니라"고 사태의 심각성을 토로하고 있다(롬 8:22). 죄로 인해 인간이 타락함으로 인간의 다스림 아래 놓여있던 피조세계도 함께 타락하여 저주 아래 놓이게 되었다. 그 결과 하나님의 선한 창조물들 속에 죄가 들어가지 않은 것이 없게 되었다(창 6:5). 바울은 "그러므로 한 사람으로 말미암아 죄가 세상에 들어오고 죄로 말미암아 사망이 들어왔나니 이와 같이 모든 사람이 죄를 지었으므로 사망이 모든 사람에게 이르렀느니라"(롬 5:12)고 함으로 죄의 심각한 영향력을 강조했다.

그러나 하나님은 모든 것이 상실되어 회복불능의 상태에 있는 인간과

---

811) Albert Wolters, *Creation Regained*, 53-59.

피조세계의 타락을 그대로 방치하시지 않고 해결책을 내놓으셨다. 그러므로 성경적 세계관은 죄의 심각성을 강조할 뿐만 아니라 그것을 해결하는 희망을 주고 있다.

(3) 구속

인간을 자신들의 형상대로 창조하신 삼위일체 하나님은 인간이 타락하자 그들을 구속하실 길을 마련해 놓으셨다. 그것은 성자를 통한 구속이다. 하나님의 이 구속계획은 아담이 타락한 직후 계시되었다. "내가 너로 여자와 원수가 되게 하고 네 후손도 여자의 후손과 원수가 되게 하리니 여자의 후손은 네 머리를 상하게 할 것이요 너는 그의 발꿈치를 상하게 할 것이니라"(창 3:15). 이 약속은 타락한 인류에게 주시는 최초의 기쁜 소식이요 구세주를 통한 구원의 소식으로 성경학자들은 이것을 '원복음'(原福音)이라고 한다. 여자의 후손인 예수 그리스도를 통해 죄의 원흉인 사탄을 멸망시키고 타락한 인간 세상에 하나님의 구속을 주실 것을 약속하셨던 것이다. 예수 그리스도를 통한 하나님의 구속은 오랜 역사적 과정(구속사)을 통해 죄를 물리치고 타락된 것을 회복시키는 것이다.

알버트 월터스는 성경에서 구원을 묘사하는 기본적인 단어들이 모두 본래의 선한 상태 혹은 선한 상황으로의 회복을 함축한다는 사실을 발견했다. 하나님께서 그리스도 안에서 성취하신 구원의 본질은 죄로 말미암아 손상을 입은 하나님의 형상을 회복하는 것이라고 할 수 있다.[812] 그래서 이런 영어 단어들에는 항상 're-'라는 접두사를 사용하고 있는데 이것은 본래의 상태로 회복(restoration/recovery)을 의미한다. 예컨대 '구속'(redemption)은 죄인을 속박에서 해방시켜 원래의 상태로 되돌려주는 것(회복)을 의미한다. '화해'(reconciliation)는 틀어진 관계가 서로 화해하여 원래의 우정관계로 돌아감(회복)을 의미한다. '새롭게 함'(renewal)은

---

[812] 신현수, *개혁신학과 현대 사회*, 기독교문서선교회, 2015, 99.

오래된 물건이나 마음 또는 상태를 처음의 것으로 다시 새롭게 만드는 것(회복)을 의미한다(롬 12:2). '거듭남'(regeneration)은 성경의 핵심적 개념으로 죄와 죽음에 떨어진 후 다시 새로운 생명으로 되살아나는 것(회복)을 의미한다.

이런 의미에서 몇몇 신학자들은 구원을 '재창조'(re-creation) 개념으로 설명하기도 한다. 기존의 창조세계 안에서 그리스도를 통한 새로운 피조물로의 회복을 강조한 것이다. "그런즉 누구든지 그리스도 안에 있으면 **새로운 피조물**(new creation)이라 이전 것은 지나갔으니 보라 **새 것**(the new)이 되었도다"(고전 5:17, 저자 강조)는 이 은혜롭고 장엄한 선언은 죄로 인해 하나님의 창조의 대리인 자격을 박탈당한 사람이 그리스도의 구속을 통해 다시 하나님의 대리인으로 재임용되는 것이다. 본래의 선한 창조로 다시 회복되는 것이다.[813]

결과적으로 성경의 세계관은 예수 그리스도의 성육신(그의 삶, 죽음, 부활)에 초점을 맞춰야 한다.[814] 왜냐하면 그리스도의 사역은 회복하게 하는 사역이었기 때문이다. 그는 각종 병자들을 회복시키셨고(마 12:13; 막 3:5), 나사로를 비롯한 죽은 자들을 살리심으로 생명을 회복시키셨다(요 11:43-44). 예수님은 사람의 영혼과 육신을 회복시키는 구속자이시다. 특히 죄에 묶여 있는 인류를 해방하시기 위해 자신의 몸을 대속물로 지불하시고 구속하셨다. 그를 믿는 모든 자들을 죄로 인해 깨진 하나님과의 관계를 원래대로 회복하셨고, 하나님의 자녀로 회복시켜 주신 것이다. 바울은 이 한마디로 그리스도의 구속의 능력을 설명했는데, "아담 안에서 모든 사람이 죽은 것 같이 그리스도 안에서 모든 사람이 삶을 얻으리라"(고전 15:22).

---

813) Albert Wolters, *Creation Regained*, 69-71.
814) Cornelius Plantinga, *Engaging God's World: A Reformed Vision of Faith, Learning, and Living*, Grand Rapids: Eerdmans, 2002, 79-83.

(4) 회복(완성)

앞에서 언급한대로 필자는 전통적인 구속사의 세 가지 구조, 즉 "창조-타락-구속"에 "회복(완성)"을 포함하려고 한다. 물론 구속에 완성을 포함시킬 수 있으나 선교적 관점에서 볼 때 완성은 미래적인 의미가 있기 때문이다. 마치 하나님 나라는 '이미'(already) 임했지만 그러나 아직 '완성'(not yet)되지는 않은 것과 같은 이치이다. 예수님께서 재림하실 때 이 세상은 새 하늘과 새 땅으로 변화됨과 동시에 완성된 하나님의 나라가 세워질 것이다.[815] 이것 또한 그리스도에 의해 완성될 구속이라고 할 수 있다. 월터스는 예수 그리스도 안에서 성취된 구속을 원래의 선한 창조의 회복을 의미하는 것이라고 했고, 이를 달리 표현하자면 '구속을 재창조'라고 이해했다.[816] 수산 포스트(Susan Post)는 "하나님은 예수 그리스도를 통해서 사람들에게 자신을 계시하셨고 또한 모든 피조세계를 회복하신다. 이 회복은 하나님과 그의 백성들로만 제한되는 것이 아니라 죄를 제거한 모든 것에까지 미친다"고 했다.[817]

그러나 선교적 관점에서 볼 때 예수님의 초림 때 시작된 구속은 재림 때까지 계속될 것인데, 이 기간 동안에 우리(교회)가 해야 할 선교적 사명이 있기 때문에 "회복"을 분리한 것이다. '구속'에서 '완성'의 단계 중간기(中間期) 동안 우리가 해야 할 일은 '그리스도의 명령'[818]으로서 성경에 기록되어 있는데, 그것은 곧 하나님의 주권적 통치를 이 세상의 모든 삶의 영역 속에서 구현하여 하나님의 영화로운 처소가 되는 하나님의 나라를 이루어가는 선교 활동을 수행하는 것이다. 신약성경만을 한정해서 보더라도 선교활동을 종말론적인 관점에서 주신 말씀들이 상당수 있다.

---

815) 고광석, *하나님 나라의 복음*, 123-128.
816) Albert Wolters, *Creation Regained*, 12.
817) Susan M. Post, "A Missional Approach to the Health of the City," 114.
818) 바울은 이 명령을 "영원하신 하나님의 명"(the command of the eternal God, 롬 16:26)이라고 했는데, 곧 주님의 지상명령을 의미한다.

첫 번째는, 예수님의 말씀 중에 나타나있다. 먼저, 지상명령으로 불리는 마태복음 28장 19-20절의 "너희는 가서 모든 민족을 제자로 삼아 아버지와 아들과 성령의 이름으로 세례를 베풀고 내가 너희에게 분부한 모든 것을 가르쳐 지키게 하라 볼지어다 내가 세상 끝날까지 너희와 항상 함께 있으리라"는 말씀이다. 예수님께서는 지상명령을 수행하는 선교적 활동가들과 함께 하시되 "세상 끝 날까지" 함께 하시겠다고 말씀하셨다. 선교가 주님의 재림 때까지 지속될 것임을 의미한 말씀이다. 다음으로, 마태복음 24장 14절의 "이 천국 복음이 모든 민족에게 증언되기 위하여 온 세상에 전파되리니 그제야 끝이 오리라"는 말씀이다. 이것은 인간의 복음전파 활동이 주님의 재림을 결정짓는다는 의미는 아니지만 복음전파가 주님의 재림과 깊숙이 있는 종말론적인 것만은 분명하다.

두 번째는, 바울서신에 나타나있다. 바울은 빌립보서 2장 15-16절에서 "너희가 흠이 없고 순전하여 어그러지고 거스르는 세대 가운데서 하나님의 흠 없는 자녀로 세상에서 그들 가운데 빛들로 나타내며 생명의 말씀을 밝혀 나의 달음질이 헛되지 아니하고 수고도 헛되지 아니함으로 그리스도의 날에 내가 자랑할 것이 있게 하려 함이라"고 했다. 바울은 여기서 종말론적인 소망을 밝혔다. "그리스도의 날" 곧 마지막 날, 바울은 빌립보교회를 위해 선교적으로 수고를 했던 것 때문에, 그리고 빌립보교회가 자신의 바람대로 바람직한 교회로 세워짐과 동시에 "생명의 말씀을 밝혔기" 때문에 '그리스도 앞에서' 자랑할 것이 있기를 소망했다. 여기서 가장 중요한 구절은 "생명의 말씀을 밝혀"(λόγον ζωῆς ἐπέχοντες)이다. '밝혀'라는 뜻을 가진 헬라어 '에페콘테스'(ἐπέχοντες)는 '에페코'(ἐπέχω)의 명령형 분사로서 서로 상반된 개념이지만 보완하는 개념으로 사용된다. 곧 "부여잡다"(hold fast)라는 의미로 또는 "제시하다"(hold forth)라는 의미로 사용된다.[819]

빌립보교회가 "생명의 말씀"(λόγον ζωῆς)을 '부여잡고'만 있었다면

---

819) 강병도, *카리스종합주석*, 빌립보서 2:16.

바울의 사도적 선교는 실패했을 것이다. 그러나 빌립보교회는 "생명의 말씀"을 '제시했다'(전파했다)는 것이 바울의 자랑이었다.[820] 빌립보교회는 바울로부터 받은(hold fast) 하나님의 복음(롬 1:1)을 밝히 전파함(hold forth)으로 선교적 교회가 된 것이 그리스도께서 재림하시는 '그리스도의 날'에 바울의 자랑이 될 것이다. 이에 대해 폴 바우어(Paul Bower)는 "바울의 선교적 사명은 단순히 교회들을 설립하는 것이었다"라는 것을 수정해야 한다. 빌립보서 2장 16절이 보여주는 것처럼 바울은 사도적 사명으로 교회들을 세웠으나 그 교회들은 자신들이 독자적으로 복음을 전파하는 '선교적 교회'를 세웠다고 해야 함을 강조했다.[821]

정리하면, 성경적 세계관, 즉 개혁주의 세계관은 다음과 같이 요약할 수 있다. 첫째, 하나님의 창조는 광범위하고 포괄적인 것으로 온 우주만물이 다 하나님의 창조이다: "만물이 그에게서 창조되되 하늘과 땅에서 보이는 것들과 보이지 않는 것들과 혹은 왕권들이나 주권들이나 통치자들이나 권세들이나 만물이 다 그로 말미암고 그를 위하여 창조되었고 또한 그가 만물보다 먼저 계시고 만물이 그 안에 함께 섰느니라"(골 1:16-17). 둘째, 타락은 창조세계 모든 영역에 철저히 영향을 끼친다: "온 땅이 하나님 앞에 부패하여 포악함이 땅에 가득한지라 하나님이 보신즉 땅이 부패하였으니 이는 땅에서 모든 혈육 있는 자의 행위가 부패함이었더라"(창 6:11-12). 셋째, 예수 그리스도의 구속은 모든 피조세계에 영향을 끼친다: "구원하심이 보좌에 앉으신 우리 하나님과 어린 양에게 있도다"(계 7:10). 마지막으로 선교는 그리스도의 재림 때 영광스럽게 마무리 된다: "이 천국 복음이 모든 민족에게 증언되기 위하여 온 세상에 전파되리니 그제야 끝이 오리라"(마 24:14); 마지막 그날에 "그가 모든 통치와 모든 권세와 능력을 멸하시고 나라를 아버지 하나님께 바칠 때라"(고전 15:24).

---

820) James P. Ware, *Paul and the Mission of the Church: Philippians in Ancient Jewish Context*, Grand Rapids: Baker Academic, 2011, 271.

821) Paul Bower, "Fulfilling the Gospel: The Scope of the Pauline Mission," in *JETS 30*, 1987, 185-198.

제3장 ■ 개혁주의 문화론

개혁신학은 마음으로 믿고 머리에 담아만 둘 것이 아니라 문화 속에 실천(praxis)되어야 한다. 개혁신학은 신학교 강의실이나 도서관에서만 다뤄져서는 안 되고 사람들이 살고 있는 문화 속에 실천(praxis)되어야 한다. 그래야 개혁신학이 '살아있는 말씀'(행 7:38)과 같이 '살아있는 신학'(living theology)이 된다. 살아있는 신학은 교회를 든든히 세우고, 사람들로 하여금 갈 바를 알게 하며, 세상을 변화시키는 능력이 있다. 그러므로 개혁주의 선교신학은 세상문화 속에 실천되어야 하기 때문에 문화를 알고 변혁시키는 것은 대단히 중요한 일이다. 이것은 어거스틴과 존 칼빈과 아브라함 카이퍼의 신학과 사상 및 삶 속에 풍성하게 나타나있다. 그래서 헨리 반 틸(Henry R. Van Til)은 이들을 가리켜 "문화적 신학자요 생활 전체의 개혁자"라고 불렀다.[822] 특히 어거스틴은 신앙과 문화의 관계에 대한 기독교의 일반적인 반응을 형성한 사람으로 널리 알려져 있는데, 무엇이든지 선하거나 참되거나 아름다운 것은 복음을 위해 적절히 사용될 수 있다는 사상의 기초를 놓았다.[823]

1. 문화의 성경적 이해

신학에서 다루는 모든 학문들은 성경에서 그 근거를 찾아야 한다. 그러므로 선교학도 신학의 한 분야이기 때문에 그 근거를 성경에 두고 발전시켜야 하며, 그런 의미에서 문화인류학(선교인류학)도 성경적인 배경 하에서 연구하고 이해되어야 한다.

문화인류학의 성경적 근거는 창세기 1장 27-28절에 명확하게 기록되어 있다: "하나님이 자기 형상 곧 하나님의 형상대로 사람을 창조하시되 남

---

822) Henry R. Van Til, *The Calvinistic Concept of Culture*, 11.
823) Alister E. McGrath, *Christianity*, 389.

자와 여자를 창조하시고(人類學 anthropology) 하나님이 그들에게 복을 주시며 하나님이 그들에게 이르시되 생육하고 번성하여 땅에 충만하라, 땅을 정복하라, 바다의 물고기와 하늘의 새와 땅에 움직이는 모든 생물을 다스리라(文化學 culturology)하시니라." 이에 근거해서 브루스 브래드쇼(Bruce Bradshaw)는 문화는 성경적 개념에서의 세상(κόσμος)에 대한 특별한 표현으로, 사람들이 살고 있는 영역으로서의 사회가 형성되는 근원(matrix)을 의미한다. 따라서 문화는 자신들의 가치뿐만 아니라 자신들이 기본적으로 존중하는 일시적 또는 영구적인 영역에서의 중요한 실재에 대한 사람들의 해석(의미)을 드러낸다고 했다.[824]

문화의 성경적 의미

성경적인 관점에서 볼 때 문화는 하나님의 창조행위를 모방하는 인간의 모든 '활동'(행위)과 그 '결과'(산물)라고 정의할 수 있다. 하나님의 창조행위는 무(無)에서 유(有)를 창조하셨지만 인간은 하나님이 창조해놓은 것들을 개발하고 활용함으로 문화 활동을 한다. 이런 의미에서 볼 때 인간은 처음 창조되어 하나님의 동산에서부터 '지키고 다스리는' 활동을 통해 문화적인 사람으로 살았다. 물론 인간의 문화는 고귀한 것도 있지만 죄의 영향을 받아 어두운 면도 가지고 있다. 따라서 인간은 문화를 만들기도 하지만 이미 만들어진 문화의 영향을 받기도 한다. 즉, 인간은 특정 시간과 장소 또는 가족과 그룹 및 사회, 그리고 실제로 "문화"에 의해 조건 지어진다.[825]

문화란 하나님의 원창조(元創造)인 자연을 인간의 목적에 따라 변형(transforming)하는 것이다. 인간은 하나님의 창조를 탐구하여 그 본성들

---

824) Bruce Bradshaw, *Change Across Cultures*, Grand Rapids: Baker Academic, 2002, 70-71.
825) Andrew F. Walls, *The Missionary Movement in Christian History: Studies in the Transmission of Faith*, Maryknoll: Orbis Books, 1996, 7.

을 알고 이름을 붙여 그들을 다스리며 활동하였기 때문이다. 예컨대 아담은 모든 창조를 탐구하여 하나님의 지식 체계를 가짐으로(비록 그의 지식이 포괄적이지 못하였지만) 자기의 세계를 영위하기에 충분하였다. 그래서 그는 그의 지식 체계를 따라 사물들을 다스리고 또 그 본성대로 활용함으로 하나님의 창조를 반복하고 모방하여 문화행위를 이어갔다.

그러나 인간의 모든 문화행위는 어디까지나 하나님께서 창조하신 질서의 체계 안에서의 개발 행위이다. 예를 들어 인간이 사용하는 언어는 헤아릴 수 없을 정도로 다양하고 지금도 만들어지고 변화한다. 그러나 언어 자체, 즉 말할 수 있는 능력이란 인간이 개발하거나 창안해 낸 것이 아니라 하나님의 창조이다. 하나님께서 인간을 창조하시고 그들에게 언어의 능력을 주신 것이다. 그래서 인간은 하나님이 주신 언어의 능력으로 여러 언어들을 만들어내는 것이다.

아브라함 카이퍼 이래 개혁주의 진영에서 가장 저명한 문화 신학자가 클라스 스킬더(Klaas Schider)이다. 그는 문화에 대해 정의하기를 "문화는 전 인류가 계속적으로 생산해야 할 개발활동의 집성을 위한 조직적 노력이다. 전 인류는 창조계에 잠재하는 힘을 발견하고, 역사과정에 이 잠재력이 나타나도록 개개의 자연법에 따라서 그것을 발전시키고, 멀고 가까운 모든 것을 하나님의 계시 진리의 규범에 순응함으로 자유롭게 하여, 예배적 인간에게 유용한 재물이 되고, 그 결과 그것들을 가진 사람이 하나님 앞에서 영원토록 영광을 돌려야 한다"고 했다.[826]

결론적으로 문화란 하나님의 창조세계 내에서의 인간의 활동이라고 할 수 있다. 그러므로 그리스도인의 문화 활동은 하나님의 뜻에 따라 하나님의 창조세계를 모방하여 개발함으로 모든 문화영역에서 기독교적 가치를 반영하도록 하는 것이어야 한다.

---

826) John Print, "Christ and Culture," in *Review of Schilder's Christus en Cultuur*, *Torch and Trumpet*, 1951, 11-12, 29, Henry R. Van Til, *The Calvinistic Concept of Culture*, 139, 재인용.

하나님의 문화명령과 문화적 사명

삼위일체 하나님은 자신들의 형상대로 인간을 창조하신 후 자신들이 창조한 피조물들을 다스리고 경작함으로 하나님의 창조행위를 본받아 문화행위를 하도록 명령하셨다. 사람이 삼위일체 하나님의 형상대로 창조되었다는 말은 하나님의 인격으로 창조되었다는 의미이다. 하나님은 인격적 존재로 계시되, 세 인격체(삼위일체)로 존재하신다. 하나님은 그 신성(神性)이 인격의 방식으로 존재하시는 존재자이다. 따라서 하나님은 인간을 인격체로 창조하셨다. 그 이유는 피조물 중에서 인간을 자신과 교제를 가능하게 하고 자신의 창조를 본받아 피조세계를 유지하고 개발하도록 하시기 위함이었다. 따라서 인간이 하나님을 닮았다는 말은 인격적인 면에서 닮은 것이다. 하나님이 인격적인 존재이듯이 인간도 인격적 존재로 창조되었다.[827]

중요한 것은 인간이 하나님의 형상대로 창조되었다는 말속에는 인간이 하나님의 창조행위를 모방하여 개발하고 활용하는 문화적 행위를 할 수 있다는 의미가 내포되어있다. 즉 인간이 하는 모든 창조적 활동은 창조주 하나님의 모방이요 복사라고 할 수 있다. 이런 의미에서 볼 때 인간은 '위임된 주권'을 부여받은 것이다. 인간은 피조세계를 다스려야 하고 모든 피조물을 주관해야 하는데 이것을 문화행위라고 한다. 문화행위는 오직 하나님의 형상대로 창조된 인간만이 할 수 있다.

하나님은 자신의 형상대로 창조된 인간에게 문화적 사명을 주셨다: "하나님이 그들에게 복을 주시며 하나님이 그들에게 이르시되 생육하고 번성하여 땅에 충만하라, 땅을 정복하라, 바다의 물고기와 하늘의 새와 땅에 움직이는 모든 생물을 다스리라 하시니라"(창 1:28); "여호와 하나님이 그 사람을 이끌어 에덴동산에 두어 그것을 경작하며 지키게 하시고"(창 2:15). 여기서 '정복하라' (1:28), '다스리라' (1:28), '경작하고 지키

---

827) 서철원, *인간, 하나님의 형상*, 총신대학교 출판부, 2007, 53-55.

라'(2:15)는 세 가지 말속에 인간의 문화적 사명이 표현되어 있다. 이 사명은 하나님의 형상대로 지음 받은 인간 이외의 피조물들은 감당할 수 없는 일들이다. 오직 하나님의 형상, 곧 하나님의 인격체로 지음 받은 인간만이 이 위대하고 거룩한 일을 수행할 수가 있는 것이다.

하나님은 그가 창조한 피조물을 그의 형상대로 지으신 인간에게 정복하고, 다스리고, 경작하고, 지키도록 맡기셨다. 이런 독특한 피조물인 인간에 대하여 시편 기자는 "사람이 무엇이기에 주께서 그를 생각하시며 인자가 무엇이기에 주께서 그를 돌보시나이까 그를 하나님보다 조금 못하게 하시고 영화와 존귀로 관을 씌우셨나이다 주의 손으로 만드신 것을 다스리게 하시고 만물을 그의 발아래 두셨으니 곧 모든 소와 양과 들짐승이며 공중의 새와 바다의 물고기와 바닷길에 다니는 것이니이다"고 감탄했다(시 8:4-8).

이와 같이 '주님의 손으로 만드신 것'을 다스리고, 경작하고, 유지하는 일련의 인간의 행위가 바로 문화행위이다. 로버트 웨버(Robert E. Webber)는 이 부분에서 다음과 같은 세 가지 이론을 제시했다.[828] 첫째는, 인간이 문화적 책임을 지고 있다는 것이다. 즉, 인간은 문화적 존재라는 것이다. 인간은 땅으로부터 만들어졌고 땅에 대한 특별한 책임이 있다. 여기의 땅은 단지 아담이 사는 생활공간만을 뜻하기보다 전 세계(universe)를 내포한다고 보아야 한다. 물론 인간의 탐구와 지배가 전 우주에 미치지는 않지만 인간의 지성으로 닿는 곳은 다 그의 정복의 대상이다. 둘째는, 인간의 이 문화적 책임은 그 근거를 하나님의 뜻에 두고 있다는 것이다. 인간이 문화적 행위를 하는 것은 하나님의 위임(맡겨주심) 때문이다. 여기서 하나님의 뜻을 행한다는 것은 단순히 개인의 도덕적 성결이 아니라 하나님의 뜻을 인간의 구조(문화) 속에 구체적으로 실현하는 것을 의미한다. 셋째는, 이렇게 하나님의 뜻을 행하는 것이 인간의 하나님께 대한 바른 반응이라는 것이다. 이것을 개혁주의 선교학자들은 '문화명령'(cultural

---

828) 로버트 웨버, *기독교 문화관*, 이승구 옮김, 엠마오, 1988, 34.

mandate)이라고 부른다.

2. 개혁주의 문화관

존 칼빈의 후예들 중 대표적인 개혁주의 문화신학자가 아브라함 카이퍼(Abraham Kuyper)와 클라스 스킬더(Klaas Schider)이다. 그런데 이 두 사람은 칼빈주의 신학노선을 계승하고 있지만 문화에 대한 관점은 서로 다른 견해를 가지고 있다. 카이퍼가 문화를 일반은총론을 중심으로 이해한 반면, 스킬더는 문화를 그리스도 중심으로 이해한다는 차이점이 있다. 이 두 사람의 문화관을 중심으로 개혁주의 문화관을 살펴보고자 한다.

아브라함 카이퍼의 문화관

개혁주의 문화관을 일반은총론에 입각하여 잘 신학화한 사람이 아브라함 카이퍼이다. 물론 카이퍼 스스로 자신을 '칼빈의 충실한 모방자'라고 믿고 있고, 칼빈의 신학사상과 전통을 충실히 따르는 사람으로 여겼기 때문에 그의 신학의 틀도 칼빈의 신학체계에서 벗어날 수는 없었다. 헨리 반 틸의 말처럼, "카이퍼가 칼빈에 대하여 그 무엇을 첨가한다 하더라도 그것은 숨겨진 것을 드러나게 하고 이미 암시되어 있는 것을 더욱 명백하게 한다는 것을 알고 있었기 때문"[829]에 그는 진정한 칼빈주의자였다.

그러나 카이퍼가 칼빈의 정신에서 신학화를 하였다고 하더라도 개혁주의 문화론을 전개하면서 일반은총론에 대한 중요성을 이해하는데 칼빈을 넘어섰다는 평가를 받고 있다. 요즘 기독교 세계관 운동이 확산되면서 기독교 인문학이나 학술대회에서 카이퍼에 대한 관심이 높아지고 있는데, 영역주권론, 그리스도의 왕직(주권), 그리고 문화의 일반은총론은 그의 대표적인 신학사상이다. 특히 카이퍼는 칼빈주의를 세상 한 구석의 종교사상

---

829) Henry R. Van Til, *The Calvinistic Concept of Culture*, 118.

이 아닌 "땅을 정복하라"는 하나님의 명령에 따라 세상을 변화시킬 수 있는 힘으로 여겼다. 그는 칼빈주의가 전 포괄적 삶의 체계를 소유하고 있다며 '삶의 체계로서의 기독교'를 역설했다. 그의 "삶의 체계"(life-system)란 말은 우리에게는 "세계관"(worldview)이라고 더 잘 알려진 표현이다.[830] 카이퍼는 기독교 세계관에 대한 이론과 실천적인 기초를 세움으로 기독교 세계관의 대부로 불리는데, 그는 기독교 세계관을 칼빈주의로 이해했다. 카이퍼의 세계관에 대한 개념은 이후에 칼빈주의의 발전에 가장 큰 영향을 끼쳤던 매우 중요한 개념이다.[831]

카이퍼에 의하면 이 세상은 죄로 인해 타락했기 때문에 노아홍수 때처럼 멸망 받아야 마땅했지만 지금까지 유지되고 있는 것은 순전히 하나님의 일반은총 때문이라는 것이다. 카이퍼의 문화관과 일반은총론은 "문화가 우주의 발전과 그 유지를 위한 모든 인간의 노력과 그 노력의 결과를 포함한다. 그러나 하나님의 일반은총 없이는 어떠한 문화도 이루어지지 않을 것이다"라고 요약할 수 있다.[832] 타락한 인간사회(문화)가 하나님의 일반은총이 없다면 지금-여기(now-here)까지 유지되고 발전될 수가 없었을 것이다. 이런 의미에서 일반은총은 인간 문화의 근본이 된다. 따라서 일반은총은 영적이거나 재창조적이 아니고 물질적이며 시간적이다. 비록 일반은총은 구원의 능력은 없고 오직 이 세상의 문화적 삶에 국한되기는 하지만 그 근원은 세상의 중보자이신 예수 그리스도이다. 왜냐하면 요한의 말대로 "만물이 그로 말미암아 지은 바 되었으니 지은 것이 하나도 그가 없이는 된 것이 없느니라"(요 1:3). 또한 바울의 말대로 "우리에게는 한 하나님 곧 아버지가 계시니 만물이 그에게서 났고 우리도 그를 위하여 있고 또한 한 주 예수 그리스도께서 계시니 만물이 그로 말미암고 우리도

---

830) 박동수, "[왜 아브라함 카이퍼인가] 칼뱅주의 사회개혁 새장 열어," 국민일보, 2006년 4월 16일.
831) Peter S. Heslam, *Creating a Christian Worldview: Abraham Kuyper's Lectures on Calvinism*, Grand Rapids: Eerdmans, 1998, 89.
832) Henry R. Van Til, *The Calvinistic Concept of Culture*, 118.

그로 말미암아 있느니라"(고전 8:6).

카이퍼는 문화는 자연 속에 뿌리박은 하나님의 일반은총의 선물이라고 이해했다.[833] 이 은총은 신자나 불신자에게 공히 주어지는 은총이다. 이 일반은총은 단순히 문화나 물질적인 영역에서만 주어지는 것이 아니라 인간의 정신세계에도 미친다. 예컨대 불신자들이라 할지라도 시민으로서의 정의를 수행하며 도덕적 선을 행할 수 있는 것은 일반은총의 영향이다. 물론 여기서 말하는 정의나 도덕적 선은 구원과는 무관한 것으로 모든 인간에게 나타나는 일반적인 성품을 말한다.

또한 카이퍼는 인간은 타락으로 인해 하나님의 대리자로서 "땅을 정복하고 다스리는"(자연 지배력) 능력을 상실했지만 일반은총을 통하여 과학이 발전함으로 자연을 지배하는 능력이 회복되며 이로 말미암아 저주의 결과(자연 지배력 상실)는 사라지게 되었다고 했다. 카이퍼는 이에서 나아가 인간이 이룩한 이 땅에서의 문화적 업적은 인간의 것으로 새 땅에서도 상실되지 않는다고 이해했다. 그가 이런 사상을 갖게 된 것은 고린도전서 3장 21절의 "누구든지 사람을 자랑하지 말라 만물이 다 너희 것임이라"는 말씀과 요한계시록 21장 26절의 "사람들이 만국의 영광과 존귀를 가지고 그리로 들어가겠고"에서 그 근거를 찾는다. 특히 카이퍼는 "지금 이후로 주 안에서 죽는 자들은 복이 있도다…그들이 수고를 그치고 쉬리니 이는 그들의 행한 일이 따름이라"(계 14:13)는 말씀에서 "그들이 행한 일"이란 일반은총과 특별은총에서 이룩한 인간의 수고의 결과라고 해석했다. 즉, 이 세상의 모양은 사라지지만 그 본질은 남는다. 죄에 영향 받은 갖가지 문화적 요소는 소멸되지만 그 정수(精髓)와 본질과 의미는 새 땅에서도 계속된다는 것, 즉 문화는 영원한 미래가 있다는 것이 카이퍼의 결론이다.[834]

---

833) Henry R. Van Til, *The Calvinistic Concept of Culture*, 120.
834) Henry R. Van Til, *The Calvinistic Concept of Culture*, 120-121.

클라스 스킬더의 문화관

아브라함 카이퍼의 신학적 사상과 견해들은 개혁교회 내에서 적지 않은 논쟁을 야기하기도 했다. 특히 그의 대표적인 문화관의 토대가 된 일반은총론, 즉 세상의 문화 전체에 세상적인 방식으로도 하나님의 통치를 구현할 수 있다고 보았던 그의 사상이 큰 쟁점이 되었다. 그래서 일반은총 안에서의 세상의 유지와 발전에 대한 견해는 하나님의 구속적 사역의 관점에서 바라보지 못한 것이라는 비판을 받았다.

이런 카이퍼의 문화관에 비판을 가했던 대표적인 신학자가 20세기 화란의 대표적인 개혁주의 신학자 클라스 스킬더(Klaas Schilder)이다. 그는 캄펜신학교에서 교의학 교수로 재직하였으나 아브라함 카이퍼의 신학에 비판적이었다는 이유로 1944년 위트레흐트(UTRECHT) 총회에서 카이퍼의 추종자들에 의해 목사직과 교수직에서 해임되었다. 그러나 몇몇 교회들이 이 총회의 결정이 비성경적이라고 반발하면서 자유교단(GKV)을 세웠고, 스킬더는 삶을 마칠 때까지 이 신학교에서 교의학과 윤리학 교수로 재직하였다.

스킬더는 신학적으로 칼빈주의자였지만 아브라함 카이퍼의 기독교 문화이론을 강하게 비판한 학자이기도 하다. 스킬더가 카이퍼의 문화관에 비판적이게 된 계기는 1차 세계대전을 통해 인간의 죄악을 날카롭게 인식하면서 시작되었는데, 「Christus en Cultuur」(그리스도와 문화)라는 저서를 통해 그의 문화관을 보여주고 있다.[835]

스킬러는 카이퍼의 일반은총론을 비판하면서, 자연의 발전은 일반은총 때문이 아니고 자연적인 과정의 일부분이라고 했다. 즉 창조 때 하나님께서 인간에게 부여하신 "땅에 충만하고 땅을 정복하라"(창 1:28)는 문화능력의 결과라고 주장했다. 다만, 인간에게 부여된 문화능력이 타락 전 에덴동산에서는 하나님께 영광을 돌렸지만 타락한 후에는 자기중심이 되고 자

---

835) 클라스 스킬더의 「Christus en Cultuur」(*그리스도와 문화*), 손성은 역, 지평서원, 2017 참조.

기에게 영광을 돌리게 되었다는 것이다.

또 하나 큰 차이점은 카이퍼는 일반은총이 신자나 불신자를 포함한 모든 인간에게 미친다는 견해를 갖고 있는데 반해 스킬더는 모든 사람에게 미치는 일반은총(보편은총)은 없다고 주장했다. 사람들의 단순한 문화 활동을 하나님의 일반은총으로 생각하는 것은 큰 잘못이라고 했다. 예컨대, 신앙 없이 먹고 마시고 아이 낳는 모든 불신앙의 문화는 저주의 대상으로 보았다. 스킬더는 일반은총이란 말을 거부할 뿐만 아니라 신자들이 불신자들과 공유하고 있는 공동영역이라는 개념까지도 일소한다. 그는 카이퍼가 주장했던 일반은총 교리보다 "일반명령" 교리로 대신했는데, 하나님은 인간의 모든 문화영역에서 성경과 그 권위에 순종할 것을 명령했다고 강조했다.[836]

스킬더의 독특한 문화관은 인간의 문화적 사명을 행위언약으로 이해한 것에서도 나타난다. 행위언약에 대한 일반적인 이해는 "선악과를 따먹지 말라"(창 2;17)는 명령으로 이해하는데 반해 스킬더는 행위언약을 그 이전에 주어진 "생육하고 번성하여 땅에 충만하라"(창 1:28)는 문화적 사명과 연결시켰다.

> 우리는 성경의 첫 장에서 '문화' 라는 용어를 발견할 수 있는데, '에덴동산에 두어 그것을 경작하며 지키게 하시고'(창 2:15), '생육하고 번성하여 땅에 충만하라'(창 1:28). 여기에 나오는 성경의 첫 사건들에는 '행위언약' 이라는 말로 표현되는 세 가지 간단한 명령들(경작하라, 생육하고 번성하라, 충만하라)이 담겨 있다....성경의 이 첫 장에는 언약의 규례들이 충만할 뿐만 아니라 직접적인 문화적 관심도 충만히 나타난다. 창조주께서 문화에 관심을 두셨다는 말이다.[837]

---

836) Henry R. Van Til, *The Calvinistic Concept of Culture*, 137-154.
837) 클라스 스킬더, *그리스도와 문화*(*Christus en Cultuur*), 101-102.

그는 창조 때 하나님은 완전한 세상을 창조하지 않으셨다고 이해했다. 그저 "보시기에 좋게" 창조하셨을 뿐이다. 하나님은 인간을 '하나님의 동역자'로 창조하시어 그들로 하여금 완전한 세상을 이루시고자 하셨다. 이것이 곧 문화적인 사명이요 행위언약이라는 것이다. 문제는 죄로 인해 인간이 그 온전한 능력을 상실해버렸지만, 그럼에도 하나님은 인간에게 명령하신 문화적 사명, 곧 행위언약을 충실히 이행할 것을 요구하신다. 바울이 "우리는 하나님의 동역자들이요"(고전 3:9)라고 한 이 말은 저 멀리 어딘가에 외롭게 떨어져 있는 교회를 위해 선포한 사후의 방문식 추서(追敍)가 아니라 '세상의 첫 번째 원리'로 엄중히 돌아가는 일로서, 이 본문은 바울이 목사로 위임받은 이들뿐만 아니라 문화사역자들, 거리를 청소하는 이들이나 교수들, 부엌에서 일하는 사람이나 어느 월광곡을 작곡하는 사람들 모두에게 날마다 전하는 교훈이라고 했다.[838]

그러므로 그리스도인들은 풍성한 약속과 더불어 주신 첫 번째 명령인 "동산을 경작하라"(창 2:15)는 말은 인간의 창조정신이 시간과 공간을 활용하여 필요한 것들을 고안해 내야함(발명과 개발)을 의미하고, 또한 날마다 일상적으로 이루어지는 일(직업)을 수행하라는 의미이다. 에덴동산은 담으로 둘러친 낙원이 아니라 인간이 거주할 수 있는 세계의 시작점이다. 문화적 세계가 시작되는 곳이다. 아름다운 동산의 문은 사방으로 활짝 열려있다. 세상에 존재하는 모든 것들이 바로 여기에서 시작된다. "동산을 경작하라"는 말은 구체적으로 세계 안에 잠재되어 있는 모든 가능성들을 개발하라는 문화적 사명이다. 그리고 "땅을 정복하고 다스리라"는 말은 하나님의 대리 통치자로서 하나님의 창조활동의 부산물로서 문화적인 인간이 되라는 뜻이다. 스킬더는 "하나님의 형상대로 지음 받은 인간이라면 문화적 작업에 자발적으로 참여해야 한다"고 강조했다.[839]

---

838) 클라스 스킬더, *그리스도와 문화*(Christus en Cultuur), 104-107.
839) 클라스 스킬더, *그리스도와 문화*(Christus en Cultuur), 107-109.

3. 그리스도인의 문화 사명

하나님의 창조를 모방하여 문화행위를 해야 할 사명을 부여받은 인간은 타락한 후에는 개인의 욕망을 이루는 수단으로 삼음으로 결국 혼란과 혼잡과 무질서 그리고 심판을 가져왔다. 그럼에도 불구하고 하나님은 현존하는 역사 가운데서 역사(役事)하심으로 인간의 파괴적인 문화 전개를 넘어서 새로운 가능성을 지향하신다.

창세기 1-11장의 기록에서 시작된 이 주제는 이스라엘이 하나님의 백성으로 문화 가운데 등장했을 때 분명히 나타났다. 하나님은 이스라엘을 하나님의 대리자로서 선택하시어 영적인 사명을 감당할 뿐만 아니라 문화적인 사명을 감당할 것을 요구하셨다. 다시 말하면 그리스도인들은 '그리스도 안에서'(in Christ) 살면서 동시에 '세상 속에서'(in the world) 살고 있음으로 '문화 안에서의 그리스도인'(Christian in culture)이 되어야 한다. 이에 대해 브래드 하퍼(Brad Harper)와 폴 멧저(Paul L. Metzger)는 "문화에 관한 교회의 목적은 복잡하지 않다…그것은 그리스도 중심의 문화를 접하게 하는 것이다"고 강조했다.[840] 그러므로 인간은 자신이 살고 있는 시대와 환경 속에서 주님이 재림하셔서 새 하늘과 새 땅을 만드실 그 때까지 하나님의 창조사역을 계속해서 모방하고 수행해야 할 문화적 사명이 있다.

그리스도인의 문화에 대한 태도

전통적으로 그리스도인들이 세상의 문화를 대하는 태도가 크게 세 가지 모델로 나타났는데, '분리 모델'(Separational Model, 세상과 분리됨)과 '동일시 모델'(Identificational Model, 세상과 통합)과 '변혁적 모델'(Transformational Model, 세상을 변화시킴)로 나타난다. 이와 같은

---

840) Brad Harper and Paul L. Metzger, *Exploring Ecclesiology*, 208.

그리스도인들의 문화에 대한 태도는 동시에 두 세계(하나님의 나라와 세상의 나라)에 살도록 지음 받았기 때문에 나타나는 긴장이라고 할 수 있다. 그리스도인은 이 세상나라에 살면서 동시에 하나님 나라의 백성이기 때문이다(빌 3:20).

첫째, 분리 모델(Separational Model)을 주장하는 사람들은 두 세계는 전혀 다른 것이어서 절대로 공존할 수 없다고 주장한다. 그들은 이 세상의 문화는 타락하고 죄악된 것이기 때문에 철저히 구별된 삶을 살아야 한다고 강조한다. 그리스도인들은 하나님 나라의 원칙과 가치를 가지고 살아야 한다고 하면서 이 세상의 목표나 즐거움, 부에 대한 애착 등을 하나님 나라를 위해 부인해야 한다고 강조한다. 그래서 그들은 세속의 구조(문화)에 참여하는 것을 거부하거나 문화 활동을 하지 않음으로서 어떻게 해서든지 이 세상으로부터 벗어나려고 한다. 이들은 두 세계 중에서 한 세계에서만 살고 다른 세계와는 관련을 갖지 말아야 한다고 주장함으로 문화적 분리주의자(cultural separatist)라고 한다. 이들이 내세운 성경적 근거는 노아의 경우로서 노아는 당시 죄악이 가득한 세상과 분리되어 여덟 식구가 방주를 지었다(창 7:1). 아브라함은 "고향과 친척과 아버지의 집을 떠나" 하나님이 지시한 곳으로 갔다(창 12:1). 모세도 자신을 길러준 바로의 공주의 아들이라 칭함 받기를 거절하고 도리어 하나님의 백성과 함께 고난 받기를 더 좋아했다(히 11:24). 여러 선지자들도 믿음으로 삶으로 세상이 감당하지 못하였고 그들이 광야와 산과 동굴과 토굴에 유리(세상을 등진 삶)하였다(히 11:38)고 주장한다. 교회사적으로 분리 모델을 옹호한 사람들을 보면 대표적으로 터툴리안(Tertullian)이고,[841] 중세 수도원의 소종파 운동, 종교개혁의 과격파 등이 있으며, 특히 재세례파 중 아미쉬(Amish)공동체는 국가 존재까지 부정하며 문화 활동을 거부하였고 세상과 고립된 은둔의 생활방식을 취하였다.

둘째, 동일시 모델(Identificational Model)은 이중국적자로서 두 세계

---

841) 리처드 니버, 『그리스도와 문화』, 홍병룡 옮김, IVP, 1996, 136-138.

모두 인정하고 존중하는 삶을 살아야 한다고 주장한다. 이것은 세속의 구조(문화)를 수용하거나 문화와의 긴장을 인정함으로써 삶의 구조에 참여하는 것을 옹호하는 모델이다. 이들은 두 세계를 공히 인정함으로 "이 세상 안에서 하나님의 백성으로"(in the world as God's people) 살아야 한다고 주장한다. 이들이 내세운 성경적 근거는 요셉을 예로 든다. 요셉은 애굽에서 바로 왕 다음가는 자리에까지 올라섰는데 그는 하나님에 대한 신앙 외에는 철저하게 애굽의 문화를 수용하여 애굽사람처럼 살았다. 다니엘도 바벨론의 총리로 있으면서 바벨론 문화를 수용하였다. 예수님의 성육신은 동일시 모델의 좋은 본보기인데 그는 하나님이셨지만 철저하게 사람으로 사셨다. 특히 예수님은 "가이사의 것은 가이사에게, 하나님의 것은 하나님께 바치라"(마 22:21; 눅 20:25)고 하심으로 이 세상의 정부와 문화적 제도를 인정하셨다. 바울은 "각 사람은 위에 있는 권세들에게 복종하라 권세는 하나님으로부터 나지 않음이 없나니 모든 권세는 다 하나님께서 정하신 바라 그러므로 권세를 거스르는 자는 하나님의 명을 거스름이니 거스르는 자들은 심판을 자취하리라"(롬 13:1-2)고 함으로 이 세상의 정부와 권력을 인정하도록 교훈하였다. 베드로도 "인간의 모든 제도를 주를 위하여 순종하되 혹은 위에 있는 왕이나 혹은…총독에게 하라"(벧전 2:13-14)고 했다. 교회사적으로 동일시 모델을 옹호한 사람들을 보면 알렉산드리아의 클레멘트(Alexandrian Clement), 토마스 아퀴나스(Thomas Aquinas), 프리드리히 슐라이어마허(Friedrich Schleiermacher), 알브레히트 리츨(Albrecht Ristschl)을 중심으로 한 19세기 자유주의 신학자 등이 있다.

셋째, 변혁적 모델(Transformational Model)은 두 세계에 대해 무조건적인 수용이나 배척보다는 좋은 점들은 인정하고 그릇된 것은 바꿈으로 복음을 통해 "지금-여기서"(now-here) 또 궁극적인 역사의 목표를 통해서 삶의 구조(문화)가 바뀌고 변형될 수 있다고 믿는 모델이다. 이들이 내세운 성경적 근거는 선지자들의 종말론적 예언에 두고 있다. 원래 선하게 창조된 이 세상은 죄로 인해 타락되었지만 그리스도에 의해 새롭게 된 것처럼 이 세상의 문화와 구조도 종말에는 '새 하늘과 새 땅'으로 변형된다고 믿는다. 교회사적으로 변혁적 모델을 옹호한 사람들은 어거스틴이다. 어거스틴의 이 사상은 종교개혁 이후 존 칼빈에게서 잘 나타났으며, 아브라함 카이퍼와 미국으로 건너간 청교도 칼빈주의자들이 참다운 기독교 문화를 세우려고 노력했다.

이에 더하여 미국 신정통주의를 대표하는 기독교 윤리학자 리처드 니버(Richard Niebuhr)는 1951년에 그의 고전적 저서 「Christ and Culture」(그리스도와 문화)라는 책을 통해 사회윤리 사상을 바탕에 두고 그리스도와 문화의 관계를 좀 더 세분화하여 5가지 유형으로 구분했다: "문화에 대항하는 그리스도," "문화에 속한 그리스도," "문화 위에 존재하는 그리스도," "문화와 역설적인 그리스도," 그리고 "문화의 변혁자인 그리스도"이다. 이것은 개혁주의 문화관이 무엇인지를 판단할 수 있는 기초를 제공하고 있다.

첫째, 문화에 대항하는 그리스도(Christ-against-Culture)의 유형은 문화에 대한 그리스도인들의 배타적인 태도를 가리킨다. 이들은 그리스도인들이 믿고 좇을 유일한 분은 오직 그리스도임을 인정하고 세상 문화의 권위는 단호히 거부하는 일종의 분리모델이다. 논리적으로는 예수 그리스도의 주되심이라는 기독교 원리에서 나온 사상으로 초기 그리스도인들이 지녔던 전형적인 태도이다. 이 유형의 대표적인 사람은 삼위일체라는 용어를 가장 먼저 사용한 교부 터툴리안(Tertullianus)인데, 그는 세상의 타락한 정치·경제·문화·학문에서 탈출하고 예수 그리스도의 주되심에 초점을 맞춤으로 그분의 계명에 철저히 순종하는 것이 그리스도인의 문화적 삶이라고 인식했다. 세상(심지어 가정까지도)과 담을 쌓고 살았던 초기 기독교에 등장했던 수도원 운동들도 이런 유형을 고수한 사람들이다.[842]

둘째, 문화에 속한 그리스도(Christ-of-Culture)의 유형은 앞에서 언

---

842) 리처드 니버, 『그리스도와 문화』, 129-142.

급한 "문화에 대항하는 그리스도"의 유형과 정반대의 유형이다. 이들은 그리스도와 문화 사이에 근본적인 일치와 연속성이 존재한다고 생각한다. 그래서 교회와 세상, 복음과 사회적 법률, 하나님의 은혜의 역사와 인간의 노력, 기독교 윤리와 세상 윤리 사이에 커다란 긴장이 있다고 생각하지 않는다. 따라서 이들은 그리스도인이면서 그들의 문화 공동체 안에서 편안함을 느낀다. 그렇다고 이 유형은 그리스도를 배척하는 반 기독교적 문화인들과도 거리가 멀다. 이들은 그리스도를 통해 문화를 해석함으로 그분의 가르침과 행위, 그분에 관한 기독교 교리 가운데 최상급의 문명과 일치하는 부분을 끌어낸다. 사람들은 이런 유형의 사람들을 "자유주의자"라고 하지만 칼 바르트는 이들을 가리켜 "문화적 개신교"(Culture-Protestantism)라고 명명했다. 이 유형의 대표적인 사람은 슐라이어마허로부터 시작된 자유주의 신학의 가장 탁월한 대표자인 알브레히트 리츨(Albrecht Ristschl)이다. 리츨은 '이성의 한계 내에서의 종교' 사상을 가짐으로 그리스도와 문화의 차별성은 인정하되 둘 다에 충성하려는 입장을 견지했다.[843]

셋째, 문화 위에 존재하는 그리스도(Christ-above-Culture)의 유형은 그리스도와 하나님이 통치하시는 문화로서의 "세상"을 모두 인정해야 한다는 입장이다. 그 이유는 문화를 신적 기원과 인간적 기원을 모두 가진 것으로 이해하기 때문이다. 그래서 이들을 가리켜 종합론자들이라고 한다. 하지만 둘 사이에는 간격이 있다고 본다. 즉, 그리스도가 로고스(Logos)인 동시에 주님(Lord)이라고 인식하기 때문에, 그리스도를 위에 놓고 문화를 그 아래에 놓는다. 이 유형을 대표하는 사람은 터틀리안과 동시대 사람인 알렉산드리아의 클레멘스(Clement of Alexandria)이다. 그는 문화에 대한 긍정적인 태도와 그리스도에 대한 충성을 함께 묶으려고 시도했다. 즉 문화를 기독교화하는 것보다 그리스도인의 문화에 더 관심을 가졌다는 말이다. 클레멘스 이후에 그리스도와 문화에 대해 "양쪽 모두"

---

843) 리처드 니버, 그리스도와 문화, 177-198.

의 입장을 견지한 사상은 토마스 아퀴나스(Thomas Aquinas)에게서 나타났다.[844]

넷째, 문화와 역설적인 그리스도(Christ-paradox-Culture)의 유형은 그리스도와 문화의 관계를 화해할 수 없는 양자 간의 긴장(싸움)으로 이해한다. 다시 말하면, 그리스도와 문화를 각각 인정은 하되 둘 사이는 완전히 다르다는 유형이다. 니버는 이런 유형을 편의상 이원론자(dualist)라고 했다(영지주의자들의 이원론적 개념과 다름). 즉 "그리스도는 그리스도요 문화는 문화다"라는 의미에서의 이원론이다. 니버는 이런 유형의 대표자로 종교 개혁자 마틴 루터를 들었다. 루터는 그리스도와 문화를 구별은 하되 나누지는 않는다. 그는 종합론자들의 견해를 배척했지만 그리스도 안에서의 삶과 문화에 몸담은 삶, 하나님의 나라에서의 삶과 세상 나라에서의 삶은 서로 밀접한 관계가 있다고 생각한다. 그는 우리는 문화 안에서 살면서 그리스도를 따를 수 있고 또 따라야 한다고 강조했다.[845]

다섯째, 문화의 변혁자인 그리스도(Christ-transforming-Culture)의 유형은 문화는 변혁될 수 있다는 사상에서 출발한다. 이 유형은 그리스도의 구속의 능력은 죄로 타락한 인간을 구원할 뿐만 아니라 문화 속에 살고 있는 인간의 삶을 지속적으로 성화시키고 변화시켜야 한다는 것이다. 그러므로 세상(문화)은 분리되거나 소홀히 해서는 안 된다. "영혼이 몸속에 있는 것처럼 그리스도인은 세상 속"에 있기 때문이다. 이 유형의 대표자는 어거스틴이다. 특히 어거스틴은 자신이 이교도였다가 기독교로 개종했던 체험적 이력이 있었기 때문에 그리스도를 문화 변혁자로 굳게 인식하게 되었다. 그의 눈에 비친 그리스도는 타락하고 왜곡된 상태로 변질된 인간의 모든 일을 거듭나게 하고 삶의 방향으로 재정립하는 분이다.[846] 그리스도는 타락한 인간을 "새로운 피조물"(고후 5:17)로, 타락한 세상을 "새

---

844) 리처드 니버, *그리스도와 문화*, 217-247.
845) 리처드 니버, *그리스도와 문화*, 259-307.
846) 리처드 니버, *그리스도와 문화*, 311-345.

땅"(사 65:17; 벧후 3:13; 계 21:1)으로 변혁시킨다. 그래서 대부분의 칼빈주의자들은 이 유형을 지지하는데 존 칼빈과 아브라함 카이퍼 등이 대표적이다.

그리스도인의 문화행위 원리

개혁주의 선교신학은 문화의 변혁적 모델(유형)을 지지한다. 그리스도의 구속의 능력은 죄인된 인간뿐만 아니라 타락한 세상의 문화 속에도 역사함을 믿는다. 따라서 그리스도인들은 세상에 살면서 문화적 사명을 감당해야 한다. 이것을 문화행위라고 하는데, 서철원은 그리스도인의 문화행위를 네 가지로 제시했다.[847]

첫째, 중생한 의식으로 문화행위를 해야 한다. 중생의 은혜를 입은 자들이 구원뿐만 아니라 문화 활동에도 적극적으로 참여함으로 새 문화를 이루어야한다. 둘째, 하나님의 말씀의 지침에 따라 문화행위를 해야 한다. 모든 문화는 성경에서 그 원리와 목적을 찾아야 한다(성경이 문화행위의 기준임). 셋째, 구속사적 관점에서 문화행위를 해야 한다. 인간의 타락과 함께 피조세계도 저주를 받았음으로 이 죄의 역사를 제어하는 일을 모든 문화영역에서 해야 하고, 나아가 그리스도의 구원사역을 통해 인간이 속량되고 피조물도 속량되도록 해야 한다(구속된 문화). 넷째, 하나님의 영광이 모든 문화행위의 궁극적인 목표가 되어야 한다. 모든 창조세계가 하나님에 의해 창조되었음을 인정하고 그 창조세계를 탐구(학문)하고 표현(예술)하고 활용(실생활)하는 것이 하나님을 영화롭게 하는 것이다.

그리스도인의 문화사명의 범위

문화적 사명을 부여받은 그리스도인들은 대(對) 하나님, 대(對) 이웃과 사

---

847) 서철원, *기독교 문화관*, 총신대학교출판부, 1992, 39-49 참조.

회, 대(對) 자연, 그리고 대(對) 자신에 대한 사명이 있다. 이와 같은 그리스도인의 문화사명은 십계명에 근거하고 있고 예수님께서 십계명을 요약한 두 개의 대 계명에 근거한다: "네 마음을 다하고 목숨을 다하고 뜻을 다하여 주 너의 하나님을 사랑하라 하셨으니 이것이 크고 첫째 되는 계명이요 둘째도 그와 같으니 네 이웃을 네 자신 같이 사랑하라"(마 22:37-39).

이 두 대 계명에 근거해서 그리스도인들은 문화적 사명을 감당해야 하는데, 첫째, 하나님께 대한 사명으로서, 인간은 문화적 사명을 감당함으로 하나님께 영광과 찬양을 드려야 한다. 이것이 창조의 동역자로서 인간이 존재하는 진정한 이유이다. 그러므로 그리스도인들은 하나님 중심의 문화를 창조해가야 한다.

둘째, 이웃과 사회에 대한 사명으로서, 그리스도인의 문화행위는 이웃과 사회에 긍정적으로 공헌해야 한다. 대부분의 인간의 문화는 개인 혹은 공동체만을 위한 문화로 형성되어 부정적인 쪽으로 발전해왔지만 그리스도인은 인류 전체를 위하고 공동체의 선을 위한 문화행위를 해야 한다.

셋째, 자연환경에 대한 사명으로서, 역사적으로 볼 때 인간은 대체적으로 인간 중심의 문화를 건설했기 때문에 하나님을 드러내며 인간 삶의 터전이 되는 자연을 부분적으로 파괴하거나 질서를 왜곡시켜 왔다. 그러나 하나님은 이 세상의 모든 피조물을 인간에게 위탁하셨기 때문에 자연을 보호해야 할 의무가 있다.

넷째, 자신에 대한 사명으로서, 이것은 "생육하고 번성하여 땅에 충만하라"(창 1:28)는 사명과 직접적인 연관을 갖는 말이다. 인간은 하나님의 명령을 준행하기 위해 영적 또는 육적으로 건강해야 할 의무가 있다. 동시에 하나님을 경배하는 후손들을 생산하고 교육하여 하나님의 백성들을 번성시켜야 할 의무가 있다.

그리스도인의 문화행위 목표

이 세상의 문화행위는 크게 두 가지 목표가 있는데 '자기 영화'(self glorification)와 '하나님의 영광'(God's glorification)이다. 타락한 현대 문화는 인간의 자기 영광이 그 목표이다. 그러나 그리스도인은 자기 구원에 만족하여 사는 존재들이 아니라 하나님의 영광을 위해서 사는 자들로 구별된 자들이다. 하나님의 창조세계를 탐구하고 표현하고 활용하되, 그것이 모두 하나님에 의해 창조되었음을 인정하는 것이 하나님을 영화롭게 하는 것이다. 모든 것들은 다 하나님의 영광을 위해 창조되었다. 그러므로 모든 인간의 문화행위는 하나님께 영광이 되도록 해야 한다. "그런즉 너희가 먹든지 마시든지 무엇을 하든지 다 하나님의 영광을 위하여 하라"(고전 10:31).

요한 바빙크 등에 의해 제기된 개혁주의 선교신학에서의 선교의 목표는 하나님의 영광이다.[848] 하나님의 피조세계가 조물주이신 하나님을 인정하고 그분만을 영화롭게 하는 그것이 곧 선교이다. 세속적인 사람들은 "사람의 영광을 하나님의 영광보다 더 사랑하였지만"(요 12:43), 그리스도인은 "아버지여, 아버지의 이름을 영광스럽게 하옵소서"(요 12:28) 하는 삶을 살아야 할 것이다. 나아가 그리스도인은 문화 활동을 통해 하나님이 창조하신 전 창조세계에 하나님의 통치가 이루어지도록 해야 한다.

---

848) Johan H. Bavinck, *An Introduction to the Science of Missions*, 155.

결론

개혁주의 선교의
실천적 목표

결론 ■ 개혁주의 선교의 실천적 목표

앞에서 이미 말한 대로 개혁주의 선교의 목표는 하나님의 나라를 이루는 것이다. 그리스도께서 겨자씨처럼 시작하신 하나님의 나라를 말과 행위로 선포함으로 새들이 깃들도록 확장시키는 것이다(눅 13:18-19). 그렇다면, 그리스도께서 재림하셔서 완성하실 그 날까지 하나님의 나라를 이루기 위해 실천해야 할 선교의 목표는 무엇인가?

1. 교회를 세움

그리스도의 지상명령은 모든 민족에게 "가서-세례를 베풀고-가르쳐서-제자를 삼아" 하나님의 나라를 확장하는 것이다. 그렇다면 누가 이 위대한 일을 수행할 것인가? 하나님나라 신학자로 불리는 조지 래드가 역설한대로 하나님의 나라는 교회를 통해 증거되고 확장되기 때문에 선교의 우선적인 목표는 세례를 베풀고 가르침으로 제자를 삼아 "교회"를 세우는 것이다.

여기서 교회를 세운다는 것은 단순히 교회를 개척(church planting)하는 것을 넘어 "하나님 나라의 복음을 증거하는 교회"로 든든히 세워나가는 것을 의미한다. 존 프레임이 교회의 본질에 대해 역설한대로 "그리스도는 각 개인을 위해서 피를 흘리셨을 뿐만 아니라, 그들의 몸인 교회를 위해서도 피를 흘리셨다. 교회는 하나님의 선택된 자들의 전체, 즉 하나이며, 거룩하고, 보편적이고, 사도적인 하나님의 백성들이다. 그들은 유형의 조직 안에 함께 모여졌다."[849] 본질적으로 교회는 모든 세대 가운데 하나님의 백성(people of God)이다. 그들은 예수 그리스도를 통해 하나님의 언약 안에 있는 사람들이다. 예수 그리스도께서 그의 피로 그들을 사신(얻으신) 것이다(행 20:28). 그래서 그리스도가 그들(교회)의 주인이요 머리가

---

849) 존 M. 프레임, *조직신학 개론*, 335.

되시는 것이다(엡 1:22; 5:23; 골 1:18).

이런 교회론의 본질에 근거해서 종교개혁 당시 칼빈은 다른 개혁자들과 함께 교황을 그리스도의 지상 대리자라는 지위에 올려놓고 교회의 머리로 만듦으로 성경에서 이탈한 로마 가톨릭교회로부터 성경적인 개혁교회를 세우는데 사력을 다했고[850] 또한 사도들과 교부들로부터 전수받은 정통신학을 개혁교회들에게 전수하는 일에 우선순위를 두었던 것이다. 그 영향으로 유럽 내지의 개혁교회들은 왕성하게 성장하여 내적 힘을 축적함으로 윌리엄 캐리를 비롯한 선교사들을 세계 각지에 파송할 수 있는 토대를 닦았던 것이다.[851] 또한 칼빈은 교회를 하나님이 아버지가 되는 "모든 경건한 자의 어머니"라고 정의함으로, 교회는 하나님의 자녀들을 불러 모아 가르치고 양육하여 신앙의 목표에 이를 때까지 보호하고 성숙시키는 곳으로 설명했다.[852] 그래서 칼빈은 주님께서 원하셨던 "교회를 세우는 교회"(The church that church building)를 이루는 일에 사역의 우선순위를 두었는데, 이런 의미에서 칼빈은 교회중심의 개혁자(ecclesiccentric reformer)요 교회를 바르게 세운 교회론적 사역자(ecclesiologic minister)였다고 할 수 있다.

칼빈의 롤모델이요 모든 선교사들의 롤모델인 사도 바울 역시 가는 곳마다 '하나님의 복음'(롬 1:1)을 통해 교회를 설립했고 그 교회가 선교하는 교회로 세워지도록 지속적으로 수고했다. 이 일을 위해 그는 교회를 방문했고, 교회의 지도자들을 불러 가르쳤으며, 때로는 대리인들을 보내거나 많은 편지들을 보냈다. 그래서 선교전략가 롤랑드 알렌(Roland Allen)은 바울의 선교사역의 핵심 전략은 거점 지역에 자치적 교회(autonomic

---

850) 칼빈은 로마 가톨릭의 교황과 그를 추종하는 무리들이 베드로와 그의 동료들과 동일한 임무를 맡은 것처럼 그들의 계승을 거만하게 자랑하는 것에 대해서 교황과 그 추종자들을 싸잡아 목신(牧神) 루퍼커스(Lupercus)나 주신(酒神) 바커스(Bacchus) 또는 성애(性愛)의 여신 비너스(Venus)의 제사장들과 마찬가지로 교의에는 더 이상 관심이 없는 자들이라고 혹독하게 비판했다(John Calvin, *Commentary*, Matthew 28:19).

851) 허버트 캐인, *기독교 세계 선교사*, 85-86.

852) John Calvin, *Institutes*, IV-1-1.

church)를 세우는 것이었다. 이런 의미에서 바울의 선교는 참으로 교회 중심적 선교(church-centric mission)였다고 평가했다.[853]

특히 바울이 두 번째 선교여행에서 돌아오는 길에 기초를 놓았고 실제로 3년 이상 머물며 특별히 애정을 갖고 있었던 에베소교회에 보낸 서신은 구원론과 함께 교회론에 관한 대서사시라고 일컬어지고 있다.[854] 바울이 감옥에서 보낸 에베소서는 교리적 진술뿐만 아니라 거룩한 천국백성이 죄악된 이 세상에서 어떻게 살아가야 하는지를 밝히 가르쳐줌으로 개혁주의 선교가 지향하는 교회관을 제시하고 있다.

바울은 삼위일체 하나님의 선택과 구원과 인치심으로 인간의 구원이 이루어짐을 선포한 후(1:3-14), 죄와 허물로 죽었다가 그리스도의 십자가로 살림(구원)을 받은 자들이 그리스도 안에 들어와 하나님의 권속이요 성도가 됨을 설명하고 있다. 그리고 구원받은 자들은 그리스도 안에서 하나님이 거하실 처소(성전)가 되어 교회를 이루게 된다(2장). 그러므로 하나님의 성전된 성도들은 "옛사람을 벗어버리고 새사람을 입어야" 한다. 특히 성령께서는 성도들이 교회의 머리되신 그리스도와 유기적인 한 몸이 되어 그리스도의 몸인 교회를 세우게 하시려고 각 사람의 분량대로 직분과 은사들을 주셨다(4장). 그래서 그리스도인들은 교회 안에서뿐만 아니라 교회 밖에서도 부부간의 관계와 부자간의 관계, 그리고 사회생활에서의 상하간의 관계를 진실되고 질서 있게 하라고 당부했다(5:22-6:9). 마지막으로 죄악된 세상에서 살면서 성전으로서의 거룩성을 지키고 사회에서의 타락한 문화를 변형시키기 위해 영적 싸움을 해야 할 것을 강조했다(6:10-20). 특히 "통치자들과 권세들과 이 어둠의 세상 주관자들과 하늘에 있는 악의 영들의 괴수인 마귀의 간계를 능히 대적하기 위하여 하나님의 전신갑주를 입으라"고 했다(6:11-12).

교회는 교회의 머리가 되시고 성전이신 그리스도와 성도 개인의 성결

---

853) Roland Allen, *Missionary Methods: St. Paul's or Ours?*, 82.
854) 강병도, *카리스종합주석*, 갈라디아-에베소서, 459.

성을 유지하고, 교회 안팎에서 그리스도의 뜻을 이루되, 세상을 장악하여 타락시키고 있는 악한 영들을 대적해야 할 사명이 있다. 사람들을 부패하게 하고 세상을 죄악되게 만든 장본인이 "처음부터 범죄 한" 사탄이다(요일 3:8). 사탄은 지금도 사람들을 미혹하여 세상을 타락시키고 문화를 더럽혀 세속화시키고 있다. 어떤 의미에서 선교의 목표는 복음을 가로막고 세상을 타락시키는 사탄을 물리치는 것이라고 할 수 있다. 왜냐하면 예수님이 이 세상에 오신 목적이 "마귀의 일을 멸하려" 오셨기 때문이다(요일 3:8).

예수님께서 공생애를 시작하시면서 고향 나사렛 회당에 가셔서 행하셨던 첫 번째 설교인 누가복음 4장 16-19절은 예수님이 하시고자 했던 선교의 원리요 실천이었다. 당연히 개혁주의 교회가 본받고 실천해야할 선교적 사명이다. 예수님의 이 설교에 나타난 선교의 주제는 두 부분으로 정의 할 수 있는데, 구원(save)과 섬김(serve)이다.[855] 여기서 구원은 영적인 구원을 의미하고 섬김은 육적인 구원을 의미하는데, 선교학에서 이 둘을 '총체적 구원'(wholistic salvation)이라고 한다. 예수님은 자신의 성육신의 목적을 분명히 밝히셨는데, "인자가 온 것은 잃어버린 자를 찾아 구원하려 함이니라"(눅 19:10)고 하심으로 "구원"을 말씀하셨고 또한 "나는 섬기는 자로 너희 중에 있노라"(눅 22:27)고 하심으로 "섬김"을 말씀하셨다.

예수 그리스도의 선교의 우선적인 목표는 영혼구원이었다. 즉, 예수님의 선교사역의 중심은 사람을 구원하는 것이었는데, "잃어버린 자"(눅 19:10), "죄인"(딤전 1:15), "자기 백성"(마 1:21), "세상"(요 3:17), "이방인"(행 28:28; 롬 11:11), "모든 사람"(딛 2:11)이 그리스도의 구원의 대상임을 성경이 밝혀주고 있다.

따라서 그리스도로부터 보냄 받은 건강한 교회는 우선적으로 영혼구원에 중심을 두고 복음을 선포해야 한다. 주님께서 제자들에게 "너희는 온 천하에 다니며 만민에게 복음을 전파하라 믿고 세례를 받는 사람은 구원

---

855) Herbert Kane, *The Christian World Mission*, 142-143.

을 얻을 것이요 믿지 않는 사람은 정죄를 받으리라"(막 16:15-16)는 말씀대로 모든 사람들에게 복음을 선포하여 구원을 받게 해야 한다. 마치 베드로가 성령을 충만히 받은 후 예수님의 십자가의 죽음과 부활의 복음을 선포하여 삼천 명이 회개하고 세례를 받아 구원 얻은 것처럼(행 2:22-41), 스데반이 산헤드린공회에서 담대하게 그리스도의 복음을 전했을 때 듣는 사람들의 마음에 '찔림'이 있었던 것처럼(행 7:54), 빌립이 사마리아사람들에게 복음을 전하자 많은 사람들이 믿고 따랐던 것처럼(행 8:5-8), 그리고 바울이 여러 지방의 이방인들에게 복음을 전했을 때 믿는 사람들이 많았던 것처럼(행 17:10-12), 교회의 우선적인 사명은 열방에 복음을 선포하는 것이다.

왜냐하면 "복음은 모든 믿는 자에게 구원을 주시는 하나님의 능력"이 되기 때문이다(롬 1:16). 그래서 바울은 사람을 구원하는 이 복음의 능력을 경험했기에 온 생을 다 바쳐 오직 복음만을 전했던 것이다. "내가 달려갈 길과 주 예수께 받은 사명 곧 하나님의 은혜의 복음을 증언하는 일을 마치려 함에는 나의 생명조차 조금도 귀한 것으로 여기지 아니하노라"(행 20:24). 특히 칼빈은 그의 기독교강요에서 에베소서 4장에 나타난 여러 가지 직분을 다루면서 "목사는 사도직에 해당한다."고 말함으로 교회는 사도의 우선적인 직무인 말씀을 선포함으로 선교를 수행하는 것으로 해석할 수 있다.[856]

예수 그리스도의 또 다른 선교사역은 "섬김"이었다. 여기에서 섬김은 육신의 문제를 해결해주는 구원(육적 해방)을 의미한다. 실제로 복음서 내용의 1/3 정도가 예수님의 육적 구원에 관한 내용인데 그중에서도 20%가 질병치유를 통한 구원이었다(의사였던 누가의 복음에는 33%가 치유에 관한 기록이다).[857] 사실 인간의 각종 문제들을 해결해주는 예수님의 '섬김' 사역은 선지자들에 의해 예언된 것으로 특히 이사야 선지자는 "그는 실로

---

856) John Calvin, *Institutes*, IV-3-5.
857) Robert Faricy, *Praying for Inner Healing*, London: SCM Press, 1985, 1.

우리의 질고를 지고 우리의 슬픔을 당하였고…그가 채찍에 맞음으로 우리가 치유를 받았다"(사 53:4-5)고 했다. 예수님은 구약의 예언대로 메시아적 사역을 이루셨던 것이다.[858]

예수님의 질병치유 사건을 마태복음 9장 한 장만 읽어봐도, 중풍병자(2절), 열두 해 동안 혈루병 든 여인(20-25절), 두 맹인(27-30절), 귀신들려 벙어리 된 사람(32-33절)을 고쳐주시고 구원해 주셨다. 심지어 겟세마네 동산에서 자신을 잡으러 온 말고의 귀를 붙여주신 것(눅 22:50) 등 주님의 치유사역을 통한 구원은 복음서 구석구석에서 쉽게 찾아볼 수 있다.

또한 그리스도께서는 자연의 상황에서 초자연적인 이적을 행하심으로 사람들의 문제를 해결(구원)하셨는데, 풍랑을 잠잠하게 함으로 제자들을 구원하셨고(마 8:23-27; 막 4:37-41; 눅 8:22-25), 오병이어의 이적을 통해 오천 명을 먹여주셨고(마 14:15-21; 막 6:35-44; 눅 9:12-17; 요 6:5-13), 물고기 입속에서 동전을 꺼내 세금을 납부하게 하셨고(마 17:24-27), 많은 물고기를 잡게 하셨으며(눅 5:1-11), 가나 혼인잔치에서 물로 포도주를 만들어 주셨다(요 2:1-11). 심지어 주님은 야이로의 딸과 나인성의 과부 외아들과 나사로 같은 죽은 사람도 살려주심으로 슬픔에 잠긴 유가족들을 치유해주셨다(마 9:18-25; 눅 7:11-15; 요 11:1-14). 이 모든 사역들은 예수님께서 육신의 문제들을 치유하고 회복시킴으로 구원해주신 대표적인 사건들로서, "하나님의 종"(the Servant of God)으로서의 섬김의 사역이었다.[859]

하지만, 우리가 분명히 알아야 할 것은, 둘 사이에는 분명히 우선순위가 있다는 사실이다. 그것은 당연히 복음을 통한 영적구원이 우선이다. 정확히 하면 영적구원을 위해 육적구원을 해주셨다는 말이다. 예컨대 예수님은 병자들을 치유하거나 귀신들린 자들을 구원(deliverance)하시면서 하신 말씀이 "하나님의 나라가 너희에게 임하였다"고 하셨다. "만일 하나님의

---

858) John Wilkinson, *Health and Healing*, Edinburgh: The Handsel Fress, 1980, 44.
859) Herbert Kane, *The Christian World Mission*, 142.

손을 힘입어 귀신을 쫓아낸다면 하나님의 나라가 이미 너희에게 임하였느니라"(눅 11:20), "병자들을 고치고 또 말하기를 하나님의 나라가 너희에게 가까이 왔다"(눅 10:9).

이것은 영적구원(하나님나라가 임함)을 위해 육적구원(치유, 해방)을 해주신 것으로 총체적 구원을 이루신 것이다. 이 둘은 주님의 균형 있는 메시아적 사역이었고, 다만 그 궁극적인 목적은 분명히 영혼구원이었다. 복음을 통한 영혼구원이 우선순위요 핵심 목표라는 것은 예수님을 본받아 살았던 베드로를 비롯한 사도들과 그들이 설립한 예루살렘교회의 모습을 통해서도 알 수가 있다. 사도행전에 나타난 사도들과 교회의 우선적인 사역은 복음을 전파하는 것이었다.[860] 오순절에 성령 충만함을 받았던 베드로가 가장 먼저 했던 일이 복음을 증거 하는 것이었는데, 그 결과로 당일에만 삼천 명이 회개하고 세례를 받음으로 예루살렘교회를 세울 수 있었다. 예루살렘교회에 대한 핍박으로 성도들이 흩어졌을 때 그들은 우선적으로 복음을 전파했다. 안디옥교회의 파송을 받고 선교지로 갔던 바울선교단의 우선적인 일이 회당을 중심으로 복음을 전하는 것이었다. 그리고 예수님은 제자들에게 만민에게 복음을 전파하여 "내 증인이 되라"고 당부하셨다.

물론 사도들은 복음을 전파하는 중에 각종 기사와 이적을 통해서 육신의 문제들을 해결해주었던 것을 성경이 증거해 주고 있다. 베드로와 바울의 개인적인 이적을 통한 '섬김' 사역과 초대교회가 과부들을 위한 음식구제 사업(행 6:1-4), 교인들 간의 물물상통을 통한 상호부조(행 4:32-37), 예배 후 온 성도들(가난한 자와 부한 자)이 음식을 나눠먹는 아가페 밀(agape meal, 일종의 愛餐)(고전 18-34), 이방인들의 교회가 가난한 예루살렘교회 교인들을 위한 구제헌금(롬 15:25-27) 등 여러 유형의 섬김 사역을 왕성하게 수행했다. 그럼에도 사도들과 초대교회의 주 사역은 복음전파였다. 앞장에서 언급했듯이 칼빈도 제네바에서 사역하면서 유럽 각지

---

860) David Jackman, *Understanding the Church*, Suffolk: Kingsway Publications, 1987, 57.

에서 박해를 받고 제네바로 밀려드는 난민들을 위해 거처와 병원, 교육 등을 제공했다. 그러면서 주 사역은 그들을 복음으로 가르치고 훈련하는 것이었다. 이것은 오늘날 복음주의와 에큐메닉 진영 간에 차이를 보이고 있는 '복음화'(save)냐 '인간화'(serve)냐에 대한 답을 지시해주고 있다.

2. 세계관의 변화

선교의 두 번째 목표는 사람들의 세속적인 세계관을 성경적 세계관으로 변화시키는 것이다. 왜냐하면 월터스가 말한 대로 "우리의 세계관은 성경에 의해서 형성되고 점검되어야 한다. 세계관이 성경적일 때만 우리의 삶을 올바르게 인도할 수 있다."[861] 그래서 셔우드 링겐펠터(Sherwood Lingenfelter)는 선교사(크리스천 사역자)들은 현지인들에게 자신의 문화나 세계관을 이전(transferring)해서는 안 되고 현지 문화와 그들의 세계관을 성경적으로 변화시키는 일을 해야 한다고 강조했다.[862] 폴 히버트 역시 복음을 통한 영혼구원이 선교의 우선순위라고 할 때, 그 '복음'은 결국 변형된 삶(transformed life)에 관한 것이라고 했다. 우리가 그리스도를 증언한다는 것은 사람들에게 이전의 삶을 조금 수정하도록 권유하는 정도가 아니라 그들을 완전히 새로운 삶(重生)으로 초대하는 것이다. 이 변형은 근본적이고 총체적인 것으로, 그들의 세계관을 비롯하여 문화의 모든 차원이 변하는 것을 뜻한다.[863] 아울러 물리적·생물학적·심리적·사

---

861) Albert Wolters, *Creation Regained*, 7.
862) Sherwood Lingenfelter, *Transforming Culture: A Challenge for Christian Mission*, Grand Rapids: Baker Book, 1998, 19.
863) 요즘 "내부자운동"(Insider Movement)이라는 선교방법이 선교학계 이슈가 되고 있는데, 그것은 이슬람·불교·힌두교 등 다양한 종교적 그룹의 사람들이 자신이 속한 공동체에 그대로 머무른 상태에서 예수를 따르고 복음을 전하는 운동으로 주로 이슬람권에서 상황화 된 선교전략으로 시행되고 있다. 내부자운동은 랄프 윈터(Ralph Winter)와 존 트라비스(John Travis), 케빈 히긴스(Kevin Higgins) 등에 의해 주창되어온 것으로 전방 개척선교(Mission Frontier) 전략의 한 방법으로 거론되고 있는데, 영적 전쟁터의 최전방에서 개척선교를 해야 하는 무슬림선교에 효과적인 '맞춤선교전략'이라는 것이다. 한마디로 내부자운동은 현재의 이슬람 신앙 형태를 버리지 않은 채 예수를 믿고자 하는 운동이다. 그래서 내부자운동은 기독교와 이슬람의

회적・영적으로 그들을 변화시킨다. 물론 이런 변화는 하나님을 따르는 사람들 가운데서 이루시는 하나님의 변형이다.[864] 그는 이런 변화를 회심(conversion)으로 이해했는데 "회심은 인생의 방향이 근본적으로 변화하는 것이다.…회심은 문화의 세 가지 차원-행위와 의식, 믿음(신념), 세계관-을 모두 아우를 수 있어야한다"고 했다.[865]

결국 복음은 인간의 삶을 변형시키는 능력이 있는데, 삶의 변화란 곧 세계관의 변형을 의미한다. 사람들은 자기 안에 형성된 세계관에 따라 생각하고 판단하고 행동하기 때문이다. 반 하나님적인 세계관을 친 하나님적인 세계관으로, 반 복음적인 세계관을 친 복음적인 세계관으로, 반 기독교적인 세계관을 친 기독교적인 세계관으로 변화를 시키는 것이 선교의 목표이다. 예컨대, 예수님을 만난 세리장 삭개오의 세계관이 바뀐 것처럼, 유대적 세계관을 가졌던 바울이 기독교적 세계관으로 바뀐 것처럼 복음으로 사람들의 세속적 세계관을 성경적 세계관으로 변화시키는 것이 선교의 목표이다.

서로 다른 신학과 세계관을 포용하는 종교혼합주의적 성향을 띠고 있다. 이런 행위는 아무리 전도의 목적을 이루는 것이라 할지라도 성경적이지도 않고 선교학적으로도 맞지 않다. 내부자 운동은 분명히 종교혼합주의운동이다. 내부자운동을 강력하게 반대하는 대표적 이슬람 전문가는 조슈아 링겔(Joshua Lingel)이다. 그가 쓴 『크리슬람, 성경적 관점에서 본 내부자 운동』은 성경적 관점에서 내부자운동의 문제점을 정확하게 지적하고 있는데, 이 책을 주도한 링겔은 현재 내부자운동을 반대하는 단체인 "i² Ministries"(i² 는 Islam Institute)의 창립자 및 대표로 있다(고광석, 이슬람, 기독교와 뿌리가 같은가?, 279-291).

칼빈에 따르면 옛 사람(old man)과 육(flesh)은 원래적 본성의 부패를 의미하는 것으로 회심되기 이전의 사람의 영적・육적 상태를 의미한다. 그러므로 사람이 예수를 믿고 '회심했다' 는 의미는 옛 사람과 육체의 삶을 죽이고(청산하고) 성령 안에서 다시 사는 것(재창조)이다. 바울은 이것을 그리스도 안에서 '새로운 피조물' (new creation)이라고 했다(고후 5:17). 그는 또한 회심한 사람을 가리켜 "옛 사람과 그 행위를 벗어 버리고 새 사람을 입었으니 이는 자기를 창조하신 이의 형상을 따라 지식에까지 새롭게 하심을 입은 자"라고 했다(골 3:9-10). 그러므로 이 방인(이교도)이 그리스도인으로 회심했다면 당연히 옛 사람의 성품과 믿음과 세계관을 청산하고(죽이고) 새로운 피조물로 변화되어 삶의 방향이 하나님께로 전향(conversion)되어야 한다(John Calvin, Institutes, III-3-4). 따라서 진정한 회심은 마음만의 변화가 아니라 삶의 실제적인 전향이어야 한다. 진정한 회심은 마음뿐만 아니라 행위의 변화가 동반되어야 한다.

864) Paul Hiebert, *Transforming Worldview*, 332.
865) Paul Hiebert, *Transforming Worldview*, 314-315; Andrew F. Walls, *The Missionary Movement in Christian History*, 43-54 참조.

3. 문화의 변형

마지막으로 타락한 세상 문화를 변형(transforming)시키는 것이다. 지금 이 세상의 문화가 하나님을 대적하는 문화가 된 것은 사탄이 뿌려놓은 죄 때문이다. 칼빈은 마귀는 모든 사람을 미혹하여 범죄하게 만든다고 가르쳤다.[866] 죄로 말미암아 "땅이 저주를 받았고"(창 3:17), 그 결과 "땅이 부패함으로 땅에서 모든 혈육 있는 자의 행위가 부패"하게 되었다(창 6:12). 시편 기자는 "그들은 부패하고 그 행실이 가증하니 선을 행하는 자가 없도다"(14:1)고 한탄했다. 바울은 세상의 타락한 문화에 대해 "썩어지지 아니하는 하나님의 영광을 썩어질 사람과 새와 짐승과 기어 다니는 동물 모양의 우상으로 바꾸었다"(롬 1:23)고 했고, "하나님의 진리를 거짓 것으로 바꾸어 피조물을 조물주보다 더 경배하고 섬긴다"(롬 1:25)고 폭로했다. 그래서 타락한 이 세상의 문화는 대부분 하나님과 복음에 적대적이다.

세상 문화가 이렇게 타락하게 된 근본적인 원인은 앞에서 언급한대로 전적으로 사탄의 영향이다. 사탄이 하늘에서 땅으로 내쫓겨 "이 세상의 신"이 되어(고후 4:4) 타락한 인간들을 주관함으로 하나님을 대적하고 죄악된 문화를 만들도록 조장한다. 그 결과 모든 세상이 어두움으로 가려져 있는데 그래서 마귀가 "어둠의 세상의 주관자"(엡 6:12)인 것이다. 이런 의미에서 타락한 문화를 변형시키는 근본적인 것은 문화를 왜곡시키고 타락시키고 있는 마귀를 대적하는 것이다(약 4:7; 엡 6:11).

또한 그리스도인들은 부패한 세상 문화를 그리스도 중심적으로 변형시키는 사명이 있다. 그래서 로잔 III의 "케이프타운 서약"은 그리스도인들에게 성속(聖俗)의 분리를 해서는 안 된다고 강조한다. 왜냐하면 이러한 분리는 종교적 활동은 하나님께 속해 있고 세상에서의 활동은 하나님께 속해 있지 않다는 오해를 불러넣기 때문이다. 우리가 일하고 있는 그 현장

---

866) John Calvin, *Commentary*, Ephesians 6:12.

에서 그리스도의 영광을 드러내고 복음이 선포되면 그곳이 거룩한 일터가 된다. 우리는 하나님은 모든 삶의 영역을 주관하시는 주님이심을 믿는다. 그래서 바울은 세속적 일터에서 일하는 종(노예)들에게 "무슨 일을 하든지 마음을 다하여 주께 하듯 하고 사람에게 하듯 하지 말라"(골 3:23)고 훈계했다. 이런 삶의 자세가 선교적 그리스도인들에게 필요하다.

우리는 이 세상에서 도피하라는 부름을 받은 것이 아니라 세상에 변화를 이루는 빛과 소금이 되라는 소명을 받았다(문화변혁적 모델). 그럼에도 우려스러운 것은 세상에 아무 영향도 주지 못하는 자기들만의 기독교 공동체를 세우는 것이나(문화분리 모델) 또는 세속 문화의 포로가 되어 복음의 맛을 잃어버리는 것이다(문화동일시 모델).

그러므로 우리는 개인적으로 그리스도의 모습을 반영하는 삶을 살고 우리 자신의 거룩성과 정체성을 유지하면서 이 세상의 모든 문화영역에서 그리스도의 주권을 선포하고 복음의 능력을 나타내야 한다. 이 문화의 영역은 단순히 정치, 경제, 사회, 문화, 예술, 학문 정도에 국한되는 것이 아니라 스포츠, 엔터테이먼트, 미디어, 커뮤니케이션 그리고 바이오-테크놀로지(Bio-Technology) 시대에 부상하는 바이오, 인포/디지털, 가상실재, 인공지능과 로봇기술 등의 전 문화영역에까지 적극적으로 참여하고 주도권을 잡아 문화변형을 이루어야 한다. 이승구는 이것을 "하나님 나라의 의식에 근거한 문화적 활동을 드러내도록 하는 것"이라고 했다.[867] 우리가 기독교 문화라는 말을 사용할 때 그 뜻은 구속받은 공동체가 일반은총의 영역에 미치는 거룩한 영향력을 의미한다. 유기체로서 교회의 중요한 임무 중 하나는 기독교 문화를 발전시키는 일이다.[868]

---

867) 이승구, 기독교 세계관이란 무엇인가?, 277-278.
868) 정광덕, "아브라함 카이퍼의 교회론과 사회 윤리," 184.

그리스도인들은 이 땅에서 나그네요(히 11:13), 하나님 나라의 봉사자(사 61:6)임을 한시도 잊어서는 안 된다. 그 이유는 하나님께서 그의 백성들을 위해 새 하늘과 새 땅을 예비해 놓으셨기 때문이다(사 65:17; 벧후 3:13; 계 21:1). 성경이 밝히 보여 주듯이 아담 안에서 태어난 모든 사람은 육신의 장막을 벗어야 한다(고후 5:1-10). 그러므로 그리스도인들은 이 세상에서 무엇을 먹을까 무엇을 마실까 무엇을 입을까(마 6:31)를 염려하기보다 하나님 나라의 의를 추구하며 살아야 한다(마 6:33). 우리는 사도 바울의 고백대로, 이 땅에서 사탄과 그가 뿌려놓은 죄와의 거룩한 싸움을 마치고 하나님 나라를 위해 주어진 사명을 다하는 그날, 주님께서 예비하신 의의 면류관이 예비 되어 있음을 믿는다(딤후 4:7-8). 그리고 나라와 권세와 영광이 오직 하나님께만 영원히 있음을 고백하며(마 6:13), 하나님이 정하신 그날, 그리스도께서 영광 중에 재림하셔서 "모든 통치와 모든 권세와 능력을 멸하시고 나라를 아버지 하나님께 바칠"(고전 15:24) 그날을 믿음으로 소망하며 기다린다. 새 하늘과 새 땅(벧후 3:13)을 창조하실 "주 예수여 오시옵소서!"(계 22:20).

Soli Deo Gloria!

참고문헌

참고문헌

국내서적

강문석. *선교신학 개론*. 성광문화사, 1987.
강병도. *카리스종합주석*. 기독지혜사, 2007.
강웅산. *구원론(Salvation in Christ)*. 말씀과 삶, 2016.
고광석. *하나님 나라의 복음*. 광신대학교출판부, 2014.
_____. *하나님 나라의 원리*. 복음문화사, 2015.
_____. *이슬람, 기독교와 뿌리가 같은가?* 엔크, 2016.
_____. "선교와 문화(Mission & Culture)," 미 출판된 강의안. 총신대학교 신학대학원, 2016.
_____. "선교학 개론(Introduction to Missiology)," 미 출판된 강의안. 총신대학교 신학대학원, 2017.
김길성. *개혁신앙과 교회*. 총신대학교 출판부, 2006.
_____. *개혁신학과 교회*. 총신대학교 출판부, 2007.
김남식. *네비우스 선교방법*. 성광문화사, 1995.
김동주. *기독교로 보는 세계역사*. 킹덤북스, 2014.
김성욱. *개혁주의 선교신학*. 이머징북스, 2013.
김성운. *종교개혁과 선교*, SFC, 2017.
김성태. *현대 선교학 총론*. 이레서원, 1999.
_____. *세계 선교 전략사*. 생명의말씀사, 2004.
김세윤. *그리스도인의 사회참여*. IVF, 1999.
_____. *구원이란 무엇인가*. 두란노, 2001.
_____. *바울 신학과 새 관점*. 두란노, 2002.
김양선. *한국 기독교회 연구*. 기독교문사, 1980.
김영재. *기독교 교회사*. 이레서원, 2004.
김영한. *기독교와 문화*. 한국기독교문화연구소, 1987.
_____. *21세기와 개혁신학(1): 21세기와 개혁사상*. 한국장로교 출판사, 1998.
_____. *기독교 세계관*. 숭실대학교출판부, 2009.
김은수. *현대선교의 흐름과 주제*. 대한기독교서회, 2001.

김재성. *개혁신앙의 전망: 현대 칼빈주의, 그 독특성과 공헌들*. 이레서원, 2004.
_____. *개혁신학의 광맥*. 이레서원. 2004.
김재윤. *개혁주의 문화관*. SFC, 2015.
김학모. *개혁주의 신앙고백*. 부흥과개혁사, 2015.
김홍전. *예수께서 광야에서 받으신 시험(1권)*. 성약, 2004.
김효성. *자유주의 신학의 이단성*. 옛 신앙, 2016.
나용화. *칼빈과 개혁신학*. 기독교문서선교회, 1994.
로잔운동. *케이프타운 서약: 하나님의 선교를 위한 복음주의 헌장*. 최형근 옮김, 한국 로잔위원회 감수, IVP, 2012.
문병호. "WCC 기독론 비판," *WCC는 우리와 무엇이 다른가?* WCC대책위원회 편. 대한예수교장로회총회, 2011.
_____. *기독론*. 생명의말씀사, 2016.
명성훈. *교회개척의 원리와 전략*. 국민일보, 2001.
민경배. *한국 기독교회사*. 대한기독교출판사, 1991.
박건택 편저. *칼빈과 설교*. 도서출판 나비, 1988.
박기호. *타문화권 교회개척*. 개혁주의신행협회, 2005.
박영호. *WCC 운동 비판*. 기독교문서선교회, 1984.
_____. *빈야드운동 평가*. 기독교문서선교회, 1996.
박용규. *한국기독교회사 1권*. 생명의말씀사, 2005.
박윤선. *성경신학*. 영음사, 2011.
박정식. "성경적인 교회일치: 요한복음 17장의 하나 됨을 중심으로," *WCC는 우리와 무엇이 다른가?* WCC대책위원회 편. 대한예수교장로회총회, 2011.
박종현. *기독교와 문화*. 크리스천헤럴드, 2006.
박형룡. *박형룡박사 조직신학: 신론*. 개혁주의출판사, 2007.
서정운. *교회와 선교*. 두란노서원, 1989.
서창원. *개혁교회는 무엇을 믿는가?* 진리의 깃발, 2014.
서철원. *기독교 문화관*. 총신대학교 출판부, 1992.
_____. *신학 서론*. 총신대학교 출판부, 2000.
_____. *기독론*. 총신대학교 출판부, 2000.
_____. *하나님의 구속경륜*. 총신대학교 출판부, 2002.
_____. *교리사*. 총신대학교출판부, 2003.

_____. *성경과 개혁신학*. 쿰란출판사, 2007.
_____. *인간, 하나님의 형상*. 총신대학교 출판부, 2007.
_____. "종교개혁이 교회생활에 미친 영향," 종교개혁 500주년 기념 실천목회 학술 포럼. GM선교회, 2017.
신국원. *니고데모의 안경*. IVP, 2015.
신동식. *기독교 세계관이 상실된 세상에서*. 우리시대, 2014.
신현수. *개혁신학과 현대 사회*. 기독교문서선교회, 2015.
안승오. *세계 선교역사 100장면*. 평단, 2010.
안인섭. "WCC 교회론 비판," *WCC는 우리와 무엇이 다른가?* WCC대책위원회 편. 대한예수교 장로회총회, 2011.
_____. *John Calvin*. 대한예수교장로회총회, 2015.
_____. "역사적 관점에서 본 종교개혁 운동이 500년 교회사에 미친 영향," 종교개혁 500주년 기념 실천목회 학술 포럼. GM선교회, 2017.
양승훈. *기독교적 세계관*. 도서출판 바울, 2003.
양용의. *하나님 나라 어떻게 이해할 것인가*. 성서유니온선교회, 2007.
엄주연 · 변진석. *전인적 선교훈련, 어떻게 할 것인가?* 기독교문서선교회, 2013.
오광만 편역. *구속사와 하나님의 나라*. 반석문화사, 1992.
윤병상. *종교간의 대화*. 연세대학교 출판부, 1999.
이광순 · 이용원. *선교학개론*. 한국장로교출판사, 1993.
이병옥. "크레이그 밴 겔더(Craig Van Gelder)의 선교적 교회론," *선교적 교회론과 한국교회*. 한국선교신학회 엮음. 대한기독교서회, 2015.
이병옥 외 3인. *선교적 교회의 오늘과 내일*. 예영 커뮤니케이션, 2016.
이복수. *하나님 나라*. 기독교문서선교회, 2002.
이승구. *改革神學에의 한 探究*. 웨스트민스터 출판부, 1995.
_____. *기독교 세계관이란 무엇인가?* SFC, 2007.
이원설. *기독교 세계관과 역사발전*. 혜선출판사, 1995.
이은선. "칼빈의 성령론," *칼빈신학 2009*. 성광문화사, 2009.
이재석. *종교연합운동사*. 선학사, 2004.
이종윤. *신약개론*. 개혁주의신행협회, 2014.
전호진. *한국교회와 선교*. 정음출판사, 1983.

정광덕. "아브라함 카이퍼의 교회론과 사회 윤리." *21세기와 개혁신학의 새로운 패러다임*. 한국개혁신학회 논문집 제8권, 2000.
정승현. "선교적 교회론의 과거, 현재 그리고 미래." *선교적 교회론과 한국교회*. 한국선교신학회 엮음. 대한기독교서회, 2015.
조동진. *세계선교 트렌드 1900~2000 上*. 아시아 선교연구소, 2007.
_____. *세계선교 트렌드 1900~2000 下*. 아시아 선교연구소, 2007.
조영엽. *세계교회협의회(WCC)의 실상을 밝히다*. 언약출판사, 2010.
조종남. *로잔언약*. 생명의말씀사, 1986.
조종남 편저. *로잔 세계복음화운동의 역사와 정신*. IVP, 1991.
종교학사전편찬위원회. "프로테스탄티즘." *종교학대사전*. 한국사전연구사, 2001.
최낙재. *하나님의 나라는 이와 같으니(I)*. 성약, 2008.
최용준. *세계관은 삶이다*. CPU, 2008.
최정만. *선교이해*. 세계선교연구소, 2004.
_____. *칼빈의 생애와 선교사상*. 총신대학교 출판부, 2015.
최진태. *테러시대의 안전 및 생존전략*. 글마당, 2009.
최형근. "케이프타운 서약에 나타난 선교적 교회론." *로잔운동과 선교신학*. 한국로잔연구교수회 편. 도서출판 케노시시, 2015.
한국기독교교회협의회 편역. *리마예식서*. 한국기독교교회협의회, 1986.
한국선교연구원. *선교사 멤버케어*. 기독교문서선교회, 2011.
홍기영. "선교학의 개념과 역사." *선교학 개론*. 한국선교신학회 엮음. 대한기독교서회, 2001.
_____. "바울서신에 나타난 선교학적 주제들 고찰." *선교신학*. 제26권. 한국선교신학회, 2011.
_____. "선교적 교회론의 관점에서 본 선교." *선교적 교회론과 한국교회*. 한국선교신학회 엮음. 대한기독교서회, 2015.
홍치모. *해방신학 연구*. 성광문화사, 1984.
황성일. "WCC의 성경관에 대한 비판." *WCC는 우리와 무엇이 다른가? WCC대책위원회 편*. 대한예수교장로회총회, 2011.

해외서적

Adams, Daniel J. *Lectures on Reformed Theology*. Hyung Sang Books, 1990.
Allen, Martin. "What a Missional Church Looks Like," in *Reformed Means Missional: Following Jesus into the World*. ed. Samuel T. Logan. Greensboro: New Growth Press, 2013.
Allen, Roland. *Missionary Methods: St. Paul's or Ours?* Grand Rapids: Eerdmans, 1966.
Amstutz, Harold. "The Role of the Mission Agency," in *Managing Missions in the Local Church*. ed. Melbourne E. Cuthbert. Cherry Hill: World Evangelism, Inc, 1987.
Andersen, Wilhelm. *Towards a Theology of Mission*. London: SCM Press, 1955.
_____. "Further Toward a Theology of Mission." in *The Theology of the Christian Mission*. ed. Gerald Anderson. New York: McGraw-Hill Book Company, Inc, 1961.
Anderson, Gerald H. *The Theology of the Christian Mission*. Nashville: Abingdon Press, 1961.
Anderson, Ray S. *The Praxis of Pentecost: Revisioning the Church's Life and Mission*. Dowers Grove: IVP, 1993.
Ashford, Bruce R. "The Story of Mission: The Grand Biblical Narrative," in *Theology and Practice of Mission: God, the Church, and the Nations*. ed. Bruce Riley Ashford. Nashville: B & H Academic, 2011.
_____. "The Gospel and Culture," in *Theology and Practice of Mission: God, the Church, and the Nations*. ed. Bruce Riley Ashford. Nashville: B & H Academic, 2011.
Barclay, William. *The Mind of St. Paul*. New York: Harper Collins Pub, 1986.
Barth, Karl. *Church Dogmatics, Volume I*. Edinburgh: T & T Clark International, 2010.
Bartholomew, Craig G. *Contours of the Kuyperian Tradition: A Systematic Introduction*. Downers Grove: IVP, 2017.

Bavinck, Herman. J. "Calvin and Common Grace," in *The Princeton Theological Review*. 1909.

_____. *Our Reasonable Faith: A Survey of Christian Doctrine*. Grand Rapids: Eerdmans, 1956.

Bavinck, Johan H. *An Introduction to the Science of Missions*. trans. David H. Freeman. Grand Rapids: Baker Book, 1960.

_____. *The Church Between Temple and Mosque: A Study of the Relationship Between the Christian Faith and Other Religions*. Grand Rapids: Eerdmans, 1981.

Beals, Melvin. "The Church's Place in World Evangelism," in *Managing Missions in the Local Church*. ed. Melbourne E. Cuthbert. Cherry Hill: World Evangelism, Inc, 1987.

Beasley-Murray, George. R. *Jesus and the Kingdom of God*. Grand Rapids: Eerdmans, 1986.

_____. *Baptism in the New Testament*. Grand Rapids: Eerdmans, 1990.

Berkhof, Louis. *Systematic Theology*. Grand Rapids: Eerdmans, 1972.

Blauw, Johannes. *The Missionary Nature of the Church*. London: Lutterworth Press, 2002.

Bock, Darrell L. *Acts*. Grand Rapids: Baker Book, 2008.

Boer, Harry R. *Pentecost and Missions*. Grand Rapids: Eerdmans, 1961.

Boice, James M. *The Gospel of John: An Expositional Commentary*. Grand Rapids: Zondervan, 1976.

Bosch, David J. *Transforming Mission: Paradigm Shifts in Theology of Mission*. Maryknoll: Orbis Books, 1992.

Bower, Paul. "Fulfilling the Gospel: The Scope of the Pauline Mission," in *JETS 30*. 1987.

Braaten, Carl. *The Flaming Center: A Theology of Christian Mission*. Philadelphia: Fortress Press, 1977.

Bradshaw, Bruce. *Change Across Cultures*. Grand Rapids: Baker Academic, 2002.

Bright, John. *The Kingdom of God*. Nashville: Abingdon Press, 1953.

_____. *A History of Israel*. Louisville: Westminster John Knox Press, 2000.

Bruce, Frederick F. *Paul & His Converts: How Paul Nurtured the Churches He Planted*. Downers Grove: IVP, 1985.

_____. *Paul, Apostle of the Heart Set Free*. Grand Rapids: Eerdmans, 2000.

Brunner, Emil. *The Misunderstanding of the Church*. trans. Harold Knight. Philadelphia: Westminster Press, 1953.

Burgess, Stanley M. "Proclaiming the Gospel with Miraculous Gifts in the Postbiblical Early Church" in *The Kingdom and the Power*. eds. Gray S. Greig and Kevin N. Springer. Ventura: Regal Books, 1993.

Calhoun, David B. "John Calvin: Missionary Hero, or Missionary Failure." *Presbyterian Bulletin 5*, 1979.

Calvin, John. *A Selected of the Most Celebrated Sermons of John Calvin*. New York: S & D. A. Forbes Printings, 1830.

_____. *Institutes of the Christian Religion*. ed. John T. McNeill, trans. Ford Lewis Battles. Philadelphia: The Westminster Press, 1967.

_____. *Calvin's New Testament Commentaries*. eds. David W. Torrance and Thomas F. Torrance. trans. W. B. Johnston. Grand Rapids: Eerdmans.

Chung, Sung K. *Abraham Kuyper: His Life and Theology*. Loving Touch, 2013.

Coote, Robert T. and John Stott. eds. *Down to Earth: The Paper of the Lausanne Consultation on Gospel and Culture*. Grand Rapids: Eerdmans, 1980.

Coppenger, Jedidiah. "The Community of Mission: The Church," in *Theology and Practice of Mission: God, the Church, and the Nations*. ed. Bruce Riley Ashford. Nashville: B & H Academic, 2011.

Cordell, Sean. "The Gospel and Social Responsibility," in *Theology and Practice of Mission: God, the Church, and the Nations*. ed. Bruce Riley Ashford. Nashville: B & H Academic, 2011.

Corrie, John. ed. *Dictionary of Mission Theology: Evangelical Foundations*. UK: IVP, 2007.

Cullmann, Oscar. *Christ and Time: The Primitive Christian Conception of Time and History*. trans. Floyd V. Filson. London: SCM, 1962.

Dabney, Robert L. *The Five Points of Calvinism*. Harrisonburg: Sprinkle Publications, 1992.

Dayton, Edward R. & David A. Fraser. *Planning Strategies for World Evangelization*. Grand Rapids: Eerdmans, 1990.

De Gruchy, John W. *Liberating Reformed Theology*. Grand Rapids: Eerdmans, 1991.

De Ridder, Richard R. *Discipling the Nations*. Grand Rapids: Baker Book, 1975.

Driver, John. *Images of the Church in Mission*. Scottdale: Herald Press, 1997.

DuBose, Francis. *God Who Sends*. Nashville: Broadman, 1983.

Duncan, Mark. *The Five Points of Christian Reconstruction from the Lips of Our Lord*. Edmonton: Still Waters Revival Books, 1990.

Dunn, James D. G. *The New Perspective on Paul*. Grand Rapids: Eerdmans, 2008.

Dupont, J. *The Salvation of the Gentiles*. New York: Paulist, 1979.

Eastwood, Charles C. *The Priesthood of All Believers*. Minneapolis: Augsburg Publishing House, 1992.

Edmondson, Stephen. *Calvin's Christology*. Cambridge: Cambridge University Press, 2004.

Elert, Werner. *The Structure of Lutheranism*. trans. Walter A. Hansen. St. Louis: Concordia Publishing House, 1962.

Ellis, E. Earle. *Pauline Theology: Ministry and Society*. Grand Rapids: Eerdmans, 1989.

Faircloth, Samuel D. *Church Planting for Reproduction*. Grand Rapids: Baker Book, 1991.

Faricy, Robert. *Praying for Inner Healing*. London: SCM Press, 1985.

Ferguson, Sinclair B. "Calvin and Christian Experience: The Holy Spirit in the Life of the Christian," in *Calvin: Theologian and Reformer*. ed. Joel R. Beeke and Garry J. Williams. Grand Rapids: Reformation Heritage Books, 2010.

Finn, Thomas M. *From Death to Rebirth: Ritual and Conversion in Antiquity*. New York: Paulist, 1997.

Floor, L. "The Hermeneutics of Calvin," in *Articles on Calvin and Calvinism: Calvin and Hermeneutics, vol. 6*. ed. Richard Gamble. New York: Garland Publishing Inc., 1992.

Ford, Leighton. *Proclaim Christ Until He Comes: Calling the Whole Church to Take the Whole Gospel to the Whole World*. ed. J. D. Douglas. Minneapolis: World Wide Publication, 1990.

Frame, John M. *Systematic Theology: An Introduction to Christian Belief*. Phillipsburg: P&R Publishing, 2013.

Fretz, Lloyd D. "Healing and Deliverance—Because of the Cross: Seeing the Power of the Gospel at Work Through Prayer for Healing and Deliverance," in *The Kingdom and the Power*. eds. Gray S. Greig and Kevin N. Springer. Ventura: Regal Books, 1993.

Fuhrmann, Paul T. *Instruction in Faith 1537*. Philadelphia: Westminster Press, 1949.

Garrison, David. *Church Planting Movements*. Midlothian: WIGTake Resources, 2004.

Gaventa, Beverly R. "The Mission of God in Paul's Letter to the Romans," in *Paul as Missionary: Identity, Activity, Theology, and Practice*. eds. Trevor J. Burke and Brian S. Rosner. London: T & T Clark, 2011.

Geertz, Clifford. *The Interpretation of Cultures: Selected Essays*. New York: Basic Books, 1973.

Gelder, Craig Van. "How Missiology Can Help Inform the Conversation about the Missional Church in Context," in *The Missional Church in Context*. ed. Craig Van Gelder. Grand Rapids: Eerdmans, 2007.

George, Timothy. *Theology of the Reformers*. Nashville: Broadman Press, 1988.

Glasser, Arthur F. "Missiology," in *Evangelical Dictionary of Theology*. ed. Walter A. Elwell. Grand Rapids: Baker Publishing, 1984.

_____. "Kingdom and Mission." Unpublished Manuscript. Pasadena: Fuller Theological Seminary, School of World Mission, 1989.

_____. *Announcing the Kingdom: The Story of God's Mission in the Bible.* Grand Rapids: Baker Publishing, 2011.
Glasser, Arthur F. and Donald A. McGavran. *Contemporary Theologies of Mission.* Grand Rapids: Baker Book, 1983.
Glover, Robert H. *The Bible Basis of Missions.* Chicago: Mcody Press, 1964.
Goheen, Michael W. *Reading the Bible Missionally.* Grand Rapids: Eerdmans, 2016.
Goldsworthy, Graeme. *According to Plan: The Unfolding Revelation of God in the Bible.* Downers Grove: IVP, 1991.
Gorman, Michael J. *Elements of Biblical Exegesis: A Basis Guide for Students and Ministers.* Grand Rapids: Baker Academic, 2009.
_____. *Becoming the Mission: Paul, Participation, and Mission.* Grand Rapids: Eerdmans, 2015.
Graham, W. Fred. *The Constructive Revolution: John Calvin and His Socio-Economic Impact.* Richmond: John Knox Press, 1971.
Gray, John. *The Biblical Doctrine of the Reign of God.* Edinburgh: T. & T. Clark, 1979.
Green, Joel. *Conversion in Luke-Acts: Divine Action, Human Cognition, and the People of God.* Grand Rapids: Baker Academic, 2015.
Guder, Darrell L. ed. *Missional Church: A Vision for the Sending of the Church in North America.* Grand Rapids: Eerdmans, 1998.
Guthrie, Donald. *Jesus the Messiah: An Illustrated Life of Christ.* Grand Rapids: Zondervan Publishing House, 1972.
Gutierrez, Gustavo. *A Theology of Liberation: History, Politics, and Salvation.* Maryknoll: Orbis Books, 1988.
Hahn, Ferdinand. *Mission in the New Testament.* London: SCM Press, 1965.
Hamilton, Ian. "Calvin the Reformer," in *Calvin: Theologian and Reformer.* eds. Joel R. Beeke and Garry J. Williams. Grand Rapids: Reformation Heritage Books, 2010.

Harnack, Adolf von. *The Mission and Expansion of Christianity in the First Three Centuries*. New York: Harper & Brothers, 1962.

_____. *What Is Christianity?* Minneapolis: Augsburg Fortress, 1987.

Harper, Brad and Paul L. Metzger. *Exploring Ecclesiology: An Evangelical and Ecumenical Introduction*. Grand Rapids: Brazos Press, 2009.

Harrison, Everett F. *Acts: The Expanding Church*. Chicago: Moody Press, 1975.

Hedlund, Roger E. *Mission to Man in the Bible*. Madras, India: Evangelical Literature Service, 1985.

_____. *The Mission of the Church in the World: A Biblical Theology*. Grand Rapids: Baker Book, 1991.

Heslam, Peter S. *Creating a Christian Worldview: Abraham Kuyper's Lectures on Calvinism*. Grand Rapids: Eerdmans, 1998.

Hesselgrave, David J. *Planting Churches Cross-Culturally*. Grand Rapids: Baker Book, 1989.

Hiebert, Paul G. "The Gospel and Culture," in *The Gospel and Islam*. ed. Don McCurry. Monrovia: MARC, 1979.

_____. *Cultural Anthropology*. Grand Rapids: Baker Book, 1983.

_____. *Transforming Worldview: An Anthropological Understanding of How People Change*. Grand Rapids: Baker Academic, 2008.

Hogg, William R. "The Rise of Protestant Missionary Concern," in *The Theology of Christian Mission*. ed. Gerald Anderson. New York: McGraw-Hill Book Co, 1961.

Holl, Karl. "Luther und die Mission," in *Gesammelte Aufsätze zür Kirchengeschichte, Vol. III: Der Westen*. Tübingen: Verlag J. C. B. Mohr, 1928.

Horton, Michael S. *Introducing Covenant Theology*. Grand Rapids: Baker Pub Group, 2009.

Hughes, Philip E. "John Calvin: Director of Missions," in *The Heritage of John Calvin*. ed. J. H. Bratt. Grand Rapids: Eerdmans, 1973.

Jackman, David. *Understanding the Church*. Suffolk: Kingsway Publications, 1987.

Johnstone, Patrick. "Biblical Intercession: Spiritual Power to Change Our World," in *Spiritual Power and Missions: Raising the Issues*. ed. Edward Rommen. Pasadena: William Carey Library, 1995.

Kane, Herbert. *Understanding Christian Missions*. Grand Rapids: Baker Book, 1986.

_____. *The Christian World Mission: Today and Tomorrow*. Grand Rapids: Baker Book, 1986.

_____. *Christian Missions in Biblical Perspective*. Grand Rapids: Baker Book, 1989.

Keener, Craig S. *ACTS: An Exegetical Commentary, Vol. I*. Grand Rapids: Baker Book, 2012.

Kim, Seyoon. *The Origin of Paul's Gospel*. Tübingen: J. C. B. Mohr, 1981.

Kirk, J. Andrew. *What Is Mission?: Theological Explorations*. Philadelphia: Fortress, 2000.

Klooster, Fred H. *The Uniqueness of Reformed Theology: A Preliminary Attempt at Description*. Grand Rapids: The Reformed Ecumenical Synod, 1979.

Köstenberger, Andreas Köstenberger and P. T. O'Brein. *Salvation to the Ends of the Earth: A Biblical Theology of Mission*. Downers Grove: IVP, 2001.

Kraft, Charles H. *Christianity in Culture: A Study in Dynamic Biblical Theoloziging in Cross-cultural Perspective*. Maryknoll: Orbis Books, 1979.

_____. *Anthropology for Christian Witness*. Maryknoll: Orbis Books, 1998.

Kuyper, Abraham. *Lectures on Calvinism*. Grand Rapids: Eerdmans, 1994.

_____. *To Be Near Unto God*. General Books, 2013.

_____. *On the Church*. eds. Jordan J. Ballor & Melvin Flikkema. Bellingham: Lexham Press, 2016.

Küng, Hans. *The Church*. London: Burns & Oates, 1968.

Ladd, George. *The Gospel of the Kingdom*. Grand Rapids: Eerdmans, 1959.

_____. *A Theology of the New Testament*. Grand Rapids: Eerdmans, 1974.

Latourette, Kenneth Scott. *A History of the Expansion of Christianity I-VII*. Grand Rapids: Zondervan, 1978.

Lindberg, Carter. ed. *The Reformation Theologians: An Introduction to Theology in the Early Modern Period*. Malden: Blackwell Publishers, 2002.

Lingenfelter, Sherwood. *Transforming Culture: A Challenge for Christian Mission*. Grand Rapids: Baker Books, 1998.

Malphurs, Aburey. *Planting Growing Churched for the 21st Century*. Grand Rapids: Baker Book, 1992.

McGavran, Donald A. *Understanding Church Growth*. Grand Rapids: Eerdmans, 1990.

McGowan, Andy T. B. "Crafting an Evangelical, Reformed, and Missional Theology for the Twenty-First Century," in *Reformed Means Missional: Following Jesus into the World*. ed. Samuel T. Logan. Greensboro: New Growth Press, 2013.

McGrath, Alister E. *Christianity: An Introduction*. Oxford: Blackwell Publishing, 1997.

Meeter, H. Henry. *The Basic Ideas of Calvinism*. Grand Rapids: Baker Book, 1990.

Moore, Russell. "Personal and Cosmic Eschatology," in *A Theology for the Church*. ed. Daniel Akin. Nashiville: B & H, 2007.

Morris, Leon. *The First Epistle of Paul to the Corinthians: An Introduction and Commentary*. Leicester: IVP, 2007.

Muller, Richard. *Calvin and the Reformed Tradition: On the Work of Christ and the Order of Salvation*. Grand Rapids: Baker Academic, 2012.

Murphy, Edward F. *Spiritual Gifts and the Great Commission*. Pasadena: Mandate Press, 1975.

Murray, Stuart. *Church Planting: Laying Foundations*. UK: Paternoster Press, 1998.

Neill, Stephen. *A History of Christian Missions*. London: Penguin Books, 1991.

Newbigin, Lesslie. *The Gospel in a Pluralist Society*. Grand Rapids: Eerdmans, 1990.

Niles, Daniel T. *Upon the Earth*. London: McGraw Hill Book, 1962.
Ott, Craig and Gene Willson, *Global Church Planting*. Grand Rapids: Baker Academic, 2013.
Packer, James I. *Knowing God*. Downer Grove: IVP, 1973.
_____. *Keep in Step with the Spirit*. New York: Fleming Revell Co, 1984.
_____. "The Empowered Christian Life," in *The Kingdom and the Power*. eds. Gray S. Greig and Kevin N. Springer. Ventura: Regal Books, 1993.
Palmer, Edwin H. *The Five Points of Calvinism*. Grand Rapids: Baker Book, 1980.
Payne, Jervis D. *Discovering Church Planting*. IVP, 2009.
_____. "Mission and Church Planting," in *Theology and Practice of Mission: God, the Church, and the Nations*. ed. Bruce Riley Ashford, Nashville: B & H Academic, 2011.
Peters, George. *A Biblical Theology of Missions*. Chicago: Moody Press, 1978.
Peters, George & Gene A. Getz. *Sharpening the Focus of the Church*. Eugene: Wipf & Stock, 2012.
Piper, John. *Let the Nations Be Glad!: The Supremacy of God in Mission*. Grand Rapids: Baker Book, 1993.
Plantinga, Cornelius. *Engaging God's World: A Reformed Vision of Faith, Learning, and Living*. Grand Rapids: Eerdmans, 2002.
Plummer, Robert L. "A Theological Basis for the Church's Mission in Paul," in *Westminster Theological Journal, Vol. 64*. Fall 2002.
Post, Susan M. "A Missional Approach to the Health of the City," in *Reformed Means Missional: Following Jesus into the World*. ed. Samuel T. Logan. Greensboro: New Growth Press, 2013.
Praamsma, Louis. *Let Christ Be King: Reflection on the Life and Times of Abraham Kuyper*. Ontario: Paideia Press, 1985.
Pratt, Zane. "The Heart of Mission: Redemption," in *Theology and Practice of Mission: God, the Church, and the Nations*. ed. Bruce Riley Ashford. Nashville: B & H Academic, 2011.

Print, John. "Christ and Culture," in *Review of Schilder's Christus en Cultuur*. Torch and Trumpet, 1951.

Rainer, Thomas S. *The Book of Church Growth: History, Theology and Principles*. Nashville: Broadman Press, 1993.

Ridderbos, Herman. *The Coming of the Kingdom of God*. The Presbyterian and Reformed Publishing Co, 1962.

_____. *Paul: An Outline of His Theology*. Grand Rapids: Eerdmans, 1975.

Rohls, Jan. *Reformed Confessions: Theology from Zurich to Barmen*. trans. John Hoffmeyer. Louisville: Westminster/John Knox, 1998.

Rose, Ben Lacy. *T.U.L.I.P.: The Five Disputed Points of Calvinism*. Franklin: Providence House Publishers, 1996.

Ryrie, Charles. *Dispensationalism Today*. Wheaton: Scripture Press Pub, 1986.

Sanders, Edward P. *Paul and Palestinian Judaism*. Philadelphia: Fortress Press, 1977.

Schirrmacher, Thomas. "The Book of Romans and the Missional Mandate: Why Mission and Theology Must Go Together," in *Reformed Means Missional: Following Jesus into the World*. ed. Samuel T. Logan. Greensboro: New Growth Press, 2013.

Scroggie, W. Graham. *Know Your Bible*. London: Pickering & Inglis Ltd, 1965.

Selderhuis, H. J. *Over de ware Zielzorg*. Kampen: De Groot Goudriaan, 1991.

Senior, Donald & Carroll Stuhlmueller. *The Biblical Foundation for Mission*. Maryknoll: Orbis Books, 1989.

Sire, James W. *How to Read Slowly*. Water Book Press, 1978.

Spencer, Duane Edward. *TULIP: The Five Points of Calvinism in the Light of Scripture*. Grand Rapids: Baker Book, 1979.

Spykman, Gordon J. *Reformational Theology: A New Paradigm for Doing Dogmatics*. Grand Rapids: Eerdmans, 1992.

Stedman, Ray C. *Boy Life: The Church Comes Alive*. Glendale: Regal Books, 1972.

Stetzer, Ed "An Evangelical Kingdom Community Approach." in *The Mission of the Church*. ed. Craig Ott. Grand Rapids: Baker Academic, 2016.

Stott, John R. W. *Christian Mission in the Modern World*. Downers Grove: IVP, 2008.

Sunquist, Scott W. *Understanding Christian Mission: Participation in Suffering and Glory*. Grand Rapids: Baker Academy, 2013.

Sweetman, Leonard, Jr. "The Gifts of the Spirit: A Study of Calvin's Comments on I Corinthians 12:8-10, 28; Romans 12:6-3; Ephesians 4:11," in *Exploring the Heritage of John Calvin*. Grand Rapids: Baker Book, 1976.

Taber, Charles. *The World Is Too Much With Us: "Culture" in Modern Protestant Missions*. Macon: Mercer University Press, 1991.

Talbert, Charles. "Conversion in the Acts of the Apostles: Ancient Auditor's Perceptions," in *Literary studies in Luke-Acts: Essays in Honor of Joseph B. Tyson*. eds. Richard P. Thompson and Thomas E. Phillips. Macon: Mercer University Press, 1998.

Tavard, George H. *The Starting Point of Calvin's Theology*. Grand Rapids: Eerdmans, 2000.

Teague, Dennis. *Culture: The Missing Link in Missions*. Manila: OMF Literature Inc, 1996.

Terry, John, Ebbie Smith, and Justice Anderson, eds. *Missiology: An Introduction to the Foundations, History, and Strategies of World Missions*. Nashiville: Broadman & Holman Publishing, 1988.

The Westminster Confession of Faith. London: Gardners Books, 2017.

Tillich, Paul. *Theology of Culture*. London: Oxford University Press, 1959.

Tippet, Alan R. *Verdict Theology in Missionary Theory*. Pasadena: William Carey Library, 1973.

_____. *Introduction to Missiology*. Pasadena: William Carey Library, 1987.

Van den Bosch, J. W. "Martinus Bucer en de Zending," in *Gereformeerd Theologisch Tijdschrift*. 1933.

Van Engen, Charles. *The Growth of the True Church: An Analysis of the Ecclesiology of Church Growth Theory*. Amsterdam, 1981.

_____. "The New Covenant: Knowing God in Context," in *The Word Among Us: Contextualizing Theology for Mission Today*. ed. Dean S. Gilliland. Dallas: Word Publishing, 1989.

_____. *God's Missionary People*. Grand Rapids: Baker Book, 1991.

_____. *Mission on the Way*. Grand Rapids: Baker Book, 1996.

Van Til, Cornelius. *The Reformed Pastor & Modern Thought*. Phillipsburg: Presbyterian and Reformed Publishing Co, 1980.

Van Til, Henry R. *The Calvinistic Concept of Culture*. Grand Rapids: Baker Book, 1959.

Verkuyl, Johannes. *Contemporary Missiology: An Introduction*. Grand Rapids: Eerdmans, 1978.

Vicedom, Georg F. *The Mission of God: An Introduction to a Theology of Mission*. Saint Louis: Concordia Publishing House, 1965.

Vos, Geerhadus. *The Kingdom of God and the Church*. Nutley: Presbyterian and Reformed Publishing Co, 1972.

Wagner, C. Peter. *Church Planting for a Greater Harvest*. Ventura: Regal, 1990.

Walls, Andrew F. *The Missionary Movement in Christian History: Studies in the Transmission of Faith*. Maryknoll: Orbis Books, 1996.

Ware, James P. *Paul and the Mission of the Church: Philippians in Ancient Jewish Context*. Grand Rapids: Baker Academic, 2011.

Warfield, B. Benjamin. *Calvin as a Theologian and Calvinism Today*. Philadelphia: Presbyterian Board of Publication, 1909.

_____. "John Calvin the Theologian," in *Calvin and Augustine*. ed. Samuel G. Craig. Philadelphia: The Presbyterian and Reformed Publishing Co, 1956.

_____. *Calvin and Augustine*. Philadelphia: The Presbyterian and Reformed Publishing, 1980.

Warneck, Gustav. *Outline of A History of Protestant Missions*. New York: Fleming Revell Co, 1901.

Whitfield, Keith. "The Triune God: The God of Mission," in *Theology and Practice of Mission: God, the Church, and the Nations*. ed. Bruce Riley Ashford. Nashville: B & H Academic, 2011.

Witherup, Ronald D. *Conversion in the New Testament*. La Vergne: Lightning Source Inc, 1994.

Wiley, David N. "The Church as the Elect in the Theology of Calvin," in *John Calvin & the Church: A Prism of Reform*. ed. Timothy George. Louisville: Westminster/John Knox Press, 1990.

Wilkinson, John. *Health and Healing*. Edinburgh: The Handsel Press, 1980.

Winter, Ralph, ed. *Perspective on the World Christian Movement*. Pasadena: William Carey Library, 2014.

Wolters, Albert. *Creation Regained: Biblical Basics for a Reformational Worldview*. Grand Rapids: Eerdmans, 1985.

Wood John H. and Andrew M. McGinnis. eds. *On the Church: Abraham Kuyper Collected Works in Public Theology*. Bellingham: Lexham Press, 2016.

Wright, Christopher J. H. *The Mission of God*. Downer Grove: IVP, 2006.

_____. *The Mission of God's People: A Biblical Theology of the Church's Mission*. Grand Rapids: Zondervan, 2010.

_____. "What Do We Mean by 'Missional?'," in *Reformed Means Missional: Following Jesus into the World*. ed. Samuel T. Logan. Greensboro: New Growth Press, 2013.

Wright, Nicholas T. *The New Testament and the People of God*. London: SPCK, 1992.

_____. "Reading the New Testament Missionally," in *Reading the Bible Missionally*. ed. Michael W. Goheen. Grand Rapids: Eerdmans, 2016.

Zwemer, Samuel. "Calvinism and Missionary Enterprise." in *Theology Today*, Vol. VII. 1950.

번역서

가스펠서브. "교파 및 역사." *교회용어사전*. 생명의말씀사, 2013.
곤잘레스, 후수트. *초대교회사*. 서일영 역. 은성, 1995.
글라서, 아서 & 도날드 맥가브란. *현대 선교신학*. 고환규 옮김. 성광문화사, 1990.
기니스, 오스. *회의하는 용기*. 윤종석 옮김. 복있는사람, 2008.
니버, 리처드. *그리스도와 문화*. 홍병룡 옮김, IVP, 1996.
데이비스, 엔드류 M. "창조." *복음이 핵심이다*. 아가페북스, 2014.
바빙크, 헤르만. *개혁 교의학*, 박태현 역. 부흥과 개혁사, 2013.
라이트, 크리스토퍼. "사무엘: 책무와 청렴함에 관한 구약의 모델," *선교책무 (Accountability in Mission)*. 조나단 봉크 외 25인 편저. 생명의말씀사, 2011.
랑흘레이, M. R. *복음이냐 혁명이냐*. 이동영 역. 한국로고스연구원, 1994.
리드, 리차드. *칼빈이 가르친 복음*, 정중은 역. 새순출판사, 1986.
링겔, 조슈아 외 엮음. *크리슬람: 성경적 관점에서 본 내부자 운동*. 전호진 역. 종교문화연구소, 2011.
말스든, 조지. "개혁주의와 미국," *남부 개혁주의 전통과 신정통 신학*. 데이빗 F. 웰스 편집, 박용규 옮김. 엠마오, 1992.
매킴, 도날드. "칼빈의 성경관," *칼빈신학의 이해*. 도날드 매킴 편저, 이종태 역. 생명의 말씀사, 1996.
머레이, 존. *칼빈의 성경관과 주권사상*. 나용화 역. 기독교문서선교회, 1976.
모로우, A. 스캇 편집. *선교학 사전*. 김만태 외 12인 공역. 기독교문서선교회, 2014.
뮬러, 칼. *현대 선교신학*. 김영동 역. 한들출판사, 1997.
바빙크, 헤르만. *개혁 교의학*, 박태현 역. 부흥과 개혁사, 2013.
바우만, 클라렌스. *도르트 신경 해설*. 손정원 옮김. 솔로몬, 2016.
베버, 오토. *칼빈의 교회관*. 김영재 역. 이레서원, 2001.
보이스, 제임스 M. & 필립 G. 라이큰, *개혁주의 핵심: 칼빈의 5대 교리*. 이용중 옮김. 부흥과 개혁사, 2010.
비키, 조엘 & 랜들 페더슨, *청교도를 만나다*. 이상웅 · 이한상 옮김. 부흥과개혁사, 2010.
샌더스, 오스왈드. *지도자 바울*. 네비게이토 출판사, 1987.

쉔크, 데이빗 & 얼빈 슈트츠만. *초대교회 모델을 따라 교회를 개척하라*. 최동규 옮김. 베다니 출판사, 2004.
쉴로르프, 샘. *무슬림 사역의 선교학적 모델*. 김대옥·전병희 공역. 도서출판 바울, 2012.
스미스, 에비. "문화: 선교의 환경," *선교학 대전*. J. M. 테리 외 2인 편저, 한국복음주의 선교학회 역. CLC, 2003.
스킬더, 클라스. *그리스도와 문화(Christus en Cultuur)*. 손성은 옮김. 지평서원, 1988.
스테픈, 톰. *타문화권 교회개척*. 김한성 옮김. 토기장이, 2012.
스프롤, R. C. *개혁주의 은혜론*. 노진준 역. 기독교문서선교회, 1997.
앤드류스, 레디티 3세. "죄와 타락," *복음이 핵심이다*. 아가페북스, 2014.
얀야빌리, 타비티 & 리곤 던컨. "세례와 성찬," *복음이 핵심이다*. 아가페북스, 2014.
오코너, 제롬 머피. *바울 이야기*. 정대철 옮김. 두란노, 2006.
왈쉬, 브라이언 & 리챠드 미들톤. *기독교 세계관이란 무엇인가*. 김항안 역. 글로리아, 1992.
웨버, 로버트. *기독교 문화관*. 이승구 옮김. 엠마오, 1988.
움, 스티븐. "하나님 나라," *복음이 핵심이다*. 아가페북스, 2014.
융겐, 크리스토프. *칼빈이 말하는 그리스도인의 사회참여*. 김형익 옮김. 실로암, 1989.
존즈, E. E. *교회개척의 이론과 실제*. 고민영 옮김. 대한기독교서회, 1985.
채플, 브라이언. "복음이란 무엇인가," *복음이 핵심이다*. 아가페북스, 2014.
카이퍼, 아브라함. *칼빈주의*. 박영남 옮김. 세종문화사, 1993.
_____. *칼빈주의 강연*. 김기찬 옮김. CH북스(크리스천다이제스트), 1996.
캐인, 허버트. *기독교 세계선교사*. 박광철 역. 생명의말씀사, 1981.
프레임, 존 M. *성경론*. 김진운 옮김. 개혁주의신학사, 2014.
_____. *조직신학 개론*. 김용준 옮김. 개혁주의신학사, 2017.
프롱크, 코르넬리스. *도르트 신조 강해*. 황준호 옮김. 그 책의 사람들, 2012.
핑크, 아더. *이신칭의*. 임원주 옮김. 누가출판사, 2013.
_____. *하나님의 주권*. 김진홍 옮김. 개혁주의출판사, 2016.
타운스, 엘머 & 더글라스 포터. *사도행전식 교회개척*. 생명의말씀사, 2005.
토머스, 노먼 편저. *선교신학*. 박영환·홍용표 공역. 서로사랑, 2000.

틸리히, 폴. *문화의 신학*. 김경수 역. 대한기독교서회, 2002.
헤팅어, 잔 데이비드. *예수에게 붙들린 삶*. 고광석 옮김. 한언, 2004.
헤페, 하인리히. *개혁파 정통 교의학*. 이정석 옮김. 크리스챤 다이제스트, 2007.
호웰, 돈 앤 2세. "바울서신에 나타난 선교(1)" *성경의 선교신학*. 윌리엄 J. 랄킨 2세 ·
    조엘 F. 윌리엄스 총편, 홍용표 · 김성욱 옮김. 이레서원, 1998.
호크마, 안토니. *개혁주의 종말론*. 유호준 역. 기독교문서선교회, 1986.
히버트, 폴 G. *문화 속의 선교*. 채은수 역. 총신대학교 출판부, 1996.
_____. "세계관의 변화," *곧은길에서 좁은 길로: 예수께 나오는 무슬림들*. 데이빗
    그린리 편저, 김요한 · 백재현 · 전병희 공역. 예영커뮤니케이션, 2010.
Fitzmyer, J. A. *바울의 신학*. 배용덕 역. 솔로몬, 1996.
Knudsen, Robert D. *기독교 세계관*. 박삼영 역. 한국로고스연구원, 1994.
Schaff, Philip. *제네바 교회: 제네바 교회의 헌법과 치리*. 장수민 역. 칼빈아카데미,
    2006.
The Willowbank Report. *복음과 문화*. 조종남 역. 한국기독교학생회 출판부, 1993.

학회지, 신문, 잡지, 인터넷

강혜진. "헝가리 수상 '기독교는 유럽의 마지막 희망'," *크리스천투데이*.
    2018년 2월 23일.
교회연합신문. "세계복음연맹(WEA)은 어떤 단체인가?." 2016년 2월 25일.
김갑식. "WCC 공동선언문 뭐길래…10월 부산총회 앞두고 개신교계 파장 일으키나,"
    동아일보. 2013년 1월 30일.
김길성. "교회와 신앙고백서," *리폼드뉴스*. 2017년 8월 23일.
김신의. "크리스토퍼 라이트 '모든 교회 성도의 선교 영역은 삶 전체'," *크리스천투데이*.
    2017년 11월 6일.
김영한. "WCC 부산 총회에 대한 신학적 평가," *크리스천투데이*. 2013년 11월 24일.
_____. "토론토 블레싱" 운동의 위험성, *크리스천투데이*. 2014년 3월 3일.
_____. "볼프하르트 판넨베르그가 현대신학에 남긴 공헌," *크리스천투데이*. 2014년
    10월 6일.
김진영. "한기총-NCCK-WEA준비위-WCC준비위 공동선언 발표," *크리스천투데이*.
    2013년 1월 14일.

_____. "NCCK, 'WCC 공동선언' 놓고 갈등…총무 책벌 가능성도." 크리스천투데이. 2013년 1월 17일.
노충헌. "복음주의 최대협의체 WEA 꼼꼼히 살펴보기." 기독신문. 2011년 1월 10일.
대한예수교장로회 헌법 정치 제21장 제1조(공동의회); 대한예수교장로회 헌법적 규칙 제3조 3항.
대한예수교장로회 헌법적 규칙 제3조 3항.
목창균. "다원주의는 종교적 매춘행위." 교회와 신앙. 2004년 1월.
박동수. "[왜 아브라함 카이퍼인가] 칼뱅주의 사회개혁 새장 열어." 국민일보. 2006년 4월 16일.
박성원. "WCC 부산총회 평가 특별좌담(김영한과 박성원): '총회 개최 한국교회의 축복' – '보수교회 함께 못해 아쉬움'." 국민일보. 2013년 11월 14일.
박형기. "교황마저 중국에 고개를 숙였다." NEWS 1. 2018년 2월 4일.
박형룡. "그리스도가 전 인류 아닌 유대인들 위해 죽으셨나?" 크리스천투데이. 2010년 2월 9일.
신상목. "케이프타운 서약 발표." 국민일보. 2010년 10월 29일.
아멘넷 뉴스. "유상열 목사가 유니온신학교 정현경 교수에게 하는 충고." 2012년 9월 11일.
오상아. "칼빈 예정론 '선교' 약화시켰다는 주장…검증돼야." 기독일보. 2017년 8월 16일.
이규혁. "WCC 올라프 총무, 종교 근본주의 세력 우려." 뉴스엔조이. 2013년 11월 11일.
이대웅. "WCC의 추진력, '초혼제'로 멈춰…내부 비판도 직면." 크리스천투데이. 2013년 11월 10일.
이상규. "WCC 부산총회 이후의 복음화와 선교이해." 데오스앤로고스. 2015년 12월 14일.
이상웅. "존 칼빈의 생애와 그에 대한 입문서." 기독교사상. 2012년 11월 20일.
이성호. "개혁주의란 무엇인가?." 코람데오닷컴(Revival and Reform). 2011년 1월 3일.
이태웅. "세계복음주의연맹 선교위원회 소개((Introducing the World Evangelical Alliance Mission Commission)" 글로벌네트워킹. 2010년 1월 4일.
이태화. "개혁자, 세계선교를 꿈꾸다." 한국기독공보. 2009년 3월 4일.
정용신. "신적전사 패턴(Divine Warrior Pattern)으로 요한복음 읽기." GM선교회 동계수련회. 2018.
정준모. "WCC의 종교다원주의 비판." 기독신문. 2013년 8월 23일.
제10차 WCC 부산 총회의 WCC준비위원회 홍보책자.

조덕영. "아브라함 카이퍼의 '영역주권' 이란 무슨 말일까?." *크리스천투데이*. 2012년 8월 23일.

최갑종. "'성경 전체'(Tota Scriptura)에 따른 바른 구원관을 가르치자." *국민일보*. 2014년 6월 19일.

최승욱. "NCCK, WCC부산총회 분석·평가…전담조직 만들어 후속사업 추진." *국민일보*. 2014년 1월 24일.

최창민. "WCC 역대 총회 주제와 신학(2): 제2차 에반스톤 총회(1954)." *기독교연합신문*. 2012년 2월 6일.

한국기독교장로회총회. "WCC(세계교회협의회) 부산총회 의미와 결과." ⟨http://www.prok.org/gnu/bbs/board.php?bo_table=bbs_news1&wr_id=32606⟩

함유선. "로잔운동, 케이프타운 서약 마련." *CGN 투데이*. 2011년 7월 5일.

홍기영. "바울서신에 나타난 선교학적 주제들 고찰." *선교신학 제26권*. 한국선교신학회, 2011.

황대우. "칼빈의 교회론과 선교." *개혁정론*. 2014년 11월 20일.

Lausanne Committee for World Evangelization, "World Evangelization," Vol. 14, No. 46, March 1987. 7.

Swaggart, Jimmy. "Genevan Missions," *The Song of the Drunkards*. 2008년 2월 17일.

The Westminster Confession of Faith, Chapter 28. 1.

WCC운동, 무엇이 문제인가? ⟨http://blog.daum.net/yourwjkim2/970⟩

WEA Mission Commission. "WEA Purpose and Commitments, Leadership and Teams" Pope Benedict XVI, "NONBELIEVERS TOO CAN BE SAVED, SAYS POPE," *Vatican City News*. 2005년 11월 30일.